四川省志

Sichuan Shengzhi

哲学社会科学志

1986—2005

【第六十五卷】

四川省地方志编纂委员会 编

方志出版社
Publishing House of Local Records

图书在版编目（CIP）数据

四川省志. 哲学社会科学志 ：1986－2005 / 四川省地方志编纂委员会编. — 北京 ：方志出版社，2019.4
ISBN 978-7-5144-3730-0

Ⅰ. ①四… Ⅱ. ①四… Ⅲ. ①四川－地方志②哲学社会科学－发展－概况－四川－1986-2005 Ⅳ. ①K297.1

中国版本图书馆CIP数据核字(2019)第091758号

四川省志·哲学社会科学志（1986—2005）

编　　者：四川省地方志编纂委员会
责任编辑：陈　菁

出 版 者：方志出版社
地址　北京市朝阳区潘家园东里 9 号（国家方志馆4层）
邮编　100021
网址　http: //www.zgfzcb.cn
发　　行：方志出版社图书经销中心
电话（010）67110500
经　　销：各地新华书店
印　　刷：深圳中华商务安全印务股份有限公司
设计制作：成都龙腾天下文化传播有限公司

开　　本：889×1194　1/16
彩插印张：2.75
正文印张：28.5
字　　数：869千字
版　　次：2019年4月第1版　2019年4月第1次印刷
印　　数：0001～2000册

ISBN 978-7-5144-3730-0　定价：421.00元

重要会议、重要活动 ZHONGYAO HUIYI、ZHONGYAO HUODONG

1981 年 12 月，四川省哲学社会科学学会联合会成立大会在成都市召开

1985 年 11 月，四川省哲学社会科学学会联合会召开第二次代表大会

1991 年 4 月，四川省社会科学界联合会召开第三次代表大会

1997 年 6 月，四川省社会科学界联合会召开第四次代表大会

2002年9月，四川省社会科学界联合会召开第五次代表大会

1988年12月，四川省召开纪念中共十一届三中全会10周年理论研讨会

1990 年 10 月，全国“历史唯物主义与当地社会主义理论与实践”研讨会在成都市召开

2001 年 6 月 8 日，四川省社会科学院在成都市召开《党的第三代领导集体对邓小平理论的实践与创新研究丛书》出版座谈会

2004年9月5日，中央实施马克思主义理论研究和建设工程考察团与四川社科理论界举行座谈

1995年，四川省纪念红军长征胜利60周年大会在成都市召开

2002 年 11 月，四川省社科界学习中共十六大会议精神研讨会在成都市召开

2005 年 11 月 22 日，四川省社会科学院、成都日报社主办学习贯彻中共十六届五中全会精神理论研讨会

1985年7月1日，四川省毛泽东思想学会在成都市成立

1989年12月18日，四川省社会科学界联合会、四川省社会科学院和四川省哲学学会在成都市召开四川省马克思主义哲学研讨会。图为参会人员合影

2004年12月，四川省社会科学院召开纪念毛泽东同志诞辰111周年学术座谈会

2004年12月31日，四川社会科学在线网站开通仪式在成都市举行

2005年6月，第三次“泛珠三角”区域社科联联席会议在成都市召开

规划与评奖 GUIHUA YU PINGJIANG

1997 年 1 月，四川省第七次哲学社会科学优秀科研成果颁奖大会、四川省社会科学界联合会第三届第七次理事会在成都市举行

1999 年 4 月，四川省第八次哲学社会科学优秀科研成果颁奖大会在成都市举行

2001年7月，四川省哲学社会科学研究“十五”规划工作会在成都市召开

2002年3月20日，四川省社会科学界联合会召开第十次社科优秀成果评奖动员大会

2004年9月，甘肃四川理论工作社科规划座谈会在成都市召开

2005年5月8日，四川省第十一次哲学社会科学优秀成果颁奖大会暨四川省社科联五届四次理事会在成都市举行

学术学会活动 XUESHU XUEHUI HUODONG

1985 年 9 月 10 日，四川省教育学会、成都市教育学会在成都市召开庆祝首届教师节专题茶话会

1986 年 7 月，四川考古工作者在三星堆祭祀坑发掘现场

1987年9月，四川省社会科学院、四川省社会科学界联合会、绵阳市政协在绵阳市梓潼县召开第二次全国明末农民战争史学术讨论会

1988年，四川省酒类发展战略讨论会在成都市召开

1988 年 10 月，四川省社会科学院院长刘茂才（前排右一）与德国德意志联合会代表签订合作研究协议

20 世纪 80 年代中期，重庆市企协、渝州大学举办多期企业管理咨询研修班。图为其中一期研修班的结业典礼

1989 年 10 月，四川省历史学会和重庆市社会科学院、四川大学、西南师范大学、钓鱼城管委会等 11 个单位召开中国钓鱼城暨南宋后期历史国际学术讨论会

1990 年，四川省首届会计知识竞赛现场

20 世纪 90 年代初期，四川省社会科学界联合会邀请著名专家学者举办科普专题报告会

1991 年 5 月，四川省社会科学界联合会在成都市举办四川省开拓市场理论与实践研讨会

1991 年 7 月，四川省群众文化学会在内江市隆昌县举办四川省农村文化站建设理论研讨会

1991 年 8 月 19 日，国际清史学术讨论会在成都市崇州县召开。图为参会人员合影

1993 年，四川省社会科学界联合会专家参观“四川省古籍修复技术培训班”古籍修复成果展

1994 年，海峡两岸首届资深学者学术研讨会在成都市召开。图为四川省政协副主席、四川省社会科学界联合会主席刘诗白（前排右二）在研讨会上发言

1994 年 7 月，四川省康藏研究中心在成都市成立

1998 年，四川省政协副主席、四川省社会科学界联合会主席刘诗白（左一）在成都市会见诺贝尔经济学奖得主福格尔（左三）

1998年11月，全国卫生经济评价专题暨西南地区卫生经济第五次学术研讨会在成都市召开。图为参会人员合影

1999年9月27日，四川省社会科学院在成都市举办《巴蜀文化图典》《四川50年图集》首发式

2000年3月，四川省社会科学界联合会在成都市举行四川省社科联科普工作座谈暨市州社科联工作会议

2001年4月，四川省巴蜀文化研究中心成立暨巴蜀文化研究规划会议在成都市召开

2001 年 10 月，四川省社会科学院主办的农业产业化与特色经济研讨会在成都市召开

2002 年，四川省社会科学院院长侯水平（右二）与越南国家社会科学院代表团举行学术座谈会并签订学术交流协议

2002 年 10 月，“儒家德治思想与现代社会”国际学术研讨会在四川省都江堰市召开。图为参会人员合影

2002 年 12 月 14 日，四川省社会科学界联合会在成都市召开四川 2002 年经济形势分析及对策研讨会

2003年3月，经济学家林凌（右一）在加拿大维多利亚大学“中国西部大开发战略及全球影响”国际研讨会作大会发言

2003年，“西部大开发中的攀枝花”研讨会在攀枝花市召开

2003年12月17日，四川省社会科学界联合会在成都市召开四川2003年经济形势及2004年经济走势分析会

2004年3月，四川省历史学会第六次会员代表大会暨史学发展趋势学术探讨会在成都市召开。图为参会人员合影

2004 年 6 月，中国社会科学院常务副院长洛林（左五）到四川省社会科学院调研

2004 年 8 月，四川省社会科学院、四川大学、西南交通大学、西南财经大学专家学者共同承担的《四川烟草商业企业发展现代物流战略研究》课题结题，并通过四川省科技顾问团组织的专家学者评审

2004年10月，四川省民俗学会第三次代表大会在成都市召开

2004年11月，四川省川剧理论研究会成立20周年纪念大会在成都市召开。图为参会人员合影

2004 年 11 月，四川省纪检监察学会第三次会员代表大会在德阳市广汉市召开。图为参会人员合影

2005 年 1 月，四川省社会科学院、中共四川省委农村工作领导小组办公室等在成都市举办“农民协会在四川、中国及世界，中国农民合作经济组织政策研讨会暨四川试点项目”启动会

2005 年 4 月，经济学家林凌（前排左三）在甘孜州康定县出席甘孜州经济发展座谈会

2005 年 5 月，“中美关系中的人物”学术研讨会在成都市召开

2005年7月，重修《四川通史》编委会第一次会议在四川省社会科学院召开

2005年9月，四川省社会科学院与成都市社会科学院举办的全国地方社科院行政后勤开发工作研讨会在成都市召开

2005 年 10 月 9 日，《巴蜀文化通史》编纂工作启动座谈会在成都市召开。图为参会人员合影

2005 年 10 月，四川省民俗学会与宜宾市社会科学界联合会在宜宾市举办四川省城镇民俗文化传承与创新学术研讨会。图为参会人员合影

2005年10月，四川师范大学举办的“朱熹思想与现代社会”国际学术研讨会在成都市召开。图为参会人员合影

2005年10月，四川省社会科学院主办的世界客属第二十届恳亲大会暨“移民与客家文化”国际学术研讨会在成都市召开

桥梁 纽带 社科之家 QIAOLIANG NIUDAI SHEKEZHIJIA

1988 年，在四川省第一次市地州社科联协作会上，四川省社会科学界联合会主席杨超（右二）和中共四川省委副书记冯元蔚（右一）为先进单位颁奖

1989 年 7 月，四川省社科联省级学会秘书长会议在成都市召开

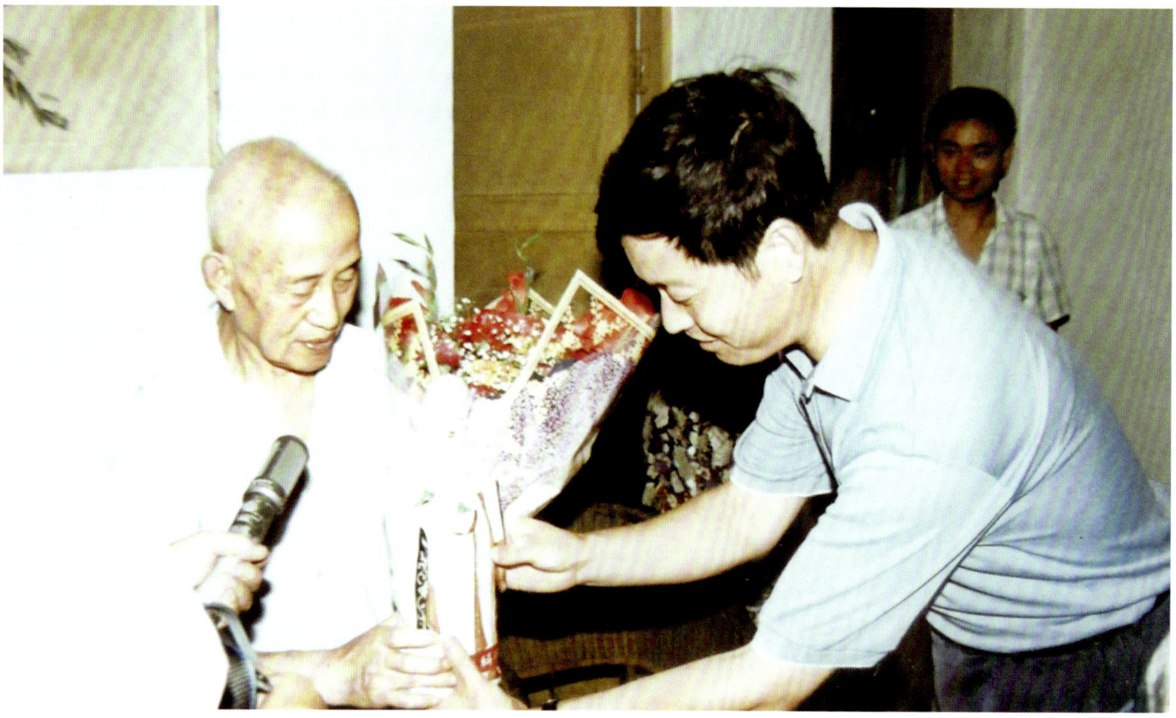

1996 年 7 月 28 日，四川社科界为著名神话研究学家袁珂 80 诞辰贺寿并祝贺袁珂（左二）加入中国共产党

1996 年 10 月 4 日，四川省社会科学界联合会、四川省社会科学院在成都市举办四川省社科界庆祝袁珂先生 80 寿辰暨神话研究 50 周年大会

1997年，四川省社会科学界联合会第一届主席沈一之（右三）与四川省社会科学界联合会新老领导班子成员合影

1999年12月27日，四川省社会科学科研管理工作会议在成都市召开。图为参会人员合影

2001年，四川省社科联成立20周年纪念暨四届六次理事会在成都市召开

2004年10月，蒙文通先生诞辰110周年纪念暨学术讨论会在四川大学召开

2004 年 10 月，蒙文通先生诞辰 110 周年纪念暨学术讨论会会场

2005 年，四川省社会科学界联合会原主席沈一之（左四）在四川省社会科学界联合会题词

市（州）活动 SHIZHOU HUODONG

1990 年 7 月，四川省第三次市地州社科联协作会在凉山州西昌市召开。图为参会人员合影

2005 年 11 月 2 日，四川省社会科学界联合会在成都市举办四川省县社科联工作交流会议。图为参会代表合影

2000年11月24日，成都市社会科学院成立暨成都市第五次社科优秀成果颁奖大会在成都市召开

2004年7月，成都市社会科学院（社科联）新址落成庆典举行。图为参会人员合影

1988年8月29日，内江市社科联第二次代表大会召开

1988年12月6日，遂宁市哲学社会科学学会联合会第一次代表大会召开

1989年4月8日，南充地区社科联第一次代表大会召开

1990年9月，绵阳市社科联第二次代表大会召开

1993年11月，攀枝花市社会科学界第三次代表大会召开

2002年1月，广元市社科联成立

修志工作 XIUZHI GONGZUO

2014 年 9 月 22 日，《四川省志·哲学社会科学志（1986—2005）》初审会议在成都市举行

2016 年 8 月 22 日，《四川省志》第二十九次终审会召开，审查通过《四川省志·哲学社会科学志（1986—2005）》

四川省地方志编纂委员会成员

《四川省志（1986—2005）》
审核委员会成员

《四川省志（1986—2005）》
总编、副总编

总　　编　陈建春

副 总 编　赵　行　邓　瑜　陶利辉　熊　倩
张兆法　高伟明　朱艳林　牛　淼

《四川省志·哲学社会科学志（1986—2005）》
责任总编、责任编辑

责任总编　马小彬

责任编辑　黄文记

《四川省志·哲学社会科学志（1986—2005）》编纂委员会成员

《四川省志·哲学社会科学志（1986—2005）》
编纂委员会成员

（2010年11月至2012年10月）

《四川省志·哲学社会科学志（1986—2005）》编纂委员会成员

（2006年至2010年10月）

主　　任	王　均	侯水平		
副 主 任	谢世廉	杜受祜		
委　　员	唐永进	罗仲平	张平良	李泽敏
	何其知	刘从政	曹德琪	李　庆

《四川省志·哲学社会科学志（1986—2005）》初评审核小组成员

负责人	赵　英			
成　员	王　均	侯水平	梁守勋	谢世廉
	杜受祜	李明泉	谭继和	唐朝纪
	徐开来	王庭科	邓英树	杨先农
	蔡　春	王　毅	何其知	魏凤琴

《四川省志·哲学社会科学志（1986—2005）》
编　辑　部

主　　编　谢世廉　杜受祜

副 主 编　刘从政　曹德琪　李　庆　向自强

李　军

《四川省志·哲学社会科学志（1986—2005）》
编　辑　部

（2010 年 11 月至 2012 年 10 月）

主　　编　谢世廉　杜受祜

副 主 编　刘从政　曹德琪　李　庆

《四川省志·哲学社会科学志（1986—2005）》
编 辑 部

（2006 年至 2010 年 10 月）

主　　编　谢世廉　杜受祜

副 主 编　曹德琪　李　庆

《四川省志·哲学社会科学志（1986—2005）》撰稿人员名单

（按姓氏笔画为序）

付　春	向世山	许　强	许蓉生	苏东来
杜受祜	余　婷	李　庆	李　军	李　晖
李　锦	杨　挺	杨　曦	吴建强	吴峡平
张　利	张　彦	张白鸽	张雪梅	陈　剑
陈　雄	陈玉霞	周宅贤	林成西	赵　静
黄　进	黄泽勇	曹德琪	彭　剑	谢世廉
谢莲碧	蹇　莉			

图片提供

刘诗白	何其知	李　庆	张丽娅	梁守勋
曹德琪	谢世廉	谭继和		

《四川省志·哲学社会科学志（1986—2005）》统稿人员名单

谢世廉　　刘从政　　林成西　　许蓉生

《四川省志（1986—2005）》
凡　例

一、本书编纂工作以马克思列宁主义、毛泽东思想、邓小平理论、“三个代表”重要思想、科学发展观、习近平新时代中国特色社会主义思想为指导，坚持辩证唯物主义和历史唯物主义的立场、观点和方法，全面客观地记述四川省行政区域内自然、政治、经济、文化和社会的历史与现状。

二、本书系中华人民共和国成立后首部《四川省志》续编，总名《四川省志（1986—2005）》，由总类、大事纪述、专志、人物、市（州）概况、附录共93卷构成。各分卷名称为《四川省志·××志（1986—2005）》或《四川省志·××志》（后者为特色志志名），设中英文目录。

三、本书上限一般起自1986年，下限一般截至2005年。对前志未设之分卷或篇章从事物发端写起；对前志漏载、误载的某些事项进行补载、更正；对前志记载后变化不大的某些事项进行简要复载；升格详载具有地方特色的某些事项。

四、本书记述的地域范围以1986—2005年四川省行政区划为准。

五、本书采用述、记、志、传、图、表、录等体裁，以志为主。

六、本书总类卷设序言、凡例、总述、卷目等，为各卷之首，全书之纲。关于自然环境、建置沿革、经济与社会历史发展状况等基本省情在总述中作简要复载或反映。各专志（分卷）根据社会分工和学科分类的实际，按“以类相从”或“突出地方特色”的原则设立，以篇、章、节横分类别，节、目以下纵述史实，立足反映四川省行政区域某一事物（事业、行业）断限期内历史与现状的全貌。人物志卷采用传、录、表诸种表述形式，坚持“生不立传”原则，在世人物的突出事迹以事系人载入相关分卷。人物传统一收入人物志。本书大事记以编年体为主，辅以纪事本末体。为完整记述一些重要事物，保存有价值史料，有些分卷设置专记。

七、本书使用规范的现代语体文记述，行文严谨、朴实、简洁、流畅。使用规范汉字，用词概念准确，符合现代汉语语法规范。使用的标点符号、数字、计量单位等均按国家规定的统一标准书写。

八、本书使用公元纪年，各卷正文（除引文外）采用第三人称表述；行文涉及机构、会议、文件、职衔、地名等，均按当时称谓；除涉及人名、地名、纪年和简称等项采用括注外，其余采用页下脚注。

九、本书资料来源于文献、档案、报刊、书摘、口碑及实地调查等，所用资料均经各修志部门考证、核实。各分卷数据一般采用省统计局公布的数据，省统计局缺乏的，采用有关部门正式提供的数据。

十、各分卷图片分为前置图片和随文插图，随文插图和表格均以篇为单位依次排序编号；所用地图均以省测绘局审定的为准。

十一、各分卷需要特别说明的事项，均在各分卷的《编辑说明》中注明。

《四川省志·哲学社会科学志（1986—2005）》
编辑说明

一、本志为首轮《四川省志·哲学社会科学志》（以下简称前志）的续修，时间上限为1986年，下限断至2005年。鉴于改革开放后四川省社会科学方面的一些内容，在前志中未反映，因此本志部分章节内容上溯到改革开放之初。

二、本志各学科下分研究综述、主要著述、学科代表人物3节。主要著述分专著和论文两部分，重点介绍1986—2005年四川省学者发表的有较高学术价值或在省内外有较大影响的学术著作；学科代表人物，重点选介1986—2005年对哲学社会科学相关学科研究和发展有过重大贡献的已故著名学者（包括长期在四川工作的已故客籍著名学者和少数逝世时间虽在下限之后，但其在各自学科领域的主要学术活动和贡献均在本志反映的期限之内的著名学者）。

三、本志学科分类参照国家哲学社会科学基金办公室拟定的一级学科分类，结合四川哲学社会科学学科的发展状况，将四川个别优长学科和特色学科列为专章记述。

四、各学科的排列基本沿袭前志顺序，并根据本志具体内容略作调整。

五、由于四川哲学社会科学各学科发展各具特性，故学科沿革分期仍按各学科本身发展情况决定，未作统一划分。

六、四川哲学社会科学规划、评奖、普及、社团管理及机构简介、刊物网站等，在前志中未反映，本志新增两篇予以补述。

七、前志未编排“大事记”和图片，此次“大事记”从1978年开始补撰；图片从1981年四川省社科联第一次代表大会开始选刊。

目　　录

概　述 …………………………………………………………………… (1)

第一篇　学科研究

第一章　中国特色社会主义理论研究 ………………………………… (18)
第一节　研究综述 ………………………………………………… (18)
第二节　主要著述 ………………………………………………… (22)
第三节　学科代表人物 …………………………………………… (27)

第二章　哲学研究 ……………………………………………………… (28)
第一节　研究综述 ………………………………………………… (28)
第二节　主要著述 ………………………………………………… (31)
第三节　学科代表人物 …………………………………………… (41)

第三章　经济学研究 …………………………………………………… (43)
第一节　研究综述 ………………………………………………… (43)
第二节　主要著述 ………………………………………………… (47)
第三节　学科代表人物 …………………………………………… (56)

第四章　经济体制改革研究 ……………………………………（59）
第一节　研究综述……………………………………………（59）
第二节　主要著述……………………………………………（62）
第三节　学科代表人物 ………………………………………（68）

第五章　区域经济研究 ………………………………………（69）
第一节　研究综述……………………………………………（69）
第二节　主要著述……………………………………………（72）
第三节　学科代表人物 ………………………………………（78）

第六章　政治学研究 …………………………………………（79）
第一节　研究综述……………………………………………（79）
第二节　主要著述……………………………………………（82）
第三节　学科代表人物 ………………………………………（88）

第七章　法学研究……………………………………………（89）
第一节　研究综述……………………………………………（89）
第二节　主要著述……………………………………………（93）
第三节　学科代表人物 ………………………………………（99）

第八章　巴蜀文化研究 ………………………………………（101）
第一节　研究综述 …………………………………………（101）
第二节　主要著述 …………………………………………（105）
第三节　学科代表人物 ……………………………………（111）

第九章　社会学、人口学研究 ………………………………（112）
第一节　研究综述 …………………………………………（112）
第二节　主要著述 …………………………………………（116）
第三节　学科代表人物 ……………………………………（124）

第十章 新闻学、宣传学与传播学研究 …………（127）
第一节 研究综述 …………（127）
第二节 主要著述 …………（131）
第三节 学科代表人物 …………（138）

第十一章 档案和文献信息研究 …………（139）
第一节 研究综述 …………（139）
第二节 主要著述 …………（142）

第十二章 语言文字研究 …………（149）
第一节 研究综述 …………（149）
第二节 主要著述 …………（152）
第三节 学科代表人物 …………（159）

第十三章 中国文学与外国文学研究 …………（160）
第一节 研究综述 …………（160）
第二节 主要著述 …………（166）
第三节 学科代表人物 …………（177）

第十四章 文艺美学研究 …………（179）
第一节 研究综述 …………（179）
第二节 主要著述 …………（181）

第十五章 教育学与心理学研究 …………（190）
第一节 研究综述 …………（190）
第二节 主要著述 …………（195）

第十六章 宗教学研究 …………（202）
第一节 研究综述 …………（202）

第二节　主要著述 …………………………………………………… (204)
第三节　学科代表人物 ……………………………………………… (213)

第十七章　民族学研究 …………………………………………… (215)
第一节　研究综述 …………………………………………………… (215)
第二节　主要著述 …………………………………………………… (219)
第三节　学科代表人物 ……………………………………………… (226)

第十八章　历史学研究 …………………………………………… (228)
第一节　研究综述 …………………………………………………… (228)
第二节　主要著述 …………………………………………………… (234)
第三节　学科代表人物 ……………………………………………… (243)

第十九章　考古研究 ……………………………………………… (246)
第一节　研究综述 …………………………………………………… (246)
第二节　主要著述 …………………………………………………… (251)
第三节　学科代表人物 ……………………………………………… (259)

第二篇　机构、社团、刊物与网站

第一章　社会科学管理机构 ……………………………………… (262)
第一节　省级社会科学管理机构 …………………………………… (262)
第二节　市级社会科学管理机构 …………………………………… (264)
第三节　县级社会科学管理机构 …………………………………… (275)

第二章　社会科学研究机构 ……………………………………… (277)
第一节　省级研究机构 ……………………………………………… (277)
第二节　高校及其社科研究机构 …………………………………… (282)
第三节　党　校 ……………………………………………………… (286)

第四节 市级研究机构 …………………………………………………………（287）
第五节 民办社科研究机构 ……………………………………………………（288）

第三章 社会科学学术团体 …………………………………………………（289）
第一节 省级社科学术团体 ……………………………………………………（289）
第二节 市（州）社科学术团体 …………………………………………………（292）

第四章 社科刊物、网站…………………………………………………………（295）
第一节 重点社科刊物 …………………………………………………………（295）
第二节 重点社科网站 …………………………………………………………（297）

第三篇 社会科学工作与活动

第一章 社会科学规划与评奖 ………………………………………………（300）
第一节 国家社会科学基金项目 ………………………………………………（300）
第二节 四川省社会科学规划项目 ……………………………………………（301）
第三节 四川省哲学社会科学优秀成果评奖……………………………………（303）

第二章 社会科学普及和成果转化 …………………………………………（310）
第一节 社会科学普及 …………………………………………………………（310）
第二节 社会科学研究成果转化 ………………………………………………（314）

第三章 社会科学人才培养 …………………………………………………（317）
第一节 学术带头人及后备人选推荐工作……………………………………（317）
第二节 培养扶持中青年学者 …………………………………………………（321）
第三节 发挥知名老专家表率作用 ……………………………………………（322）

第四章 社团管理 ……………………………………………………………（323）
第一节 社科学会管理 …………………………………………………………（323）

第二节　民办社科研究机构管理 …………………………………………………（325）

附　录

一、名　录 ………………………………………………………………………（328）
二、大事记 ………………………………………………………………………（336）
三、文献辑存 ……………………………………………………………………（381）

编后记 ……………………………………………………………………………（424）

Contents

Outline ······ (1)

Part 1 Discipline ······ (17)

Chapter 1 Theory of Socialism with Chinese Characteristics ······ (18)
Section 1 Research Summary ······ (18)
Section 2 Main Works ······ (22)
Section 3 Leading Researcher ······ (27)

Chapter 2 Philosophy ······ (28)
Section 1 Research Summary ······ (28)
Section 2 Main Works ······ (31)
Section 3 Leading Researcher ······ (41)

Chapter 3 Economics ······ (43)
Section 1 Research Summary ······ (43)
Section 2 Main Works ······ (47)
Section 3 Leading Researcher ······ (56)

Chapter 4 Economic System Reform ······ (59)
Section 1 Research Summary ······ (59)
Section 2 Main Works ······ (62)
Section 3 Leading Researcher ······ (68)

Chapter 5 Regional Economy ······ (69)
Section 1 Research Summary ······ (69)

Section 2 Main Works ······ (72)
Section 3 Leading Researcher ······ (78)

Chapter 6 Politics ······ (79)
Section 1 Research Summary ······ (79)
Section 2 Main Works ······ (82)
Section 3 Leading Researcher ······ (88)

Chapter 7 Law ······ (89)
Section 1 Research Summary ······ (89)
Section 2 Main Works ······ (93)
Section 3 Leading Researcher ······ (99)

Chapter 8 Ba Shu Culture ······ (101)
Section 1 Research Summary ······ (101)
Section 2 Main Works ······ (105)
Section 3 Leading Researcher ······ (111)

Chapter 9 Sociology and Demography ······ (112)
Section 1 Research Summary ······ (112)
Section 2 Main Works ······ (116)
Section 3 Leading Researcher ······ (124)

Chapter 10 Journalism and Communication ······ (127)
Section1 Research Summary ······ (127)
Section 2 Main Works ······ (131)
Section 3 Leading Researcher ······ (138)

Chapter 11 Files and Literature …… (139)

Section 1 Research Summary …… (139)

Section 2 Main Works …… (142)

Chapter 12 Language …… (149)

Section 1 Research Summary …… (149)

Section 2 Main Works …… (152)

Section 3 Leading Researcher …… (159)

Chapter 13 Chinese and World literature …… (160)

Section 1 Research Summary …… (160)

Section 2 Main Works …… (166)

Section 3 Leading Researcher …… (177)

Chapter 14 Literary Aesthetics …… (179)

Section 1 Research Summary …… (179)

Section 2 Main Works …… (181)

Chapter 15 Education and Psychology …… (190)

Section 1 Research Summary …… (190)

Section 2 Main Works …… (195)

Chapter 16 Religion …… (202)

Section 1 Research Summary …… (202)

Section 2 Main Works …… (204)

Section 3 Leading Researcher …… (213)

Chapter 17 Ethnology …… (215)

Section 1 Research Summary …… (215)

Section 2 Main Works ………………………………………………………… (219)
Section 3 Leading Researcher ………………………………………………… (226)

Chapter 18 History ………………………………………………………… (228)
Section 1 Research Summary ………………………………………………… (228)
Section 2 Main Works ………………………………………………………… (234)
Section 3 Leading Researcher ………………………………………………… (243)

Chapter 19 Archaeology …………………………………………………… (246)
Section 1 Research Summary ………………………………………………… (246)
Section 2 Main Works ………………………………………………………… (251)
Section 3 Leading Researcher ………………………………………………… (259)

Part 2 Organization, Association, Periodical and Website ……………… (261)

Chapter 1 Administrative Organization of Social Science ……………… (262)
Section 1 Provincial Administrative Organizations of Social Science ……… (262)
Section 2 Municipal Administrative Organizations of Social Science ……… (264)
Section 3 County Administrative Organizations of Social Science ………… (275)

Chapter 2 Social Science Institution (Policy Research Office of Governing Department at Provincial Level are Included) ……………………………………… (277)
Section 1 Provincial Institution of Social Science ……………………………… (277)
Section 2 Colleges and Universities ………………………………………… (282)
Section 3 School of Communist Party ……………………………………… (286)
Section 4 Municipal Institutions of Social Science ………………………… (287)
Section 5 Private Institutions of Social Science …………………………… (288)

Chapter 3 Association of Social Science …… (289)

Section 1 Provincial Associations of Social Science …… (289)

Section 2 Municipal Associations of Social Science …… (292)

Chapter 4 Periodical and Website of Social Science …… (295)

Section 1 Periodical …… (295)

Section 2 Website …… (297)

Part 3 Activity …… (299)

Chapter 1 Planning and Award of Social Science …… (300)

Section 1 National Planning of Social Science …… (300)

Section 2 Provincial Planning of Social Science …… (301)

Section 3 Provincial Award of Social Science …… (303)

Chapter 2 Popularization and Utilization of Social Science …… (310)

Section 1 Popularization of Social Science …… (310)

Section 2 Utilization of Social Science …… (314)

Chapter 3 Talent Project …… (317)

Section 1 Recommendation of Leading Figure and Potential Talent …… (317)

Section 2 Young Talent's Support Project …… (321)

Section 3 Influence of Well- known Social Scientist …… (322)

Chapter 4 Management …… (323)

Section 1 Management of Social Science Association …… (323)

Section 2 Management of Private Social Science Institution …… (325)

Appendices …… (327)

1. Name Lists …… (328)

2. Memorabilia ······ (336)

3. Compilation of Document ······ (381)

Editorial Notes ······ (424)

概 述

1986—2005 年，是中国全面深化改革、扩大对外开放，经济体制改革从建立有计划的商品经济体制到建立社会主义市场经济体制的重要历史阶段，也是西部大开发全面启动的重要时期。改革和发展过程中出现诸多前所未有的新问题，需要社会科学加以探索并给予回答。时代赋予四川社会科学重大的历史责任和空前的发展机遇。

一

1986—1991 年，中国城市经济体制改革全面推进，对外开放进一步发展。城市经济体制改革面临的问题和难度远远超过农村经济体制改革。经济研究成为四川社会科学主战场，广大经济理论工作者思想活跃、敢于探索，表现出突破理论禁区的勇气和特点，为推动四川经济发展和改革发挥了重要作用。社会科学其他学科在经历了复苏和初步发展后，在这一时期非常活跃，学术成果大量涌现，学术研究呈现百花齐放、百家争鸣的局面。

（一）经济研究成为社会科学的主战场

国企改革研究影响巨大。四川国有企业改革一直是整个城市经济体制改革的中心环节。计划经济时代尤其是“三线”建设时期，国家在四川布点的大中型国有企业数量众多，四川国企改革任务非常艰巨。四川经济学界加强与企业的联系，密切关注国企改革实践，做了大量深入的调查研究和艰苦的理论探索。四川省社会科学院（以下简称省社科院）、四川省体制改革委员会（以下简称省体改委）研究所、四川省计划经济委员会（以下简称省计经委）经济研究所、西南财经大学经济研究所等研究机构多次与企业或省内市县召开针对国企改革的专题研讨会，共同探讨改革路径。四川经济学者提出许多具有建设性、创造性的理论观点。四川省社科院研究员林凌、重庆市社科院院长蒋一苇是中国国有企业改革理论和实现形式最早研究和开创者之一。林凌提出的国有企业自负盈亏论、从承包制到股份制、股份制是企业的财产组织形式、股份制是国企改革的目标模式、国有经济退出竞争性领域、垄断部门改革、政府在改革中的双重角色等观点，在国企改革中产生广泛影响。林凌的论文《股份制在国企改革中的地位和作用》被四川省人民政府（以下简称省政府）批转全省县级以上干部学习讨论，对推动四川股份制改革发挥重要作用。蒋一苇在 1979 年提出经济体制改革不仅是政府简政放权和让利，而应当把增强企业活力，使企业成为自主经营、自负盈亏的商品生产者和经营者作为经济体制改革的中心环节。这一观点为国企改革的方向和重点提供政策思路。林凌和蒋一苇提出的在首钢进行大型国有企业改革试点的建议得到采纳和推广，他们建议的改革模式成为 20 世纪 80 年代国企改革的主流。四川的国企改革研究不仅对本省而且对全国产生重要影响。

城市综合体制改革研究全面展开。这一时期，四川经济学界不仅关注国有企业改革这一中心环节，而且将研究视野扩大到与国企改革相联系的城市综合经济体制改革。研究重点是宏观经济管理体制改革，包括流通体制、投资体制、财税体制、金融体制、价格体制，以及劳动就业、分配制度等多方面改革。四川经济体制改革研究的广度和深度空前拓展，并且由关注各个单项改革到越来越重视各项改革的关联性和整体性。城市综合经济体制改革的复杂程度和难度表明，改革已淌过“摸着石头过河”的浅水区，逐渐进入面临更多更复杂问题的深水区。社会科学研究为四川改革“探路”作用日渐凸显。

面对经济体制改革在理论和实践中不断出现的新动向、新问题，四川经济理论界开展一系列重要的学术活动，探讨切磋，集思广益，不断总结改革经验，探索改革路径。四川省经济体制改革研究会成立后，组织学者总结改革实践，探讨社会主义经济体制改革带规律性的问题和理论，提出适合四川省实际的体制改革模式建议和方法。林凌、赵国良、郭元晞等《中心城市综合改革论》，陈永忠《中国社会主义股份制研究》等专著；林凌《中国经济体制改革的目标模式和新体制的框架结构》，唐公昭、张大明、张煜等《经济体制改革的回顾与近期深化改革的思考》，孔繁涛、何玉柏、李科等《国家调控市场市场向导企业——宏观管理与微观搞活有机结合模式探讨》，朱芬吉、顾培东、陈家泽等《政府经济行为系列研究报告》，刘富善《完善市场体系与发展生产资料市场》，胡安《城市财政改革探索》，罗洵、杜永法、胡正渝等《改进中国投资计划分级管理的设想》等论文，是这个时期代表性的研究成果。

区域经济研究强劲发展。四川地处西南内陆，在中国对外开放梯度推进战略中不具备区位优势。区域经济研究对于四川加快发展和缩小与东南沿海地区的差距具有重要意义，受到中国共产党四川省委员会（以下简称省委）、省政府和四川社会科学界的高度重视。

四川的区域经济研究将四川经济发展置于中国经济发展全局背景之下。1985 年，林凌在《人民日报》发表《中国战略布局中的东西部结合问题》，针对当时实施的由东向西梯度推进发展战略，提出应实行东西部结合战略的观点，并指出随着东西部结合战略的实施，经济重点必然要向西部转移。西部应主动加强与东部的经济联系，积极开展对西部地区开发战略的研究，做好西部开发的前期准备工作，为中央作出战略决策提供依据。同年，四川省社科院发起西南地区社科院联合开展开发大西南战略研究。云南、贵州、四川、重庆、广西四省五方社科院（所）联合成立开发大西南战略研究协作中心，联络处设在四川省社科院。省社科院先后牵头完成“西南内外部关系研究”“西南三线建设调整改造战略”“西南智力开发战略研究”“中国西南经济区发展战略研究”等国家课题。1988 年，依据国家课题《长江上游地区资源开发与生态保护总体战略构想研究》，开发大西南研究协作中心联合九三学社中央委员会，向中共中央、全国人大常委会、国务院提出“关于建立长江上游生态保护和资源开发区的建议”。全国人大七届二次会议期间，全国人大常委会委员长万里批示：建议很好，拟可采纳。中共中央总书记江泽民于 1989 年作出批示，国务院主要负责人提出具体意见，并批转国家计委研究办理。刘茂才、王小刚主编《流域开发战略研究——长江上游地区资源开发与生态保护的总体战略构想》，集中该项研究成果的主要内容。

四川区域经济研究中的全局眼光，有利于省内区域经济发展的准确定位。四川经济理论界关于内陆地区对外开放的思路、路径、方法；四川具有比较优势的基础产业、支柱产业，先导产业的发展战略以及四川产业结构调整的主攻方向和突破口的选择；解决四川经济发展中存在的能源、交通、金融等突出问题的方法和路径；四川省内区域性经济开发问题，包括丘陵山地等欠发达地区经济开发，少数民族地区经济开发等方面的研究成果，都体现从本地实际出发，在宏观经济发展中找准位置、扬长避短的思维特征，并在区域经济发展中发挥重要作用。唐公昭、漆先望、邹大鹏等《四川省经济科技社会发展战略规划及产业政策研究报告》，辛文、蒙尊谭、高宇天等《四川能源资源及发展战略》，林凌、李树桂《四川——中国内陆大省的对外开放》等专著，杨继瑞《试论西南经济区形成和发展的理论基础》等论文，是这一时期四川区域经济研究的代表性成果。

（二）社科研究百花齐放繁荣初显

20 世纪 80 年代后期，四川各学科门类在科学建设和学术研究方面获得显著进展，呈现生机勃勃的景象，其中，部分学科领域研究成果在全国产生重要影响，具有鲜明的时代特色和地域特色。

毛泽东、邓小平思想研究全国领先。20 世纪 70 年代后期，四川省委原书记、毛泽东思想研究学者杨超对四川省毛泽东思想研究发挥重要推动作用，四川省以毛泽东思想研究开全国风气之先。1984 年，省社科院建立毛泽东思想研究所，是国内第一所专门研究毛泽东思想的学术机构。该所主办《毛泽东思想研究》双月刊，是国内唯一以毛泽东思想为研究主题的学术刊物。1987 年，该所牵头成立四川省毛泽东思想学会。毕剑横等《毛泽东思想史》《毛泽东战略思想研究》《毛泽东与中国哲学传统》，冉昌光《社会主义时期的毛泽东思想研究》等专著，是这一时期的重要研究成果。

20 世纪 80 年代，四川理论界开始研究邓小平及其创立的“建设有中国特色社会主义”理论。1989 年，四川省邓小平同志的思想研究小组成立，杨超任组长，极大推动四川邓小平思想研究的发展。

文学研究成果丰硕。1988 年，省社科院研究员袁珂《中国神话史》出版，这是中国第一部神话史。袁珂首次将散落在古籍中的神话遴选、缀集起来，勾勒出中国神话的历史全貌，并提出和论证广义神话的概念，扩展神话学研究的视野和领域，使神话史有了重大突破。袁珂作为建立中国神话学的主力学者地位由此确立。袁珂《中国古代神话》《古神话选释》《袁珂神话论文集》《中国神话传说》《中华文化集粹丛书・神异篇》《中国神话大词典》《山海经校注》《巴蜀神话》等研究成果，在国内外产生重要影响，部分著作有多种语言译本，其学术成就奠定了四川神话学研究的优势地位。

四川大学教授项楚于 1990 年、1991 年出版《敦煌变文选注》《敦煌文学丛考》《王梵志诗校注》，在敦煌变文、敦煌语言文学等方面取得世界一流水平的成就。《王梵志诗校注》被公认为国内外同类著作中校订最精、开掘最深、内容最丰者。项楚后来陆续出版《敦煌诗歌导论》《寒山诗注》《敦煌歌辞总编匡补》等专著，以及《王梵志诗校辑匡补》等论文，其学术成就奠定了四川敦煌学研究的优势地位。

这一时期，文学研究领域的高质量成果还有缪钺、叶嘉莹《灵溪词说》，魏炯若《读风知新记》，谢桃枋《苏轼诗研究》，曹顺庆《中西比较诗学》，王仲镛《唐诗纪事校笺》，王锦厚《五四新文学与外国文学》，尹鸿禄《大后方散文论稿》等。

考古学研究领域扩展，取得重大考古发现。西南民族考古和“南方丝绸之路”研究取得重大成果。四川大学教授童恩正对“西南民族考古”学术体系的建立具有突出贡献，20 世纪 70—90 年代先后发表《文化人类学》《古代的巴蜀》《近年来中国西南民族地区战国秦汉时代的考古发现及其研究》《论早期铜鼓》《试论中国从东北至西南的边地半月形文化传播带》等数十篇（部）具有较高学术价值的论文和专著，基本建立一个包括针对四川、云南、贵州、广西、西藏及其近邻地区当地土著民族文化的考古学研究体系。在此期间，童恩正主持国家社科基金“古代南方丝绸之路综合考察”课题，对“南方丝绸之路”进行考古学考察。四川考古学界搜集大量资料，撰写和发表一批水平较高的学术论文，不仅从学术层面说明南方丝绸之路确实存在，还证明它在历史上对中外交通及沿线的经济文化交流与促进发挥重大作用。由于地域上的重合，从考古学、民族学角度进行的“南方丝绸之路”研究与“藏彝走廊”研究相互联系，形成一批有质量的成果。

1986年7月，四川考古工作者在广汉县三星堆遗址发掘两处古蜀大型祭祀坑，坑内出土1700多件青铜器、玉器、漆器、陶器等，其中青铜立人像、青铜面具、青铜神树、金杖、玉璋等，以其巨大的体量、奇特的造型震惊世界，被称为20世纪人类最伟大的考古发现之一。1985—1987年，成都市区十二桥遗址发掘出土国内保存最完整、规模最大的商代干栏式建筑遗迹，具有鲜明的地方特色。该遗址最下层的文化面貌与三星堆遗址最晚期遗存相同，为三星堆文化的去向等问题提供重要材料。

1985—1986年，考古工作者在万县地区巫山县庙宇镇龙骨坡，先后发掘出距今约200万年前的人类遗骨化石，以及包括步氏巨猿、中国乳齿象、先东方剑齿象、剑齿虎等更新世初期的哺乳动物化石。龙骨坡遗址出土的遗物代表一种能人的新亚种，定名为“巫山人”。“巫山人”化石是中国境内迄今发现最早的人类化石，是20世纪中国最重要的考古发现之一。

文艺美学学科建立。四川的文艺美学研究，在国内学术界占有重要地位。四川大学中文系教授王世德是文艺美学学科的创立者之一，为该学科的建设作出突出贡献。20世纪70年代后期以来，王世德先后主编中国第一部《美学辞典》，出版专著《审美学》《文艺美学论集》《美学新趋势》《影视审美学》等。其中，《文艺美学论集》对“文艺美学”作了学术界定，是该学科重要的基础性著作。

新闻与宣传关系的讨论促进宣传学兴起。20世纪80年代，全国新闻学界进行了一场思想大讨论——新闻与宣传关系的探讨，由此引出对新闻媒体功能的深层思考。这是新闻学界的一次思想大解放，不仅丰富社会主义新闻学的理论内涵，也为新闻改革的推进提供理论依据。四川新闻传播学界在新闻理论、新闻业务、新闻史、大众传播理论、传播业务等方面进行广泛深入的研究，推动四川省的新闻学和传播学深入发展。20世纪80年代中后期，宣传学在国内刚刚兴起，四川的宣传学研究已处于领先地位。省社科院研究员林之达先后出版《宣传学研究纲要》《中国共产党宣传史》两部专著，填补中国宣传学研究的空白，发表《宣传学探索》《关于宣传学的几个基本理论》等多篇论文。1987年12月，四川省社科院主持召开全国首次宣传学学术研讨会，在国内产生重要影响。

道教研究成为四川宗教学的突出亮点。20世纪80年代开始，四川宗教学研究特别是道教研究表现出鲜明的学术特点，取得丰硕的学术成果并产生全国性影响。四川大学教授卿希泰是四川省宗教研究的代表性学者，所著《中国道教思想史纲》（2卷）和《中国道教史》（4卷）较为集中地体现其学术思想。卿希泰提出并加以解决的具有独创性的学术观点有道教发展的规律性问题，道教在中国传统文化中的地位和作用及研究中国道教史及其思想史的重要意义，研究道教文化的方法论问题。在道教和其他学科的交叉结合、地方道教和道教史的研究上，卿希泰也提出独到见解。20世纪90年代以后，四川道教研究更趋繁荣，研究方法和角度新颖、多样，高质量的论著不断问世，在国内道教研究中处于领先和主流地位。

教育学研究推动教育发展。20世纪80年代，教育如何适应改革开放的时代要求，面向现代化、面向世界、面向未来，成为这一时期教育理论研究面临的亟待回答的重大问题。四川理论界就教育观念、教育本质、功能与规律、新型教育模式、教育国际化与民族化等基本理论问题进行探索，这些研究丰富和发展了教育理论，对推动教育发展与改革发挥了积极作用。省社科院研究员查有梁在

1986年运用控制论、信息论、系统论分析教育科学中一些重要理论和方法论问题，引起学术界的强烈反响，对于促进教育现代化产生积极影响。20世纪90年代，教育学专家纪大海率先提出“和谐教育”“新人本教育”理念，提出“教育人才学”学说，这些前瞻性的理论在教育领域甚至社会生活领域产生较大影响。

（三）社会科学事业进一步发展

20世纪80年代后期，在基本完成对极左思潮的拨乱反正后，出现宽松的学术氛围。恢复高考后的部分大学文科毕业生源源不断地补充到社会科学研究队伍中，尤其是“老三届”[①]文科毕业大学生、研究生逐渐成为四川社会科学骨干。大批生力军的进入，加强了四川社会科学研究力量，老中青梯次结构逐渐形成。这一时期，省级各类学会数量迅速增加，至1989年各类学会的数量达122个。这些学会分别组建于省内科研院（所）、高校、党校、党政部门，覆盖四川几乎所有的哲学社会科学学科。20世纪80年代中期后，四川省社科普及工作日益活跃。四川省社会科学界联合会（以下简称省社科联）组织广大社科工作者围绕不同时期党和国家的大政方针、社会生活中的热点问题，以及中国和四川经济社会发展中的重大问题等，向广大群众普及宣传社会科学研究成果。各市（地、州）社科联也从本地区的特点和实际出发，广泛开展多种形式的社科普及工作。20世纪80年代后期，四川社会科学队伍兴旺，成果丰硕，科研与科普齐头并进，开始走向全面繁荣。

二

1992年，邓小平发表南方谈话，对一直困扰理论界和改革实践的姓“社”姓“资”争论作出正确判断，进一步解放思想，为中国改革开放注入新活力，成为社会科学界理论攻坚、冲破僵化思维的强大动力。1992年10月，中共十四大提出建立社会主义市场经济体制的改革目标。于是，探索改革路径，突破旧体制机制束缚，推进各项改革事业深入发展，成为社会科学面临的最为紧迫的任务。1992—2000年，理论攻坚成为四川社会科学研究最显著的时代特征。四川省积极整合社科研究资源，加强理论攻坚的科研力量配备，改善科研条件与科研管理，充分运用社会科学规划课题等科研管理的杠杆作用，引导社会科学工作者开展研究，为改革发展的大局服务，形成一大批高质量的研究成果。在此过程中提升研究队伍的整体素质，促进四川社会科学的全面繁荣。

（一）以理论研究推动改革开放

中国特色社会主义理论研究新高潮。1992年，中共十四大报告为邓小平建设有中国特色社会主义的理论作出完整的科学定义。1994年，“四川省邓小平同志建设有中国特色社会主义理论研究中心”成立（中共十五大后更名为“四川省邓小平理论研究中心”），是全国最早成立的邓小平理论研究中心。1997年9月中共十五大后，理论界对邓小平理论形成和发展过程进行探讨和研究，从多个角度和层面研究邓小平理论的深刻内涵，并研究党的第三代领导集体对邓小平理论的丰富和发展。这个时期四川理论界发表一系列重要成果。专著有毕剑横、刘平斋、姜忠等《毛泽东思想史》，刘德骥、周治滨《建设有中国特色社会主义通论》，省委党史研究室《邓小平对毛泽东思想的新发展》，

---

① “老三届”指1966—1968年毕业的初中生、高中生。“文化大革命”结束后恢复高考，在1977年和1978年高考中规定“老三届”毕业生报考可不受年龄限制。

刘平斋、姜忠《邓小平与当代中国道路》，肖百冶、张星炜《毛泽东、邓小平社会主义建设理论比较研究》，马富武、蔡昌瑞、郭伟《邓小平执政党建设思想》，李杰等《三代领导核心的强国路》，杨先农等《邓小平理论发展史》，李济琛、赵力宾、周君《建设有中国特色社会主义理论研究》等。论文主要有康电《市场经济与社会主义基本制度结合若干矛盾的探讨》，杨先农《党的十一届三中全会前后邓小平大思路的几个特点》，管文虎《邓小平社会主义发展动力新学说探析》等。

开展建立社会主义市场经济体制的理论研讨。四川省社科界紧紧围绕社会主义市场经济问题，开展一系列理论研讨活动。1992 年后，市场取向改革成为当时深化改革的关键。省社科联、四川大学、西南财经大学等单位于 1993 年 4 月在成都市温江县召开四川省社会主义市场经济理论讨论会，把市场经济新体制的建立同解决当时经济建设和经济生活中的突出矛盾、突出问题结合研究，提出建立社会主义经济体制亟待解决若干问题的思路、途径和办法。

这一时期，市场经济理论代表性的研究成果有姜凌、傅泽平、龙德灿等《现代市场经济的基本运作与社会主义市场经济体制的构建》，杨海清、雷启荣、宋明等《市场经济体制下的农村改革》，周继尧《市场经济条件下的政府领导行为》，郑卫国、刘莎、梁光晨等《社会主义市场经济与现代企业管理》，赵昌文、程民选、郭晓鸣等《现代市场经济导论》等专著。论文和调研报告有杨钢《关于体制转变中若干根本性问题的思考》，宋玉鹏、李少宇、罗仲平等《四川民营经济发展若干问题研究》等。这些理论探索对于理清改革思路，明确改革路径具有积极作用。

理论研究助推国企改革攻坚。1993 年 11 月，中共十四届三中全会确定建立现代企业制度是中国国有企业改革的方向。为贯彻中共十四届三中全会精神，省委、省政府在全省选择部分企业进行建立现代企业制度的试点工作。四川省经济委员会（以下简称省经委）、省体改委、省社科院、西南财经大学的经济工作者深入成都、自贡、乐山、内江、绵阳等城市的一些大中型国有企业进行调查，制订改革试点方案，为省委、省政府起草《关于建立现代企业制度实施意见（12 条）》提供参考。省社科院提出的《关于在少数有条件的试点企业中进行探索国有资产经营公司作为投资主体试点的建议》，被省政府采纳并试行。

随着改革的不断深入，国有企业体制方面的深层次矛盾逐渐显露，有关国企改革的理论研究和改革实践逐渐指向国有企业产权制度这个核心问题。能否在这个问题上有所突破，直接影响到国企改革的推进。1993 年，西南财经大学教授刘诗白出版国内第一部系统研究产权基本理论的著述《产权新论》。该书运用马克思主义基本原理，从中国现阶段社会主义特征出发，提出市场经济条件下两个“两权分离”的必然性、国企改革重点是法人财产权的建立等独创性观点，并全面论述建立社会主义市场经济产权制度的基本途径。这些理论研究对全方位推进企业制度的改革具有重要的现实指导意义，在国内产生重大影响。

在理论研究助推国企改革攻坚过程中，四川经济理论界始终密切关注改革中出现的新动向、新问题，及时加以研究。1995 年，林凌、刘世庆的专著《产权制度改革与资产评估》进一步明确产权界定的必要性，分析企业资产评估的理论、目的，中国企业资产评估构建的方法、机构与市场建设等，以及产权制度改革下国有资产的管理。1999 年，赵一锦、刘军、张宁俊等的专著《国有资产流失研究》，针对国有企业产权制度改革中出现的国有资产流失问题，明确提出国有资产流失的内涵界定及国有资产流失的依据，为鉴别和处置国有资产流失提供可靠的理论和现实依据；并首次在中国学术界系统提出国有资产流失价值的定量计算原则、方法和方式，使国有资产流失价值的计算具有可操作性。

随着国有企业改革不断深化，企业原有社会功能被剥离出来，需要启动劳动就业、住房、医疗、社会保险体制改革予以配合，改革呈现出整体推进态势。四川社会科学界针对建立适应社会主义市场经济体制的劳动就业和社会保障体系问题，进行广泛深入的社会调查和理论研究，提出改革路径和各项具体的对策建议。这些研究对于保障现代企业制度改革的顺利推进发挥积极作用。

（二）学术研究空前活跃

20 世纪 90 年代，四川社会科学各学科门类学术研究空前活跃，成果丰硕。老一辈学者继续辛勤耕耘，一大批“文化大革命”后毕业的中青年学者开始成为研究工作的中坚力量，四川社会科学研究队伍在“文化大革命”10 年间出现的断层逐渐弥合，新的学术梯次结构逐步形成。

历史学研究领域拓展。20 世纪 90 年代，四川历史学研究视野进一步扩大，对某些领域的研究取得开拓性进展。近代中国城市史、抗日战争史、古代社会经济史、古代学术史、古代少数民族生活史、中国近代思想史、中外文化交往史等领域出现大批有较高学术质量和影响的研究成果。其中，近代中国城市史研究在国内学术界具有重要影响。1988 年，四川大学原副校长隗瀛涛创建全国首个高校城市史研究机构——四川大学城市研究所，成为国内最早开拓这一研究领域的学者之一，先后主持完成《近代重庆城市史》《中国近代不同类型城市综合研究》等专著。20 世纪 90 年代，四川史学界的中国近代史和中国近代思想文化研究引起国内学术界广泛关注。四川大学教授罗志田的专著《再造文明之梦——胡适传》《民族主义与近代中国思想》等备受瞩目。周春、蒋和胜、蒋永穆等专著《中国抗日战争时期物价史》首次系统、全面论述中国抗日战争时期物价情况，带有抢救史料性质。四川地方史研究在这一时期取得显著成果，代表性著作为省社科院研究员贾大泉、陈世松主编的 7 卷本《四川通史》。

当代四川史的研究是改革开放后开辟的历史研究新领域。省政府建立的当代四川编委会改组为当代四川史编委会，何郝炬、章玉钧、李洪仁等任主任，出版《当代四川简史》《当代中国四川》等重要成果，创办全国第一家口述史刊物《当代史资料》，对开拓当代四川研究领域，促进历史为现实服务起了重要作用。1999 年，省政协文史资料委员会组织编写出版《共和国五十年四川文史书系》，以“亲历、亲见、亲闻”的特殊视角多层次、多侧面展示中华人民共和国成立以后 50 年间四川的发展变化历程。

考古新发现有力推动巴蜀文化研究发展。20 世纪 90 年代，一系列考古重大发现为巴蜀文化研究提供大量新的考古材料，同时也提出大量需要回答的新课题，巴蜀文化研究呈现出新观点、新思路迭现的局面。李绍明、林向、赵殿增主编《三星堆与巴蜀文化》论文集是四川及国内外著名学者运用三星堆考古发掘资料对巴蜀文化源流、内涵所作的新探索；宋治民《蜀文化与巴文化》是第一部用考古材料全面、系统地研究古代巴蜀历史的专著；段渝《政治结构与文化模式——巴蜀古代文明研究》提出四川盆地古代文明具有的“向心结构”观点；周群华《从考古和文献资料看巴蜀文化的内聚和外衍》提出“巴蜀文化”本身就是一种复合文化的观点；谭继和《巴蜀文化研究趋向平议》从文化学角度对巴蜀文化研究的现状和发展趋向加以梳理和探讨，指出巴蜀文化研究应突破旧的思维定势和前人研究传统的影响，需要新的宏观文化学派和引进新的研究方法。

这一时期，谭洛非、谭继和、袁庭栋等一批学者提出广义巴蜀文化的新概念，使巴蜀文化研究不再局限于先秦巴蜀古史的狭窄范围，而是扩大到从古至今的四川文化，从而极大地丰富了巴蜀文化的内涵，拓展了巴蜀文化的研究领域，拉近了巴蜀文化研究与当代社会之间的距离。李怡《现代四川文学的巴蜀文化阐释》，崔荣昌《四川方言与巴蜀文化》，胡昭曦、刘复生、粟品孝《宋代蜀学研究》等专著，刘茂才、谭继和《巴蜀文化的历史特征与四川特色文化的构建》，刘茂才、隗瀛涛、段渝《从文化转形谈中介论——关于巴蜀文化转型的研究实例》，赖华明《秦汉移民与巴蜀文化的变迁》等论文，是这个时期体现广义巴蜀文化研究的代表性成果。

新闻传播学研究呈现时代特色。20 世纪 90 年代后，随着信息技术的飞速发展，对外文化学术交流的扩大，以及社会主义市场经济体制在中国的逐步建立，新闻传播的载体、手段、运行模式等出现新局面，给新闻传播学研究提出新课题的同时，也提供大量新的研究资料。这一时期，四川新闻传播学在基础理论研究方面取得新的进展。林之达《传播学基础理论研究》、董天策《传播学导论》等专著立足中国现实，吸收消化国内外新兴传播理论，形成新的研究成果。新闻业务、新闻监督等应用性研究十分活跃，这方面的代表性专著有邱沛篁《新闻采访艺术》、艾风《舆论监督与新闻策划》、张惠仁《新闻写作学》、赵志立《编辑学基本原理》等。20 世纪 90 年代后期，在传统的报纸、广播、电视之外，互联网迅速普及为新闻传播学研究增添新的内容。同时，随着中心城市在经济社会发展中凝聚力和辐射力的显著增强，一些有影响的都市报纸如《成都商报》《华西都市报》等迅速崛起，成为新闻传播学研究关注的对象。

四川新闻传播学研究呈现多元化、差异化的发展格局。席文举《报纸策划艺术》、郭五林《电视创新研究》等专著，张立伟《报业竞争的四柄双刃剑》《靠天吃饭，还是靠策划生存——媒体的自然竞争与策划竞争》等论文，体现新闻传播学原有分支研究的不断深入与创新的发展趋势。董天策主编《网络新闻传播学》，肖娅曼、黄玉顺《新闻传播的第三次媒介革命》等专著，赵志立《网上虚假新闻的成因及其防范》等论文，则体现新闻传播学具有时代特征的新的研究方向。

密切联系现实需要开展法学研究。20 世纪 90 年代是建立社会主义市场经济体制的关键时期。随着市场经济的空前活跃，多元利益格局的形成，各种经济案件、经济纠纷、民事纠纷日益增多。这一时期，四川法学研究重点关注经济领域内的法律问题。1999 年，在《中华人民共和国证券法》实施之际，省社科院副院长周友苏出版《证券法通论》，对证券法及其主要制度作了历史回顾和国际比较，论证中国证券法所具有的国际运行规则和适合中国国情的中国特色。20 世纪 90 年代是中国加强民主法制建设的重要时期。法学研究围绕保障公民权利，完善司法制度，打击各类犯罪，维护社会稳定等方面进行探讨，同时也重视向群众普及法律知识。学术专著有王建平《民法学》、林义全《民事诉讼法理论与实践》、左卫民《价值与结构——刑事程序的分析》等。论文有李晓路《关于民事责任两个基本问题的探讨》、黄中明《加强法制建设的几点思考》等。普法著作有卫德佳《中国公民权利手册》，石春相、赵小平、蒋剑鸣专著《家庭法律顾问》等。

民族学研究取得新的突破。这一时期，四川民族学研究取得一批具有相当学术水平的成果，在一些领域取得新的突破，或填补空白。李绍明《李绍明民族学文选》反映四川省民族学研究的历程和学术水平，有很高的学术价值。袁亚愚主编《当代凉山彝族的社会和家庭》，运用社会学理论和研究方法对凉山彝族社会及家庭进行系统、全面、深入和多层次的描述、分析与综合研究，创新民族学研究方法。李绍明主编《川东酉水土家》是四川地区首次以川东酉水流域的土家族聚居区为考察对象进行研究的民族志著作。石硕《西藏文明东向发展史》从全新的角度系统研究西藏与中原关系的形成历史，在该领域取得重大基础性突破，受到国内外藏学界广泛关注。《彝语大词典》编纂委员会编纂出版第一部规范彝语大型综合性工具书《彝语大词典》。李力主编《彝族文学史》首次全面系统地对彝族文学进行总结，勾勒彝族文学发展史的清晰脉络。苏克明等《凉山彝族道德研究》首次系统、深入地介绍和研究凉山彝族的伦理道德状况，填补彝族研究领域的一项空白。

语言文字学埋头耕耘收获硕果。语言文字学研究作为四川的传统优势学科，在20世纪90年代收获丰硕成果。张永言、骆晓平、田懋勤等《世说新语辞典》，常正光、方述鑫、彭裕商《甲骨文金文字典》，宋子然《训诂学》，崔荣昌《四川方言与巴蜀文化》，刘益国《元曲熟语辞典》，董志翘《训诂学类稿》，张永言《语文学论集》（增补本），宋永培《〈说文〉汉字体系研究法》，黄尚军《四川方言与民俗》等一批厚重的专业性语言文字学工具书和学术专著，展示四川语言文字学学者传统的严谨治学风格和扎实的学术功底。

（三）社会科学事业全面推进

研究机构进一步充实优化。这一时期，为适应社会科学发展需要，四川相继新建或改建、扩建一批学术研究机构。西南财经大学于1993年成立应用统计研究所。省计经委计划经济研究所于1999年改建为四川经济发展研究院，下设经济研究所、社会发展研究所、区域发展研究所、投融资研究所、市场情报研究所、企业发展研究所。四川大学宗教研究所于1999年扩建为道教与宗教研究所，同年被教育部确定为普通高等学校人文社会科学重点研究基地。四川大学在教育部批准设立的全国高校“历史学科人才培养和科学研究基地”的基础上，1999年对四川大学“西藏考古与历史文化研究中心”进行重新改组，新建四川大学中国藏学研究所，同年被教育部确定为普通高等学校人文社会科学重点研究基地。四川大学于1999年在中国古典文献学、中国古代文学、汉语言文字学3个学科点的基础上，对原有研究方向重新规划，对原有学术力量实施优化组合，建立四川大学中国俗文化研究所，同年被教育部确定为普通高等学校人文社会科学重点研究基地。

省、市两级社科联体系基本形成并发挥重要功能。至2000年，成都、绵阳、宜宾、广安、泸州、自贡、乐山、攀枝花、西昌、广元、德阳、遂宁、雅安、内江、南充、达州、巴中等地相继建立市级社会科学界联合会。省、市两级社科联作为各级党委、政府领导下的具有一定行政管理职能的学术性人民团体，充分发挥党和政府联系社会科学工作者的桥梁和纽带作用。在省社科联指导下，新建立的市级社科联整合行政区划内社会科学资源，组织多形式、多层次、多方面的学术探讨、调查研究、决策咨询，并编制各地社会科学研究的规划，设立和批准社会科学规划课题，组织社会科学的课题申报和课题管理，并组织各地社会科学普及工作，有效推动全省各地社会科学的发展。1995年，泸州医学院社会科学工作者联合会成立，高校社科联在省内高校陆续成立，在成果申报、评奖方面发挥重要作用。

省社科联组织的四川省社会科学评奖工作逐步规范发展，评奖标准不断改进、完善，形成相对稳定的评奖机制，确定政府奖项数200项；细化评奖工作实施细则，顺利开展第五次、第六次、第七次、第八次评奖工作，在1992年第五次评奖中首次确立评委实行回避制度，在1996年第七次评奖中增设四川省社科界优秀成果奖项。

三

2000年后，中共中央高度重视发展和繁荣哲学社会科学。2001年8月，中共中央总书记江泽民指出：哲学社会科学与自然科学同样重要，培养高水平的哲学社会科学家与培养高水平的自然科学家同样重要，提高全民族的哲学社会科学素质与提高全民族的自然科学素质同样重要，任用好哲学社会科学人才并充分发挥他们的作用与任用好自然科学人才并充分发挥他们的作用同样重要。2004年1月，《中共中央关于进一步繁荣发展哲学社会科学的意见》提出繁荣发展哲学社会科学的指导方针和目标。中共四川省委相继制订繁荣发展哲学社会科学的文件，进一步加强对哲学社会科学的领导，成立四川省委繁荣发展哲学社会科学协调小组，增加对哲学社会科学的投入。四川哲学社会科学进入大发展阶段，呈现出前所未有的繁荣局面。

（一）社会科学事业蓬勃发展

机制体制创新。2000年后，为适应新世纪经济社会发展的需要，四川高校的一些社会科学研究机构进行机制创新，充实和增强研究实力。2000年2月，西南财经大学金融研究所与中国人民银行金融研究所以合作建设、合作研究的方式，组建西南财经大学中国金融研究中心。2000年6月，西南财经大学成立中国西部经济研究中心，以西部区域经济和人口、资源、环境协调可持续发展为研究重点。2001年4月5日，四川省巴蜀文化研究中心由省委批准正式成立，挂靠省社科院，经费由省财政计划单列，是全省性的组织和协调省内巴蜀文化研究力量和队伍的学术机构。2002年5月，以西南民族大学民族研究所、民族文化史教研室、民族高等教育教研室、民族经济教研室、中国西部大开发研究所、四川省少数民族语言文学研究所、四川省民族经济研究所等研究机构为主体，组建西南民族大学西南民族研究院。

四川省高校积极整合社会科学力量，分别组建一批从事社会科学，发展新兴领域研究的机构，如公共政策研究中心、知识创新与知识产权研究中心等，成为四川省社会科学研究和学科建设及人才培养的重要基地。2005年，四川省高校社会科学研究机构有70余所。其中，教育部批准的人文社科重点研究基地有道教与宗教文化研究所、中国俗文化研究所、中国藏学研究所、南亚研究所、中国金融研究中心、巴蜀文化研究中心6个。四川省教育厅批准建立乐山师范学院旅游发展研究中心等一批四川省人文社会科学重点研究基地。

2002年2月，四川第一家民办社会科学研究机构四川翰林历史文化研究院成立。随后，一批民办社会科学研究机构相继成立，涉及文史、艺术、心理学、经济、教育以及综合等多个学科领域。2005年，全省已有民办社会科学研究机构16个。这些民办社会科学研究机构的研究方向具有地域性、特定性、跨学科性和边缘性特点，对繁荣发展四川社会科学起到积极作用。2005年，全省21个市（州）共有各类社科学会、协会、研究会868个，会员30余万人。

社会科学学科建设空前发展。在四川社会科学研究队伍中，省、市社会科学院、党委和政府所属研究机构专门从事研究，但研究队伍规模不大，除省社科院有研究人员近280人，其他机构的研究人员不超过50人。省、市党校研究机构规模也非常有限。相比之下，高校集教学与研究于一身，设有大量专门研究机构，高校系统仍是四川社会科学研究主力。2005年，四川省内高校中的社会科学教学、研究人员近2万人。其中，高级职称人员5000余人（教授约1100人，副教授约3900人）；获博士学位1000余人，获硕士学位6000余人，这些博士或硕士75%在40岁以下，四川省高校社会科学事业有强大的发展后劲。经过20余年发展，四川省高校社会科学门类较为齐全，学科体系较为完整，覆盖社会科学诸多重点学科和基本学科。2005年，四川省高校的国家级重点学科有21个，省部级重点学科有50多个。其中，民族学、中国少数民族语言文学、汉语史、中国古典文献学、宗教学、政治经济学、金融学、体育史等学科在国内有较大影响，宗教学、金融学等学科在国内学术界有举足轻重的影响，成为四川省哲学社会科学的优势和特色。

社会科学阵地与管理手段得到更新。2000年后，除《社会科学研究》《天府新论》《农村经济》《经济体制改革》以及各高校学报等传统学术阵地外，网站成为四川社会科学研究、交流和传播的新兴阵地。2004年12月31日，省社科院、省社科联主办的“四川社会科学在线”网站正式开通，设有社科动态 、热点关注、马克思主义中国化、四川经济社会发展研究、巴蜀文化研究、社科规划等20多个栏目。网站不仅显著扩大四川社会科学阵地，而且增强社会科学事业宣传和管理功能。随后，成都、泸州、绵阳等市的社科网站相继开通。四川各高校也积极创办学校网站，开辟社会科学网页。四川社会科学与时代潮流同步进入网络时代。

（二）社会科学研究再上新台阶

中国特色社会主义理论研究更具系统性和理论性。2000年后，四川理论界对邓小平理论研究更具系统性和理论性，并且注意研究中国共产党第三代领导集体对邓小平理论的丰富和发展。2003年后，四川省理论界将邓小平理论与科学发展观的研究有机联系起来，取得突出成就，主要体现在四川省社科院课题组集体撰写的3部学术成果：《邓小平理论史》《党的第三代领导集体对邓小平理论的实践与创新研究丛书》《马克思主义中国化研究》。四川省理论界还形成一批从不同阶段、不同领域、不同角度研究邓小平理论及中国特色社会主义理论体系的论著，在国内学术界产生较大影响。专著有李学明《邓小平非公有制经济理论研究》，王官成《社会主义道德论：对“三个代表”重要思想的道德思考》，王仲士、谭贵全、王德璞等《中国马克思主义哲学当代史》等。论文有程显煜、黄国华《“三个代表”理论体系论纲》，刘从政、李驷俊《深刻认识“三个代表”思想的科学内涵及其辩证关系》，袁诗弟《马克思主义哲学体系的重构与创新》，周治滨《社会主义本质理论与科学发展观——兼论我党对传统社会主义观的发展与超越》等。

政治学不断推出创新性成果。四川的政治学科恢复后，密切结合现实，研究领域不断扩大，主要学术成果集中在政治学理论、当代中国政治研究、党的建设、人民代表大会制度研究等方面。2000年后，党的建设和国家制度研究仍是政治学研究的重点，研究深度有所推进，其中不乏创新观点。这一时期具有创新性的研究成果主要有都淦《民族·历史与政治》《地方人民代表大会制度研究》《人民代表大会选举制度研究》，张星炜、伍颐园《当代中国政治制度创新研究》，聂应德《当代中国政治发展论——邓小平政治思想研究》等专著，刘益飞《党员主体论》，都淦《人大理论研究中的几个问题探讨》等论文。

经济研究取得新进展。2000年后，四川经济研究的新进展突出表现在4个方面：

一是理论创新成果显著。成都大学副校长张其佐于2002年在《文汇报》发表《第六次产业革命是否即将来临》，分析自工业革命以来世界经济有规律性变动的5个长周期，提出在21世纪上半叶，最有可能成为主导产业的将是延长人类生命周期的产业，以生物产业为主导的第六次产业革命即将到来。这个观点引发全国经济学界、生物学界及社会各界的广泛讨论，引起省委、省政府的重视，并将生物技术产业作为全省科技产业的“一号工程”。马克思主义经济理论研究方面取得创新性成果。刘诗白2005年出版《现代财富论》，对现代社会财富的性质、结构、源泉和加快财富创造的经济机制和规律等问题进行全面论述，对劳动价值理论进行新的探索，强调科学知识在当代社会财富创造中的决定性地位和作用，强调市场机制是推动科学知识产品向物质生产转化的最有力机制。学术界普遍认为该书对劳动价值理论有创造性发展。

二是形成西部大开发走可持续道路的研究思路。2000 年，西部大开发战略开始部署，西部地区迎来重大发展战略机遇。作为四川社会科学优势学科之一的区域经济研究，立即将西部大开发作为研究的主攻方向。四川社会科学界召开一系列理论研讨会，深入研究国外在区域开发中的经验教训，研究 20 世纪 90 年代后期亚洲金融危机爆发后的国内外经济形势，以及中国在连续多年经济高速发展过程中所积累的环境、能源、经济结构等方面的问题，逐渐形成四川在西部大开发中必须走可持续发展道路的理论共识和基本思路。杜受祜专著《环境经济学》提出建立西部地区环境补偿机制等实现西部经济大开发与环境大保护相结合的决策建议。杨明洪、杜伟专著《退耕还林（草）利益补偿机制研究——以长江上游地区为例》提出加快建立退耕还林草补充机制的建议。四川在全国率先启动退耕还林草工作和天然林木保护工程，建设长江上游生态屏障，在西部大开发中走上经济发展与环境保护相统一的路子，体现理论研究的积极作用。经济理论界加强在西部大开发中实现经济增长方式转变的研究，探索经济社会可持续发展的具体路径。袁文平、赵磊、李萍等《经济增长方式转变机制论》，杨继瑞、杨明洪《农业增长方式转型研究》等是这个时期理论探索的代表性成果。

三是提出建立成渝经济区的发展思路。1997 年重庆成为中央直辖市后，川渝经济关系重新调整和共谋发展成为四川区域经济研究的重要内容。林凌主持完成国家发展和改革委员会“十一五”规划招标课题“成渝经济区发展思路研究”，提出成渝经济区发展思路的 7 点策略和行动计划，为国家决策层和成渝两地政府提供重要的决策参考。

四是率先提出统筹城乡发展的研究思路。四川作为农业大省，“三农”问题对于全省大局至关重要。20 世纪 90 年代中期以来农村发展缓慢、农业持续徘徊、农民增收困难的现象，逐渐成为制约全省经济社会持续发展的“瓶颈”。四川理论界经过数年探索，逐渐形成必须跳出农村看农村问题，通过城乡一体化破解“三农”难题的思路。成都市于 2003 年在全国率先实施统筹城乡发展的改革举措，为统筹城乡改革上升到国家战略层面作出有益探索。

巴蜀文化研究形成一批阶段总结性的成果。2000 年后，四川巴蜀文化学者继续深入挖掘巴蜀文化内涵、拓展巴蜀文化研究的领域，同时对以往的研究加以回顾和总结，形成一批阶段性的总结成果。2003 年，段渝《三星堆与巴蜀文化研究七十年》汇集过去 70 年中巴蜀文化研究的主要内容与成果，梳理存在争议的主要问题。2004 年，在省委、省政府关怀下出版的《巴蜀文化研究丛书》，是对近 20 余年来巴蜀文化最高水平研究成果的一次全面系统的总结。本套丛书由省委原书记杨超、省人大常委会原主任杨析综撰写总序。由李绍明《巴蜀民族史论集》、林向《巴蜀考古论集》、胡昭曦《宋代蜀学论集》、徐南洲《古巴蜀与〈山海经〉》、隗瀛涛《巴蜀近代史论集》、谭继和《巴蜀文化辨思集》6 部学术著作构成，全方位展示巴蜀文化丰富内容与精深内涵。

考古学有新的重大发现。2001 年 2 月，成都城西苏坡乡金沙村发现巨大的古蜀遗址，包括商周时代祭祀场所遗址、大型建筑、一般居室遗址、墓地等，出土金器、铜器、玉器、石器等珍贵文物 6000 余件，象牙数百根。其中，太阳神鸟金饰图案于 2005 年被国家文物局公布为中国文化遗产标志。金沙遗址是成都地区迄今发现规模最大的商周时期文化遗址，展示商代晚期至西周时期古蜀文化的辉煌，推动商周时期成都平原考古学文化序列的建立和完善，被认为是中国进入 21 世纪的第一个重大考古发现。这一时期重要的考古发现还有成都市商业街大型战国时期船棺葬遗址和茂县营盘山遗址等。

民族学研究深度和宽度进一步拓展。2000 年后，四川民族学研究在深度和广度方面不断拓展，研究视角有所更新，取得一批具有较高学术价值和较强应用价值的研究成果。李绍明的论文集《藏彝走廊民族历史文化》，包括关于藏彝走廊及民族走廊学说综论、阐述与探讨，对藏彝走廊中西南丝绸之路要道的调查与研究，对这一走廊中一些主要民族如藏、彝、羌、纳西与傣等民族以及一些古代民族的研究。藏学家刘立千的《刘立千藏学著译文集》，收录作者对印藏佛教史、藏传佛教各派教义、经典，以及格萨尔王等西藏历史文化的研究成果。石硕《一个隐含藏族起源真相的文本——对藏族始祖传说中“猕猴”与“罗刹女”含义的释读》，对关于藏族起源神话的传统解释提出质疑。藏汉之间民族关系、少数民族之间民族关系、少数民族历史文化研究继续推进，对当代民族地区经济发展的关注明显加强。如赵曦《中国西藏区域经济发展研究》，冉光荣、徐君《四川藏区的开发之路》等专著，郎维伟《西部藏区畜牧业如何应对“入世”——以牦牛产业为案例分析》等论文。李锦在专著《羌笛新曲》中选择茂县羌族聚居区一个典型家庭，以民族学的民族志描述方式叙说这个家庭 5 代人的命运与变化，由此折射出 100 余年来羌族命运的历史性变化。这种独特的研究视角令人耳目一新。

社会学与人口学保持强劲发展势头。社会转型时期出现的大量新现象、新问题，为社会学研究提供了极其丰富的研究对象，极大拓展了研究视野。中外文化交流，丰富了研究理论与手段。这一时期，人口学在基础理论方面形成一批有较高学术价值的成果。如吴忠观主编《当代人口学科学体系研究》，李永胜、俞德怡等专著《人口统计学》，陈明立主编《人口与计划生育立法研究》等。这一时期，人口学、社会学研究均密切联系经济社会实现展开。四川大学社会学与社会心理学研究所自 2000 年开展对黑水、金川等县进行“五十户五十年”追踪调查，2005 年 8 月完成第一次 5 年追踪复查，为民族地区社会经济发展研究提供基础性资料。类似的成果还有文献良主编《四川人口与社会发展研究》，刘家强《西部开发中的人口环境分析》，吴忠观、刘家强《21 世纪前期中国就业形势与战略对策研究》等。社会经济转型时期婚姻家庭的变化以及贫困群体问题，是这两个学科重点关注的课题，如李东山《工业化与家庭制度变迁》，王卓《中国贫困人口研究》，刘家强、唐代盛、蒋华《中国新贫困人口及其社会保障体系构建的思考》等论文。陈昌文等主编《发展的创伤——成都市下岗女工现状报告》。

中外文学研究再现精品力作。这一时期，四川的中外文学研究，以比较文学研究、文学理论、中国古代文学研究、中国现代文学研究、外国文学研究等领域成果最为丰富，研究深度与学术水平有所提升，其中不乏学术精品力作。如项楚专著《寒山诗注》，网罗海内外所存善本，参考文献丰富。项楚、张勇、谭伟等专著《唐代白话诗派研究》采用多学科交叉研究方式，开唐代白话诗派研究先例。在比较文学研究方面，曹顺庆著有《世界文学发展比较史》《比较文学学科理论研究》《比较文学学》《跨文明比较文学研究》等专著，《比较文学中国学派基本理论特征及其方法论体系初探》等论文。徐其超、罗庆春、黎风等《族群记忆与多元创造——新时期四川少数民族文学》，周晓琳、刘玉平《中国古代作家的文化心态》，王晓路《中西诗学对话——英语世界的中国古代文论研究》等专著；易丹《超越“殖民文学”的文化困境》、杨栩生《李白生平研究匡补》、韩烈文《刘熙载〈艺概〉研究》；钟树梁《一往情深，千秋论定——谈杜甫吟咏诸葛亮的诗》等论文是这一时期优秀的文学研究成果。

其他学科领域成果丰硕不乏上乘佳作。历史学研究一直是四川社会科学的传统优势领域。这一时期有影响力的历史学专著有王东杰《国家与学术的地方互动：四川大学国立化进程（1925—1939）》，杨天宏《口岸开放与社会变革——近代中国自开商埠研究》，罗志田《裂变中的传承：20世纪前期的中国文化与学术》，何一民、邱国盛、蔡云辉等《近代中国城市发展与社会变迁（1840—1949）》，段玉明《大理国史》；陈廷湘《中国现代史》等。论文有罗志田《〈山海经〉与近代中国史学》，王东杰《国中的“异乡”：二十世纪二三十年代旅外川人认知中的全国与四川》，段渝《论秦汉王朝对巴蜀的改造》，彭裕商《新邑考》等。2000年后，由于西部大开发的部署，移民与客家文化研究成为四川史学研究的新热点，形成一批新的研究成果。

语言文字学研究方面既有体现四川学者深厚功力的传统治学成果，也有具有鲜明地域和时代特色的语言文字研究成果。比较有代表性的专著有王晓波、刘琳《全蜀艺文志点校》，管锡华《中国古代标点符号发展史》，曹顺庆、傅勇林、李思屈《中国古代文论话语》，唐小林《看不见的签名：现代汉语诗学与基督教》，李文泽《宋代语言研究》，周及徐《汉语印欧语词汇比较》；查中林《四川方言语词和汉语同族词研究》，王启涛《中古及近代法制文书语言研究——以敦煌文书为中心》，吉仕梅《秦汉简帛语言研究》等。论文有项楚《〈维摩诘经讲经文〉新校》等。

文艺美学研究成果主要集中在文艺美学理论、文艺创作的美学研究、文艺作品的美学研究和文艺欣赏等方面。董志强《消解与重构——艺术作品的本质》，马正平《生命的空间：〈人间词话〉的当代解读》，张凯《中国古典戏剧肢体语言》等专著；陈应鸾《论李杜的清丽观》，李诚《苏轼作品中的音乐世界》，皮朝纲《中国古代美学的独特品格及其现代意义》，王小遂《空里传神——川剧舞台美学语汇试释》，张志烈《论杜甫诗歌的混茫境界》等论文，在研究视角和理论阐述方面均有新意。

新闻传播学研究方面，大量当代新闻传播现象进入研究者的视野，体现这一学科与时俱进的显著特点。主要专著有邱沛篁、唐小强《二十一世纪中国报业》，欧阳宏生《电视批评论》，邱沛篁、唐小强、蒋晓丽等《报业通论》，董天策《网络新闻传播学》等。论文有董天策、黄顺铭、谭舒《成都报业趋同化的实证分析》，张立伟、杨飚《把什么做大？把什么做强？——关于广电集团发展战略的思考》，王炎龙《弱势转型与强势生存——“西部黄金卫视”发展现象透析》，庹继光、彭立《中国体育报道的后现代趋势》等。

法学研究方面，突出对经济领域内法制问题的关注，体现法学研究为经济建设服务的时代特征。鲁篱《行业协会经济自治权研究》，侯水平、许前川、侯泽福等《证券法律责任》；高晋康《西部投资法制环境论》，左卫民《刑事诉讼的经济分析》等专著，是这方面的代表性成果。这一时期，对于司法制度的研究进一步深化，在理论与视角方面有所创新。代表性成果专著有左为民《在权利话语与权力技术之间——中国司法的新思考》，李少平《刑事诉讼法新论》，冯亚东《罪与刑的探索之道》等。论文有谢维雁《宪法的适应性问题研究》，文海林《以目的为主的综合刑法》，冯亚东、胡东飞《犯罪构成模型论》等。

宗教学研究方面，四川在中国古典哲学，尤其在经学和理学以及古代巴蜀地区哲学研究仍保持优势。四川师范大学教授蔡方鹿在这一领域影响较大，代表性论著主要有《朱熹经学与中国经学》《中华道统思想发展史》《程颢程颐与中国文化》《魏了翁评传》等。其他学者也有影响较大的成果问世，如谢祥荣《周易见龙：〈周易〉的社会历史哲学文化汇解与评析》，何仁富《善恶彼岸的道德哲学——尼采对道德价值的重估与重构》等专著。道教研究的传统优势显著。唐大潮《明清之际道教“三教合一”思想论》，李远国《神霄雷法：道教神霄派沿革与思想》，刘宁《刘一明修道思想研究》，盖建民《道教传统教义思想的现代诠释》等专著是代表性成果。这一时期，在佛教、基督教以及少数民族原始宗教研究方面也形成一批有份量的研究成果。唐大潮《佛教、基督教在中国的传播和发展之比较》，陈兵、邓子美《二十世纪中国佛教》等专著，郎维伟《川苗原始宗教述论》等论文为代表性成果。

教育学研究形成一批适应时代潮流的创新性研究成果，研究内容涉及教学创新、教育理论、少数民族地区和农村教育等方面。值得注意的成果有刘永康《语文创新教育研究》，查有梁《新教学模式之建构》，纪大海《教育漫语——现代教育生活的领悟》，冯文全《现代德育理论与实践研究》，李培湘《主体性活动教育研究》，巴登尼玛《文明的困惑——藏族教育之路》，李培湘、李佳孝、姚云等《西南地区农村初中素质教育目标导学体系研究》等专著。心理学研究成果主要有林之达《传播心理学新探》等专著，霍大同《关于颜色感知的几个心理学问题》，肖旭《试论心理内环境形成的机制》等论文。

档案与信息研究方面，随着信息技术的发展，档案与文献的载体发生重大变化，档案与信息管理理念、手段相应发生重大变化。档案与信息研究关注的内容包括图书档案数字化建设、数字化信息资源开发利用、新形势下的档案监管等诸多方面的新问题，形成一批适应信息时代档案文献管理与开发的研究成果。陈益刚《中国网上高校图书馆信息资源开发建设探析》，张志勇《论图书馆文献信息商品化的困境与对策》，刘雅玲《论信息时代图书馆藏书》等论文，体现这一学科与时俱进的时代特征。

四川社会科学依托学术源流悠久、文化土壤深厚的传统优势，在新的历史条件下秉承并发扬四川严谨踏实与探索创新的学术传统，利用开放的国际学术交流环境，在坚持中国特色社会主义理论的基础上，兼收并蓄，引进吸收外来理论和研究方法，联系四川实际开展研究，充分发挥理论研究为改革开放、经济社会发展服务的重要功能，并在这一过程中形成四川社会科学有地域特色的学科优势。

这个时期，四川的经济学研究、经济体制改革研究、区域经济研究在国内有较大影响，一些重大成果成为国家决策的重要参考，一些创新性、前瞻性理论研究在学术界引起广泛关注；四川率先开展毛泽东思想研究，并一直居于全国前列；四川的语言文学研究保持并扩大传统优势，四川学者对于广义神话学的开创性研究具有重要的国际学术地位，四川学者在敦煌语言文字方面的研究成果居于世界一流水平。四川在中国哲学、历史学、考古学、法学、社会学以及巴蜀文化研究等方面均取得丰硕成果，其中一些研究成果在国内外学术界有较大影响。四川社会科学学术队伍完成“文化大革命”后学术梯队的新老交替，新一代专家队伍已经形成，社科事业后继有人；形成由省、市、县社科联以及高校社科联构成的完整体系。四川社科管理体制不断完善并有所创新，并在社科课题立项、申报方面一直居于全国前列。

第一篇　学科研究

1986—2005 年，四川社会科学主要研究的学科包括中国特色社会主义理论研究、哲学研究、经济学研究、经济体制改革研究、区域经济研究、政治学研究、法学研究、巴蜀文化研究、社会学与人口学研究、新闻学、宣传学与传播学研究、档案和文献信息研究、语言文字学研究、中国文学与外国文学研究、文艺美学研究、教育学与心理学研究、宗教研究、民族学研究、历史研究、考古研究 19 个学科。其中，经济体制改革研究、区域经济研究、巴蜀文化研究是新增的研究学科，具有鲜明的时代和地域特征。此外，以中国特色社会主义理论研究涵盖关于马列主义、毛泽东思想、邓小平理论研究的内容，以及这个时段新增的关于“三个代表”重要思想、科学发展观研究的内容。

第一章　中国特色社会主义理论研究

1986—2005年，随着改革开放的深入发展，建设中国特色社会主义理论成为理论界的重要课题。四川省中国特色社会主义理论的研究机构和学术团体得到较快发展，研究力量明显增强，学术交流活跃。在中国率先开展毛泽东思想研究和邓小平理论研究，是这个时期四川省理论界的突出特点。中共十五大以后，党的第三代领导集体对邓小平理论的丰富和发展，成为新的研究重点，所取得的成果，在国内学术界产生重大影响。

第一节　研究综述

1986—2005年，四川省从事中国特色社会主义理论研究的机构主要有：四川省社科院哲学与文化研究所、毛泽东思想研究所、政治学研究所、经济研究所；四川省邓小平理论研究中心；西南财经大学马克思主义经济学研究院、中共四川省委党校等。四川省内各高等院校、各级党校涉及哲学、政治、经济、历史、社会等各个研究领域的系、所及公共课教研室，各市（地、州）社科院的相关研究机构，也开展中国特色社会主义理论的研究。

四川省的中国特色社会主义理论研究的学术团体主要有：四川省马克思主义学会、四川省马克思主义哲学学会、四川省科学社会主义学会、四川省《资本论》研究会、四川省自然辩证法研究会、四川省毛泽东思想学会、四川省政治经济和国际共产主义运动研究会、四川省社会主义辩证法学会、四川省委党校邓小平理论研究会等。这些学术团体定期召开年会，每次会议设置不同的主题。或者与各类研究机构、高校院系、中国或地方性学术团体联合召开学术研讨会，比较重要的学术会议和活动主要有：

1990年10月16—20日，中共四川省委党史研究室、四川省中共党史学会、中共南充地委党史研究室在邓小平家乡南充市（当时广安县隶属南充市）召开中国首次综合性邓小平的思想研究会议。参加会议的有中央文献研究室、中央党史研究室、四川社会科学院、一些大专院校、研究机构的专家100余人。会议讨论的内容涉及邓小平理论的各个方面，主要有邓小平坚持和发展毛泽东思想的贡献、建设有中国特色的社会主义理论、改革开放理论等。

1991年5月21—23日，中共中央党校、中央文献研究室、人民日报社、《求是》杂志社、中国人民大学、国防科技大学、复旦大学、四川省社科联、四川省社科院、中共四川省委党校、西南财经大学等17个单位联合在成都召开邓小平经济思想学术研讨会。会议就邓小平经济思想的核心、基本内容、特点，邓小平经济思想的形成和发展，邓小平经济思想对马列主义经济理论的新贡献等进行讨论。

1993 年 7 月 14 日，四川省社科院、四川省社科联、中共四川省委党史研究室、《毛泽东思想研究》杂志社等单位联合举办纪念毛泽东诞辰 100 周年理论研讨会。到会专家从各个方面开展对毛泽东思想的研讨。11 月 18—19 日，四川省社科联、四川省社会主义社会辩证法学会、中共四川省级机关党校、《理论学习导刊》编辑部、四川大学哲学系、四川师大政教系、成都行政学院联合主办的纪念毛泽东诞辰 100 周年暨四川省社会主义辩证法学会年会在成都召开。11 月 23—26 日，中共四川省委组织部、中共四川省委宣传部、中共四川省委党史研究室、中共四川省委党校、四川省教委、四川省社科联、四川省社科院、四川省党史学会等单位联合举行的四川省纪念毛泽东诞辰 100 周年学术研讨会在成都召开，

1997 年 1 月，中国马克思主义哲学史学会、国家教委社会科学研究中心、四川省社科联、四川联合大学、四川省马克思主义哲学史研究会联合召开的中国建设有中国特色社会主义文化理论研讨会在成都举行。

1998 年 3 月 3 日，中共四川省委宣传部、中共四川省委党史研究室、中共四川省委党校、四川省社科联、四川省社科院、四川省教委、四川省邓小平理论研究中心在成都联合召开周恩来生平和思想学术座谈会。

2004 年 6 月 14—17 日，中国社科院邓小平理论和“三个代表”重要思想研究中心、四川省社科院、中共成都市委宣传部、成都市邓小平理论研究和“三个代表”重要思想研究中心联合举办的纪念邓小平诞辰 100 周年理论研讨会在成都举行。7 月 1—4 日，四川省科社学会在阿坝州召开“邓小平理论暨科学发展观”理论研讨会。9 月 18 日，中国马克思主义哲学史学会、中国马克思主义研究基金会、中国邓小平理论研究会、中共中央党校哲学教研部、中共四川省委党校、中共广安市委、广安市委党校在成都和广安市召开邓小平理论与科学发展观理论研讨会暨邓小平诞辰 100 周年纪念大会。

2005 年 11 月 22 日，四川省社科院和成都日报社联合主办，四川省社科院政治学所承办的“落实科学发展观构建社会主义和谐社会——学习贯彻十六届五中全会精神理论研讨会”在成都召开。

这些学术活动，推动四川省中国特色社会主义理论研究的发展。

四川省的中国特色社会主义理论研究领域，包括马克思列宁主义、毛泽东思想、邓小平理论、“三个代表”重要思想和科学发展观等方面。其中，毛泽东思想研究和邓小平理论研究在国内学术界有较大影响。

中共四川省委原书记处书记、毛泽东思想研究学者杨超，对四川省毛泽东思想研究发挥重要的推动作用。早在 20 世纪 70 年代后期，四川省即以毛泽东思想研究开中国风气之先。1984 年四川省社科院建立的毛泽东思想研究所，是国内第一所专门研究毛泽东思想的学术机构。该所主办的《毛泽东思想研究》双月刊，是国内唯一以毛泽东思想为研究主题的学术刊物。该所于 1987 年牵头成立四川省毛泽东思想学会。这一切，为四川毛泽东思想研究打下坚实的基础，创造有利的条件，推动毛泽东思想研究领域形成活跃的学术风气，产生丰硕的研究成果。四川省毛泽东思想研究领域，以毛泽东哲学思想研究最为突出。杨超的专著《毛泽东哲学思想研究》和杨超、毕剑横主编的 4 卷本《毛泽东思想史》，是四川毛泽东思想研究具有代表性的学术成果。受其影响和推动，省内乃至国内毛泽东思想研究领域向纵深发展，涌现一大批从毛泽东思想发展的各个阶级、毛泽东思想体系的各

个领域，以及从各个不同视角进行深入探索的论著。毛泽东思想是中国共产党集体智慧的结晶，党的第一代领导集体成员的思想也是毛泽东思想的组成部分，也属于毛泽东思想研究的对象。

四川是邓小平的故乡，从20世纪80年代开始，四川省理论界就以各种方式开始对邓小平和他创立的建设有中国特色社会主义理论的研究。1989年，在四川省委原书记处书记杨超的倡导和省委领导的支持下，成立由杨超任组长的四川省邓小平同志的思想研究小组，并编写《邓小平对毛泽东思想的新发展》一书。这是一部在中国较早、有较高学术水平的邓小平理论研究专著。1987年10月，中共十三大报告描述建设有中国特色社会主义理论的基本轮廓。此后，理论界开始对构成中国特色社会主义理论的各个部分进行梳理。1992年中共十四大报告为邓小平建设有中国特色社会主义的理论下了完整的科学的定义，指出“这个理论，第一次比较系统地初步回答了中国这样的经济文化比较落后的国家如何建设社会主义、如何巩固和发展社会主义的一系列基本问题，用新的思想、观点，继承和发展了马克思主义”。由此，理论界掀起研究“特色理论”的高潮，其中理论的形成与发展是研究的关键性的问题之一。1994年，四川省邓小平同志建设有中国特色社会主义理论研究中心成立（中共十五大后更名为四川省邓小平理论研究中心），这是中国各省最早成立的邓小平理论研究中心。1997年9月中共十五大后，理论界对邓小平理论形成和发展过程进行更加深入的探讨和研究，这一阶段的成果与前两个阶段相比，具有较强的理论性和系统性，并注意研究党的第三代领导集体对邓小平理论的丰富和发展。2003年后，将科学发展观的研究有机联系起来。四川省理论界在这一领域取得的突出成就，主要体现在四川省社科院课题组集体撰写的3部学术成果：《邓小平理论史》《党的第三代领导集体对邓小平理论的实践与创新研究丛书》和《马克思主义中国化研究》。这一时期，四川省理论界涌现出一批从不同阶段，不同领域，不同角度，对邓小平理论及中国特色社会主义理论体系的论著，其中不少都具有很高的理论水平，在省内乃至国内学术界产生重大影响。

四川省的中国特色社会主义理论研究成果，主要体现在以下方面。

一、马克思主义研究

四川关于马克思主义的研究涵盖马克思主义的三大组成部分，即马克思主义哲学、政治经济学、科学社会主义。

马克思主义哲学，具体内容见本志“哲学研究”。

马克思主义政治经济学，具体内容见本志“经济学研究”。

科学社会主义专著主要有吴启权《〈共产党宣言〉研究》；詹一之《论列宁的社会主义道路》；赖朝荣等《社会主义的命运和前途》等。

工具书有洪韵珊等主编《马克思主义简明辞典》等。

二、毛泽东思想研究

毛泽东思想研究的成果主要表现在毛泽东哲学思想研究和毛泽东思想的其他各个部分的研究两个方面。

毛泽东哲学思想研究，具体内容见本志“哲学研究”。

毛泽东思想研究，代表性成果有杨超、毕剑横主编的4卷本《毛泽东思想史》。此外，专著主要有：毕剑横等《毛泽东战略思想研究》；彭承福等《毛泽东思想新论》；黎永泰《毛泽东文化思想研究》；毕剑横等《国外毛泽东研究述评》；冉昌光等《毛泽东对中国社会主义模式的探索》；王庭科等《毛泽东独立自主思想的历史发展》；冉昌光等《毛泽东对中国社会主义模式的探索》；王安平、杨绍安《朱德思想研究》；冉昌光《社会主义时期的毛泽东思想》。

论文主要有毕剑横《毛泽东战略思想与中国革命》等。

三、邓小平理论研究

四川省的邓小平理论研究成果，涵盖邓小平理论的各个主要方面，包括邓小平建设有中国特色社会主义理论的整体研究、邓小平社会主义初级阶段理论研究、邓小平发展思想研究、邓小平国际战略思想研究等，其中代表性的成果首推四川省社科院课题组《邓小平理论史》。其余成果，专著主要有：中共四川省委研究室《邓小平对毛泽东思想的新发展》；马富武等《邓小平理论概论》；杨先农等《邓小平理论发展史》；康超光等《社会主义初级阶段研究》；黄德润等《邓小平领导艺术》；卫忠海等《邓小平政策观研究》；王万民《列宁与邓小平社会主义建设辩证法思想研究》；张星炜等《毛泽东邓小平社会主义建设理论比较研究》；陈力《中国社会主义社会四阶段论》；姚纯瑕等《当代中国的马克思主义——建设有中国特色的社会主义的理论和实践》；刘德骥、周治滨《建设有中国特色社会主义通论》；管文虎等《邓小平国际战略思想导论》；刘平斋、姜忠《邓小平与当代中国道路》；刘代银、邓载虎等《建设有中国特色社会主义热点问题思考》；伍竞艳《邓小平理论发展史》；何政、路小昆《邓小平发展思想与走向21世纪的成都》；李学明《邓小平非公有制经济理论研究》；杨钢等《邓小平“两个大局”理论与西部大开发》；姚纯瑕等《中国共产党与中国特色的社会主义》；谭国太等《中国特色社会主义的基本实践》；潘尔春等《邓小平辩证法思想研究》等。

论文主要有：邓淑华《邓小平国际战略理论对毛泽东思想的继承与发展》；程显煜《论邓小平社会主义全面发展思想》；吴嘉蓉《试论邓小平国际战略思想的构建》；杨先农《党的十一届三中全会前后邓小平大思路的几个特点》；管文虎《邓小平社会主义发展动力新学说探析》；曹玉华等《论邓小平对马克思的东方社会理论的新发展》；卢篧岗《论邓小平理论主政西南时期的经济思想》；康电《市场经济与社会主义基本制度结合若干矛盾的探讨》；四川省社科院“四个如何认识”课题组《“四个如何认识”问题研究》等。

四、“三个代表”重要思想研究

专著主要有：四川省社科院课题组《党的第三代领导集体对邓小平理论的实践与创新研究丛书》；程显煜等《“三个代表”重要思想体系研究》；中共四川省委党校课题组《“三个代表”重要思想与中国共产党治党治国方略研究丛书》；王光华、梁守勋等《“三个代表”与新的伟大工程》等。

论文主要有：程显煜、黄国华《“三个代表”重要思想理论体系论纲》；邓淑华、管文虎《“三个代表”重要思想理论创新的广阔视野和崭新视角》；康超光《马克思社会主义观与“三个代表”重要思想》；张星炜《论“三个代表”重要思想的人民性》；刘从政、李驷俊《深刻认识“三个代表”重要思想的科学内涵及其辩证关系》等。

五、科学发展观研究

论文主要有：冉昌光《科学发展观与共同富裕》《论辩证发展观的形态发展》；毕剑横《对“全面建设小康社会”的哲学思考》；周治滨《社会主义本质理论与科学发展观——兼论我党对传统社会

主义观的发展与超越》等。

第二节　主要著述

一、专著

《毛泽东战略思想研究》　毕剑横等著，成都出版社1989年出版。该书从战略学的角度研究毛泽东政治思想，论述实现人民民主专政、确立无产阶级领导权、着重思想建党是新民主主义政治战略的目标、保证和重点；论述社会主义时期，毛泽东围绕调动一切积极因素，在国体、政体、政党制度等方面所提出的一系列战略理论。

《社会主义时期的毛泽东思想研究》　冉昌光著，四川人民出版社1991年出版，该书运用历史与逻辑统一的方法，采取史论结合以论为主，全面系统地论述社会主义时期毛泽东哲学思想内容及其整个哲学思想的发展，是当时国内第一部全面系统论述社会主义时期毛泽东哲学思想的主要内容、特点及其历史发展的专著。全书分为新民主主义与社会主义的历史选择；毛泽东哲学在中国哲学中的指导地位的确立；社会主义改造的辩证法；社会主义社会矛盾的理论；社会主义建设的辩证法；唯物辩证法一般理论的新论述；唯物论认识论一般理论的新论述；唯物史观理论的新论述；社会主义新时期毛泽东哲学思想的创造性应用与发展9章。

《毛泽东思想史》　毕剑横、刘平斋、姜忠、李声禄、杨先农著。四川人民出版社1993年全部出齐。全书4卷，120余万字，是中国第一部系统研究毛泽东思想的产生、形成和发展的专著。该书以毛泽东和老一辈无产阶级革命家的科学著作为依据，论证毛泽东思想是马克思主义与中国革命实践相结合的历史。第一卷论述毛泽东思想产生的历史必然性以及大革命到土地革命时期毛泽东思想的产生到形成的历史过程。第二卷论述从抗日战争到社会主义改造基本完成时期毛泽东思想从形成到系统化而臻于成熟的历史过程。第三卷论述社会主义改造基本完成到“文化大革命”结束时期毛泽东思想的曲折发展。第四卷论述“文化大革命”结束后，特别是从中共十一届三中全会到中共十四大，这一开创中国改革开放和社会主义现代化建设新时期毛泽东思想的新发展。

《建设有中国特色社会主义通论》　刘德骥、周治滨著，四川人民出版社1995年出版。全书分3篇，前两篇探讨中国特色社会主义理论的科学体系，把这一理论概括为3个不同层次的结构，并依此确立全书的框架。第一个层次是这一理论的世界观和方法论，即解放思想，实事求是，它是整个理论体系的精髓和最高层次；第二个层次是这一理论体系的基石，即社会主义初级阶段论、社会主义本质论、社会主义市场经济论，这三大基石是从第一层次到第三层次的中介环节；第三个层次是中国特色社会主义现代化建设各个方面的理论。第三篇用10篇的篇幅阐述有中国特色社会主义现代化建设，重点是社会主义经济建设、社会主义民主政治建设和社会主义精神文明建设，并把基本路线、全面改革、对外开放视为社会主义现代化建设的行动纲领、发展动力和基本国策。

《邓小平与当代中国道路》　刘平斋、姜忠著，成都科技大学出版社1996年出版。该书围绕当代中国发展道路问题，回顾邓小平光辉战斗的一生和丰功伟绩，全面阐述邓小平开创的有中国特色社会主义现代化建设道路的基本内容，论述邓小平理论在马克思主义发展史上的历史地位，以及邓小平理论对中国跨世纪发展战略和社会主义精神文明建设的重大指导作用。作者认为邓小平对社会主义本质的科学论断是社会主义观点上的重大突破，关于社会主义市场经济体制模式的探索和试验是马克思列宁主义经济理论的一大创新，对当今时代特征的新论断丰富和发展了马克思主义的政治学说。作者以十一届三中全会以来中国改革开放和社会主义现代化建设所取得的成就，以及10多年来国际风云变幻和国内发生的政治风波都不能动摇前进的方向的事实，证明邓小平理论的正确性和指导作用。

《毛泽东、邓小平社会主义建设理论比较研究》　肖百冶、张星炜著，经济管理出版社1998年出版。该书是一部从“比较”的新视角深化对毛泽东、邓小平社会主义建设理论研究的专著。该书运用历史、具体的研究这一马克思主义的基本分析方法，把毛泽东和邓小平在社会主义建设问题上的一些相同和不同观点放在一定的历史条件和时代背景下进行分析比较，阐明毛泽东社会主义建设理论与邓小平建设有中国特色社会主义理论两者之间的继承和发展关系。

《邓小平执政党建设思想》　马富武、蔡昌瑞、郭伟著，1998年四川人民出版社出版。作者在深入学习邓小平执政党建设理论的基础上，对其主要内容从马克思主义党的建设理论的新发展；把党建设成为领导社会主义现代化建设的坚强核心；执政党建设仍然要坚持着重从思想上建设党；执政党要有正确的组织路线；执政党要坚持和完善民主集中制；执政党要发扬党的优良传统作风，更加密切联系群众；执政党的制度建设具有根本性和长期性；执政党要正确处理同民主党派、群众团体的关系；执政党要正确处理与同其他国家政党的关系9个方面进行梳理。通过这些问题的论述和阐释，作者深入研究邓小平执政党建设思想的形成，邓小平执政党建设思想对毛泽东建党思想的继承和发展。肯定邓小平执政党建设思想的理论地位，准确反映邓小平执政党建设思想的基本内容，重点突出邓小平执政党建设思想的主要观点，为研究邓小平执政党建设理论和党的建设实践提供重要参考。

《邓小平政策观研究》　卫忠海、罗庆华主编，陕西人民出版社1998年出版。该书是一部系统研究邓小平政策思想的学术专著。从邓小平与十一届三中全会以来党的现行政策的关系入手，按照党的现行政策的形成、执行、检验、完善、成效和由分到总的逻辑关系构架体系，全方位、多角度地分析邓小平关于党的现行政策的基本观点，揭示党的现行政策的客观性、辩证性、完整性，充分反映邓小平的马克思主义政策观。

《三代领导核心的强国路》　李杰主编，四川人民出版社1998年出版。该书对中国共产党三代领导集体的核心关于中国特色的新民主主义革命道路、独具特色的社会主义改造道路、有中国特色的社会主义建设道路的理论和实践进行系统研究，从而弥补学术界对这方面研究的不足。全书以三代领导核心探索具有中国特色的强国之路为主线，以清晰的历史脉络展示有中国特色的革命、改造和建设道路理论的连续与发展，剖析三代领导人理论与实践的传承关系。不仅系统阐释邓小平理论产生的基础、条件及其发展，总结走中国自己道路的经验教训，而且研究理论的实践应用，以求证理论，分析理论对实践的指导作用。

《邓小平理论发展史》　杨先农等主编，青海人民出版社1999年出版。该书分5编22章。该书的体例突出两个特点：一是史，二是发展。作者认为，从史的角度，既研究和叙述邓小平理论的形成和发展过程，又研究和叙述每个主要理论观点的形成和发展过程，从而做到思想逻辑与历史逻辑的辩证统一。从发展的角度，认为邓小平理论是一个开放的体系，是一个动态的运动过程。将以江泽民为核心的党的第三代领导集体对邓小平理论的坚持和发展纳入该课题的研究范围内则是逻辑的必然。作者的研究，把邓小平理论的研究与研究和解决中国的现实问题结合到一起，与学习研究马克思列宁主义、毛泽东思想结合到一起，与学习和研究党的历史和文献结合到一起，与社会主义、集体主义、爱国主义教育结合到一起。

《邓小平理论史》（4卷） 四川省社科院课题组著，四川人民出版社2003年出版。2000年初，四川省社科院组织全院和省内30多位专家学者组成《邓小平理论史》课题组，该书即为该课题的最终成果。全书4卷42章，130余万字。第一卷为邓小平理论的孕育时期，历史跨度从民主革命时期到中共十一届三中全会。第二卷从中共十一届三中全会到中共十三大，是邓小平理论的形成时期。第三卷从中共十三大到中共十四大，是邓小平理论发展和系统化的重要时期。第四卷论述以江泽民为核心的党的第三代中央领导集体在推进社会主义现代化建设和改革开放新的实践中，从多方面对邓小平理论的发展和创新。该书将邓小平理论及其主要内容和观点置于整个马克思主义的发展过程、整个中国革命和建设的发展过程进行研究，从理论与实践、逻辑与历史相统一的高度，对邓小平理论发展的各个阶段及其特征的诸多方面作了系统、全面、深入的考察研究和理论分析，既阐述邓小平理论对马列主义、毛泽东思想的继承和发展，又阐述“三个代表”重要思想对邓小平理论的深化和创新；既有理论的历史发展过程的阐述，又有对中国革命和建设历史的回顾。

《党的第三代领导集体对邓小平理论的实践与创新研究丛书》 四川省社科院课题组著，四川人民出版社2001年出版。全书8册196万字，由总论及经济、政治、文化、科教、法治、可持续发展、党的建设7个部分构成，每个部分具有相对的独立性，全书构成一个比较完整的系统。丛书以邓小平理论和“三个代表”重要思想为指导，从改革开放和现代化建设的实践入手，尊重历史，尊重现实，采用历史与现实相联系、理论与实际相结合的研究方法，比较全面地展示第三代中央领导集体对邓小平理论的实践与创新，有相当的理论深度。江泽民是第三代领导集体的核心，江泽民的重要思想和理论论述是第三代领导集体实践成果和理论创新的集中体现，是邓小平理论的重要组成部分，是中国人民在建设有中国特色社会主义道路上继续前进的强大思想武器。因此丛书特别突出地阐述江泽民论述的理论价值与科学贡献。

《邓小平非公有制经济理论研究》 李学明著，四川人民出版社2001年出版。本书对邓小平理论的重要组成部分——邓小平非公有制经济理论作了深入细微的分析。全书资料丰富、立论严谨，从理论渊源、理论延伸、实践事实、代表人士工作4个方面分9个章节进行研究，主要围绕作者概括出的三论：不怕“富”论，不怕“资”论，不会“变”论，结合中国实践经验，展开理论分析，全面阐述和探讨邓小平有关社会主义初级阶段发展非公有制经济的思想体系。该书最大特点是，搜集丰富的文献资料，汇集邓小平的大量谈话，生动活泼和清楚地展示一代巨人邓小平的思想脉络。

《邓小平“两个大局”理论与西部大开发》 杨钢、蓝定香、王丽娟著，四川人民出版社2002年出版。20世纪80年代初，邓小平对全国区域发展提出让一部分地区、一部分人先富起来，先富带后富的理论。随后，又把这一理论具体化为“两个大局”的发展思路，即先在沿海地区实行对外开发战略，让沿海地区先发展起来、先富裕起来。该书详尽阐述邓小平“两个大局”理论，并以这一理论为指导，紧密结合西部的实际，用一半的篇幅探讨西部大开发的战略举措，力图在改革西部体制和机制、培育市场和投资环境、发展教育、科技以提高人民的素质等方面有所创新，并提出西部大开发应该采取非均衡发展战略，“确定重点开发区域，实施非均衡开发”的思路。

《社会主义道德论：对“三个代表”重要思想的道德思考》 王官成著，兰州大学出版社

2005 年出版。该书 5 章，以马克思主义世界观和方法论为指导，着眼于“三个代表”重要思想与社会主义道德之间的辩证关系，探讨“三个代表”重要思想对社会主义道德的价值：“三个代表”重要思想为社会主义道德奠定新的理论基础；“三个代表”重要思想体现丰富社会主义道德的原则规范；“三个代表”重要思想深化对社会主义道德实践的科学认识。该书作者以独特的视角着重就“三个代表”重要思想如何丰富社会主义道德理论，如何深化对社会主义道德实践的认识等问题进行有益的探讨。

二、论文

《毛泽东战略思想与中国革命》　毕剑横著，载《毛泽东思想研究》1991 年第 6 期。该文分析和论证毛泽东战略思想和中国革命之间的辩证关系，主要内容包括：在新民主主义革命时期关于中国革命总战略构想的提出、战略途径的选择、战略理论的创立和发展、战略阶段的划分、战略重点的确定、战略总目标的实现等几个方面。作者指出，毛泽东关于中国革命的战略思想是极其丰富的具有中国共产党人特色的、独创性的马克思主义战略理论，具有极其重要的科学价值。认真研究、继承和发展毛泽东战略思想对于在建设有中国特色社会主义新时期，从战略高度认识和解决新实践中出现的新情况和新问题，无疑具有极为重要的现实指导意义。

《市场经济与社会主义基本制度结合若干矛盾的探讨》　康电著，载《理论与改革》1994 第 7 期。该文探讨市场经济与社会主义基本制度结合过程中存在的两对主要矛盾即所有制和分配关系问题，并提出解决矛盾的意见。关于所有制，作者认为，改变所有制结构，改革公有制实现形式，存在着公有制和私有制的矛盾，在社会主义初级阶段，这个矛盾的解决不是消灭私有制，而是坚持公有制的主体地位。关于分配关系，解决这些矛盾，不是要消灭其他分配方式，也不是以牺牲效率为代价，而是要建立以按劳分配为主体、多种分配方式并存的分配制度，体现效率优先、兼顾公平的原则。至关重要的是国家要对国民收入的再分配进行干预，保护合法收入，调节过高收人，取缔非法收入，保证劳动者的最低收入。

《党的十一届三中全会前后邓小平大思路的几个特点》　杨先农著，载《当代电大》1998 年第 4 期。文章分析中共十一届三中全会前后，即邓小平理论形成的重要时期，邓小平形成的大思路，成为建设有中国特色社会主义道路的先导。他提出的四项基本原则，明确改革开放的社会主义政治方向，为当代中国发展的正确道路提供政治保证，邓小平大思路镌刻着坚定的原则性。马克思、恩格斯创立的科学社会主义，对社会主义道路、无产阶级专政、党的领导以及理论指导等问题，都作了科学阐述。一些马克思主义经典作家后来对这些观点也从理论上加以阐明。邓小平的大思路将这些观点概括为“基本原则”提出来，以此作为治理国家必须始终遵循的根本政治准则，以规定国家的根本发展方向，这在马克思主义发展史上还是第一次，是邓小平的独特贡献。

《邓小平社会主义发展动力新学说探析》　管文虎著，载《毛泽东思想研究》1999 年第 2 期。本文论述邓小平社会主义发展动力新学说的 3 个主要命题，一是改革是中国的第二次革命；二是对外开放是改革的重要内容；三是通过改革开放调动中国人民的积极性。文章指出，邓小平社会主义社会发展动力的新学说，是对马克思列宁主义、毛泽东思想的继承和发展，是邓小平理论大厦的重要支柱，是正确理解与把握改革开放特点和规律的钥匙。邓小平改革开放的伟大决策和社会主义发展动力的新学说，为中国历史注入惊人的活力，开创中国历史发展的新纪元。

《论邓小平主政西南时期的经济思想》　卢耷岗著，载《四川党史》1999 年 11 月第 6 期。该文归纳中华人民共和国成立初期邓小平主政西南工作时期经济思想的主要观点：必须从实际出发，根据实际情况解决问题；高度重视解决农村发展中存在的问题，认真搞好农业生产；认真抓好工商业特别是在企业管理上下功夫；高度重视少数民族地区的经济发展；关心社会福利、工资等分配问题。论证邓小平主政西南时期的经济思想与邓小平十一届三中全会以来经济思想的内在联系。指出，贯彻落实邓小平主政西南时期和十一届三中全会以来的经济思想，认真搞好新时期经济建设应该注意以下几个方面的工作：防止经济政策多变；防止经济工作中的长官意志；防止经济工作中的短期行为，防止经济发展大起大落。

《“三个代表”重要思想理论体系论纲》 程显煜、黄国华著，载《中共成都市委党校学报》2002 年第 4 期。该文认为，“三个代表”重要思想理论体系的基本构架大致分为“总论”和“分论”两个部分。总论为共产党执政规律论，这是整个理论体系的基础部分和中心，主要强调治党。但是，由于中国共产党是中国唯一的执政党，因此加强和改善中国共产党的自身建设自然主要是围绕执政的经验和规律的总结，由此引伸出分论。分论为先进生产力代表论、先进文化代表论、根本利益代表论，主要强调治国。这个理论体系的最大特点就是，以治党为中心，以治国为目的，治国以治党为前提，治党以治国为归宿。两者是互为条件，相互交织不可分割的统一体。

《深刻认识“三个代表”重要思想的科学内涵及其辩证关系》 刘从政、李驷俊著，载《西南民族学院学报》2002 年第 12 期。该文论证“三个代表”重要思想的科学内涵及其相互关系。对如何理解党“始终代表中国先进生产力的发展要求”“始终代表中国先进文化的前进方向”“始终代表中国最广大人民的根本利益”作出自己的理解。作者指出，学习“三个代表”重要思想，必须认真把握“三个代表”重要思想的辩证关系。“三个代表”重要思想是统一的整体，相互联系，相互促进。必须坚持全面性的原则，对于我们所做的各项工作，既要看是否代表先进生产力的发展要求，促进社会生产力的发展，也要看是否代表先进文化的前进方向，促进有中国特色社会主义文化建设事业的发展，还要看是否代表最广大人民的根本利益，三者不可偏废。

《对“全面建设小康社会”的哲学思考》 毕剑横著，载《四川省社会主义学院学报》2003 年第 2 期。该文从马克思主义哲学辩证法的角度，就过程与阶段、量变与质变，以及事物由低级到高级、由单方面到多方面、由不平衡到相对平衡的矛盾关系和辩证发展等，对由总体上达到小康水平到全面建设小康社会这一重要战略阶段，进行一些哲学层面的讨论。同时结合城市和农村、东部和西部地区发展不平衡的问题，指出要大力解决“三农问题”、坚决实施“西部大开发”战略，才能缩小城市和农村、东部和西部之间的差距，才能逐步解决中国经济社会发展不平衡的状态，使其达到相对平衡，从而实现全国建设小康社会的奋斗目标。

《社会主义本质理论与科学发展观——兼论我党对传统社会主义观的发展与超越》 周治滨著，载《理论与改革》2004 年第 3 期。该文论证中共社会主义观的历史发展，指出，邓小平在深刻总结 20 世纪世界社会主义运动经验教训和深入分析时代变化提出的新挑战的基础上，第一次系统地提出社会主义本质理论，将中国共产党对什么是社会主义的认识上升到一个新水平，为探索中国特色社会主义的发展道路提供科学的理论指导和理论根据。2003 年 10 月，中共十六届三中全会提出科学发展观，在继续深入回答什么是社会主义的同时，着重对如何建设社会主义这个问题给予科学的创造性的回答，从而将中国共产党对什么是社会主义，如何发展社会主义这个既是中国也是世界各国社会主义建设的普遍性的首要问题的认识提升到一个新的高度，实现对传统社会主义观的全面发展和超越。

《科学发展观与共同富裕》　冉昌光著，载《毛泽东思想研究》2004 年第 5 期。文章从 3 个方面论述科学发展观与共同富裕的内在联系。以人为本，共同富裕是科学发展观的价值追求；共同富裕才能从根本上解决各种社会矛盾，确保社会稳定，推动经济社会全面、协调、可持续发展；坚持科学发展观，消除人文贫困，提高全体人民的生存、竞争发展能力，才能真正实现持久的共同富裕。

第三节　学科代表人物

杨　超（1911—2007）　原名李文彦，四川省达县人。政治活动家、毛泽东哲学研究专家。1928 年在成都外语专科学校学习。1932 年加入中国共产党，曾任延安马列学院哲学教研室主任，中华人民共和国立后历任周恩来办公室政治秘书、四川省副省长、中共四川省委书记处书记（1979 年 1 月至 1983 年 1 月）、四川省政协第五届主席（1983 年 4 月至 1988 年 2 月）等职。1985 年 11 月至 1991 年 4 月任四川省社科联主席，长期关注四川省的哲学社会科学事业。杨超在马克思主义哲学研究方面的成就，主要体现在毛泽东哲学的研究。早在 20 世纪 30 年代就在延安马列学院学习和教授马克思主义哲学，并参加毛泽东主持的“六人哲学小组”，学习、讨论和修改毛泽东的《实践论》和《矛盾论》。在长期的革命和建设实践中，一直坚持学习和研究马列主义、毛泽东哲学思想。“文化大革命”结束不久，杨超发起成立由他主持的“《实践论》《矛盾论》学习小组”（简称“两论”学习小组），形成《论毛泽东哲学思想体系》书稿，1980 年以《唯物辩证法的若干理论问题》的书名正式出版。此后杨超的研究由毛泽东哲学思想扩展到整个毛泽东思想体系，再由毛泽东思想又延伸到邓小平理论。在这个过程中，杨超撰写和主编的专著主要有《理论·历史·现实》《毛泽东过程论思想研究》《毛泽东思想的新发展》《实践中的自然辩证法》《毛泽东思想史》（杨超、毕剑横主编）等。杨超对中国古代哲学重要著作《易经》《道德经》和《山海经》也有较为深入的研究。

周　琳　见本志“政治学研究”第三节“学科代表人物”。

康　电（1927—2004）　四川省渠县人。马克思主义哲学研究专家。1955 年起在中共四川省委党校从事理论教学和科研工作，历任省委党校副校长、四川省哲学学会会长、四川省领导科学研究会副会长、四川省社科联副主席。出版专著《马克思主义领导学基础》，发表《用实践标准检验我党建国以来关于阶级斗争的理论》《关于人道主义和异化问题》《在实践中坚持和发展辩证唯物主义认识论》《创造性地运用马克思主义哲学的伟大十年》等学术论文。

第二章　哲学研究

1986—2005年，四川省的哲学研究在改革开放、解放思想的时代背景下蓬勃发展，研究机构和学术团体发展较快，研究力量明显增强。四川省哲学学科的科学研究在研究领域和研究深度上有较大的扩展。不仅从理论层面，同时也将哲学与不同时代的社会热点、难点相结合进行应用性研究。各类高质量科研成果不断涌现，内容基本涵盖哲学下属二级学科的各个方面，在国内学术界产生较大影响。

第一节　研究综述

1986—2005年，四川的哲学研究机构主要有四川省社科院哲学研究与文化研究所、四川社科院毛泽东思想研究所、四川大学、西南民族大学、四川师范大学、西南师范大学、西华师范大学等高校的哲学系、哲学教研室、公共课教研室，四川大学伦理学研究中心。中共四川省委党校和各市（地、州）各级党校也多设有哲学教研室。这些研究机构中的研究人员连同其他院校从事哲学的教学人员，以及党政部门从事理论宣传的人员等，构成四川省哲学科学战线的基本队伍。

这一时期，四川省的哲学学术团体主要有四川省哲学学会、四川省中国哲学学会、四川省马克思主义哲学史研究会、四川省中国哲学史研究会、四川省西方哲学史学会、四川省伦理学会、四川省现代外国哲学学会、四川省自然辩证法研究会、四川省逻辑学会等，此外还成立若干专门人物或专门思想研究的研究会，如四川省马克思主义学会、四川省毛泽东思想学会、四川省马克思主义中国化研究会、四川省科学社会主义学会、四川省孔子研究会、四川省朱熹研究会、四川省老庄学会等。

除了各学会举办的年会，一些全国性的哲学学术团体也在四川各地举行年会或各种学术讨论会。

1986年10月9—14日，全国第三次毛泽东哲学思想讨论会在成都召开。此次讨论会由中国社会科学院哲学研究所、中共中央党校哲学教研室、中国人民大学马列主义发展史研究所、中国马克思主义哲学史学会、四川省社会科学院毛泽东思想研究所、《毛泽东思想研究》编辑部共同发起。为协调和推动全国毛泽东哲学思想的研究工作，与会代表推举产生全国毛泽东哲学思想研究会理事会，宣告全国毛泽东哲学思想研究会正式成立。

1987年，中华全国外国哲学史年会在四川举行；1987年、1988年、1995年、1997年，全国性的西欧大陆哲学、实用主义哲学、外国哲学史与社会主义精神文明建设、历史哲学研讨会等相继在四川举行。

1989年6月，四川省首届现代外国哲学讨论会暨四川省现代外国哲学学会成立大会，在成都举行。1989年12月，四川省马克思主义哲学研讨会在成都举行。1990年10月，历史唯物主义与当代社会主义理论和实践讨论会在成都举行。

1992年8月，中华传统文化讨论会在都江堰市举行。10月，中共四川省委党校系统哲学研讨会在重庆举行。

1995年8月，第二届唐君毅学术思想国际研讨会在成都举行。全国地学哲学研究会首届学术年会在成都举行。

1998年12月，以“四川地区哲学的回顾与展望——纪念十一届三中全会二十周年”为主题的四川省哲学学会年会在温江县召开。

1999年9月，孔子思想与当代社会学术讨论会在崇州市举行。2004年8月，第12次全国毛泽东哲学思想研讨会在成都举行。2005年8月，中国马克思主义哲学史学会年会在峨眉山市举行。

这些重大学术活动增进全国不同地区的专家学者和科研机构之间的解，促进四川省的哲学研究。

1986—2005年，四川哲学学科的科学研究无论在深度，还是广度上都是前所未有的。不仅从理论层面，同时也将哲学与不同时代的社会热点、社会难点相结合进行应用性研究。包括专著、译著、论文在内的各类高质量科研成果不断涌现，内容基本涵盖哲学下属二级学科的各个方面，在四川省和全国产生深远的影响。

四川省的哲学研究在全国最具影响的是两位四川籍学者贺麟和王朝闻。贺麟是中国著名的哲学家、哲学史家、黑格尔研究专家和翻译家。20世纪40年代，贺麟建立“新心学”思想体系，成为中国现代新儒家思潮中声名卓著的。80年代中期后，80多岁高龄的贺麟仍然继续着学术活动，1986年后，先后发表论文《论自然的目的论》和《〈马克思恩格斯论哲学史〉序言》，并参加学术讨论会。美学家王朝闻是中华人民共和国成立后具有全国声望的美学家，其美学思想和理论建树指导和影响新中国的几代美术工作者，为建设具有中国特色的美学体系作出卓越贡献。1998年，22卷本《王朝闻集》出版，其中多卷为美学著作。如第8卷《审美的敏感》、第11卷《审美谈》、第13卷《审美心态》等。

四川省的哲学研究成果主要体现在以下方面：

马克思主义哲学　专著主要有：周琳等《马克思主义领导思想史纲》；张国祺《马克思主义哲学体系的由来和发展》；邹学荣等《马克思主义人学理论与实践》；王仲士《“哲学笔记”研究》；王仲士等《中国马克思主义哲学当代史探微》；倪志安等《马克思主义哲学方法论》；李益荪《马克思、恩格斯文艺思想论稿》；孙林等《马克思主义基本问题研究》；王民康《论客观性——从一种视觉对马克思主义哲学历史的和现实的探讨》；查有梁《恩格斯与物理学》；王仲士等《中国马克思主义哲学当代史》等。

论文主要有：冉昌光《唯物辩证法基本特征的反思》；毕剑横《用两次飞跃观点研究马克思主义哲学在中国的发展》；彭穗宁《社会主义价值观在当代中国的发展》；袁诗弟《马克思主义哲学体系的重构与创新》等。

毛泽东哲学思想研究　专著主要有杨超《毛泽东哲学思想研究》；毕剑横《毛泽东与中国哲学传统》；论文主要有：毕剑横《毛泽东哲学的中国哲学思想渊源》等。

西方哲学　著作主要有：徐开来《亚里士多德全集》（第一、第二、第六、第八卷独译或合译）；任厚奎等4人合著《西方哲学概论》；任厚奎、罗中枢主编《东方哲学概论》；查有梁《牛顿力学的横向研究》；李培湘等《西方哲学思想要义》；陈德荣《洛克意义理论研究》；罗中枢《人性的探究——休谟哲学述评》；幸强国《语意、辩明与实用主义——普特南哲学研究》；何仁富《善恶彼岸的道德哲学——尼采对道德价值的重估与重构》；张桂权《玻姆自然哲学导论》；阎嘉《叔本华：洞悉人生痛苦的智者》等。

论文主要有：徐开来《论亚里士多德对形式的不同规定及其相互关系》《论赫拉克利特哲学的二元论性质及其在希腊哲学中的地位》《亚里士多德关于本原和原因的思想》；余平《海德格尔存在之思的伦理境域》等。

美学 高尔泰的专著《美是自由的象征》，在国内学术界产生重大影响。其他专著主要有曾永成《感应与生成——感应论审美观》；皮朝纲《禅宗美学思想的嬗变轨迹》；冯宪光《马克思美学的现代阐释》；李天道《中国美学之雅俗精神》；皮朝纲主编、钟仕伦、李天道副主编《审美与生存——中国传统美学的人生意蕴及其现代意义》；任中平、朱开君、刘永红《真善美的现代反思》。

论文主要有：钟仕伦《“学上的反感”与日常生活审美化——对马克思一个美学命题的当代阐释》；冯宪光《重建审美意识形态批判》；苏丁《论美学研究中的核心问题》；潘显一《道—美，道教美学核心范畴》；李天道《禅：生命之境和审美之境》；李思屈《大众传播、商业广告与审美的当代性》等。

逻辑学 专著主要有：邓生庆《归纳逻辑，从古典向现代类型的演进》；萧百冶等《逻辑哲学导论》；彭健伯《大奇迹：爱因斯坦成功的思维方法》；周守仁《复杂性研究与混沌控制及其哲学阐析》；万果《因明逻辑概要》等。

论文主要有：邓生庆《莱欣巴赫的归纳逻辑理论》《凯恩斯的归纳逻辑理论》《“多维结构的意义理论”论纲》；周守仁《“对称—整合”思维模式的内容和特点》等。

认识论 专著主要有：叶峻等《人天观初探》；刘波《天地人巨系统观》；袁红章《表象学》；刘莘《怀疑论的魅力》；任晓明、涂宏斌《进化认识与进化逻辑》；胡良贵、刘宁《科学观与科学方法论》；周裕锴《中国古代阐释学研究》；黄辉《现代思维科学研究》等。

论文主要有：刘莘《泛自然主义与历史神学——斯宾格勒与汤因比历史观念之比较》《质料与形式：李凯尔特的历史认识论》；孙显曜等《宇宙的有限和无限问题》（系列论文）；蒋荣昌《中国文化的公私观》等。

伦理学 专著主要有：肖雪慧《伦理学原理》《理性人格——伏尔泰》《复合人格：马基亚维利》；肖雪慧、兰秀良《守望良知——新伦理的文化视野》；肖平等《工程伦理学》；谢洪恩等《企业伦理学》；唐能赋《道德范畴论》；黄寰《网络伦理危机及对策》；刘伟航《三国伦理研究》；唐代兴《公正伦理与制度道德》；李蜀人《道德王国的重建》等。

论文主要有：肖雪慧《新伦理文化的基本精神与价值核心》《作为伦理文化价值核心的人道主义》；谢洪恩等《论公民道德建设的文化生态基础》；谢洪恩、肖平《简论道德调控机制》；黄寰《网络伦理危机及对策》等。

中国古典哲学 中国古典哲学的研究领域广泛，主要包括先秦诸子哲学、两汉经学、宋明理学和清代今文经学等方面。四川省哲学研究在这个领域比较突出的成就是经学和理学研究，其中又以对古代巴蜀地区哲学的研究比较突出。四川的学者中，蔡方鹿在国内学术界有较大影响，代表性论著主要有：《朱熹经学与中国经学》《中华道统思想发展史》《程颢程颐与中国文化》《魏了翁评传》等。其他重要论著、专著主要有：黄开国、蔡方鹿、陈德述《廖平学术思想研究》；徐仁甫《诸子辨正》；黄开国《廖平评传》；黄开国、邓星盈《巴山蜀水圣哲魂——巴蜀哲学史稿》；李耀仙《先秦儒学新论》；谢谦《经学与中国文化》；贾顺先等《宋明理学新探》；李成良《阮元思想研究》；舒大刚等《中国历代大儒》；吴贤哲《儒学与传统文化》；陈廷湘《宋代理学家的义利观》；杨树帆《周易符号思维模型论》；谢祥荣《周易见龙》；刘宁《刘一明修道思想研究》；金生杨《〈苏氏易传〉研究》等。

论文主要有：蔡方鹿《注经与哲学——朱熹经学对中国传统哲学的发展》《蒙文通经学四变述论》《程颐易学的特点及其在中国易学史上的地位》；李耀仙《先秦名辩五论》《墨学五议》；贾顺先《论宋明理学的二重性》；黄开国《庄存与〈春秋〉学新论》；王官成《从庄子到郭象——庄子与郭象的伦理思想比较》；肖平《道德经验研究及其方法——论社会学方法在伦理研究中的应用》；彭邦本《楚简〈唐虞之道〉初探》等。

古籍整理和工具书　古籍整理主要有郭齐、尹波《朱熹集》；冯达甫《老子译注》；杨世文、王蓉贵《张栻全集》；李纯蛟等《廖平选集》；林贞爱《扬雄集校注》；徐湘霖《中论校注》等。工具书主要有：李刚等《诸子百家大辞典》；黄开国等《经学辞典》等。

当代中国哲学研究　专著和译著主要有：任中平《政治哲学导论》；刘莘《当代政治哲学》（译著）；苏志宏《李达思想研究》；丁润生、胡金贤《现代思维科学》；高兴华《现代自然科学的哲学精神》；龙宗智《相对合理主义》；华孝清、杨静光《管理哲学论》；黄玉顺《超越知识与价值的紧张：“科学与玄学论战的哲学问题”》；李明泉《艺术辩证法》等。

论文主要有：王仲士《略谈方东美在学术上的开放态度和开拓精神》；张国祺、李后强、汪富泉《分形理论的科学和哲学意义》；李耀仙《新理学在哲学史上的地位》《现代新儒学发展的新阶段及其问题》；王伯鲁、董子峰《广义技术哲学问题研究》。

第二节　主要著述

一、专著

《美是自由的象征》　高尔泰著，人民文学出版社1986年出版。该书是作者的美学论文集，正文由《关于人的本质》《美是自由的象征》《美的追求与人的解放》《人道主义与艺术形式》《中国艺术与中国哲学》等9篇论文组成。附录收有《论美》《美感的绝对性》。该书内容有两个方面：一个是“人”的问题；一个是“美”的问题。而主要是“人”的问题，即人道主义问题。作者从宏观历史学和微观心理学的角度，论证人道主义和现代美学的固有的内在联系。

《宋明理学新探》　贾顺先、余光贵、蔡方鹿、黄德昌著，四川人民出版社1987年出版。宋初的“三先生”即胡瑗、孙复和石介与周敦颐、邵雍对宋明理学的形成起到重大作用，而唐代柳宗元、韩愈、李翱等人也是宋明理学思潮的先驱者。该书采用哲学家思想体系具有二重性的观点，认为宋明理学提倡的三纲五常和唯心主义体系，形而上学方法论是错误的，但又包含着积极的成分，如主张民族大义、国家统一、人应有高尚的道德情操与理想，反对贪官污吏，以及一些自然科学知识、

唯物主义论点、辩证法观点等。在揭示宋明理学从产生到衰亡的过程和规律时，主张从明中叶到清初出现的反理学的“实学”思潮，是从理学中分化出来的，杨慎、陈第、王夫之都是从程朱、陆王的思想体系中分化发展出来的。杨慎的实学与程颐的“实有是物”“实有是事”有近似之处；而王夫之的道器论、理气论等，既改造理学，同时又保留理学的某些糟粕。书中还介绍宋明理学在朝鲜、日本和欧美的传播。

《人天观初探》 叶峻、胡良贵、胡世禄、张国琪、李时彦著，四川教育出版社1989年出版。人天观，是指对人天关系的根本观点。是一门专门研究人天关系，即人与自然环境关系的学问。该书分为3个部分。第一部分“综合研究”，讨论人天观的性质、研究对象和意义；人天观的方法论；天地人巨系统观；人天相关的时空表象与反思等。第二部分“纵向研究”，内容包括宇宙人天观探讨；人的宇宙原理的哲学分析；宏观人天观（包括中医理论、气功科学等）；微观人天观；人天的隐秩序观等。第三部分“横向研究”，内容包括时间生物学、科学史考；哲学史考；人体能场；生物医学；全息理论；耗散结构理论；经络动力学；古代八卦、易学研究；宗教理论；瑜伽学说等。

《毛泽东与中国哲学传统》 毕剑横著，四川人民出版社1990年5月出版。全书分为中国优秀哲学传统；作为学者的毛泽东；毛泽东对中国古代“实事求是”学风的改造；毛泽东对中国古代“人定胜天”思想的发展；毛泽东对中国古代知行关系论争的总结；毛泽东对中国古代辩证法思想的提炼；毛泽东对中国古代兵书精华的吸取；毛泽东对中国古代“民本”思想的升华；毛泽东对中国古代道德传统的扬弃9章，从毛泽东哲学思想的精华和特点出发，系统阐述毛泽东哲学思想不仅是对马克思主义哲学的继承和发展，而且是对中国优秀哲学传统的批判和继承，带有鲜明的中国气派和民族特色，在学术界是一个创造性的开端。

《孔子研究》 钟肇鹏著，中国社会科学出版社1990年出版，分上、下编，上编收入研究孔子的9篇论文，下编收入研究儒家学派、曾子、思孟与荀子的6篇论文，并附录2篇与孔子研究相关的论文。作者认为，孔子的基本思想是主张严等差之辨，而贱视劳动；主张爱人，具体的办法是行仁政，因民之所利而利之。孔子思想并不代表奴隶主的思想，代表的是新兴地主阶级的思想。在哲学上，孔子基本上继承殷周以来的传统天命观，但对鬼神又持怀疑的态度；在认识论上，孔子是学行并重、学思并重，有不少辩证因素。孔子在教育上打破等级限制，在人才培养和教育方法上都有宝贵的经验与贡献；孔子系统整理中国古代文献，保留春秋以前的重要文化遗产。孔子的伦理思想以仁为核心，把伦理、教育、政治三者结合成为一个体系，强调言行、知行的统一，肯定道德需培养锻炼才能具备，有很多规范、格言值得批判的继承。孔子的文艺、美学思想，讲文与质的统一，美与善的统一，并在他的语言修辞、诗教、乐教中有具体的体现。

《感应与生成——“感应论”审美观》 曾永成著，成都科技大学出版社1991年出版。该书是一部系统阐释感应论美学的专著。全书5个部分：论一为“节律感应：审美活动的原生特性”，用实证的方法揭示审美活动的真正特性在于“节律感应”这种特殊的生命享受和自我调节的活动方式；论二为“审美关系：审美活动的主体本质”，在阐明人类审美活动与动物美感的联系及其通过实践提升为主体性的“关系”的问题之后，进一步论述审美主体的生命节律系统的构成与机制；论三为“生命表征：节律形式的价值意蕴”，从马克思的“自然向人生成”说寻求节律形式的审美价值意蕴的生成及其基本表现，并论述功利性内容如何转化为美和“自然向人生成”规律的赋形作用等问题；论四为“自我生成：审美感应的价值实现”，主要论述审美活动中价值实现的感应过程和审美感应中的生命享受和自我生成的价值实现即功能表现；余论为“大审美观：在还原论与系统观的两极张力之中”，简要阐释与感应论审美观相关的方法和理论意义等问题。

《亚里士多德全集》（第二卷） 徐开来译，中国人民大学出版社 1991 年出版。该卷含《物理学》《论天》《论生成和消灭》《天象学》《论宇宙》5 篇，是亚里士多德自然哲学思想的代表性著作，尤其是其中的《物理学》。《物理学》8 卷，分别系统论述他的本原学说、原因学说、自然观、时空观和运动理论，在自然哲学层面上提出的质料因、形式因、动力因、所为因、潜能、实现（及现实）、自然物与技术物、时间与空间、运动者与被运动物、第一动者等概念和观点，是他整个哲学体系的重要内容。《论天》4 卷，着重讨论天体的性质、数量、形状、结构运动，以及是否永恒等问题。《论生成和消灭》2 卷，重点探讨生成与消灭的含义、原因，与增长和质变、动作和承受、混合和接触、移动和连续的关系问题，也讨论事物的构成元素及其冷热干湿的性质和转化。《天象学》4 卷，依据他在《物理学》等前述著作中建立的自然哲学有关理论，分别说明银河、彗星、霜雪、冰雹、风、河流、海洋、海水、旱涝、地震、雷电、日晕、虹、凝聚等广泛的自然现象。该卷和整个《亚里士多德全集》一样，依据希—英对照的洛布古典丛书中希腊本文并参照几种英译本译出。由于译文忠实原著，较具可靠性，也具可读性。除《物理学》外，该卷的其余 4 篇是第一次被译成中文。该卷中译本的出版，对于中国亚里士多德哲学思想和整个西方哲学史（特别是自然哲学史）的研究，具有重要意义。

《归纳逻辑：从古典到现代类型的演进》 邓生庆著，四川大学出版社 1991 年出版。该书是一部全面介绍归纳逻辑发展历史的专著，由作者在其博士论文的基础上进一步研究写成。全书 7 章，除绪论（第一章）外，第二、第三章重点介绍亚里士多德、培根、休谟、穆勒等人为代表的古典归纳逻辑思想，第四章分析归纳逻辑从古代到现代的过渡，第五、第六、第七章分专章讨论现代归纳逻辑的代表人物凯恩斯、莱欣巴赫和卡尔纳普的主要思想及学术地位。书后附有中、英文参考文献和 1 张插表。该书的出版，填补国内空白，对推进归纳逻辑史的研究具有重要意义。

《东方哲学概论》 任厚奎、罗中枢主编，四川大学出版社 1991 年出版。该书采用纵横交织的写作方式，分“东方哲学的开端”“东方哲学的发展”“东方哲学的繁荣”“东方哲学的演变”4 编 15 章，全面概述包括古埃及、巴比伦、印度、中国、阿拉伯和日本在内的东方国家从远古到 20 世纪中叶哲学思想的发展脉络、基本特点、主要派别和基本观点。该书是一部把东方哲学作为整体集于一书加以全面、系统介绍的著作，不仅在很多方面作了有益的尝试，而且由于线索明晰、叙述简洁、资料翔实，对读者系统了解东方哲学概貌及其与西方哲学的关系，具有重要价值。

《洛克意义理论研究》 陈德荣著，湖南教育出版社“博士论丛”1992 年出版。该书除引言和结语外，正文分为洛克意义理论的渊源、洛克的语词意义观、名称意义观、命题意义观和洛克意义理论的历史地位 5 章。作者从考察前洛克意义观方面的大量思想资料入手，逻辑地阐明洛克意义观念论的产生和创立，继而分析洛克的语词意义观、名称意义观和命题意义观，最后考察洛克意义理论的思想地位和在当代的影响，并跳出现有各种意义理论的框架，提出一种新的意义理论的初步纲要——意义的实践指向论。该书从意义理论的角度，透视洛克和西方近代经验论哲学，开拓一个新的视角。

《廖平评传》 黄开国著，江西百花洲文艺出版社 1993 年出版。全书 8 章，论及廖平的青少年时代，经学六变概论，廖平的平分今古之论，尊今抑古和对其他经学派别的批评，廖平的孔经人学，廖平的孔经天学，廖平与康有为，廖平与经学的终结，末附廖平学术行年简表。作者认为，廖平经学六变可分为经学史研究的经学第一变，与经学理论建构的经学后王变两大阶段，而经学理论建构又分为经学二、三变的孔经人学与后三变的孔经天学两个阶段。廖平经学的价值在史不在论，他的平分今古之论解决经学史上2000多年悬而未决的今古之分，他的抑古之论否定古文经学，开启近代疑古之风。而他经学理论的建构，以公羊学的秦王改制说为理论依据，所言孔经小统大统、人学天学，完全是尊孔尊经的理论。廖平的经学理论与传统的经学理论不同，古今中西的各种学说都被纳入其理论中，用作尊孔尊经的材料，曲折地表达经学终结的历史必然性。书中还全面考察廖平与康有为的关系及学术异同，确凿证实康有为本廖平经学第二变为说历史真相。

《人性的探究——休谟哲学述评》 罗中枢著，四川大学出版社1995年出版。该书从18世纪英国哲学家休谟的原著出发，在参考国内外有关成果的基础上，以人性论为中心，全面系统地论述休谟的哲学思想，提出不少富于启发性的观点。该书作为国内较早系统讨论休谟哲学的学术专著，对于推进休谟思想乃至整个西方近代哲学的研究，具有积极作用。

《程颢程颐与中国文化》 蔡方鹿著，贵州人民出版社1996年出版。全书10章，考订二程的生平与著述，从政治经济思想、哲学思想、伦理思想、经学思想、教育思想对二程思想进行全面研究，并论述二程与诸文化派别、在宋明理学史上的地位、对传统文化的影响及对现代社会的意义等问题。作者认为，二程政治思想的纲领是天理治国，经济思想提出恢复井田制，抑制兼并等主张；哲学思想把儒家伦理提升为宇宙本体论，标志宋代理学的确立，其心性论、格致论都对后来理学发展影响甚大，其丰富的辨证法思想则突出体现宋代理学辩证法的特点，二程哲学又有所差异，分别开启后世朱熹与陆王两大理学派别；二程在伦理上重视道德的修养与道德的自律，提出妇女从一而终，饿死事极小、失节事极大的观念；二程在经学上以“经所以载道”为纲领，其对《易》的义理重视，对四书的提倡，疑经惑传，鲜明体现宋代经学的特点，为经学创新开辟道路；其教育思想主张以穷理、明理为目的，具有鲜明的理学教育特色。全书以中国文化为大背景，以二程思想为点，宋明理学为面，相互联系地对二程理学构成、特征及其与中国文化的关系，作了全面、深入、系统的论述，并以现代化为价值标准，对其作出科学的批判继承。

《中华道统思想发展史》 蔡方鹿著，台湾台北中华道统出版社1996年出版。作者提出，道统有狭义、广义之分，狭义的道统仅指儒家的道统，广义的道统是以儒家的道统为主，并统摄中华文化各家各派的道统思想，该书所言道统就是广义的道统。中华道统理论包括10个方面的内容：一是孔孟为代表的仁义之道；二是以《中庸》等先秦儒家著作为代表的执中，中道；三是由孔孟开其端绪，而由宋儒发扬光大的内圣心性之学；四是以《大学》为根据的修齐治平之道；五是以宋儒二程朱熹为代表的超越时代的心传说；六是以四书为主体的道统说；七是以程朱为代表的天理为道；八是张载的气化为道；九是以陆九渊、王阳明为代表的以心为道；十是牟宗三的“三统文说”。而道统思想的历史发展分为4个阶段：一是从伏羲到周公，以文王仁政与周公之礼为代表；二是从孔子到汉儒，以孔孟仁义之道为代表；三从韩愈到程朱，以超越时代的心传说和天理论为代表；四是20世纪20年代后的现代新儒家，以内圣心性文学开出科学民主新外王之说为代表。道统思想具有重视儒家伦理的价值、从道不从君、内圣与外王相结合等基本特点。从而对中华道统思想作出系统、全面、深入的研究。

《叔本华：洞悉人生痛苦的智者》 阎嘉著，四川人民出版社1997年3月出版。全书分为“通向智者的旅途”“智者人生面面观”“意志哲学”“生死存亡之间”“名利场上的诱惑”“恋爱与女人”“叔本华之后”7章，对叔本华的人生历程和哲学思想作了全面的评述。作者认为，叔本华对20世纪的生命哲学、存在主义哲学、精神分析学，乃至文学、艺术和美学产生巨大影响，但长期以来有意无意地忽略这种影响。作者力图通过具体的研究与分析，告诉人们一个真实的叔本华及其思想，重新估价叔本华的哲学在20世纪思想发展中的地位和价值。

《王朝闻集》　王朝闻著，河北教育出版社1998年出版。该书系著名美学家、文艺评论家王朝闻的文集，22卷，收入王朝闻至1998年的所有论著。22卷分别为：1.《新艺术创作论》；2.《面向生活》；3.《以一当十》；4.《喜闻乐见》；5.《隔而不隔》；6.《论凤姐》；7.《开心钥匙》；8.《不到顶点》《审美的敏感》；9.《再再探索》；10.《了然于心》；11.《审美谈》；12.《似曾相识》；13.《审美心态》；14.《会见自己》；15.《雕塑，雕塑》；16.《〈复活〉的复活》；17.《东方既白》；18.《神与物游》；19.《吐纳英华》；20.《趣与悟偕》；21.《书信、题辞》；22.《断简残篇》。其中《审美谈》《审美的敏感》《似曾相识》《审美心态》《神与物游》《吐纳英华》《趣与悟偕》等卷，是以美学为主题的专著或大量涉及美学的文集。

《怀疑论的魅力》　刘莘著，四川人民出版社1999年出版。该书除导言外，由“我们能够知觉什么”“我们能够预见什么”“我们能够知道什么”“我们能够相信什么”和“怀疑论的意义是什么”5章构成。作者从知觉、预见、信念、真、善等与人类思想共在的根本问题入手，探讨隐藏在这些问题下的诸多奥秘。作者强调指出，作为人类文明进程的远大动力，怀疑论充满思想的魅力，它所开启的思维视角及方法，可以为我们的思想和人生带来不尽的启迪。该书采用语言逻辑分析与思想评述结合的方法，通过对那些与时代变迁和文化差异无涉的问题的细微分析，引导读者进入一个新的思维空间。该书是中国较早一部以当代知识怀疑论为重点，从整体上剖析和反思怀疑论形态的哲学理论专著，对于人们深入了解和正确认识怀疑论的多方面意义，具有重要参考价值。

《真善美的现代反思》　任中平、朱开君、刘永红著，四川人民出版社1999年出版。该书从人类认识和实践活动应追求真善美的统一这个角度出发，对现代人类面临的全球性危机和困境进行深刻反思，并分别对中国社会生活的经济、政治、决策、管理、科技、文化、社会交往、思想教育等各个方面进行系统深入的考察，深刻阐明人类社会的各种活动必须力求实现求真、求善和求美的有机统一，才能达到人与自然、人与社会以及人自身的身心内外之间和谐发展的理想境界，才能最终实现从必然走向自由的理想王国。

《工程伦理学》　肖平、唐永进、徐行言、李素萍、王一多著，中国铁道出版社2000年出版。该书是国内外较早阐述工程伦理学的专著，针对科技广泛运用而带来的多重价值问题，从伦理学的视角，对科技工程实践活动中的价值选择困惑和道德规范问题进行研究，提出应建立工程伦理学。工程伦理学以“大工程”观念为前提，将工程活动视为具有社会化、综合化、整体化的生产活动，分析其科技活动的多重价值取向，研究众多领域中的价值整合，考虑建立科技工作者共同的道德规范。认为工程活动包含人类的精神价值和道德价值；科技工作者应对技术负责，并对社会负责；对科技工程人员的道德评价应与普遍道德原则相一致；应该解决人与自然的和谐相处、平衡发展；应注重对技术人员的职业道德教育。由此建立工程伦理学，这一伦理学的新分支，用以指导工程实践，提高工程技术人员的道德素质。

《朱熹与中国文化》　蔡方鹿著，贵州人民出版社2000年出版。该书全面论述宋代理学家朱熹的学术文化、政治思想及其对中国文化的广泛而深刻的影响。全书12章，内容包括朱熹的时代、生平和著作；朱熹的政治学说和经济思想、哲学思想、伦理思想、经学思想、教育思想和自然科学思想、史学思想和文学思想；朱熹与宗教；朱熹与诸学术思想流派；朱熹对中国传统文化的影响；朱熹在中国文化史上的地位；朱熹思想与现代社会等。

《周易见龙：〈周易〉的社会历史哲学文化汇解与评析》 谢祥荣著，巴蜀书社2000年出版。该书以文化人类学方法对八卦文化的源流进行系统阐释，对易学中的许多难点，包括筮数占断等进行历史考察，于其学理依据，作出科学评判；并从社会、历史、哲学、文化等学科的诸多层面，对《周易》的人文精神进行深入发掘与系统构建，尤其对《周易》经文作了逐字、逐句、逐文、逐卦的考辨与阐释，极具理论创见。

《中国美学之雅俗精神》 李天道著，中华书局2000年出版。本书从美学的高度对中国古代有关“雅”境与雅俗互动的思想进行了现代理论的解释。全书分上、下两篇，上篇对中国美学一系列尚雅崇雅和有关雅俗互动的美学思想进行分析和研究，指出从“雅者正也”审美意识出发，中国美学一方面主张隆雅重雅，崇雅尊雅，以雅为美，褒雅贬俗，尚雅卑俗，把“雅正”之境作为最高审美追求；另一方面则主张以俗为雅，以俗归雅，以俗为美，化俗为雅，借俗写雅，沿俗归雅，雅俗并陈，雅俗相通，雅俗互映，雅不避俗，俗不伤雅，同时提出不少有关“雅”境的审美范畴，以展现“雅”境多样的审美内涵与审美特征，其中最为主要的有高雅、文雅、典雅、淡雅、和雅、清雅、古雅等；下篇则对中国美学雅俗论的文化渊源以及高雅、典雅、和雅、清雅和古雅等雅境的审美内涵作了探源似的考察和解读，并对中国古代一些名家有关雅俗审美意识的论述进行系统而深入的探讨，以填补一项空白，并希望能以此促进中国美学研究更加深入地向范畴研究发展。

《论客观性——从一种视觉对马克思主义哲学历史的和现实的探讨》 王民康著，四川大学出版社2001年出版。该书阐述客观性在哲学历史上的各种存在和表现，以及客观性与主观性，客观性与实在性，客观性与现实性，客观性与历史性的各种关系，在此基础上对马克思主义哲学有关客观世界的认识；与黑格尔哲学的辩证法；关于社会发展与生产力发展；关于人的“全面而自由的发展”等马克思主义基本问题进行阐述和论证。

《善恶彼岸的道德哲学——尼采对道德价值的重估与重构》 何仁富著，四川大学出版社2001年出版。全书分上、下两篇，各3章。上篇“价值的重估”，主要讨论尼采对传统基督教道德价值的破坏。第一章“上帝死了”，是在整个欧洲文化的大背景下解读尼采“上帝死了”这一命题的价值意义，构成尼采道德哲学的“语境”。第二章“虚无主义”讨论尼采破坏传统道德的工具，就是“积极的虚无主义”。第三章“道德偶像的黄昏”，集中论述尼采对传统基督教道德的观点。下篇“道德的重构”讨论尼采对“善恶彼岸道德的重构”。第四章“生命的意义”讨论尼采善恶彼岸道德的价值基础。第五章“强力价值论”集中论述尼采道德哲学的价值问题，并引发阐述尼采的“悲剧人生观”。第六章“成为你自己”讲的是尼采道德哲学的价值理想，说明尼采是要人立足于个体生命在自我肯定和自我超越两个层面上“成为你自己”。因此把尼采的道德哲学称为“自我的道德”。结束语对尼采道德哲学的主要思想进行概括。

《朱熹经学与中国经学》 蔡方鹿著，人民出版社2004年4月出版。该书采用理论分析与训诂考据相结合、分门别类的研究与综合性的系统研究相结合的方法，以朱熹经学为点，以宋学为面，以整个中国儒家经学发展史为线，通过点、面、线三者相结合，把朱熹经学置于中国经学发展的大背景下，全面、深入地研究朱熹的《四书》学、《易》学、《诗经》学、《尚书》学、《礼》学、《春秋》学、《孝经》学等经学思想及其与中国经学的关系，揭示和论述朱熹经学的特征和时代意义、朱熹的经典诠释学，以及朱熹经学在中国经学史、哲学史、文化史上的重要地位和影响，并对朱熹经学作现代审视、反思，在指出其流弊的同时，挖掘其合理的价值。

《现代思维科学研究》　黄辉著，电子科技大学出版社 2004 年出版。早在 20 世纪 80 年代初，中国著名科学家钱学森明确提出“思维科学”的概念，倡导开展思维科学研究。该书较为系统全面地概括和介绍近年国内外思维科学研究的最新成果，融汇作者对思维科学的一些重大问题的心得体会和理论反思，并在此基础上尝试性地“构建”一个有关思维科学的体系。作者根据钱学森的有关设想，旁征博引，大胆地“构建”和论证一个较为完整的有关思维科学的体系。并进而对思维的主体与客体、主体思维的基本类型、主体思维活动的基本方式，尤其是对创造性思维、模糊性思维的本质、特征及实践意义进行探讨。该书对哲学思维方法、系统思维方法、科学思维方法进行认真的研究，认为上述几种思维方法既相互区别，又彼此联系，对它们进行综合把握和灵活运用，是人们进行思维创新的基础和前提。

《中国马克思主义哲学当代史》　王仲士、谭贵全、王德璞、李北东、张鲜元著，四川人民出版社 2005 年 12 月出版。该书论述中国马克思主义哲学在当代的传播、发展和应用。根据马克思把自己的哲学规定为“改变世纪”的“新唯物主义”，以及它必然在同现实世界接触并相互作用中发展的思想，采取同新中国社会主义革命和建设的发展阶段基本一致的原则。该书以中国社会主义实践的最重大事件，即中共十一届三中全会为标志，划分为两大时期，即上、下两编。上编将中国马克思主义哲学当代史概括为广泛传播和曲折发展，下编概括为创造性运用和蓬勃发展。同时，根据与实践发展阶段基本一致的原则，将上编细分为 4 个阶段，即：新中国建立和国民经济恢复；社会主义改造和开始社会主义建设；社会主义建设全面开展的探索；社会主义建设的严重失误和开始纠正。下编细分为 3 个阶段，即：拨乱反正、重新确立实事求是思想路线；确立建设有中国特色的社会主义道路；建设社会主义市场经济体系。

二、论文

《用两次飞跃观点研究马克思主义哲学在中国的发展》　毕剑横著，载《实事求是》1989 年第 1 期。该文考察毛泽东思想哲学史上两次飞跃和 3 个阶段的各自特点和相互联系，着重考察以邓小平为代表的第二次飞跃与毛泽东为代表的第一次飞跃的联系与发展。作者指出，研究马克思主义哲学在中国发展的历史，必须用两次历史性飞跃的观点作指导，既要认真研究在新民主主义时期以毛泽东为代表的中国马克思主义哲学史的第一次飞跃，又要着力研究社会主义建设新时期以邓小平为代表的第二次飞跃；不仅要认真研究两次飞跃在中国，马克思主义哲学史上所形成的两次波峰，又要着力研究两次波峰之间形成的波谷。作为第二次飞跃代表人物的邓小平，正是全面总结和吸取前一次波峰和波谷的教训，才形成中国马克思主义哲学史上的第二次波峰，才能满怀希望地迎接马克思主义哲学在中国新的发展大趋势。

《新理学在哲学史上的地位》　李耀仙著，载《四川师范学院学报》1991 年第 2 期。该文论述的“新理学”指的是冯友兰的“新理学”。作者指出，“新理学”的含义不限于作者所著《新理学》一书，而且包括作者“贞元之际”所著《六书》形成的“新理学”整个哲学体系。“新理学”哲学体系的框架实际上只有《新理学》《新事论》和《新原人》三书：《新理学》建立冯友兰自已的形而上学，是他的整个哲学体系的核心；《新事论》建立他的文化哲学，是他以《新理学》的方法分析中西文化而得出中国文化的出路；《新原人》建立冯的人生哲学，是他在《新理学》的世界观的基础上所提出的人生理想境界。冯友兰的“新理学”哲学体系是中西文化、中西哲学相碰撞、相融合的结果，可以说是在讨论中西文化和中西哲学问题上推出的一个新成果，是融合中西哲学，在中西哲学的共同基础上建立自己的哲学体系。

《凯恩斯的归纳逻辑理论》 邓生庆著，载《哲学研究》1991 年第 9 期。该文从归纳逻辑发展的角度对凯恩斯的归纳逻辑理论作了简要的介绍和评论。文章对古典归纳逻辑向现代归纳逻辑的演进作了简单的回顾后，评介凯恩斯的归纳逻辑理论的组成部分。作者指出，作为历史上第一个现代归纳逻辑的系统理论，凯恩斯在归纳逻辑发展史的地位和价值无疑是重要的。凯恩斯在前人工作的基础上，全面、深入地探索那一时期摆在归纳逻辑研究者面前的问题。他把概率解释为命题间的二元逻辑关系，首次建立一个形式化的概率演算公理系统，以此为工具研究归纳推理结论与前提间的概率及提高这一概率的途径，建立类比理论与证实理论，并探讨在这些理论中解决归纳法问题的可能性。凯恩斯的工作开辟归纳逻辑研究的新阶段，现代归纳逻辑由此得以产生并随之获得迅速的发展。

《“对称—整合”思维模式的内容和特点》（上、下） 周守仁著，载《自然辨证法研究》1992 年第 3、第 4 期。该文以列举复杂性的相对含义为开头，接着阐述“对称—整合”思维模式的客观基础，它包括现代科学研究的实际状况及其发展，现实世界的多样统一性、复杂性和奇异性两大方面。文中主要谈到现代科学的发展的整合倾向，高层次复杂事物的研究方法的探讨，复杂性研究的“对称整合”化特点等，并分析隐蔽的机制、复杂度骤增、超常规事例、随机性谱系、杂化网络等现实世界的复杂性和奇异性。该文第二部分探讨“对称—整合”思维模式的方法论原则。这些原则是：塑性化原则、自活化原则、一致性原则和全阐析原则。全阐析原则是指在“对称—整合”思维模式的方法论框架内，要求对所研究对象尽可能做到全要素、全角度、全过程地立体整合分析。

《墨学五议》 李耀仙著，载《中国哲学史》1993 年第 2 期。该文 5 个标题，分别是：墨子何以姓墨；墨者最初是一个怎样的团体；墨子学说中的根本义，当是节用说，还是兼爱说；何谓“墨经”？“墨经”内容指的是什么；“墨离为三”后如何从“大旨无殊”到“相谓别墨”。对战国时期著名的学术流派墨家进行全面的考证和议论，涉及墨家的学术领袖、墨者团体、墨子学说的根本义、墨家经典、墨家的演变等方面。

《论赫拉克利特哲学的二元论性质及其在希腊哲学中的地位》 徐开来著，载《哲学研究》1993 年第 3 期。作者不同意中国学术界几十年来认为古希腊哲学家赫拉克利特是朴素唯物论的代表和辩证法的奠基人之一的基本看法。作者认为赫拉克利特哲学就其基本性质而言，是一种二元论。该文从赫拉克利特哲学的两个中心范畴——火和逻各斯的含义及其相互关系出发，剖析其哲学的二元论性质，进而重新勾画希腊哲学的发展线索，展现赫拉克利特在其中的重要影响。作者指出，赫拉克利特创立的二元论哲学在早期希腊哲学发展史上具有重要的承先启后的地位，并影响直到亚里士多德为止的希腊哲学的特点，使其染上浓厚的二元色彩。

《新伦理文化的基本精神与价值核心》 肖雪慧著，载《江海学刊》1994 年第 1 期。作者指出，伦理文化的现代性质由下述基本精神反映：以个人为伦理价值来源；个体本位与理性主义相结合；宏扬主体性，突出道德的自律性；超越地域、文化等界限的普遍性品格与价值多元化相结合；规范设计上采取体现理性精神的“最低限度规范论”。在此基础上，作者从5个方面论证应当以人道主义为当代中国伦理文化的价值核心。第一，这意味着对人类优秀文化传统的认同。第二，人道主义是中国传统伦理文化与现代伦理文化之间可能找到的最佳接合点。第三，这是现代化的本质要求。第四，人道主义作为核心价值的确立奠定新伦理体系的基础，而且可以纠正中国传统伦理文化的固有弊端。第五，把人道主义确立为价值核心，可以对现代化进程中可能出现的种种问题起到矫正作用。

《唯物辩证法基本特征的反思》　冉昌光著，载《社会科学研究》1995年第3期。该文通过对唯物辩证法基本特征这一常识问题的反思，提出分析唯物辩证法基本特征的方法论的3条原则：分析联系观点和发展观点不是唯物辩证法的基本特征，而是一切辩证法的共性，论证唯物辩论法相对于历史上其他辩证法而言，它的基本特征是科学性和彻底革命性，相对于马克思主义哲学的其他部分而言，它的基本特征是方法论性质。

《道德经验研究及其方法——论社会学方法在伦理研究中的应用》　肖平著，载《哲学研究》1995年第12期。作者指出，建立一种富于实践精神的伦理学已成为中国伦理学领域一项刻不容缓的任务。对于如何建立一种能指导千百万人的道德实践的应用伦理学，作者认为，应当把广大公众在日常生活中面临的道德问题作为伦理学应用研究的着眼点和基本前提，将以社会道德状况和公众道德心理的实际考察为基础的经验研究作为道德研究的出发点，在此基础上，针对公众道德实践中存在的现实矛盾和问题探讨道德原则规范的确立和进行道德社会调控的有效方法。社会学方法在伦理研究领域的应用有着广阔前景，既能促进中国伦理学研究不断贴近现实生活，又能摆脱经验研究手段贫乏的困境，推进伦理学研究方法的现代化，为伦理学研究带来新的生机和开拓性进展。

《道—美，道教美学核心范畴》　潘显一著，载《宗教哲学》1996年第1期。作者认为，道教美学思想中，统领美的本质论、美感论、艺术美学论的所有观点的核心观点，是“至道—至美”的美的本质论。道教的“道”，是其最高信仰、教理枢要、宗教哲学的最高范畴，也是道教美学的最高范畴。作者从“道”即“美”；“道—美”的“不可见”与“可见”；“玄”“一”：“道—美”之别称3个方面进行论述，指出“道—美”观念，反映古代中国人对于世界、人生“自觉的”信仰主义审美方式的掌握。

《中国文化的公私观》　蒋荣昌著，载《西南民族学院学报》1998年第4期。作者认为，作为“正义论”的中国文化的“公”“私”观，是剖解中国哲学和中国古代文化内在原则体系所必须正视的中心环节。从分析“公权”“公共权力”“私权”等基本概念着手，通过对“中西文化建立其公共权力体制的不同路向”的回顾，系统论析“公”“私”观对于中国历史和中国哲学的意义。文中对大量传统概念提出新解，对于重新评价中国文化的历史根据和理解中国现代化所面临的历史处境，以及澄清西人、国人对中国和西方文明背景的种种误解，提供某种值得学界认真考量的思路。

《禅：生命之境和审美之境》　李天道著，载《北京大学学报》2000年第6期。该文指出，在南宗禅看来，“禅”既是修行，又是得道，既是手段，又是目的，既是方法又是本体，既是定又是慧。也就是说，定慧是一体的，佛本是心，本是禅，心本是佛，本是禅，心禅佛一心一体，只要保持“平常心”，就能进入禅境，以豁然晓悟，自识本心，万法尽通，全面、整体地体悟宇宙和人生的真谛，达到自我生命与最高生命存在相融合一的“慧”境，也即“禅”境。在此境界中，“禅”是定慧的圆融浑一。故就禅宗美学而言，则“禅”是生命之美的集中体现，为美的生命本原，既是审美体验的过程和途径，又是通过审美体验以获得对生命本旨的领悟以及由此达到的生命之境和审美之境。

《论公民道德建设的文化生态基础》 谢洪恩、孙林、徐学东著，载《伦理学研究》2002 年第 2 期。作者从中国社会文化生态横向结构的政治文化、经济文化、人文文化等主要方面分别进行考察，重点分析中国在伦理文化生态建设在理论、规范、效率三个方面存在的突出问题。最后作者就保持、维护系统生态平衡和优化其生态结构、促进系统良性发展提出几项对策性，包括：文化全球化与文化本土化；公民待遇与公民道德；道德自律与道德他律；文化扶贫与道德扶贫；道德资源与文化产业。

《马克思主义哲学体系的重构与创新》 袁诗弟著，载《四川大学学报》2003 年第 1 期。作者指出，从共时态上讲，马克思主义哲学体系应是一开放型纲领式结构，它由五大基本方法论原理组成的元哲学为纲领内核，以其类哲学与科哲学为纲领的外围组织构建而成。从历时态上讲，马克思主义哲学体现为一无限历史重构的过程。它从现实实践问题出发，在实践的基础上首先确定纲领式内核，再把这一内核的方法论原理应用于不同领域、不同对象而形成体系的可变的外围结构。这是一个双向性的应用与重构的无限过程。

《注经与哲学——朱熹经学对中国传统哲学的发展》 蔡方鹿著，载《哲学研究》2003 年第 3 期。该文探讨朱熹怎样通过注经的形式阐发其哲学思想，并发展中国传统哲学。在哲学本体论方面，朱熹以说经的形式，提出并论证中国哲学的一系列范畴、命题和重要理论，使得哲学本体论与儒家伦理政治思想紧密结合。朱熹提出的本体论哲学范畴有理、道、性、太极等，基本上是通过对儒家经典的注解而提出。在心性哲学方面，朱熹通过对儒家经典的注解和论说，丰富完善中国心性哲学的思想理论体系，发展中国哲学的主体思维。在哲学认识论方面，朱熹通过注解《大学》《古文尚书》等经典，阐发自己的格物致知论和知行说，达到当时哲学认识论的最高水平。朱熹以注经的形式发展中国哲学，改变传统儒家哲学思辨性欠缺的情形，把儒家经学由以训诂考释为主的阶段，提升到富于哲理性、义理化的阶段，最终完成理性主义的文化超越。通过注经的形式，创造性地提出并论证一系列哲学范畴、概念、命题和重要理论，推进中国哲学与中国经学的持续发展。

《海德格尔存在之思的伦理境域》 余平著，载《哲学研究》2003 年第 10 期。作者从伦理学的角度对海德格尔的存在之思——“此在”进行分析，指出，“释放思想”就是让思想成其为思想，让思想守身于自由之中，并且始终审慎地看护这种自由；而守护思之自由便意味着倾听，倾听思想自由的诉说，从而归属于思想自身的持续涌流到场。海德格尔不仅有极丰富的作为“栖居着的沉思”的源始伦理学思想，而且海德格尔所依凭的这种作为源始伦理学的“伦理境域”，乃是他全部存在之思的秘密诞生地。

《蒙文通经学四变述论》 蔡方鹿著，载《四川大学学报》2004 年第 6 期。该文论述著名经学大师蒙文通在其经学研究上的 4 次变化。作者指出，蒙文通的经学思想承廖平而来并加以发展。他批评汉学流弊，倡鲁、齐、晋之学，以地域分今、古，破弃今、古文经家法而宗周秦儒学之旨。其后，蒙文通提出汉代经学乃融会百家，而综其旨要于儒家而创立的新儒学的见解，推崇西汉今文经学。后于晚年对今文经学提出批评，认为今文经学乃变质之儒学。蒙文通的经学思想内涵丰富，经历 4 次变化，值得认真总结与研究探讨。

《庄存与〈春秋〉学新论》 黄开国著，载《哲学研究》2005 年第 4 期。庄存与是清代经学史上一位承前启后的经学家。从梁启超以来许多学者都认为庄存与是清代今文经学的开创者，而以

《春秋正辞》为其体现，人们论庄存与的经学往往以《公羊》学为说。作者对庄存与及其《春秋正辞》进行深入的分析，指出虽然晚清出现以《公羊》学为中心的所谓今文经学，与庄存与的《春秋正辞》重《公羊》有着不可否认的联系。但是庄存与的经学实是以六经为宗，不守门户；专明大义，以求致用，并非仅仅只是《公羊》学。就《春秋正辞》而论，则具有以《公羊》为主、杂取诸家，不重微言、专重大义的双重特点，而这背后蕴含深刻的时代意义。

第三节　学科代表人物

贺　麟（1902—1992）　四川省金堂县人。著名哲学家、哲学史家、黑格尔研究专家、翻译家。1919 年考入清华学堂，1926 年赴美国留学，先后获得奥柏林大学学士学位、哈佛大学硕士学位。1930 年转赴德国柏林大学专攻德国古典哲学。回国后长期任教于北京大学哲学系，并在清华大学兼课。1955 年后，历任中国科学院哲学所西方哲学史研究室主任、哲学研究所学术委员会副主任，中华全国外国哲学史学会名誉会长。贺麟对西方哲学有很深的造诣，对黑格尔、斯宾诺莎、怀特海等西方近现代哲学家都有深入的研究。对中国哲学和儒家思想的研究也有很深造诣。他早年主张“心”是“最根本最重要”的，认为“不可离心而言物”，在 20 世纪 30 年代创立与冯友兰“新理学”相对的“新心学”体系，成为现代新儒家倡导者之一。贺麟的著作主要有《近代唯心主义简释》《文化与人生》《当代中国哲学》《现代西方哲学讲演集》等；主要译作有：《小逻辑》《黑格尔》《黑格尔学述》《哲学史演讲录》（与王太庆等合译）、《精神现象学》（与王玖兴合译）；主要论文有：《朱熹与黑格尔太极说之比较观》《知行合一新论》《宋儒的思想方法》《黑格尔关于辩证逻辑与形式逻辑的关系的理论》《黑格尔的早期思想》《费希特的唯心主义和辩证法思想述评》《斯宾诺莎哲学的宗教方面》等。

王朝闻（1909—2004）　四川省合江县人。原名王昭文，笔名汶石、廖化、席斯珂。卓越的美学家、雕塑家、文艺理论家、艺术教育家，新中国马克思主义文艺理论和美学的开拓者与奠基人之一。早年先后在成都艺专、四川省立第一师范、杭州国立艺专等校学习美术。1937 年抗战爆发后，从事抗日救亡文艺宣传活动，同年加入中国共产党。1940 年 12 月赴延安后，曾在鲁迅艺术学院美术系任教。中华人民共和国成立后历任中央美术学院副教务长、《美术》杂志主编、顾问，中国美术家协会副主席、顾问，中国艺术研究院副院长，中华美学学会会长、名誉会长，中国作家协会顾问，国务院学位委员会第一届学科评议组成员等。王朝闻一生的学术活动领域横跨美术、文学、戏剧、电影、曲艺、民间文艺、摄影等领域，先后出版专著和论文集 40 余种近 1000 万字，为建设具有中国特色的美学和文艺理论体系作出卓越贡献。他的美学既是艺术家的美学，也是哲学家的美学，具有鲜明的理论特色。他一生关注艺术与生活中的重大课题，坚持真善美的艺术理想，他的美学思想和理论建树指导和影响新中国几代美术工作者。其代表著作主要有：《新艺术创作论》《新艺术论集》《论凤姐》《〈复活〉的复活》《王朝闻文艺论集》（全 3 集）、《论戏剧》《王朝闻学术论著自选集》《美学概论》《审美谈》《审美心态》《审美的敏感》《神与物游》《吐纳英华》等，1998 年辑为《王朝闻集》出版，共 22 卷。

李耀仙（1920—2005）　四川省合江县人。1938 年重庆南开中学高中毕业，入昆明西南联合大学，前后受业于历史系和哲学系，师承哲学大师冯友兰、熊十力诸先生。1942年起在各类学校从事教育工作60余年，先后任教于成都齐鲁大学、成都光华大学、重庆教育学院、北碚勉仁文学院、西南农学院、北碚川东教育学院、重庆师范学院等。1953年起任教于四川师范学院政治历史系，历任副教授、教授，历史系古籍整理研究室主任，曾担任国际中国哲学会西南区顾问。主要研究方向为中国思想史、中国文化史，亦时涉及道家佛家思想与中国文化。主要哲学著述有：《先秦儒学新论》《廖平与近代经学》；论文《先秦名辩五论》《墨学五议》《伪古文尚书与宋明理学》《周敦颐〈太极图说〉思想新探》《儒学与现代化的冲突与协调》《老学浅议》《佛教教义与环境哲学》等。

第三章　经济学研究

中共十一届三中全会后，随着党和国家的工作重心转到经济建设上，经济学研究成为社会科学最重要的研究领域之一。1986—2005 年，四川经济学研究机构和群众性学术团体发展较快，研究力量明显增强。经济学基础研究主要围绕建立社会主义市场经济体制的相关理论问题展开研究。为适应经济建设的迫切需要，应用研究成为这个时期四川经济学界的主攻方向。经济学基础研究和应用研究在广度、深度方面均有进一步拓展。

第一节　研究综述

1986—2005 年，四川主要的经济研究机构和群众学术团体有：四川省社会科学院经济研究所、工业经济研究所、农村经济研究所、财贸物资经济研究所、区域经济研究所等；西南财经大学中国金融研究中心、中国西部经济研究中心、马克思主义经济学研究院、财政经济研究所等；四川大学经济研究发展研究院、四川大学经济学院研究所（中心）等；中央和省财贸金融职能部门的研究所，如四川省财政科学研究所、四川省计划委员会计划经济研究所、中国人民银行四川省分行金融研究所等；西南农业大学农业经济系、成都市社科院经济研究所、成都市经济发展研究院等。

经济研究的群众性学术团体有：省经济学会、省农业经济学会、省世界经济学会、省财政经济学会、省股份与证券研究会、省宏观经济学会、省商业经济学会、省发展经济学会、省城市经济学会、省计量经济学会等，以及省内各市（地、州）的经济学会。

四川的经济学学术活动空前活跃，围绕经济发展中的重大问题召开一系列学术研讨会，如 1985 年举行四川省经济社会发展战略研讨会；1988 年 10 月，四川省社科院、省物资经济学会、省物资交易信息中心、绵阳市人民政府和中国社科院财贸所联合在绵阳市召开“市场发育理论研讨会”。1991 年5 月，四川省商经学会与万县地区商经学会联合召开“开拓市场、扩大流通”研讨会。6 月，由四川省社科联牵头，四川省商经学会以及物资、计划、体改、对外经贸、法学、交通等学会和四川大学经济学院等 15 个单位联合召开四川省市场理论与实践研讨会。6 月，全国第三次市场体系理论研讨会在成都召开。这些会议重点就如何进一步开拓、培育市场，规范市场管理，完善市场体系，实行宏观调节等问题进行研讨。会后出版《开拓市场理论与实践》一书，并向省政府提出《关于四川省市场的对策建议》。2002 年 12 月，四川省社科联与四川日报社、四川省经济发展研究院联合在成都召开 2002 年经济形势分析与对策研讨会。2003 年 9 月，四川省社科联与中共四川省委政研室联合召开四川省新型工业化道路和城镇化问题研讨会。

20年间，四川省经济学研究的学术成果无论在深度还是广度上都远远超过以往任何时期。

一、基础理论研究

马克思主义经济理论研究是四川省经济学研究的传统优势学科。随着社会主义市场经济建设的不断推进，马克思主义经济理论在与经济实践的结合中也不断得到发展，传统的马克思主义价值理论研究在这一时期取得重大突破。经济学家刘诗白在这一领域卓有建树。他的《产权新论》是国内第一部系统研究产权基本理论的著述。书中提出市场经济条件下两个“两权分离”的必然性、对中国全方位推进企业制度改革具有重要的理论和现实意义。他的《新财富论》被学术界普遍认为对马克思主义劳动价值理论有创造性的发展。

主要专著有：郭元晞《资本经营》《社会主义个人消费品分配研究》；曾康霖《资产阶级古典学派货币银行学说》；曾康霖、谢应辉《资金论》；林万祥、付代国、余海宗等《成本论》；何高著、曾康霖、曹廷贵等《马克思主义货币金融学说原理》；姜凌、王道禹等《〈资本论〉与市场经济研究》；蒋和胜、蒋永穆、钟思远《农产品价格机制论》；王国清《财政基础理论研究》；李善明、杨致恒《论〈剩余价值论〉的研究起点》；王国清《财政基础理论研究》；黄方正、王道禹、蒋南平《现代市场经济与马克思劳动价值论》。

主要论文有：林凌、刘世庆《利润周期与经济周期》；鲁济典《论社会主义制度下劳动力的商品性》；王裕国《消费需求制约经济增长的机理及影响》等。

二、应用研究

为适应经济建设的迫切需要，应用研究成为四川经济学界的主攻方向，投入的研究力量最多，研究范围包括宏观经济、微观经济、产业经济、商业流通、中心城市经济、人力资源与就业、“三农”问题、过渡经济学、金融与财政税收、对外开放与对外经济合作、环境经济学、资源经济学、经济史志等众多领域，取得一大批有代表性的研究成果。

（一）宏观经济研究

从世界经济到中国经济，从经济现状到经济发展趋势，都是学者关注和研究的对象。其中，张其佐《光明日报》上刊发的《第六次产业革命是否已曙光初现》引发国内经济理论界对第六次产业革命问题的热烈讨论。

主要专著有：石柱成、廖沛君《社会主义宏观经济分析与调控》；王成璋、贾志永、龙志和等《中国宏观经济非均衡分析》；张合金《投资膨胀论》；鲁家果、陈少中、陈为汉等《中国社会集团消费概论》；《社会资金问题分析——中国社会总资金配置监督与调控的数量研究》；姜凌《经济全球化趋势下的南北经济关系》；丁任重、李萍、程民选《转型与发展：中国市场经济进程分析》；胡碧玉《世界经济新发展——经济全球化及对中国经济的影响》；王云川《消费需求的宏观调控》等。

主要论文有：韩世隆《跨世纪世界经济的四大趋势》《九十年代后期中国大陆经济发展的国际契机》；姜凌《当代国际货币体系与南北货币金融关系》；刘军、曾巩、张大明等《中国发展阶段若干问题的研究》；陈力《中国社会主义社会四阶段论》；于建玮《中国经济发展中的中长期波动》；廖君沛《消费与经济社会发展国际比较的数量分析方法》；陈家泽《梯度推移和发展——增长点理论研究》；方大浩、廖元和《长江经济整体开发模式的构想》；庞皓、黎实、周光大《社会资金问题分析——中国社会总资金配置监督与调控的数量研究》；胡碧玉《世界经济新发展——经济全球化及对中国经济的影响》等。

（二）微观经济研究

主要专著有：刘茂才、郭元晞、杨钢《攀钢：中国钢铁工业的骄傲——攀枝花钢铁公司发展史论》等。

主要论文有：罗节礼《评西方微观经济学的市场结构理论——兼论我国的市场结构类型和计划经济与市场经济有机结合的形式》；王斌、童开国、沈定大等《成都荷花池市场的调查与思考》；孙中弼《二滩水电项目利用世界银行贷款的分析与探讨》；倪润峰、徐乐增《长虹机器厂的市场开发战略》等。

（三）产业经济研究

工业产业经济一直是四川产业经济学研究的重点领域，进入 20 世纪 90 年代后期，对农业产业、房地产业、旅游产业相关问题研究迅速的发展。对新兴文化产业的研究也取得不少成果。

主要专著有：袁本朴、李传林、常江等《四川高耗能工业发展研究》；陈永忠《高新技术商业化产业化国际化研究》；辛文、蒙尊谭、高宇天等《四川能源资源及发展战略》；吴歧山、赵国良《中国工业经济结构研究》；杨锦秀《中国蔬菜产业发展的经济学分析》；刘灿、张树民、宋光辉《我国自然垄断行业改革研究：管制与放松管制的理论与实践》。

主要论文有：邵昱等《产业集群理论与成都高新区“二次创业”的路径选择》；张克俊《产业集群理论与西部高新区竞争力研究》《成都与北京上海深圳高新区的比较研究》；唐公昭、漆先望、邹大鹏等《四川省经济科技社会发展战略规划及产业政策研究报告》；况光贤等《四川省第三产业发展战略研究》；周治滨《成都文化生产力与文化产业发展研究》；朱鸿伟《从文化资源到文化产业还有多远的路》；司沛文、杜受祜、王民朴《川酒发展战略研究》；张克俊、杨萍、陆利华等《高新技术成果产业化问题的实证研究》（调研报告）；杨继瑞《开发城市地产业的理论思考》；何景明《成都市农家旅游可持续发展对策研究》；吴志文《森林旅游业的发展与新经济增长点的培育》；王小刚、鲁荣东、曾广觉《引导企业成为西部大开发的投资主体》等。

（四）商业流通研究

主要专著有：马骏阳、康世泰、王力行《四川省商业发展战略研究》；罗勤辉、税海军、何克等《大商业　大流通　大市场》；罗勤辉、何克、杨俊辉《四川商品流通及市场》；郭虹、张胜康、文献良等《城市里的坐贾行商》等。

主要论文有：尤力《消费选择时代的营销活动思考》；周殿昆《中国商业连锁公司快速成长机理分析及加快发展的政策建议》；苗维亚《略论市场流通网络建设》；何用先等《关于加速发展成都市大流通、大市场的研究报告》等。

（五）人力资源与就业研究

主要专著有：何景熙、张果、冯天丽等《探索充分就业之路——成都平原农村人力资源开发研究》；邵昱《宏观人力资源开发与配置研究》等。

主要论文有：王绍维、杜吉玉、邓翔等《欠发达地区再就业工程研究》；朱锡祥《加速发展四川对外劳务输出的对策研究》；刘家强、尹庆双《中国就业战略的多重制约与阶段性特征》等。

（六）“三农”问题研究

改革开放初期农村和农业经济是理论界关注的热点。随着改革的重点转向城市以及城市经济的高速发展，理论界关注的重点也转向城市。进入20世纪90年代后期，本已缩小的城乡差距重新拉大，农村、农业、农民问题日益积累，逐渐成为制约中国经济社会持续发展的“瓶颈”，于是“三农”问题引起理论界高度关注，重新成为四川经济学研究的热点。

主要专著有：蒋永穆《中国农业支持体系论》《中国西部农村人力资本投资与农民增收问题研究》；王国敏、郑晔、黄金辉《农业产业化经营与农业宏观政策研究》；徐薇、郭晓鸣《四川农村经济发展研究》等。

主要论文有：王德毅《在宏观调控下探索搞活农村金融的路子》；刘从政等《以“三论”理念破解“三农”难题》；文大会《面向市场调整结构，持续增加农民收入》；杨继瑞、任啸《农地“隐性市场化”：问题、成因与对策》；傅泽平《四川新型农村专业合作经济组织机制创新研究》；周殿昆《中国乡村家庭信用复兴及企业发育问题》；王朝全、李仁方《我国农村分配制度变迁的博弈论解释》；曾绍熙《对农村资金市场发展问题的探讨》；朱明熙《我国财税支农政策调整思路》；吴希海《发展农村商品经济的一种好形式——谈谈成都市郊出现的“四专一条龙”》；王世录《推行农村“公司+农户+业主”的新型经营体制》；黄镇、吴开平《经济欠发达地区实施农业产业化面临的困境与出路》；四川省农村社会经济调查队《增加四川农民收入研究》；邓立新《关于农民增收问题的思考——对成都市蒲江、双流、郫县农民增收问题的调查》；杨启地《改革开放以来我国农民收入差距状况的实证分析与研究》；何景熙《不充分就业及其社会影响——成都平原及周边地区农村劳动力利用研究》等。

（七）过渡经济学研究

过渡经济学是20世纪80年代末伴随计划经济消解、市场经济逐步形成这一过程而发展起来的经济学门类。过渡经济学试图理解和解释80年代以来世界范围内兴起和进行的经济体制变迁。四川经济学界着重对这一时期经济体制转轨过程中特有的经济现象展开研究。

主要专著有：丁任重、李萍、程民选等《转型与发展：中国市场经济进程分析》；刘锡良、聂富强、孙磊等《中国经济转轨时期金融安全问题研究》；袁文平、赵磊、李萍等《经济增长方式转变机制论》等。

主要论文有：杨万铭、李海明《探析中国经济转型之谜》；陈伯君《转型期中国改革与社会公正》；王朝明《转型期中国贫困问题的再认识》；钟怀宇《经济转型期人民币汇率形成机制改革的目标取向分析》等。

（八）金融与财政税收研究

主要专著有：何高著、曾康霖、曹廷贵等《马克思货币金融学说原理》；许廷星、张合金、朱明熙《财政信贷与宏观经济调节》；刘锡良、曾康霖、陈斌等《中国财政货币政策协调配合研究》；殷孟波《中国金融风险研究》；干胜道《所有者财务论》；史代敏《中国股票市场波动与效率研究》等。

主要论文有：江世银《论信息不对称条件下的消费信贷行为》；黄政明《建立适合国情的税负指标体系》；江安煜《信贷资产质量透析与风险管理机制探微》；杨学义、陈柏源、雷洪《加强预算外资金宏观调控的研究报告》；屈锡华、杨继瑞、李晓涛《税收征纳博弈及其行为解析》；张慎修、曾宪久《中国合作金融问题研究》；王勇《我国高新技术产业发展的税收支持》等。

（九）对外开放与对外经济合作研究

主要专著有：唐志宏、王小峰、张丽华等《国际经济惯例概论》；李天德、蒋瑛、蒋和胜《西南地区外商直接投资环境与效益分析》；刘从政、林成西、许蓉生《成都对外开放20年》等。

主要论文有：张其佐《恢复关贸总协定缔约国地位对我国经济的影响》；路小昆《内陆中心城市对外开放的思考》；周殿昆《关于向中央申请成渝两市向外看·外资开放零售业和银行经营业务的建议》；方一平《成都市外商直接投资的实证分析》；黄寅逵《坚持大开放促进大发展——成都市对外开放工作的调查与思考》；郑玉明《开放型经济研究——入世后中国经济的发展趋势》等。

（十）环境经济学研究

环境经济学对于中国和四川还是一项新兴的研究领域，它是环境科学和经济学之间交叉的边缘学科，主要研究环境与经济双赢原理、状态转换原理、内在化原理和环境生产力原理。杜受祜、甘庭宇、李晟之等的《环境经济学》是对中国环境经济学的开创性研究。

主要专著有：叶谦吉《生态农业——农业的未来》；杨明洪、杜伟《退耕还林（草）利益补偿机制研究——以长江上游地区为例》等。

主要论文有：罗永康、昂川、姜波等《生态农业与现代农业发展——宜宾地区生态农业建设的实践》；刘华富《生态环保产业应成为成都市新兴的主导产业》等。

（十一）资源经济学研究

该分支学科是通过经济分析研究资源的合理配置与最优使用，及其与人口、环境的协调和可持续发展等资源经济问题。资源经济学研究在这个时期的四川方兴未艾，主要专著有：杨秀吉等《资源经济学——资源最优配置的经济分析》；曾永昌《土地资源与资产》等。主要论文有：杨继瑞、朱仁友《建立城市土地储备制度的探讨》等。

第二节　主要著述

一、专著

《资产阶级古典学派货币银行学说》　曾康霖著，中国金融出版社1986年出版。该书是国内第一部详细、系统论述资产阶级古典政治经济学关于货币银行学说的专著。该书揭示各学派的发展过程与区别联系，严格区分古典学派与马克思货币银行理论的界限。适应中国关于货币银行理论研究薄弱的社会实践需要，对于中国正确认识和利用货币信贷等经济杠杆，促进经济建设具有现实意义。

《社会主义个人消费品分配研究》　郭元晞著，四川省社会科学院出版社1986年出版。该书从理论与实践的结合上，突破传统的观念，根据中国经济体制改革中发生的新变化，出现的新情况、新经验，对有计划的商品经济中的个人消费品分配的理论、模式、各种分配办法进行全面的、系统的分析和论证，总结过去的经验教训，指出今后的发展趋势，对国家有关部门正确制订个人收入分配政策、理论界的深入研究和实际工作部门、企业推动分配体制改革具有参考价值。

《生态农业——农业的未来》　叶谦吉著，重庆出版社1988年出版。作者在多年调研基础上，评价当今世界农业发展的若干模式，结合中国国情深入探讨农业发展方向，重点阐述具有中国特色的生态农业理论。该书作为中国当时这方面研究的系统论著，纳入由钱伟长主编的《现代化探索》丛书。

《城市经济学》 过杰著，四川人民出版社1989年出版。该书探索城市经济学学科性质和研究对象，认为城市经济学不是以城市个别经济问题为对象的科学，而是把城市作为一个整体进行研究的学问。认为城市经济学的任务在于为各门城市科学提供经济理论指导，阐述城市经济学与政治经济学的差异以及与诸多城市应用科学的关系。指出“聚集性”是城市的本质特征以及它同高效性、开放性等非本质特征的因果关系，从这些特点的存在与运动形式中，探索城市经济运动的种种规律。

《社会主义价格管理学》 周春主编，中国物价出版社1990年出版。该书在对社会主义价格理论与实践进行深入研究的基础上，提出建立社会主义价格管理学的必要性和条件，系统阐述价格管理模式、管理手段、价格总水平的宏观调控和各类商品的分类管理。该书在中国市场经济改革初期就探讨价格机制的作用，对于中国价格管理理论和实践的发展具有学术价值和现实意义。

《产权新论》 刘诗白著，西南财经大学出版社1993年出版。该书是国内第一部系统研究产权基本理论的著述。作者以马克思主义为指导，吸取西方经济学产权理论的合理内容，以财产权为中心，对现代公司产权制度和国有企业产权制度进行全方位、多层面的综合分析研究，全面论述建立社会主义市场经济产权制度的基本途径。提出市场经济条件下两个“两权分离”的必然性、国企改革重点是法人财产权的建立等独创性观点，对全方位推进企业制度的改革具有重要的现实指导意义。

《国际经济惯例概论》 唐志宏、王小峰、张丽华、路小昆、张凤祥著，成都电子科技大学出版社1993年出版。该书按经济发展过程分设国际贸易篇、国际金融篇、外贸实务篇、国际市场篇，分别论述什么是国际经济惯例及其形成过程、原因、分类，以及如何使用才能在国际经济活动中保护自己的合法权益。

《高新技术商业化产业化国际化研究》 陈永忠著，人民出版社1996年出版。作者在全面考察发达国家和中国高新技术发展的状况与前景的基础上，深入分析高新技术在社会、经济发展中的地位和作用，以及科技体制、经济体制、教育体制对科技进步，特别对高新技术发展的影响和作用，对高新技术商品化、产业化、国际化作出理论概括。并从理论和实践的结合上，阐明中国高新技术产业发展战略和高新技术产业开发区面临的主要问题，提出实现高新技术商品化、产业化、国际化“三化”的对策建议。

《中国抗日战争时期物价史》 周春、蒋和胜、蒋永穆等著，四川大学出版社1998年出版。该书首次全面、系统地编著抗日战争时期的物价史。作者运用宏观与微观结合的方法，比较全面客观地描述抗日战争时期中国物价运行的阶段性特征和总体趋势，系统地记述农产品价格、工业消费品价格、工业生产资料价格、交通运输价格、进出口产品价格和居民生活费用价格运行的历史过程，较为深刻地揭示其形成、运行的原因和客观规律，探讨价格与财政、税收、信贷的互相影响和通货膨胀问题，指出在抗日战争特殊时期的政治、军事环境和物资严重供不应求的条件下，价格同国民经济其他方面的互相推动、不断上涨的必然性，实事求是地记述和评析抗战时期国民政府的物价管制。

《四川高耗能工业发展研究》 袁本朴、李传林、常江等著，四川人民出版社1999年出版。该书紧扣西部大开发的主题，从四川省少数民族地区水能资源、矿产资源极为丰富、最为集中的实际出发，以可持续发展战略思想为指导，改变传统的资源开发观念，提出发展生态保护型高耗能工业，把高耗能工业培植为四川优势产业的观点。并从宏观和微观两个层面回答发展高耗能工业的一些理论和实践问题。在综合分析四川发展高耗能工业的有利条件和不利因素的基础上，提出四川发展高耗能工业的基本思路和对策措施。

《中国农业支持体系论》 蒋永穆著，四川大学出版社2000年出版。该书对市场经济条件下中国农业支持体系进行全面、深入研究，清晰界定农业支持、农业保护、农业支撑等基本概念；提出农业支持伴随工业化全过程，支持的力度在工业化不同阶段可以有所不同；提出适合中国国情的农业发展模式；提出中国农业支持政策、体系的框架，尤其是从财政政策和金融政策的交叉搭配上勾画支持农业发展的思路，以及在诸多方面保持中国农业和农村经济持续稳定发展的对策与措施。

《农业增长方式转型研究》 杨继瑞、杨明洪著，四川大学出版社2000年出版。作者认为：中国正由农业大国逐步转变为农业强国，实现这一转变的关键就是转变农业增长方式。指出农业增长方式属生产力范畴，可概括为主观农业增长方式和客观农业增长方式、微观农业增长方式和宏观农业增长方式，实现农业增长方式转型的实质，就是实现农业增长由以依靠要素投入为主转向以依靠全要素生产为主。指出这是个系统工程，而其中的要害是科技进步与人力、智力资本的积累及投入。

《中国宏观经济非均衡分析》 王成璋、贾永志、龙志和等著，经济科学出版社2000年出版。该书是一部采用非均衡经济计量方法，进行中国宏观经济非均衡实证研究的专著。作者充分注意中国经济运行机制与发达国家的差异性，采取理论研究与计量分析并举、单市场与多市场分析并举的研究方法，努力创建符合中国国情的经济学说。针对中国现实经济中过度投资、过度消费、通货膨胀、信贷配给等突出问题，从非均衡的角度进行分析，利用计量经济学的技术手段建立适合中国国情的消费品、投资品、货币和劳动力等四市场的联立非均衡模型。

《经济增长方式转变机制论》 袁文平、赵磊、李萍等著，西南财经大学出版社2000年出版。该书以“转变机制”即推进转变的内在必然性及内在机理作为研究角度，专题研究产权机制、市场机制、宏观调控机制、企业管理机制等与经济增长方式转变的关系，研究技术创新机制对推进经济增长方式转变的特殊作用。强调进行企业制度创新，全面完善市场体系等措施对经济增长方式转变的重要性。

《宏观人力资源开发与配置研究》 邵昱著，巴蜀书社2002年出版。作者从宏观角度对人力资源进行系统的研究，提出一个涵盖面较广的人力资源研究框架，并以马克思主义人口经济理论为指导，对西方经济学人力资源理论进行实事求是的评价，揭示人力资源的本质特征，并从人口学、人口经济学的角度出发，系统研究人力资源的开发与配置。在深化“两种生产”理论的认识的基础上，论述“三种生产理论”。对人力资源与可持续发展的关系、人力资源对经济增长的影响、市场经济条件下劳动力市场对人力资源配置优化的作用以及人口流动、迁移变化、农村剩余劳动力转移、劳动力跨区域流动等问题进行深入研究。

《成本论》 林万祥、付代国、余海宗、毛洪涛、李卫东著，中国财政经济出版社2001年出版。该书介绍不同历史时期、不同国家从不同的学科领域，对成本理论进行长期而广泛的研究所形成不同的学派和观点，以及所积累的研究成果。在全面总结、评述和借鉴古今中外已有的成本理论研究成果的基础上，构建一个广义成本理论结构的研究框架。该书的成本专论采取历史与现实结合、基础与应用结合、借鉴与创新结合、质与量结合的研究方法，对推进中国成本理论的建设和发展，完善现代成本理论体系具有重要理论意义和现实意义。该书应用部分被西南航空公司、奔腾电脑公司、四川路桥集团公司等企业采纳。

《环境经济学》 杜受祜、甘庭宇、李晟之、杜珩、葛家瑜著，中国大百科全书出版社2001年出版。该书是中国环境经济学的开创性研究成果。作者借鉴发达国家环境经济学中已有的概念、范畴、并吸收近年环境经济学最新的研究成果，建立自己的理论体系。该书在对环境经济的研究中突出实证性和应用性。把在东南亚国家已取得显著成效的环境管理的理论——社会林业贯穿于全书之中，在总结中国在西部大开发中把扶贫开发与环境保护结合的经验与教训基础上，探讨解决贫困问题与环境保护相结合、符合中国国情的可持续发展道路。重点研究如何在国家同等投入的情况下，最大化地实现生态建设的效益、建成西部生态屏障和加快西部地区经济发展的步伐。提出建立西部地区环境补偿机制等实现西部经济大开发与环境大保护相结合的决策建议，为实现四川省建成长江上游生态屏障的西部大开发战略目标提供理论支撑。

《中国货币与金融统计体系研究》 庞浩、黎实、聂富强、毛中明、任栋著，中国统计出版社2003年出版。该书是全面系统研究中国货币与金融统计体系的专著。作者在研究国际准则和总结中国实际金融统计工作经验的基础上，系统总结中国货币与金融统计的发展历程，实事求是地评价各个时期金融统计发挥的积极作用及局限性，针对国内外经济金融形势发展新情况，对中国货币金融统计的基础理论与方法论作了深入的研究，提出适应中国社会主义市场经济体制新要求的货币金融统计的框架体系。

《现代企业管理精要》 刘建、刘莎著，西南财经大学出版社2003年出版。该书的内容包括“现代企业制度”“现代企业人力资源管理”“现代企业物流管理”“现代企业资源计划”“现代企业网络营销”“现代企业风险投资”“现代企业进出口业务”“现代企业质量认证”8章，该书以系统观、创新观、网络观和个性观重新审视现代企业发展的未来，并勾画新背景下企业管理的新方向。

《现代财富论》 刘诗白著，三联书店2005年出版。该书对现代社会财富的性质、结构、源泉和加快财富创造的经济机制和规律等问题进行全面论述，对劳动价值理论进行新的探索。作者指出，社会财富应该分为商品财富和非商品财富两大类别，而其中的非物质生产日益成为推动社会生产发展的主要力量。作者强调在高科技时代劳动仍是财富的始源，劳动从生产劳动延伸到管理劳动、商业劳动、科学劳动，成为劳动价值的时代特征。该书通过考察社会财富创造的历史演进轨迹，强调科学知识在当代社会财富创造中的决定性地位和作用，强调市场机制是推动科学知识产品向物质生产转化的最有力机制，同时也对市场经济中导致科学知识产品畸化问题进行深入分析。学术界普遍认为该书对劳动价值理论有创造性的发展。

《中国21世纪城市反贫困战略研究》 王朝明、申晓明等著，中国经济出版社2005年出版。该书分析20世纪90年代中期后在深化国企改革过程中，中国城市贫困问题骤然而起的原因，以及城市贫困人口构成出现的新变化，对21世纪前期中国城市贫困演变的基本走势作出前瞻性预测。提出多元组合、综合配套、整体推进的治理中国城市贫困的战略模式选择。面对遏制城市贫困扩大与深化国企改革存在的两难选择，探讨二者良性互动的机制，得出深化国企改革与推进城市反贫困具有兼容性的观点。就如何缓解中国城市“失业型贫困”“收入型贫困”，以及如何缓解资源枯竭、城乡二元结构、社会保障欠完善、缺乏教育以及贫困者权利缺损等问题，分别提出相应的对策建议。

《我国自然垄断行业改革研究：管制与放松管制的理论与实践》 刘灿、张树民、宋光辉著，西南财经大学出版社2005年出版。

该书结合20世纪70年代后世界各国对电信、电力等自然垄断行业放松管制的改革实践及经验积累，以现代产业组织理论和管制经济学为基础，从中国的国情出发，以中国电信行业改革为例考察自然垄断行业非对称管制的实践与绩效，深入研究中国自然垄断行业放松管制的必要性和特殊性。指出在自然垄断行业放松政府管制，不仅仅是开放市场、引入竞争，还必须选择一个合理的所有制结构，进行所有制改革。这种改革是中国自然垄断产业改革的重要内容和核心部分。并提出进一步改革路径选择的政策建议。

《转型期中国改革与社会公正》　陈伯君著，中央编译出版社2005年出版。作者认为中国20多年的改革发展走的是一条渐进的、以点（试点）带面的发展路径。在“效益优先”的重复过程中，演绎深刻的起点不公，积累严重的贫富差距、城乡差距和地区差距。起点不公，即使程序合法，必然会是更严重的结果不公。社会公平与正义成为突显的问题。缺失公平与正义的社会，国家的责任应该是在发展与公正之间找到平衡点。科学发展观的确立，是改革发展的指导思想的重大变化，是从过去的非均衡发展向均衡发展的重大转折。非均衡发展中留下的非公平问题应化解于科学发展观的树立和落实中。

二、论文

《完善市场体系与发展生产资料市场》　刘富善著，载《财贸经济》1987年第1期。作者指出，完善市场体系是商品经济发展的客观要求。建立充满生机和活力的市场经济运行机制，必然涉及到国家职能的彻底转变和对市场、企业的彻底改造。完善市场体系，应从发展生产资料市场入手，带动资金市场、劳务市场、科技市场、商品市场的建立与完善。为此，必须实行生产资料商品化生产和经营，逐步放开生产资料价格，形成和开放生产资料市场。并提出建立生产资料市场的目标模式。

《四川农产品价格水平研究》　吕安和、王启栋、王晋川、麻立、徐世文著，载《财经科学》1987年第2期。作者经过比较，指出四川农产品价格总体水平低于全国平均水平。认为出现这种价格“落差”是由于供应比较充裕、购买力较低、交通运输制约、农产品加工业不发达，导致省内供大于求。作者认为，四川农产品价格的合理水平应与农民增收、城市市民承受能力、经营者的适当利润、四川农产品在全国的竞争力、财政和以农产品为原料加工业的承受能力相适应。从长远发展来看，需要调整农产品结构，搞活流通，在农产品价格放开后仍需指导和管理。

《新民主主义经济思想与社会主义初级阶段的经济理论》　周琳、袁友文著，载《毛泽东思想研究》1989年第2期。作者指出，新民主主义经济思想与社会主义初级阶段经济理论产生的历史条件不同，指导的社会实践各异，但后者是前者的合乎逻辑的继承和发展。作者肯定新民主主义经济理论，它所坚持的马克思主义科学的世界观、方法论，它据以提出的经济纲领，其中特别是实现国家工业化以及在相当长时期内保存和发展资本主义经济和其他私人经济理论所阐述的以公有制为主体的多种经济形式同时并存，允许个体经济、雇工经济企业发展的理论，既是对“绝种”论的拨乱反正，也是新民主主义经济思想在新的历史条件下的部分再现。作者认为，社会主义初级阶段的经济理论同新民主主义经济思想相比，至少在两个问题上出现突破性的进展：一是社会主义条件下的商品经济理论；二是关于生产力标准的理论。

《开发城市地产业的理论思考》　杨继瑞著，载《中国社会科学》1990年第2期。作者指出，中国现行的城市土地无偿使用制度存在严重弊端，不但抑制城市地产业的发展，阻塞国家一项重要的财源，且造成普遍的土地投机和浪费行为。作者认为在社会主义初级阶段，城市土地使用的有偿性是土地公有制的两类性、城市土地的差异性、城市土地所有权与经营权分离的客观性、城市土地需求的竞争性以及有计划商品经济的一系列社会经济条件决定的，是不以人们的主观意志为转移的。社会主义城市土地不但应有绝对地租，而且应有级差地租及垄断地租。作者对城市地产采取有偿使用的制度和实行商品化经营、如何开放社会主义地产市场进行深入的理论探讨，并提出若干政策性建议。

《对当前土地制度建设的几点认识》 梁进学、王志良著，载《农村经济》1991 年第 4 期。作者针对实行农业联产承包制中双层经营体制尚未真正建立和运行起来的情况，指出土地制度建设中需要解决好的几个问题：即完善承包合同，使土地管理规范化、制度化和法规化；制定保护耕地和提高地力的具体办法。完善土地制度建设必须做好配套工作：完善专业承包；建立服务体系；抓好基层组织建设；做好农村稳定工作，减轻农民负担。

《内陆中心城市对外开放的思考》 路小昆著，载《实事求是》1995 年第 2 期。该文探讨 3 个问题：内陆中心城市走向国际化要从实际出发，科学地确定发展目标；内陆中心城市优化产业结构，要处理好国内国际两个市场的关系，发挥国内市场的优势；内陆中心城市改善投资环境，要加快改革步伐，尽快从政策优惠转到为开放提供完善的法律保障上来。

《农村新型生产经营模式的分析与思考——“郫县种子公司+农户”生产经营模式研究》 毛正刚、苟正礼、何荣波著，载《中国农村经济》1996 年第 2 期。作者概括这种模式从萌芽、形成到完善的过程，指出它能在短期内迅速发展并取得较大经济、社会效益的原因在于这种经营模式在市场经济条件下实现双方资源的“优势相加”，从而实现“打伙求财”的共同愿望，完成分户经营状态下小生产与大市场的对接，为促进农业规模经营和技术进步找到途径。

《保险市场体系建设的思考》 魏羽弘著，载《保险研究》1996 年第 3 期。作者就市场机制被引入保险业后的保险市场体系应如何构建提出基本思路：健全保险市场机制应包括健全供求机制，调节供求关系，遵循价值规律，完善价格机制，增加市场主体，建立竞争机制；市场要素包括中介市场和同业自律组织，同时要建立宏观调控与市场监管体系为之保障。作者认为主体活跃、机制健全、要素齐备的中国保险市场体系，将能够向社会提供更全面的保障和推动保险业务快速增长，发挥引导消费、集聚资金、增加税费来源与就业机会的功能。

《跨世纪世界经济的四大趋势》 韩世隆著，载《中国社会科学》1997 年第 2 期。作者分析跨世纪世界经济发展四大趋势，即世界经济的全球化、信息化、市场化和一体化对中国外经贸增长方式转型的重大影响和客观要求，认为在全球市场化这个大趋势的驱动下，中国应加快和不断完善社会主义市场经济体制建设，推动中国经济与世界市场接轨，使中国成为世界经济整体的重要组成部分。为此，中国必须进一步深化外经贸体制改革，推动外经贸增长方式转型。作者认为，从中国外经贸实际出发，适应并紧紧抓住跨世纪世界经济发展四大趋势，当前应选择的突破口就是企业组织的大调整，推进企业间的合并与联合，建立一批大型企业集团，使其向跨国企业发展。

《信贷资产质量透析与风险管理机制探微》 江安煜著，载《四川金融》1997 年第 2 期。作者指出，当今银行经营管理诸多问题中的一个根本性、突出性、共通性问题是信贷资产风险管理意识谈薄，机制脆弱，表现为信贷资金的存量包袱重、增量质量低，“两多”“两少”“三化”“三高”问题突出。作者认为新旧体制磨合、转制接轨的继起性以及政策的漏洞和空隙；企业行为的不确定性，经营的失误与转制的失真；银行体制改革滞后、约束机制的软弱是导致信贷风险滋生的主要原因。

作者就重塑银企关系，建立信贷资产管理体制提出具体的思路和对策建议。

《加速发展四川对外劳务输出的对策研究》 朱锡祥著，载《软科学》1997年第2期。作者认为由于内外因素的制约，四川省对外劳务合作发展的状况就外派劳务数量和规模而言，明显落后于其他省份。指出进入20世纪90年代后国际劳务市场出现的一些值得注意的特点，认为世界劳务市场潜力很大，前景广阔，但竞争日趋激烈，四川省应抓住机遇加速发展对外劳务输出。作者分析四川省的有利条件和制约因素，就发展对外劳务输出提出具体的对策建议。

《欠发达地区再就业工程研究》 王绍维、杜吉玉、邓翔、王军、吴显明著，载《天府新论》1997年第6期。作者分析欠发达地区职工失业与下岗的体制性原因、结构性原因、企业体制改革的原因、劳动力吸纳能力减弱的原因，以及职工自身的原因和自然原因。认为实施再就业工程必须始终坚持市场经济的取向，注重就业安排与市场经济规律相适应；必须处理好公平与效率的关系，市场经济体制下的就业体制应该是效率第一、兼顾公平；必须权衡每项就业措施的社会成本和收益。指出欠发达地区实施再就业工程的难点并提出对策。

《二滩水电项目利用世界银行贷款的分析与探讨》 孙中弼著，载《水力发电》1997年第8期。作者文指出，二滩水电项目利用世界银行贷款9.3亿美元，缓解国内资金的不足。世行贷款是单利计算，如用国内贷款来替代这些外资，则累计投入总额为利用世行贷款投入总额的2倍以上。尽管由于采用国际招标，土建工程的材料、施工设备、人工价格高于国内，增加投资25.76亿元人民币，但可缩短总工期21个月，增加的收益达100多亿元，而且工程质量优秀。永久机电设备采购采用技贸结合，使中国水轮发电机组制造水平跃上55万千瓦新等级。利用世行贷款，推动技术进步；项目管理全面与国际接轨；控制工程静态投资；促进公司体制和内部管理机制的转变。利用世界银行贷款是利用外资的一个重要途径。

《森林旅游业的发展与新经济增长点的培育》 吴志文著，载《林业经济》1998年第6期。作者认为森林旅游作为新的消费热点正在促进森林旅游这个新型产业的发展。作者以可持续发展的观点，结合世界旅游发展趋向和中国林情，按照森林旅游资源的功能、特点和价值评价方法，分析经济增长产生的森林旅游消费需要动机，探讨对森林旅游消费的引导与新经济增长点的培育问题。指出森林旅游业成为21世纪的林业主导产业的未来发展趋向，并提出发展森林旅游业促进经济增长的对策。

《略论市场流通网络建设》 苗维亚著，载《经济体制改革》1998年第6期。作者认为，中国目前存在3个相对独立的市场网络，即嵌入网、改进网和自发网。它们各有其销售服务对象和特性，也各有其不完善的地方。为此，应对3个网络从人口、人均收入、支出模式以及经济增长对国内需求增长的要求，资源配置等因素进行分析，选择重点扶持的主要网络，完善其功能，从硬件网和软件网两个层面的建设入手，尽快使网络趋于完善，最终形成一个通畅的市场流通网络。

《中国合作金融问题研究》 张慎修、曾宪久、张含鹏著，载《四川金融》1998年第11、第12期。作者对中国合作金融体系的发展历史与现状进行全面考察，指出合作金融在经历一段曲折的过程后，显示其蓬勃生机和极强个性。但中国的合作金融制度还很不完善，而社会主义市场经济体制的确立迫切需要建立与之相适应的金融组织体系，形成不同层次及形式的金融机构，发挥各自的功能。文章就中国合作金融体系改革发展的具体步骤提出对策建议。

《利润周期与经济周期》 林凌、刘世庆著，载《中国社会科学》1999年第3期。作者对中国近20年来利润增长情况与世界主要国家进行比较研究，对长期以来国际上通用的以GDP等指标评价宏观经济的理论与方法提出质疑，提出评价一国经济发展水平的应是利润增长和利润周期的分析方法。该文在理论和实践方面都有创新与突破，选题意义重大，研究难度大，引起较强烈的社会反响，为中国实现经济增长方式的转变提供有利的理论支持。

《消费需求制约经济增长的机理及影响》 王裕国著，载《经济学家》1999年第5期。作者认为，改革以来需求特别是消费需求逐步成为导向经济增长的主要动因。通货紧缩形成的根源在微观生产单位的低效益，直接原因是消费需求疲软。消费需求制约或导向经济增长的进程与通货紧缩形成过程相互交织，产生正面与负面的叠加效应：既有利于深化市场取向改革，又增大摆脱通货紧缩的困难。必须重视居民消费需求增长及变动的研究，确立促进城乡居民消费持续增长的政策。

《论社会主义公共财政》 李德伟著，载《财政研究》1999年第6期。作者认为，公共财政是在市场经济条件下，以国家为主体的集中一部分国民收入用于满足社会共同需要的分配活动和分配关系。公共财政属分配范围。“资源配置”“收入分配”和“稳定经济”是公共财政的三大职能。公共财政就是为克服市场缺陷而产生，市场缺陷就是公共财政所要解决的问题。这几个职能与市场缺陷相对应。社会主义公共财政除具有市场经济国家公共财政的共性以外，还有其特殊性。即具有真正的“公共”性、公共企业部门的盈利性、社会主义公共财政的发展性、社会主义公共财政的宏观调控性。

《中国就业战略的多重制约与阶段性特征》 刘家强、尹庆双著，载《经济学动态》1999年第9期。作者对中国就业战略的制约因素与阶段性特征进行深入考察，指出中国就业人口的规模庞大与失业人口的大量增加，是长期以来经济增长方式主要采取粗放型与外延式和在经济运行上实行计划经济体制的必然后果。随着中国经济体制和经济增长方式转变以及随之而来的企业经营方式的转变和产业结构的调整，下岗和再就业问题的出现不可避免。需要准确把握经济增长方式的转变和产业结构调整对未来就业总量和就业结构的影响。未来中国的就业总量取决于3个方面的因素：一是人口的自然增长，形成新增劳动力；二是农村剩余劳动力向城镇的转移；三是经济增长方式的转变与企业深化改革，建立现代企业制度，实现资产重组和结构调整，形成改革型的失业人口。

《竞争与合作同在，挑战与希望并存》 罗军、吴炜著，载《国际金融》1999年第12期。作者指出外资银行在华业务的特点是：地理分布以东部为主，业务品种以外汇尤其是外汇贷款业务见长，对三资企业的国际结算业务占重要地位，试营人民币业务发展迅速，竞争与合作已有相应基础。在对金融监管、政策限制、服务对象、地域限制及本、外币业务等方面的中、外资银行的对比分析后指出：外资银行充分利用实际享受“超国民待遇”，并在业务、地域、开设机构、试营人民币扩大等方面争取更多的“国民待遇”。结合中美关于中国入世谈判中金融开放的内容，分析入世后中、外资银行竞争的焦点与合作的基础。提出应从政策监管、同业协作、同业公会和银行协会、商业银行改革、银企融合等方面着手，建立和完善既有相对垄断的中资银行集团，又有自相竞争的中小银行并存的现代金融体系。

《面向市场调整结构，持续增加农民收入》 文大会著，载《中共四川省委党校学报》2001年第3期。作者认为，必须高度重视农民收入问题，要把农民增收放在整个经济工作的突出位置，因为农民收入增长幅度大大减缓已危机到农业的基础地位。为此必须面向市场调整结构，持续增加农民收入。一是要引导农民按照市场细分原则调整农产品结构；二是各决策部门要根据中国产业结构调整方向和农业发展目标，把农业放在应有的恰当的位置；三是要精简政府机构，特别是乡一级行政人员，彻底减轻农民负担；四是围绕持续增加农民收入，着力调整农业内部各种结构。

《引导企业成为西部大开发的投资主体》（调研报告）　王小刚、鲁荣东、曾广觉著，载《社会科学研究》2001 年第 6 期。作者认为，影响企业成为西部大开发投资主体的原因很复杂，但是西部大开发不可能长期依靠财政和国债资金支持，政府对西部基础设施建设的投资效益最终要靠企业投资跟进及产业发展来体现。由于政府的目的与企业投资区域的选择二者之间并不总是协调一致的，因而要使企业积极向政府引导的地区投资，政府必须使该地区的投资收益与投资风险之比高于其他地区。能否有效地引导企业投资，是决定西部大开发成功的关键，也是政府职能转变的重要内容。

《对中小企业金融支持问题的几点思考》　王洪章著，载《中国金融》2001 年第 12 期。作者对中国中小企业难以获得金融支持的问题进行具体考察，指出：中小企业信用等级偏低是一种普遍情况，这一情况在西南四省区尤为突出。并且中小企业缺乏有力的贷款担保机构，目前尚未建立全国性的中小企业信用担保体系。作者认为，解决中小企业难以获得金融支持的问题，需要在新的银行信贷体制下强化金融服务，建立和完善银行的创新机制，通过疏通利率渠道、疏通信贷渠道、疏通股市渠道，解决货币政策向中小企业传导的问题。

《第六次产业革命是否即将来临》　张其佐著，载《文汇报》2002 年 12 月 29 日。作者指出，从工业化到现在世界经济呈现具有规律性的周期变动已有 5 个，且每个长周期总是与一次大的产业革命紧密相连，未来将要爆发的第六次产业革命中，最有可能成为该周期主导产业的，将是与延长人类的生命周期密切相关的生物、生命和基因产业。《光明日报》2003 年刊发题为《第六次产业革命是否已曙光初现》的对张其佐的专题访谈，引发广泛的社会反响。

《我国高新技术产业发展的税收支持》　王勇著，载《经济理论与经济管理》2003 年第 7 期。作者考察中国现行对高新技术产业的税收政策支持现状，指出有关高新技术产业的税法体系不够完善和健全，缺乏稳定性和透明度；科技税收政策不适应高新技术产业不同发展阶段的要求，无法充分调动企业开展技术创新的积极性；科技税收制度本身的一些内容规定与高新技术产业的发展不够协调与适应。作者强调与高新技术产业相应的税收支持政策的一些弊端必须改革，而且要充分考虑到中国加入世贸组织所带来的相关约束条件。为此作者提出中国中长期高新技术产业税收政策选择供有关方面参考。

《我国农村分配制度变迁的博弈论解释》　王朝全、李仁方著，载《经济学家》2004 年第 3 期。作者认为，由于农村分配契约不完备和制度缺陷，基层政府鸠占农村分配制度供给者之位，而中高层政府则沦为现存制度的修补者，历次改革没有采取有效措施弥补制度缺陷并提高分配契约的完备，最终导致 10 多年来中国农民负担屡减不轻。因此，提高农村分配契约完备性，弥补制度缺陷，取消基层政府的制度供给资格，增强中高层政府和农民对基层政府的行为约束力，是税费改革取得最终成功的关键。

《探析中国经济转型之谜》　杨万铭、李海明著，载《财经科学》2004 年第 4 期。作者归纳经济转型时期的特征事实，对现有各种解释这些特征事实的文献作了系统评述。这些解释基本被归结为 3 类：来自新古典主义、渐进主义和政策或战略论者，注意改革以来已有成就和导致改革独特路径的具体因素，因而对改革作了片面的理解。基于制度主义的思路，相应提出一个理解改革的制度主义框架，或许可以保持理解各类及不同时期经济转型的逻辑一致性和完整性。

《利用外商直接投资与中国外贸竞争力》 蒋瑛、谭新生著，载《世界经济》2004 年第 7 期。作者通过对出口商品结构、贸易条件指数（N）、贸易竞争指数（TC 指数）考察中国外贸竞争力现状，指出中国外贸的国际竞争力主要侧重于劳动密集型产业，而在资本密集型和层次更高的技术及知识密集型产业中，中国的国际竞争力则显得相当薄弱。中国要改变自身在国际竞争中的不利地位，引进 FDI 及外贸发展的模式选择应以竞争优势为导向，也就是将比较优势与新技术优势发展模式结合起来，在充分发挥本国现有比较优势的基础上，通过培育技术创新、制度创新、结构创新等途径实现一国出口产业国际竞争力的迅速提高。

《四川农村新型专业合作经济组织机制创新研究》 傅泽平著，载《经济体制改革》2005 年第 6 期。作者认为，创新农村新型专业合作经济组织机制是完善农村市场经济体制，提高农民组织化程度的必然要求。解决小规模、分散化农户经营与市场化相适应的问题，必须大力培育农村新型专业合作经济组织。该文分析四川农村新型专业合作经济组织发展现状及存在的主要问题，提出加快其组织机制创新的对策措施。

第三节 学科代表人物

彭迪先（1908—1991） 原名彭伟烈，四川省眉山县人。中国民主同盟中央委员会原副主席，全国人大原常委，全国政协原常委。1925 年入北平宏达学院，1926 年留学日本，先后在日本庆应大学、九州帝国大学学习，毕业后留任助教。1938 年回国后，历任西北联大法商学院政治经济系教授，武汉大学经济系教授，四川大学经济系教授、系主任。中华人民共和国成立后历任川西行署监察委员会主任，四川省人民政府委员兼文教委员会副主任，四川大学法学院院长，四川大学校长，四川省副省长，省政协副主席等职。在多年的治学与教学工作中，积极宣传与探索马克思主义经济学，探索社会主义建设道路。在日本期间，他十分关心国内局势和经济思想，将日本教授波多野鼎介绍、分析和批判欧美经济学各主要流派学说的《现代经济学》译成中文并出版发行。回国后于 1939 年撰写的 30 万字的《世界经济史纲》对正确认识当时中国社会性质有重要意义。1945 年，针对法币疯狂膨胀现象，写成《新货币学讲话》，揭露时政问题。1955 年，写出 20 万字的《货币信用论大纲》，剖析货币信用本质及其运转方法；对外宣传新中国货币信用制度与方针政策，并被翻为日文。同时还著有《战时的日本经济》《实用经济学大纲》《经济学的根本问题》《评奥国学派经济学》等多部著述。

张泽荣（1942—2003） 陕西省渭南市人。中国劳动主体经济学派主要代表之一。1961 年参加工作，1964—1968 年在西北财经学院工作，1980 年后在四川省社科院从事经济理论研究。曾任四川省社科院经济研究所所长、中国生产力学会、中国经济规律研究会、中国经济发展学会常务理事，四川省经济学会常务副会长。研究方向为社会主义经济理论、劳动经济学、分配理论、国企改革理论等，主要著述包括《除本分成制试验考察》《社会主义劳动的政治经济学》《社会主义经济理论与经济体制改革》《工业化发展规律与中国经济改革》《社会主义商品经济运行机制研究》等。主要经济思想：在国企改革方面，主张“劳动主体论”或“职工主体论”观点。认为中国传统的公有制企业模式实际是一种国家资本主义模式，造成企业缺乏活力，因此公有制企业中，应由劳动者集体构成企业的主体，国家对企业实行生产资料有偿使用制度，国家依法向企业征税和收取生产资料使用费后，余下的收入则归企业所有，这样就构成公有制企业“自主经营、自负盈亏”的基本经济关系；积极探索按劳分配的实现模式，主张“净产值分成”和“两级按劳分配理论”。认为社会主义的交换关系，是一种劳动交换关系，劳动不应当以时间来计量，而是用劳动者创造并实现的价值（即净收入）来计量。净产值分成就是国家、企业、职工按一定比例对企业创造的净产值进行分成。按劳分配不能由社会直接对个人，而应当先由社会对企业，再由企业对个人。两级按劳分配论揭示社会主义劳动的提供过程，揭示个人劳动和集体劳动的内在关系。

许廷星（1913—1997）　四川省乐山市人。西南财经大学教授。1941 年毕业于四川大学经济系，曾就职于四川省银行经济研究处，从事经济理论研究。抗战胜利后，任重庆相辉文法学院经济系和重庆正阳法学院经济系副教授。新中国成立后，曾历任西南军政委员会经济委员会财贸处副处长、物资计划处处长、西南财经大学教授兼财政系主任、博士生导师、中国财政学会理事、四川省财政学会副会长、民革成都市委主委、成都市政协副主席等职。主要从事财政、金融基本理论的教学和研究工作。20 世纪 50 年代创立著名的“国家分配论”，突破当时“财政的本质是货币运动”的理论，提出财政本身是一种以国家为主体的分配关系。该理论得到学术界认同并居主导地位。对财政赤字和通货膨胀的关系有深入研究，提出的关于财政赤字“临界点”理论，为调控国民经济运行提供方法论。代表性著述有《关于财政学的研究对象》《财政赤字与经济建设》《财政信贷与宏观经济调节》等。

汤象龙（1909—1998）　湖南省湘潭市人。西南财经大学教授，中国社会科学院经济研究所特约研究员。是中国经济史学科的奠基人，也是西南财经大学发展史上最杰出的教授之一。毕业于清华大学，毕业后做清华大学校长罗家伦的特别研究生，并受到梁启超的教诲，专攻中国近代经济史。之后，远赴伦敦、巴黎等地求学。他运用统计方法整理史料，是中国史学界运用统计方法整理大量史料工作的创始人；他组织人员整理清代故宫历史档案，以手抄方式，人工统计和计算数据，花费 18 年时间撰写 70 余万字的《中国近代海关税收和分配统计 1861—1910》，为中国近代史、近代经济史和近代财政史提供重要资料和新的见解；著有《道光时期的银贵问题》，这是当时中国史学界最早从国内经济角度分析鸦片战争的背景及起因的论著；创办并主编《中国近代经济史研究集刊》。

吴世经（1916—2000）　江西省九江市人，先后就读于南京金陵大学、武昌中华大学工商管理系及重庆复旦大学经济系。1945 年留学美国费城宾州大学华盛顿学院工业管理系，获硕士学位，回国后任重庆大学工商管理系教授、系主任。1953 年调四川财经学院，先后任工业经济系主任、副教务长、学校顾问。1986 年起任博士生导师，担任《中国企业管理百科全书》及增补卷编委，主持撰写《工业企业管理》《市场营销学》《国际市场营销学》等课程大纲和全国教材，主编《市场营销原理与策略》《工业企业经营管理》《工商企业公共关系理论与实务》，与人合著《中国市场与市场营销》，纠正理论界介绍“波士顿矩阵法”中的错误。

王叔云（1923—2001）　四川省西充县人，1945 年毕业于中央大学经济系，1947 年于南开大学获硕士学位，即年起，先后任达仁商学院、相辉学院、乡村建设学院等校讲师、副教授。中华人民共和国成立后，历任西南军政委员会财经委员会研究员，重庆大学经济系副教授兼系主任，四川财经学院计划系和农经系副教授、教授兼系主任，学院副院长、院长，西南财经大学顾问，博士生导师，四川省社科联常务理事，四川省政协副主席，四川省人大常委会副主任、全国政协常委、民革中央常委。其主要著作有《中国社会主义农业经济学》（主编）、《中国大百科全书》（编委）及其《农业经济卷》（主编）、《中国农村经济问题浅论》《农村经济改革与发展》《农业宏观经济管理的理论与实践》（主编）、《四川省粮食稳定增长因素及其相应措施的综合报告》《发展四川省农村商品经济的研究报告》《我国城乡关系·工农关系发展趋势研究》《当前农村商品流动中的三个基本问题》等。

辛　文（1931—2011）　山西省石楼县人。高级经济师、教授。四川省多项重大经济政策的制定者。1944 年 11 月参加革命工作。四川省邓小平理论研究中心、四川省社科院原特约研究员。任四川省政协第六届、第七届委员会副主席，四川省委、省政府决策咨询委员会原副主任。在改革开放过程中积极探索四川经济改革道路，在四川经济界中，一贯以“改革派”著称。强调改革开放带来挑战与机遇，开放的心态是提高经济发展速度的关键。积极参与四川省多项重大经济政策和发展规划的制定与决策，在 2005 年最早提出成渝经济区概念，提出成渝一体化的构想，指出成渝两地已有太多的相似性，建议成渝两地政府可以通过协商，统一规划，统一布局，“集合双方优势，将现有的优势产业做大做强，同时避免重复建设造成浪费。”参与四川省“十二五”规划制定，指出首先要做好定位，转变发展方式。并积极支持川商的发展，指出四川发展正处在爬坡上坎、蓄势突破的关键时期，四川企业和企业家将大有可为。政府要为企业创造更好的条件，营造更加开放的氛围，提高四川明星企业数目，就民营企业的发展，建议政府鼓励民营资本进入新兴产业，更好地调动各类资本的积极性，同时提高民营资本的利用率。辛文对四川经济的发展作出重要贡献。

第四章　经济体制改革研究

1986—2005 年，是中国经济体制改革全面推进的重要时期。四川省的经济体制改革研究作为经济学中最具时代特征的一个重要分支学科，紧紧围绕改革的理论与实践开展研究，是这个时期全省社会科学研究中思想解放力度最大，思维最为活跃的研究领域，形成大批有价值的科学研究成果，其中相当一部分为党和政府所采纳，为四川省经济体制改革作出重要的贡献。

第一节　研究综述

在这个时期，四川省加强对经济体制改革的研究。除了四川省体改委体改研究所、省经济体制改革研究会等专门从事经济体制改革研究的机构，四川省的经济研究机构和经济学术团体在进行经济学研究的同时，密切关注并积极从事经济体制改革研究。这些机构包括省社会科学院经济研究所、工业经济研究所、农村经济研究所、财贸物资经济研究所、区域经济研究所等；西南财经大学中国金融研究中心、中国西部经济研究中心、马克思主义经济学研究院、财政经济研究所等；四川大学经济研究发展研究院、四川大学经济学院研究所（中心）等；中央和省财贸金融职能部门的研究所，如四川省财政科学研究所、四川省计划委员会计划经济研究所、中国人民银行四川省分行金融研究所等；西南农业大学农业经济系、成都市社科院经济研究所、成都市经济发展研究院等。群众性学术团体包括省经济学会、省农业经济学会、省世界经济学会、省财政经济学会、省股份与证券研究会、省宏观经济学会、省商业经济学会、省发展经济学会、省城市经济学会、省计量经济学会等，以及省内各市（地、州）的经济学会。

面对经济体制改革在理论和实践中不断出现的新动向、新问题，四川省经济理论界开展一系列重要的学术活动，探讨切磋，集思广益，不断总结改革经验，探索改革路径。如 1986 年四川省经济理论界围绕发展有计划的商品经济，针对建立社会主义市场体系问题、金融体制改革问题、价格体系和价格管理体制改革问题、物资贸易中心问题、粮食流通体制改革问题开展讨论。1988 年 1 月，四川省社科院、省体改研究所、省计经委经济研究所、西南财经大学经济研究所和自贡市体改委、自贡铸钢厂等 11 个单位联合召开股份制理论与实践研讨会。1989 年 10 月，四川省社科院与宏光电子集团联合召开社会主义经济体制改革问题国际学术研讨会，苏联列宁格勒财经学院经济学家代表团应邀参加会议。1991 年，四川省经济工作者根据中央关于加大改革力度，解决经济生活中的深层次矛盾和问题的要求，相继召开“搞好大中型企业、巩固发展集体经济理论讨论会”“转换经营机制提高经济效益研讨会”“建立计划经济与市场调节相结合的价格新机制理论讨论会”等，提出搞好四川省大中型企业的思路和对策。1995年6月，四川省社科联、四川省企业管理协会和成都市社科联在成都联合召开国有企业改革理论研讨会。1996年11月22日，四川省社科联和四川省企业家俱乐部联合在成都132厂召开四川省深化国营大中型企业改革研讨会。2003年2月25日，四川省社科院经济社会发展重大问题对策研究中心和西部大开发中心联合组织召开四川产权市场发展研讨会。11月，“中英国企重组（四川）CSR高层国际学术研讨会”在成都召开。2005年12月，由德国爱伯特基金会资助的“四川省统筹城乡发展学术研讨会”在双流县召开。

1986—2005年，四川省经济理论界为推进四川经济体制改革作出许多艰苦而又富有成效的探索，形成大批有价值的科学研究成果。

经济体制改革理论研究 在推进经济体制改革的实践过程中，社会主义所有制是一个无法绕开的理论问题，因此必须建立起科学的社会主义所有制理论，否则经济体制改革将难以向前推进。四川省以刘诗白为代表的学者在为经济体制改革提供理论支撑的基础性研究中作出重要贡献。刘诗白1985年出版的《社会主义所有制研究》，是中国较早研究社会主义所有制运动规律的学术专著。该书针对中国经济体制改革中提出的有关理论问题、实际问题和学术界关于社会主义所有制问题的争论，系统研究社会主义所有制的内涵与现阶段特征，提出社会主义所有制的多样性、多层次特征，阐述现阶段不完全的社会主义公有制概念和全民所有企业的相对独立性。该书在国内有较大影响，为所有制关系的改革提供有重要参考价值的思想理论。此外，值得关注的研究成果中，主要专著有：覃天云、周友苏、侯水平《经营权论》；李学明《邓小平非公有制经济理论研究》；姜凌、傅泽平、龙德灿《现代市场经济的基本运作与社会主义市场经济体制的构建》等。主要论文有：吉铁肩、林集友《社会主义所有制新探——释“在生产资料共同占有基础上重建个人所有制”》；杨晓维《不确定性·代理问题和国家资产产权结构选择》；杨钢《关于体制转变中若干根本性问题的思考》；游联璞《试论中国现阶段私人雇工经济的性质》等。

经济体制改革宏观研究 中国对外开放实行从沿海向内地梯度推进的宏观战略布局，对外开放在本质上也是改革。直至20世纪90年代中期理论界关注的热点主要集中在沿海地区，一直缺乏对内陆地区改革开放的宏观研究。辛文与袁文平合作的《内陆地区改革开放研究》是第一次对内陆地区改革开放进行全面系统研究的学术专著。这项开创性的研究对于四川及内陆地区改革开放宏观研究的发展具有积极的推动作用。此外，经济体制改革宏观研究方面的成果中，重要专著有丁任重《经济体制改革新思路》；陈力《中国社会主义社会四阶段论》；陶武先、李健勇、毛志雄《社会主义市场经济研究》。主要论文有：杨钢、蓝定香、梁灏等《世纪之交中国经济体制改革的深层思考》；周继尧、王海林、邓和等《关于推进四川工业民营化问题研究》；宋玉鹏、李少宇、罗仲平等《四川民营经济发展若干问题研究》等。

国企改革研究 在中国的经济体制改革中，国有企业的改革一直是重中之重，难中之难。四川作为中国国有企业的大省之一，省委、省政府的历届领导十分注重这一改革，并为之倾注巨大的精力。四川理论界密切联系国企改革实践，作了大量深入的调查研究，进行艰苦的理论探索，提出许多具有建设性创造性的理论观点。林凌、蒋一苇在国企改革研究方面的贡献尤其突出。他们是中国国有企业改革理论和实现形式最早研究和开创者之一。林凌提出的国有企业自负盈亏论、从承包制到股份制、股份制是企业的财产组织形式、股份制是国企改革的目标模式、国有经济要退出竞争性领域、垄断部门改革、政府在改革中的双重角色等论点，在国企改革中产生广泛影响；蒋一苇在

1979 年发表的论文《企业本位论》中强调，经济体制改革不仅仅是政府的简政放权和让利，而应当把增强企业活力，使企业成为自主经营、自负盈亏的商品生产者和经营者作为经济体制改革的中心环节。该文为中国经济体制改革的方向和重点提供更重要的理论依据和政策思路。林凌与蒋一苇一起，向国务院总理提出的在首钢进行大型国有企业改革试点的建议，得到采纳并在全国推广，成为 20 世纪 80 年代国企改革的主流。林凌的论文《股份制在国企改革中的地位和作用》被省政府批转给全省县级以上干部学习讨论，对四川股份制改革发挥重要的推动作用。

这个时期四川省关于国企改革的研究成果，主要专著有：李树桂、陈永忠、蒋华东《军民结合与军工企业体制改革》；刘世庆《企业产权交易》；林凌、刘世庆《产权制度改革与资产评估》；刘灿《现代公司制的产权关系和治理结构研究》；郭复初、向显湖、李力等《国有资本经营专论——国有资产管理、监督、营运体系研究》；赵一锦、刘军、张宁俊《国有资产流失研究》；唐坚《中国企业资产重组思考与引导》；李仕明、唐小我、阳晓明《企业权力配置与经理激励》；陈永正《所有权构造论——传统国有制之结构与全民所有制之重构》；高宏德、盛毅、沈天佑《中国小企业研究：理论、实践、政策》；丁任重、易敏利、刘灿《国有经营性资产的经营方式和管理体制》；王代敬《股份制改造》；戴歌新《中国国有企业制度创新研究》；何政、宋志斌、何春芳《成都市国有企业改革发展研究》；杨钢、蓝定香《集体企业产权制度改革与股份合作制》；何志勇、綦刘伟、刘家新《股份制创新》等。

主要论文有：刘茂才、杜受祜、杨钢等《四川县属国有企业产权制度改革研究》；黄工乐《“企业自负盈亏”的提法应改为“所有者负盈亏”》；肖述祖《经济责任制是增强企业活力的有效途径》；郭健《关于成都工程机械总厂实行利润包干的调查》；刘式琮、程佩传《唯物辩证法在长江第一城的成功实践——宜宾市国有工业企业改革与发展的启示》；汪贤裕、钟胜、王虹《国有企业的企业市场管理与激励机制》；毛道维、任佩瑜、蔡雷《1999—2002 年中国上市公司 MBO 实证研究——兼论 EMBO 对国企改革的意义》；汪涤世、龙虎等《理顺国家与企业的财务关系，增强企业自我发展能力》；方大浩、李盛全、谢德禄等《企业兼并问题探讨》；朱芬吉、赵国良《在国有企业内部先搞活一块——通过新质扩张最终搞活国有企业》；蒋少龙、陈永忠、刘顺治《面向市场转换经营机制——对长虹、嘉陵等 5 户股份公司的考察报告》；马佳等《资本运营——国有企业改革的形势、机遇与任务》；任登菊、贺建锋《建立健全激励机制　深化国有企业改革——四川建立健全国企经营管理者激励机制的探索与启示》；省财务成本研究会课题组《企业资产产权界定：问题与对策》；郭复初、屈信濂、张福才等《产权重组与加快国有企业改革的思路》；彭前元《转变经济增长方式与企业“转制”的思考》；佘国华、邓和、陈大智《四川省国有及国有控股企业退出竞争性行业问题研究》；唐公昭、赵昂、赵行等《加快建立和发展四川产权交易市场的研究》等。

商业流通体制改革研究　主要专著有：祁晓玲《中国粮食经济市场化进程与目标分析》等。主要论文有：陈晓新、王安全《关于重庆市商业企业“四放开”改革规范的思考》；高枢年《成都商业十年改革的回顾与思考》；周殿昆《关于在成渝两地试办期货市场的初步探讨》《“成储模式”与储运社会化探索》；李煌、周殿昆、赵克旭等《深化四川物资流通体制改革研究报告和三个分报告》；杨超群、王德仁、覃由伟《关于四川省生产资料市场的培育和发展》等。

财政税收金融体制改革　主要专著有：刘朝明、张衔《中国金融体制改革研究》；汪涤世、龙虎《税利分流的理论与实践》；李树桂《中国股份经济与证券市场考察》；黄胜《农村股份合作银行论》

等。主要论文有：林凌、陈永忠、王化淳等《在成都建立中国西部证券交易所的构想》；张蜀钊、王一宏等《四川省财税体制改革跟踪研究》；陈显昭《深化税制改革与优化资源配置》；王德毅、杨同杰、邹成祚《关于深化利率改革的研究报告》；吴钦承《如何发展中国金融市场》；何明刚《中国税收调控功能弱化的原因及治理对策》；许大卫、李水忠、廖忠贤等《关于新形势下税收管理体制改革的探讨》；刘锡良、陈斌《现代公司制度与中国股票市场》；邝德生《试论成都金融中心的建设与发展——兼谈成都市金融体制改革总体构想》；人行成都分行课题组《西部大开发中中心城市发展的金融对策研究》；杨烈纯《西南地区工商银行存款发展战略的探讨》；谢继渊、王立早、程德明等《现代企业制度改革：商业银行面临的机遇、挑战与对策》；李先国、陈红《农业银行一级法人股份制改革研究》等。

价格改革研究 主要专著有：周春、蒋和胜、毛道维《社会主义价格管理学》；蒋和胜、蒋永穆、钟思远《农产品价格机制论》等。主要论文有：陈伯君《关于建立全国物价市场的报告》；胡安、荣卢磊、黄彦平《价格改革新构想》等。

农村经济体制改革 20世纪70年代末80年代初，四川的农村经济体制改革走在全国的前列，四川的农村经济体制改革受到全国理论界的关注。进入80年代中期以后，农村改革发展出现徘徊局面，理论界在总结前一阶段农村经济体制改革的基础上，开始探讨继续深化农村改革的理论与实践问题。主要专著有：郑景骥、刘成玉、黄金辉等《总结与探索：中国农村改革问题研究》；王洪波《农村改革与发展规律性问题探讨》；中央党校培训部赴四川调查组《新都农村深化改革的调查与思考》；杜贤文《稳定完善土地承包关系　扎实做好土地延包工作》；王国敏、李济琛、郑晔等《中国农业风险保障体系建设研究》等。主要论文有：赵文欣《关于农业土地使用权流转问题》；刘家忠《成都乡镇企业的“第二次飞跃”》；杜伟《中国农村土地产权制度创新与失地农民基本权益保障研究》；陈光祥、杨跃《论农村税收改革》；王德毅《在宏观控制下探讨搞活农村金融的路子》；夏建国《成都市农村土地使用权流转现状、问题与对策探讨》；文大会、樊建川《深化农村改革的突破点：承包制走向劳动农民个体公有制》；袁永强《关于推进城乡一体化有关问题的探讨》等。

第二节　主要著述

一、专著

《中心城市综合改革论》 林凌、赵国良、郭元晞、杨钢、周殿昆著，经济科学出版社1992年出版。作者从中国城市经济发展和城市经济体制改革的实际出发，广泛吸纳国内外城市经济发展与改革理论的最新研究成果，对中心城市在发展社会主义市场经济中的地位和作用进行探讨。作者指出，中国新体制框架结构的3个基本要素，即作为商品生产者和经营者的企业，社会主义的市场体系，国家宏观调控体系，都集中在中心城市。因此，中心城市也就自然而然地成为新体制框架结构中的一个支撑点。全书分析中心城市的综合体制改革中遇到矛盾最多的问题，包括中心城市政府的权力、中心城市的计划单列、中心城市的财政体制改革、中心城市政府的调控功能、中心城市政府的经济管理等宏观体制方面的问题，并就中心城市如何成为新的经济运行机制中的枢纽站和国家宏观调控体系中的重要环节，提出基本的改革思路。

《企业产权交易》　刘世庆著，中国社会科学出版社 1992 年出版。作者首先论证企业商品化的客观必然性。指出既然生产要素是商品，企业作为生产诸要素的结合体自然也是商品。进一步论证企业商品的特点：既有一般商品的基本属性，但又不同于普通商品，具有创利性、增值性、风险性、弹性使用价值等特点。指出在社会主义条件下，企业作为商品买卖，不会动摇社会主义公有制基础。公有制可以有国家控股、参股等多种实现形式。作者从交易方式和价格形态角度考察，结合中国实践，认为企业买卖、兼并，是整体式交易方式，具有完全价格形态的特点；股份制是一种分割式交易方式，具有不完全价格形态的特点；租赁制是一种分期式交易方式，具有加息的价格形态特点；承包制是一种委托经营、观念出售的方式，具有观念价格形态的特点。作者还阐述企业商品化与经济体制改革的基本思路，以及企业商品化实现的途径和要求。

《产权制度改革与资产评估》　林凌、刘世庆著，人民出版社 1995 年出版。该书是中国较早系统、全面研究在产权制度改革中推进资产评估体系的著作。作者指出产权制度改革是企业资产评估的实践基础；企业商品化理论是企业资产评估的理论基础。作者阐述企业资产评估的目的、原则和方法。认为企业资产评估从综合评估到专业评估，从传统的清产核资按账面值和历史成本评估，到市场价格评估方法的初步应用，从只评有形资产到评估专利技术、商标、商誉等无形资产，每前进一步伴随改革开放的实践。作者还对企业资产评估与产权界定，企业资产评估机构的设置、运行和管理进行系统的论述。并就防治国有资产流失，以及产权制度改革下国有资产的管理和经营提出对策建议。该书具有重要的理论前瞻性和实践指导性。

《经济体制改革中的企业分析》　丁任重著，四川科技出版社 1994 年出版。作者从研究企业的产生、机体构造等一般理论开始，探讨国有企业改革的动因、出发点、形式、内容等问题，分析企业改革的外部条件如转换产业组织、建立宏观调控体系等。作者以从理论到实践、从表层到深层、从内部到外部的梯次推进方法，在改革的主线、企业机体构造、改革方式的选择等方面提出见解。

《内陆地区改革开放研究》　辛文、袁文平著，四川大学出版社 1995 年出版。该书是中国第一次对内陆地区这一特定地域、特定环境、特定条件下的改革开放和发展问题进行全面系统研究的著述。该书以地缘关系和中国改革开放格局为标志，把内陆地区界定为既不沿海，又不沿边的内陆 12 个省区。深入探讨内陆地区的战略位置，改革开放的态势以及加速这一地区改革开放和发展的目标、途径。明确提出国家需要采取的区域政策。在总结内陆各省区实践经验基础上，针对内陆地区城市、农村、民族、市场、科技等方面的改革开放和发展提出一系列方向性、原则性意见和建议，对于决策和管理部门具有重要参考价值。

《中国城市用地制度创新》　杨继瑞著，四川大学出版社 1995 年出版。该书对中国城市土地使用制度进行多方面、多视角的探索与研究。探讨中国城市土地使用制度改革的必然性、中国城市用地制度的指导原则与历史进程；探讨中国城市用地制度的目标模式和基本框架；分别就中国城市土地产权制度创新、土地开发与利用模式创新、土地市场创新、城市土地价格定位创新等重大问题进行探讨。作者着重就中国城市土地管理体制创新进行较全面深入的探讨，并就如何进行城市地产管理体制创新提供新思路。该书在城市土地内涵的界定、城市地价分类、城市土地使用制度设计等方面均有理论创新。

《私有经济在中国——私有经济嬗变、困惑与趋势》　朱方明、姚树荣、邹曦、胡世发著，中国城市出版社 1998 年出版。该书是剖析私有制经济在新中国的沿革、现状、未来走势及利弊、政策取向的一部著作。它将马克思主义的所有制理论与西方产权理论概括地进行比较研究与分析，评价马克思主义所有制理论的科学性及其历史的局限性。作者认为，处在社会主义初级阶段的中国，对私有经济既不能只看到其弊端而人为地加以废止，但也不能走向另一个极端，只看到其作用和贡献而无视其弊端的存在。私有经济在中国当前及今后能否发挥作用、在多大程度上发挥作用，关键取决于政府的科学引导和管理。

《国有资产流失研究》 赵一锦、刘军、张宁俊、吕先锫、罗济沙著，西南财经大学出版社1999年出版。作者全面系统研究国有资产流失的若干理论和实践问题，提出国有资产的内涵及界定国有资产流失的依据。在大量调查的基础上，研究国有资产流失的范围、途径和形式，提出国有资产价值的定量计算原则、方法和公式，使国有资产价值的计算成为可以操作的行为。作者从体制、法制、政策、管理等多方面论述国有资产流失的深层次原因，还提出改革、创新、完善国有资产管理体制，建立和完善国有资产法律体系等6条对策，不仅具有理论上的创新、而且具有重要的现实意义和参考价值。

《国有资本经营专论——国有资产管理、监督、营运体系研究》 郭复初、向显湖、李力、杨丹、任兴文著，立信会计出版社2002年出版。作者借鉴西方有益经验，紧密结合中国实际，深入研究国有资产管理、监督、营运体系的构建和运行问题，在理论和实践的结合上取得许多突破性进展。如针对由财政统一管理国有资产后重新出现的“政资不分”“政企不分”“内部人控制”等问题，提出经营国有资产不能由财政管理，而应设立专门的国有资产管理部门管理的理论基础和实践依据；提出加强国有资产监督部门工作的同时，还应兼顾对监督者的激励与约束需求，以使国有资产监督变消极、纠错为积极预防；提出国有资本重组具有促使国有资本增值与优化国民经济资源配置的双重目标，据此系统提出国有资本重组的原则和有效方法。这些观点对组建四川省国有资产监督管理机构，加强四川省国有资产监督管理工作有较强的指导作用和参考价值。

《中国金融体制改革研究》 刘朝明、张衔著，中国金融出版社2003年出版。作者回顾中国加入世贸组织以前的金融改革过程，揭示金融改革的成就，包括中央银行、政策性银行和商业银行的组织结构体系的构建。分析金融体制改革面临的制约因素和深层次矛盾，并确定不同阶段金融改革的目标模式。作者指出，中国加入世贸组织后市场全面开放带来的激烈竞争，是推动中国金融体制改革的最强劲的动力。作者针对加入世贸组织后外资金融机构进入带来的竞争压力，探讨在国际金融持续创新背景下的中国金融市场创新问题，重点分析中资金融机构进行深化改革的基本策略。研究开放背景下中国金融体制变革的基本趋向等内容。

《地方国有资产管理体制改革与创新》 盛毅、林彬著，人民出版社2004年出版。该书是一部探索地方国有资产管理体制和经营体制的著作。作者指出，传统的地方国有资产管理体制，是国家“统一所有，分级管理”前提下建立的。为适应深化国有企业产权制度改革和建立现代企业制度的需要，有必要对传统的地方国有资产管理体制进行改革。作者运用相关理论和方法，通过对“分级产权”的分析，提出地方国有资产管理体制的产权制度选择，并进一步阐述地方多级管理体制之间的产权关系，分析在这种体制下国有资产的经营模式和监督考核机制，提出地方国有资产管理体制和运营体制的组织形式、经营方式、监督和考核办法等。

二、论文

《中国经济体制改革的目标模式和新体制的框架结构》 林凌著，载《经济体制改革》1986年第2期。作者认为，中国经济体制改革目标模式的选择，既不能用计划与市场的关系作标准，更不能用集权与分权作标准，也不能用经济协调机制的不同作标准，而应以排斥或促进有计划的商品经济的发展作标准。这种模式在所有制、商品范围、个人消费品分配和宏观管理等方面都有其独特的内容。新体制的框架结构应由自主经营、自负盈亏的各类商品生产者和经营者，市场体系，以及为各类商品生产者和经营者制定的行为规范和宏观调控手段3个基本要素组成。新旧体制的转变主要是：全民所有制企业的转变；流通体制的转变；宏观管理体制的转变。需要突破的难点是：正确处理经济发展与体制改革的关系；如何用社会主义计划性克服商品经济的盲目性；如何在发展有计划的商品经济中防止等价交换原则侵入党和国家的政治生活。

《论社会主义制度下劳动力的商品性》 鲁济典著，载《社会科学研究》1986年第6期。作者认为，在社会主义制度下，劳动力是否具有商品性，是经济学的一个理论问题。对这个问题认识上的变化，将引起劳动力管理制度以及工资制度等一系列政策上的变化。因此，这也是一个具有实践意义的问题。作者指出，马克思和恩格斯预言，在社会主义制度下劳动力将不再是商品，但这是就比较发达的社会主义而言，这种发达的社会主义是中国今天所未达到的。由于社会主义社会劳动力与生产资料结合的特点，使资本主义社会劳动力成为商品的那两个条件，并没有完全消失。在社会主义社会，劳动者的劳动仍然是劳动者的“谋生手段”，这表明劳动者仍然拥有对自己劳动力的所有权。并且社会主义的按劳分配本身就包含着承认劳动是属于该劳动者所拥有的劳动力的使用。因此，在社会主义制度下，劳动力仍然具有一定的商品性，或者说具有作为商品的某些特征，具有商品的“外壳”。

《经济体制改革的回顾与近期深化改革的思考》（研究报告） 唐公昭、刘西荣、张大明、张煜、李经伟著，载《管理世界》1987年第4期。作者从理论与实际的结合上揭示8年改革对旧体制的历史性突破；分析和评价8年改革中几项重大措施及思路；系统论述8年改革在深层次上所给予人们的启示；提出近期经济体制改革的重点选择和总体设想，即深化改革的总体部署的重点应当放在企业上，建立和完善企业主要是国有大中型企业的经营机制，同时在宏观管理和市场体系方面进行相应的政策调整和改革。并提出深化企业改革需要把握的要点。在宏观配套改革方面，就财政和税收、金融和资金市场、生产资料市场及其价格、计划投资体制和转换政府经济管理机构职能及局部机构改革等方面问题，提出具体建议和措施。

《论经营责任契约与“三层次两权分离”运行模式——深化企业改革的宏观思考》 朱芬吉、竺平国、顾培东著，载《管理世界》1987年第5期。作者从深化企业改革的宏观角度首次提出“经营责任契约与‘三层次两权分离’的运行模式”。所谓“经营责任契约”是指国家依据财产所有权，同企业达成以经营责任为内容、具有法律效力的契约。认为经营责任契约为国家和企业提供恰当的纽带，为深化企业改革敲定方向。“三层次两权分离”是指国家所有权与政权的分离、所有权与经营权的分离、企业经营权与企业责任者经营活动权的分离。作者在反思改革实践基础上，尝试性地提出这一经济运行模式，为深化企业改革提供一条可供选择的路径。

《政府经济行为系列研究报告》 朱芬吉、顾培东、陈家泽、张煜、陈志全著，载《中国社会科学》1988年第1期。作者认为，经济体制改革要求政府经济行为与之配套。以往的政府经济行为是以权力支配为主导的，它不利于发挥企业的积极性和主动性，造成效率低下。但弱化政府经济职能也不能保证社会经济的协调发展。作者比较权力支配机制与利益激励机制的利弊，认为在中国现实条件下，唯一可选择的是把政权职能同国有资产所有者职能分离开来，实现政府经济行为由权力支配机制向经济利益激励机制的转换。为此要在承认企业独立的物质利益的前提下，学会综合利用资产及资产收益手段、价格和税收手段以及经济奖惩手段，以引导企业贯彻政府的宏观要求。

《对当前土地制度建设的几点认识》 梁进学、王志良著，载《农村经济》1991 年第 4 期。作者针对实行农业联产承包制中双层经营体制尚未真正建立和运行的情况，指出土地制度建设中需要解决的几个问题：即完善承包合同，使土地管理规范化、制度化和法规化；制定保护耕地和提高地力的具体办法。完善土地制度建设必须做好配套工作：完善专业承包；建立服务体系；抓好基层组织建设；做好农村稳定工作，减轻农民负担。

《企业“自负盈亏”的提法应改为“所有者负盈亏”》 黄工乐著，载《经济体制改革》1993 年第 5 期。作者对“企业自负盈亏”的传统提法提出质疑。指出：40 年的实践证明“企业自负盈亏”的提法并无积极作用，而有消极作用，因为企业是一个载体，载体无法负盈亏。“企业自负盈亏”的实质应是所有者负盈亏，但只应以出资额为限有限责任负亏。作为载体，企业无所谓积极性，积极性实质上是指员工或所有者的积极性，提高效益的积极性是员工应具有的，而扩张资产的积极性应是所有者的。对一般企业，国有资产可退出，其出售的钱由国家用于重点行业投入；对重点行业，国家应采取出售部分产权、改革价格消除政策性亏损、调动员工提高效益的积极性和坚持对亏损企业只负以国有资产为限的有限责任等措施来甩掉国家无限负亏的包袱。

《关于建立全国特价市场的报告》 陈伯君著，载《人民日报》（市场版）1994 年 2 月 19 日。作者针对当时全国每年约有 2700 亿元积压商品的问题，在分析造成积压原因的基础上，提出建立特价商品市场作为解决积压问题的重要出路。文章提出“正价市场”与“特价市场”两个概念，认为正是“正价市场”与“特价市场”这两个“轮子”载着中国市场经济飞速向前。作者还就解决商品积压问题提出方案：开设全国性特价商品物资调节报价信息中心；建立全国特价商品物资调节市场；组建中国特价市场开发集团。

《深化农村改革的突破点：承包制走向劳动农民个体公有制》 文大会、樊建川著，载《农业经济》1994 年第 4 期。作者认为 20 世纪 80 年代中期以来农业出现长期徘徊的局面，关键原因还是在联产承包责任制本身。其局限性表现为：按人头平均“承包”田地并非最佳资源配置；为了公平分配将地块零碎分割，难以实现规模经营；农户在承包期内的短期行为导致地力下降；承包地不能进入市场流转，违背市场要对一切生产要素起基础性配置作用的原则。文章提出深化农村改革的思路：由家庭联产承包责任制走向劳动农民个体公有制。其含义是，将现行完全归集体所有的土地所有权，分割为地底权和地面权两个部分：地底权归集体所有，地面权则以一定的土地价格，转归劳动农民个体所有。这样做可使土地产权清晰，使农村改革与城市改革同步，发挥市场对土地配置起基础性作用，从根本上调动广大农民的积极性，从而全面振兴农村经济。

《内陆中心城市对外开放的思考》 路小昆著，载《实事求是》1995 年第 2 期。该文探讨 3 个问题：内陆中心城市走向国际化要从实际出发，科学地确定发展目标；内陆中心城市优化产业结构，要处理好国内国际两个市场的关系，充分发挥国内市场的优势；内陆中心城市改善投资环境，要加快改革步伐，尽快从政策优惠转到为开放提供完善的法律保障上来。

《国家财务独立与财政理论更新》 郭复初著，载《经济学家》1995 年第 4 期。作者认为建立现代企业制度的最大难点，是明确国有资产产权代表与投资主体。解决这一问题的关键是使国有经营资本与财政资金分流运行，分开管理，建立独立的国家财务体系。这就需要对传统财政理论进行全面更新。作者分析国家财务独立运行理论提出的历史背景，系统阐述国家财务独立论的基本理论观点。指出国家财务独立论对传统财政理论的挑战，主要包括对财政内涵与外延、财政职能、财政管理目标、财政体系的再认识。文章强调国家财务独立是改革的必由之路。按照国家财务独立论为指导处理国有经济组织和国家财政的分配关系，才能明晰国有资产产权，才能在国有资产价值管理方面形成独立的产权代表，才能使财政甩掉企业经营性亏损补贴和清产核资中核销国有资产损失的包袱，履行财政自身的3项职能。

《关于体制转变中若干根本性问题的思考》　杨钢著，载《经济体制改革》1996年第1期。作者就中国实现体制转变过程中5个带有根本性的认识问题提出自己的见解：（1）生产力是检验改革的唯一标准，生产关系不仅不能成为检验改革的标准，而且自身要受到生产力标准的检验；（2）要用生产力标准看待中国的公有制经济和私有制经济，允许它们平等竞争和共同发展，并在竞争的压力下提高公有经济的质量；（3）建立市场经济体制不是对计划经济体制的继承、发展和完善，而是对它的根本否定和替代；（4）两极分化是实行市场经济的必然后果之一，也是中国经济和社会求得迅速进步的一种代价，以及最终达到共同富裕的一个手段；（5）在对外开放和对外经济交往中，应当根据具体情况，正确处理中国特色与国际惯例的关系，努力增强国际惯例意识，提高按国际惯例办事的自觉性。

《农村新型生产经营模式的分析与思考——“郫县种子公司十农户”生产经营模式研究》　毛正刚、苟正礼、何荣波著，载《中国农村经济》1996年第2期。作者概括这种模式从萌芽、形成到完善的过程，找出它能在短期内迅速发展并取得较大经济、社会效益的原因在于这种经营模式在市场经济条件下实现双方资源的“优势相加”，从而实现“打伙求财”的共同愿望，完成分户经营状态下小生产与大市场的对接，为促进农业规模经营和技术进步找到途径。

《关于加速金融领域政企分离的若干思考》　孔凡胜著，载《金融研究》1997年第11期。作者指出，事实证明金融领域严重的政企不分，已成为金融体制改革顺利进行的主要障碍之一。造成金融领域政企不分的原因，根本在于传统的计划经济体制。作者认为，需从以下方面入手加强金融领域的政企分离进程，推进跨世纪金融改革与发展战略实现：一、加强金融立法，以法律手段加速推进金融业政企分离进程。二、培植金融的新生长点，以此推进金融业的政企分离。三、处理好经济领域的政企分离和金融领域的政企分离的关系。四、把国有专业银行推向金融市场。

《关于中国现阶段农村劳动力流动制度建设的思考》　祁晓玲著，载《四川师范大学学报》1998年第3期。作者提出土地制度建设的重点是建立有效的流动机制，即明确土地所有权，在稳定承包制的基础上，通过两田制、规模经营、“四荒”使用权拍卖、土地股份化等具体形式，放活土地使用权、增强土地经营功能，打破平均承包制，促使土地使用权流转，实现土地资源和劳动力的优化配置。户籍管理制度的关键是改革现行全国统一管理模式为“严格控制大城市、稳步发展中小城市、积极发展小城市和小城镇”的有差距、分层次的管理，以此保证农村劳动力自由、有序、适度流动的需要。同时建立就业、医疗、养老和失业救济等社会保障制度。

《关于农村土地使用权的流转问题》　赵文欣著，载《农村经济》2001年第12期。作者指出，自农村经济体制改革以来，农村土地使用权的流转实际上一直在进行。近年随着农业和农村经济的发展，特别是农业产业化经营的兴起和农村劳动力转移的推进，土地使用权的流转明显加快，规模扩大。作者认为，对这一现象的态度应当是：一、正视农村土地使用权的流转是必然趋势，这是社会、经济等多方面原因形成的。二、土地使用权的流转必须坚持自愿、有偿的原则依法进行。在土地使用权流转过程中，要弥补和保护农民的利益。土地使用权流转要按照法律、法规办事，要有规范的合同，有各项保障机制。三、土地使用权的流转必须切实保护农民的权益。把土地流转权真正交给农民，由农民自主选择流转的对象、方式、条件，不能完全由干部说了算，更不能强迫。政府和干部不是撒手不管，而要引导和管理。

《农村金融体制必须有重大突破》 郭晓鸣著，载《农村经济》2004 年第 2 期。作者指出，当前中国农村经济已进入新的发展阶段，农村和农业发展对资金要素的依赖程度日趋增强。由于农村正规金融组织功能不全、农村合作金融明显缺位，农村金融抑制变得更加严重，与此同时，农村资金仍然在通过正规农村金融组织不断向外部流动，导致农村金融供需失衡的矛盾更为尖锐。作者认为，农村金融体制改革应在 3 个主要方面实施重点突破：一是进一步加大农村信用社多种模式的改革力度，创新为农民提供多样化金融服务的手段，大幅度增加农户小额信贷和联户担保大额信贷。二是在充分发动农民主动参与的前提下，规范发展农村合作金融，有效抑制农村资金外流。三是探索发育农村土地金融市场，以法律规范方式赋予农村土地使用权的物权性质，在农村稀缺的土地资源与金融资源之间建立稳定的内在联系，全面激活农村生产要素，促进农民增收和农业增效。

第三节　学科代表人物

辛　文　见本志“经济学研究”第三节“学科代表人物”。

蒋一苇（1938—1993）　原名蒋炜，福建省福州市人。著名经济学家，曾任中国社会科学院工业经济研究所副所长、所长，并兼任经济管理出版社社长、《中国经济年鉴》总编辑、国务院学位委员会经济学科评议组成员、中国工业经济协会副会长、中国企业管理协会常务理事、中国企业管理教育研究会理事长、中国社会科学院研究生院博士生导师、经济管理刊授联合大学副校长。担任清华大学、中国人民大学、天津财经学院、上海财经大学等高等院校的经济管理专业的兼职教授。1985 年，任重庆市社会科学院院长、《改革》杂志主编、综合开发研究院常务副理事长。蒋一苇从 20 世纪 50 年代起从事企业管理的研究和教育工作。1978 年中共十一届三中全会以后，一直致力于经济改革的理论探索，并积极投身于经济体制改革的实践。他于 1979 年发表著名论文《企业本位论》，强调经济体制改革不仅仅是政府的简政放权和让利，而应当把增强企业活力，使企业成为自主经营、自负盈亏的商品生产者和经营者作为经济体制改革的中心环节。该文对中国经济体制改革的方向和重点提供重要的理论依据和政策思路。蒋一苇一生著述颇丰。其中，关于经济体制改革的专著主要有《从企业本位论到经济民主论》《我的经济改革观》《股份经济辞典》等。论文主要有《鼓励竞争，保护竞争》《经济体制改革需要进一步研究的问题》《企业领导体制有两种提法，哪种提法合理?》《全面而系统地改，坚决而有秩序地改》《城市改革与放权简政》《落实自主权是发展横向联合的前提》《横向经济联合与经济体制改革》《企业经济机制与破产法》《我对经济体制的构想》（系列论文）、《完善股票市场发展股份经济》《建立社会主义市场经济体制的关键是进行产权制度的改革》等。为纪念蒋一苇在中国经济体制改革理论探索方面作出的贡献，中国社会科学院于 1996 年设立“蒋一苇企业改革与发展学术基金奖”。

第五章　区域经济研究

区域经济研究作为经济学的一个分支学科，兴起于改革开放之初。四川的区域经济研究非常活跃，成果引人注目。西南地区经济研究、东西部经济关系研究、西部大开发研究、省内经济区及成渝经济区研究等，是四川区域经济研究关注的重点。

第一节　研究综述

20世纪80年代，区域经济研究作为经济学的一个分支学科，在四川兴起并迅速得到发展。这与以下两大因素直接相关：一是以市场为取向的经济体制改革逐步扩展深化，地方的经济自主能力不断增强，地区之间的市场关系日益凸显，地方通过参与国内外市场竞争以加快本地经济发展的要求日益强烈；二是在对外开放梯度推进的政策环境下，因地理条件与历史因素形成的东西部经济发展差距呈现进一步扩大的趋势。四川经济实现跨越式发展的迫切要求，成为促进四川区域经济研究的强大动力。

如何正确处理东部与西部关系，是中国经济发展中长期存在的一个问题，同时也是四川区域经济研究最为关注的一个问题。1985年，四川省社科院研究员林凌在《人民日报》发表《我国战略布局中的东西部结合问题》一文，提出应实行东西部结合战略的观点。并指出随着东西部结合战略的实施，经济重点必然要向西部转移。西部应主动加强与东部的经济联系，积极开展对西部地区开发战略的研究，做好西部开发的前期准备工作，为中央作出战略决策提供依据。这篇文章在当时的影响，以及为后来历史发展所证实的前瞻性，奠定林凌作为中国区域经济研究开创者和杰出研究者的地位。

20世纪80—90年代，四川经济理论界先后探讨的主要问题包括：建立西南经济区的理论与实现路径；长江上游经济区资源开发与生态保护；内陆地区对外开放的思路、路径、方法；四川具有比较优势的基础产业、支柱产业、先导产业的发展战略以及四川产业结构调整的主攻方向和突破口的选择；解决四川经济发展中存在的能源、交通、金融等突出问题的方法和路径；四川省内的区域性经济开发问题，攀西地区经济开发，丘陵山地等欠发达地区经济开发，少数民族地区经济开发；重庆直辖后四川经济格局调整以及川渝经济合作、建立成渝经济区的思路等。这些研究，清晰显示四川区域经济研究与时俱进不断深化的探索轨迹。世纪之交中央作出西部大开发战略决策后，关于西部大开发系列重大问题的探讨，成为四川区域经济研究的重点。这些研究包括西部大开发的宏观经济环境，西部大开发面临的机遇与挑战；西部大开发战略思想，西部大开发的产业政策与竞争优势培育；东部与西部市场关系再认识；西部大开发与生态环境保护等。随着西部大开发的推进，关于西部大开发的研究在不断拓展和深入，对西部大开发的理论支撑作用日益显现。区域经济的应用研究迅速发展的同时，关于区域经济的理论研究也在不断深入。关于国内各大经济区比较研究、区域经济发展宏观调控、区位投资理论、区域经济博弈理论、区域经济发展模式，以及关于世界不发达地区开发经验教训的研究，丰富区域经济研究的内涵，有助于提升应用性区域经济研究的理论层次，拓展其研究视野。

四川专门从事区域经济研究的机构有四川省社科院区域经济研究所、西南财经大学中国西部研究中心、西南财经大学经济学院区域经济研究所、四川省经济发展研究院区域发展研究所等。其中，省社科院区域经济研究所成立于1987年，是全国成立最早的从事区域经济研究的专门机构。所内分设区域发展战略与管理、城市经济、对外开放与区域合作、区域可持续发展、区域产业发展5个研究室。此外，四川大学经济学院、西南交通大学经济管理学院、西南民族大学经济学院也设有区域经济学专业以及相应的教研室、组。四川师范大学经济学院等省内其他高校和社科研究机构也有部分研究力量从事区域经济研究。四川的区域经济研究学术团体为省区域经济研究会。

1986—2005年，四川区域经济研究的学术活动相当活跃。围绕不同时期区域经济研究关注的中心问题举办多种不同类型的学术研讨会或学术论坛。如1987年11月，四川、云南、贵州、广西、西藏和重庆五省区六方代表参加的西南经济区发展战略第三次学术讨论会在成都召开。1989年10月，长江经济开发第二次理论研讨会在宜宾市召开。1992年7月，四川省社科联和重庆市社科联在重庆市江津县联合举行四川长江沿江城市发展与产业结构研讨会。11月，四川省社科联和上海、江苏、浙江、安徽、江西、湖北、湖南等省市社科联在湖北省宜昌市联合召开“浦东开发、三峡工程与长江流域协调发展研讨会”。2000年4月，四川省社科联应攀枝花市委、市政府和凉山州委、州政府的邀请，组织北京和省内的10多位知名专家学者，在攀枝花市、凉山参加“西部大开发中的攀枝花”和“西部大开发，凉山怎么办”的专题研讨会。10月，经国务院批准，由国务院西部开发办公室、对外贸易经济合作部、国务院新闻办公室和中共四川省委、省政府共同主办的“2000·中国西部论坛”在成都召开。中共中央总书记江泽民为大会题名：“中国西部论坛”。这是中国首次举办的西部论坛，中外著名学者和世界知名跨国公司与港、澳、台知名企业及内地重点企业的代表、49位外国驻华使节、联合国有关机构代表出席此次论坛。2001年2月，四川省社科院区域经济所和富顺县委、县政府合作主办四川省县域经济研讨会。2002年3月6—8日，四川省社科院林凌、刘世庆、付实参加加拿大维多利亚大学举行的“中国西部大开发战略及全球影响”国际研讨会。2004年9月，四川省社科院和日本神户大学在都江堰市青城山主办“全球化过程中中国内地区域经济发展”国际学术研讨会。

四川区域经济研究的主要成果如下。

区域经济理论研究 主要专著有：李树桂、王小琪《中国区域经济问题研究》；李树桂《中国区域经济新论》；邓玲、张红伟《中国七大经济区产业结构研究》；武一《投资区位论》；陈进《博弈论与区域经济》；朱欣民、David Shaw《欧盟产业衰落区域的综合治理——英国默西郡案例研究》；苏重基《现代企业区位选择与布局》；邓翔《经济趋同理论与中国地区经济差距的实证研究》；江世银《区域经济发展宏观调控论》；郑长德《世界不发达地区开发史鉴》；周万生、徐桂兰、杜晓蓉等《欧美区域经济政策与四川跨越式发展》；张梦《区域旅游业竞争力理论与实证研究》等。

主要论文有：顾新、李久平、冯结《学习型区域：区域经济发展的新模式》；周殿昆《区域市场发育与区域经济协调发展研究》；陈映《不同西方国家区域经济协调发展的比较及其启示》《区域经济发展阶段理论述评》等。

东西部关系及长江上游开发研究 主要专著有：周殿昆《中国东西部市场关系与协调发展》；辛文、袁文平等《内陆地区改革开放研究》；刘茂才、王小刚《流域开发战略研究——长江上游地区资源开发与生态保护的总体战略构想》；袁本朴、李传林、李锦等《长江上游民族地区生态经济研究》等。主要论文有：林凌《我国战略布局中的东西部结合问题》等。

西南经济区研究 主要专著有：顾宗枨、唐泽江《西南经济区概况》；刘茂才、顾宗枨《西南社会经济情势考察及发展研究》等。主要论文有：毛刚、樊晟《西南高海拔山区城市化的地域性策略探讨》；殷孟波、贺国生《西南金融结构与经济结构的关系》；韩世隆《试论建立大西南对外经济贸易协作区》；杨继瑞《试论西南经济区形成和发展的理论基础》等。

西部大开发研究 主要专著有：郑晓幸、文大会、傅泽平《走向新世纪的西部大开放与大开发》；刘世庆、罗宏翔、邓立新等《长江上游经济带西部大开发战略与政策研究》；丁任重、侯荔江、顾文军等《西部经济发展与资源承载力研究》；杨钢、蓝定香、王丽娟《邓小平“两个大局”理论与西部大开发》；高万权《西部地区经济发展理论与实践》；张凤祥、郑卫国、孙英等《西部地区非公有制经济发展战略研究》；赵曦《中国西部农村反贫战略研究》；李树桂、王安靖、罗宏翔《西部经济跨越式发展——知识经济与产业结构转型》等。

主要论文有：顾新《西部大开发要着眼于形成区域竞争优势》；杨海清《合理布局推动区域经济整体快速发展》；刘世庆《西部生态脆弱地区的资金战略探讨》；周兴维《西部大开发的国内背景认识》；庄晋财《小企业振兴与西部区域经济发展》等。

四川经济区专题研究 主要专著有：辛文、蒙尊谭、高宇天等《四川能源资源及发展战略》；辛文、赵文欣、赵国良等《科学发展观与四川战略发展重点研究》；唐公昭、漆先望、邹大鹏等《四川省经济科技社会发展战略规划及产业政策研究报告》；林凌、李树桂《四川——中国内陆大省的对外开放》；赵曦《四川经济跨越式发展研究》；王小琪《四川开放型经济研究》；刘清泉、高宇天《四川经济地理》等。

主要论文有：四川省经济发展研究院课题组《六省工业化进程研究——四川与部分省经济发展比较》；高林远、李皓《试论四川在西部大开发中实现跨越式发展的战略对策》；王国森《四川城镇体系规划构想》；李明昌、曾宪久、罗望等《四川经济增长中的资金因素分析》；过杰、尹继堂、吴火星等《四川省农村剩余劳动力转移和城市化问题研究报告》等。

省内区域性经济及成渝经济区研究 主要专著有：杨超、周振华、杜肯堂等《攀西地区经济开发模式与政策研究》；林凌、廖元和、刘世庆等《共建繁荣：成渝经济区发展思路研究报告——面向未来的七点策略和行动计划》；鲁锡海、严卫东《跨世纪工程与三峡地区经济发展——理论探讨及决策建议》；郑晓幸、郑和平、傅泽平等《丘陵经济发展大思路——四川丘陵地区农村经济增长方式转变研究》；冉光荣、徐君、冉翠等《四川藏区的开发之路》；吴建国《现代化视角下的西部民族地区非公有制经济》；李星星、罗通、张宽宏《攀西裂谷上的生长点——攀枝花经济辐射及民族关系》；徐玖平、朱毅等《中国西部攀西地区农业经济可持续发展研究》；吴宏放、赵厚钊、赵文广《战略思维与攀枝花经济社会发展》；王小琪《攀西地区经济开发模式与政策研究》；杨海清、李有权、蒋世均等《绵阳可持续发展战略研究》；袁亚愚《丘陵经济——四川丘陵地区农村经济增长方式转变研究》；邹建明、周绍全、刘国春等《“两个根本性转变”时期县域经济的发展》；陈立权、向自强、毕英涛等《西部大开发与区域经济发展——达州跨越式发展研究》；肖慈方、姚乐野主编《WTO与成都经济发展》等。

主要论文有：漆先望、蒲晓筠、宋德育《新时期四川县域经济发展的基本思路》；朱昌问、顾重汉、王益谦等《新四川经济重组对成都的影响及对策研究》；吴登昌《应该建立攀西资源开发试验区——关于逐步缩小地区发展差距的一点思考》；袁本朴、常江、李传林等《民族地区要坚定不移地走资源开发之路——四川民族地区工业发展路子问题探讨》；向自强、商泽森、谭德海等《培育区位相对优势与内陆山区经济发展研究》；陈钊《成都平原经济区经济地位及发展前景分析》；陈勇、徐玖平等《攀西地区农业产业化模式探讨》；傅泽平《四川欠发达地区体制创新问题研究》等。

第二节　主要著述

一、专著

《四川能源资源及发展战略》　辛文、蒙尊谭、高宇天、车秀、刘世兴、王槐洲等著，四川科技出版社1989年出版。作者对四川能源资源总体状况进行客观评价，认为四川能源资源品种较齐，蕴藏量相当丰富，但能源开发利用严重滞后，加上单位产品耗能太高，四川能源长期处于紧张状况，严重影响生产和人民生活，成为制约四川经济社会发展的瓶颈。能源工业投资不足是能源工业发展缓慢的根本原因。解决四川能源供需紧张的矛盾，必须立足省内，改革能源管理体制，充分利用和发展优势能源资源，重点建设一批大中型骨干能源项目。作者在预测四川能源供求量，分析今后全省能源供需形势的基础上，进一步提出四川能源发展战略方针、战略目标和战略布局，并提出四川能源政策和管理体制改革的具体思路。

《四川省经济科技社会发展战略规划及产业政策研究报告》　唐公昭、漆先望、邹大鹏、何传贵、陈家泽著，西南财经大学出版社1990年出版。该报告在顺应全国发展战略要求，避免地区产生结构同构化前提下，提出“奔小康，添后劲”的效益型协调发展战略的新格局；在考虑非均衡发展，在以地区倾斜为主变为以主业倾斜为主的观点指导下，提出四川的基础产业、支柱产业、先导产业，以及产业结构调整的主攻方向和突破口；从需求弹性基础的市场和资源双导向出发，把提高全要素生产作为实现战略目标的重要手段。报告具有较强的实践性、可行性和操作性，它的基本观点和思路为中共四川省第五次代表大会的报告和决议所采纳，并成为制定四川省2000年经济社会发展纲要和“八五”规划的基本依据。

《四川——中国内陆大省的对外开放》　林凌、李树桂主编，四川科学技术出版社1992年出版。该书是四川省委1991年根据四川省情确定的8个研究课题之一《四川进一步对外开放的战略与对策研究》的最终成果。面对四川远离边境，对外开放区位条件在整个西部最差的现实，该项研究从东、西部对外开放给四川带来的压力和四川开放的难点入手，研究四川对外开放的战略思想，以及相应的外贸、外资、外经、区域与产业布局和内联政策；提出改善投资环境，更新川人观念，改进宏观调控的措施。这些政策建议被省委、省政府采纳，转变为政策。

《流域开发战略研究——长江上游地区资源开发与生态保护的总体战略构想》 刘茂才、王小刚主编，成都科技大学出版社 1993 年出版。该书是在国家计委“八五”计划重点科研课题研究报告《长江上游地区资源开发与生态保护总体战略构想研究》的基础上修改、充实形成的。内容包括长江上游地区开发与保护在全国战略中的地位和作用；开发与保护面临的环境态势分析；流域开发的历史经验教训的总结与反思；开发与保护的战略指导思想和原则；开发与保护的总体战略选择与战略目标；开发与保护的战略重点与战略步骤；产业结构优化与优势产业发展；区域生产合理布局与产业地域分工；开发与保护的总体战略对策与政策建议。

《中国区域经济问题研究》 李树桂、王小琪主编，成都科技大学出版社 1993 年出版。该书根据大量资料，对中国区域经济的一系列重大问题，诸如区域间资源禀赋差异与经济发展差距及其成因、国家的区域经济发展战略模式和区域经济政策的演变及其各区域经济发展的影响、区域分工和利益分配机制的转换、区域产业结构与资源配置、沿海与内地的经济关系、区域经济合作与联合、区域市场的发育和完善、区域经济的改革、区域经济的对外开放、区域规划的理论与实践等问题，进行深入细致的剖析，并提出相应的理论观点。

《内陆地区改革开放研究》 辛文、袁文平等著，四川大学出版社 1995 年出版。该书第一次对中国内陆地区这一特定地域、特定环境、特定条件下的改革开放和发展问题进行全面系统研究。作者首次以地缘关系和中国对外开放格局为标志，把内陆地区界定为既不沿海又不沿边的内陆 12 个省区。该书具体分析内陆地区在全国经济、社会等方面的战略地位，深入探讨内陆地区改革开放的主要内容及所要达到的目标和途径。从内陆地区的具体条件出发，探索这个地区改革开放的新思路、新途径、新方法。综合内陆各省区近 10 年来改革、开放、发展的实践，摒弃一度盛行的梯度发展理论，提出新的战略思路。

《加快攀西地区经济开发研究》 杨超、周振华主编，西南财经大学出版社 1995 年出版。该书从中国区域经济新格局的宏观背景下研究攀西地区经济开发。考察攀西地区经济开发的历史与现状，论述攀西地区经济发展的目标导向、实施部署，以及加快该地区经济开发的战略意义和政策选择。并对攀西地区资源状况、产业结构和生产力布局、能源开发与能源工业发展、矿产资源开发与原材料工业发展、生物资源开发与农业发展、轻纺工业发展、交通运输与通信发展、商品流通、旅游、金融保险、对外开放、人力资源与民族经济等方面进行深入的专题研究。

《四川经济地理》 刘清泉、高宇天主编，新华出版社 1997 年出版。该书是一部区域经济地理著作。全面系统介绍四川经济发展和布局的现状特征、形成过程，分析影响生产发展与分布变化的条件和原因以及经验教训，并在此基础上探讨生产力布局的进一步调整和经济发展趋势，为国土开发整治和经济发展战略规划提供有一定科学依据的建议和意见。全书大部分数据采用 1990 年资料。在原《四川经济地理》内部版基础上，通过调查研究和充实新情况编写。

《中国区域经济新论》 李树桂著，四川科学技术出版社 1997 年出版。该书按照区域经济学的理论体系，对当时中国改革开放中涌现出的区域经济问题，从理论与实践的结合上进行分析和探索。该书的研究按区域经济基本理论、区域经济发展、区际分工与合作、区域产业结构与空间布局和区域政策与战略调整 5 个层次逐步展开。作者特别针对区域经济增长方式的转变、区域经济与可持续发展、区域产业结构的配置与转换、区域开发理论模式的选择、区际经济协调发展的思路、区域经济政策的调整，以及区域经济发展战略等区域经济中最突出的新情况、新问题进行深入分析。该书还对中国未来区域经济发展的走势进行预测和展望，提出一些有价值的见解。

《中国东西部市场关系与协调发展》 周殿昆著，西南财经大学出版社1997年出版。该书从市场关系角度探讨东西部关系问题。作者指出，东西部地带间自然资源禀赋呈“西丰东歉”的格局，而经济社会资源禀赋则呈“西歉东丰”的格局。这种资源布局，造成东西部地带间自然资源丰度与现实生产能力，以及现实生产能力与消费需求能力明显的双重反差，同时也形成很强的供求互补性。作者进一步指出，东西部之间的贸易关系中存在着价格结构缺陷型和生产效率差距型两类不等价交换问题，即使如此，只要交易双方商品的交换比例，以及生产商品的劳动耗费在比较利益允许的范围内变动，双方都可以从带际贸易中获得比较利益，西部还可以获得“后发效益”。那种认为开展带际贸易会使“东部受益，西部受损”的观点是错误的。任何阻碍贸易的行为，都会使东部或西部或多或少失去获利的机会。

《丘陵经济发展大思路——四川丘陵地区农村经济增长方式转变研究》 郑晓幸、郑和平、傅泽平、冯文凡、姜凌著，四川人民出版社1997年出版。该书研究四川丘陵地区农业产业化与经济增长方式转变的问题、工业化与城镇化问题，并对如何培育新的经济增长点进行分析和阐述。作者紧紧围绕四川丘陵地区农村经济增长方式转变这一主题，多视角、全方位对丘陵地区农村经济发展的现状与特征、问题与成因、机遇与挑战、思路与对策进行系统分析和探讨，尤其是把生态效益可持续发展提到突出地位加以探讨，提出许多新见解、新思路。

《走向新世纪的西部大开放与大开发》 郑晓幸、文大会、傅泽平著，四川人民出版社1999年出版。该书分析世纪之交西部大开发与改革开放初期东部发展的背景差异，指出中国经济已经由当初的卖方市场转变为买方市场，市场取代政府对资源配置发挥基础作用，这种背景决定西部大开发远比当年东部发展艰难。并分析中国加入世贸组织的国际环境、知识经济给西部大开发带来的机遇，强调由此带来的挑战。作者认为，西部大开发的基本思路应是大开放促大开发，大开发促大发展，通过发展西部特色经济实现西部大开发。为此，该书对西部特色农牧业、特色工业、特色旅游业、特色民族经济，作了分门别类的论述。并就西部大开发的一些具体路径加以具体分析，提出相应的措施和政策建议。

《四川藏区开发之路》 冉光荣、徐君、冉翠著，四川人民出版社2000年出版。该书从四川藏区的历史到现实、从生产到商贸、从农村到城市、从物质生产到精神生产、从物质资料的再生产到人口的再生产、从生态环境建设到法制建设、从世俗经济到寺院经济、从个体经济到国有经济等，进行深入、系统地研究，提出关于藏区开发路径的若干理论观点。作者认为，对于四川藏区的区域开发研究，必须注意其地域环境及其传统历史文化的特征，面向全国和全世界两个市场，找准自身优势，建立特色经济区。不应局限于四川藏区这个相对狭小的区域内而谈该区域的发展问题，而应将其放置在与之相连、相交的川藏、川滇、川甘、川青这一更为广阔的空间及其相互联系中，来谋划本区域发展的战略问题。

《中国七大经济区产业结构研究》 邓玲、张红伟著，四川大学出版社2002年出版。该书运用实证分析的方法，以各大区“七五”至“九五”时期结构变动为纵向脉络，以各大区之间的关系为横向背景，对七大经济区产业结构的成因、特征、演进，以及七大经济区域内部的三次产业构成、劳动力构成、投资结构和支柱产业等进行纵横交错的系统分析。根据经济区域的构成要素和经济区划的理论，较为详细地讨论各大区经济中心、经济腹地和经济网络的现状和特征，勾画各跨省区经济区域的地域结构框架，把产业结构分析与地域结构分析紧密结合在一起，为区域产业结构研究和结构调整提供一个新的视角。

《长江上游经济带西部大开发战略与政策研究》 刘世庆、罗宏翔、邓立新、劳承玉著，四川科学技术出版社2003年出版。该书运用区域经济理论，联系中国实际，围绕长江上游经济带发展的特点和任务、生态屏障建设、工业化和结构调整、区域发展战略和重点区域、川渝合作共建、扩大对外开放、科技教育战略、政策支持等8个方面进行研究。该书许多阶段性成果如“西气东输与西电东送”“关注天保工程和退耕还林的返贫现象”“西部大开发面临的新挑战”，分别得到当时的国务院总理、省委书记的批示，发挥为领导决策服务的参谋作用。

《西部经济发展与资源承载力研究》 丁任重、侯荔江、顾文军、蔡竞著，人民出版社2005年出版。该书从西部地区的实际出发，深入研究如何把资源开发与经济发展有效地结合起来，实现西部经济持续发展的模式与路径。作者首先对西部地区资源现状分析与评估。然后分别对人口承载力、环境承载力和经济承载力进行论述，并提出自己的承载力概念，认为各种资源条件对承载力的最终影响既不是孤立的，也不是单向的，它们之间相互影响。尤其是当某种资源达到其承载极限时，其他资源的支撑作用会骤然下降。各种资源之间必须协调发展才能促进承载力水平的增长，才能有助于整体经济水平的提升。在分析西部开发内外部的优势和劣势后，作者提出西部开发要走经济发展绿色化、产业发展特色化、人力开发优先化和开发开放一体化之路。

《中国西藏区域经济发展研究》 赵曦著，中国社会科学出版社2005年出版。该书在全面总结西藏和平解放后经济社会发展的历史进程、成就和经验的基础上，客观分析中央实施西部大开发战略背景下西藏地区面临的机遇与挑战，运用发展经济学、区域经济学的基本理论和方法，系统深入研究西藏区域资源开发与转换、生产力布局与重点区域发展、经济结构调整与特色产业发展、人力资本投资与教育事业发展、农牧区的贫困状况与反贫困战略、生态环境保护与可持续发展等一系列重大理论与实践问题。特别是作者从区域经济开发的理论与模式分析出发，突破西藏区域经济发展“一江两河”的传统定位，建立新时期西藏生产力布局的全新结构和经济发展的重点区域，探索西藏区域经济、社会可持续发展的全新思路。

《科学发展观与四川战略发展重点研究》 辛文、赵文欣、赵国良等主编，四川人民出版社2005年出版。该书由四川省科技顾问团组织近百名专家学者，以科学发展观为指导对四川战略发展重点进行系列专题研究的成果组成。该书立足于四川省情，着眼于当时国内外经济社会发展的新形势，对四川省贯彻落实科学发展观，全面建设小康社会所面临的实际进行全面综合分析和科学判断。该书统筹研究四川经济社会发展中的重大问题，针对当时和今后发展中可能面临的深层次问题：经济结构与产业缺陷、资源消耗与效率、经济发展与生态环境、农村农业发展与城市工业发展、产业集群与城市集群的形成、高科技发展与传统产业提升、人力资源和人才资源培育与作用发挥、统筹城乡劳动力就业、能源结构与能源政策、经济建设与科技进步和创新等，进行深入的系列专题研究，提出针对性较强的对策建议，描绘出21世纪头20年四川经济社会战略发展重点的蓝图。

《共建繁荣：成渝经济区发展思路研究报告——面向未来的七点策略和行动计划》 林凌主编，经济科学出版社2005年出版。该书是由林凌、廖元和、刘世庆、盛毅、王小刚、丁任重、戴宾等四川、重庆专家组成的成渝经济发展思路研究课题组，经过两年的调查研究最终形成的科研成果。全书包括1个总报告和11个分报告。报告从3个方面对成渝经济区的范围界定、区域特征、区域定位、国土开发与综合整治、空间集聚特征与城市布局、交通网络与快速通道建设、资源优势、产业优势与产业布局、国防科技工业发展、生态环境保护治理与建设、社会进步与发展、体制和政策保障、未来发展展望等进行专题研究。并就如何发挥成渝经济区的特色区位，建设好“五个基地、一个屏障”，如何推动其更好更快发展、加快成渝经济区一体化进程、使之更快成为全国新的增长中心，提出7点策略和近期可启动的7条行动计划。其研究成果对成渝两地和国家决策层产生重要影响。

二、论文

《我国战略布局中的东西部结合问题》 林凌著，载1985年12月9日《人民日报》。作者认为20世纪80年代中期理论界提出关于东西部关系的“沿海重点战略”“东靠西移战略”“梯度开发战略”均带有片面性，不符合中国实际。作者主张第四种战略，即沿海与内地相结合的战略、东西部相结合的战略。因为此时东部与西部的关系，已经发生很大的变化：工业布局已由西部依赖东部开始变为相互依赖的关系；过去影响生产力布局的对外关系，已从闭关自守变为对外开放；东西部经济联系已由以指令为主的计划经济变为有计划的商品经济。这是一个质的变化，是实行东西部结合战略最重要的依据。作者认为，生产力布局仍然需要重点。当前重点应仍然放在沿海，随着东西部结合战略的实施，重点必然要向西部转移，因为主要资源、能源都在西部。东部与西部的关系，将在东西部结合战略的指导下，在布局重点的不断转移中，得到正确解决。西部应利用已有工业基础，主动向东部出击，积极开展对西部地区开发战略的研究，做好开发的前期准备工作，为中央作出战略决策提供依据。

《试论西南经济区形成和发展的理论基础》 杨继瑞著，载《四川大学学报》1987年第1期。该指出，经济区是以中心城市为核心，以内部结构的有机整体性和运动发展方向的一致性为特征的地域性经济网络。整个西南地区的经济处于向西南经济区转变的过渡阶段。制定大西南的发展战略必须从发展社会主义商品经济的思路出发，促进西南经济区的形成和发展，着眼于联合开发。要把梯度式开发和跳跃式发展两种策略有机地结合起来，建立一个开放型、内联外向型的西南经济区。当前，重要的是在中心城市的带动和组织下，以多类型、多层次、多渠道的横向经济联系导向，突破条块分割和地区分割造成的阻滞，实行全面配套的“系统性政策倾斜”，从而为西南经济区的形成和发展创造一个优越的社会环境。

《新四川经济重组对成都的影响及对策研究》 朱昌间、顾重汉、王益谦、阳昌寿、阎星著，载《工作与研究》1996年第28期。该文就重庆市直辖后，新四川变为单经济中心，成都在新四川的经济地位、经济比重升至首位，这对成都是大好机遇，但全省对成都期望值的提高，相应地也带来更大压力。更要看到，重庆市因得到“直辖效应”及“体制效应”，将表现出更大活力，会给成都带来压力。对此，文中提出三大对策：从新四川实际出发，调整经济结构，强化工业的主导地位，培育新的增长点，重新调整发展方向；积极参与长江经济带的建设，强化成都在西南地区“三中心、两枢纽”地位和作用；加强地区合作与协调，加强本区内部联系，建立成都经济区，充分发挥成都在经济区内的组织、带动作用。

《培育区位相对优势与内陆山区经济发展研究》 向自强、商泽森、谭德海、叶泽本、朱舜著，载《天府新论》1996年第6期。该文以四川达川地区的内陆山区经济的发展为研究对象，分析达川地理环境、交通、通讯、气候条件等，将达川放在川东北以及川陕交界更大的经济区范围内进行考察，研究自己所处的区位，进而选择自己发展的目标，以及在这个大空间内应该扮演的角色。文章具体分析培育四川达川地区的区位相对优势的基本路径，以及内陆山区经济发展的基本方向。

《四川经济增长中的资金因素分析》　李明昌、曾宪久、罗望、陈宏志、孔凡胜著，载《四川金融》1996年第11期。该文通过四川省经济增长要素分析，指出在支撑四川经济发展的劳动、科技、资金3个要素中，资金对经济增长贡献度最大，而在整个资金投入因素中，银行信贷投入是最主要的资金投入方式。通过对四川资金产出效益分析，该文指出改革开放10多年来，四川资金使用效益始终在低水平上徘徊。文章对资金投入产出率低的成因加以探析，指出主要原因在于工业化进度缓慢、产业结构调整困难、经营机制和管理方式落后、产品结构与市场消费结构差距大、企业负债率高、资金投向不尽合理。作者从加大科技投入、强化管理、促进政府职能转换、转换银企经营机制、建立产权明晰的现代企业制度和商业银行制度等方面，提出提高资金运用的整体效益的具体对策建议。

《四川省农村剩余劳动力转移和城市化问题研究报告》　过杰、尹继堂、吴火星、王波著，载《社会科学研究》1999年第1期。该文综合分析改革开放以来四川省农村剩余劳动力向非农产业和城镇转移的特点、趋势，以及现阶段四川城市和小城镇对农村剩余劳动力的吸纳能力和未来发展水平，指出四川省城市化水平偏低，城市数量相对较少，城市规模结构不尽合理，相对于农村剩余劳动力数量大的特点，城市、小城镇吸纳能力小，这是四川省现实的同时也是突出的矛盾。该文提出包括深化劳动力转移思路、推进劳务输出的产业化经营、加快小城镇发展、完善“回引”政策鼓励返乡举办企业等引导农村劳动力合理流动的对策。

《西部大开发要着眼于形成区域竞争优势》　顾新著，载《软科学》2000年第2期。作者认为，区域经济竞争力不平衡是区域经济发展差距不断扩大的直接原因。因此西部大开发要着眼于形成区域竞争优势。建立和发展核心竞争力是西部地区获得区域竞争优势的唯一途径，西部地区必须准确把握未来市场的发展趋势，不断创新，努力形成和发展核心竞争力，包括提高支柱产业竞争力、培育主导产业竞争力、提高企业核心竞争力，从而形成区域竞争优势。作者还就西部地区如何形成区域竞争优势，向西部地区政府提出相关措施和政策建议。

《西部开发需要新的战略思路》　郭晓鸣著，载《世界科技研究与发展》2000年第2期。作者认为，西部大开发战略的推进，标志着中国经济开始实现从“区域梯度发展战略向区域协调发展战略”的重大转变。作者强调指出，加快西部开发步伐所面临的困难和矛盾，与当初开发东部时期相比并不一样，必须立足新的环境和条件进行西部区域发展战略的重大调整。在市场经济体制新的历史条件下，西部开发必须有全新的思路。一是把基础设施建设摆在头等重要位置；二是通过扩大开放实现产业结构的换代升级；三是实施区域内部的重点突破战略；四是通过加强生态建设实现可持续发展。

《攀西地区农业产业化模式探讨》　陈勇、徐玖平等著，载《经济体制改革》2001年第5期。该文立足于攀西地区资源和农业现状分析，对攀西地区农业产业化模式进行探讨。作者指出，攀西地区优势资源富集，却没有得到充分高效的开发与使用，造成资源的闲置与浪费，致使经济效益低下。原因在于资源配置不合理；经济结构不合理，一些优势资源在经济结构中所占比重小；科技进步慢，科技对经济增长的贡献低。为了解决攀西地区资源富饶同时又经济贫困的矛盾，必须实现资源的高益利用。作者为此提出“公司+基地+农户”与“横向一体化经营”相结合的产业化模式，并进行相应的政策分析。

《西南金融结构与经济结构的关系》 殷孟波、贺国生著，载《经济学家》2001 年第 6 期。作者认为，经济结构决定金融结构，金融结构对经济结构有反作用，如何通过金融结构调整促进经济结构调整，是金融部门当前的一项重要任务。作者以西南地区为对象，对通过优化金融结构促进经济结构优化作了实证研究，在对西南地区经济结构和金融结构现状分析的基础上，提出优化金融结构进而促进经济结构优化的政策建议。

《四川欠发达地区体制创新问题研究》 傅泽平著，载《理论与改革》2002 年第 5 期。作者指出改革开放以来，从东、西部地区发展轨迹的对比分析看，四川欠发达地区发展滞后的原因可归结为：投入资本总量较低、市场开拓与经济外向程度低、国有经济比重过高、非国有和非公有制经济发展缓慢、国民经济的产业结构不合理 5 个方面。但深层次的原因还在于传统体制的束缚。改革是推动四川欠发达地区经济和社会发展的强大动力。四川欠发达地区要实现跨越式发展，在制度上必须突破传统体制的束缚，加快民营经济发展步伐，落实宏观管理的具体措施。

《小企业振兴与西部区域经济发展》 庄晋财著，载《西南民族学院学报》2002 年第 11 期。作者认为，20 世纪 70 年代以来小企业在全球范围内的复兴，表明企业规模大小的演变是一个动态交替的过程，网络化及信息化等现代新技术的出现，使小企业得以与大企业共存并发挥重要作用。小企业由于其在技术创新、区域产业结构调整及区域聚集经济形成中的特殊作用，使之能成为区域技术创新和组织制度创新的主体。因此，西部落后地区经济竞争力的提高必须重视小企业的发展。西部小企业发展过程中，在产业定位上，应重点扶持科技型、就业型、资源综合利用型和农副产品加工型小企业；在企业组织制度上要发展小企业网络；在技术创新上，要根据产业定位，围绕西部资源优势，以资源的深度开发为主攻方向。

第三节　学科代表人物

杨　超　见本志“中国特色社会主义研究”第三节“学科代表人物”。

辛　文　见本志“经济学研究”第三节“学科代表人物”。

第六章　政治学研究

中华人民共和国成立后，政治学学科受苏联影响曾被撤销，20世纪80年代初期得以恢复。1986—2005年，四川省的政治学研究机构和教学机构相继建立并迅速发展，学术活动活跃。政治研究是四川省政治学研究的重点领域，随着改革开放的深入，政治体制改革和经济体制改革、社会主义市场经济体制的建立，为四川政治学研究提供大量的素材和课题，从而产生大批优秀成果，在国内学术界具有一定影响。

第一节　研究综述

中华人民共和国成立初期，由于受苏联影响，政治学同社会学、心理学等学科一并被撤销，四川省的政治学研究长期陷于停滞状态。中共十一届三中全会后，重新恢复和确立中国共产党实事求是的思想路线，政治学的研究与学科建设重获生机。

1979年3月，邓小平在理论工作务虚会上强调指出："政治学、法学、社会学以及世界政治的研究，我们过去多年忽视了，现在也需要赶快补课。"1980年12月，中国政治学会成立。在中央精神的指导下，四川省的政治学研究机构和教学机构相继建立并迅速发展。

1986—2005年，四川省的政治学研究机构主要有：四川省社科院政治学研究所、四川省社科院毛泽东思想研究所、重庆市社科院哲学与政治学研究所、中共四川省委党校（四川省行政学院）、中共四川省委党史研究室、四川大学政治学院、成都理工大学廉政与社会发展研究所等。此外，省内各高等院校一些系所，各级地方党校、行政学院，各级党委、政府的研究室和其他部门，也有数量众多的学者和干部从事政治学研究。

四川省社会科学院政治学研究所是四川省政治学研究的重要机构。该所所长都淦是四川省政治学研究的代表性学者之一，在政治学原理、人大制度研究和台湾问题研究等方面有较深的造诣。主要著作有：专著《民族·历史与政治》；主编《地方人民代表大会制度研究》《人民代表大会选举制度研究》《地方人民代表大会制度若干问题研究》等。

中共四川省委党校和中共成都市委党校，同为四川省政治学研究的重要机构，优势学科主要有政治制度研究和党的建设。

四川省政治学研究学术团体主要有：四川省政治学会、四川省党的建设研究会、四川省高等院校党的建设理论研究会、四川省级机关党的建设研究会、四川省纪监学会、四川省统战理论学会、四川省组织人事工作研究会、四川省人民代表大会制度研究会等。这些学术团体定期召开年会，或者与全国或地方性学术团体、各地高校院系及相关研究机构联合召开各种学术研讨会，每次会议设置不同的主题，围绕政治学各个领域的重大学术问题展开研讨和交流，推动四川省政治学研究的发展。

这一时期举行的重大学术活动主要有：

2001 年 6 月 25 日，中共四川省委组织部、中共四川省委宣传部、中共四川省委党校、中共四川省委党史研究室、四川省社科联、四川省社科院 6 个单位在成都联合召开四川省纪念中国共产党成立 80 周年理论研讨会。

2003 年 6 月，2003 年政治学会年会暨学术研讨会在南充市召开。会议由西华师范大学、四川省政治学会联合主办。

2004 年 8 月 5—7 日，全国党建研究会和四川省党建研究会共同召开的学习邓小平党建理论暨纪念邓小平诞辰 100 周年座谈会在广安市举行。

四川省的政治学研究主要体现在政治学理论、当代中国政治研究、党的建设、人民代表大会制度研究、马克思主义理论与思想政治教育、中共党史等方面。其中，当代中国政治和党的建设，在研究水平和成果数量上比较突出。在国际政治方面，也有一些有质量的论著问世。

政治学理论 专著主要有：都淦《民族·历史与政治》；任中平《政治哲学导论》；曾永成《文艺政治学导论》；管文虎等《国家形象论》等。

论文主要有：都淦《民族因素与政治体制、政治行为》；梁昱庆《中国政治地理思想初探——兼论政治地理学研究的几个理论问题》；赵永行《论行政主体的一元性》；吴玉宗《中国政治学研究应“四深入”》；郑辉等《国家权力增长限制与地方行政主导》等。

当代中国政治研究 是四川省政治学研究的重点领域。在邓小平建设有中国特色社会主义理论的指引下，随着政治体制改革的推进和社会主义市场经济体制的建立，党和国家在政治体制和制度创新的许多方面进行改革和探索，为四川理论界的思考和研究提供大量的素材和对象，从而涌现大批优秀成果，体现在多个领域，包括社会主义民主政治、政治体制改革、制度创新、反腐廉政、统一战线和多党合作，以及海峡两岸关系、“一国两制”问题等。

专著主要有：华孝清等《邓小平理论与建设有中国特色社会主义政治》；冯举、王文承主编《社会主义政治文明》；聂应德《当代中国政治发展论——邓小平政治思想研究》；凌大志等《邓小平理论与党的基本纲领》；李学明《邓小平多党合作理论研究》《三中全会以来邓小平统一战线理论研究》；李学明、朱文显等《邓小平统一战线思想研究》；辜堪生等《新时期中国共产党阶级基础和群众基础研究》；郑国玺等《精神文明建设的实效性问题研究》；程辛超《中国地方政府》；任杰、梁凌《共和国机构改革与变迁》；张星炜、伍颐园《当代中国政治制度创新研究》；陈文权等《中国县乡推行公务员制度理论、实践与对策》；谢洪恩等《国家公务员职业道德》；冯举等《社会主义政治民主》；赖朝荣等《社会主义的命运和前途》；周琳《中国反腐廉政通鉴》；孙逸民《社会主义监察学概论》；付佑全、刘新华《党的三代领导人廉政思想研究》；郭伟《邓小平政治学说研究》；张星炜、伍颐园《当代中国政治制度创新研究》等。

论文和研究报告主要有：都淦《我国国家结构形式的新特点》《“一国两制”与中国国家结构形式》《政治稳定实现两岸统一》《试论我国国家机构的民主集中制原则》；毕剑横、毕岚《“一国两制”构想的由来和发展》；杨先农《新民主主义国家学说与中国社会主义政治制度》；任杰《十四大以来统一战线理论政策有新发展》；吴嘉蓉《试论新旧格局交替的过渡时期与中国的发展》；鲁济典《走出“寻租”误区》；欧可智等《我国少数民族地区党风廉政建设的几个问题》（调研报告）；沈国俊等《总结历史经验，完善监督机制》；刘从政《西部地区政府转变职能要有新思路》；任勇、都淦《基于和谐社会愿景中的国家自主性：以政府转型为中心》等。

党的建设 中国共产党是建设中国特色社会主义事业的领导核心，党的建设对中国经济社会文化发展具有重大影响。在中国社会从计划经济体制向市场经济体制转型的过程中，执政党在各个方面面临新的课题和挑战，四川理论界结合新时期实际，从邓小平党建思想、制度创新、党内政治生活、监督体系、基层党组织建设等方面进行深入的研究，产生大批优秀成果。

专著主要有：刘益飞《党员主体论》；刘德骥、刘益飞、康超光《论执政党的自我改革——邓小平党建理论研究》；万世雄等《邓小平新时期党建思想研究》；马富武等《邓小平执政党建设思想》；四川省委组织部课题组《邓小平组织人事理论与四川实践》；康电等《探索党的建设的新路子》；王术《机关党务工作概要》；孙逸民等《党的思想建设概论》；姜凌等《社会主义市场经济与党的基层组织建设》；黄德润等《党的农村基层组织建设新探》；蔡昌瑞等《市场经济条件下党的建设若干问题》；王光华等《新时期农村基层党组织建设目标体系研究》；曾祥忠《企业党委工作新探》；何新芳《经济全球化与中国共产党的建设》；刘益飞、彭穗宁《论党的建设的制度创新》；王光华《中国共产党法规与制度建设研究》；马锦燕等《农村基层党内民主建设研究——以村民自治为背景》；谭书敏等《大学生党建工作的理论与实践》；冯有明等《高校党的执政能力建设研究》等。

论文主要有：周仲述《关于新形势下我省党的建设的系列调查报告》；秦玉琴等《关于社会主义市场经济条件下加强和改进党的组织工作的若干思考》；周琳《刘少奇建党思想论纲》；任德俭《当前贯彻执行民主集中制的难点及对策》；赵志强《论新时期共产党人的价值定位》；白昌恒等《加强和改善党对精神文明建设的领导》；王洪波等《论社会主义市场经济条件下共产党员的标准》；吴宏放等《国有大型企业党的建设面临的问题及对策》；陈文光等《试论“三跨”企业集团党组织政治核心作用的实现形式和基本途径》；刘益飞《建议修改〈关于党内政治生活的若干准则〉》；管文虎、邓淑华《塑造新世纪中国共产党的良好形象》；吴宏放《坚持“三个代表”重要思想与加强党的执政能力建设》；四川省党的建设研究会课题组《党内监督存在的主要问题及对策建议》；陈代昌《加强党的执政能力建设的调查与研究》；刘益飞《党员主体：发展党内民主的理论创新制度创新》《谁来监督纪委》；刘云夏《把各类优秀人才集聚到党和国家的事业中来》；解洪《在贯彻群众路线中构建永葆先进性的长效机制》；张锦明《在制度创新中加强党的执政能力建设》等。

马克思主义理论与思想政治教育 专著主要有：张如兰、曾光亮、谭方文《车间班组思想政治工作》；邓淑华等《邓小平思想政治教育理论研究》；王俊超等《全员思想政治工作》；康超光等《转轨时期年轻干部科学“三观”确立研究》等。

论文主要有：江一涛《试论当前加强党内思想道德建设的基本途径》；程显煜《社会主义市场经济条件下思想道德建设的思考》；胡伟《浅析思想政治工作上的“三大投入”》；章玉钧等《用邓小平理论进一步武装县级干部——世纪之交一项刻不容缓的政治任务》等。

人民代表大会制度研究 人民代表大会制度是中国基本政治制度，关于人大制度的研究一直是中国政治学研究的重要方面，四川学者在这方面有较多的成果，其中，四川省社科院教授都淦的研究在学术界有较大影响，其代表性论著有主编《地方人民代表大会制度研究》《人民代表大会选举制度研究》《地方人民代表大会制度若干问题研究》等。此外，专著主要有：尹万邦《地方人大工作概论》；林伯海《人民代表大会监督制度的分析与构建》；周伟《各国立法机关委员会制度比较研究》等。

论文主要有：都淦《人大理论研究中的几个问题探讨》《解决权力过分集中的关键是发挥人大常委会的作用》；胡志军《论地方人大常委会对司法机关的监督》；袁祥生、李尚志《地方人大常委会会议制度研究》（对策研究）；张星炜《“议行合一”原则：一个需要重新认识的理论问题》等。

国际政治 专著主要有：李良瑜、徐正明、彭旭、冯良勤《国际共运史讲座》；陈更生等《后冷战时代的世界》等。

论文主要有：周思源《保加利亚的政治体制改革》；孙林《论 20 世纪社会主义运动的历史特点》等。

第二节 主要著述

一、专著

《中国社会主义政治学》 都淦等编著，四川省社会科学院出版社 1986 年出版。该书根据政治学原理对当代中国国家性质和“一国两制”结构进行全面阐述。作者指出，中国国家主权的统一性、社会主义制度的主体性、两种制度和平共处的有利性、特别行政区地位的法制性，是中国社会主义国家结构形式的新特点，并围绕这些特点展开论述。

《社会主义政治文明》 冯举、王文承主编，西南财经大学 1990 年出版。该书运用马克思主义的基本原理，针对社会主义政治文明建设中出现的新情况、新问题，深入阐述政治文明的内涵和意义，社会主义政治文明的结构、要素及其特点，并以社会主义民主政治作为社会主义政治文明的核心，阐明在民主政治建设中逐步发展社会主义政治文明的基本途径；以社会主义的国家制度、政党制度、社会政治组织、政治关系、法制和纪律、自由、平等和人权、政治管理机制、政治思想教育、政治体制改革、政治文明建设的根本保证等为主要内容，论述社会主义政治文明的各个方面。

《论执政党的自我改革——邓小平党建理论研究》 刘德骥、刘益飞、康超光著，电子科技大学出版社 1997 年出版。该书从执政党自我改革的角度系统论述邓小平关于新时期党的建设的思想。作者注意把党的建设理论同时代特征，同改革开放的实际紧密结合，探索社会变革时期执政党建设的新思路，从党自我改革的前提、关键、方向、重点、基础等方面，论述在改革开放进程中中国共产党自身建设及其改革所涉及的诸多问题。较好地概括邓小平有关执政党自我改革的一系列重要观点。

《中国反腐廉政通鉴》 周琳、陈奎宁、顾可智、刘家洪著，人民法院出版社 1997 年出版。该书立足于中国社会主义初级阶段实际，借鉴中外历史上反腐廉政的经验，研究和阐发反腐廉政的一系列理论问题和实际问题。主要内容包括：反腐廉政理论研究、世界反腐廉政的历史经验、中国反腐廉政的现状分析、反腐廉政的对策探讨。该书既是一部具有较强理论性的学术著作，又是一部内容全面、资料丰富的工具型著作和具有一定现实指导性的应用性著作。

《进一步完善地方人民代表大会制度若干问题研究》 都淦著，四川人民出版社 1997 年出版。全书分为上下两篇，11 个专题。上篇对中国人大制度与西方国家议会制度作了比较研究，在此基础上着重研究以下问题：社会主义市场经济条件下如何完善地方人大制度，地方人大代表评议工作的创新价值与实际效应，乡镇人大建设的现状与对策，地方人大制度为少数民族人民的政治参与提供的制度保证和根本途径等。下篇针对地方人大制度建设中应当充分重视的程序立法和执行问题，着重研究地方人大依法行使选举权、立法权、监督权、决定权、人事任免权等一系列重要程序。从理论与实际的结合上，为规范地方人大行使各项职能运作的原则、方法和步骤、增强决策的民主科学性，从而为充实地方人大制度内容，推动地方人大建设，提供理论参考和对策建议。

《党员主体论》　刘益飞著，四川人民出版社 1998 年出版。该书系统提出和研究党员主体问题。作者认为：在当代中国社会科学领域里出现的主体性研究热潮，实质上表现出对人的价值、人的尊严、人的创造能力、人的自由全面发展的深切价值关怀，是对种种束缚人的解放的传统痼疾的深刻反思。运用主体性原则全面地研究党员问题，鲜明地提出党员主体论，在党建理论研究中无疑是具有新的价值理念和时代意义的积极探索，同时对于在新的时代条件下以改革的精神建设中国共产党有着深刻的现实意义。作者运用主体性原则系统分析党员队伍的现状，深刻总结党的建设尤其是党内民主建设的经验教训，提出建立党员主体机制的若干有价值的独立见解，提出建立党员主体的参与机制、党员主体的监督机制、党员主体的权利保障机制，提出正确认识和处理党员主体与民主集中制、党员主体与党的政治纪律、党员主体与党内生活环境、党员既是主体又是客体等问题。

《邓小平多党合作理论研究》　李学明著，四川人民出版社 1998 年出版。该书尝试诠释邓小平多党合作理论的体系，全面系统地对邓小平多党合作理论研究作了深入透彻的论述。全书 9 章，内容分别为关于邓小平多党合作理论的论述；从多党制、一党制到多党合作制；执政党与参政党的性质及作用；共产党领导、多党合作的政党体制的特点及作用；经济建设与多党合作政治建设与多党合作；文化建设与多党合作；人民政协与多党合作；“一国两制”与多党合作。

《国家形象论》　管文虎主编，电子科技大学出版社 1999 年出版。该书以毛泽东、邓小平国家形象的理论为指导，深刻总结旧中国衰落形象的历史教训；讴歌中华人民共和国成立 50 年来，在中国共产党领导下中国形象的巨大变化，特别是改革开放以来当今中国的良好形象；讴歌中国共产党和毛泽东、周恩来、邓小平等人塑造新中国形象的伟大历史贡献；充分反映新中国 50 年的巨大成就；颂扬“旗帜就是形象”的科学论断；从而激励人们高举邓小平理论的伟大旗帜，把建设有中国特色社会主义事业全面推向 21 世纪。

《当代中国政治发展论——邓小平政治思想研究》　聂应德著，四川人民出版社 2000 年出版。该书从动态的发展视角对邓小平政治思想进行全面考察和深入研究。全书由政治发展主题论、环境论、取向论、体系论、动力论和保障论 6 个部分组成，提出并阐发以下主要观点：社会主义是一个长期的发展过程，具有发展的必然性和重要性；政治发展与社会经济发展、思想文化发展和国际关系发展存在互动关系，政治发展必须适应社会生态环境的状况与要求；民主化、法制化和效能化是社会主义政治发展的三大价值取向；坚持和发展人民民主、加强和改善党的领导、健全和完善国家管理是中国政治发展的直接动力和现代道路；坚持四项基本原则不动摇、廉政建设作为大事来抓、排除一切不稳定因素，是实现中国社会主义政治可持续发展的保障。

《邓小平党建理论研究》　王安平、杨绍安、曾庆亮、刘利才、党忠著，四川人民出版社 2002 年出版。该书系统研究邓小平党建理论，全面概括邓小平党建理论的内容。作者从纵向上对邓小平党建理论的产生和发展进行认真清理，客观展示邓小平党建理论产生的历史条件，揭示邓小平党建理论发展的基本脉络，从而体现邓小平党建理论的创新性和科学性。作者又从横向上加以拓展，把邓小平党建理论概括成9个方面，不仅对人们已经关注的邓小平党建理论的有关方面进行新的概括与研究，而且对忽略的问题或研究薄弱的方面也进行深入研究。如在正确处理党际关系中，不仅概括邓小平关于处理同国外兄弟党关系的理论，而且也概括邓小平关于处理同国内民主党派关系的理论，因而得以从不同角度展示邓小平党建理论。

《当代中国政治制度创新研究》 张星炜、伍颐园著，四川人民出版社2003年出版。该书系统研究当代中国政治制度创新面临的若干重大理论问题和现实问题。全书分上、下篇，上篇首先对中国当代政治制度创新的思想渊源和理论基础作了详尽的考察和深入的论述。下篇从论述当代中国政治制度创新的基本思路入手，着重对中国的政治体制改革，发展党内民主完善党的领导方式、执政方式，实现党的领导制度、组织制度、工作制度的创新；坚持和完善人民代表大会制度；坚持和完善共产党领导的多党合作和政治协商制度；按照WTO规则的要求深化政府机构改革，促进政府职能转变，实现行政管理体制的创新；反对腐败，实现监督体制的完善和创新；扩大公民政治参与和政治资源开发利用的体制创新；适应于新时期中国社会阶级、阶层、利益群体关系新变化的利益协调机制的创新等一系列重大现实问题进行阐述。

《政治哲学导论》 任中平著，陕西人民出版社2004年出版。该书是一本将政治学与哲学融会贯通，从哲学的高度探讨政治现实的著作。作者从一个全新的角度，即从真善美相统一的高度，揭示人类政治活动的丰富内涵。把政治学中的哲学问题，如政治价值、政治合法性、政治与经济的关系、政治与文化的关系、政治与意识形态的关系、民主、人权、社会公正等内容全部容纳于真善美相统一这一哲学命题之下，从哲学的高度去把握政治现实。全书11章，第一章分析政治哲学的概念，介绍政治哲学的产生和发展及研究方法、意义；第二章至第三章，作者追溯政治的起源发展，在此基础上分析政治的本质，进而探讨政治的价值与政治合法性问题，即求善的问题；第四章至第十章是对政治的基础理论的探讨，即求真的问题；第十一章研究政治理想，即求美的问题。“真善美”的主线贯穿全书，结构完整，逻辑严密。

《人民代表大会监督制度的分析与构建》 林伯海著，中国社会科学出版社2004年出版。全书7章，内容分别为构建人民代表大会监督制度的必要性；代议制监督制度的发展轨迹；关于人民代表大会监督制度的基本要素、政治体制、政治文化的分析；人民代表大会自身监督机制的完善；人民代表大会监督机构的设置。作者从政治体制改革与执政党治国方略转换的角度研究人民代表大会监督制度的构建的理论与实践，提出目前人大监督不力的几大原因，并且提出解决方案。该书在有中国特色社会主义监督体系构建上有新颖的见解，有一定的理论深度。作者对问题的把握和观点、主张是全面的，较好地做到实事求是，有助于人们理清和正确认识选题所论及的问题。

《新时期中国共产党阶级基础和群众基础研究》 辜堪生、胡学举、郝小青、杨世平、赵莉著，西南交通大学出版社2005年出版。全书6章，在剖析苏共失去政权的教训，探索西欧各国社会党、共产党摆脱困境、重新崛起的各种举措之后，对中国共产党80年建党历史经验进行总结，指出保持党的先进性，必须增强党的阶级基础和扩大党的群众基础，然后对新时期中国工人阶级、农民阶级的新变化和新生阶层的构成及其社会地位、思想状况进行分析。最后对新时期如何增强党的阶级基础和扩大党的群众基础提出对策：解围济困，振兴国企；尊重知识，尊重人才；消灭贫困，科技兴农；紧密团结社会各新生阶层；巩固和扩大党的统一战线；反腐倡廉，健全法制，加强党的自身建设。

二、论文

《论地方人大常委会对司法机关的监督》　胡志军著，载《社会科学》1987 年第 1 期。该文从理论与实践上论述地方人大常委会依法行使职权，开展并加强对司法机关的法律监督与工作监督。文章首先论述地方人大常委会监督司法机关必须弄清 3 个关系，即人大常委会监督与地方党委领导的关系；与独立行使司法权的关系；与社会监督、行政监督、司法监督的关系。然后从监督内容和范围、监督的对象、监督的基本形式和程序 3 个方面论述如何依法行使职权监督司法机关的问题。

《中国政治地理思想初探——兼论政治地理学研究的几个理论问题》　梁昱庆著，载《人文地理研究》论文集，江苏教育出版社 1988 年出版。该文梳理和归纳自先秦以来中国地理学家和思想家关于政治地理的重要思想观点，重点分析近现代著名政治家特别是中国共产党领导人的政治地理思想。文章还对政治地理学的概念、研究对象和范围、研究方法以及马克思主义经典作家的政治地理观进行探讨。

《新民主主义国家学说与社会主义政治制度》　杨先农著，载《毛泽东思想研究》1991 年第 4 期。作者认为，毛泽东新民主主义国家学说总结中国社会政治历史发展的经验，否定中国走资本主义道路的政治前途，建立有中国特色的关于国体、政体和政党制度的理论，为未来的社会主义政治制度设计框架结构。诚然，新民主主义国家经过社会主义改造，不失时机地解决生产资料所有制问题，全面确立社会主义制度，从中国社会性质来说有了质的飞跃。但是新民主主义国家学说作为毛泽东思想的一个组成部分，也为有中国特色社会主义国家政治制度的建设提供强有力的理论指导。

《论社会主义市场经济条件下共产党员的标准》　王洪波、熊伟著，载《探索》1994 年第 2 期。作者指出，党员标准问题是党的建设中的一个基本问题，党员标准必须同党的自身建设和党的中心任务相适应，市场经济条件下党员标准必须具体化。文章就党员标准具体化的必要性、原则和内容展开论述，并提出新时期坚持党员标准的几条途径：开展经常性教育，是坚持党员标准的根本手段；开展丰富多彩的活动，是坚持党员标准的基本途径；完善各项制度，是坚持党员标准的重要保证。

《刘少奇建党思想论纲》　周琳著，载《毛泽东思想研究》1994 年第 4 期。该文全面阐述刘少奇建党思想的主要特点。一、首次概括“毛泽东建党路线”，首先着重在思想上、政治上进行建设，同时也在组织上进行建设。把思想教育和思想领导放在党的领导的第一位。二、完整论述党的性质，并指出决定党的性质的 6 个基本条件。三、首先确认“毛泽东思想”的概念并进行全面、系统的阐发。分析毛泽东思想产生、形成的历史条件和文化背景。强调要用科学的态度对待毛泽东思想。四、创造性地提出共产党员修养的理论。五、论述干部队伍建设意义和根本出发点。六、最先把党的群众路线概括为党的根本路线。七、提出民主集中制是党内的群众路线。把民主集中制的内涵概括为“民主基础上的集中和集中指导下的民主”。八、分析党内斗争的根源、必要性和性质。明确指出党内斗争问题上的错误倾向的 3 种表现形式。规范正确进行党内斗争的 8 条原则。九、强调党的建设的重要性。特别突出坚持实事求是，反对官僚主义；提倡艰苦奋斗，反对腐败之风。十、执政党要为更高的党员条件而斗争；要更加强调履行全心全意为人民服务的宗旨；要特别重视思想理论建设。

《论二十世纪社会主义运动的历史特点》 孙林著，载《攀登》1996年第5期。该文归纳并阐述20世纪社会主义运动的3个显著历史特点，一、经济相对落后国家率先走上社会主义道路，实现社会主义理论、运动和社会制度的统一；二、20世纪世界社会主义运动跌宕起伏，经历从两次高潮到低潮的历史性曲折；三、20世纪社会主义运动在成功与挫折的实践中，理论深化，向着更加健康的方向发展。作者指出，社会主义在中国之所以能保持强劲的发展势头和健康活力，在于以邓小平为代表的中国共产党人在当今和平与发展的时代条件下，坚持马克思主义基本原理与本国实际相结合，总结国内外社会主义的历史经验，逐步形成和发展建设有中国特色社会主义理论。

《“一国两制”构想的由来和发展》 毕剑横、毕岚著，载《毛泽东思想研究》1998年第4期。该文在回顾和分析毛泽东关于解决台湾问题的设想之后，详细论述邓小平关于和平解决台湾问题的“一国两制”构想的由来和发展，主要内容包括“一国两制”的思想渊源；“一国两制”构想提出的前奏；“一国两制”构想的提出。然后分两个部分论述“一国两制”在恢复对港澳主权过程中的实践及其影响和成效：一、提出“一国两制”构想解决港、澳问题；二、“一国两制”在恢复对港澳主权过程中的成效。

《国有大型企业党的建设面临的问题及对策》 吴宏放、赫正友、阎书忠著，载《理论与改革》1998年第3期。该文在实地调查、抽样问卷和查阅文献资料的基础上，着力分析新形势下国有大型企业党的建设存在的问题，提出加强和改进国有大型企业党的建设的主要对策：坚持科学理论的指导，是加强和改进国有大型企业党的建设的基本前提；突出党组织的政治核心地位与作用，是加强和改进国有大型企业党的建设的重要内容；认真贯彻民主集中制原则，是加强和改进国有大型企业党的建设的制度保证；不断推进工作方法与领导方式的创新，是加强和改进国有大型企业党的建设的内在要求；密切联系职工、维护职工利益，是加强和改进国有大型企业党的建设的根本目标。

《执政党建设的历史性启示》 刘益飞著，载《理论动态》2000年7月第1496期。作者认为，回顾中国共产党执政半个世纪的风雨历程，一个历史性的启示就是：不仅要依法治国，而且也要依法治党；一个领导依法治国的执政党，也应当是一个运用现代法治精神加强自身建设的执政党。文章分析执政党建设上人治的东西很多、法治的东西很少、长期严重缺乏现代法治精神和法治规范的历史教训；多侧面地论述依法治党中的“法”，不仅包括党内以党章为基本内容的一系列的法规和制度，更主要的是指以宪法为基本内容的国家法律体系及法律制度。作者还提出怎样依法治党，并从坚持邓小平理论指导、始终坚持改革的精神、正确处理好国家法律同党规党法的关系、借鉴现代政治文明依法治党的有益作法等方面，对推进依法治党进行理性思考。

《建议修改〈关于党内政治生活的若干准则〉》 刘益飞著，载求是杂志社《内部文稿》2000年第3期。作者通过回顾和反思准则颁布20年的贯彻历程，从新世纪新的历史条件出发，从适应依法治国的需要、推动党内政治生活的需要、健全党的民主生活的需要3个方面，论述准则对于维护党的健康的政治生活的重要性及其不可替代性以及修改和完善准则的必要性；并进一步从准则明显地落后于党章的时代精神、准则囿于时间和时代的局限性、准则的若干规定不适应改革开放以来党内政治生活的新情况新问题3个方面，分析准则在今天党内生活中所表现出来的不适应性；作者还从准则具有鲜明的时代性、足够的权威性、增强可操作性3个方面，对准则的修改进行理性思考并提出建议。

《人大理论研究中的几个问题探讨》　都淦著，载《社会科学研究》2001 年第 3 期。该文着重探讨“议行合一”与民主集中制的关系。作者指出，中国国家机构实行的民主集中制与“议行合一”，在原则上是一致的。人民代表大会制度是中国的根本政治制度，它适应中国特色社会主义政党制度的需要，体现以公有制为主体、多种经济共同发展的社会主义制度的基本特征，贯彻民主集中制的组织原则；发展民主必须与健全法制紧密结合，实行依法治国，建设社会主义法治国家。

《塑造新世纪中国共产党的良好形象》　管文虎、邓淑华著，载《毛泽东思想研究》2001 年第 4 期。作者指出，党的形象是党员和人民群众以及国外公众对共产党本身、党的各项活动及其成果给予的总体评价和认定；代表和体现共产党的宗旨和性质，直接影响群众对党的认识和态度。党的三代领导核心都非常重视塑造共产党的良好形象。在新世纪的前夕，江泽民提出“三个代表”的要求，揭示塑造新世纪中国共产党良好形象的根本宗旨和基本内涵。他强调，“旗帜就是形象”“党的作风问题，也是党的形象问题”，为塑造新世纪党的良好形象指出明确的方向和途径，丰富和发展马克思主义的建党学说。

《西部地区政府转变职能要有新思路》　刘从政著，载《重庆行政》2001 年第 3 期。作者就西部地区政府转变职能提出看法和建议。一、政府要突出为非公有制经济服务的职能，充分认识非公有制经济发展中存在的问题和困难。改变政府部门的旧观念，在市场准入、人力资源、融资渠道等方面改善服务效率。二、减少行政审批、简化办事手续，提高行政效率。三、强化完善社会保障体系的职能。加快形成独立于企业、事业单位之外的多层次、资金来源多渠道、管理服务社会化的社会保障体系；加快社会保障制度法规建设，强化执行监督；积极推进社区建设，加快社会福利社会化步伐。

《发展社会主义民主政治刻不容缓》　周治滨、程显煜、刘益飞著，载《中共四川省委党校学报》2004 年第 4 期。该文以对话的形式就发展社会主义民主政治提出以下看法：加强党的执政能力建设，必须以党的领导体制和工作机制的改革为重点，以推进中国的民主政治建设为核心，以不断提高党发展社会主义民主政治的能力为基础，以中国的国情实际为出发点。提高党发展社会主义民主政治的能力，当前的主要任务：一是保持政治上的清醒；二是培养广大干部和党员正确的民主理念；三是积极发展党内民主。推进中国民主政治建设的主要任务：一是尊重、保护和扩大公民的民主权利，特别是公民的积极民主权利；二是进一步巩固和完善中国社会主义民主的基本制度；三是积极发展基层民主和社会民主；四是实加强对权力的监督和制约。

《人大制度：中国特色政治文明的制度创新》　都淦著，载《人大研究》2005 年第 1 期。作者指出，人大制度的发展和完善应是衡量中国社会主义政治文明建设水平的一个主要标志，也是具有中国特色的政治文明成果与人类共同的政治文明成果既相联系又相区别的一项重大制度创新。具有中国特色的人民代表大会制度属于间接民主制性质的代议制的一种形式，是适合于中国国情的代议制创新模式。应该在政治文明架构下推进人大制度建设，树立宪法权威，确保执政党在宪法和法律的范围内活动，保证人大及其常委会依法履行职能，把人大建设成为名副其实的国家权力机关，进一步理顺执政党和国家机关的关系，坚持党政职能分开。作者还就地方党委书记兼任同级地方人大常委会主任的模式提出自己的看法。

《把各类优秀人才集聚到党和国家的事业中来》　刘云夏著，载《求是》2005 年第 5 期。作者指出，必须坚持以制度建设为根本，以方法创新为途径，以小康大业为平台，加快集聚优秀人才的进程，形成人才工作与经济社会发展相互促进、良性互动的格局。对于人才制度建设，作者提出5个方面的对策：保证人才工作“三优先”；实现人才配置市场化；形成人才开发主体多样化；实行人才评价激励社会化；实现人才管理工作科学化。对于创新人才工作方法，作者指出，应该围绕产业发展培养人才；打造“洼地”引进人才；搭建事业平台重用人才；发挥党管人才的优势集聚人才。

第三节 学科代表人物

周 琳（1931—2005） 四川省成都市人，1950年2月参加工作。1963年中国人民大学历史系党史专业研究生毕业。历任中共四川省委党校副校长，四川省委第二党校副校长、校长，四川省社会科学院党委书记，教授、硕士生导师，《社会科学研究》杂志主编。长期从事党史、党建和科学社会主义理论教学和研究工作。代表性论著有专著《马克思主义领导思想史纲》《刘少奇建党思想论纲》《中国反腐廉政通鉴》等。

第七章　法学研究

中共十一届三中全会后，四川省的法学研究在法学教育事业迅速发展的基础上得到前所未有发展，新建一批法学研究机构和群众性学术团体，建立和发展与国际法学界的学术交流。四川法学研究在宪法学理论、行政法、国际法、中外法学思想、民法、经济法、刑法、刑事诉讼法、民事诉讼法、公安学、司法改革等诸多领域取得丰硕成果，研究广度和深度超过以往任何时期。

第一节　研究综述

1997 年重庆直辖前，位于重庆的西南政法学院（1995 年更名西南政法大学）是四川省重要的法学教育和研究机构，下设民商法学院、经济法学院、法学院、行政法学院、国际法学院、刑事侦查学院等。1984 年四川大学法学教育恢复前，西南政法学院是四川省唯一从事正规法学教育的高等院校，也是全省最重要的法学研究基地。

四川大学法学院于 1952 年院系调整时从四川大学划出，并入西南革命大学一部政法系和随后组建的西南政法学院，四川大学法学教育因之中断 32 年。1984 年四川大学法学系成立，标志着全省最高学府的法学教育和研究事业的正式恢复。1985 年四川大学法律学系开始招收法律硕士研究生，确立教学与科研并重的办学模式。1994 年四川大学重建法学院。法学院设有法律系、法学研究所、比较法学研究中心、司法研究中心、南中国法律研究中心等机构。

1987 年，四川省社科院以政治学研究所下属的法学研究室为基础成立法学研究所，1996 年正式招收经济法研究生，2004 年招收民商法学研究生。

继四川大学之后，省内部分高等院校也先后设立法律学院、系或专业。1986 年西南民族学院正式设立法律学系，2000 年改为西南民族大学法学院；1987 年四川师范学院设立法律学专业，2001 年改为四川师范大学法学院；1987 年西南财经学院设立经济法律系，2001 年改为西南财经大学法学院；1988 年成都电讯工程学院开设经济法与市场营销专科班，1994 年改为成都电子科技大学经济法专业；1996 年南充师范学院政法系开始招收法学本科专业学生，2003 年改为西华大学政法学院；2000 年成都大学设立法律与管理专业。

四川的法学学术团体有省法学学会、中国经济法研究会四川经济法研究分会、省检察官学会、省警察学会，以及成都、重庆法学学会等。

以成都地区为中心的高等院校法学研究事业的迅速发展，以及四川省社科院法学研究所的建立，使四川省法学研究机构布局由以重庆为中心变为成都、重庆两个中心并立。并于 1997 年重庆直辖以后形成法学研究以成都地区为中心的格局。

20世纪80年代初期以后四川高等院校法学教育迅速发展，为法学研究的发展繁荣奠定坚实基础。西南政法大学（1985—1997年）、四川大学法学院凭借雄厚的研究实力在宪法学理论、行政法、国际法、中外法制史、中外法律思想、民法、经济法、刑法、刑事诉讼法、民事诉讼法、公安学、司法改革、毒品犯罪、青少年犯罪等诸多领域开展研究，取得令人瞩目的成果；省社科院法学研究所在法学研究中逐渐形成民商法学重点学科、诉讼法学优长学科，在这两个特色重点学科方面成果突出。该所多次承担国家社会科学基金项目和四川省社会科学重点项目的研究，并为国家和地方政府立法、司法提供咨询和建议。例如1995年省社会科学院法学研究所参加全国人大、四川省人大委托的“破产法”草案起草工作。后全国人大采用四川草案为蓝本，起草《中华人民共和国破产法》初稿；西南财经大学法学院在金融法研究方面具有突出优势，法学专业为国家级特色专业。学院所属的“中国金融法研究中心”是国内唯一的金融法省部级哲学社会科学重点研究基地；西南民族大学法学院法学专业为国家级特色专业。主要以“民族法学”为特色研究方向，研究成果丰硕。

四川法学界与国际法学界交流活跃，先后与美国华盛顿大学、哥伦比亚大学、圣路易斯大学及日本、俄罗斯等国的大学建立交流关系。每年有外国专家到四川讲学、交流。

1986—2005年，由于党和国家高度重视并大力推进民主与法制建设，经济体制改革和对外开放过程中各种经济活动的空前活跃，利益多元格局的形成，各种社会矛盾和问题的出现，给法学研究提出大量需要探索和回答的理论与实践问题。四川法学理论界对这些问题进行广泛深入的理论探索，形成一大批具有理论价值和应用价值的研究成果。

革命领袖法律思想研究 主要专著有：杜耀富《邓小平法学思想论》等。主要论文有：陈永革《毛泽东法律思想初探》；文立人《邓小平法制观》；李民《李大钊宪政思想初探》等。

民主与法制研究 主要专著有：李锡炎、张星炜、吴志强等《法治领导论纲——依法治国与党的领导方式创新研究》；张正德、李夕思、戴光裕等《法治与领导》；左卫民、章武生《中国司法制度导论》；左卫民、周长军《变迁与改革——法院制度现代化研究》；左卫民《在权利话语与权力技术之间——中国司法的新思考》；钟明钊、李昌麒、赵万一等《中国农村经济法制研究》；周伟、杨文、陈健生等《完善民族区域自治法问题研究》；向朝阳、王斌、李侠《依法治川论》等。

主要论文有：高克明《正确认识法律和政策的关系》；梁琼芳《在改革开放中社会主义法制对巩固人民民主专政的作用》；韩世彦、王建平《试论我国人权的法律保障》；伍柳村《从立法上看中国人民享有充分人权》；向朝阳《依法治吏，严于治吏》；里赞《权力本位及其法制形态》《民主、法制及其价值基础》；赵小平《中国近代人权思想的提出及其在法学上的意义》；竺世方《当前依法治国实践中几个重、难点问题的对策思考》等。

立法与法律思想研究 主要专著有：陈康扬《法律逻辑》；杨泉明、张莲花、翟勇等《工会法简论》；罗蓉《中国卫生法前沿问题研究》；卓泽渊《法律价值》；杨遂全《中国人口法律制度研究》；李玉、熊秋良《清末的公司法》等。主要论文有：黄肇炯《国家继承的新公约》；陈康扬《制定地方性法规的逻辑思考》；向朝阳、周长军《“坦白从宽”法定化辨析》；李平《我国公民的经济权利及法律保障》；里赞《人权保障的历史发展》等。

宪法学研究 主要专著有：杨泉明《宪法保障论》；谢维雁《从宪法到宪政》；王建华、李季、李树人等《宪法学新论》；周伟《宪法基本权利司法救济研究》等。主要论文有：傅昭中、杨泉明

《论宪法的最高权威》；左卫民、曾雪莲《宪法与刑事诉讼》等。

刑法理论研究　主要专著有：赵炳寿、向朝阳《刑法若干理论问题的研究》；冯亚东《刑法的哲学与伦理学》《理性主义与刑法模式》；吕卓、孙建国、汤留生等《新刑法原理与实务》；魏东《刑事政策专题探讨》；陈真、邓剑光《建构与价值——刑事司法的若干制度研究》；胡启忠《金融刑法适用论》等。

主要论文有：陈康扬《刑事侦察与逻辑思维》；冯亚东《刑法学研究的层面划分》；傅江《论量刑的基本原则》；向朝阳《对我国刑法主客观一致原则的理解与运用》；左卫民《我国刑事审判模式评析与改革》；赵炳寿、向朝阳《刑法若干理论问题的研究》；赵炳寿、邓自力《论缓刑与保护管束制度》；周友苏《从个体经济的发展看修改刑法有关条文的必要》；伍柳村、徐斌《“劳动赔偿”可作为我国刑法的一项刑种》；文海林《刑法分则结构及其理论基础》《呼唤现代派——刑法研究方向性思考》《以目的为主的综合刑法》；李黎、凌楚瑞《两类不同性质矛盾的犯罪与剥夺政治权利》等。

犯罪理论研究　主要专著有：赵炳寿、杨再明、胡启忠、夏黎阳、凌楚瑞《贪污挪用公款罪个案研究》；伍柳村《杀人伤害罪个案研究》《案例研究丛书》；伍柳村、周应德《拐卖人口犯罪的调查与研究》《犯罪侦查学概论》；伍柳村、赵贵龙《拥有不明财产罪初探——香港与大陆的比较》；罗伦伟、叶厚扬、白少农等《中国现阶段犯罪问题研究（重庆市分卷）》；董鑫朱、启昌、李永升等《国家公务员犯罪及其防治》；杨再明《论单位犯罪》；杨再明、胡启忠、袁林、高晋康《金融犯罪论》；赵长青、高绍先、胡世澄等《中国毒品问题研究——禁毒斗争的理论与实践》；魏东《国际恐怖主义犯罪及其防治对策专论》等。

主要论文有：伍柳村《犯罪未遂存在的范围及“犯罪未得逞”探析》《试论犯罪的着手》《法人严重危害社会行为及对其法律控制》《“盗窃杀人罪”质疑》《划清“罪”与非罪的几个界限》；左卫民、成燕君《法人犯罪构成分析》；赵炳寿、周长军《法人犯罪的构成理论研究》；黄泽林《谈变区别杀人罪和伤害罪的标准》；赵明《职务经济犯罪作为我国刑法类罪的探索》《拐卖人口犯罪的社会原因及法律对策的初探》；周友苏《四川省公司违反公司证券法律法规的犯罪情况及对策》；陈开琦《计算机犯罪定义之我见》《计算机犯罪主体》；杨再明《试论骗取国家出口退税款罪》《试论提供虚假财会报告罪》；宣林泉《当前拐卖妇女、儿童犯罪的特点、原因及对策》；向朝阳《迷信犯刍议》；孙萍《辩护人、诉讼代理人毁灭证据、伪造语气、妨害作证罪探析》等。

刑事侦查与司法鉴定研究　主要专著有：赵惠民、雷建昌、冉华德等《检察机关职务犯罪侦查理论与实践》；骆世勋、宋书功《性法医学》等。主要论文有：唐垒《论侦查中专门知识的运用形式与原理》《警犬鉴定理论初探》《综合鉴定——司法鉴定发展的新方向》；左卫民《论监禁处罚》；左卫民、王凌《侦讯制度的比较研究》；高跃先《贪污账证的笔迹检验鉴定》；邓新元《科学侦查思维体系初探》；王天学《侦查谋略概念小议》；胡泽卿、刘协和、李焱《精神病人的刑事责任能力研究》等。

诉讼理论研究　主要专著有：赵明、李霓、刘广斌、郑泰安《律师学概论》；常怡、夏蔚、张作之等《告诉申诉的理论与务实》等。主要论文有：陈永革《论主要证据》；左卫民《公诉运行机制的缺陷及完善》《两大法系国家公诉运行机制的比较研究》《公开审判新论》《论法官的庭前活动》；左卫民、周长军《公诉运行机制的比较研究》《证人证言的比较研究》；左卫民、高晋康《诉讼价值论》；龙宗智《法官该不该“主导”庭审》；龙宗智、李常青《司法独立与司法受制》；李平《双重担保案例研究》《论保证人的权利》；李自玉《论律师在诉讼中的调查取证权》《论法律援助》等。

刑事诉讼研究 主要专著有：左卫民《价值与结构：刑事程序的双重分析》；龙宗智《刑事庭审制度研究》；李卫民《刑事程序问题研究》等。主要论文有：左卫民《刑事诉讼中控方案卷使用制度的法理分析》《试析律师刑事辩护职能的制度性缺陷》；左卫民、文海林《刑事诉讼的经济分析》；左卫民、王凌《中国刑事诉讼法制现代化历程论纲》；龙宗智、左卫民《价值理性与工具理性：刑事诉讼运作新机制评析》；向朝阳《行为差误及其刑事责任》；郭秋华《法医在刑事诉讼中的法律地位》；洪晓华《试析律师在侦查阶段介入诉讼》《非法证据排除规则探析》；张航《试析台湾刑事诉讼法》等。

民商法研究 主要专著有：王建平《民法学》；侯水平、许前川、侯泽福等《证券法律责任》；魏彬《民法通则理论与实践》；周友苏《公司法律制度研究》；周友苏、黄兴旺、李伟等《证券法通论》；岳彩申《合同法比较研究》；覃天云《经营权论》；李昌麒《经济法——国家干预经济的基本法律形式》；卢云、金平、李开国等《社会主义市场经济法律问题研究》；岳彩申《跨国银行法律制度研究》；邬红旗《担保法原理与适用》；耀振华、王启庭、汪世波等《票据法原理与法律适用》；陈高林《企业法制管理》；杨遂全《中国之路与中国民法典——不能忽视的100个现实问题》；宋永寿、邓志清、陈泽广《外商投资法》等。

主要论文有：李平《资产重组及法律调整》《中国内地与香港经贸关系的法律调整》《大陆与台湾法律冲突问题分析及其冲突规范比较》《企业法人财产权探析》；周友苏《我国股份制法律形态的探讨》；黄肇炯、刘全胜《论国家及其财产的管辖豁免》；黄力华《外商投资企业和外国企业所得税法评述》；杨遂全《试论运用法律手段抑制贫富过分悬殊》；覃天云《经济法与现代经济管理》《所有权反映所有制质疑》；周友苏《农村个体工商户法律地位的探讨》；刘广斌《论对外资的法律监管》；陈智伦《反不正当竞争法执法制度评价》；向朝阳《法人经济犯罪学理分析》；左卫民、高晋康《简析经济纠纷审批工作改革》；张静《论涉外经济合同的违约补救》《谈世界贸易组织的法律机制》《世贸组织新的法律规则之研究》；艾远凤《论我国企业破产法的几个问题》；郑翔《知识经济的法律问题初探》《论一人公司》；徐波的《技术性贸易壁垒之法律问题研究》等。

婚姻法、继承法理论研究 主要专著有：杨怀英《中国婚姻法论》；赵小平《婚姻家庭继承法指南》等。主要论文有：陈苇《关于建立我国婚姻无效制度的思考》《略论事实婚姻的效力》；杨遂全《论婚姻法正名为亲属法的必要性》《当前修订婚姻法尚存的误区》；赵小平《对完善我国婚姻家庭制度的思考》；张建鹰《论对违反一夫一妻制行为的处理》等。

知识产权法律保护研究 主要专著有：陈智伦《知识产权的国际保护》；黄鑫、陈新亮、周安平《中国著作权法通论》；吕彦《计算机软件知识产权保护研究》等。主要论文有：陈智伦《版权与制止不正当竞争权浅析》《科技兴省专利先行》；周友苏《侵犯著作权中的“剽窃、假冒、篡改”行为刍议》；王建平、陈传法《浅论科技财产权中的权利》；杨志敏《专利侵权诉讼中“公知技术抗辩”适用之探讨——中、德、日三国判例、学说的比较研究》；喻敏《对侵权行为法中过错问题的再思考》等。

民事诉讼研究 主要专著有：林义全《民事诉讼法理论与实践》等。主要论文有：左卫民《论民事程序选择权》；左卫民、刘全胜《中国民事诉讼制度：透视、评析与改革》；伍宁《浅析民事抗诉的作用和范围》；李自玉《论民事审判中的法官》；蒲建《试析民事诉讼参加人诉讼地位的确定》等。

行政法及行政诉讼研究　主要专著有：赵炳寿《行政法导论》等。主要论文有：陈永革《行政诉讼法学的科学地位》《论我国行政诉讼法对人权的保障》；左卫民、武尚理、高晋康《关于行政程序的研讨》等。

国际法研究　主要专著有：黄肇炯《国际公法》《国际刑法概论》；杨翠柏、晓媛、付琴《国际商法》等。主要论文有：黄肇炯《未来国际海洋法的新问题》；黄肇炯、刘全胜《论人权的国际保护与国际刑法》；金明《国际商贸法律与改革开放》《论国际结款人限制交叉违约适用的方法》等。

外国法律制度研究　主要专著有：侯水平《日本公司法研究》；周伟《各国立法机关委员会制度比较研究》；杨遂全、杨玲《比较民商法学——外国民法商贸法新论》；杨联华、里赞、何力《外国法制史》；张卫平《程序公正实现中的冲突与平衡——外国民事诉讼研究引论》。主要论文有：黄肇炯、姚平龙《国际刑法典草案评介》；龙宗智《意大利刑事司法制度改革：理论与实践》；左卫民、周云帆《国外陪审团的比较研究》；左卫民《瑞典劳动争议诉讼法概要》《瑞典的劳动法院》；吕彦《美国侵权行为法判断因果关系的规则与实践》等。

第二节　主要著述

一、专著

《劳动改造罪犯的理论与实践》　邓又天、高绍光、夏宗素著，法律出版社1987年出版。作者系统阐明马列主义、毛泽东思想关于劳动改造罪犯的基本理论，特别是“人是可以改造的”原理；全面阐述了中国有关劳动改造罪犯的路线、方针、政策，系统总结中华人民共和国成立后劳动改造罪犯的重大成就和基本经验教训；详细论述在组织领导、狱政管理、教育改造、生产劳动等方面的理论和措施。同时针对新的情况和存在的问题，提出具体建议，并展望发展具有中国特色的劳动改造罪犯的理论与实践的前景。

《犯罪侦查学概论》　周应德著，中央广播电视大学出版社1987年出版。该书除阐述侦查的性质、任务、研究对象、体系、方法、工作原则，还系统阐述侦查的策略方法以及物证技术手段，其中重点阐述收取物证、检验物证、核实物证方面的知识技能，如刑事照相、痕迹检验、枪弹检验、笔迹检验、文书物证的勘验和伪造变造文书的检验、外貌检验以及刑事现场勘查、侦查实验、调查措施等。并阐述杀人案件、抢劫案件、强奸案件、盗窃案件、放火案件的特点、侦查方法。该书作为中央广播电视大学法律专业教材，主要论述犯罪侦查学最稳定最常用的基础知识和基本技能，也吸收现代学术研究成果，对现代科学技术在刑事科学技术中的应用也有一定的介绍。

《公司法律制度研究》　周友苏著，四川人民出版社1991年出版。该书从法律制度视野，较为系统地考察公司沿革和发展现状，提示公司的生存条件和发展特点；通过对公司功能及其法律机理的分析，展示公司制度在现代经济生活中的重要地位和作用；立足于中国改革现实，从公司法角度着力论述中国实行股份制的若干重大理论和实践问题，对股份制的法律形态、实施股份制的法律条件、企业股权性质、公司立法等问题有较为详细的分析见解和原则构想；结合各国公司立法，对作为公司主要形式的股份有限公司和有限责任公司进行实务比较研究。

《国际刑法概论》 黄肇炯著，四川大学出版社 1992 年出版。第一编“国际刑法导论”包括国际刑法的概念、特征、渊源和发展，国际刑法的原则，国际犯罪的要领及一般构成，国际刑事责任和刑罚。第二编“国际刑法的实体法规范”，在一般论述国际犯罪的基本原理的基础上，单独列项详细讨论包括侵略罪、战争罪、反人类罪、种族灭绝罪、恐怖主义犯罪、国际毒品犯罪等 14 种主要由个人实施的国际犯罪。第三编“国际刑法的程序法规范”，主要讨论国际刑事司法协助与合作诸问题，如引渡、狭义和广义的国际刑事司法协助，国际刑警组织和联合国在同国际犯罪作斗争方面的作用，以及国际刑法与中国刑事立法的完善等问题。

《中国公司法原理与实务》 周友苏主编，四川人民出版社 1994 年出版。该书依据《中华人民共和国公司法》和有关股份制试点的最新政策法规，结合中国股份制试行实践，着重从实用和操作角度，系统阐明股份有限公司和有限责任公司的设立、股份和股票、内部机构设置和运行、财务会计管理、合并和分立、解散和清算、法律责任等公司运作的法律原理和具体条文规定。

《价值与结构——刑事程序的分析》 左卫民著，四川大学出版社 1994 年出版。该书首先以刑事程序与人权保护为主题，对人权观念及司法模式进行法系考察，分析不同刑事人权观产生的原因及其价值，进而分析中国的刑事人权观及其实践。然后探讨诉讼领域中的国家权力存在的合理性及如何运作问题，论析国家权力与个人权利之间的关系。并从法哲学的角度探讨与公正程度相关的一系列问题。着重论述刑事程序效率问题。并以诉讼价值论纲为题，探讨自由与安全这一对冲突的基本诉讼价值。

《民法学》 王建平著，四川大学出版社 1994 年出版。该书从民法学理论的学说、观念和结构体系的评价和重建入手，采用理论民法学的观念，立足于民事权利和民事活动这两大民法基本支柱，探索符合社会主义市场经济体制要求的理论民法学的基本框架、模式。该书的框架以民事权利和民事活动为核心，提出民法是主体生存的法律规范的观点，并对民法权利进行学理分类、立法分类和利益分类。分别阐述民事权利的一般理论，以及民事权利构成，民事权利的取得、享有，行使民事权利的保障。

《民事诉讼法理论与实践》 林义全著，四川人民出版社 1998 年出版。该书以民事诉讼为主线，结合最高人民法院相关司法解释，根据审判实践的需要，全面系统地研究和探讨民事诉讼法学理论与审判实践协调的相关问题。作者认为民事诉讼的价值取向最主要的是诉讼公正，根据权力制衡理论，主张人民法院在民事审判制度和方式的改革中，应实行“立案法官、庭前法官、庭审法官三分离”的制度，使诉讼程序各阶段的法官能够在严密的、完整的监督机制下，既各自完全独立，但又能在诉讼中相互制约，最终达到客观公正判案。

《证券法通论》 周友苏著，四川人民出版社 1999 年出版。该书依据《中华人民共和国证券法》和有关证券法规，结合中国证券市场实践，对证券法的基本理论和证券品种、证券法基本原则、证券监督管理体制与证券监督管理机构、证券发行与承销、证券上市与证券交易、上市公司收购、信息公开制度、证券交易所、证券公司、证券登记结算机构、证券交易服务机构、证券业协会、证券法律责任等进行系统的论述和研究。并对中国证券法理论和实践中的若干重大问题作了探索。

《信托业的理论与实践及其法律保障》 陈开琦主编，四川大学出版社 2000 年出版。该书系统阐述与信托制度相关的法律问题，包括信托的法律性质、法律内涵、信托法律关系等，以及信托与有关法律制度的比较。并对中国信托业的发展模式与法律保障加以讨论，对中国信托业的困境及其理论加以反思，对中国信托法的理论建构加以思考。该书附录各国信托法规以供参考。

《变迁与改革——法院制度现代化研究》　左卫民、周长军著，法律出版社2000年出版。该书对传统型与现代型法院制度加以比较，分析中国传统型法院制度的普遍性和特殊性，认为20世纪中国法院制度兼具传统性和现代性。分析继续现代化所面临的难题。论述法院制度的现代性框架以及中国法院制度从传统向现代变革的情势与前景。展望中国法院制度改革的前景，对未来中国法院制度现代化的立场、总体目标与近期举措进行分析论证。

《刑事诉讼法新论》　李少平著，四川人民出版社2001年出版。该书基于中国刑事诉讼法修改之后的情况，从理论与司法实践的角度，全面系统地论述中国新刑事诉讼法。对各种刑事诉讼制度，如刑事国家追诉制度、无罪推定制度、两审终审制度、律师与辩护制度、刑事证据制度、刑事附带民事制度、侦查制度、审判监督制度等，既作了理论探究，也对这些制度的实际运作进行明确的表述。特别是对刑事诉讼的各个阶段在理论、实践中存在的难点、疑点问题，运用刑事诉讼法的理论和最高人民法院、最高人民检察院的司法解释，进行充分研究。

《刑事庭审制度研究》　龙宗智著，中国政法大学出版社2001年出版。该书在总论中论述庭审制度的一般性问题，如庭审的要素、功能和价值目标；庭审的基本原则和原理；庭审制度的前现代类型和现代类型的研究；关于中国新庭审方式的特征与模式等；然后分别论述庭前的公诉审查和证据开示程序，庭审调查和辩论程序的基本问题，法庭公诉和辩护中的问题。并对庭审调查的重点和难点即人证调查，进行专门研究，对法官的审理和裁判作了专门研究。

《金融犯罪论》　杨再明、胡启忠、袁林、高晋康著，西南财经大学出版社2001年出版。该书总体研究金融犯罪的范围、种类、构成要件、定罪与刑事责任等问题。具体探讨各种金融犯罪的认定和处理；金融刑事立法的现状、完善途径，以及金融犯罪的原因、条件及其防治对策等问题。着重研究各种具体金融犯罪在司法实践中的疑难问题。该书提出新金融犯罪的定义，重新界定金融犯罪的研究范围，建立金融刑事立法、金融刑事司法、金融犯罪预防三者为一体新的金融犯罪研究体系。

《跨国银行法律制度研究》　岳彩申著，北京大学出版社2002年出版。该书从宏观上将跨国银行法律制度的研究置于经济全球化的大背景中，在系统和全面研究跨国银行制度的同时，着重研究跨国银行的内部管理法律制度、跨国银行的监管法律制度、跨国银行的准入法律制度、跨国银行的业务法律制度及跨国银行的竞争与经营法律制度。该书尤其重视结合中国加入WTO的背景，对中国的外资银行法律制度及相关的立法进行探讨，并提出相应的立法建议。

《西部投资法制环境论》　高晋康主编，法律出版社2004年出版。该书提出西部投资法制环境的基本理论问题，对投资立法环境问题、西部行政执法环境问题进行研究。认为西部投资法制环境问题并不仅仅包括几项"以投资为内容的立法"及其执行与司法适用的问题，作为一项系统工程，还应当更广泛地关注与投资相关并保障投资进行的其他子系统的法制完善的问题，诸如人才资源法律保障、法律服务环境构建等，都是投资法制环境建设的重要内容。

《证券法律责任》　侯水平主编，法律出版社2005年出版。该书系统论述证券法律责任的概念，证券法律责任的构成，证券法律责任的特征，证券法律责任的归责原则，并对美国、英国、法国、德国、日本及中国香港、台湾地区的证券法律责任制度进行比较。分析证券违法行为产生的原因。

阐述中国证券民事诉讼制度的建构以及证券民事诉讼的实践情况。并讨论中国行政责任制度的特点、缺陷，提出完善中国证券行政责任制度的建议。

《罪与刑的探索之道》 冯亚东著，中国检察出版社2005年出版。该书为作者的论文集。内容包括论故意杀人罪与故意伤害罪区别的界限、论刑法关系及其转化、论刑事法律关系、论刑法中的持有型犯罪、论间接故意犯罪的未遂、论拒不说明财产来源罪、分析受贿罪与渎职罪的竞合问题等内容。该书收录的35篇论文按时间顺序编排，体现作者对罪与罚这个法学核心内容的学术思考和探索历程。

《金融公会法律制度研究》 鲁篱、黄亮、程乐明著，中国金融出版社2005年出版。该书阐述金融公会自律管理存在的合理性和金融公会自治权的内容，对世界主要金融业自律管理的模式进行比较研究，探讨金融业自律管理机制的设计和实现，并对中国金融业自律管理的现状进行分析和反思。作者认为，自律是稳定和发展金融业最本质和最基础的结构性条件。金融业自律组织的规章制定权、非法律惩罚权和争端解决权，应得到充分尊重，同时也应通过国家、社会和文化三方面的认同强化自律组织自身形象的塑造。

二、论文

《股份制企业厂长法律地位初探》 周友苏、覃天云著，载《现代法学》1988年第4期。本文论述股份制企业是否适用厂长负责制，如何确定厂长的身份，厂长享有哪些权利，承担什么义务，怎样处理厂长与企业内部机构的关系等现实问题。作者认为，从法学的观点看，中国实行股份制的实质在于现有企业形态的公司化，即主要采取股份有限公司和责任有限公司的企业组织形式，其中最为典型的又在于股份有限公司的形式。

《试论深化改革与刑法修改》 李少平著，载《现代法学》1988年第5期。该文以改革开放给中国经济、政治、文化带来的发展变化为依据，针对刑事司法实践中出现的新情况、新问题，从刑事立法的观念到具体制度进行分析和探讨，并在此基础上针对如何完善中国刑事司法制度提出意见和建议，特别是针对刑法如何修改、修改什么进行全面的分析与论证。

《拥有不明财产定罪初探——香港与大陆比较》 伍柳村、赵贵龙著，载《法学评论》1988年第6期。作者指出，1988年1月21日全国人大常委会通过的《关于惩治贪污罪贿赂罪的补充规定》，为中国刑事立法增加一项新罪，并且是中国刑事立法史上首次出现的以事实推定为特征的犯罪。作者随后以大陆实施对拥有不明财产定罪可能面临的实际问题，对照香港公务员财产登记制度及接受利益许可制度、香港对拥有不明财产定罪的调查机构、举证制度与检控制度等制度体系，指出大陆目前对拥有不明财产的定罪还存在一定的困难，但不能因此否定这一立法的进步意义，并就完善制度以保证立法的实施提出具体的建议。

《关于民事责任两个基本问题的探讨》 李晓路著，载《四川法学》1992年第4期。作者针对法学界关于民事责任的性质和特征的学说，提出自己的观点。认为民事责任不是民事法律关系的构成要素，法律关系的构成要素只能是主体、客体和内容，不包括民事责任；认为民事责任不是一种特别的债，民事责任与债在法律效力上有着很大差别，不可混为一谈；认为民事责任不是使民事权利具有法律强制力的源泉，法律规定是民事权利具有法律强制力的原因，民事责任则是民事权利强制力的最终表现形式。作者将民事责任的基本特征归纳为：民事责任是制裁性与补偿性相结合，并以后者为主的法律；是民事法律关系中一方当事人向另一方当事人承担的法律责任；是以财产责任和行为责任为内容的法律责任；是具有多种追究方式的法律责任。

《计算机犯罪主体》　陈开琦，载《法学》1996 年第 8 期。作者指出，针对法学界对计算机犯罪主体的认识各异，或认为是特殊主体，俗称为“白领犯罪”；或认为是一般主体。但在认定其特殊主体，仍以犯罪人的职务和身份为界。作者认为计算机犯罪的主体表现为一般主体和特殊主体。计算机犯罪主体，就是指达到法定责任年龄具有刑事责任能力，实施计算机犯罪行为的自然人。由于计算机犯罪是一种新型犯罪，明显带有智能型犯罪的性质。作者还就如何认定计算机犯罪中的特殊主体提出自己的观点。

《规范比较、结构比较与功能比较——比较方法论研究》　饶艾著，载《法商研究》1997 年第 1 期。作者针对学术界有关潜意识误解并从法哲学视角展开论述。首先分析比较法方法论含义，认为作为比较法学科基础和标志的“比较”方法，不完全等同于任何一门学科都可以使用的一般意义上的比较方法，是法律科学研究的一种专门的、带有特定含义的方法。在此基础上进一步研究比较法方法论主要内容，即比较研究的各方式。认为法律现象立体透视主要包括规范、结构和功能三方面内容相一致，比较研究的方法不外是规范比较、结构比较和功能比较 3 种，并对该不同比较方式的含义、特征、使用场合、目的意义及其相互关系作深入分析。最后探讨比较研究的具体过程和步骤，进一步完善比较法方法论。

《仲裁：众所瞩目的新焦点——仲裁制度功能初探》　陈开琦著，载《社会科学研究》1997 年第 3 期。作者指出，由于仲裁是调解与诉讼之外可供选择的第三种解决纠纷的有效方法，因此仲裁在国际商事领域越来越成为最常采用的解纷机制。从某种意义说，现代仲裁的功能就是对调解和诉讼局限性的克服。道德的约束力与法律的强制力相互交融，由此使仲裁具有“准司法”的性质。作者认为，仲裁作为解决纠纷的机制，其功能的发挥依赖于仲裁程序的收敛性和仲裁庭的权威性以及仲裁裁决的公平合理性，上述三者的成就强化仲裁的解纷功能，从而实现仲裁的功能自治。作者也指出仲裁功能的局限性：即仲裁适用的领域有限，仲裁缺乏连带性，仲裁裁决效力存在非自足性。

《对侵权行为法中过错问题的再思考》　喻敏著，载《现代法学》1998 年第 4 期。该文逐一分析流行的过错理论“主观过错说”“客观过错说”“主客观因素相结合的过错说”存在的局限性，以及这些理论在审判实务中所面临的困难。作者提出关于过错理论的新设想：研究过错问题应面向审判实务；过错问题不是事实问题而是法律问题；过错不是“是什么”的问题而是“怎么样”的问题。作者指出，侵权行为法并不关注过错人究竟在想什么，侵权行为法关注的仅仅是他有怎样的行为，过错是指行为的过错，而不是心理状态或意志状态的过错，研究过错问题，就是研究实务中法官是怎样、应当怎样认定过错的问题。

《论动产所有权的善意取得制度》　张建鹰著，载《四川省政法管理干部学院学报》1999 年第 1 期。作者认为善意取得制度是适应商品交换的需要而产生的一项法律制度。确立此项制度意在维护善意受让人的利益不受非法转让的影响，以最终达到稳定流通秩序的效果。中国《民法通则》虽无该项制度的明确规定，但此项制度却为中国司法实践及学界普遍认同。由于善意取得制度在一定程度上以牺牲所有人的利益为代价，作者详细论述善意取得制度应有的严格的适用条件，以及实施善意取得制度所产生的法律后果。

《宪法的适应性问题研究》　谢维雁著，载《社会科学研究》2000 年第 1 期。作者认为宪法的适应性是宪法权威得以确立并有效延续的基本前提和保障，也是宪法法律性的必然结果和宪法稳定性的基础。但在中国并未引起学界的足够重视，制宪和修宪都存在不重视宪法适应性的倾向。宪法的适应性为宪政实践提出新的要求。宪法的适应性，一是指宪法的内容必须准确地反映一定的社会关系，而不能和现实需要脱节。二是指宪法所具有的通过自身的应变方式使宪法的内容适应政治、经济、文化等各方面变化以及宪法以其国家强制力使法律、行为合宪的能力。宪法的适应性揭示宪法与社会现实之间的一致性。

《论证券民事责任》 周友苏著，载《中国法学》2000 年第 4 期。作者对中国证券法规定的违约责任、侵权责任和缔约过失责任等 3 类民事责任的基本特点和具体责任形式作了较为深入的分析，并指出现行证券立法的不足，主要表现为：民事责任涉及的范围偏小，减弱对投资者权益保护的力度；涉及民事责任的具体规定有的较为简略粗疏；有的民事责任的内容中还存在不同条文间的相互冲突的情况，反映出立法上的明显疏漏。作者认为目前可供考虑的、具有操作意义的补救和完善途径包括：第一，国务院制定证券法实施细则，对证券法原则、粗疏之处作出补救，在遵循证券法基本原则的前提下对不够完善的部分进一步完善。第二，最高人民法院通过司法解释的形式，对一些含糊不清且容易产生歧义的内容作出既符合立法原意，又不违背法律公正原则的司法解释，使之明确化、具体化，具有操作性。

《发明创造法律制度的创新与发展》 陈家宏著，载《科技进步与对策》2001 年第 1 期。作者以专利法的修改为基点，从健全发明创造人发挥潜能的创新制度，发展和完善技术创新的保护机制，创建实现自主知识产权与尊重国际惯例的良好环境，以及完善两条保护途径，健全专利保护体系等方面进行分析和阐述，认为新专利法对发明创造的法律制度实现创新与发展，尤其是职务发明方面有突破性改进。新专利法全面接轨国际保护制度，提升中国的保护水平，最大化地保护发明人的权益，有利于加速技术创新，全面提升中国科技整体水平。

《刑法学研究的层面划分》 冯亚东著，载《法学研究》2001 年第 3 期。作者认为已有各种门类的刑法学，都是围绕大致的同一对象，以不同方法、不同视角进行阐述，并不关心所研究的对象本身是否有差别、差别何在，都将“犯罪与刑罚”作为一种单一的问题形态进行研究。因此有必要根据犯罪与刑罚在不同层面之意义，相应建立起刑法学不同层面之研究体系。作者将刑法学划分为注释刑法学、概念刑法学和理论刑法学 3 个相对独立的子学科，详细论述 3 个层面划分依据和必要性，以及刑法学各个层面的学科概念、主要内容和学科体系。作者同时指出，上述划分同任何划分一样只具有相对的意义而没有绝对的界限，只是对所研究的问题划定一个大体的层次。

《权利话语/实践的艰难展开：1996 年中国刑事诉讼法典修改的反思》 左卫民著，载《中外法学》2002 年第 4 期。作者指出，刑事程序的法治化应当以实现对个人权利的有效保障为基本标志，在此立场上，对 1996 年中国刑事诉讼法典的修改进行系统反思。认为 1996 年中国刑事诉讼法典修改的主要问题表现在：权利保障的立法规定较为有限；权利保障与犯罪控制两种诉讼价值在法典中存在的冲突没有得到较好的协调；改革中确立的有限的权利规则在实践中没有得到有效的实现。作者指出，造成刑事程序法治化举步维艰的认识论原因，主要是在刑事诉讼的价值定位和职权限度方面存在诸多误区。并提出在刑事诉讼法的进一步改革过程中应当注意的一些重要问题。

《以目的为主的综合刑法》 文海林著，载《法学研究》2004 年第 1 期。作者认为迄今为止刑法经历 3 种历史形态，即农业社会的具体刑法或实质刑法，工业社会的抽象刑法或形式刑法，知识社会以目的为主的综合刑法。近代刑法并不是一种独立的历史形态，它是对工业社会抽象刑法的修正。由于知识社会以综合性、目的性为基本特征，相应地，知识社会的刑法显现为一种以目的为主的综合刑法。以目的为主意味着刑法理念的深刻变化，突出表现为正义的目的化与效率的目的化。综合刑法主要体现为刑法内部不同理念、制度的综合和刑法外部刑法与其他法律、制度的综合。

《犯罪构成模型论》 冯亚东、胡东飞著，载《法学研究》2004 年第 1 期。作者认为犯罪构成是立法者依据一定利益需求与价值观念而将生活中之危害行为加以类型化形成的，表现为通过刑法规范所确认的认定犯罪之规格、标准或最低度条件即犯罪模型。犯罪模型同构成犯罪的事实（原型）是不同层面之范畴。注释刑法学应以刑法条文中静态存在的模型意义上的犯罪与刑罚为研究对象。该文针对传统理论对犯罪构成的属性、要件的分解原理及注释刑法学的研究对象等诸多问题上的认识缺陷，对犯罪构成属性及其相关问题进行深入分析，对中国的犯罪模型理论加以完善。

《沪深股市可转债融资的法律考察——兼论上市银行可转债融资的法律问题》 郑鋐著，载《经济体制改革》2004 年第 2 期。作者指出，目前可转债已经成为上市公司再融资的首选方式，但在实务中却出现一些不合法的可转债融资行为，转债融资的额度究竟是多少，上市银行是否具有可转债融资的资格，该文以实例分析的方式给予回答。作者认为有必要维护沪深股市的法治统一。指出可转债融资法律冲突的出现，表明已制定的法律规范尚存有不少瑕疵甚至缺陷，部分规定已明显滞后于现实经济生活，有加快修改进程的必要；另一方面也反映出证券市场的监管层对法治原则的理解和执行的欠缺。作者认为立法者应该转变修改法律既繁且慢的思维定势，配合市场的需要，及时修改法律，或者作出有法律效力的补充规定。

《“公司僵局”中的股东权益救济》 郑泰安、杜渝著，载《社会科学研究》2004 年第 3 期。作者指出，公司法所体现的资本三原则在特定的历史条件下有其合理性，随着时代的发展、社会的进步，资本三原则侧重保护债权人的合法权益，而忽视股东权益保障的缺陷日益暴露出来。有限责任公司内部的公平原则和公平原则的操作问题，往往因“人和”因素大于“资和”因素，与资本三原则理念下的公司法的制度安排产生冲突，一旦产生纠纷而出现的“公司僵局”，法律的介入有一定的障碍，股东利益保护机制缺失。因此，公司法修改，随着资本三原则的变迁，应当在股东利益保护上有明确的规范。作者提出在现行的法律框架下关于公司僵局的救济措施。

《刑事诉讼的经济分析》 左卫民著，载《法学研究》2005 年第 4 期。作者指出，基于成本收益的理性行为模式，一国的刑事诉讼活动必须以尽可能少的诉讼成本产出尽可能多的诉讼收益。权力与权利是刑事诉讼过程中的两种基本因素，所谓诉讼经济也因之可分为权力的经济与权利的经济，而这两者的基本着力点、内涵与具体制度设置迥异。从古代到现代，刑事诉讼成本投入呈逐渐上升趋势，并从追求比较单纯权力的经济演化为对权力的经济和权利的经济并重。作者认为，从建构权利充分保障与权力有效行使兼具的经济性诉讼制度的角度来看，中国刑事诉讼制度亟须进一步改革。

第三节 学科代表人物

伍柳村（1912—2006） 四川省峨眉县人。中国当代刑法学家、教育家。曾任四川大学教授、四川省文史研究馆馆员、民革成都市委顾问、民革四川大学原主委、四川省政协委员。享受国务院政府特殊津贴专家待遇。

1937年毕业于四川大学法律系，留校任教。1952年参加中央政法干部学校学习。1953年教育系统院系调整，调入西南政法学院任教。反右倾运动遭到不公正待遇近20年，“文化大革命”结束后恢复名誉和工作，1985年调回四川大学。受聘司法部参加全国统编法学教材的编辑工作，先后编辑出版高等学校法学试用教材《刑法学》《刑法讲义》，并审订《公证制度讲义》等教科书，先后培养一大批成绩卓著的人才，为改革开放初期法学教育重建作出重要贡献。伍柳村是新中国刑法学的开创者之一。他在刑法中的因果关系、语言文字在犯罪构成中的性质、故意犯罪过程中的犯罪形态、犯罪的着手、教唆犯的二重性、中国刑事责任制度的理论根据等问题上有深刻的论述。著有《中国刑法学》（高等学校文科教材）、《刑法学》（高等学校法学试用教材），主编《案例研究丛书》等著作，发表《划清罪与非罪的几个界限》《试论教唆犯的二重性》《试论犯罪的着手》《法人严重危害社会行为及其法律控制》等多篇论文，多次获得国家及省部级奖励，其经历和学术观点载入《中国法学家辞典》。

第八章 巴蜀文化研究

巴蜀文化是中华文化的重要组成部分，具有独立的始源、悠久神秘的发展演变历程、鲜明的地域特色、丰富的历史文化内涵，是中华文化发展史上的一枝奇葩。巴蜀文化作为一个学科命题正式提出后，经历几代研究者的艰苦耕耘，逐渐发展成为四川社会科学中一个具有鲜明地域文化特色的学科门类。

第一节 研究综述

前人对巴蜀文化的认识和研究，自秦汉时期巴蜀文化融入中原文化以后即开始。汉代司马相如、严遵、阳成子玄皆撰有《蜀本纪》，扬雄《蜀王本纪》，均记述古蜀史事。晋人常璩撰《华阳国志》，有《巴志》《蜀志》专记巴蜀古史与地理风物。这些著述体现这个时期以再构巴蜀古史为特征的巴蜀文化研究。西晋裴秀《九州图经》称巴蜀为“绝域殊方”，唐宋时期杜甫等入蜀诗人在诗中表达对巴蜀异于中原的风物民俗的新鲜感受，体现对巴蜀地方特色文化的探索。从唐代张周封《华阳风采录》、卢求《成都记》，宋元之际费著《岁华纪丽谱》，可以看到这种探索具有对巴蜀川原丰厚，人物昂藏，人文繁盛和游赏艺术的“夸述其胜”的肯定倾向。明代杨慎《全蜀艺文志》、曹学佺《蜀中广记》进一步表现当时文化人对巴蜀文化传统作大观式宏览和对巴蜀文化特质、特性作规律性总结的思维倾向。近代以前对文化人巴蜀文化的认识和研究，尽管具有文化学的意义，但毕竟不是现代社会科学意义上的“巴蜀文化”研究。

20 世纪初期以后，西方社会科学研究方法的传入，为现代巴蜀文化研究作好学术准备。1929 年，广汉三星堆遗址群中燕家院子的考古发现，则是巴蜀文化研究发轫的契机。古文化遗存作为巴蜀文化最可靠的信史，改变以往单纯依据文献难以解读巴蜀古史之迷的困境。1941 年，学者卫聚贤就四川出土的异形青铜器提出“巴蜀文化”概念，引起学术界关注。巴蜀文化在学术争论过程中逐渐由考古学概念演变发展为地域性文化研究的学科门类，成为此后学术界锲而不舍加以研究的科学命题。

20 世纪 30—40 年代，学者的研究方法仍以传统考据学为主，但以甲骨文和考古资料与文献相互印证、补充。卫聚贤、顾颉刚、徐中舒等学者围绕巴蜀历史所进行的一系列开创性探索，开创运用近代方法研究巴蜀文化的新风。

1949 年至“文化大革命”时期，巴蜀地区如成都羊子山遗址、新繁水观音遗址、彭县竹瓦街青铜器窑藏等考古发现，为巴蜀文化研究注入新的活力。徐中舒、蒙文通、冯汉骥、邓子琴等对巴蜀文化的深入探讨，取得对巴蜀文化基本内涵新的认识，深化并丰富对巴蜀文化的总体性研究。“文化大革命”结束，童恩正于1979年出版的《古代的巴蜀》，成为新时期巴蜀文化研究高潮的先声。为抢救巴蜀研究学术成果，推动巴蜀史研究，由四川省政协副主席、首届四川省社科联顾问张秀熟倡议和推动，四川省社科院学者李有明在院领导的支持下，联系徐中舒、邓少琴、隗瀛涛、吴雁南、李润苍等专家学者，于1979年成立四川巴蜀史研究会。首任会长张秀熟。徐中舒、邓少琴、李有明等先后任副会长。巴蜀史研究会成立后，着手整理、校注巴蜀古文献，编成的书稿有《李膺〈益州记〉有关巴蜀史料辑存》《〈山海经〉有关巴蜀史料校录》《〈蜀王本纪〉整理》等，并编辑出版《巴蜀史研究丛书》。

20世纪80年代后，巴蜀考古新发现层出不穷，成都平原史前古城址群、成都十二桥遗址、成都商业街战国船棺墓，以及含有疑为巴国王侯墓葬的宣汉罗家坝墓群的发掘，为巴蜀文化研究提供新的材料。尤其是三星堆两个祭祀坑的意外重大发现，为巴蜀文化研究提供前所未有的珍贵而丰富的资料，同时也提出大量需要回答的新课题，为巴蜀文化研究取得全面性突破奠定基础。在徐中舒、蒙文通、冯汉骥、缪钺等老一辈学者开创的考古、文献和民族资料三结合研究成果的基础上，出现巴蜀文化研究蓬勃发展、百家争鸣的新局面。童恩正、李复华、王家佑等在研究中对巴蜀文化作了科学性规范化界定；赵殿增就三星堆古遗存地层分析的成果，初步建立巴蜀考古学的年代序列；李绍明、林向、赵殿增、宋治民、段渝、霍巍等对巴蜀文化的源流、内涵以及与中原文化和周边文化关系作了新的探索；林向以三星堆和十二桥文化为依据，提出巴蜀文化区以古蜀文明为中心的概念；李绍明就土家族与巴人渊源提出新见，蒙默、李绍明就巴人、蜀人古族源作出若干推断。以谭洛非、谭继和、袁庭栋为代表的一批学者提出广义巴蜀文化的新概念，即是指从古至今的四川文化，使巴蜀文化研究不再局限于先秦巴蜀古史的狭窄范围，从而极大丰富巴蜀文化的内涵，极大拓展巴蜀文化的研究领域，极大拉近巴蜀文化研究与当代社会之间的距离。学者对巴蜀文化的探索，因各自的专业、学识侧重面不同，在历史学、考古学、民族学、民俗学等学科方面或各有侧重，所有这些探索，都在不断深化和丰富对巴蜀文化的研究，使巴蜀文化越来越具有跨学科综合研究的地域文化性质。

2001年，金沙遗址被意外发现，预示巴蜀文化研究迎来新的重大突破。但截至2005年末，金沙遗址仍处于发掘整理阶段，依据金沙文化资料的新一轮巴蜀文化研究尚未全面展开。

1986—2005年，巴蜀文化研究机构主要有：

四川省巴蜀文化研究中心 2001年4月成立。是在1991年成立的四川省社科院巴蜀文化研究中心基础上组建起来的全省性巴蜀文化学术研究组织协调机构。该中心实行规划调控与课题管理相结合、岗位特约选聘与课题定期指导相结合、院内专家与院外专家相结合的学术管理机制。学术委员会是中心的实际研究机构，聘请院内外中青年专家组成。学术咨询委员会由老一代专家袁珂、杨明照、隗瀛涛、卿希泰、王文才等10人组成。

四川师范大学巴蜀文化研究中心 1983年7月成立。2001年被教育部批准为“教育部省属高校人文社会科学重点研究基地”，由省部共建。由专职和兼职研究人员组成。中心学术委员会成员由四川师范大学、四川大学、西南师范大学及四川省文物考古研究院、成都市博物院、凉山州博物馆、巴蜀书社等学术机构的专家学者组成，顾问为李学勤、项楚、林向等专家。中心与广安市、雅安市、凉山州、阿坝州、什邡市、广汉市、德阳市等地的相关单位分别建立合作关系，设立巴蜀文化研究中心下属的研究所（基地）。

四川大学巴蜀文化研究中心 1991 年成立，中心后与古籍所组合成四川大学巴蜀文化研究所，挂靠四川大学历史文化学院。其学术队伍来自四川大学古籍所、历史系、旅游系、中文系、哲学系及四川省社科院、西南师范大学、四川省博物馆等单位。

蜀学研究中心 由西华大学、四川省文史研究馆联合主办。

除上述专门致力于巴蜀文化研究的研究机构，四川大学、西南师范大学、四川师范大学、西南民族大学、西华大学、四川省民族研究所、四川省考古研究所、成都市考古研究所、成都市社会科学院、武侯祠博物馆、巴蜀书社等也有部分机构或研究人员从事巴蜀文化研究。绵阳、南充、乐山、凉山等市（州）的一些高校、博物馆也有部分机构或研究人员从事巴蜀史研究。

巴蜀文化研究的主要学术团体是四川省巴蜀文化研究会。

中共四川省委、省人民政府对巴蜀文化研究的高度重视，有力推动巴蜀文化研究的蓬勃发展。1986—2005 年，四川多次举办巴蜀文化研究的学术活动。如：1986 年 11 月，四川省历史学会、四川省社科院历史研究所、四川大学历史系、四川省民族研究所等单位在广汉县联合召开“巴蜀历史与文化”学术讨论会。1991 年 6 月，省委宣传部、省社科院和省社科联在省社科院联合召开巴蜀文化研究座谈会。1992 年 4 月，中国社会科学院考古研究所、四川省文化厅、四川省文物管理委员会、广汉市人民政府等单位共同发起的“纪念三星堆考古发现 60 周年暨巴蜀文化与历史国际学术讨论会”在广汉市举行。1994 年 8 月，中国先秦史学会第六届年会暨巴蜀文化国际学术讨论会在德阳市召开。1997 年 6 月，《中华文化论坛》举办巴蜀文化论著选题研讨会。2001 年 4 月，四川省巴蜀文化研究中心成立暨巴蜀文化研究规划会议在成都举行。在中心成立大会上，省委副书记席义方代表省委、省政府作了《开创巴蜀文化新局面促进西部大开发》的讲话。同月，新一届四川省巴蜀文化研究会在四川大学举行四川省巴蜀文化研究会学术研讨会。2002 年 1 月四川省社科院、成都市社科院、中共成都市委党史研究室、《成都日报》评论部在成都举办巴蜀文化与西部开发研讨会。2003 年10 月，四川省社科院、四川大学、四川省文化厅、中共德阳市委、市人民政府在德阳市共同举办三星堆与长江文明国际学术研讨会。2004 年 10 月，四川师范大学巴蜀文化研究中心、司马相如研究会、中共蓬安县委、县人民政府在蓬安县共同举办司马相如与巴蜀文化研讨会。2005 年 10 月，四川师范大学巴蜀文化研究中心、四川省社科院《中华文化论坛》编辑部在成都举办巴蜀文化研究新趋势国际研讨会。

1986—2005 年，巴蜀文化研究取得丰硕成果。

巴蜀文化综论 主要专著有：四川巴蜀史研究会主编巴蜀史研究丛书，含徐中舒《论巴蜀文化》、蒙文通《巴蜀古史论述》、顾颉刚《论巴蜀与中原的关系》、任乃强《四川上古史新探》、邓少琴《巴蜀史迹探索》、周集云《巴族史探微》等；董其祥《巴史新考》；李绍明、林向、赵殿增主编《三星堆与巴蜀文化》；胡昭曦《巴蜀历史文化论集》；袁庭栋《巴蜀文化志》；赵殿增、李明斌《长江上游的巴蜀文化》；黄剑华《古蜀金沙——金沙遗址与古蜀文明探析》等。主要论文有：谭继和《巴蜀文化辨思集》；庄裕光《巴蜀文化散论》；王毅、江章华、张擎《成都平原先秦文化初论》等。

巴蜀文明的起源与形成研究 主要专著有：宋治民《蜀文化与巴文化》；江章华、李明斌《古国寻踪——三星堆文化的兴起及其影响》；段渝《濯锦清江万里流——巴蜀文化的历程》等。主要论文有：赵殿增《三星堆考古发现与巴蜀古史研究》；徐南洲《古巴蜀与〈山海经〉》《颛顼·景颇·古蜀国——〈山海经〉中的古蜀国先代考》《蜀王杜宇来自何方》；王毅《蜀文化发展渊源的探索》；

蒋成、李明斌《温江鱼凫村遗址试析》；邓经武《巴蜀文化的肇始：神话和上古传说》；彭兆琪《源远流长的巴蜀文化》；王燕芳《试论巴蜀文化与原始文化的关系》等。

巴蜀文化发展变迁研究　主要论文有：赵殿增《四川古文化序列概述》；蒋立群《追认昔日中华之辉煌——关于巴蜀、吴越以至红山文化再发现的论释》；刘茂才、隗瀛涛、段渝《从文化转型谈中介论——关于巴蜀文化转型的研究实例》；陈晓亚、夏星《经文关系与汉晋时期巴蜀文化的变迁》；赖华明《秦汉移民与巴蜀文化的变迁》；江章华、尹建华、谢辉《巴蜀文化区的形成及其进一步趋同发展的历史过程》；谭继和《四川保路运动：巴蜀文化由古典形态向现代形态转型的标志》等。

巴蜀政治、经济研究　主要专著有：段渝《政治结构与文化模式——巴蜀三代文明研究》等。主要论文有：黎小龙《试论巴蜀农业的起源》；罗开玉《论都江堰与蜀文化的关系》；李永桂《先秦时期四川畜牧业初考》；谭继和《巴蜀文化与川菜》等。

巴蜀文化与中原及周边文化关系研究　主要论文有：张天恩《巴蜀文化与中原文化的关系试探》；郑振香《早期蜀文化与商文化的关系》；李绪柏《两汉时期的巴蜀文化与岭南文化》；李绍明《川东南土家与巴国南境问题》；李福军《略论南诏文化与巴蜀文化的关系》；唐世贵《从〈诗经〉“周南”“召南”看楚风与巴蜀文化之关系》；林向《“禹兴于西羌”补证——从考古新发现看夏蜀关系》；彭文《从蜀墓腰坑的设置看巴蜀文化与关中文化的交流》；傅正初《巴蜀文化与西南各族文化的关系》；段渝《论商代长江上游川西平原青铜文化与华北和世界古文明的关系》；刘军社《汉水上游巴蜀文化初论》；张雄《“巴文化”与毗邻诸文化关系概说》等。

巴蜀语言文字、巴蜀符号、巴蜀图语研究　主要专著有：崔荣昌《四川方言与巴蜀文化》等。主要论文有：崔荣昌《巴蜀语言的分化、融合与发展》；魏学峰《古蜀地存在过拼音文字质疑——兼论巴蜀文字的性质》；董其祥《巴蜀文字的探讨》；吴怡《试析巴蜀青铜器上的鸟、鱼、龟（蚕）纹饰》；何元粲《“巴蜀印章”与古蜀商旅》；周日琏《四川芦山出土的巴蜀符号印及战国秦汉私印》；吴怡《试析巴蜀青铜器上的虎图像》；杨勇《论巴蜀文化虎纹戈的类型和族属》；杨甫旺《古代巴蜀的虎崇拜》；刘渝《巴蜀文化青铜兵器的虎图形初步研究》等。

巴蜀学术与文学艺术研究　主要专著有：胡昭曦、刘复生、粟品孝《宋代蜀学研究》；杨世明《巴蜀文学史》；李怡《现代四川文学的巴蜀文化阐释》等。主要论文有：邓星盈《巴蜀学术的渊源：先秦巴蜀文化》；李朝正《巴蜀〈易〉学源流考述》；赖华明《论儒学传入巴蜀》；段渝《巴蜀文化与汉晋学术和宗教》；黄开国、邓星盈《巴蜀哲学发展略述》；毕庶春《巴蜀与汉赋初探》；罗应涛《桐花万里丹山路——简论巴蜀与巴蜀古代散文》；李凯《司马相如与巴蜀文学范式》；蒋志《李白与巴蜀文化》；谭继和《郭沫若与巴蜀文化》；张勇《郭沫若、李劼人与巴蜀文化》；张万仪《郭沫若与荆楚文化、巴蜀文化》；邓经武《巴金与巴蜀文化》《鲁迅与巴蜀文化》《二十世纪巴蜀文学》《论李劼人创作的巴蜀文化因子》《一位现代派诗人对巴蜀文化的皈依——何其芳与“花间词”》；曾绍义、邓伟《李劼人历史小说与巴蜀文化新说》；李怡《巴蜀文化的二十世纪体验者（续）——关于郭沫若和其他几位四川作家的读书札记》《鸦片·茶馆·川味——四川现代文学与巴蜀文化》；王利涛《茶馆——一幅鲜活的巴蜀文化景观——论沙汀乡镇小说中“茶馆”的多重文学功用》；周芳芸《巴蜀文化与四川新文学作家》；严肃《巴蜀文化奇观——〈目连戏与巴蜀文化〉序》；李凯《苏氏蜀学文艺思想的巴蜀文化特征》；周芳芸《巴蜀文化与四川新文学作家》；方建军《论战国时期的巴蜀音乐文化》；冷茂弘《舞蹈——巴蜀文化的瑰宝》；曾小安、甄建星《巴蜀舞蹈中的“活化石”——巴象鼓舞》等。

巴蜀宗教与巫术研究　主要论文有：王纯五《五斗米道与巴蜀文化》；刘弘《蜀巫与滇巫》等。

巴蜀文化研究述评　主要论文有：谭继和《巴蜀文化研究趋向平议》《巴蜀文化研究的现状与未来》；文玉《巴蜀文化研究概述》；林向《徐中舒先生的考古学与巴蜀文化研究》；段渝《三星堆与巴蜀文化研究七十年》；徐勇、黎小龙《近年来先秦巴蜀文化研究一瞥》；张斌、邹一清《巴蜀文化与西部开发研讨会综述》；房锐《巴蜀文化学术研讨会综述》等。

第二节　主要著述

一、专著

《古代的巴蜀》　童恩正著，四川人民出版社 1979 年出版。该书分别论述古代巴族的早期历史、巴族奴隶制国家的形成和发展、巴的社会经济、巴国境内的各种民族；蜀族早期的历史、开明族在蜀国的统治、蜀国境内的各种民族、蜀的社会经济。分析巴蜀的文化，记述秦灭巴蜀的过程，以及秦汉时代巴蜀地区经济文化的繁荣。作者对巴族早期迁徙的路线、蜀族的起源、巴蜀奴隶制国家的形成和发展、巴蜀境内各民族的族属等问题提出自己的看法。该书附有古代巴蜀示意图。作者在后记中指出，该书写出初稿后，经徐中舒两次审阅，提出不少宝贵意见。

《巴蜀古史论述》　蒙文通著，四川人民出版社 1981 年出版。属四川巴蜀史研究会主编巴蜀史研究丛书之一。该书是关于巴蜀史的论文集。全书由《巴蜀史的问题》《庄跻王滇辨》《略论〈山海经〉的写作时代及其产生地域》《成都二江考》4 篇文章组成。其中《巴蜀史的问题》一文，分 10 个小题，对巴蜀的区域在不同历史时期的疆域，巴与黔中、巴与蜀分界，巴蜀境内的小诸侯，蜀的史迹、经济、巴蜀的文化和特征等，作了详细的论述。作者认为，巴蜀各有长远的历史，所谓蜀王、黄帝后世、蚕丛、鱼凫等皆蜀人传说的历史，非凭空造出。巴蜀与中原各国有所交往有自己的文化，而且指出：“晚周文化应该早在巴蜀有些传播”。该书在引用材料上多有考证，使纷繁的巴蜀古史有清楚的脉络。

《论巴蜀与中原的关系》　顾颉刚著，四川人民出版社 1981 年出版。属四川巴蜀史研究会主编巴蜀史研究丛书之一。全书由《古代巴蜀与中原关系说及其批判》《〈蜀王本纪〉与〈华阳国志〉所记蜀国事》《秦汉时代的四川》3 篇论文构成。在该书中，作者提出巴蜀文化在战国之前是独立于中原文化发展的。

《论巴蜀文化》　徐中舒著，四川人民出版社 1982 年 4 月出版。属四川巴蜀史研究会主编巴蜀史研究丛书之一。该书是一部关于巴蜀历史文化的论文集。由《巴蜀文化初论》《巴蜀文化续论》《论〈蜀王本纪〉成书年代及其作者》《交城外域记》《蜀王子安阳王史迹笺证》《试论岷山庄王和滇王庄跻的关系》《夜郎史迹初探》6 篇文章构成。作者认为，四川古代是与外界有联系的经济文化区，从有记载以来，就是一个农业发达区域。秦灭蜀前，蜀地农业已有良好基础，并影响巴国农业的发展。李冰治水，是在开明治水基础上发展起来的。巴蜀有自己的文化和文明。么些文可能是在巴文基础上发展起来的，两者有一定亲属关系。该书充分使用考古材料和民族学材料，对巴蜀及西南地区政治、经济、文化及巴、氐、夜郎等的史实进行探索，并校订一些古籍上的错误。

《巴蜀史迹探索》 邓少琴著，四川人民出版社1983年出版。属四川巴蜀史研究会主编巴蜀史研究丛书之一。全书由《巴史新探》《巴史再探》《巴史三探》《蜀故新诠》4篇论文构成。作者对秦统一之前巴蜀地区的政治、经济、文化、民族等历史问题加以考证和探讨。

《巴史新考》 董其祥著，重庆出版社1983年出版。属重庆地方史编辑委员会主编重庆地方史丛书之一。全书收入论文8篇。作者利用甲骨文、《山海经》、出土文物以及民族民俗资料发掘、梳理古代巴族的相关史料，探讨巴族古代社会发展历程，以及古代巴与越的关系。

《四川上古史新探》 任乃强著，四川人民出版社1986年出版。属四川巴蜀史研究会主编巴蜀史研究丛书之一。全书2篇15章。上篇“羌族的迁徒与蜀族的发展”，包括：古羌人与蜀族的关系、羌支进入四川各地的路线、蜀山氏、蚕丛氏、鱼凫、开明氏、国亡后的蜀民、进入四川盆地的其他支族8章；下篇“巴的兴亡与古老的土著”，包括：巫溪盐泉与巫载文化、巴族与巴国、郁山盐泉与黔中文化、秦楚争夺巴东盐泉的战争、国亡后的巴族、清江盐泉与僰侯之国、四川盆地最古的土著7章。该书初稿定名为《四川上古民族史》，后根据张秀熟的建议改名为《四川上古史新探》。

《三星堆与巴蜀文化》 李绍明、林向、赵殿增主编，巴蜀书社1993年出版。该书作为研究三星堆与巴蜀文化的论文集，包括李绍明、林向、赵殿增、宋治民、段渝、霍巍、江玉祥、范勇等学者的论文，也收录国内著名学者李学勤以及美国学者罗伯特·W·贝格勒、日本学者林巳奈夫等的论文。这些研究文章较全面地论述巴蜀文化，在运用三星堆考古发掘资料基础上，对巴蜀文化的源流、内涵作了新的探索。该书基本代表当时学术界的研究水平，反映当时巴蜀文化研究的现状和发展趋势。

《现代四川文学的巴蜀文化阐释》 李怡著，湖南教育出版社1995年出版。该书通过辨析现代四川文学中的巴蜀文化基因，揭示现代四川文学的独特魅力，证明区域性文化的存在必将导致文学的区域性特征。在全方位展示巴蜀文化背景的基础上，作者检视并概括出四川文学中隐现的4种巴蜀意象，由此勾勒四川现代文学的总体特征和基本走势。

《四川方言与巴蜀文化》 崔荣昌著，四川大学出版社1996年出版。该书揭示巴蜀语言文化本身及其与华夏语言文化的融合过程。作者首先考察四川的地理、历代行政区划和人口源流，并且利用大量的方志史料和177份珍贵的族谱，据以揭示移民入川的原因、经过、时间、分布地区、民情风俗等重要历史事实，然后分别讨论四川境内的官话、客话、湘语和闽语，进而论述四川地名与巴蜀文化、“方言·作物·饮食”“方言·文艺·民俗”，以证明四川方言是在巴蜀地区和巴蜀文化的背景下孕育和形成的，阐明四川方言的形成与历史上中华民族几次大移民的关系以及兄弟民族之间的交往对四川境内语言的影响。

《宋代蜀学研究》 胡昭曦、刘复生、粟品孝著，巴蜀书社1997年3月出版。作者首先对东晋常璩以后的“蜀学”一词加以诠释和界定。指出该书所研究的蜀学，范围在儒学领域；所研究的宋代蜀学，是指宋代四川的儒学。作者从史的角度论述宋代蜀学的萌芽、发展、转型、定型、鼎盛与衰落，同时论述宋代蜀学的内涵，诸家学派及理论构成。并依次论述宋代蜀学与易学、宋代蜀学与史学、宋代蜀学与家族。该书归纳宋代蜀学的特色、地位和影响，对宋代四川地区以儒学为主的学术及科技成就作了全面、系统的研究，弥补以往研究的不足。

《蜀文化与巴文化》 宋治民著，四川大学出版社1998年出版。该书是第一部用考古材料全面、系统研究古代巴蜀历史的专著。作者在广泛吸取考古新成果基础上，对巴、蜀文化中的诸多问题作了梳理、界定、考辨。作者注重辨析遗址或墓葬诸考古材料的系统组合关系及其文化标志的内在联系，尽可能排除偶然性。在此基础上对巴、蜀文化的渊源进行探讨，对各自的文化内涵进行界定，并廓清巴文化、蜀文化与传统观念中“巴蜀文化”概念之间的关系。此外，对三皇五帝古史系统与巴、蜀族系统的关系，作者亦据考古学文化阐明自己的观点。

《政治结构与文化模式——巴蜀古代文明研究》 段渝著，学林出版社1999年出版。作者系统考察古代巴蜀的生态环境与文明起源，指出四川盆地古代文明具有的“向心结构”。作者结合文献与考古资料，运用国内外相关的学术理论模式研究古代巴蜀政治组织演进、政治制度与礼乐文明的特征，以及分级制城市体系的形成，提出巴蜀古代城市起源的“聚合模式”“功能结构”“等级网络”“多元演进”等概念；分析巴蜀文化与夏商周文明以及楚、南中文化的关系，用“中介论”“枢轴时代论”来表述秦汉文明对巴蜀文化的融合过程，以说明中华远古文明的多元一体化结构。

《巴蜀历史文化论集》 胡昭曦著，巴蜀书社2002年出版。属四川省巴蜀文化研究中心、四川师范大学巴蜀文化研究中心主编巴蜀文化研究丛书之一。全书收录论文33篇，是作者自1960年至本书出版40余年间对巴蜀历史文化的部分研究成果。作者从中国通史的视角，对宋代蜀学的形成、发展、演变、特点进行系统研究和深刻分析，从而透视巴蜀学派的内涵、学风、成就及与其他学派的关系，揭示蜀学与巴蜀文化的联系。

《巴蜀民族史论集》 李绍明著，四川人民出版社2004年出版。属四川省巴蜀文化研究中心、四川师范大学巴蜀文化研究中心主编巴蜀文化研究丛书之一。全书收录论文22篇。作者从民族学和民族史的视角对古往今来巴、蜀境内各民族及其文化源流作了深入的分析，阐释巴蜀各民族经济社会文化演进的异同，从而说明巴蜀各民族共同缔造巴蜀文化与文明的历史。

《巴蜀考古论集》 林向著，四川人民出版社2004年出版。属四川省巴蜀文化研究中心、四川师范大学巴蜀文化研究中心主编巴蜀文化研究丛书之一。全书收录考古学论文19篇。作者从考古学的视角，着重对先秦巴蜀地区的文化、文明与历史进行广泛而深刻的研究，从物质文明的发展演变着手，深刻阐述古代的历史与文明在中华古文明格局中的地位和作用。

《巴蜀文化辨思集》 谭继和著，四川人民出版社2004年出版。属四川省巴蜀文化研究中心、四川师范大学巴蜀文化研究中心主编巴蜀文化研究丛书之一。该书是巴蜀文化辨思论文选集，收录论文26篇，按照“巴蜀文化研究的现状与未来”“巴蜀文化的基本性质及其特征”“巴蜀文化始源及其发展史辨思”“巴蜀文化的现代化辨思”4个单元编排。作者从历史学视角对巴蜀文化的始源、性质、特征、发展历程及现代化问题加以辨析，从而说明巴蜀重视今文经学的独特传统和重“一分为三”思维特征的历史哲学基础，说明“文宗自古出巴蜀”等独特文化现象形成的缘由。作者还在附录中就弘扬巴蜀传统文化的若干问题提出建议。

《古巴蜀与〈山海经〉》 徐南洲著，四川人民出版社2004年出版。属四川省巴蜀文化研究中心、四川师范大学巴蜀文化研究中心主编巴蜀文化研究丛书之一。全书收录作者生前撰写的27篇历史学论文。作者着重从《山海经》分析，参照其他古文献和考古资料，对巴蜀地区的民族、地理、古史进行细致考订，从而加深和扩展传统巴蜀古史研究的基础。

《巴蜀近代史论集》 隗瀛涛著，四川人民出版社2004年出版。属四川省巴蜀文化研究中心、四川师范大学巴蜀文化研究中心主编巴蜀文化研究丛书之一。全书收录作者生前撰写的25篇四川近代史论文。作者从近代历史演变的视角，对巴蜀近代文化的变迁进行深刻的分析，论述近代四川经济社会演变的历史、原因以及近代四川的开放与开发。

《巴蜀文化研究丛书》 四川省巴蜀文化研究中心、四川师范大学巴蜀文化研究中心主编，四川人民出版社2004年出版。该套丛书被列为“四川省社会科学十五规划重点科研项目”，由李绍明《巴蜀民族史论集》、林向《巴蜀考古论集》、胡昭曦《宋代蜀学论集》、徐南洲《古巴蜀与〈山海经〉》、隗瀛涛《巴蜀近代史论集》、谭继和《巴蜀文化辨思集》6部学术著作构成，是6位作者数十年研究巴蜀文化的丰硕成果的浓缩与精华。

《长江上游的巴蜀文化》 赵殿增、李明斌著，湖北教育出版社2004年出版。该书主要介绍四川盆地的古文化，兼及汉水上游古文化，重点探讨巴蜀文化的发展和巴蜀文明的进程，及其在长江文化与中国古代文明中的地位与作用。着重对近年四川新发现的三星堆、十二桥、宝墩、金沙等典型遗址进行剖析和研究，建立四川盆地先秦考古学文化的序列。

二、论文

《三星堆考古发现与巴蜀古史研究》 赵殿增著，载《四川文物》1992年第1期。作者从5个方面分析三星堆发掘的重要收获，认为这些考古发现为四川以巴蜀为代表的历史研究奠定新的基础：三星堆及相关遗址墓群的考古发现，为四川早期历史建立一个比较确定的年代体系。考古新发现印证典籍传说中蜀史发展的几个过程大体可信，展现四川早期社会丰富多彩的面貌，反映出古代巴蜀可能存在一个“古文化古城古国”的发展阶段，对探索中国文明起源具有积极意义。

《“表仪一代”的巴蜀文化》 曾枣庄著，载《中华文化论坛》1992年第4期。作者对巴蜀文化的特点作了尝试性论述。认为巴蜀文化就是指古代四川文化，就像中国其他各地的文化各有自己的特点一样，巴蜀文化也有它自己的特点：一是“不与秦塞通人烟”；二是“表仪一代，领袖百家”；三是“宋一代之史学实在蜀”；四是从根本上说，经济繁荣是文化发展的物质基础，巴蜀文化的发达是与四川的富庶分不开的。

《从考古和文献资料看巴蜀文化的内聚和外衍》 周群华著，载《社会科学研究》1993年第1期。作者通过对巴蜀文化内聚与外衍的分析，对巴蜀文化的概念和性质作了分析，认为“巴蜀文化”本身就是一种复合文化。巴蜀文化在吸收融合周边文化同时，亦向周边的文化衍射出巨大的能量。古代巴蜀文化同中华民族其他区域文化——齐鲁文化、吴越文化、楚文化、滇越文化一样，自有其特质和发展轨迹。因此，古代四川文化的发展，总是离不开外来文化（周边文化）的吸收和融合。反过来，四川的文化亦影响着周边文化。

《巴蜀文化研究趋向平议》 谭继和著，载《社会科学研究》1996年第2期。作者从文化学角度对巴蜀文化研究的现状和发展趋向加以探讨。作者对前人关于巴蜀文化认识论遗产作了系统总结和反思，指出需要对这一主体性思维进程加以研究。作者认为发端于20世纪40年代的近代巴蜀文化研究，一开始就建立在两大先天性缺憾的基础上：一是“巴蜀文化”命名的提出，当时争论就很大；二是有关巴蜀古史的专门文献典籍十分匮乏。在此基础上的近代以来的巴蜀文化研究，在思维定式上形成一些误区：如对史料的望文生义、望音生义、用传说强合历史，以及用社会发展史框架硬套巴蜀历史等。巴蜀文化研究应突破旧的思维定势和前人研究传统的影响，走出研究的误区，开辟新的研究途径，需要对史料重新给予科学审视的新疑古派；需要新的宏观文化学派；需要引进新的研究方法。

《三星堆文化与巴蜀文化的关系》 何志国著，载《四川文物》1997年第4期。作者分别从三星堆文化的类型及相互关系，三星堆文化典型陶器文化因素分析，三星堆文化与巴蜀文化的关系

3 个方面，对三星堆文化在巴蜀文化历史演变过程中的主要地位与作用作了分析研究，认为三星堆文化是蜀地土著文化的代表，盉与高柄豆是中原二里头文化的代表，鸟头把勺可能是鱼凫部落的代表，釜是鄂西地区土著文化的代表，三星堆文化是一支多种文化因素并存的复合文化。不过亦认为三星堆文化与巴蜀文化内涵差异较大，也无明显的文化继承关系，不能因为三星堆文化分布在蜀国中心，并早于巴蜀文化，就将其视作早期蜀文化，对三星堆文化与巴蜀文化的关系提出自己新的看法。

《从文化转形谈中介论——关于巴蜀文化转形的研究实例》　刘茂才、隗瀛涛、段渝著，载《中华文史论坛》1998 年第 3 期。作者运用中介论的观点和方法，从文化转形的角度，以战国末秦汉之际巴蜀文化转形的典型史事为例，进行有关文化转形的理论探讨。作者指出，秦灭巴蜀以后，巴蜀的政治、经济、社会组织和各种制度被秦汉王朝予以根本改造，巴蜀文化也在秦汉文化的强烈感应下日益发生演变，逐渐转形，最终同秦汉文化化为一统，成为中华文化多元一体结构框架的重要组成部分。战国秦汉之际巴蜀文化的转形，从性质上看，是由一种作为独立王国形态和民族性质的文化，向作为秦汉统一帝国内的一种地域形态和汉民族组成部分之一的亚文化的转形，其中的关键有两点：一是国家形态，从以前的“独立王国”转化为秦汉中央王朝的郡县；一是民族性质，从过去的以戎狄、南夷为主体转化为秦汉时期的以汉族为主体。

《古代巴蜀文明的时空架构》　段渝著，载《文史杂志》2000 年第 6 期。作者辨析巴蜀文化的特质，认为巴蜀文化其实是巴文化和蜀文化的多元总和，而巴蜀文明本来也是指巴与蜀两种不同的文明。将这两种起源不同、类型有异的古代文明合称为一，首先导源于地理单元概念，其次是春秋战国以至汉初两地文字的大体相同，两地语言的颇为接近，经济区的大体划一以及民族的迁徙混融等诸种原因。该文分别梳理巴与蜀两个古文明兴衰的时绪脉络，并对巴、蜀两个文化区的分布形态以及构成这种分布形态的诸种因素，包括中心、次中心和边缘等多级层次进行考察。

《蜀王杜宇来自何方》　徐南洲著，载《西南政法大学学报》2001 年第 1 期。作者通过对《山海经》及其他古籍文献的大量对比考证，认为蜀王杜宇及其氏族是颛顼族的支裔，但其原居地应在今川西南的安宁河流域，后来东迁至今宜宾南的南广河一带，再溯岷江北上定居于今成都平原，可见《蜀王本纪》等古籍称杜宇来自朱提是有根据的。文中还论证杜宇在蜀称王期间对四川农业、天文历法等方面的发展所作出的贡献，并欲揭示杜宇被逼退位的历史真相。

《蜀巫与滇巫》　刘弘著，载《中华文化论坛》2001 年第 2 期。作者从蜀滇青铜器上铸造和镂刻的人物、动物、植物形象及青铜器上装饰的图案入手，对古蜀国与古滇国的巫师及其宗教作比较研究，并论及蜀滇巫师在各自社会中的地位、功能和由此窥视到的巫师与蜀滇社会结构的关系。作者指出，蜀滇巫师在青铜器上不同的造型，实源于蜀滇宗教的不同，不同的宗教决定巫师们在各自社会中的功能与地位，而决定性的因素则是蜀滇两个古国社会结构的差异。

《成都平原先秦文化初论》　王毅、江章华、张擎著，载《考古学报》2002 年第 1 期。作者主要探讨典型遗址分析与文化阶段的划分、各阶段文化分期与特征、早晚文化的演进特征几个问题。在遗址分析与文化阶段的划分的问题中，作者认为宝墩文化、三星堆文化、十二桥文化、上汪家拐遗迹存乃前后相继的几个文化，这样成都平原从相当于中原龙山时期到战国末期的先秦文化划分成为接继发展的 4 大文化阶段，宝墩文化—三星堆文化—十二桥文化—上汪家拐遗存。该文对成都平原龙山时期至汉初的古文化，根据各个时期文化内涵的同一与变异程度，用“文化、期、段”进行不同层次的划分，并对各个阶段的文化特征和早晚关系以及演进特点进行初步的分析，目的是建立这一地区先秦古文化的年代序列。

《秦汉移民与巴蜀文化的变迁》 赖华明著，载《西南民族学院学报》2002 年第 11 期。作者梳理秦汉时期因为政治、军事、经济以及安置饥民等原因进入巴蜀的几次移民潮，指出在向巴蜀的移民（广义）中，不乏当时社会的优秀人才，有原六国贵族及其后裔，如西汉扬雄、汉末樊敏之先都出自晋国贵族；有原六国地方豪强富商大贾，如赵国卓氏、山东程郑；中央派遣入蜀的官员也不乏优秀人才，如李冰、文翁。他们和其他移民一样在巴蜀从事的各种政治、经济、文化活动，对巴蜀旧貌的改变产生广泛而深远的影响，促进巴蜀文化的重大变化，秦汉以来巴蜀人才辈出，精神面貌大为改观，文化素养大为提高，商业日趋繁荣，巴蜀地区滋长的各种文化精神与中原渐趋等同。

《巴蜀文化的历史特征与四川特色文化的构建》 刘茂才、谭继和著，载《西南民族学院学报》2003 年第 1 期。作者论述巴蜀文化的历史定位，指出成都平原是先秦时代长江上游古文明发展的中心，是长江文明的结穴处和生长点。分析巴蜀文化的历史特征，即开放性、整体性以及开创性与完美性结合，顺应社会结构转型和更新的超前性冒险性精神。指出传承巴蜀文化特征，构建四川特色文化，对于培育四川人的改革开放意识、改革大局意识和开创跨越意识具有重要作用。

《禹族西兴东渐及其在黄河中下游的活动初探》 彭邦本著，载《社会科学研究》2003 年第 1 期。作者指出，禹族或曰夏部族起源于上古西羌，并在岷江上中游地区积累丰富的开发和治水经验，于传说中的五帝时期由西东渐黄河流域，成为尧舜部族联盟的重要成分。伴随洪水治理和夏、夷两大族群的起伏跌宕的政治互动，禹族或与夏部族的诸多支系在虞夏之际即已徙居或建国于黄河中下游广大地区，为早期华夏文明的形成发展作出重大贡献，并在那一带留下凝淀有丰富古代信息的诸多传说、史迹和今昔地名。

《三星堆与巴蜀文化研究七十年》 段渝著，载《中华文化论坛》2003 年第 3 期。作者指出，从 20 世纪 30 年代至今，学术界对三星堆与巴蜀文化的研究已有 70 年。70 年间尤其是近 20 年来，由于考古新发现的不断推动，使学术界对三星堆与巴蜀文化的研究不断取得重要进展，这些成果主要体现在几个方面：族属、地域和迁徙，政治、经济和社会形态，文明起源与形成，文化交流与传播，巴蜀文字和符号，宗教、艺术、科技等。同时，在若干问题上还存在相当的分歧。作者从学术史的视角，对三星堆与巴蜀文化研究的学术背景、内涵、主要成果与分歧予以分析论述，并对其未来走向提出自己的看法。

《巴蜀文化与川菜》 谭继和著，载《绵阳师范学院学报》2004 年第 3 期。作者分析川菜的特性与巴蜀人的文化性格，认为衣食住行的习性是同当地文化的生态环境和条件息息相关的。食性特征，作为文化生态条件之一，给予文化的形成以重要的影响。作者考察川菜“好辛香”“尚滋味”的特点和容纳百味的渊源与巴蜀文化的独特性和兼容性的关系，指出川菜的发展与巴蜀文化的发展互有影响。今日的四川人文化性格仍承传着巴蜀先民的特性，从饮食文化看，其渊源似可溯述如上。作者指出，巴蜀素有争创文化之最的传统，巴蜀是饮茶文化和盖碗茶文化的诞生地，而且早在宋代就创造“川食”的品牌。这种争创文化之最的传统是川菜创造名牌效益的内在动力。再创川菜和四川名小吃辉煌，须注意研究和吸取巴蜀文化发展的历史经验。

《“禹兴于西羌”补证——从考古新发现看夏蜀关系》 林向著，载《阿坝高等师范专科学校学报》2004 年第 3 期。该文从考古文化来印证夏与蜀的关系。作者以 20 世纪 90 年代考古新发现的“三星堆文化”“宝墩文化”与夏文化的“二里头文化”对照研究，深入考证，发现古羌民族所创立的夏文化（二里头文化）与古蜀文化（三星堆文化、宝墩文化）之间不仅有着许多相通之处，而且有其同祖关系，印证李学勤关于“传说中的世系显示，蜀和虞、夏、楚有共同的先世”“蜀、夏同出于颛顼的传说绝不是偶然的”论断，而且为“禹兴于西羌”提供有力佐证。

第三节 学科代表人物

卫聚贤（1899—1989） 字怀彬、号介山，又号卫大法师，山西省万泉县人。1927 年毕业于清华国学研究院，曾受教于王国维、梁启超等国学大师。历任暨南大学、中国公学、持志大学教授。1928 年任南京古物保存所所长，1929 年发掘南京明故宫。1930 年主持南京栖霞山三国墓葬发掘，并致力于江浙古文化遗址调查。1935 年春，参与常州淹城遗址调查，同年秋参加上海金山卫戚家墩古文化遗址考察研究。1936 年，上海成立中国古泉学会，担任评议。同年 8 月任吴越史地研究会总干事，主编《吴越文化论丛》。1937 年，上海市博物馆落成，担任设备选购委员。抗日战争爆发后内迁四川。1941 年就四川出土的异形青铜器提出“巴蜀文化”概念，后来延续至今的巴蜀文化研究由此发端。1949 年离开大陆，历任香港、珠海、联合、联大、光夏、远东、华夏等书院教授，香港大学东方文化研究院研究员，台湾辅仁大学教授。著有《中国考古学史》《中国考古小史》《古史研究》《中国社会史》《古今货币》《古器物学》《台湾山胞由华西迁来》等。

邓少琴 见本志“考古学研究”第三节“学科代表人物”。

徐中舒 见本志“历史学研究”第三节“学科代表人物”。

董其祥（1924—1991） 四川省乐山县（今乐山市）人。1949 年毕业于四川大学史地系。经徐中舒举荐，成为胡鉴民的民族学研究实习生。学术方面深受徐中舒、冯汉骥、邓少琴 3 位大师的影响。20 世纪 50 年代初进入重庆市博物馆工作，后任历史组副组长及历史部副主任、主任、重庆市博物馆副馆长。在古代巴文化研究方面有独到见解，认为巴部族内部有浓厚的越族因素，巴与越共同为江汉平原的开发作出贡献。并认为武丁、妇好伐巴方是在江汉平原，不可能在四川盆地内。重要研究成果有《巴史新考》《巴史新考续篇》《董其祥历史与考研文集》等。

童恩正 见本志“考古学研究”第三节“学科代表人物”。

徐南洲（1929—1999） 重庆市万州区人，中共党员、研究员，曾任四川省社科院历史研究所副所长。主要从事古巴蜀史和《山海经》的研究，在破释“巴蜀图语”方面作了许多开创性的工作。重要研究成果有《井田制起源于鸟田说》《古代蜀人是怎样得名的》《蜀王杜宇来自何方》《古蜀王与四川石棺葬的关系》《〈山海经〉中的巴人世系考》《试论巴、越关系》《井田制起源于“鸟田”说》《是“白虎为害”还是巴人起义》等。其论文集《古巴蜀与〈山海经〉》收入四川省巴蜀文化研究中心、四川师范大学巴蜀文化研究中心主编的巴蜀文化研究丛书，由四川人民出版社于 2004 年出版。

第九章　社会学、人口学研究

中华人民共和国成立后，社会学和人口学学科曾因苏联影响被撤销，20 世纪 80 年代初期得以恢复。随着改革开放的深入和经济社会的发展，中国社会进入计划经济向社会主义市场经济的转型期，人们的社会行为和价值取向趋于多元化，各种社会问题和人口问题逐渐凸显并趋于复杂化。在这样的社会背景下，1986—2005 年，四川省的社会学和人口学研究进入繁荣发展时期，研究机构、学术团体相继建立，各种学术活动频繁开展，理论研究和应用研究多个方面取得大量成果。在此期间，国家进行 3 次全国人口普查，四川省的人口学研究机构密切配合，做了大量工作，同时取得一批理论成果和应用成果。

第一节　研究综述

1986—2005 年，四川省的社会学研究机构主要有：四川省社会科学院社会学研究所、四川省民族研究所、四川大学社会学与社会心理学研究所（后调整为四川大学社会发展与社会调查研究所）、四川大学公共行政与社会学系、四川大学宗教研究所、四川省妇联妇女研究所、成都市社会科学院社会学与法制研究所、成都理工大学社会学系等。

四川大学社会学与社会心理学研究所，是四川省社会学重要的研究基地，在传统研究方向的基础上，结合教师的专业优势，形成应用社会学、宗教社会学、区域发展与环境规划、社会心理学等主要研究方向，同时对受藏传佛教、伊斯兰教影响的主要地区、云南少数民族地区的社会、经济、文化生活状况进行社会学调查和研究。该所自 2000 年开展对黑水、金川等县乡进行“五十户五十年”追踪调查，2005 年 8 月完成第一次 5 年追踪复查。该所所长袁亚愚，是四川省社会学研究的代表性学者，在社会学理论、宗教社会学、民族社会学等方面有较深造诣，代表性的研究成果主要有《社会学——历史、理论、方法》《当代凉山彝族的社会和家庭》《乡村社会学》等。

四川省社会科学院社会学研究所是四川省社会学研究的重要基地之一。1983 年四川省社科院社会学研究所和青少年研究所先后成立。1986 年两所合并为社会学研究所。该所自成立后，主要从事社会学理论、社会学方法、家庭社会学、青少年犯罪和青少年教育、老年社会学、文化社会学等研究，并注重理论联系实际，长期坚持农村社会问题、城市社会问题和社会阶层等方面的调查和研究，形成一批有较高水平的研究成果。代表性著作主要有赵喜顺《农村发展社会学》《农民婚姻——四川农村婚姻研究》等。

1986—2005 年，四川省的人口学研究机构主要有四川省社会科学院人口研究所、西南财经大学人口研究所、四川大学人口研究所等。中共四川省委党校、四川省计划生育办公室也设置人口研究机构。此外，四川省民族研究所、西南民族大学、成都市社会科学研究所等单位均有专职或兼职人员从事人口学研究。

西南财经大学人口研究所，是四川省人口学研究的重要基地。该所主要开展马克思主义的人口理论与政策研究、人口经济学、人口思想史、人口地理学、人口统计学以及四川人口研究和西部人口研究。为了适应社会发展需要，开展人口理论与政策研究、人口与社会保障研究、人口、资源、环境与可持续发展模式研究，并结合四川省和成都市的人口变化实际情况提出一系列的对策。该所所长吴忠观是中国著名人口学家，在人口理论和人口经济学领域具有很深的造诣，是中国人口经济学的开拓者和奠基者之一，在人口经济学、人口理论、人口学科体系建设方面提出一系列创新性思想。代表作有专著《人口经济学概说》等，《吴忠观文集》是其多年研究人口学问题的文章结集，反映他在人口学研究领域的成就。

四川大学人口研究所，是教育部所列的西南地区高等学校人口研究机构的受援单位和研究人口的西南分中心。该所主要从事区域人口、民族人口、人力资源开发、人口地理学、计算机与人口信息管理研究，也涉及社会学、历史人口学、南亚西亚人口等领域的研究。20 年来，承担完成多项国家、省、市科研课题。该所教授何景熙在少数民族地区人口和社会就业研究有比较突出的成果，代表性成果有论文《我国藏族人口的变动——主要藏族自治地区人口民族构成研究》《1950 年—1990 年藏族人口规模变动及其地区差异研究》《四川、西藏、青海藏族人口自然变动比较分析》《不充分就业及其社会影响——成都平原及其周边地区农村劳动力利用研究》等。

随着社会学和人口学的科研与教学得到恢复与发展，四川省的社会学和人口学及其相关分支学科相继成立各种学会或研究会。主要学术团体有：四川省社会学会、四川省人口学会、四川省青年研究会、四川省家庭教育研究会、四川省婚姻家庭及妇女理论研究会、四川省老年学会、四川省女性人才开发研究会等。这些学会、研究会成立之后，相继开展一系列的学术研究和交流活动，加强社会学、人口学的学术界交流，促进成都地区社会学和人口学学科和分支学科的发展。

在四川各地举行的比较有影响的学术活动和学术会议主要有：全国青年劳动就业学术讨论会、全国婚姻家庭学术讨论会、全国青少年犯罪学术讨论会、京津沪宁蓉 5 城市家庭学术讨论会、小城镇问题学术讨论会、经济体制改革与社会变迁学术讨论会、全国老龄人口问题学术讨论会、全国流动人口学术讨论会、全国家庭教育学术讨论会、家庭社会学研讨会、农民工市民化途径理论研讨会等。

1986—2005 年，随着改革开放的深入和经济社会的发展，中国社会进入由计划经济向社会主义市场经济的转型期，人们的社会行为和价值取向趋于多元化，社会学研究领域迅速扩展和深入。四川省的社会学研究和人口学研究的分支学科和研究领域主要包括农村社会学、宗教社会学、人口社会学、社会心理学、家庭社会学、技术社会学、老年社会学、文化社会学、人口理论、人口经济学、人口地理学、人口统计学等。随着转型时期社会问题的凸现和复杂，四川社会学和人口学界针对妇女问题、妇女工作、犯罪问题、青少年犯罪和青少年教育、家庭婚姻、失业与就业、社会保障、区域人口、民族人口、流动人口等问题进行大量的社会调查，在人口理论与政策研究，人口与社会保障研究，西部人口，人口、资源、环境与可持续发展模式研究等方面取得大批应用性成果。在此期间，国家进行 3 次全国人口普查，四川省的人口学研究机构密切配合，做了大量工作，同时取得了一批理论成果和应用成果。

四川省的社会学和人口学研究取得的重要成果，主要体现在以下几个方面：

一、社会学研究

社会学理论与方法 专著主要有：袁亚愚、詹一之主编《社会学——历史、理论、方法》；袁亚愚等《社会调查的理论与方法》；詹一之等《马克思主义与社会学》，王曙光等《交流访谈及其互动沟通技巧》；陈昌文《社会心理学》；陈昌文等《管理心理学》；李友梅、刘春燕《环境社会学》；秦伟等《社会科学研究方法》；何景熙《欧美现代社会学说新编》《西方社会学史纲》；袁亚愚、徐小禾编译《当代社会学研究方法》《社会统计学》；缪清鑫、郭虹等合著《系统科学与婚姻研究——农村婚姻研究方法论探索》；何景熙、王建敏等编著《西方社会学史纲》；张怡《文化与符号权力——布尔迪厄的文化社会学导论》；李左人等《人社会文化——在文化社会学的视野中》；牟光义《群众文化社会学概论》；程锡麟、朱徽、王晓路《女性的奥秘》（译著）等。

论文主要有：詹一之《马克思主义与社会学》；袁阳《中国传统文化的非整合性及其对现代化的社会负功能分析》等。

社会问题研究 这方面的研究涉及家庭婚姻问题、妇女问题、老龄问题、青少年问题、犯罪问题等。专著主要有：赵喜顺主编《家庭发展预测》《农民婚姻——四川农村婚姻研究》；袁亚愚《中美城市现代家庭和婚姻》；罗彤主编《四川妇女社会地位调查》；陈昌文《独生子女与中国社会》《家庭与社会心理》；文献良、衡孝铮《夫妻关系心理学》；徐正明等《生活方式纵横谈》、李东山、沈崇麟《世纪之交的城乡家庭》；刘成根、南山《社会控制与青少年犯罪预防》；文楚安《“垮掉一代”及其他》；胡珍《中国当代大学生性现状及性教育研究》；王卓《中国贫困人口研究》；许平《婚姻流动与农村妇女的土地使用权益》等。

论文主要有：李东山《工业化与家庭制度变迁》；吴本雪《老有所为的理论与现实》；刘宝驹《现代中国城市家庭结构变化研究》；许改玲、李道旭《论老年人的心理健康》；李永胜等《四川省彭县大宝山区婚姻活动方式研究》；文献良《改革与乡村家庭的变化》；赵喜顺《社会主义初级阶段的阶级和阶层》；南山《关于当前青少年犯罪原因的几点思考》；文献良《论市场经济中女性的适应性》；王曙光《青少年越轨行为研究》；毛正中等《中国控烟研究》等。调查报告主要有：吴本雪、秦其立《成都市家庭的变迁》《成都市中学生思想道德和家庭教育状况调查》；赵喜顺《成都家庭变迁》等。

社会发展研究 这方面的研究主要包括农村社会变迁和发展研究、劳动力和就业研究、下岗工人研究、农民工市民化研究、城市化和城市发展研究等。专著主要有：赵喜顺《农村发展社会学》；袁亚愚《乡村社会学》《中国农业现代化的历史回顾与展望》；袁亚愚主编《中国农民的社会流动》；何景熙主编《探索充分就业之路——成都平原农村人力资源开发研究》；陈昌文等《发展的创伤——成都市下岗女工现状报告》；陶维全等《劳务市场的社会学研究》；文献良《乡村发展与青年》；骆玲、唐永进等《城市化与农民》。

论文和调查报告主要有：何景熙《不充分就业及其社会影响》《试论全国藏区可持续发展中劳动力资源的合理配置》《西部民族地区可持续发展问题研究》《产业生态化，人力资本投资与西部农村可持续发展：问题和建议》；何一民《转型时期的社会新群体》；杨启地《改革开放以来我国农民收入差距实证分析与研究》；张志科《高山区贫困成因及对策思考——开江县海拔 800 米以上山区村的调查》；吴燕、黄国华《从阶层结构的变化看文化观念的变迁——转型时期成都郊区农村阶层结构及文化观念变化分析》；吴忠观、刘家强《21世纪前期中国就业形势与战略对策研究》；王广虎等《弱势群体参与全民健身的现状调查与对策研究》；成都市政协理论研究会《关于成都市失地农民问题的调查报告》；过杰等《四川省农村剩余劳动力转移和城市化问题研究报告》；夏代川《四川城市化问题研究》；郭虹《城市里的坐贾行商：成都市外来经商者的实证研究》；周殿昆《中国乡村家族信用复兴及企业发育问题分析》；曾旭晖、秦伟《在城农民工留城倾向影响因素分析》；石平《当代中国"三农"问题面临的矛盾及深层次原因剖析》等。

民族社会学和宗教社会学研究　自抗日战争时期以后一直是四川社会学研究的特点之一，新时期这一特点得到继承和发扬。这方面的研究主要包括藏族社会和人口研究；藏族、土家族社会研究；凉山彝族社会研究；西部宗教信仰社区研究等。研究成果，专著主要有：李绍明等《川东酉水土家》；袁亚愚等《当代凉山彝族的社会与家庭》；陈麟书、袁亚愚《宗教社会学》；陈昌文《宗教与社会心理》《圣俗边缘——西部社会的环境、信仰和行为》；程贤敏等《中国藏族人口与社会》；郎维伟《四川苗族社会与文化》；杨怀英等《滇西南边疆少数民族婚姻家庭制度与法的研究》等。

论文主要有：陈昌文《论藏区宗教的社会价值》《道教人格简论》《西部宗教的行为及其社会样态》《道：社会行为的宗教表象》；陈麟书《论宗教道德》；李涛《城镇对西部民族地区乡村生活方式的影响——西藏两个城郊乡村农民生活变迁调查》等。

二、人口学研究

人口学理论研究　专著主要有：刘洪康、吴忠观主编《人口理论》；王忠康《人类生态学》；左齐《统计与计量——原理、方法、应用、计算机处理》；李永胜等《人口统计学》（2002）；赵学董、何景熙《人口激增的挑战与对策——发展中国家的家庭生育计划》。甘本佑、冯家禄《跨世纪的中国人口（四川卷）》；牛晓萍、张伟《清代以降四川城乡人口变迁研究》等。

论文主要有：吴忠观《关于两种生产原理的三次论战》；刘洪康《论两种生产原理》；陈明立《人口学与质量人口学》；张芳笠等《四川人口地理》；罗启蒙等《四川人口老龄化问题及对策研究》；吴忠观《试论人口经济学的对象性质和方法》《试论人口质量》；王放、李后强《非线性人口学导论》等。

人口学应用　包含人口经济学、人口地理学、人口统计学等分支学科，涉及人口政策研究、人口预期寿命、失业与就业、社会保障、区域人口、流动人口、人口与社会保障，以及人口、资源、环境与可持续发展模式等方面。专著主要有：刘洪康等编著《中国人口·四川分册》《人口手册》；吴忠观、李永胜、刘家强等《人口普查分析应用方法》；陈朝先主编《人口学大辞典》；何景熙等《近代四川人口》；文献良《中国人口性别结构研究》；吴忠观主编《人口科学词典》；王卓《中国贫困人口研究》；四川省人口学研究所人口普查办公室编《四川人口分析》；王卓《中国贫困人口研究》等。

论文和调查报告主要有：吴忠观、肖立见《关于计划生育投资经济效益评估的几个问题》；吴忠观、刘家强《攀枝花模式：人口城市化模式比较研究》；刘家强《中国新贫困人口及其社会保障体系构建的思考》《四川省第三次出生高峰对策分析》《西部开发中人口环境分析》《四川省流动人口及管理对策研究》；叶秀书《人口预期寿命公式的探讨》；李永胜《四川省建国以来人口出生率变动趋势分析》；文献良《中国人口性别比研究》；文献良等《四川人口与社会发展研究》；肖立见《我国人口控制综合效果核算》；四川省人口和计划生育委员会《四川省人口发展战略研究》（对策研究）；吉铁肩、周存政《从彭县千户调查看四川盆地农村和小城镇人口年龄构成的变化及经济意义》；王忠康《四川遂宁县人口密度与沙土流失》、四川财经学院人口研究所《农村经济体制改革与人口控制》；何承金的《城市流动人口初探》；李永胜《四川人口发展趋势的三个特点》；文献良《中国人口性别研究》；周君玉《城市人口宏观调节机制初探》；张俊良《我国人口老龄化问题及对策》；刘家强《21 世纪中国人口问题透析》等。

少数民族人口研究 四川有大面积的少数民族区域，少数民族人口研究成为四川人口学的重要研究领域。这方面的成果，论文主要有：何景熙《我国藏区人口的变动——主要藏族自治地区人口民族构成研究》《关于全国主要藏区资源—经济人口容量的几个问题》《1950 年—1990 年藏族人口规模变动及其地区差异研究》《四川彝族人口近期死亡模式分析》；李志敏《四川阿坝、羌族聚居区人口性别比状况》；程贤敏《喇嘛教对藏族人口的影响》《凉山彝族人口问题浅析》；吴文《四川苗族人口现状调查浅析》等。

第二节　主要著述

一、社会学

（一）专著与译著

《社会学——历史、理论、方法》 袁亚愚、詹一之著，四川大学出版社 1986 年出版。该书是社会学学科恢复之后，由四川省社会学者撰写的第一部社会学专著。全书系统介绍社会学学科发展概况，反映本学科国内外发展的最新动态，并探索社会学原理的本土化和建立新的教学方法体系。该书的出版，对四川社会学的恢复发展和人才的培养起到推动作用。

《乡村发展与青年》 文献良著，四川省社会科学院出版社 1986 年出版，该书是全国哲学社会科学“六五”计划的重点研究课题《中国青年农民调查》的最终成果。这是“文化大革命”之后，首次对 20 世纪 80 年代中国农村青年的婚姻、家庭、成才、择业和思想状况进行全面调查、分析和深入研究的成果。该书针对农村青年在这些方面存在的问题，提出解决对策。对当时开展的农村青年教育工作有很大的支持和帮助作用。

《社会调查的理论与方法》 袁亚愚著，中国政法大学出版社 1990 年出版。该书概括近年来国内外在社会调查理论和方法方面取得的基本成就，总结一些经验。对如何在社会学研究中应用社会调查理论和方法作了比较详尽的论述。

《乡村社会学》 袁亚愚著，四川大学出版社 1992 年出版。这是社会学恢复后第一部阐述农村社会学基本原理和研究方法的著作。作者在考察和研究国内外代表性的农村研究的基础上，把普通社会学的基础理论与乡村社会学的特殊范畴、原理融为一体，并在此基础上系统论述乡村社会学的知识体系。全书 10 章，分别从社会分层、社会群体、社会组织制度等 10 个方面阐述乡村社会的面貌，并紧密结合中国农村重大的实际问题，深入透彻地进行分析。

《农民婚姻——四川农村婚姻研究》 赵喜顺著，四川人民出版社 1990 年出版。该书通过调查报告的形式，系统描述四川农村婚姻的现状，分析并提出对策建议。全书 6 章：第一章论述农村婚姻的环境与主体；第二章论述农村婚前交往的沿革和现状，婚姻建立的条件、程序，并分析择偶标准；第三章对农村的社会认可——婚礼（本质及社会功能，程序及意义，观念及现状）进行系统论述；第四章论述农村婚姻关系的延续和维系——夫妻关系；第五章分析农村婚姻的变异——离婚与再婚；第六章通过之前五章的论述系统描述当前农民的婚姻观念。

《晏阳初文集》 詹一之编著，四川教育出版社 1990 年出版。作者收录著名社会学家晏阳初从 20 世纪 20 年代初至 90 年代的有关论文、讲话等著论 20 篇，另有附录 14 篇，全书 30 余万字，反映晏阳初的平民教育和乡村建设思想、理论以及实践活动。

《社会与生育》 张世文译，天津人民出版社 1991 年 7 月出版。该书由美国 M·薄兹博士和英国 P·施曼博士合作撰写。书中考察在一种历史的与交叉文化的环境中人类生殖的各种模式，研究分析影响生殖行为的生物学和社会学因素，以及人们为了限制生育率所采用的多种方法。论述有关生殖模式的一些个人与社会的后果，以及有关发达国家和发展中国家实施生育计划的情况。

《当代凉山彝族的社会和家庭》 袁亚愚主编，四川大学出版社 1992 年出版。该书通过实地调查，在翔实的调查资料基础上，对凉山彝族社会发展及婚姻家庭进行系统、全面、深入和多层次的描述、分析与综合研究，体现四川农村社会学关注民族地区发展的研究特色。

《中国农民的社会流动》 袁亚愚、兰明春等著，四川大学出版社 1994 年出版。该书通过对四川农民社会流动情况的实证研究，考察当代中国农民已经和正在发生的社会流动情况，力图揭示这一流动的发展趋势和方向，查明其基本特点和规律，探讨制约当代中国农民社会流动的各种条件和社会因素，剖析其中已经和将会面临的各种困难和问题。通过典型调查与抽样调查、入户访谈和座谈会相结合的各种调查方法，作者在川东、川中、川西农村开展广泛的社会调查，为研究中国农民社会留下宝贵的资料和数据。

《西方社会学史纲》 何景熙、王建敏等编著，四川大学出版社 1995 年出版。该书分阶段论述西方社会学理论自 19 世纪 30 年代到 20 世纪 80 年代的发展过程与阶段特征，并列出古典近代和现代社会学理论的主要代表人物的基本观点和理论框架、方法论原则及经验研究成果。该书出版后被国内一些大学选为社会学专业教材或参考书。

《四川妇女社会地位调查》 罗彤主编，四川妇女出版社 1995 年出版。该书以调查资料为基础，以中国社会转型期为背景，突出四川特色，从妇女的法律权力实现情况与地位，经济状况与地位，社会认知、社会参与与政治地位，教育状况与地位，在婚姻家庭中的状况与地位，时间利用、交往特征与地位，人口健康与地位等多个方面反映四川妇女社会地位的现状，分析其成因并找出影响妇女社会地位的关键因素。

《社会稳定与青少年犯罪预防》 刘成根、南山著，四川人民出版社 1997 年出版。全书 5 编，分别对经济增长与犯罪的关系、城市外来人口犯罪、农村青少年犯罪、青年工人犯罪、学生犯罪等社会问题产生的原因、对社会稳定的影响，以及预防对策作了科学的分析和论述。

《中国藏族人口与社会》 程贤敏、李绍明、何景熙、左齐、易毅著，中国藏学出版社 1999 年出版。该书从中国藏族人口、经济、社会、宗教文化、风俗习惯的历史演变和现实状况的分析入手，对藏族人口与社会变化进行探讨，提出实现藏族人口与可持续发展的对策建议。

《世纪之交的城乡家庭》 沈崇麟、李东山主编，中国社会科学出版社 1999 年出版。这是一部调查报告与数据资料集。该调查报告是中国社会科学院重点科研项目。整个课题分为 5 个阶段，分别从上海、成都、青浦、太仓和宜宾这两个城市和3个农村收集数据，从城乡比较的角度了解20世纪90年代的社会变迁对家庭变迁的影响以及家庭变迁可能会对社会发展有何作用。该报告集就是根据调查所得的数据对上述五地家庭婚姻情况的总体描述和分析。

《发展的创伤——成都市下岗女工现状报告》 陈昌文等主编，四川人民出版社2001年出版。该书是1999年对成都市500位下岗女工及其家庭进行系统调查的调查文集，旨在反映下岗女工的代表性现状及其社会背景中的相关因素。全书分3个部分，第一部分是现状描述，包括生活状况分析和心态分析；第二部分是原因探析；第三部分是寻找出路。

《城市里的坐贾行商：成都市外来经商者的实证研究》 郭虹主编，四川人民出版社2002年出版。该书以成都市外来经商者为研究对象，运用参与式研究方法，描述城市流动人口中的经商者群体的生存现状，并探讨如何对这一群体开展有效社会管理的问题。全书4篇，分别是“倾听篇”——成都市外来经商者的访谈记录，“观察篇”——外来经商者的社会生存环境及社会管理现状，“思考篇”——市场化、城市化与经商者的关系探讨，“方法篇”——参与式研究方法在城市调查中的应用。

《宗教与社会心理》 陈昌文著，四川人民出版社2003年出版。该书作为大学教科书，目的是为了让学生们了解不同的心理社会学分支，关注宗教课题的当代研究成果。各章的主题分别为宗教的生物学基础，行为方式与比较心理学的宗教观，宗教信仰，宗教体验，宗教的社会化，个体的宗教社会化，宗教的社群行为，宗教与冲突，宗教与精神疾病。各章专业视角有较大差异，提出的问题和假设比结论更加突出。宗教现象在中国尤其是中国西部的精神生活中占据相当的地位。而主流学术对宗教进行边缘交叉研究的科学发展却缺乏关注与普及，该书为这种常常容易被政治化或情绪化的本土社会心理现象提供更加广阔也更加中肯的视点。

《圣俗边缘——西部社会的环境、信仰和行为》 陈昌文著，四川人民出版社2004年出版。全书分4篇对中国西部藏传佛教信仰地区、伊斯兰教信仰地区和西南少数民族多宗教信仰地区3个板块的自然环境和社会环境、社会行为特征和宗教信仰状况进行系统的调查和描述，并阐述环境和行为两者与宗教信仰之间的密切关系。作者认为，中国西部社会三大板块宗教信仰的选择和发展是基于环境的生存策略，并在漫长的历史发展过程中，建构当地社区的社会样态和社会行为，从而对西部社会的发展路径提出启示。

（二）论文、调查报告

《农村家庭发展预测》 赵喜顺、缪清鑫等著，载《四川农村的今天和明天》，四川省社会科学院出版社1986年出版。农村家庭研究组于1984年2—8月，在四川全省范围内选择不同经济发展水平和不同自然地理条件的9个县，组织进行一次农村家庭调查。此次调查采用一次性调查方法。每个县根据不同经济发展水平选择上、中、下3种类型的生产队6个。被选中的生产队的所有农民即为此次调查对象。调查内容主要涉及家庭结构，家庭关系，家庭经营和家庭消费。根据这次调查的材料，对四川省农村家庭生产经营和消费的现状及发展趋势作初步的分析。

《社会控制与青少年犯罪预防》 刘成根著，载《青少年犯罪研究》1987年第8期。作者从社会控制的角度，认为青少年犯罪增多的一个现实的社会原因是社会控制不平衡，包括内在控制和外在控制、精神控制和物质控制的不平衡，分析造成不平衡的多种原因，提出协调社会控制是预防青少年犯罪的对策。作者认为，应发挥社会控制的约束性与强制性作用，建立社会的外在控制和内在控制，物质控制和精神控制合理机制，以预防青少年犯罪。

《论我国农村家庭结构及其变迁》　赵喜顺著，载《中国家庭及其变迁》，香港中文大学社会科学院暨亚太研究出版社 1991 年出版。该文根据文献资料和实地调查资料，对中国农村家庭的规模、结构及变迁进行分析。特别是对农村改革开放以来给农民家庭变迁带来的影响进行较深入的分析。

《国家在家庭变迁中的作用》　赵喜顺著，载联合国教科文组织举办的《“亚太地区家庭未来讨论会”论文集》，社会科学文献出版社 1992 年出版。该文认为国家对家庭的影响，可分为直接影响和间接影响两个方面，并从这两个方面深入分析国家对家庭影响的具体情况。该文指出虽然由于经济发展水平、社会政治制度和文化传统的不同，国家对家庭的影响在不同时代、不同民族和不同地区其情况不完全一样，但是随着现代化的进程，国家对家庭的影响程度具有增强之趋势，这种趋势具有普遍性，适用不同的国家。

《城镇对西部民族地区乡村生活方式的影响——西藏两个城郊乡村农民生活变迁调查》　李涛著，载《学术季刊》1997 年第 4 期。作者通过对西藏两个城郊乡村实地调查，以入户访问和问卷调查的方式，研究城镇对西部民族地区乡村生活方式的影响。从西藏农民收入水平和收入结构的变化，乡村社区生活环境的改善，农民消费方式的改变 3 个方面进行论述。作者认为，城镇对中国西部民族地区乡村生活方式变迁中起着不可忽视的作用，加强城市化进程也是西部民族地区经济发展的“后发战略”之一。

《不充分就业及其社会影响》　何景熙著，载《中国社会科学》1999 年第 2 期。该文以农村劳动力年均有效工时作为考察劳动力利用程度的基本计量单位。根据抽样调查数据，对成都平原及周边地区农村劳动力不充分就业的状况及其对农民家庭收入，劳动力的社会流动，劳动力个人的社会地位，婚姻、家庭关系，社区刑事犯罪状况的影响进行分析，并检验文化程度、性别与劳动力不充分就业的关系。

《改革开放以来的成都家庭——成都市家庭调查报告》　刘宝驹、李东山著，载《世纪之交的城乡家庭》，中国社会科学出版社 1999 年出版。该报告是 1998 年对成都市进行的“城乡婚姻家庭调查”的成果，也是“现代城乡家庭研究课题”的一部分。该报告介绍成都市家庭调查的执行情况，从成都市家庭在家庭的建立、家庭结构和规模、家庭经济、家庭网络、夫妻关系 5 个方面深入细致地分析改革开放后成都市的婚姻家庭的变化。该报告载入《世纪之交的城乡家庭》一书，是关于上海、成都、青浦、太仓和宜宾五地婚姻家庭的城乡比较研究。

《四川省农村剩余劳动力转移和城市化问题研究报告》　过杰、尹继堂等著，载于《社会科学研究》1999 年第 1 期。该文考察改革开放以来四川省农村剩余劳动力向非农产业和城镇转移的特点和发展趋势，预测“九五”时期四川省非农产业产值的增长速度和非农产业从业人员的增长速度，分析四川城市及小城镇发展对农村剩余劳动力的吸纳能力，提出深化转移的思路和引导合理流动的多项对策。

《现代中国城市家庭结构变化研究》　刘宝驹著，载《社会学研究》2000 年第 6 期。作者根据 1982 年、1993 年和 1997 年在全国主要城市进行的 3 次较大规模的家庭婚姻调查结果，从社会变迁和家庭生命周期过程这两个视角来分析中国当代城市家庭结构的变化。作者认为，在不同的社会，城市家庭在生命周期各阶段的发展过程中，相同种类的家庭结构变化基本相似，并对人口政策因素、社会现实生活问题等社会因素的影响进行探讨分析。

《工业化与家庭制度变迁》 李东山著，载《社会学研究》2000 年第 6 期。作者根据处于工业化不同进程中的 5 个城乡的实证研究数据，对家庭成员就业和个人独立的变迁、婚姻的变迁、家庭制度变迁进行分析，说明工业化对家庭制度的变迁有很强的影响，指出中国从农村到城市的婚姻、家庭制度正发生从家庭婚到个人婚，从父系家长制度到双系制度的变迁。

《论藏区宗教的社会价值》 陈昌文著，载《西藏研究》2001 年第 2 期。作者通过对四川金川县和黑水县藏区的社会调查，对该地区藏传佛教及其影响下的社会价值观的内涵作了分析，指出广大的贫穷藏民至今基本延续大自然崇拜和偶像崇拜型的神秘主义价值。这种观念严重困扰藏区经济文化的发展。作者就藏区的发展提出建议。

《大学生性文明系列调查研究》 胡珍著，载《青年研究》2001 年第 9 期。这份系列调查分别收录于《青年研究》第 9 期和第 12 期。第一篇题为《2000 年中国大学生性心理调查对比分析》。此次调查采用相对照顾中国各片区的各个学校，随机采用个体样本，收集大量的数据，这些数据结果反映中国当代大学生在性文明方面的现状。第二篇题为《2000 年中国大学生性行为调查报告》，是在上述调查后关于大学生性行为的调查报告。

《21 世纪前期中国就业形势与战略对策研究》 吴忠观、刘家强著，载《人口与发展》2002 年第 4 期。该文指出，21 世纪前期，就业问题仍然是困扰中国社会经济发展的重要问题，必须选择新的就业战略，从宏观上正确处理就业、发展与稳定之间的关系，为此要准确把握就业形势，认清就业压力，选择正确的政策措施和战略方向。

《在城农民工留城倾向影响因素分析》 曾旭晖、秦伟著，载《人口与经济》2003 年第 3 期。论文依据 2000 年对成都市农民工的调查，采用回归分析的方法，在微观层面分析影响农村外出务工者留城的若干因素。分析认为，社会心理因素（比如对城市的认同和对土地的态度）较经济因素更能够给出比较合理的解释。教育程度、配偶的居住地因素等也会影响留城决策。

《中国乡村家族信用复兴及企业发育问题分析》 周殿昆著，载《改革》2002 年第 6 期。作者认为，乡村家族企业进入扩张期后，企业创业者及其核心家庭成员必须充分认识家族信用对企业发展的负面作用，摒弃家族对企业绝对控制权的迷恋，把企业转变成为家族相对控股的现代公司制企业，开拓更广阔的发展空间。家族信用与现代社会信用比较，既有交易成本低、诚信度高的优点，也有封闭落后、信用范围狭小、获取生产要素选择面窄等缺陷，因而它是乡村企业初创时期的温床和摇篮，扩张时期的桎梏和陷阱。该文联系中国乡村实际情况，借用交易成本理论和美国学者关于家族企业发育的“三极发展模式理论”，对这一论点进行分析论证。

二、人口学

（一）专著

《四川人口史》 李世平著，四川大学出版社 1987 年出版。作者通过对历史上各朝代四川人口增长下降分析，研究四川人口的历史发展规律，是较为全面的一部关于四川人口史的著作，也是人口学和历史学相结合的新成果。

《中国人口·四川分册》 刘洪康、赵世利、吴忠观、马延华著，中国财政经济出版社 1988 年出版。该书是一部系统研究四川省人口问题，对各种基本人口现象进行综合阐述与分析的著作。该书在四川省 3 次全面的人口普查和多次科学的抽样与典型调查，以及经常的人口登记所取得的大量数据的基础上进行理论概括，并从社会、经济、历史、自然及其互相联系中来阐述和分析四川省人口状况和人口问题，从四川省人口发展的历史、现状和未来探索其特点以及发展规律和发展趋势。不仅在理论研究方面有许多建树，对学科建设有重要贡献，而且对于党和政府在有关人口和计划生育工作决策方面提供科学依据，对于系统了解四川省情提供重要资料。

《人口激增的挑战与对策》　赵学董、何景熙编著，四川大学出版社1988年出版。该书着重介绍亚太地区、非洲和拉丁美洲等地30多个具有代表性的发展中国家人口演变的历史、社会经济状况、人口政策、家庭生育计划的实施过程、不同节育措施与成效，以及不同国家或民族的节育特点，并对发展中各国的家庭生育计划生育经验进行评述。该书对中国的计划生育政策实施有重要的参考价值。

《人口理论》　刘洪康、吴忠观、周君玉等著，西南财经大学出版社1991年出版。全书12章，以辩证唯物主义和历史唯物主义为指导思想，阐述马克思主义人口理论的基本范畴、基本原理、基本知识和基本方法，其中关于人和人口的本质、物质资料生产和人类自身生产、人口和社会的关系、人口规律体系、人口质量、人口控制和人口计划等问题都有所创新，在体系、结构以及研究方法方面有所突破。

《近代四川人口》　李世平、程贤敏主编，何景熙副主编，成都出版社1993年出版。该书是研究1812—1949年四川人口变动的学术专著。该书对晚清和民国两个历史时期四川人口规模、人口出生与死亡、生育水平、人口结构、都市人口、人口与耕地粮食资源的关系、少数民族人口状况等历史性变化及特点进行分析研究，并对影响人口变动的社会经济因素进行探讨。

《非线性人口学导论》　王放、李后强著，四川大学出版社1995年出版。该书首先介绍非线性科学及非线性人口学，然后研究人口系统的超熵判据、妇女临界生育率、人口转变中的死亡率临界点、城市经济系统及人口迁移中的自组织问题，最后对人口增长过程的混沌动力学及中国人口时间序列的混沌特征、古典人口经济及超长期人口经济模型的混沌行为、城镇人口分布及城市形态的分形特征、熵与人口消费行为的关系、中国农村移民系统的动力学及中国人口年龄结构变动的孤波行为等问题进行较为深入的研究。

《中国人口城市化——道路、模式与战略选择》　刘家强著，西南财经大学出版社1996年出版。该书以马克思主义人口理论为指导，从理论和实践的角度对中国人口城市化的战略选择作了详细的分析。从约束城市化进程的八大要素出发，以可持续发展思想为指导，提出城市化发展的道路、模式、效益、梯度和阶段的战略选择。

《人口学辞典》　吴忠观著，西南财经大学出版社1997年出版。该书是一部以人口科学为对象，对其所涉及的概念、原理、范畴、学说、流派、名词、术语、方法进行系统阐述的综合性、实用性工具书。全书包括理论人口学、人口经济学、人口社会学、人口统计学、人口地理学、人口生物学、人口生态学、人口结构学、中国人口思想史、外国人口思想史等23个门类，收入1600多个辞条，基本囊括人口学学科的全部内容。

《中国藏族人口与社会》　程贤敏、李绍明等著，中国藏学出版社1999年出版。该书根据大量的历史材料、个案调查统计的档案材料及第三、第四次全国人口普查资料，对藏族人口的数量、性别、年龄结构、文化素质、婚姻家庭、劳动就业、宗教习俗等涉及藏族人口自然变动、机械变动、社会变动的基本情况进行全面、系统的阐述和广泛深入的研究。全书11章，包括当今藏族人口的生活环境与地理分布，藏族历史人口，近代藏族农奴制社会人口，藏族的宗教信仰与喇嘛人口，婚姻、家庭与人口再生产等内容，对藏族研究具有重要意义。

《当代人口学科学体系研究》 该书是国家社科基金“九五”重点课题的最终成果，吴忠观任课题组负责人和主编，西南财经大学出版社2000年9月出版。该书以马克思主义人口理论为指导系统阐述马克思的人口社会思想、人口经济思想、人口地理思想、人口质量思想。并把人口科学体系分成方法论、理论类和应用类知识3个层次，阐述人口科学体系的层次结构。明确提出人口学各个分支学科的历史、研究对象和任务，分析各学科发展前景。评价有些发展得比较充分的学术派别，总结人口学学科发展的历史，规范分支学科的范围。该书对指导人口学及其各分支学科的发展有重要的意义。

《探索充分就业之路——成都平原农村人力资源开发研究》 何景熙著，四川大学出版社2000年出版。作者对美国经济学家M·P·托达罗的乡—城迁移理论模型作了批判性思考之后，提出切合中国当前实际的“寻求充分就业的农村劳动力非农化转移与充分就业的理论与数学模型”，为解决农村剩余劳动力问题提出相关的对策建议。

《人口与计划生育立法研究》 陈明立主编，该书通过大量的调查、访问，与实际工作部门的交流研讨，并参考国际文献，就人口与计划生育立法的必要性和可行性，人口与计划生育立法的重点和难点，中国的地方计划生育立法，中国的计划生育立法与计划生育人权状况问题进行深入的研究和议论。

《人口统计学》 李永胜、俞德怡等著，西南财经大学出版社2002年出版。该书密切结合中国和当代世界人口发展的现状，在作者多年积累的教学经验和理论研究成果基础上，全面、系统地介绍20世纪60年代后国内外人口统计的发展历程。全书内容包括导论、人口统计的基本指标、生育统计与分析、死亡统计与分析、生命表、静止人口与稳定人口、人口再生产率、婚姻与计划生育统计、人口调查、人口普查和人口抽样调查、人口预测、人口规划12章。

《中国贫困人口研究》 王卓著，四川科学技术出版社2004年出版。该书运用人口经济学的理论和方法，理论和案例研究紧密结合、定性和定量分析相结合，从贫困的基本理论、贫困人口的基本特征和产生的原因、现代中国贫困人口及变动趋势、中国减少贫困人口的策略、农村扶贫中的移民、城市扶贫、满足贫困人口资本需求的小额信贷、中国贫困人口与可持续性发展8个方面，对于贫困问题及其解决进行新的探索。

《四川人口与社会发展研究》 文献良主编，天地出版社2005年出版。该书是一部以科学发展观为指导思想，对四川人口与社会发展进行实证研究的理论专著。作者以结构功能的分析方法，总结四川人口与社会发展的历史、理论与方法，对人口与社会、人口与经济、人口与环境的关系进行分析。全书分为4篇，包括概论、四川人口发展研究、四川社会发展研究以及人口与社会发展测评与结论。

（二）论文

《人口学与质量人口学》 陈明立著，载《人口学刊》1987年第5期。该文对人口学产生的历史和人口质量研究对人口学学科建设的关系作了理论考察，指出人口学理论体系和学科体系离不开人口质量的研究。文章对质量人口学的一些基本问题：人口质量的概念与内容、人口质量与数量的关系、人口质量的非主观随意性、人口质量的定量分析和质量人口学在人口学学科体系中的地位等问题提出比较独特的看法。

《老龄人口统计分析》 李永胜著，载《人口学刊》1989 年第 3 期。该文讨论 3 个主要问题，一是人口老龄化发展趋势与老龄人口统计分析的提出；二是老龄人口统计的基本方法与技术；三是影响人口老龄化发展进程的基本因素。文章指出，人口老龄化是随现代社会进步和经济发展出现的一个不可避免的趋势。老龄人口统计技术，作为人口老龄化问题研究重要工具具有现实意义。论文具体讨论人口老龄化的描述指标和老龄化发展趋势的分析方法，以及影响人口老龄化发展的经济和人口因素。

《中国人口性别比研究》 文献良著，载《社会科学研究》1993 年第 5 期。该文讨论中国人口性别的出生、死亡、年龄、地域分布等生态结构中的问题。文章指出，近 100 年来，中国人口性别比失常比较严重，比值一直较高而且分布不平衡。40 年来中国人口性别比逐步下降，但一直徘徊在正常值边沿，比世界大部分国家高。改革开放以来中国出生性别比持续上升，变化异常。中国人口性别年龄结构正转向合理化，但性别平衡年龄段在后移。改革开放以来，随着人口流动，性别分配不平衡的现象在增大，其主要趋势是女性从西向东流，部分经济不发达的农村地区性别比失衡十分严重。文章归纳中国人口性别比失常与失衡的原因，提出解决中国性别比失常与偏高的若干对策。

《市场经济与人口流动》 周君玉著，载《经济学家》1994 年第 3 期。文章指出，在市场经济运行过程中，资本流通、货币流通、商品流通和产业结构的变动，都是与人口流动密切相联的。该文研究和揭示人口流动与市场经济的内在联系。主要观点是：资本投向决定劳动力人口流动方向；产业结构变动决定人口流动结构变化；人口流动对货币流通产生重影响，人口流动规模与商品流通规模成正比等。同时探讨人口流动怎样适应市场经济发展要求，以促进市场经济发展。

《对四川人口容量的初步研究》 吴忠观、刘家强著，载《财经科学》1994 年第 1 期。该文对人口容量的含义及衡量标准进行讨论，提出人口容量是一个地区范围内的最适度的人口容量，是生态人口容量的概念。论文从土地资源的承载量、各种自然资源和生态环境等方面，综合分析和考察四川人口容量的大小，而认为四川盆地内的适度人口容量，应该在 5000 万—7000 万人之间，才有利于社会经济的可持续发展。

《我国藏区人口的变动——主要藏族自治地区人口民族构成研究》 何景熙著，载《中国社会科学》1995 年第 4 期，该文依据 1964 年以后的 3 次人口普查及各省区的户口统计资料，对西藏、四川、青海、甘肃、云南 5 个省区藏族自治地区人口的民族构成及其变动情况进行具体分析。研究表明，自 1964 年以来，中国主要藏族自治地区藏族人口的比例略有上升，其中藏、川、青 3 个省区藏族自治地区人口的规模、比例均大大超过汉族；1982 年以后，这些地区出现藏族人口比例上升，汉族比例下降的趋势。作者认为，导致各藏族自治地区人口民族构成变动的主要因素在于藏、汉人口出生率、自然增长率的差异、20 世纪 80 年代以后的汉人外迁及汉人改换民族成分等。

《中国计划生育“三结合”的理论基础》 吴忠观著，载《中国人口科学》1996 年第 6 期。该文对 20 世纪 90 年代计划生育部门开辟的一条农村人口、经济、社会、家庭和文化协调发展的新路进行理论总结。文章从“两种生产”理论，经济、社会文化协调发展理论、利益分配调节理论等方面系统阐述计划生育“三结合”的理论依据，认为“三结合”工作思路理论依据充分，实践意义深刻，是开展计划生育工作的一条新路。

《关于欠发达地区人口控制的思考》 吴忠观、刘家强著，载《人口研究》1997 年第 6 期。该文是作者多次深入西部欠发达地区就人口控制、计划生育和经济发展之间相互关系进行调查研究之后的理论探索。论文提出人口控制可以超前于经济发展的观点；欠发达地区人口控制是一种经济、社会、行政、文化综合作用的观点；欠发达地区人口控制已进入促进人口快速转变的观点；西部地区人口控制与经济发展之间存在阶段差异的相互关系问题等。

《西部开发中的人口环境分析》 刘家强著，载《人口研究》2000 年第 4 期。作者分析西部人口环境的现状，并提出改善西部人口环境的重要基础。文章指出人口环境是对社会经济发展有重要影响和制约作用的人口条件，西部开发面临的人口环境是人力资源素质低，缺乏高层次人才，少数民族人口增长压力大，人口资源环境关系不协调，人口回流造成中心城市流动人口增加等问题。要重视人口规划，树立可持续发展观念，借鉴东部地区的人口控制经验，加强对西部人口问题的研究。

《中国新贫困人口及其社会保障体系构建的思考》 刘家强、唐代盛、蒋华著，载《人口研究》2005 年第 5 期。作者从贫困概念及其演化提出新贫困人口的定义和类型，认为新贫困人口是中国计划经济向市场经济制度转轨过程中的利益受损者，解决新贫困人口的生存权和发展权问题是政府的基本责任，由此从社会保障的内涵、功能和价值基础等角度阐释社会保障体系在解决中国新贫困人口问题的重要作用，并提出完善中国社会保障体系的对策思路。

第三节 学科代表人物

陈长蘅（1888—1987） 字伯修，号建公，四川省荣昌县人，人口学家。1906 年考入四川游学预备学堂英文班。1911 年赴美留学，1917 年获哈佛大学硕士学位。1917 年任北京大学经济系讲师。1925 年任四川巴县朝阳学院经济系教授兼系主任。1928 年任中国经济学社常务理事。1930 年参加中国统计学社。1949 年后任金华新成初级中学校长。1956 年任上海文史馆馆员。1961 年任上海市人民政府参事。1980 年任上海市人口学会顾问。主要论著有《中国人口论》《进化之真相》《三民主义与人口政策》《中国劳动力问题讨论》《我国人口的压迫与其解救方法》《研究中国人口问题应行注意的几个要点》《谈谈过渡时期的中国人口问题》等。

晏阳初（1890—1990） 四川省巴中县人，初名兴复，又名遇春、云霖，中国平民教育家和乡村建设家。1913 年就读于香港圣保罗书院（香港大学前身）。1916 年赴美国留学。1918 年获普林斯顿大学历史学学士学位。1919 年获耶鲁大学政治经济学硕士学位。1920 年回国后在上海基督教青年会主持平民教育科的工作。1923—1949 年长期担任中华平民教育促进会总会总干事。1926 年在河北定县（今定州市）开始乡村平民教育实验。1940 年创办中国乡村建设育才院（后改名乡村建设学院）任院长。曾担任联合国教科文组织顾问，国际平民教育委员会主席。晏阳初自 20 世纪 20 年代开始致力于平民教育 70 余年，被誉为“世界平民教育运动之父”。著有《平民教育概论》《农村运动的使命》《十年来的中国》等。

刘洪康（1911—1990） 湖北省沔阳县人，曾用名刘凤冈，人口理论学家。1928—1931 年留学日本，东京明治大学毕业。1931 年回国后长期从事教育工作。曾任西安省立高中、成都志诚高等商业学校、建中会计学校教员。1949 年后历任成都会计专科学校校长，四川财经学院教务长、副院长，西南财经大学教授，成都大学副校长，四川省人口学会第一、第二届理事长，国务院人口普查办公室顾问、四川人民政府科技顾问团顾问。专于人口学研究，撰有论文《试论马克思主义人口理论的一个基本观点“两种生产论”》《再论两种生产》，主编《人口手册》《中国人口·四川分册》等。

陈定闳（1912—1992）　江苏省扬州市人，社会学及人口学家。研究领域包括社会学理论、中外社会思想史及社会学史、人口问题、社会心理学。1931年考入中央大学，师从著名社会学家孙本文。1935年中央大学社会学系毕业，获文学士学位。1935—1940年为江苏医政学院研究员兼生命统计教员，中英庚款董事会社会学研究员，复旦大学社会学系副教授，兼任社会教育学院社会事业行政系教授。1941—1949年任中央大学社会学系教授。1949年后，先后担任四川乡村建设学院社会学系教授，川东教育学院社会科学系教授。1956年调至重庆师范学院任教授。著有《历史社会学发展》《美国早期启蒙运动浅论》《社会学与中国现代化》《中国社会思想史》《文化与社会》《孙本文先生和中国社会学》《李大钊社会学思想发微》《中国近代人口思想》等。

李剑华（1900—1993）　四川省大邑县人，社会学家、法学家。1921年赴日本留学，在东京日本大学进修社会学，1925年毕业回国。历任上海学艺大学、上海法科大学、上海法学院、国立劳动大学、复旦大学等院校的社会学教授，讲授犯罪社会学、社会学概论、劳动法等课程。1929年参与筹建东南社会学会，1930年被推选为中国社会学社编辑委员，1932年遭国民政府逮捕入狱，1934年获释后加入中国共产党，在南京从事党的地下工作。中华人民共和国建立后，曾任上海市劳动局副局长、华东军政委员会劳动部副部长，1954年后历任上海第一医学院马列主义教授、华东政法学院劳动法教授，1960年任上海财经学院工业经济系教授、系主任。1979年以后担任上海社会科学院顾问兼社会学研究所负责人、中国社会科学院法学研究所顾问、上海社科院学术委员、上海社会学会理事、中国社会学会顾问等职。著有《劳动问题与劳动法》《犯罪社会学》《犯罪学》《监狱学》《劳工法论》《社会学史纲》《社会事业》等。

李世平　见本志“历史学研究”第三节“学科代表人物”。

吴本雪（1931—1995）　四川省成都市人。1956年中国人民解放军南京政治师范学校哲学系毕业。1958—1980年先后任成都市文化局理论教员、中共成都市委宣传部理论处教员。1980年任成都市社会科学研究所社会学研究室副主任、主任，社会学副研究员，是社会学在中国恢复以来，成都市最早致力于社会学重建和从事研究的学者。1982年，参与全国哲学社会科学“六五”规划的重点课题《中国城市家庭——五城市家庭调查》的研究工作，主持领导成都地区的调查研究工作。1992年，主持领导成都市的家庭追踪调查研究，为中国城市家庭比较研究提供可靠依据。主要成果有：主编《城市老人》，论文《试论社会学的中国化和研究方法的现代化》《青年文化和价值取向》《成都市家庭追踪调查》等。

张世文（1905—1996）　满族，北京市人，社会学家。1924年就读于燕京大学社会学系，1928年获文学士学位，1929年获理学士学位。自1938年起先后任教于华西大学、金陵女子文理学院、四川大学等。1949年后历任华西大学社会学系教授、四川大学经济系教授、印度研究室研究员。1979年后任四川大学人口研究所教授、中国社会学会顾问。1984年任四川大学哲学系教授。长期致力于社会学、人口统计学、人口学、社会调查学的教学与研究工作。在河北定县的社会调查中，搜集和整理有关社会风俗、卫生教育、农村人口、家庭手工业、文化娱乐等方面的资料，为李景汉所著的《定县社会概况》的出版作出重要贡献。强调通过中国社区史、社区志的研究，理论联系实际，探索社会学中国化的道路。著有《定县农村工业调查》《农村社会调查方法》《农村社会学导论》《衡山师古乡社会概况调查》《生命统计方法》《社会调查概要》等。

刘成根（1936—1999） 女，四川省简阳县人。曾任四川省社会科学院社会学研究所所长、中国青少年犯罪研究会副会长及成都联络中心主任。20 世纪 50 年代中期至 80 年代初期一直在四川大学从事青年教育工作，历任四川大学校团委书记、校党委青年工作部部长、校党委委员、共青团中央九届候补委员等职务。1983 年调四川省社会科学院工作，1994 年 12 月晋升为研究员，研究领域为青少年犯罪和犯罪社会学。曾先后赴日本、澳大利亚等国家和中国香港地区参加国际学术研讨会。著有《社会稳定与青少年犯罪预防》《挑战与抉择——青少年犯罪社会学新探索》《社会控制与青少年犯罪预防》《四川青少年吸毒问题研究》等著作和论文。

任宝祥（1910—2000） 河北省沧州县人。1936 年毕业于北平燕京大学教育学、社会学专业。1942 年至 1943 年 6 月在湖南任国立师范学院（上海师范大学和华东师范大学前身）讲师。1943—1949 年在重庆任中国乡村建设学院副教授、教授兼系主任，其间曾先后在美国芝加哥大学、威斯康星大学研究院作访问学者，进修儿童福利与教育、乡村社会学、乡村教育。1950 年起任西南师范学院教育系教授、外国教育史硕士生导师、全国教育史研究会理事、四川省社会学会副理事长，致力于教育史和教育社会学研究，著有《外国教育史提要》《教育社会学》《社会学概要》《外国教育学家论德育》等。

第十章 新闻学、宣传学与传播学研究

1986—2005年，四川省的新闻学、宣传学和传播学在改革开放、解放思想的时代背景下蓬勃发展。20世纪80年代中期以后，四川的新闻学进入一个快速发展时期。与此同时，宣传学和大众传播学的研究也从无到有发展起来。宣传学是80年代中后期在国内兴起的一门学科，四川省从一开始就在这一研究领域处于国内领先地位，并受到中央有关部门的高度重视。90年代以后，随着传播媒介的增加和发展，同国内各地一样，四川省的大众传播学也得到迅速发展，研究范围不断扩大。各种研究机构和教学机构相继建立并迅速发展，学术活动十分活跃，产生一批具有较高水平的学术成果。

第一节 研究综述

中共十一届三中全会以后，在中国共产党解放思想、实事求是思想路线的指引下，成都的新闻学进入一个快速发展的兴盛时期。20世纪80年代中期以后，宣传学和大众传播学的研究也从无到有，在四川开展起来。

1986—2005年，四川省的新闻学、宣传学和传播学研究机构主要有：四川省社会科学院新闻传播研究所、四川省广播电视研究所、四川大学新闻传播研究所、四川大学广播电视研究所、四川大学符号学与传媒学研究所、四川大学新媒体研究所、四川大学西部广播电视研究中心；四川日报新闻研究所等。四川省内各地的一些高等学校相继设置新闻传播学院、数字媒体学院、广播影视学院、新闻传播系或新闻、广告、新媒体等专业。这些研究机构和院系是四川新闻学、宣传学和传播学研究的主要力量。四川省和各市（地、州）的宣传部门和研究室，也从事宣传学的研究。

从20世纪80年代起，四川省新闻工作者协会、四川省新闻摄影理论研讨会、四川省新闻学会等团体先后成立。这些团体定期或不定期召开学术年会，与全国各地学术团体开展各种学术活动，组织开展学术交流。四川省新闻工作者协会、四川省新闻学会与四川日报社合办学术期刊《新闻界》，成为四川省乃至国内新闻传播学的重要学术基地。这些研究机构、学术团体与新闻传媒单位合作，举办全国性的新闻学术研讨会，促进四川新闻学、宣传学和传播学的研究，推动四川省新闻学术的繁荣和发展。

在四川举行的重要学术会议和活动主要有：

1987年12月16—20日，四川省社科院在成都主持召开全国首次宣传学学术研讨会。

1992年10月13—15日，四川省社科院会同四川省扫黄打非办公室、四川省新闻出版局、成都市新闻出版局、四川省社科联合会，共同主办的国内首次“扫黄”理论研讨会在成都举行。

1995年6月26—29日，四川省社科院新闻传播研究所与中国社会科学院新闻与传播研究所、四川省广播电视厅共同主办的全国第四次传播学研讨会在成都举行。这是中国传播学界最高等级的学术会议。

2001年，由中国广播电视学会和四川大学共建的西部广播电视研究中心成立大会暨首届西部广播电视高级论坛在四川大学举行。

2002年，四川省社科院新闻传播研究所与四川省广播电视新闻与传播研究所、四川省广播电视学会联合主办的“入世冲击波与广播电视改革”研讨会在成都举行。

2004年，四川省社科院新闻传播研究所与《华西都市报》共同承办全面建设小康社会与媒体责任暨“超越媒体”理论研讨会。中央电视台总编室研究处、四川电视台主办，四川广安县广电局承办的邓小平理论与中国新时期电视理论研讨会在广安市举行。中国视协电视纪录片学术委员会、四川广播电视集团、中国广播电视学会西部研究基地、四川大学文学与新闻学院主办的首届中国西部纪录片论坛在成都举行。四川省社科院主办，四川省社科院新闻传播研究所承办的四川新闻传播产学研合作发展研讨会在成都举行。四川大学新闻中心、文学与新闻学院和中央电视台央视国际网站联合举办《大学生谈电视》电视批判论坛。

这一时期，四川省的新闻学、宣传学和传播学研究无论在广度还是在深度上都超过以往任何时期。各个分支学科都取得前所未有的丰硕成果。

20世纪80年代中后期，宣传学在国内刚刚兴起，四川省的宣传学研究已处于领先地位，并受到中共中央宣传部的高度重视。这段时期，四川省社科院研究员林之达先后出版《宣传学研究纲要》《中国共党宣传史》两部专著，填补中国宣传学研究的空白。林之达发表《宣传学探索》《关于宣传学的几个基本理论》等多篇宣传学方面的论文。1987年12月，四川省社科院主持召开全国首次宣传学学术研讨会，这次会议在国内产生重要影响。

20世纪80年代，新闻学进行一场全国范围内的思想大讨论——新闻与宣传之关系的探讨，由此引出对新闻媒体功能的深层思考。这次大讨论是新闻学界的一次思想大解放，不仅丰富社会主义新闻学的理论内涵，也为新闻改革的推进提供理论依据。四川新闻传播学界在新闻理论、新闻业务、新闻史、大众传播理论、传播业务等方面进行广泛深入的研究，推动四川省的新闻学和传播学深入发展。

20世纪90年代以后，四川新闻传播学研究范围扩大，突出表现是传播学研究发展迅速。其中最有代表性的有林之达《传播学基础理论研究》和董天策《传播学导论》。除传播学基础理论、新闻业务以外，在宣传、广告、网络、公关等领域的研究也开始涉及，源于四川新闻实践的研究十分活跃。

从20世纪90年代后期到21世纪初，随着中国社会经济的进步，特别是信息技术的飞速发展，在传统的报纸、广播、电视之外，互联网迅速普及，得到广大受众的欢迎，为新闻传播学研究增添新的内容。四川新闻传播学研究呈现多元化、差异化的发展格局。既有研究分支不断深入，新的研究方向不断产生，内容包括新闻策划研究、都市报研究、媒介竞争研究、新闻专业教育研究以及跨学科的研究等方面，研究成果更加注重社会需求。

1986—2005年，除宣传学以外，四川省的新闻学和传播学的研究成果主要体现在新闻理论、新闻业务、新闻史、大众传播学理论、传播业务几个方面。细分的研究领域包括新闻采访、写作与编辑、报业研究、新闻策划、新闻摄影、体育新闻、新闻教育、媒介竞争、网络传播、广告等方面。

宣传学　专著主要有：林之达《宣传学研究纲要》《中国共产党宣传史（1921—1949）》；向在仁等《宣传学概论》；张笃行、张成行《社会宣传管理学》；雷贞干《著名的民主主义宣传家雷铁崖》等。

论文主要有：林之达《关于宣传学的几个基本理论》《马克思主义新闻思想在新时期的新发展——论江泽民同志“舆论导向说”》；张立伟《发展报道：为全面建设小康社会提供强大新闻舆论支持》；艾风《高难度艺术：软硬结合——改进报纸宣传的断思》等。

新闻理论　专著主要有：邱沛篁等主编《新闻传播百科全书》；邱沛篁、张惠仁、徐怀玉、余杰编著《实用新闻学基础》；四川人民出版社结集出版的《新闻理论讨论文集》；席文举《新闻心理学》《新闻批评心理学》；殷俊等《媒介新闻评论学》；谢洪恩等《新闻工作者职业道德》；殷俊《媒介新闻评论学》等。

论文主要有：余杰《略论新闻评论的本质》；陆原《论广播电视受众的逆反现象及受众心理规律》；甘泉《浅谈关于新闻评价的几个问题》；李杰《新闻美学论纲》；张惠仁《“负”新闻初论》《关于“客观报道”规律的理论溯源及其辩证》；曾彤《浅谈客观报道的心理效应》；萧娅曼《新闻价值论：关于新闻客观性的哲学思考》；黄成矩《关于新闻体制内涵的再认识》《论软新闻的兴盛及其发展趋势》等。

新闻采访、写作与编辑　这方面的专著以四川大学教授邱沛篁的《新闻采访艺术》为代表。其他专著主要有：张惠仁《新闻写作学》、邱沛篁《新闻采写与研究》；董小玉《新闻采写艺术》；蒋晓丽《现代新闻传媒的标题艺术》等。

论文主要有：许川《异国采访纵横》；徐怀玉《浅谈新闻标题的特点及写作》；吴信训《电视记者的构思》；黄晓钟《对新闻角度的再探讨》；龙德华《浅谈民族地区经济报道个性》；陈雪奇《洛克伍德新闻组合设计解析》。

报业研究　专著主要有：邱沛篁、唐小强《二十一世纪中国报业》；邱沛篁等《报业通论》；邱沛篁、席文举、刘为民《都市报创新论》；邱沛篁等《报业经营管理学》；席文举《敲门发行学》等。由于中国第一家都市报——《华西都市报》在四川市场上的杰出表现，这段时期都市报研究成果较多。

论文主要有：席文举《“新闻活动”在报业经营中的三个步骤》；张立伟《都市报市场营销组合——华西都市报的实践与思考》《西部大开发：都市报纸的环境机遇和有效机遇》《西部都市报如何变环境机遇为有效机遇》《大而全与小而专——都市类报纸的两种发展战略》《二十一世纪的都市报》；黄成矩《九十年代报业发展的新趋势》；彭剑《都市报竞争迈向区域性市场》《都市报的自我突破与探索》；李宇西、彭剑《成都周末类报纸的现状及发展前景分析》；操慧等《中国晚报现代化的城市攻略》等。

新闻策划研究　专著主要有：艾风《舆论监督与新闻策划》；席文举《报纸策划艺术》；董天策《“新闻策划”剖析》等。

论文主要有：何光庭《“新闻策划”析》；董天策等《新闻策划的创意与模式——以成都报纸的千禧报道为例》；张纾《新闻策划动因及特点探析》；陈晓兰、段弘《新闻策划：报纸深度报道的一种“突围”方式》；刘文逵《试论“总编定势”与时事新闻策划》等。

新闻摄影研究　专著主要有：吴建《新闻摄影学》。论文主要有：吴建《关于中国新闻摄影观状的调查及发展趋势分析》《论新闻摄影的最佳瞬间》；梁蓬飞《解读新闻摄影：一个多维的框架》等。

新闻教育研究 论文主要有：邱沛篁《我国高校新闻人才培养模式探索》《我国新闻教育发展现状与展望》《新世纪中国新闻教育：四种关系与改革思路》《论媒介素质教育》；吴建《我国大陆地区新闻传播教育体制近期演变》；黄昌林《对新闻教育理念的思考》；吴满意《当代澳大利亚新闻教育范式之争》；郝丹立《以人为本实践创新——成人教育新闻专业"编辑出版学"课程改革探索》；李苓《论中国媒介素养教育评估体系》；蔡尚伟、李朗《1949 年以前的中国媒介素养教育萌芽——媒介素养教育的本土化考察》等。

体育新闻 专著主要有：郝勤《体育新闻学》；布鲁斯·加里森、马克·塞伯加克著，郝勤等译《体育新闻报道》等。论文主要有：郝勤、周雪蕾《体育新闻报道应走出三大误区》；郭晴《解析体育新闻受众——来自成都的实证调查》；庹继光、彭立《中国体育报道的后现代趋势》等。

新闻史 专著主要有：蒋晓丽《中国近代大众传媒与中国近代文学》等。论文主要有：郭亚夫《简论梁启超戊戌变法时期的报刊活动与办报主张》；向纯武的系列论文《四川革命报刊述略》《中国古代报纸源流概述》《地方新闻史研究刍议》；王绿萍《辛亥革命时期的四川报刊》；邱沛篁《范长江的采访思想与实践》；肖娅曼《关于邓小平与〈红星报〉的三个问题》；蒋晓丽《副刊：不独立的文学大众传播方式——论中国近代大众传媒与文学传播方式的嬗变》等。

大众传播理论 专著主要有：邱沛篁、吴信训等主编的《大众传播研究》（论文集）；吴信训《实用电视传播学》《世界大众传播新潮》；董天策《传播学导论》；林之达《传播学基础理论研究》《传播心理学新探》；林之达主编《宣传与传播的比较研究》（论文集）；欧阳宏生等《电视批评学》；罗悌伦《影视心理学》（译著）；杨飏、蔡尚伟《媒体竞争论》；黄昌林《电视叙事学》；庹继光《中国当代传播理论体系分析》等。

论文主要有：林之达《传播·大众传播·宣传》《论传播与心理的内在联系》《现行商品信息传播模式应当改革》《传播的两级效果论》；王亚川《试论大众传播的客观社会效应》；卢子贵《电视的党性原则和民族化道路》；董天策《传播外延的划分与传播学分支学科建设》；罗春明《人际传播媒介论——对一种蓬勃兴起的传播媒介的评说》；蔡尚伟《深度报道的革命》《媒体合作：媒体竞争的明智策略》《哲学解释学与新闻传播》等。

传播业务 专著主要有：赵志立《编辑学基本原理》；吴信训、李之侠主编的《中国有线电视经营论》；郭五林《电视创新研究》；董天策主编《网络新闻传播学》等。

论文主要有：黄晓钟《大众传播与信息产业》；肖娅曼、黄玉顺《新闻传播的第三次媒介革命》；吴信训《中国有线电视产业的发展》《电视记者的构思》；杨稀贵《整合优势资源，发掘团队潜力——对组建现代出版集团的几点思考》；蔡尚伟《西部电视研究应上升到区域传播学的高度》《从华山论剑到 2004 中华大祭祖：电视传播与传统文化的双向激活》；毕玺《古典名著的稳定性与艺术再创造》；安庆国《从欧美出版之比较看中国出版的发展》；蒋晓丽《西部文化开发中广电业发展的双重纬度》；张杰、蒋晓丽《论危机事件中新闻媒体的传播策略》等。

媒介竞争研究 2002 年，成都的报业竞争正式步入两大集团"两军对垒"阶段——《四川日报》与《成都日报》《华西都市报》与《成都商报》《天府早报》与《成都晚报》，6 张报纸"捉对厮杀"。与之相应，四川新闻传播学者关注媒介竞争，并形成很多有影响的专著和论文，专著主要有：杨飏、蔡尚伟《媒体竞争论》等。

论文主要有：张立伟《报业竞争的四柄双刃剑》《要么更出色要么更经济——都市类报纸创造竞争优势的两条途径》《靠天吃饭，还是靠策划生存——媒体的自然竞争与策划竞争》《细分的目的是创造竞争优势》；董天策《传媒竞争中公关行为的介入及其影响》；董天策等《成都报业趋同化的实证分析》；黄顺铭《竞合传播分析框架："E 空间"与"P 空间"》；陈翔《"媒介联动"：预示媒体集团化转型期的到来》；操慧、吴翔《从新闻构架看期刊的品牌竞争》；王炎龙《弱势转型与强势生存——"西部黄金卫视"发展现象透析》等。

网络传播　网络技术的升级换代，推动网络传播的快速发展。四川省新闻传播专家也较早地关注并研究网络传播。专著主要有：雷健《网络新闻》；蒋晓丽《网络新闻编辑》；董天策主编《网络新闻传播学》等。

论文主要有：胡明川《网络媒介促进跨媒介合作》；赵志立《网上虚假新闻的成因及其防范》《网络传播条件下的"使用与满足"——一种新的受众观》；杨敦显《博客：信息社会的导航者》；庹继光《下一代互联网怎样改变网民——下一代互联网的传播学意义浅析》；蔡尚伟《略论网络对传播学研究态势的影响》。

广告　专著主要有：邱沛篁主编《实用广告学基础》；吴建《广告大理论》等。

第二节　主要著述

一、专著

《新闻写作学》　张惠仁著，四川人民出版社 1986 年 9 月出版。全书分为 3 编 26 章。第一编"通论"9 章，论述新闻基本法则和基本规律。主要内容有中国新闻写作的起源和新闻体裁的形成与独立化；新闻的独立性；新闻写作；新闻构思的特异性、主题、角度；新闻写作的基本要求及新闻要素的衍变；新闻心理学与新闻写作；新闻体裁分类学的发展与新闻写作；记者素质与新闻写作。第二编"分论"15 章，主要论述各类新闻体裁的特征和写作基本要求及具体写作方法。消息类：主要内容为消息结构；新闻导语的问世和导语类型的变革；消息背景；消息主体与结尾；把握不同消息的写作特点。通讯类：主要内容为人物通讯；概貌性通讯；工作通讯与评述性通讯。其他类：主要内容为新闻特写；专访；特稿写作；专栏写作；调查报告、调查汇报、调查后记、调查附记。第三编"新闻文学与报告文学"2 章，论述中国报告文学形成期的两个体系和报告文学的采访与写作。

《新闻采访艺术》　邱沛篁著，四川大学出版社 1989 年 12 月出版。全书除绪论外分 12 章，论述新闻采访的基本要求、发现新闻的艺术，然后分章节论述静态采访、接近新闻源、谈话采访、观察采访、专题采访、经济新闻采访、社会新闻采访、教育新闻采访、音像采访等各方面采访的特点、作用、意义、技巧等。最后一章论述改革开放与新闻采访的关系。该书出版后被很多高校新闻专业用为教材，多次重印，被学界认为是 20 世纪中国出版的 3 部新闻采访研究代表作之一。

《中国共产党宣传史》　林之达著，四川人民出版社 1990 年出版。该书是国内第一部研究民主革命时期中国共产党宣传史的著作，在党史学科上把党的宣传史与党史、党的新闻史区别开来，写出宣传史的特色。作者搜集大量资料，并进行综合分析，探讨某些前人未研究的问题。诸如该书的第二章阐述共产国际对中共建党初期宣传的影响；党对国民革命联合战线的宣传，揭露批判不能进行国民革命的谬论。第三章介绍党在黄埔军校、东征和北伐战争中的宣传活动；对恽代英等人的宣传思想作了介绍。第四章概述三次“左”倾错误对宣传工作的影响，红军长征中对少数民族和敌军官兵的宣传等。第五章阐述中共利用国民政府军事委员会政治部第三厅在国统区广泛开展的宣传活动；延安整风时党报党刊的整顿，对宣传工作者的整风等。第六章叙述党为开辟第二战场及整党整军运动的宣传等。该书还对党如何掌握宣传对象的心理，讲究宣传效果，党在各个时期的宣传战略和策略进行深入探讨。

《新闻批评心理学》 席文举著，四川人民出版社 1992 年出版。该书系统深入地分析和研究在新闻批评过程中出现的作者心理、编辑心理、被批评者心理和众多读者的心理，揭示新闻批评引起的心理现象、特征及其活动规律。作者以人在新闻批评过程中所处的位置为经线，以心理学研究的多方面内容为纬线，纵横交织，在各个交叉点展开研究，科学、准确、生动地叙述和归纳各种新闻批评过程中的心理活动，并对其加以解释和分析，总结出其中带有规律性的原则、原理，并进而用它对未知心理现象的发生和发展进行一些预测性研究。该书从多层面的心理现象中，发现并总结出其内在运行中具有普遍意义的规律，对新闻改革无疑具有重要的参考价值。

《传播学导论》 董天策著，四川大学出版社 1993 年 5 月初版，1995 年 11 月修订再版。该书从人类传播的宏观视角着眼，分 3 篇 17 章论述传播学的基本原理及其实际运用。第一篇“总论：信息交流”论述人类传播的一般理论，第二篇“分论Ⅰ：人际传播”和第三篇“分论Ⅱ：大众传播”分别论述人类传播的两种基本形态，另有导言、后记交待传播学的有关问题。全书比较系统地展现传播学的知识范畴，引申和发展传播学研究中的许多观点，是一部在吸取当时国内传播学研究成果基础上颇有创新的学术著作。

《传播学基础理论研究》 林之达著，西南交通大学出版社 1994 年出版。全书分为 6 章，依次为：引论，论传播的内涵，论传播的外延，论传播学的研究对象、目的、任务和方法，论传播模式，传播学的理论框架。全书用科学的方法，从国内外传播学论著中清理出大量的因轻视基础理论而犯的错误，并通过分析这些错误一方面证明：传播学基础理论研究和应用理论研究乃传播学赖以腾飞的两翼，不可偏废，以纠正传播学界普遍轻视基础理论研究的错误倾向；另一方面借此从现有传播学理论中清除许多非科学的成分。

《广告大理论》 吴建著，四川人民出版社 1994 年出版。全书分为 4 个部分。一、广告基础知识，主要介绍广告的定义、属性，广告的要素及分类，广告在现代社会中的作用，广告的基本原则，广告的产生、发展与现状等；二、广告传播理论，主要介绍广告人与广告组织，广告的运行机制，广告传播的要素，影响广告传播效果的因素，一般目标下广告传播的内容，广告传播媒介的特点及媒体的选择与组合等；三、广告的运作理论，主要阐述广告调查的内容、程序和方法，广告策划的含义、程序，广告策划的常用策略，广告设计创作要素，广告的发布策略，广告的评估内容、方法、注意问题与评价标准等；四、简介广告中涉及的一个重要内容企业形象识别，主要介绍企业形象识别的概念、发展，企业形象识别系统的构成以及企业形象识别系统的导入等基本内容。

《编辑学基本原理》 赵志立著，四川大学出版社 1994 年 12 月出版。该书是一部关于编辑学基础理论的书籍，分为“绪论”“编辑主体论”“编辑传播论”“编辑社会论”“编辑文化论”“编辑人才论”6 章。作者运用哲学、社会学、传播学、文化学、符号学以及信息论、控制论、系统论等理论和方法对人类的编辑现象进行认真的探索，阐明编辑活动的性质、特点和基本规律。既是对编辑工作的理论总结，又对编辑实践具有指导意义。适合于大专院校编辑专业和报纸、书刊、广播、电视编辑工作人员阅读。

《新闻摄影学》　吴建著，四川人民出版社1997年出版。该书主要内容有：一、新闻摄影概论，包括新闻摄影的定义、特征、特长，新闻摄影在报刊上的地位与作用，新闻摄影的题材，新闻摄影的采访与拍摄，摄影作者的职责、素养与职业道德，新闻摄影的产生与发展，中国新闻摄影的发展与现状等；二、摄影光学知识，主要介绍光的基本知识，光与色，光线的传播，光度学常识，透镜与成像，景深与镜头等；三、新闻摄影的采访拍摄技能知识，包括新闻摄影的器材及性能，曝光原理及曝光控制，新闻摄影的构图，新闻摄影的常用方法及常见题材的拍摄等；四、新闻照片的后期处理与图片编辑知识，包括黑白新闻照片的加工制作，彩色新闻照片加工制作，作者对新闻照片的编辑和报纸的图片编辑等内容。

《新闻传播百科全书》　邱沛篁等主编，四川人民出版社1998年出版。该书是一部关于新闻、传播的大型工具书。全书430万字，11843个辞条。分为新闻传播理论、新闻业务、报刊、广播电视、广告、新闻摄影、人物、新闻传播著作、附录9卷。该书突出内容的实用性、可操作性；尽量反映国内外研究最新理论成果、新闻传播实践的新技术、新经验，以及新闻传播事业发展的新动态；以系统的理论介绍、完整的资料收集为基础，撰写国内当时较为详尽的具体条目，充分反映中国新闻人物和报刊方面的历史、现状和发展趋势。是当时国内篇幅最大、内容最完备的新闻传播工具书。

《现代新闻传媒标题艺术》　蒋晓丽著，四川大学出版社1998年3月出版。全书分6章及4条附录，对现代新闻传媒中各种新闻标题的功能、原理、结构、特性、类别等进行科学概括，对它们自身在新的传媒环境下发展、变化的规律进行探讨，进而总结、归纳出现现代新闻传媒制作标题的艺术。

《心有灵犀——儒学传播谋略与现代沟通》　张立伟著，西南财经大学出版社1998年出版。作者界定传播谋略为：以“更聪明地传播”来代替“更努力地传播”。该书研究儒家及儒家文化中的中国人在传播谋略方面的理论和实践；并同西方传播理论与实践相对照，探求贯通中西的“更聪明地传播”的规律。全书3章，第一章论传播的客方定向，分析沟通的基础、有效的倾听、引而不发的说服、对话协商、与分歧共存、得民心的竞争等。第二章论传播的主方先导，分析形象定位、包装与表演、借台阶传播、树样板引导、争取舆论等。第三章论信息加工，分析名称的力量、争夺注意力、以比喻说理、事实在解释中获得生命、动情的呼吁、寓传于乐等。该书从传播谋略的角度，对儒学的一系列命题作出新解释；又以中国人的传播理论与实践，充实西方传播学尚未涉及的领域。

《舆论监督与新闻策划》　艾风著，四川人民出版社1999年6月出版。该书是一部论文集，由新闻基础理论研究、新闻应用理论研讨、新闻短评3个部分61篇文章组成。这些文章突出两个论题：一为舆论监督。作者对舆论监督的定义、地位与作用、主体与客体、历史与现状、发展阶段、记者自我保护等问题作了系统全面地论证，并对舆论监督在新闻实践中成功运用、经验与教训作了评介和总结。一为新闻策划。作者对新闻策划的定义、范围、主体与客体、与新闻点子的关系、新闻策划的本质特征、运作程序、思维模式作了系统阐述，并对新闻策划与策划新闻的区别、新闻策划与公益活动策划及经营策划的区别和联系、新闻策划的3个层次，从理论与实践两个方面作了论述。此外，该书的论域还包括新闻定义、新闻倾向性、新闻与信息、党报新闻改革、都市报现象、新闻舆论与新闻规律、新闻舆论与社会舆论、深度报道、典型报道等。

《网络新闻》　雷健著，四川科学技术出版社1999年出版。该书是一部研究网络新闻的专著，全书9章，详细介绍网络新闻的起源和网络媒体的构成与特点，分析网络新闻与传统媒体各自的优势和劣势，分析网络新闻的特点，介绍中国网络新闻的出现过程，分析国内网络新闻的现状及存在的问题，尤其着重分析中国报纸网络版的现状和存在的问题，提出报纸网络版的发展对策。该书还辟专门章节分析网络新闻存在的新闻真实性、网络公德、网络新闻版权等问题，并提出解决这些问题的对策。

《电视批评论》 欧阳宏生著，中国广播电视出版社2000年出版。该书是一部以中国电视批评实践为依据，论述电视批评性质、作用、方法及电视批评基本规律的著作。全书从研究电视批评的性质、作用入手，考察中国电视批评发展的历史、现状与趋势，阐释这一学科的理念、美学思想及特征，提出电视批评家应该具备的基本素质；在批评方法的具体论述中，作者运用社会学、心理学、系统论、控制论、信息论和比较主义、结构主义等社会与自然学科的研究成果，分析并阐述电视作品、电视现象、电视思潮的评判研究方法；在此基础上，著作还从电视批评的选题切入，具体描述电视批评的评析过程和基本类型，论述中国特色社会主义电视批评原则。

《敲门发行学》 席文举著，中国社会科学出版社2000年9月出版。该书是一部系统研究报纸发行的专著，它通过对《华西都市报》发行实践的理论概括，建立一个全新的报纸发行理论体系。全书5章。第一章详细叙述"敲门发行学"诞生的经过，说明"敲门发行学"是报业竞争实践与个人智慧相结合的产物。第二章围绕"为什么要'敲门'"进行论述。首先对报纸零售与征订的功能作了比较，找到必须把征订与"敲门"结合起来这一报纸发行的制胜法宝；进而提出把报纸发行由自然增长变为人为高效快速增长的报纸发行新理念；并对"邮发合一"以及通过各种渠道来发行的传统发行体制的变革作了详尽的阐述，首倡要由自己组建的发行队伍发行报纸，把传统的"他发"变成一种彻底的"自发"。第三章对怎样"敲门"作了阐述。首先论述建立"敲门发行学"的理论根据，那就是市场营销学有关主观质量与客观质量的理论。接着阐明"敲门"的艺术，包括全心全意为读者服务的精神，报纸促销的种种方法，地毯式轰炸等。第四章专门讨论如何建立一支高素质的发行队伍这一关键问题。第五章论述"敲门发行"的价值和意义，把敲门发行提高到建立一个高效多能的现代化传播网络并作为推动社会经济发展的基础工程的高度。

《报业通论》 邱沛篁、唐小强等编著，四川人民出版社2002年出版。该书包括报业理念、报业业务、报业经济、报业文化4篇36章。书中论述中国及世界报业发展的历史与现状，阐述中国报业理念的基本内容，详细论述报业采访、写作、编辑、评论、摄影、副刊、体育、对外宣传、校对、夜班、网络版等报业业务工作的原则、技巧与方法，阐述报纸生产过程与环节、广告、发行、财务、物资采购管理、多种经营、资本运作等报业经济工作，论述报业文化特征、文化功能、文化形式等，是一部新时期报业新理念、新经济、新文化的理论探讨论著。

《实用新闻学基础》 邱沛篁、张惠仁等编著，四川大学出版社2003年出版。全书分4篇：新闻采访，包括采访原则、新闻敏感、新闻线索、采访准备、口头采访、目击采访；新闻写作，包括消息结构、导语、消息背景、消息主体与结尾、通讯的写作、新闻特写与新闻速写、调查报告；新闻评论，包括新闻评论概说、新闻评论的选题及立论、新闻评论的论证与结构、新闻评论的语言与风格、几种常见小评论的写作；编辑工作，包括选择稿件、修改稿件等内容。

《都市报创新论》 邱沛篁、席文举、刘为民编著，四川人民出版社2003年出版。全书分19章，全面分析中国都市报的现状、存在问题及对策，系统论述都市报在定位、理念、策划、报道、副刊、文风、摄影、版面、管理、广告、发行以及文化方面的创新，并对都市报与党报，都市报与晚报进行比较研究。书中附录都市报老总论都市报创新、全国都市类报纸座谈会纪要、1998—2002年全国都市报总编辑会议纪要以及近年中国部分都市报研究论著名录。

《网络新闻传播学》　董天策主编，福建人民出版社 2003 年出版。该书全面论述网络新闻传播学这一新兴学科，采用传统新闻学的理论架构，即新闻历史、新闻理论、新闻业务以支撑整个章节。以狭义的传播学的研究内容：传播者、受传者、传播内容、传播渠道、传播效果为研究对象，有利于各个章节的纵深挖掘，如书中作为传播渠道的“网络新闻专题”和“网络新闻论坛”，作者就从历史、特点、操作及管理等多方面进行立体化的阐述。新闻传播是建立在实践基础之上的操作性很强的学科，网络新闻传播更是如此。因此该书注意提供新鲜、贴切、生动而丰富的实践例证，如新浪的北航空难新闻，社会、娱乐新闻的列排展示等，它们在给人以理性审视和概括的同时，也让读者可感、可触、可联想。

《纪录片概论》　欧阳宏生编著，四川大学出版社 2004 年出版。该书是一部关于电视纪录片的理论专著。它立足中国创作实践，对电视纪录片进行本土化和个性化的学理探索。全书考察电视纪录片在中国发展的历史、现状和未来趋势，阐释电视纪录片的基本属性、主要类型、审美特征，分析纪录片与社会的关系、纪录片创作的主要流派。在此基础上，作者针对发展历程中所经历的诸多富有争议和尚未解决的重要问题进行探索，多角度深入剖析纪录片与纪实主义美学、中西纪录片创作影响、纪录片创作的哲学观念，阐明纪录片管理体制和市场化机制，并着眼于经济全球化背景下纪录片创作与交易中的现实问题，提出纪录片的创新理念，探讨有效的经营运作方式。

《中国近代大众传媒与中国近代文学》　蒋晓丽著，巴蜀书社 2005 年出版。该书从大众传媒与文学的关系这一跨学科研究角度，系统研究中国近代大众传媒与近代文学的发生、发展关系，以及中国近代大众传媒在近代中国社会与文化的现代化过程中的独特作用，并进而探讨近现代中国文化与文学的断裂与延续的传媒动因以及中国“雅文学”与“俗文学”的转换机制和在近现代的逆转方式。该书主要介绍中国近代大众传媒与文学的关系、中国近代大众传媒与传媒话语权的确立、中国近代大众传媒与文学言述样式的演进等内容。

《新闻发言人理论与实务》　邱沛篁、赵英编著，四川大学出版社 2005 年出版。该书阐述新闻发言人制度的沿革、意义、性质和作用；新闻发言人的素质、职责；新闻发布会的组织与实施；新闻发言人如何应对突发事件等内容，并附录新闻发布会准备工作的验收单、新闻发言人的一般礼仪和国际礼仪常识等资料。该书是中国当时较为全面详细论述新闻发布工作原则和技巧的专著之一。

二、论文

《四川革命报刊述略》　向纯武著，由《从五四运动到大革命时期的四川革命报刊述略》《十年内战时期的四川革命报刊述略》《抗日战争时期的四川革命报刊述略》《解放战争时期的四川革命报刊述略》4 篇论文组成，分载于《新闻学论丛》第 2—5 集。该系列论文全面系统地概述四川革命报刊在新民主主义革命时期 4 个阶段的发展历史，该论文系列前后介绍和涉及的四川革命报刊总数在 220 家以上，对研究四川党史和革命史具有参考价值和借鉴意义。

《从新闻意识的大裂变看“未来型记者”》　张惠仁著，载四川大学学报丛刊 42 号《新闻论丛（第 4 辑）》1989。该文提出“未来新闻学”的概念与理论体系框架。提出未来新闻学研究的主要内容：1. 未来新闻技术手段研究与预测；2. 未来型新闻报道”特征、功能的研究与预测、写作雏形辨析及预测。作者认为，记者应该有“未来意识”“前瞻意识”“超前意识”“主体意识”“瞬态高速度化意识”“竞争意识”，重在反映行将发生、正在发生、未来发生的变动信息与事实；3. 未来新闻教育的研究与预测，要求学生构建合理的知识结构网络，必须有“高瞬态透视力、预测力、应变力、竞争力”。

《关于中国新闻摄影现状的调查及发展趋势分析》 吴建著，载《中国摄影报》1993 年 12 月 10 日。该文通过对全国百家报纸的总编辑、编辑、摄影记者问卷调查和在全国 27 个省（市、自治区）作的读者抽样调查，对中国新闻摄影现状及读者的看法与需求作了较为准确的把握。在此基础上提出中国新闻摄影发展的几大特征：一、在新闻摄影的内容构成上经济类新闻作为主流，继续呈上升趋势；二、与人类有切身利害关系的灾难性事件的报道更直观更形象；三、新闻摄影与纪实摄影、艺术摄影、广告摄影呈百花齐放之态；四、新闻摄影内涵受世界新闻摄影发展影响，日益注重对新闻题材的深度刻划，注重人物情感表现；五、“图文并重，两翼齐飞”的办报目标逐步得到真正实现。同时，论文对一些影响制约新闻摄影发展的现存问题表示忧虑。

《高难度艺术：软硬结合——改进报纸宣传的断思》 艾风著，载《新闻界》1994 年第 5 期。该文首先从哲学视角分析“结合”的普遍现象和社会内涵，接着对报纸中的“硬”“软”作出界定与阐述。分析机关报、专业报中普遍存在的会议报道过多，领导活动与领导讲话过多，工作性、业务性报道过多的“三多”现象及其原因。提出从 3 个方面着力改进的措施，即：明确办报指导思想、拓宽报道领域、创新写作手法。论文指出：办报人要真正从思想上解决报纸办给谁看，要有强烈的读者意识，敢于按新闻规律办事。论文指出：做好软硬结合这篇文章，加深这方面的理论研究，将能丰富有中国特色社会主义新闻理论。

《“新闻策划”析》 何光庭著，载《新闻界》1997 年第 4 期。该文对“在新闻事实发生之前，由记者参与设计促成事件发生并予以报道”的“新闻策划”持否定意见。作者认为，客观公正是一切新闻报道的要求，策划出来的新闻不可能客观公正。记者的职能是发现新闻而不是自己去制造新闻。作者认为，“新闻策划”在理论上不能成立。因为新闻是客观社会生活的反映，是客观见之于主观；而新闻策划则是记者根据自己的主观愿望去“制造”新闻，是主观强加于客观。这样，新闻的本源就不再是客观社会生活，而是记者的大脑了。作者指出，“新闻策划”在实践中危险性极大，轻则假新闻由此而生，误导舆论；重则别有用心的人可以利用它来欺骗社会，愚弄群众。

《新闻价值论：关于新闻客观性问题的哲学思考》 萧娅曼著，载《现代传播》1998 年第 2 期。该文从哲学价值论的高度对“新闻的客观性”为什么“不客观”的问题进行探讨。文章提出：1. 新闻的客观性问题是个价值论问题。长期以来新闻客观性问题之所以令人迷惑不解，是因为人们一直是用以客体为尺度的科学主义的观点来看待这个属于价值领域的问题的。2. 属于价值范畴的新闻客观性，体现新闻的主体性尺度。新闻的客观性是具有倾向性的客观性，新闻的倾向性是具有客观性的倾向性。3. 新闻的客观性是一种主体性客观性，具有新闻实践的客观性基础。新闻价值的客观性是新闻主、客体双方及其实践的客观性。新闻价值主体不等于主观，新闻价值客体也不等于客观。新闻价值主体极其需要的客观性，为人的社会存在所决定。新闻价值的客观性就是新闻主、客体及实践的客观性。

《都市报市场营销组合——华西都市报的实践与思考》 张立伟著，载《新闻与传播研究》1999 年第 4 期。作者认为：20 世纪 90 年代中期，中国报业进入营销时代。《华西都市报》首次把各类基本营销因素，整合为城市大众化报纸抢占市场的营销组合模式：满足读者的寻求生活参谋、关注公共事务、了解环境变动、松弛心理紧张、品味都市梦想等5种信息；降低时间、精力、货币、交易成本4种读报成本来促成价值最大化；组织各种活动与读者沟通，由心理占有进而市场占有。营销是21世纪报业竞争的主战场。以上模式把报纸营销系统化，有利于制定营销方案，确定竞争对策，协调报社内部的工作，其意义已超出一张报纸或一个报种。

《传媒竞争中公关行为的介入及其影响》　董天策著，载《新闻与传播研究》1999年第4期。该文从传播学的视野出发，论述公共关系在新闻实践中的应用及其影响。作者认为，当新闻界不仅报道企业的公关活动，而且开始策划出新闻事件并加以报道的时候，公关就在中国新闻实践中得到直接应用，使新闻事件策划与新闻报道策划开始盛行，从而为新闻媒体提供走向市场的竞争新策略与新理念，但也带来“新闻炒作”“新闻策划”等有争议的现实与理论问题，值得认真研究。

《成都报业趋同化的实证分析》　董天策、黄顺铭、谭舒著，载《新闻与传播研究》2001年第2期。20世纪90年代中期以后，成都报业发展迅猛，相互间的竞争达到空前激烈乃至惨烈的程度。该文采用实证研究的方法，从近年成都具有代表性的《成都晚报》《成都商报》《华西都市报》《蜀报》《商务早报》5家报纸抽取足够的样本，从版面设置、报道内容、广告市场等角度进行对比分析，指出成都市场化报业的确存在着十分显著的趋同性。作者随后对报业趋同化问题进行探讨。指出，对于已经存在趋同化的报业而言，必须克服恶性趋同，优化良性趋同，强化自主创新，形成各自的风格特色，才能赢得市场的主动权，才有真正的发展空间。作者对报纸如何进行版面创新提出自己的意见。

《把什么做大？把什么做强？——关于广电集团发展战略的思考》　张立伟、杨飏著，载《新闻战线》2001年第11期。作者认为，广电集团应该努力把市场份额做大，把电视频道做强。做大市场份额，既要追求“数量”指标——收视率，又要追求“质量”指标——欣赏指数。作者认为，加入WTO后，与国外传媒必然展开一场看不见硝烟的“胶片战争”。在这种背景下，市场份额就是政治，把电视频道做强，就是要在同时并存的几十个、几百个频道的激烈竞争中脱颖而出，通过实行频道专业化，创造并保持压倒对手的竞争优势。

《我国新闻传播教育的现状及几点建议》　邱沛篁著，载《新闻界》2004年第1期。全文分3个部分。作者首先归纳当前中国高等新闻传播教育发展的几个特点：老牌新闻院系“锦上添花”；知名高校新闻院系“你追我赶”；顶尖高校新建新闻学院“争先恐后”；各种类型的高校新闻传播专业“遍地开花”。然后指出目前中国高等新闻传播教育中存在的一些问题：发展较快，但质量有待提高；布局不够合理，发展不够平衡；脱离新闻传媒实际的情况比较严重；不同程度存在师资“青黄不接”和办学经费不足的现象；忽视或轻视新闻传播教育的观念依然有所存在。最后对发展中国高等新闻传播教育提出几点建议：控制数量，提高质量；合理布局，狠抓重点；加强开放，面向实际；紧密团结，整合教育；领导重视，加大投入。

《弱势转型与强势生存——“西部黄金卫视”发展现象透析》　王炎龙著，载《电视研究》2004年第7期。频道专业化是以频道为单位进行节目内容和频道风格相对集中的定位划分。可以从两个角度理解：一是频道的节目类型组合结构相对集中；二是频道的实际观众组合结构相对集中。第一个角度是供方本位的，第二个角度是需方本位的。频道要做到真正的专业化，必须创新盈利模式。西部黄金卫视在弱势的地缘区位进行战略调整，在夹缝中谋变，全力打造中国西部的区域性强势媒体，为省级卫视尤其是弱势电视媒体的发展战略提供一条新的发展思路。

《发展报道：为全面建设小康社会提供强大新闻舆论支持》 张立伟著，载《新闻战线》2005年第1期。作者认为今后20年最重要的主流新闻就是发展报道。发展报道是中国新闻工作者能对新闻实践作出真正新贡献的一个领域，发展新闻学也是中国新闻学者能对新闻学研究作出真正新贡献的一个领域。做好发展报道需要上下贯通：把从时代、全局看的发展与受众切身感受到的发展有机结合；纵横兼顾：着眼于、服务于全面、协调、可持续发展。

《中国体育报道的后现代趋势》 庹继光、彭立著，载《四川师范大学学报》2005年第4期。作者认为，后现代已成为新闻传播领域的一个流行范式，并逐渐深入到中国的新闻实践当中。体育报道因其自身写作手法的灵活性等特点，已率先迈向后现代的领地，开始对传统价值取向的根本性颠覆，并以解消“元叙事”、有意增加文本的空白等手段调动受众参与其间，加入解构式阅读，共同建构新的体育阅读模式。

《洛克伍德新闻组合设计解析》 陈雪奇著，载《西南民族大学学报》2005年第12期。现代报业的发展，要求编辑提高在传播领域内运用更多技巧的能力，而视觉和语言的技巧是现代媒体编辑工作所要求的一部分。在全球化社会中，信息可以快速获取，读者面对大量信息需要有人帮助引导获取所需的信息，因为数据本身的存在并不能保证读者就能运用或者理解。新闻的组合与版面的组合如何有机结合，这个问题需要认真研究。该文通过对美国报纸版面设计师洛克伍德新闻组合思想的分析，站在版面设计本质上是新闻设计这一高度，帮助进一步提高版面设计的质量，从而努力实现报纸作为一门视觉传播艺术的功能。

第三节 学科代表人物

许 川（1929—1991） 江苏省泰县人，曾任济南《新民主报》、上海《解放日报》记者。1953年加入中国共产党，历任重庆《新华日报》记者、编辑，《四川日报》编委、副社长、总编辑，中共四川省委常委、宣传部部长兼《四川日报》总编辑，四川省新闻学会会长、省新闻工作者协会主席，全国记者协会副主席。主要著述有访问记《欧美纪行》。

徐怀钰（1931—1998） 四川省泸县人。1959年毕业于中国人民大学新闻系。先后任《云南日报》记者、编辑等职。1976年调四川大学中文系任教，参与编写《汉语大字典》。1985年后，任四川大学新闻系副教授，四川省新闻学会常务理事。一生致力于新闻写作学教学，主要论著有论文《浅谈新闻标题的特点及写作》《关于对话报道的几点观察与思考》，著作有《实用新闻学基础》（主创人员）、《报纸编辑学自学考试大纲》（参与编著）等。

陈昌荣（1932—2009） 四川省金堂县人。编审、硕士生导师、四川省社会科学院新闻宣传研究室（四川省社科院新闻传播研究所前身）主任。其新闻传播学方面的主要著作有《电影剧作基础》《列宁的编辑理论与实践》，论文集《艺术美的创造与欣赏》等。

第十一章　档案和文献信息研究

1986—2005 年，是四川省档案和文献信息研究快速发展的一个时期。随着经济社会的快速健康发展，政府对档案、图书馆和文献信息的建设不断加大投入，各级各类档案馆、图书馆、情报中心的条件不断改善。随着计算机、网络的普及和发展，信息技术和数字技术在档案馆、图书馆和情报中心得到广泛应用，传统的档案馆、图书馆开始向现代档案馆、图书馆转型和发展。随着档案、文献载体多样化，其管理、检索和保护手段的研究成为新的研究领域。随着数字档案馆、图书馆工程建设的启动，有关现代档案馆、图书馆、情报中心职能的学术讨论和研究亦空前活跃。这些进步和变化，促使四川省的档案和文献信息研究领域不断扩展和深入，取得丰富的研究成果。

第一节　研究综述

1986—2005 年，四川省的档案和文献信息研究机构主要有：四川大学公共管理学院、四川大学档案系、四川省档案馆、成都市档案馆、四川省图书馆、中国科学院成都文献情报中心、四川省科技情报中心、四川省社会科学文献情报中心等。全省各级档案馆、高校和地方图书馆、情报中心也从事档案和文献信息研究。

四川省的档案和文献信息学术团体主要有：四川省档案学会、四川省图书馆学会、四川省经济信息协会、四川省高等学校图书馆协会、四川省社会科学情报学会等。这些团体定期召开年会，同时也联合其他团体举办各种学术活动，促进学术交流和学科建设。

四川省档案和文献信息学术团体举办的重要学术研讨会和学术活动主要有：

1987 年，四川省社会科学文献情报中心在成都组织召开四川省社会科学情报学理论研讨会。1989 年 11 月，省档案馆建馆 30 周年暨全省档案学术讨论会在成都召开。1993 年 10 月，西南地区第四次档案工作协作会在成都召开。2000 年 4 月，受国家档案局委托，四川省档案局主办的西部大开发与档案工作研讨会在成都举行。2001 年 6 月，由四川省档案局、《四川档案》杂志社主办的全国部分省市档案期刊工作研讨会在成都召开。2004 年 10 月，四川省高等学校人才档案工作研讨会在都江堰市召开。2005 年 8 月，四川省档案局（馆）、重庆市档案局（馆）联合举办的纪念抗日战争胜利 60 周年学术讨论会在四川省档案馆举行。

随着时代和科技进步，四川省的档案和文献信息研究与信息化、数字化技术相互交融，取得革命性的进步，新的分支学科和学术领域不断产生，获得前所未有的成果，主要体现在以下学术领域：档案学理论、文书学、档案管理、科技档案管理、档案文献保护技术、档案文献编纂、新型载体档案、文献学理论、文献信息管理、目录学、文献信息检索等。

档案学理论 专著主要有：李仕根《四川清代档案研究》；倪道善《明清档案概论》等。

论文主要有：陈贤华《档案学理论研究的几个问题》《档案起源于用文字书写文献之时》；李荣忠《满汉文化交流的结晶——“档案”词源新论》；黄存勋《文件生命周期理论在我国大有用武之地》《国家档案全宗与档案行政改革问题初探》《构建文件与档案学的设想》等。

文书学 专著主要有：黄存勋、刘文杰《档案文献学》；雷荣广、姚乐野《清代文书纲要》；刘文杰《中国档案学文书学要籍评述》《历史文书用语辞典》（明清、民国部分）；卿成、张岳良《机关文书写作大辞典》；李荣忠等《毛泽东·公文·档案》；卿成主编《经济文书写作大辞典》；苏文坤《对外贸易文书》；姚乐野、赵汝周《实用文书学知识图表解》；王启涛《中古及近代法制文书语言研究——以敦煌文书为中心》；叶黔达《现代公文写作技巧》等。

论文主要有：陈贤华《试论唐朝的中枢机构和文书制度》；张仲仁、薛昭慧《乡镇文书处理与档案工作常识》；雷荣广《历史档案稿本及其价值判定之我见》；雷荣广、蒋美姣《明清档案整理中应予注意的几个问题》；霍巍《关于文书档案起源的几个问题》等。

档案管理 专著主要有：张仲仁、翁航深《美国档案文件管理》；张仲仁、薛昭惠《乡镇文书处理与档案工作常识》；赵汝周等《文件立卷实用技巧》；陈代荣等《机关档案工作实用手册》等。

论文主要有：姚乐野《简论书稿档案的管理》《应重视证券公司档案的管理》；黄存勋《论国家档案资源建设的理念与体制创新》《谈档案工作“统一领导”与“分级管理”的合理结合》《档案价值及其鉴定新探》；刘金霞等《国家监管非国有企业档案工作的问题及对策》；纪樯缘、陈光复《高等学校档案实体分类法与高等学校档案工作规范》（调研报告）；刘承志等《现代档案管理百图解》；乔健《企业档案档号模式探讨》；张全修《实行档案行政执法责任制的实践与思考》；郭腾飞《论钢铁企业基建档案的分类编号》等。

科技档案管理 论文和调研报告主要有：江熔等《农业产业化档案管理研究报告》；葛少霞等《图式检索法在科技档案（资料）管理中的应用》；刘庚等《科技档案管理现代化研究》等。

档案保护 专著主要有：杜庆坪等《档案保护学》等。

论文主要有：张仲仁《关于档案库房建设的几个问题》；科言《环廊式无窗档案库房温湿度控制研究》；杜庆坪《自贡盐业契约档案保存现状及保护措施》；谢必忠《DWS-2型温湿度显控仪》《小型消毒杀虫室》；熊洪治等《档案窃蠹发生规律及防治研究》；王定才等《四川省档案害虫虫种及分布普查》；王万华等《档案库房有机污染物研究》；四川省档案局档案科研所《档案图书害虫电子图册》等。

新型载体档案研究 专著主要有：黄存勋、姚乐野等《文档一体化——网络时代的文件与档案管理》；姚乐野、黄存勋《电子文件归档与管理》等。

论文主要有：姚乐野《论基于电子政务的现行公开文件利用服务》；姚乐野、蔡娜《电子文件行政有效性的法律依据探讨》；姚乐野、于进川《电子文件的特点再研究》；姚乐野、王玮《数字化档案馆建设的技术方案初探》；李学军《试析图书、档案、情报一体化》。

档案文献编纂 成果主要表现为各种资料汇编、选编：冉光荣、柯建中等《清代乾嘉道档案选编》；四川省档案馆《川魂——四川抗战档案史料选编》《巴蜀灾情实录》《抗日战争时期四川省各类情况统计》《四川革命历史文件汇集》（1—14册）；内江市档案馆《内江蔗糖档案资料选编》；

赵心愚、秦和平《清季民国康区藏族文献辑要》；冉光荣、周锡银《近代康区档案资料选编》；四川省民族研究所《清末川滇边务档案史料》；刘重来等《明实录类纂·司法监察卷》；侯灿、杨代欣《楼兰汉文简纸文书集成》等。

论文主要有：李荣忠《求实存真——档案编纂工作的基本原则》等。

档案检索和档案服务 专著主要有：李仕根等《四川省档案馆指南》等。

论文主要有：陈光复《高等学校档案部门多功能作用问题的思考》；卜思义、周军平《企业领导层档案信息需求及服务方式初探》；姚乐野《论基于电子政务的现行公开文件利用服务》；朱大荣《档案管理编目系统 AMDRS（管理软件）》等。

文献学理论 专著主要有：李苓《世界书业通论》；陈力《中国图书史》等。

论文主要有：俞培果《文献老化现象研究的历史评说》等。

文献信息管理 专著主要有：张晓林《信息管理学研究方法》；孙光成《信息高速公路——通往人类新时代的必由之路》；董健民《经济信息利用学》；张健《图书馆评价理论与方法》；沙马拉毅《计算机彝文信息处理》等。

论文主要有：张晓林《论社会群体的信息交流管理模式》《信息资源开发与控制系统：目标分析与功能设计》《现代图书情报机构发展模式》；赵文广《信息资源建设面临的新形势与新对策》；赵媛、王远均《数字图书馆建设中的法律问题研究》；姜晓《图书馆评估研究与实践》；张元芬《改革图书馆教育》；汪恩来《开发智力资源与图书馆的服务层次》；赵英、龚健《网络环境下的信息资源组织方法分析》；赵芝《文献情报信息为企（事）业起飞服务》；孙二虎《基层科研情报工作新模式浅探》；袁学良《近年来四川高校图书馆统计工作的发展》；蒋敏《网络环境下学科资料中心的工作重点》；吕先竞《图书馆创新理论与体系》；陈益刚《我国网上高校图书馆信息资源开发建设探析》；于采惠《“人本管理思想”在图书馆管理中的实践探讨》；张志勇《论图书馆文献信息商品化的困境与对策》；刘雅玲《论信息时代图书馆藏书》等。

目录学 专著和工具书主要有：倪晶莹主编《四川大学图书馆馆藏地方志目录》《四川大学图书馆报刊目录》（1876—1949）；陈力编《四川大学图书馆古籍善本书目》；古籍善本联合目录编纂委员会编纂《四川省高校图书馆古籍善本联合目录》等。

论文主要有：林华《信息时代图书馆编目工作的发展趋势》等。

文献信息检索和利用 专著和工具书主要有：杜桑海《科技情报检索基础》；邱明斤《主题检索语言》；刘元奎、杨慕贤等《物理电子类文献检索与利用》；徐昌明、罗庆华、卫忠海《哲学文献检索与利用》；沙马拉毅等《信息交换用彝文编码字符集》《信息交换用彝文字符 15×16 点阵字模集及数据库》；许志强《中国专利数据库》；谭维治、任天培《地球科学文献检索和利用》；张其中、解晓亮《文献检索与论文写作》；叶建忠、孟连生、刘集贤《国内外主要科技检索刊物与数据库汇集》；李秉严《光盘技术与图书情报》等。

论文主要有：刘乃琦《〈计算机信息管理〉继续教育科目指南》；文南生《关于西南三省农业情报协作问题的思考》；郑金生《试用物理数学方法推导文献增长函数》；王怀汀《如何转换 Biblie 系统数录的数据》；徐恩源《关于西南编目中主要款目问题的探讨》；张佑铭《对“中国医学”专用复分表及组配方式运用之建议》；程绍敏、易正亨《科技文献检索系统在评价大气科技成果中的作用与选择》。

第二节 主要著述

一、专著

《乡镇文书处理与档案工作常识》 张仲仁、薛昭惠著，中国档案出版社 1986 年出版。全书分 3 个部分：一、总论，简述乡、镇文书处理工作和档案工作的概述、特点、作用以及组织与人员配备。二、乡、镇文书处理工作，内容包括乡、镇文件的种类和格式；乡、镇文书处理程序；乡、镇文件的归档；乡、镇文件材料的立卷。三、乡、镇档案工作，内容包括乡、镇档案的收集、全宗划分、鉴定、保管、利用、移交等工作，以及业务指导等。

《科技情报检索基础》 杜桑海主编，四川科学技术出版社 1986 年出版。该书主要介绍各种类型常用检索工具和主要参考工具的特点和使用方法，以及电子计算机情报检索和国际联机情报检索方法等。

《美国档案文件管理》 张仲仁、翁航深著，四川省社会科学院出版社 1988 年出版。该书详细介绍美国档案文件管理的情况。包括以下几个方面：美国档案文件工作的历史、发展，美国档案文件工作体制和机构；档案文件的接收、鉴定、整理、保存、利用、检索等各个具体的工作环节；档案教育的状况、档案协会的活动；美国各类档案文件的利用制度、各种利用规定、利用形式、利用注意事项等；美国对不断增加的档案文件数量与档案存储空间的矛盾的研究；美国对档案工作者工作价值观和专业价值观的要求、美国档案工作者获得专业证书的起码要求；美国档案文件的鉴定，对美国档案保护技术、档案检索系统和检索工具等。

《档案文献学》 黄存勋、刘文杰、雷荣广著，四川大学出版社 1988 年出版。全书分上、下两编。上编为通论性质，论述档案文献的性质、地位和特点，并系统介绍查阅、考据、研究、摘要、校勘、标点、编辑档案文献的理论与方法；下编为分论性质，较为全面地阐述中国历代档案文献，主要是现存档案文献的源流、种类、内容与价值，以及不同时代、不同类型档案文献各自的特点。该书还吸收中国传统文献学的优秀遗产，注意引进一些新的研究方法，以及现代科学技术的进步给档案学研究带来的新变化。该书立论稳妥，例证丰富。既总结作者自己的研究心得，又吸收学术界、档案界的新成果。充分考虑档案利用者、研究者和档案馆编研人员的现实需要，从而使该书具有中国档案文献利用学、编研学的性质。

《主题检索语言》 邱明斤编著，四川大学出版社 1990 年 7 月出版。该书重点介绍国内外主题检索语言研究应用的新成果、新进展，内容内括各类检索语言原理、编制法及主题标引技术等。

《清代文书纲要》 雷荣广、姚乐野著，四川大学出版社 1990 年出版。全书分 8 章，内容包括：有关清代公文的几种文书制度；清代文书的程式结构与用语；清代公文的稿本；清代文书工作的机构与人员；官府往来文书；奏疏；诏令文书；清代常用公文用语的分类与选择等。

《物理电子类文献检索与利用》 刘元奎、杨慕贤等编著，四川大学出版社 1990 年出版。该书介绍文献学与文献检索的基本概念与基础知识，以及各种检索工具和一些特种文献的检索。书末附有实习指导书和文献检索略语。

《哲学文献检索与利用》 徐昌明、罗庆华、卫忠海编著。四川大学出版社 1990 年出版。该书是文献检索理论与实践丛书的一部分册，是哲学专业教材，又可供图书情报工作者参考。全书通过绪论简述，向读者介绍文献检索的基本知识，增强读者获取情报信息的意识，提高检索和利用文献的技能，从而有助于读者阅读和分析研究能力的增强。作者把大量古今中外的哲学文献作为素材，灵活运用文献检索的全套方法：或目录，或索引，或文摘，或综述，或述评等检索性检索工具的方法；或哲学词目的注释、分析，或哲学家的生平、学说，或流派的研究、评价，或年代的说明，或地名的引用等参考资料检索工具的方法等，都恰当地贯穿在全书的框架之中。

《四川大学图书馆馆藏地方志目录》　倪晶莹主编，张锡康校订，四川大学出版社 1991 年出版。该目录所收地方志的编纂年代截至 1949 年。收录中国历代地方志 1213 种（加上不同版本计 1413 种），25579 卷，收录范围包括通志、府志、州志、厅志、县志、乡土志、里镇志、山水寺庙志等。

《四川大学图书馆古籍善本书目》　陈力编，四川大学出版社 1992 年出版。该书是四川大学图书馆所藏古籍善本之总目，涉及到版本学、文献学及图书分类学等领域。

《机关文书写作大辞典》　卿成、张岳良著，人民日报出版社 1993 年出版。该书是一部大型的机关文书写作工具书，全书分 7 个部分，包括从宏观上、整体上阐释机关文书写作的特点、规律和要求；各类具体文书写作方法的论述；不仅有通用文书的写作知识，财经文书、司法文书、科技文书、文教文书、医卫文书、行政监察文书、涉外文书和军事文书的写作方面的知识等。第七部分中有 48 个附录，内容包括机关文书写作研究著作介绍、机关文书写作有关资料，以及《文书保管期限表》《简化汉字表》等多种备查材料。该书有许多内容是编著者研究与实践经验的系统总结，同时也吸收 20 世纪 80 年代以后秘书学、文书学、公文写作学的优秀成果。

《四川省高校图书馆古籍善本联合目录》　古籍善本联合目录编纂委员会编纂，四川大学出版社 1994 年出版。该目录收录四川省 15 所高校图书馆所藏成书于 1911 年以前的汉文古籍善本 2508 种（重复者不计）。收书年代一般以乾隆六十年（1795）为下限，乾隆以后之精刻、精钞、稀见、著名学者之批校题跋本以及朝鲜、日本之旧刻本亦酌情收录。各本按书名、卷数、作者、版本、收藏单位依次著录。该目录仿《中国古籍善本书目》，分经、史、子、集、丛五部，各子目亦参照其编排，后附书名笔划索引。该目录的出版，为高校图书馆古籍善本资源共享和进一步开发利用起到积极作用。

《毛泽东·公文·档案》　李荣忠、刘昌福、肖成林、赵汝周著，四川大学出版社 1995 年出版。该书对毛泽东公文写作思想源流进行深入研究和考证。将散见于《毛泽东选集》《毛泽东书信选集》《毛泽东年谱》《建国以来毛泽东文稿》《毛泽东早期文稿》等著作中的有关部分，进行寻找、发掘、积累与整理，使分见于毛泽东各篇文章中有关的理论与实践经验得以系统汇集。对毛泽东公文与档案理论思想及实践经验的全面概括和提炼，归纳总结为 9 条：（一）马克思主义是公文写作的指导思想；（二）群众观点是公文写作的根本观点；（三）调查研究是公文写作的重要基础；（四）文件应当具有准确性、鲜明性、生动性；（五）文件要讲究语言、逻辑、语法和修辞；（六）文件应当短而精；（七）写文件要看对象；（八）文件要反复修改；（九）重要文件领导干部要自己动手。

《经济文书写作大辞典》　卿成主编，人民日报出版社 1995 年出版。该书是一部实用工具书，可供财政、金融、工商、税务、审计、保险等经济管理部门和各类公司、企业撰写经济文书使用。全书分 12 个部分，包括经济文书写作的特点要求和规范；语言及表达；通用经济文书的写作；专用经济文书的写作；企业管理文书的写作；经济仲裁与诉讼文书的写作；经济研究论文的写作；经济文书常用语与术语；经济文书常见病诊治；港台经济文书介绍，以及附录文件资料。该书内容科学而规范，不仅从正面阐释经济文书应该怎么写，阐释各种文书的概念、适用范围与条件、作用与功能，讲解各种经济文书的写作内容与结构、写作要求与注意事项，并且附有例文以供参考，而且还从反面阐释各种经济文书不能怎么写，讲解经济文书写作中的错误与防治，具有突出的实用价值。

《中国图书史》 陈力著，台湾文津出版社 1996 年出版。该书着重从中国文化演进角度阐述上古到清末各历史时期不同的社会背景、学术风气下图书事业发展的历史，所涉及内容包括各时期图书内容特点和外在形式的变化、图书的收藏与整理和图书馆的出版发行。

《四川高校图书馆 100 年》 李秉严主编，四川科学技术出版社 1999 年出版。该书记述自 1806 年（清光绪二十二年）至 1996 年四川高校图书馆的发展变化。全书分上、下两编和附录 3 个部分，共 11 章。上编 4 章，记述四川高校图书馆百年来的历程；下编 7 章，全面反映四川高校图书馆在馆舍、藏书、人员、设备、经费、管理体制、文献建设、读者服务、协作协调、学术研究、对外交流等方面的发展变化；附录则简明介绍四川各普通高校图书馆的基本情况。该书不仅保存大量珍贵史料，而且在编纂形式、分期分段、对事件和人物的评价、对客观发展规律的揭示等方面，都取得一定的研究成果，具有较高的学术价值。

《四川省档案馆指南》 李仕根、马小彬、冯绍成、刘志愚、杨俭著，中国档案出版社 2002 年出版。该书是一部全面介绍四川省档案馆机构、馆藏档案、资料内容，指导利用者查阅档案，传播档案信息，开展档案宣传的工具书。四川省档案馆于 1988 年 8 月出版《四川省档案馆馆藏档案概述》，对所藏部分全宗作了介绍，随着时间的推移，档案开放力度加大，决定在原书基础上补充修改，对所藏 906 个全宗档案作全面、系统的介绍。该书自 1999 年开始编写，本着尊重历史，实事求是，突出馆藏特色的精神，经编委会、编辑组多次修改成书。

《现代公文写作技巧》 叶黔达编，四川人民出版社 2003 年出版。该书是遵循国务院新颁布的《国家行政机关公文处理办法》以相关的法律、法规，中共中央办公厅、国务院办公厅近期有关公文处理的规定，从公文写作实际出发，结合作者多年的公文写作和教学实践的体会而写成的。介绍关于公文处理工作的一系列新规定，介绍近 50 种常用公文的写作方法和技巧，选用最新的 60 篇例文。全书力求内容科学、规范、新颖、实用。

《四川清代档案研究》 李仕根主编，西南交通大学出版社 2004 年出版。该书是关于四川清代档案研究的论文集，收入论文 44 篇，内容分为两大部分：一是对清代四川各县档案和专业档案的研究，涉及巴县档案、南部县档案、会理县档案、新都地契档案、冕宁彝族档案、宣汉县家谱档案、自贡盐业档案等；二是根据清代四川档案对清代四川社会各个方面的研究，内容涉及教育、邮政、制度、民俗、会社、教案等。

《抗日战争时期四川省各类情况统计》 四川省档案馆编，西南交通大学出版社 2005 年出版。该书是四川省档案馆为纪念抗战 60 周年而准备出版的档案史料，内容包括抗战时期四川省气象及土地、人口、农业、工矿、劳工、物价、合作、财政、金融、交通、教育、卫生、社会、警卫、政治组织 15 大类。

二、论文

《小型消毒杀虫室》 谢必忠、黄天翔著，载《四川档案》1987 年第 3 期。该文叙述讲解如何建立小型消毒杀虫室，使用化学熏蒸剂的办法对新接收的档案和出库利用时间较长的档案进行消毒杀虫。文章分两个部分：（一）小型消毒杀虫室的特点；（二）小型消毒杀虫室具体建造方法。

《档案学理论研究的几个问题》　陈贤华著，载《档案学研究》1990 年第 3 期。该文考察中国档案学的形势、学科发展和学风等问题。关于学科形势，作者指出，档案学的研究确实有落后于实践、落后于需要的地方。关于学科水平，作者指出，中国已把档案学建设成为一门独立科学，其理论是先进的、优越的，比之某些国家至今还不承认它是独立学科要先进得多。中国对档案工作的矛盾、规律，档案的本质、特征和作用的研究都是比较深入的。档案学的基础理论研究虽有一定程度的加强，但仍嫌薄弱，未能起到理论上的先导作用。档案学基础理论与历史学术委员会活动不多，指导不力。尚望今后能够得到改观，确实把档案学的基础理论建设推前一大步。关于学风，作者指出以下几个方面的问题：（一）不重视调查研究，不尊重历史事实，导致认识上的片面性；（二）生搬硬套，机械搬用；（三）研究问题，提出观点，不重视论据论证，不重视文献史料的情况相当普遍。

《从〈中国分类主题词表〉的编制谈谈我国文献检索体系的标准化》　张强、顾乐希著，载《四川省图书馆学报》1990 年第 1 期。全文分 4 个部分：（一）文献分类检索系统的标准化问题；（二）文献主题检索系统的标准化问题；（三）一体化检索语言的发展趋势及中国文献检索体系的标准化；（四）文献检索体系标准的实施和管理。作者指出，图书分类法结构体例的合理性在于其逻辑体系是否具有科学性以适应文献的归类。分类检索系统的标准化要求类目名称的规范化。语词标识选择范围的规范是文献主题检索中央系统与各子系统词量控制的保证。词形、词义的规范是文献主题检索系统标准化的关键。要使中国的文献工作适应科学进步和社会发展，建立全国统一的文献检索网络和全国文献数据中心，制定文献检索体系标准加以实施是势在必行的。

《现代图书情报机构发展模式》　张晓林著，载《中国图书馆学报》1995 年第 3 期。图书情报机构面临严重的挑战，这个挑战来自于其能力和服务上的相对萎缩，以及它们尚未有效适应和参与现代信息环境。作者认为，理论和实践的困境是来自于传统的图书情报学科的基本认识：即情报是客观的、静态的和物化了的。文章通过对情报、图书情报工作和图书情报系统、情报体系等的认识、变迁的分析研究，认为情报是主观的、动态的、过程化的；独立于用户需要与利用的情报是不存在的。并介绍现代图书情报机构的几种发展模式：（一）分析选择器模式；（二）联络器模式；（三）组织器模式。

《文献老化现象研究的历史评说》　俞培果著，载《中国图书馆学报》1997 年第 4 期。“文献老化”现象，是指随着时间的推移，一切知识或其相应的载体会逐渐失去原有价值，文献资料逐渐变得不再有用或不再可靠的过程。该文对西方学者巴尔顿、凯普勒等人对这一现象的研究进行系统的回顾和分析，在此基础上提出自己的观点。全文分 3 个部分：文献老化现象的发现和认识；对文献老化现象认识的混乱及长期而艰苦的争论；对过去研究工作及成果的反思。作者认为，要使文献老化研究进一步发展，只有摒弃同步测定方法，从文献老化的定义，从现象本身出发进行研究，即用文献老化历时观测方法进行研究。

《构建文件与档案学的设想》　黄存勋著，载《档案学研究》1998 年第 1 期。该文就建设文件与档案学的必要性、可行性和新学科的框架问题进行探讨。关于必要性，作者提出 3 个方面的理由：（一）电子文件及其转化而来的虚拟档案的大量出现，给传统的档案工作方法和档案学理论带来巨大冲击；（二）文件与档案管理一体化的大趋势呼唤文件与档案学；（三）文件与档案教育和培训需要文件与档案学提供理论根据。作者指出，档案学的理论和档案工作实践也孕育和提供发展的可能性。关于文件与档案学的学科体系，作者提出初步设想：文件与档案学的学科体系可以分为三大块，即总论部分、广义文件学部分和档案馆学部分。

《国家档案全宗与档案行政改革问题初探》 黄存勋著，载《北京档案》1999 年第 3 期。该文认为，“国家全宗”概念是苏联以档案的普遍国有为基础的。随着中国多种经济所有制成分的形成，档案所有权向多元化的格局演变。在这种格局下，应该停用国家档案全宗概念，建议改称“国家档案”或“国有档案”“集体所有的档案”和“个人档案”或“私人档案”，推动档案行政改革，将各级各类档案学会改建为文件与档案工作者协会并扩大社团群众基础，原由档案行政管理部门承担的某些职能，将传播档案学知识、交流档案工作经验、宣传与培训档案工作者等工作移交给协会承担，以便档案行政管理部门可以集中精力，专注于行政执法工作。

《图书馆自动化系统选型中若干问题的思考》 周激流著，载《四川图书馆学报》1999 年第 1 期。文章综述图书自动化系统选型中应该注意的若干事项。给出在系统设计时应考虑系统的拓朴结构和硬件平台的选择指标。评价几种流行的操作系统、数据库管理系统的优缺点。提出对图书馆自动化软件的评价标准。

《对“中国医学”专用复分表及组配方式运用之建议》 张佑铭著，载《四川图书馆学报》1999 年第 2 期。文章通过实例对《中图法》（第三版）中国医学类目专用复分表的一些缺陷及组配方式的论述，提出一些尝试性的修改调整建议。认为从发展趋势看，中国医学不但向哲学、环境学、气候学等社会科学领域更深层次渗透，而且向系统论、控制论、信息论等现代科学技术领域扩展，在保持中国医学特色的基础上，走中西医结合发展的道路，因此，制定一个能揭示中国医学整体性理论的专用复分表是十分必要的。

《网络环境下学科资料中心的工作重点》 蒋敏著，载《四川图书馆学报》1999 年第 3 期。文章从学科文献信息建设、文献信息开发、文献信息服务等方面，论述网络环境下图书馆学科资料中心工作的重点。认为在网络环境下，图书馆应向数字化图书馆方向发展，这就对学科资料中心的工作提出更高的标准和要求，其工作重点是：在学科文献信息建设方面，应向多渠道、高效率方向发展；在学科文献信息开发利用方面，应向数字化、信息化方向发展；在学科文献信息服务方面，应向全方位、高层次方向发展。

《科技文献检索系统在评价大气科技成果中的作用与选择》 程绍敏、易正亨著，载《四川图书馆学报》1999 年第 3 期。文章论述科技文献检索系统在评价科技成果中的作用，并结合大气科技成果的学科特点，在众多的检索系统中，选择适合大气科学成果的检索系统，对各检索系统进行相关的统计、分析，最后确定 mga、ei、sci、sa 四大检索系统作为评价大气科技成果的检索工具。

《试析图书、档案、情报一体化》 李学军著，载《四川图书馆学报》1999 年第 4 期。作者认为：在改革、开放和社会主义市场经济不断发展的时代，以图书、档案、情报为主的文献信息业必然走向兼容合并，无明确分工的一体化，随即从图书、档案、情报的共性；国内外学者对一体化的探讨；资源共享与一体化的关系等方面展开论述，并提出建立图书、档案、情报文献信息中心的建议。

《信息时代图书馆编目工作的发展趋势》 林华著，载《四川图书馆学报》1999 年第 4 期。作者认为，信息浪潮对图书馆产生强大的冲击和影响，同时也给图书馆的编目工作带来冲击，引起变革，文章通过对这些变革的分析，提出信息化、网络化环境下的图书馆编目工作将朝标准化、规范化、信息化的方向发展；工作重点将从信息处理向信息咨询转移；工作模式是在更高水平地发挥文献信息整序基本职能的基础上，拓展其开发获取信息资源的情报信息职能。

《历史档案稿本及其价值判定之我见》 雷荣广著，载《四川档案》1999 年第 6 期。该文考察清代公文稿本的性质和处理环节。作者认为，历史公文的稿本，无论行稿、行本还是正本，其书面文字内容均为当时政务活动的原始记录，都具有十分珍贵的史料价值。但是，如果我们发现某一文稿既未经判行，也无印章时，则应认识到它极可能是当时未被实际采用而遗留下来的草稿，其史料价值显然大大低于行稿、行本和正本。对此，无论是档案的保管者还是利用者，均须予以充分的了解并尤当注意。

《图书馆创新理论与体系》 吕先竞著，载《四川图书馆学报》2000 年第 5 期。作者在经济创新理论的基础上，论述图书馆的创新理论，并指出图书馆的创新体系包括图书馆科学、图书馆技术、图书馆管理的全部内容。认为除了要对图书馆科学创新体系中的图书运动规律、读者运动规律、领导和干部的运动规律、建筑与设备的运动规律、工作方法的原理等五要素进行不断地探索外，还需要在学科体系、研究方法、成果评价等方面注入新的内容。

《我国网上高校图书馆信息资源开发建设探析》 陈益刚著，载《四川图书馆学报》2000 年第 3 期。作者认为，在知识经济时代，高校图书馆必须充分依托和利用网络的巨大优势，发挥自身文献信息资源收藏、组织、再生和导航的作用。文章对中国高校图书馆网上文献信息资源开发建设的现状、特点作了具体的考察分析，并对文献资源的开发建设提出如下对策建议：（一）加强现代意识，加快图书馆现代化建设；（二）加大自身文献资源开发建设的力度，首次加强人员的培训，其次相关的设备必不可少，如高性能机算机、数码照相机等，同时要制定相关的组织管理措施；（三）充分利用网络信息的组织、引导和再加工，形成若干和本校性质相关的特色库；（四）重视和加强主页的设计管理和维护工作；（五）加强系统的运行和维护，保障图书馆自动化系统的正常运行。

《“人本管理思想”在图书馆管理中的实践探讨》 于采惠著，载《四川图书馆学报》2000 年第 4 期。作者认为，人本管理是指以人为根本的管理。中国传统管理文化与西方现化管理文化，在人本管理思想上，具有趋同倾向。文章从人本管理思想中所蕴藏的中西管理文化的深厚内涵，论述人本管理思想在图书馆管理中的应用，指出根植于中国文化土壤，受到现代西方管理思想影响、正在向现代化迈进的中国图书馆，由于自身所处的社会地位、图书馆的功能、图书馆的工作性质，适合用人本管理思想去组织、去协调。

《论图书馆文献信息商品化的困境与对策》 张志勇著，载《四川图书馆学报》2000 年第 5 期。文章就图书馆文献信息商品化的原因及面临的困境进行分析；指出图书馆文献难以商品化的主要原因在于图书馆文献信息商品化的观念还未完全形成，图书馆的体制有不合理之处，因此，图书馆在进入信息市场时难以形成合力；探讨实现图书馆文献信息商品化的有效途径：（一）确立图书馆信息也能商品化的观念；（二）引进人才，建立相应的图书馆文献信息商品化机构；（三）了解市场需求，不断开拓图书馆文献信息商品化的渠道。

《论信息时代图书馆藏书》 刘雅玲著，载《四川图书馆学报》2000 年第 6 期。文章论述信息时代文献载体变化给图书馆带来的冲击，图书馆工作者思想观念转变及对电子出版物的典藏建设诸问题。指出，图书馆藏书的多元化和高质量，立足于知识经济时代的基本保障。只有深刻认识到知识载体的变迁给图书馆藏书带来的影响，在观念上树立多元化思想，才能以此指导藏书建设。

《数字化档案馆建设的技术方案初探》 姚乐野、王玮著，载《四川档案》2002年第3期。该文针对目前档案学研究的热点问题——关于数字化档案馆建设中的技术方案进行详细的探讨。主要内容包括：数字化档案馆建设的迫切性；数字化档案馆的特点；数字化档案馆的系统组成及其功能；数字化档案馆的网络结构。数字化档案馆运行的环境要求。

《信息资源建设面临的新形势与新对策》 赵文广著，载《图书馆学、信息科学、资料工作》2002年第10期。全文分为两个部分，第一部分，在新世纪以新的视角认识新世纪信息资源建设所面临的新机遇和新挑战。第二部分提出以创新精神探索信息资源建设的5项对策：（一）创新理念是新形势下信息资源建设的先导；（二）开发特色资源建设是新形势下信息资源建设的核心；（三）搭建信息平台是新形势下信息资源建设的基础；（四）促进持续发展是新形势下信息资源建设的动力；（五）实现资源共享是新形势下信息资源建设的目的。

《农业产业化档案管理研究报告》 江熔等著，载《四川档案》2003年第4期。该报告回顾农业产业化发生、发展和逐步走向成熟的历程，阐述农业产业化档案的形成特点和规律，提出农业产业化经营档案的概念，分析其构成和作用，剖析农业产业化档案管理工作的重点与难点，并探讨农业产业化经营档案管理的体制和模式。

《论基于电子政务的现行公开文件利用服务》 姚乐野著，载《档案学通讯》2004年第4期。该文就电子政务和办公自动化环境下，档案部门如何利用现代信息技术，开展基于电子政务的现行公开文件利用服务及其相关问题作了探讨。作者首先回答现行公开文件利用服务为什么要“基于电子政务”的问题，然后就档案部门如何提供“基于电子政务”的现行公开文件利用服务提出以下意见：（一）建立以网络为基础，面向全社会的、数字化的现行公开文件利用服务中心；（二）通过党政网、公共信息网和公共信息亭等网络途径进行现行公开文件的收集和提供利用；（三）实现对“基于电子政务”的现行公开文件利用服务工作的有效管理。

《国家监管非国有企业档案工作的问题及对策》 刘金霞、李颖、黄存勋著，载《浙江档案》2004年第9期。该文就国家对非国有企业档案的监管进行探讨。作者指出，当前档案行政管理部门在监管中存在以下问题：（一）监管观念存在偏差；（二）监管中缺乏明确的法律法规；（三）行政部门角色定位不准确。关于档案行政管理部门应采取的对策，作者提出：（一）转变观念；（二）加大宣传力度，加强沟通；（三）制定地方关于非国有企业档案方面的规章制度。作者认为，在国家档案行政管理部门对非国有企业档案工作监管的过程中，除上述对策外，还可以发挥档案中介机构的作用，使之成为对非国有企业档案工作监管的间接的有效途径。

第十二章　语言文字研究

语言文字研究，是中国传统学术研究的重要领域。1986—2005 年，四川省的语言文字研究，在继承传统语言文字研究的基础上，重视研究领域的创新，学术活动十分活跃，研究方法多样，研究规模扩大，研究领域扩展，在汉语文字研究的传统和新兴领域均获得令学术界瞩目的成绩，产生重大影响。有的研究领域如敦煌学的语言文字研究甚至达到国内学术界一流的水平。

第一节　研究综述

1986—2005 年，四川省的汉语言文字研究机构主要有：四川大学汉语史研究所、四川大学汉语言文学研究所、四川大学古籍研究所、四川师范大学汉语研究所等。此外，四川省内各高等院校的相关文科院系、研究室也有许多学者从事汉语言文字研究。汉语言文字研究的学术团体主要有：四川省语言学会等。

这一时期，四川省语言文字学者研究方法多样、研究规模加大，深入到学科的各个领域，不仅在传统小学的研究方面续有新创，在汉语文字研究的新领域，如汉语通史、中古汉语和近代汉语，敦煌文献用语、佛教文献用语和道教文献用语，辞书编纂和辞书学等专题研究，获得可喜成绩，在学术界产生重大影响。其中尤以四川大学教授项楚、赵振铎、张永言 3 位学者最为突出。项楚的研究领域以敦煌学为核心，涵盖语言学、文学、文献学和佛学等诸多方面，其研究被学术界公认达到世界一流水平。在语言文字方面，项楚开创系统而大量运用佛教文献进行中古汉语词汇研究的先河。代表性论著主要有：《王梵志诗校注》《著名中年语言学家自选集·项楚卷》《王梵志诗释词》等。赵振铎和张永言为具有国内一流水平的老一辈语言文字学者，在汉语史、训诂学、音韵学等方面取得新的、高水平的成就，代表论著主要有：赵振铎《中国语言学史》《训诂学史略》《训诂学纲要》《音韵学纲要》；张永言《语文学论集》《简明古汉语词典》；张永言、向熹等《古汉语字典》等。赵振铎还以副主编的身份参与《汉语大字典》的编写工作，这部工具书是四川省语言文字学界最具代表性的研究成果之一。

四川省的语言文字学研究，从分支学科和学术领域大致可分为汉语史研究、传统小学与基于传统研究的字形字音字义研究、语词考释和演变研究、词汇学研究、语法学研究、方言研究、工具书的编写和研究、语言应用研究等方面。

汉语史研究　主要从两个角度进行研究：一是汉语历史发展的考察；一是对汉语研究史的回顾和总结。专著主要有：赵振铎《中国语言学史》；向熹《简明汉语史》《诗经语言研究》；张永言

《语文学论集》；项楚《王梵志诗校注》《著名中年语言学家自选集·项楚卷》；俞理明《佛经文献语言》；张振德等《〈世说新语〉语言研究》；杨小平《〈后汉书〉语言研究》；李文泽《宋代语言研究》；吉仕梅《秦汉简帛语言研究》；李恕豪《中国当代语言学史稿》；王启涛《中古及近代法制文书语言研究——以敦煌文书为中心》等。

论文主要有：赵振铎《论先秦两汉汉语》《论宋明时代的语言研究》《扬雄〈方言〉在语言学史上的地位》；项楚《〈敦煌变文集〉校记散录》；王启涛《论〈文心雕龙〉的训诂思想》《〈颜氏家训·音辞〉新论》《论“南染吴越，北杂夷虏”》；邓文彬《中国古代语言研究的兴起与先秦时期的语言研究》；俞理明《汉魏六朝佛经在汉语研究中的价值》等。

传统小学与基于传统研究的字形字音字义研究 主要体现在以下方面：解读传统研究；借助传统研究的成果运用于文献语言研究实际；基于传统的研究成果，采用新理论新方法新视角展开的深入研究。四川大学赵振铎在训诂学、文字学、音韵学方面的成果具有代表性。其他的相关专著主要有：宋子然《训诂学》；余行达《说文段注研究》；刘又辛《通假概说》《文字训诂论集》；刘志成《中国文字学书目考录》《文化文字学》《汉语音韵学研究导论》；宋永培《〈说文〉与文献词义学》《〈说文〉与上古汉语词义研究》；雷汉卿《〈说文〉示部字与神灵祭祀考》；潘天烈《〈说文解字〉导读辞典》；俞理明《太平经正读》；张能甫《郑玄注释语言词汇研究》；钟如雄《说文解字论纲》；汪启明《汉小学文献语言研究丛稿》；徐永年《秦汉魏晋篆隶字形表》；陈壬秋《汉语音韵学概要》等。

论文主要有：余行达《〈尚书释文〉残卷和今本的比较》；刘又辛《汉语词族（字族）研究的沿革》；赵振铎《〈尔雅〉和〈尔雅诂林〉》；向熹《〈诗经〉注音杂说》《略论训诂与语法的关系》；经本植《从新石器时代晚期的考古文化论原始汉字的产生》《从考古文化看与畜禽有关的一些原始汉字》；宋永培《论〈说文〉意义体系的内容与规律》；《〈说文〉意义体系记载了“尧遭洪水”事件》《〈说文〉意义体系与成体系的中国上古史》《文献正文中的训诂与专书词汇研究的基本方法》；雷汉卿《〈说文〉示部字所反映的古代宗教文化释证》；罗宪华《论汉语方言俗语的考源及段玉裁的贡献》；吉仕梅《〈说文解字〉俗字笺议》；喻遂生《“全汉字”甲骨文字族浅论》；俞理明《〈太平经〉中的形近字正误》；李恕豪《论段玉裁的古音研究》；钟如雄《近现代“转语”方法论之推阐》；汪启明《陈宋淮楚歌寒对转考补订》；胡继明《〈说文解字注〉和〈广雅疏证〉的右文说》；曾晓渝《对〈中原音韵〉音系-m 尾韵的一点认识》；朱庆之《佛典与汉语音韵研究》；龙晦《唐五代西北方音与敦煌文献研究》；张一舟《从中兴话古全浊声母字的读音看全浊声母的演变》；万光治《尹湾汉简〈神乌赋〉研究》等。

语词考释和演变研究 解读文献和日用词语的意义，是汉语研究的基础，内容包括以单个词为对象的词义描写性的解释，以某一文献或其他范围对多个词语的分别解释，或者对一个或一组词的历史演变的描写，既有简单的词义说明，也有对词义形成或词语演变的分析等，这一方面的研究在取材、方法和理论上都有不同程度的深入和创新。专著主要有：董志翘《训诂类稿》；王启涛《吐鲁番出土文书词语考释》；张显成《简帛药名研究》等。

论文主要有：项楚《敦煌变文字义续拾》《王梵志诗释词》；张永言《“海鸥鸟”解》；董志翘《近代汉语指代词札记》《敦煌文献词语琐论》；伍宗文《“醋”“酢”互易辨》；李恕豪《从语言学等证据论治水神话的起源》；朱庆之《“野马”义证》《“大家”称妇人时的意义和读音》；蒋宗许

《说“庙堂”》《试论变文中的“即”》；雷汉卿《“枢密韩太尉”解》《纬书词语拾诂》；骆晓平《魏晋六朝汉语词汇双音倾向三题》；郑红、陈勇《释美》；袁津琥《说“雁行”》《〈祖堂集〉释词》；王启涛《“落英”新诠》《“主”字新考》《中古疑难词语考辨》；吉仕梅《〈睡虎地秦墓竹简〉中的词语训释》等。

词汇学研究 专著主要有：伍宗文《先秦汉语复音词研究》；朱庆之《佛典与中古汉语词汇研究》；汪启明《先秦两汉齐语研究》；管锡华《〈史记〉单音词研究》；俞理明《汉语缩略研究——缩略：语言符号的再符号化》；严廷德《古汉语词汇学》；周及徐《汉语印欧语词汇比较》；张能甫《郑玄注释语言词汇研究》《〈旧唐书〉词汇研究》；刘益国《元曲熟语辞典》；郝志伦《汉语隐语论纲》等。

论文主要有：张永言、汪维辉《关于汉语词汇史研究的一点思考》；赵振铎（署名天水）《偏义复词献疑》；向熹《避讳与汉语》；宋永培《上古专书词汇研究的方法与理论探讨》；伍宗文《从〈现代汉语词典〉论〈庄子〉复词》；朱庆之《试论佛典翻译对中古汉语词汇发展的若干影响》《汉译佛典语文中的原典影响初探》；董志翘《试论〈洛阳伽蓝记〉在古汉语词汇史研究上的语料价值》《〈入唐求法巡行记〉词汇研究提要》；管锡华《从〈史记〉看同义词“孰”“谁”在上古的发展演变》；俞理明《词语缩略中的任意性基础和约定作用》；严廷德《同源词管窥》；张能甫《东汉语料及同素异序的时代问题》；周俊勋《试论“词汇系统”的“碎片整理”》；杨文全《语言记忆：汉语成语与中国古代妇女之生命形态》；袁嘉《“骑马词”的成因及对策》等。

语法学研究 专著主要有：黄锦君《二程语录语法研究》；唐韵著作《〈元曲选〉语法问题研究》；王均裕《修辞拾贝》；蓝鹰《上古汉语虚词研究》等。

论文主要有：喻遂生《甲骨文“我”有单数说》；方有国《论“有以”“无以”的形成和结构关系》；钟如雄《先秦状态形容词后缀初探——兼论结构助词“地”的来源》；蓝鹰《“以”字虚词用法源流考》《从少数民族语言看“而”的虚化演变》；吉仕梅《〈睡虎地秦墓竹简〉介词考察》；俞理明《汉语称人代词内部系统的历史发展》；朱庆之《试论汉魏六朝佛典里的特殊疑问词》《关于疑问语气助词“那”的来源考察》；陈秀兰《也谈连词“所以”的产生时代》；郭齐《〈水浒传〉特殊动词、助动词、趋向动词研究》；肖娅曼《上古“是”判断句与“此”判断句之比较》。

方言研究 四川省地域辽阔，人口众多，近代历史上的大规模移民，形成一些南方方言岛，方言关系复杂。学者在四川省内方言的描写和调查研究，以及结合历史文献进行的四川方言研究作了大量、深入的研究。专著和工具书主要有：崔荣昌《四川方言与巴蜀文化》；黄尚军《四川方言与民俗》；兰玉英《洛带客家方言研究》；王文虎、张一舟、周家筠《四川方言词典》；罗韵希、冷玉龙等《成都话方言词典》；曾晓渝等《重庆方言词解》；梁德曼、黄尚军《成都方言词典》；张一舟、张清源、邓英树《成都方言语法研究》；查中林《四川方言语词和汉语同族词研究》；翟时雨《重庆方言志》等。

论文主要有：崔荣昌《四川方言的形成》《巴蜀语言的分化、融合和发展》；张一舟《成都话量词的两个特点》《成都话“一+量词”的省略式使用情况考察》《近代白话资料中所见四川方言俗语举例》；梁德曼《成都方言动词的重叠形式》；张清源《成都话动态助词“倒”和“起”》；夏中易《近40年成都话语音变动现象考论》；肖娅曼《关于成都话舌尖后音声母的调查》；甄尚灵《〈西蜀方言〉与成都语音》；甄尚灵、张一舟《〈蜀语〉词语的记录方式》；黄尚军《〈蜀语〉所反映的明代四川方音的两个特征》；王启涛《司马相如赋与四川方言》；李恕豪《论扬雄〈方言〉中的几个问题》等。

工具书的编写和研究 工具书编写方面，成果丰硕，其中由徐中舒任主编，李格非、赵振铎任副主编的《汉语大字典》，经川鄂两省数百位专家历时10多年的努力，从1986年起出版第一卷，至1990年完成全部8卷出版任务，是迄今为止收字最多、释义最全的汉语字典。其他工具书主要有：徐中舒主编《甲骨文字典》；张永言、向熹等《简明古汉语字典》；常正光、方述鑫、彭裕商《甲骨文金文字典》；徐无闻等《金文篆隶大字典》；张永言等《简明古汉语词典》；张永言、向熹等《古汉语字典》；向熹《诗经词典》；张永言《世说新语辞典》；向熹等《古代汉语知识辞典》；伍宗文等《实用成语大词典》；宋永培主编《中国语言学大词典·训诂学卷》；宋永培、端木黎明《中国文化语言学辞典》；张一舟、张清源《现代汉语常用词词典》；冯志纯、周行健主编《新编汉语多功能词典》；张一舟主编《四川百科全书·语言篇》等。

辞书理论研究专著主要有：赵振铎《辞书学纲要》；杨文全《近百年的中国汉语语文辞书》；杨正业著作《汉语大字典难字考》等。

论文主要有：赵振铎《〈经籍纂诂〉与辞书编写》；向熹《〈汉语大字典〉小议》；伍宗文《〈辞源〉内部失调举隅》《文字通假与字典编纂》；杨文全《中国新型汉语大词典的滥觞——〈辞源〉述论》；杨超《〈玉篇〉在辞书编纂史上的贡献》；宋永培《词义系统与辞书编纂》；蒋宗许《试论断代语言词典的编纂》等。

语言应用研究 主要体现在现代社会用语用字和修辞研究，信息化时代的网络用语和对外汉语教学的研究也受到一些学者的关注。专著主要有：刘国辉《当代语言理论与实践探索》；宋子然《新词新语年编》等。

论文主要有：缪钺《从以“肖”代“萧”谈起——不可用同音代替法自造简化字》；龚嘉镇《关于新时期汉字规范问题的思考》；陈群《汽车文化语境中的语言特色及其成因分析》《网言网语的特点初探》；袁嘉《论广告语的性质与特点》《广告语写作与民族文化》《汉语交际文化与对外汉语语法教学》；朱茂初《新闻语言中成语的活用》；杨文全《中介语理论与对外汉语教学中的偏误分析》等。

少数民族语言文字研究 具体内容见本志第十七章民族学研究。

第二节 主要著述

一、专著

《诗经词典》 向熹编著，四川人民出版社1986年出版，全书126万字。该书对中国第一部诗歌总集《诗经》中全部字、词注音并释义，注音兼及中古音和上古音，释义既出己见又博采众说。附有《诗经》原文及用韵。该书由著名语言学大师王力作序。

《汉语大字典》（一）（二）（七）（八） 徐中舒主编，李格非、赵振铎任常务副主编，四川辞书出版社、湖北辞书出版社分别于1986年10月、1987年10月、1990年5月、1990年10月出版。本字典由川、鄂两省汉语言学家、学者及数百名语文工作者共同编撰，收楷书汉字单字5.6万多个，是当今世界上收字最多的一部汉语字典。为反映汉字形体演变的关系，该字典还收列甲、金、篆、隶等形体。注音采取三段标注法，除标明现代读音外，还尽可能反映出中古和上古的读音情况。其义项完备，凡在古今著作中有书证，并可据以确立义项者，都一一分列。总之，该字典以“字”为中心，对每个汉字的形、音、义都有历史的全面的反映，它是一部古今兼收、源流并重，集国内外汉语字典之大成，集古今汉语语言文字研究之精粹的大型汉语语文工具书。该字典第一卷从一画到三画收39目，第二卷从三画到四画收28目。第七卷收46个部首，第八卷主要收“附录”（包括中古音字表、通假字表、异体字表等）、“补遗”“检字表”等。

《简明古汉语字典》　张永言、向熹、经本植、罗宪华、严迳得著，四川人民出版社1986年出版，中华书局香港分局1987年再版。该字典收古代汉语书面语中用字约1万个（连同相关复音词），进行注音释义，并加书证，近200万字。该字典内容充实，体例严谨，义项完善，释义准确，例证贴切。一些大型字典如新《辞海》《辞源》不能查到的义项，也可以从该书检得。不仅对阅读古代典籍是一本不可多得的工具书，对古代汉语、汉语史等研究有重要参考价值。

《〈续方言新校补〉〈方言别录〉〈蜀方言〉》　张永言点校，四川人民出版社1987年出版。这三种书是晚清学者张慎所撰写的辑录、考证汉语方言词法的专书。《续方言新校补》是见于六朝以前古籍的方言词语和方音资料的汇集；《方言别录》是见于唐代以来典籍的方言、方音资料的辑录；《蜀方言》收录见于记载而当代仍然行用的四川方言词语，一一考其“本字”，注其出处。三书合订由点校者加工校订，并写评介原书内容、指明各种用途的“点校前言”。

《音韵学纲要》　赵振铎著，巴蜀书社1990年出版。全书分3个部分，中古音系的分析部分，利用成都话和《广韵》音系作比较，并说明如何从成都话出发推求中古音；上古音的考订部分，评介各家分部的异同；音韵学的作用部分，简述音韵学在方言调查、汉语史和古籍整理方面的作用。

《世说新语辞典》　张永言、骆晓平、田懋勤、蒋宗平编，四川人民出版社1992年出版。该书是六朝要籍《世说新语》的专书语言辞典。它在比较深入地考察以《世说新语》为代表的魏晋南北朝汉语词汇的基础上，全面而系统地对《世说新语》一书中出现的3032个单字、5257条复名词及其每一义项进行详细的释证，着重发掘晋宋时代的新词、新义。选采精当，收罗丰富，对不少词义的解释都是自己的研究成果，发前人之所未发，准确稳妥。正文之后的4个附录，除参考书目以外，还有经过点校的《世说新语》原文、《世说新语》关系年表、三国晋宋世系。作为辞典附录，与正文互相补充，相得益彰。

《甲骨文金文字典》　常正光、方述鑫、彭裕商著，巴蜀书社1993年出版。该书是国内第一部通收甲骨文、金文并全面加以注释的古文字学大型工具书。全书14卷，收录形、音、义明确的甲骨文、金文（即青铜器铭文）单字2450个，内容分为4个部分，在“字形”部分，选定各时期的标准字体，注明出处；在“解字”中，对其形体、本文形成，源流演变进行全面考释；在“释义”部分，分列各个字的读音和异读音，并用楷体字和汉语拼音标明其现代读音。该书突破以往古文字典仅限于单收甲骨文或金文的旧例，便于读者查找和研究殷周古文字，在体例上是一个突破。

《训诂学》　宋子然著，电子科技大学出版社1993年初版，1998年修订再版。该书介绍训诂学的性质功用，训诂的内容、方法、体式、源流、要籍，训诂学与其他学科的关系以及训诂的原则等内容。所论浅显易懂，知识面面俱到，适合于初学者阅读。该书自出版后一直作为四川省和重庆市高等教育自学考试教材，同时也是四川师范大学硕士研究生和本科生的教材。1998年修订时增补

“训诂学与中医学”一节的内容，尝试拓宽训诂学研究范围和适用范围。

《四川方言与巴蜀文化》 崔荣昌著，四川大学出版社1996年出版。该书是一部综合论述地域方言与地域文化的文化语言学专著。四川方言是在巴蜀地区和巴蜀文化的背景下孕育、形成和通行的，作者在分别论述四川官话、客家话、湘语和闽语的源流、分布及特点前，首先叙述四川的地理、历代行政区划与人口源流，而后着重论述“地名词与巴蜀文化”“方言·作物·饮食”“方言·文艺·民俗”及“四川方言研究述评”。该专著重视四川方言现状的实际调查，首次揭示四川境内的官话、客家话、湘语与闽语诸方言的源流、分布和特点；将四川方言与巴蜀文化结合起来，以四川人口源流为核心，以历次移民入川为线索，把方言与文化的关系阐述清楚；将四川方言同汉语诸方言及境内民族语言进行比较，以论证其相互关系和影响。

《四川方言与民俗》 黄尚军著，四川人民出版社1996年初版，2002年第2版。该书以丰富的四川方言材料为基础，把语言学的形式描写方法与民俗学的调查研究方法相结合，纵横比较，源流并重，注重从四川地区的地理条件、人文因素、风习状况、历史背景等方面研究四川方言词语，为四川方言和民俗的研究探索新路。该专著注重阐说四川民俗对四川方言词语的影响，深入挖掘四川方言词语的民俗语源，确定四川方言部分词语的本字在揭示四川方言的面貌、总结方言与民俗研究的有关理论方面取得重要进展。此外还清理古代典籍中记载的许多四川方言词语，并对四川方言形成的诸多原因作了有意义的探讨。

《简帛药名研究》 张显成著，西南师范大学出版社1997年出版。该书是一部横跨汉语词汇学、中医药学、简帛学的学术专著。全书正文分为“已知名”研究和“异名”（不见于传世典籍的药名）研究两大部分，其主体是对393个异名的研究考释（即第三至第五章），这是该书最有价值的部分，其中每一条考释都是一篇独立的小论文，显示出该书的学术分量。作者对每一个药名及其所指，以及该名出现的频率进行穷尽性研究，“共得药名717个，凡1236见，表示420味药物”。对每一个大类和每一个小类的药名的数量和所占比例进行精确统计。第三章第一节末列有《简帛中药异名表》，该表逐一列出300多个异名及其所有出处，并列出每一个异名所指药物入药首见的传世医籍以进行对照。

《元曲熟语辞典》 刘益国著，四川大学出版社1998年出版。全书从现存全部元代杂剧和散曲中收集常用熟语2500多条，每条主要包括释义、出处、元曲中的例句和明清戏曲小说中的例句4个部分。书中有的熟语出处，比《辞源》《辞海》《中国熟语大辞典》等工具书提前一个朝代。书中所收集的明清戏曲小说的例句，则反映这些熟语在明清戏曲小说中的广泛运用。

《训诂学类稿》 董志翘著，四川大学出版社1998年出版。该书是作者所撰训诂学的论集，包括上古汉语训诂、中古汉语训诂及古籍整理3个部分30篇论文，从汉字的音、形及语词的环境考求词义，解决不少疑难问题。

《语文学论集》（增补本） 张永言著，语文出版社1999年5月出版。该书是作者代表性语言学论文的汇集，内容涉及汉语史研究的各个层面（词汇、音韵、语法、文献）有不少学术上的创新点。此次增订在原21万字的基础上，增收近年来发表的大量新著。

《〈说文〉汉字体系研究法》 宋永培著，广西教育出版社1999年出版。该书采用《说文》汉字形、音、义系联的方法和文、史、哲、语贯通的方法研究《说文》汉字体系的构成，并考察《说文》汉字体系的内涵与规律。

《郑玄注释语言词汇研究》　张能甫著，巴蜀书社2000年3月出版。该书从东汉郑玄的笺注语料中，选取7000多个单音词和复音词，从历史层次的角度，进行比较系统的断代研究，并由此得出郑注中的词语的继承和创新的大致比率。这对于汉语史特别是词汇史的研究，有较大的参考价值。全书分3章：第一章“单音词的历史层次研究”选取1642个单音词作历时的考察；第二章“复音词的历史层次研究”考察郑玄以前的复音词3650个；第三章“新词新义研究”从郑注中的1000多个新词中，精选约180个作较为详尽的分析研究，证明郑注中的新词，绝大多数是基本可信的。同时，也论述郑注在辞书编纂中的重要作用。

《宋代语言研究》　李文泽著，线装书局2001年出版。宋代语言是宋代文化的重要组成部分。从汉语的发展演变看，宋代是近代汉语的开始时期，它既不同于南北朝、唐、五代的语言，也与元明时代的语言有异，在诸多方面显现出鲜明的时代特色，但同时又与上述各个时代的语言具有千丝万缕的联系。尤其是宋代的通俗文学作品，如词、语录、戏曲、小说等，更充分展现宋代语言的特点，是后代白话文作品的样本。该书是作者潜心研究宋代文献语言多年的成果，分语音、词汇、语法3部分对宋代语言作了详尽的概述，比较完整地描述宋代语言的概貌。

《成都方言语法研究》　张一舟、张清源、邓英树著，巴蜀书社2001年出版。该书以老城区通行的成都话即所谓的正宗成都话为研究对象，以成都话的口语以及成都籍作家的方言作品和报刊的成都话为语料，参照普通话作比较，就成都话具有方言特色的语法现象作共时的描写和分析，同时注意对成都话与普通话同中见异的语法现象作考察。全书具有两大特色：一、描写分析全面系统。从成都话构词、构形上的差异到各类词的一些方言用法以及好些词类中成都方言特有的词，如特有的副词、介词、语气词等，从成都话各种体貌的表达、种种句法形式的程度表达到极具方言特色的多种句法结构，逐一加以描写和分析，从而清晰展现成都方言语法的基本面貌。二、描写和分析细致、深入。从语音、语义、语法、语用等多个平面对一系列方言语法现象进行考察，提示其特点和规律。

《汉语印欧语词汇比较》　周及徐著，四川民族出版社2002年出版。该书列举713个有对应关系的字词，319组对应的同族词，47个有对应关系的基本词汇，62组有对应关系的同音词，以及一些构词成分的对应，证明上古汉语和古代印欧语之间存在许多有对应关系的词汇，存在有规律的语音对应，甚至存在相似的形态因素。

《四川方言语词和汉语同族词研究》　查中林著，巴蜀书社2002年出版。该书的主要内容为：汉语同族词研究的简单回顾；语源与思维关系的检讨。作者在观点上，认为汉语的词所代表的事物的变化发展及其特征，跟词义引申文字分化是密切相关的，由此形成一个系统，这个系统是从含混笼统向清晰明白发展的辩证历程。在材料上，注重对现代方言口语词的分析并以之同古代词语比较互证。该书提出汉语同族词的组际互证、古代文化知识的辅证，以及亲属语言的验证机制，是一部有创新意识的理论性著作。

《中古及近代法制文书语言研究——以敦煌文书为中心》　王启涛著，巴蜀书社2003年出版。该书主要以敦煌法制文书，特别是契约文书为资料，作为主要研究对象，同时广泛利用当时的漢译佛典、敦煌变文、诗歌、散文、小说、史书、子书、类书、碑刻等其他语料作为旁证，并把语言研究置于当时广阔的人文、历史、地理、宗教、民族背景之中，从微观到宏观，从共时到历时的不同角度，对传世及出土的法制文书中的新词、新义、常用词演变、构词法等作深入的探讨，并对这些语料中的语法、语音现象进行梳理，提出新的见解。借鉴现代语言学理论分析和解释中古及近代法制文书里的诸多语言现象。

《秦汉简帛语言研究》 吉仕梅著，巴蜀书社2004年出版。该书主要用《睡虎地秦墓竹简》《居延汉简》《战国策竹书》《龙岗秦简》《关沮秦汉墓简牍》等秦汉简帛资料，着重研究秦汉简帛的语料、词汇、词类、语法，对一些重要词汇作了训释，并讨论秦汉简帛语言对辞书编纂的作用。

《〈后汉书〉语言研究》 杨小平著，巴蜀书社2004年出版。《后汉书》成书于南朝宋时期，在一定程度上反映上古汉语末期向中古汉语转化的语言。全书分为3个部分。绪论分别概述《后汉书》、范晔和《后汉书》研究概况。第一编为《后汉书》词汇研究，第二编为《后汉书》语法研究，分门别类对《后汉书》语言进行详细的分析和研究。

《二程语录语法研究》 黄锦君著，四川大学出版社2005年出版。“二程语录”是程门弟子对二程（宋代理学家程颐、程颢）言行的记录。全书分为两个主要部分，“语法研究”部分在对二程语录人称代词、指示代词、疑问代词、动态助词、结构助词、语气助词以及句法方面的“得”字结构、处置式、被动句等进行逐一描述的基础上，进行横向和纵向的比较，揭示很多二程时代各具特点的语法现象，阐释二程语录的语法特点。“词语例释”部分主要阐述二程语录用词方面的特点及其原因，阐述主、客观方面的影响，然后对所列出的词语给出释义，给读者提供有关二程及二程语录的诸多信息。该书为探讨汉语语法的发展规律提供必要的参考。

二、论文

《汉魏六朝佛经在汉语研究中的价值》 俞理明著，载《四川大学学报》1987年第4期。随着佛教在中原的传播，汉魏六朝佛经翻译十分兴盛，但由于对佛学认识的粗浅，这一时期翻译的佛经“草率粗糙”。作者指出，从语言研究的角度看，汉魏六朝的译经正因为“草率粗糙”而保存许多对语言研究极有价值的材料。由于汉译佛经反映汉末以后400余年间汉语的实际情况，弥补这一时期其他典籍中口语材料的不足，为研究汉语实际语言变化提供宝贵的材料，对中古汉语研究有很大的价值。汉魏六朝佛经语言材料的研究是中古汉语研究的一个重要方面，也是汉语史研究的一个重要环节。这一方面研究的进展，有助于整个汉语史的研究。佛经在流传中有不少讹误，特别是早期译者、译经中不可靠的地方更多，需要甄别，去伪存真。

《论段玉裁的古音研究》 李恕豪著，载《四川师范大学学报》1987年第6期。文章指出，段玉裁的音学代表作《六书音均表》在古代音学研究上有重要意义，开拓一些新的领域，从而把古音研究推到一个更高的阶段，对后世影响极大。文章从古音分期、古韵分部、声调研究、合韵、异平同入、古今语音发展的内部规律6个方面论述段玉裁古音研究的成就和贡献。

《〈说文〉意义体系记载了“尧遭洪水”事件》 宋永培著，载《古汉语研究》1991年第2期。文章指出，《说文解字》意义体系条理秩然地包容《说文》近万个词。这一意义体系全面记载唐尧以来的中国古史。该文节取这个体系中“洪”“崇”“悰”“涉”“陟”“畴”等构成系统联系的60多个词，说明它生动地记载“尧遭洪水”历史事件的主要内容：先民对洪水惊恐，对高山喜乐，由渡水而登山，在高山居住并耕畴。《说文》意义体系对“尧遭洪水”事件的反映也是多侧面、错综纷繁、异彩纷呈的。

《成都话动态助词“倒”和“起”》 张清源著，载《中国语言学报》第4期（商务印书馆1991年出版）。论文讨论成都话的动态助词“倒”和“起”，就它们与动词类结合的情况和它们在某些句型中活动的情况进行分析，认为这组动态助词有动作进行态和静止持续态的对立。论文还探索分化同形语素的问题。

《略论训诂与语法的关系》 向熹著，载《古汉语研究》1993年第3期。作者就训诂学和语法学之间的关系提出自己的观点。一、虽然汉语缺乏词的形态变化，句子的词序固定，较重意合，结构形式隐蔽，古代训诂学者主要着重于词义的研究而不太注意语法的分析。但是不能说中国古代学者没有语法观念。战国以来，中国传注、训诂和其他著作中往往谈到语法问题，只是比较零散罢了。二、语法作为一门独立的学问，中国只是从《马氏文通》才开始建立起来。在这以前，“语义和语法的关系很少有人注意到。”训诂学和语法学不是包孕的关系。三、训诂学和语法学不可混同，也并非对立。两者可以相互渗透、相互促进。

《论先秦两汉汉语》 赵振铎著，载《古汉语研究》1994年第3期。作者认为，先秦两汉是汉语发展的第一阶段，现代语言的各个要素在奴隶制时代以前的远古时期就奠定基础。先秦两汉汉语分为3个时期：商周和春秋时期；战国和西汉时期；东汉时期，可以看作是上古汉语向中古汉语发展的过渡时期。传世文献与方言互证，是研究古代汉语的重要方法。研究古代各个行业乃至各个学术流派的专业用语，是社会语言学研究的另一个重要课题。作者指出，词汇的穷尽研究最好的体现形式是编纂辞书。比较可行的办法是选一些语言上有代表性的著作编出词典，其余则视其情况写出词语考释之类著作，以补词典之不足。

《四川方言研究述评》 崔荣昌著，载《中国语文》1994年第6期。该文将四川方言的研究分为3个时期：一、从古代有关蜀语的零星记载到明清两代有关蜀语词汇的搜集整理，为四川方言的词汇研究时期。二、20世纪40年代和50年代，学者们开展两次全省方言调查，这是四川方言语音的普查时期。杨时逢的《四川方言调查报告》和甄尚灵等的《四川方言音系》则是两次普查的成果。三、20世纪80年代是四川方言的全面研究时期。在针对四川官话的语音、词汇和语法进行全面研究的同时，开展对四川方言源流的探索和对四川省西南官话以外的汉语方言的调查和研究。揭示四川方言的历史来源，调查各类方言的分布，分析各类方言的特点，进而辨明四川诸方言的亲疏关系是这一时期的显著特点。作者披阅古今论述有关四川方言的20多本著作及100多篇论文，分门别类进行述评，对四川方言研究作了一次概括总结，以供研究汉语方言，特别是研究四川方言的学者参考。

《关于汉语词汇史研究的一点思考》 张永言、汪维辉著，载《中国语文》1995年第6期。该文通过对“目/眼”“足/脚”等8组同义词在中古时期变迁递嬗情况的分析，就汉语词汇史研究的方法和途径提出看法和建议。作者认为：词汇史有别于训诂学，二者不应混为一谈；中古词汇研究中几乎所有的兴趣和力量集中于疑难词语考释的现状必须改变；常用词语演变的研究应当引起重视并放在词汇史研究的中心位置，此项工作前景广阔，但难度很大，需要几代学者共同努力，以期逐步建立科学的汉语词汇史。

《论“南染吴越，北杂夷虏”》 王启涛著，载《语文研究》1997年第3期。《颜氏家训·音辞》记载的“南染吴越，北杂夷虏”，反映魏晋南北朝各民族语言相互影响和融合。该文从《颜氏家训》入手，结合同时代其他丰富的文献资料，对这一时期的双语（bilingualism）与双言（diglossia）现象，即当时北方和南方的鲜卑人、汉人；南渡北方士人和土著江南士人都成为“双语人”和“双言人”进行考察，并从语言与文化的角度，分析造成这些现象的深层原因。

《“落英”新诠》 王启涛著，载《古汉语研究》2000年第2期。《离骚》“朝饮木兰之坠露兮，昔餐秋菊之落英。”“落英”究竟该怎么讲从宋代以来，一直聚讼纷纭。作者通过历代对汉赋、杜诗的有关训释、考证，提出“落”为“下垂”之义。指出，表示“下垂”的“落”是汉民族共同语很早就有的词，在关中方言（西北方言）里变为“妥”。而这两种形式，都保存在今天的四川方言里。此外，《离骚》里与“落英”形成互文的“坠露”，也应该训为“下垂的露水”，如果讲成“陨落在地上的露水”，岂可“饮”哉？

《成都话主观量范畴的特殊表达形式》 张一舟著，载《四川大学学报》2001年第5期。作者指出，任何语言或方言的数量表达，都有客观量和主观量两个方面。所谓主观量范畴，指的是用一定语法形式表达的说话人的主观数量感受。成都话有主观量范畴的特殊表达形式，主要用助词“打”和“把”表示。“打”用来表示主观量大，“把”用来表示主观量小。主观量具体表达模式的构成同量词也有一定关系。同时，不同的主观量表达模式同副词组合时有不同的选择性。

《网言网语的特点初探》 陈群著，载《语文学刊》2002年第4期。该文就进入网络时代后电脑网络界日常流行语言的特色进行归纳，主要表现在以下方面：汉语句子中夹杂英语的现象十分普遍；新词新语不断涌现；用一些形象的符号来表达某种意义等。作者指出，网言网语是伴随着新科技出现的一种语言变体，它的使用群体是一个比较特殊的群体。随着e时代的到来，这一群体不断壮大，渗透于社会生活的各个领域各个层面。作为一种充满活力的新新语言现象，它的发展和规范等问题，应该引起语文工作者的关注。

《论广告语的性质与特点》 袁嘉著，载《西南民族大学学报》（人文社科版）2003年第12期。作者指出，广告语是广告的重要构成因素之一，是具体而准确体现广告创意、突出广告主题的最重要的形式，是一种具有文学艺术性的应用体裁。广告语具有艺术性、实用性、时效性和针对性等特点。作者就广告语的定义、广告语的性质、广告语的特点与功能进行全面论述，指出广告语应具有艺术性、实用性、时效性和针对性四方面特点；广告语的功能主要在两方面：强化广告主题；便于传播。

《汽车文化语境中的语言特色及其成因分析》 陈群著，载《西南民族大学学报》（人文社科版）2004年第6期。随着汽车家庭化的逐步到来，汽车文化语境中的语言日益成为引人注目的一种社会方言，这种语言与人们日常交际所用的语言相比较，具有不同的特色。主要表现在字母词、外语词、借词、专业用语随处可见，奇妙语句使人耳目一新。开放的社会条件、交际交流内容和交谈对象的制约，是形成这些特色的原因和条件。

《成都东山客家方言中“公”“嫲”的语言解读和文化解读》 兰玉英著，载《中华文化论坛》2005年第1期。作者指出，成都东山客家话中的“公”“嫲”主要用来给动物雌雄分类及与生殖器具相似的植物、物品命名，“公”还用来称呼家族里面系列的男性角色和一些被认为具有神力的雄性事物。该文梳理“公”“嫲”的义项，并讨论事物被冠以“公”“嫲”的理据。“公”“嫲”的运用沉淀客家先民的生殖崇拜观念，折射移民文化的影响，反映一种神灵观和人文观。

《关于新时期汉字规范问题的思考》 龚嘉镇著，载《中国语文》2005年第6期。作者指出，新时期汉字规范要顺应汉字的性质、规律和信息时代的发展，方向上应该坚持在简明化基础上的规范化，策略上可以把汉字用字的通用层面和特用层面区别开来分层规范，规范的重点则需放在现代汉语通用字种的分级定量和繁简对应上。

《〈维摩诘经讲经文〉新校》　项楚著，载《四川大学学报》（哲学社会科学版）2005 年第4 期。《敦煌变文集》的问世极大推动敦煌变文的研究。1997 年出版的《敦煌变文校注》是迄今录文最可靠、内容最丰富、校注最精当的变文全辑本。该文对其中几篇《维摩诘经讲经文》提出若干补校意见。

第三节　学科代表人物

甄尚灵（1915—2012）　女，四川省遂宁市人，著名语言学家。1939 年毕业于华西协合大学中文系，之后曾在成都基督教协进会《儿童月刊》任编辑，并在华西大学中国文化研究所及中文系工作。1947 年留学美国，先后就读于西弗吉尼亚大学英语系、哈佛大学比较语文系和东亚语文系，1949 年获哈佛大学比较语言学系硕士学位。后进入耶鲁大学远东语言系攻读博士学位。1951 年5 月，中断学业回国，在华西大学中国文化研究所、中文系任副研究员、副教授，1952 年院系调整后到四川大学中文系执教，任副教授、教授。代表论著有《成都语音的初步研究》《四川方言音系》等，在四川方言研究领域具有开拓性地位。

杜道生（1912—2013）　四川省乐山市人，著名文字学、语言学、音韵学和古文学家，1937 年毕业于北京大学中文系语言文字专业，曾师承钱穆、胡适、沈兼士等国学大师。先后在乐山、成都、大邑、新都等地任中学教师，1956 年调成都四川师范学院（今四川师范大学），从事汉语教育和汉字研究工作，先后任讲师、副教授、教授。1976—1986 年参与编撰《汉语大字典》。1982 年，在香港《大公报》发表《汉字：人类心灵的几何学》一文，巧妙地将汉字和物质结合起来，引起学术界的密切关注。

第十三章　中国文学与外国文学研究

1986—2005年，四川省的中国文学和外国文学研究蓬勃发展，学术机构不断增加，学术活动十分活跃，在研究的广度和深度上都有较大拓展。研究方法既重视吸取中国传统文艺理论的精髓，也注重借鉴西方现代美学、文学理论众多学派的研究方法。同时，引入现代社会科学其他学科如语言学、符号学、社会学、心理学、文化人类学、宗教学等的研究方法。文学研究走出以往相对狭隘的学科领地，具有多学科性与跨学科性，涌现一批具有较高水平的成果，四川省中国文学和外国文学研究的影响不断扩大。

第一节　研究综述

1986—2005年，四川省的中国文学和外国文学研究机构主要有：四川省社会科学院文学研究所、四川大学汉语言文学研究所、四川大学比较文学与比较文化研究所、四川师范大学中国古代文学研究所、四川师范大学诗学研究所等。四川省内各高等院校的文学院、系，大多设有文学研究的教研室，从事文学研究和教学。

四川省的中国文学和外国文学研究学术团体主要有：四川省中国现当代文学研究会、四川省外国文学学会、四川省比较文学学会、四川省文艺理论研究会、四川省报告文学学会、四川省当代长篇文学创作研究会、四川省写作学会、四川省诗词学会、四川省散文学会、四川省杂文学会、中国《三国演义》学会、四川省李白研究会、四川省杜甫学会、四川省苏轼研究会、四川省鲁迅研究会、四川省郭沫若研究会等。这些学会、研究会成立后，相继开展一系列的学术研究和交流活动，加强中国文学和外国文学研究的学术交流，促进四川省中国文学和外国文学学术研究的发展和水平的提高。

在四川各地举行的比较有影响的学术活动和学术会议主要有：

1986年10月20日，四川省社科院举办的首届中国抗战文艺研讨会在成都举行。

1991年9月12—16日，四川省作协与中国作协、四川省社科院、四川大学等9个单位在成都联合举办巴金国际学术研讨会。

1992年8月26—29日，中国唐代文学学会、四川省社科联在射洪县举办陈子昂国际学术交流会。10月7—11日，四川省社科联和江油市政府、四川省李白研究会联合举办的李白国际学术研讨会在江油市举行。10月21—24日，四川省社科联、中国科学院成都分院、四川大学、乐山市政府、四川省郭沫若研究会等单位在乐山市联合召开“郭沫若与中国科学文化”研讨会，纪念郭沫若诞辰100周年。

2004年9月24—26日，“比较文化与比较文学国际学术研讨会暨四川省比较文学会第六届年会”在乐山市举行。

四川中国文学和世界文学研究的成就，主要体现在文学理论、写作学、中国古代文学研究、古代文论研究、文献整理、比较文学和世界文学以及四川作家研究等方面。其中，缪钺以《灵溪词说》为代表的词研究、杨明照的《文心雕龙》研究、袁珂的神话学研究、项楚的敦煌文学研究、曹顺庆的古代文论研究和比较文学研究，在国内外学界都有较大影响。此外，对与四川有密切关系的杜甫、李白、苏轼、司马相如、张问陶等，以及大后方抗战文艺，巴金、郭沫若等具有四川地方特色的研究，在国内外学术界也有较大影响。

一、文学理论

涉及的研究领域包括马克思主义文艺理论、文学理论、中外文学流派和思想、文学价值、文学创作心理等。专著主要有：唐正序等《坚持和发展——马克思主义文艺理论研究》《文学批评研究》；李益荪《马克思恩格斯文艺思想论稿》；冯宪光《西方马克思主义文论与当代中国文论建设》；冯宪光等《论邓小平的文艺思想》；唐正序、陈厚诚主编《二十世纪中国文学与西方现代主义思潮》；易丹《从存在到毁灭》；尹在勤的《诗人心理构架》；韩健敏《神秘的空间——女性写作心理探索》；张小元《文学语言引论》；刘玉平、周晓琳《中国文学的伦理精神》；周晓琳、刘玉平《中国古代作家的文化心态》；徐行言等《表现主义与20世纪中国文学》；冯川《人文学者的生存方式》；毛迅《面对批评的挑战》等。

论文主要有：冯宪光《西方马克思主义文论对中国新时期文论的影响》；廖全京《文学何以缺血——对于一种文学现象的思考》；阎嘉《多元文化与汉语文学批评》；李益荪《论马克思主义文艺思想的内在差异性》等。

二、写作学研究

专著主要有：李保均《写作艺术论》；经本植《中国古典诗歌写作学》；陈本益《汉语诗歌的节奏》；崔荣昌《科技写作基础》；周育才《应用写作新编》；叶黔达《现代秘书艺术全书——公务文书写作艺术》；伍进一、李维中《应用文写作基础》；刘志成《当代应用文写作》；李朝正、卿成、叶黔达《经济文书写作大辞典》；马正平《写的智慧》；干天全等《当代文案写作大全》等。

论文主要有：马正平《非构思写作学宣言——后现代主义写作学观念、原理与方法》；李保均《怎样把文章写生动》；黎花白《思维与写作初探》等。

三、中国古代文学研究

中国古代文学是四川中国文学研究的重点领域，涉及各种体裁、题材、代表作家及其作品，包括辞赋、诗、词、曲、骈文和散文、小说、文论等方面。研究成果除专著、论文外，还有古籍整理、诗文选注、年谱、工具书等。

（一）古代诗赋

这方面的研究几乎遍及各个时代的重要作家和作品，其中杜甫研究、李白研究、苏轼研究、张问陶研究和司马相如研究是影响最大的几个方向。

成都作为中国诗歌圣地杜甫草堂所在地，研究杜甫和杜诗成为四川学者的一个重点领域。四川省杜甫学会和成都杜甫草堂博物馆共同主办的《杜甫研究学刊》（原名《草堂》，1981 年创刊，1988 年更名）是国内外唯一公开发行的杜甫研究学术专门期刊，是国内外杜甫研究学者展示成果的重要平台，研究内容涉及版本文献、生平交游考辨、思想研究、艺术形式研究、文体研究、地域研究、批评史研究等方面。代表性学者主要有缪钺、黄稚荃、钟树梁、刘开扬、吴明贤等。代表性研究成果，专著主要有：黄稚荃《杜邻存稿》；钟树梁《杜诗研究丛稿》；成善楷《杜诗笺记》等。论文主要有：刘开扬《〈北征〉补签》；钟树梁《一往情深，千秋论定——谈杜甫吟咏诸葛亮的诗》；张志烈《论杜甫诗歌的混茫境界》《杜甫〈殿中杨监见示张旭草书图〉等三诗受主探实》；吴庚舜《唐人李杜论新探》；祁和晖《杜诗三大独特诗美论》《唐宋杜诗刻石考述》《杜诗的人本境界》；吴明贤《试论杜甫诗歌的忧患意识》；曾亚兰《杜甫以诗立传及其史迁风范》；管遗瑞《通俗的评说精深的研究——评清人徐增〈说唐诗〉对杜诗的鉴赏》；马德富《杜诗动词的超常选择及其艺术追求》等。

关于司马相如、李白、苏轼、张问陶以及其他方面的古代诗赋研究，专著主要有：缪钺、叶嘉莹《灵溪词说》；项楚等《唐代白话诗派研究》；项楚《敦煌诗歌导论》；杨栩生《李白生平研究匡补》；胡传淮《张问陶年谱》；刘朝谦《苏轼诗学研究》《汉代诗学发微》；谢桃枋《苏轼诗研究》《中国词学史》《宋词辨》；万光治《汉赋通论》；魏炯若《读风知新记》；李诚《楚辞文心管窥——龙风文化研究之一》；李大明《楚辞文献史论考》；黄中模《屈原问题论证史稿》；杨世明《唐诗史》；刘开扬《唐诗论文集续编》；谭优学《唐代诗人行年考》（续编）；曾明《三代五大山水诗人论》；佘正松《高适研究》；王胜《李益研究》；王定璋《钱起研究》；吴明贤《陈子昂论考》；周啸天《绝句诗史》《唐绝句史》；张显成主编《李清照朱淑真诗词合注》；田耕宇《唐音余韵——晚唐诗研究》；赵义山《元散曲通论》；胡嗣坤、罗琴《杜荀鹤及其〈唐风集〉研究》；周裕锴《中国禅宗与诗歌》《文字禅与宋代诗学》；程瑞钊《汪元量及其诗词之研究》；赵晓兰《宋人雅词原论》等。

论文主要有：缪钺《宋词与理学家——兼论朱熹诗词》；刘开扬《三谈司马相如生年与所谓"东受七经"问题》；李诚《诗骚异同简论》；王仲镛《徐庾文学评议》；张志烈《诗性智慧的和弦——儒释道与苏轼的艺术人生》；钟树梁《李清照的为人及其文学成就》；吴明贤《扬雄、左思〈蜀都赋〉比较》《李调元、张问陶与李白》；白敦仁《宋初诗坛及"三体"》；祁和晖《解读完整的苏轼不能只重辞章》；刘国益《论杨升庵的散曲》；李朝正《周起渭的诗歌及诗论》等。

（二）古文、小说

专著主要有：屈守元《〈文选〉导读》；罗国成《敦煌本〈昭明文选〉研究》；沈伯俊《〈三国演义〉评点本》（注释）；张志烈等《中国古代散文辞典》；曹万生《中国市民文学史》；曾良《〈东周列国志〉研究》；李保均《明清小说比较研究》；李庆信《跨时代的超越——〈红楼梦〉叙事艺术新论》；吴红、胡邦炜《金瓶梅的思想和艺术》；马征《金瓶梅中的悬案》；祝尚书《北宋古文运动发展史》等。

论文主要有：周晓琳《贾宝玉形象的心理分析》《记梦·造梦——汤显祖创作心理解析》；沈伯俊《再谈重新校理〈三国演义〉的几个问题》等。

（三）古代文论研究

专著主要有：曹顺庆《中国文化与文论》《东方文论选》；曹顺庆、傅勇林、李思屈《中国古代文论话语》；钟仕伦《萧绎文学思想论稿》；杨晓明《梁启超文论的现代性阐释》；韩烈文《刘熙载〈艺概〉研究》等。论文主要有：曹顺庆《从总体文学角度认识文心雕龙的民族特色和理论价值》；曹顺庆、李思屈《再论重建中国文论话语》；王晓路《论费维廉的中国文论观》等。

（四）古籍整理

这方面的成果很多，并达到较高水平。四川大学古籍研究所组织编校的《全宋文》，是一部汇集两宋320年所有单篇散文、骈文和诗词以外的韵文的大型断代总集，具有取材广博、规模宏大、编排合理、易于检索等特点。该书是国家古籍整理的重点项目，是四川古籍整理的标志性成果。其他重要著作有：杨明照《刘子校注》；雷履平《梅溪词》；龙必锟《文心雕龙全译》；张志烈等《杜诗全集》（今注本）；沈伯俊《校理本三国演义》；胡嗣坤、罗琴《文同全集编年校注》《王昌龄集编年校注》；黄鹏《贾岛诗集笺注》；杨世明《刘长卿集编年校注》；蒋宗许、舒大刚《斜川集校注》；祝尚书《卢照邻集笺注》；白敦仁《陈与义集校笺》。

（五）敦煌学研究

四川大学教授项楚的“敦煌学研究”，是四川省文学研究的重要成果。特别是在敦煌变文、敦煌语言文学等方面，取得世界一流水平的成就，可以上追以王国维、陈寅恪等为代表的老一代敦煌学者。其代表性著作主要有《敦煌变文选注》《王梵志诗校注》《敦煌文学丛考》《敦煌诗歌导论》《寒山诗注》《敦煌歌辞总编匡补》等，论文《王梵志诗校辑匡补》等。其中《王梵志诗校注》被公认为是国内外所有王梵志诗研究著作中校订最精审、开掘最深邃、内容最丰富的，成为国际敦煌学界的一部名作。

（六）古人文集、诗集校注、选注

除项楚的《敦煌变文选注》《王梵志诗校注》《寒山诗注》以外，主要著作有杨明照《抱朴子外篇校笺》；屈守元《昭明文选杂述及选讲》；刘开扬《岑参诗集编年笺注》；雷汉卿、吕肖奂《李太白集》、陈应鸾《岁寒堂诗话笺注》；罗国威《刘孝标集校注》、李朝正、徐敦忠《彭端淑诗文注》；陈昌渠《两汉散文选》《魏晋南北朝诗选》；胡振务《元曲选读》；聂国栋《先秦寓言选读》《先秦诸子散文选读》；张志烈《先秦史传散文选》《黄庭坚诗选》《唐五代词三百首》；张志烈、谢桃舫《宋词三百首》；雷汉卿《〈日知录〉选注》；赵振铎《骈文精华》；游光中、黄代夕《古代哲理诗一百首》；曹学伟《话本小说选读》等。

（七）年谱类著作

主要有张志烈《初唐四杰年谱》；天文《柳永年谱稿》等。

（八）工具书类

主要有袁珂《中国神话大词典》；沈伯俊、谭良啸《三国演义辞典》；张志烈主编《中国古代散文辞典》等。

四、中国现当代文学研究

中国现当代文学研究是四川中国文学研究的又一重要领域，其中引人注目的是中国抗战文艺研究，四川省社会科学院文学研究所在这一方面有突出的贡献。该所创办专门研究抗战文艺的不定期刊物《抗战文艺研究》，出版《大后方抗战文艺丛书》，主办抗战文艺研究的全国性学术会议，对中国抗战文艺研究作出重大贡献，在全国和海外有一定影响。此外，四川省学术界对郭沫若、巴金、李劼人、马识途等当代文学重要人物的研究也取得较为丰富的成果。四川省郭沫若研究会主办有刊物《郭沫若学刊》。这方面的成果主要有专著：吴野等《大后方抗战文学史》；秦川《郭沫若评传》；王锦厚、伍加伦《郭沫若史剧论》《郭沫若旧体诗词赏析》；李士文《李劼人的生平和创作》。其他专著主要有：唐正序等《二十世纪中国文学与西方现代主义思潮》；王锦厚《五四新文学与外国文学》；张自强《鲁迅先生诗疏证》；毛迅《徐志摩论稿》；陈子谦《论钱钟书》；何兴明、李金河《黄裳传》；李生露等《沙汀年谱》；范昌灼《中国新时期散文论稿》；黄子建、佘德银《中国当代新诗发展史》；张志烈《三十年代现代派对中西纯诗理论的引入及其变异》；曾绍义《走向崇高——中国散文发展论》；尹鸿禄《大后方散文论稿》；苏光文《大后方文学论稿》；文天行主编《中国抗战文学概览》；夏爵蓉《现代诗人风格论》；黎风《新时期争鸣小说纵横谈》《爱的文学》；蒲惠民《当代少数民族诗人论》；周芳芸《中国现代文学悲剧女性形象研究》；邓经武《二十世纪巴蜀文学》；陈厚诚《死神唇边的笑——李金发传》；吴野《战火中的文学沉思》；张放《中国新散文源流》；阎嘉、杭之《鲁迅醒世语》；易明善《香港文学简论》等。

论文主要有：祁和晖、谭继和《关于“二堂”政治异向的思想根源探索——郭沫若与周作人生活与创作对比》《大醇小疵郭沫若——解读郭沫若的人生选择》；秦川《著名革命作家马识途的生平与创作》；一群《马识途小说创作风格试论》；吴野《试论马识途小说创作的艺术特色》；陈厚诚《学衡派文学批评与新人文主义》；尹在勤《二十世纪的中国新诗》；毛迅《徐志摩诗歌研究》；李星奎《秦牧早期杂文散论》；陶镕《论冯至〈十四行诗〉》；曹万生《30年代现代派对中西纯诗理论的引入及其变异》等。

现代文学资料的整理研究 专著主要有：毛文、黄莉如《艾芜研究专集》；易明善、陆文璧、潘显一《何其芳研究专集》；陆文璧《马识途研究专集》；刘传辉《陈炜谟文集》；陈厚诚《李金发回忆录》《邵子南研究资料》；王锦厚等《郭沫若佚文集》；王锦厚《闻一多选集》等。

五、比较文学

比较文学是四川省文学研究取得重要成果的一个领域。其中以四川大学比较文学研究所取得的成就较为显著。具有代表性的是四川大学教授曹顺庆的研究成果，主要专著有《中西比较诗学》《中外比较文论史》《比较文学史》《比较文学学科理论研究》等。此外，专著主要有：王晓路《中西诗学对话——英语世界的中国古代文论研究》；徐其超《在比较视觉中——中国当代文学影响研究》；杨武能《三叶集——德语文学·文学翻译·比较文学》；肖明翰《大家族的没落——福克纳和巴金家庭小说比较研究》等。

论文主要有：曹顺庆《中西文论比较研究》《比较文学中国学派基本理论特征及其方法论体系初探》《比较文学的问题意识：以“和而不同”的尴尬现状为例》；王晓路《艾布拉姆斯四要素与中国文学理论》等。

六、神话学研究

这方面的研究以四川省社科院研究员袁珂的中国神话研究为代表，具有全国性影响和开创性地位。袁珂在当代第一个全面系统梳理中国神话史的脉络，阐述并划分中国神话史的几个发展阶段。他对中国神话学科所做的界定，得到学术界的广泛认同。袁珂的相关著述较为丰富，包括专著《〈山海经〉研究》《〈山海经〉校注》《中国神话史》《中国神话通论》《中国神话大词典》

《神话论文集》等20余部及论文数十篇。其中大部分著作在港台出版，有的被译成俄、日、英、韩、世界语等文字。

七、外国文学

这一时期的外国文学艺术研究取得明显成就，内容涉及西方文学史、文学理论、重要作家及其作品等方面。

（一）西方文学史

专著主要有：龚翰熊《现代西方文学思潮》《二十世纪西方文学思潮》《西方小说艺术》；龚翰熊主编《欧洲小说史》；范文瑚、李欧主编《外国文化与文学》；刘亚丁《十九世纪俄国文学史纲》《苏联文学沉思录》等。

（二）文学理论

专著主要有：石璞《西方文论史纲》；易丹《断裂的世纪——论西方现代文学精神》；王晓路《当代美国小说理论》；易丹、吕澎《二十世纪艺术文化》；石坚《美国印第安神话与文学》；程锡麟、王晓路《当代美国小说理论》等。论文主要有：易丹《超越“殖民文学”的文化困境》；王晓路《事实·学理·洞察力——对外国文学传记式研究模式的质疑》《体系的差异》；龚翰熊《二十世纪西方文学全景中的现实主义》等。

（三）重要作家及重要作品研究

专著主要有：杨武能《歌德与中国》《歌德抒情诗咀华》《〈浮士德〉面面观》；刘亚丁《顿河激流——解读肖洛霍夫》《普希金》《托尔斯泰》；伍厚恺《寻找彩虹的人：劳伦斯》《弗吉尼亚·伍尔芙：存在的瞬间》；林亚光《〈少年维特之烦恼〉鉴赏》；肖明翰《威廉·福克纳研究》；袁德成《詹姆斯·乔依斯：现代尤利西斯》；尹锡南《世界文明视野中的泰戈尔》；刘进《弗雷德里克·詹姆逊文化诗学研究》；冯川《陀斯妥耶夫斯基》；阎嘉《触摸人类的心灵：茨威格》；杨晓明《欣悦的灵魂：罗曼·罗兰》等。

论文主要有：范文瑚《〈荒原〉发微》；伍厚恺《论〈格列佛游记〉的讽喻体小说形式及其文学地位》；刘亚丁《肖洛霍夫的写作策略》；杨华荣、冯宪光《穿越时光的旅程——〈冷山〉文本分析》等。

（四）译著

主要包括文学史著作、重要文学作品研究、外国文学和文化理论研究。其中冯川的译著较多，主要有〔美〕罗洛·梅的《爱与意志》、〔美〕特雷西的《诠释学·宗教·希望》《荣格文集》等。其他主要有朱通伯《哥伦比亚美国文学史》；吕宗兴《普希金全集（评论）》（第6卷）、《普希金全集（书信）》（第8卷）；刘捷《非洲裔美国黑人小说及其传统》；冯川、陈刚译〔美〕罗洛·梅《人寻找自己》，冯川、伍厚恺译〔美〕诺尔曼·布朗《生与死的对抗》；伍厚恺译〔英〕玛丽·雪莱《现代普罗米修斯》；程锡麟、王晓路、林必果、伍厚恺译〔美〕拉尔夫·科恩主编的《文学理论的未来》；段炼译〔英〕彼德·福勒的《艺术与精神分析》等。

（五）工具书

主要有伍厚恺的《外国文学知识辞典》。

第二节 主要著述

一、专著

《李劼人的生平和创作》 李士文著，四川省社会科学院出版社1986年出版。该书较为详细地评述李劼人的生平事迹，着重评述他的政治思想发展脉络；阐释和评价李劼人三部曲《死水微澜》《暴风雨前》《大波》和《天魔舞》等长篇小说的思想和艺术。

《灵溪词说》 缪钺、叶嘉莹著，上海古籍出版社1987年出版，台湾正中书局1993年再版。该书为四川大学教授缪钺与加拿大籍华人学者叶嘉莹合作撰写的词论，内容包括唐宋至明清之历代词人，评其长短得失，兼及词体之发展流变，以及对词中个别问题之讨论，其体例别创一格，每树一义，先以七言绝句撮述要旨，再附以较详细之散文说明，将论词绝句、词话、词论、词史诸种体裁之性质融合为一，文前有总论词体一篇，全书评论各个时代词的风格，并分别评论中国文学史上几乎所有的著名词人，包括韦庄、温庭筠、冯延巳、李煜、晏殊、晏几道、柳永、范仲淹、苏轼、秦观、辛弃疾、吴文英、周邦彦、史达祖、文天祥、朱彝尊、纳兰性德、龚自珍、王国维等。

《读风知新记》 魏炯若著，陕西人民出版社1987年出版。该书是一部《诗经》研究专著。全书分8卷，对《诗经》十五国风160篇诗，从诗序、诗本文、训诂、校勘、诗艺等角度，参考大量文献，作出系统的研究，考辨精审。该书最大特色是由继承传统学术而来的创造性研究，独树一帜地走尊重毛诗序传，但又兼采汉宋之学的路子，不拘一格，学术个性鲜明。在训诂学方面，作者认为"《序》讲述诗的意义（内容），《传》释诗的语言，不可分割""《传》文只以义作训诂""求之诗义才能决定弃取"，这就将《诗经》的训诂与一般的训诂区别开来，不仅是科学的，而且具有现代性。在校勘方面，该书亦建树颇多。

《苏轼诗研究》 谢桃枋著，巴蜀书社1987年出版。全书7章，内容分别为苏轼诗是文学革新运动的胜利果实；苏轼诗歌的创作道路，论述苏轼早期、凤翔时期、杭密徐时期、黄州时期、元佑时期、岭海时期创作风格的形成与演变；苏诗的艺术成就；苏诗的艺术渊源，分别论述李白、杜甫、韩愈、欧阳修对苏诗豪放风格的影响和陶渊明、韦应物、柳宗元对苏诗平淡风格的影响；苏诗的思想意义；苏诗的评价问题；苏诗对宋诗和后世诗的影响。

《中国神话史》 袁珂著，上海文艺出版社1988年出版。该书是中国第一部神话史。作者首次将散落在古籍中的神话遴选、缀集起来，用简练、通达的文字将从上古迄于明清时代的神话材料，作了纵贯的系统的论述。对少数民族神话则联系汉族神话，作了横向分类的鸟瞰式介绍，勾勒中国神话的历史全貌。此外，该书专章叙述中国神话研究的历史状况，神话对历代文学的种种影响等。材料丰富，剖析透彻。在该书中，作者的广义神话学的观念拓展神话学的空间，他指出："在混沌状态综合体中和宗教结合紧密具有原始性的神话，一般可称之为狭义神话；从混沌状态综合体中脱离出来，走向神话本身固有的文学因素的文学道路以后，我们就可称之为广义神话了。"他认为，广义的神话从原始神话以后，沿着两个方向演进：一是文学化，成为神话小说和有神话意味的说唱文学。二是与宗教和民俗相结合，成为仙话中的神话和民间神话故事。这样，神话史的研究有了重大突破，神话史也一直写到近现代。

《中西比较诗学》　曹顺庆著，北京出版社 1988 年出版。全书 7 章，主要对中西比较诗学史作了专题研究，具体内容包括中西比较诗学的萌芽时期、中西比较诗学的创立、台港中西比较诗学、海外汉学界的中西比较诗学、诗学话语的论争与中西比较诗学的拓展等。该书运用比较方法，分别从文化背景、艺术本质、艺术起源、艺术思维、艺术风格、艺术鉴赏 6 个方面对中西古典文论的异同进行理论上的对比研究；不但具体论述中西艺术的共同规律，更揭示中西古典文艺理论的不同特色和各自的理论价值，阐发中国古典文艺理论的世界意义。

《唐诗纪事校笺》　王仲镛著，巴蜀书社 1989 年 8 月出版，145 万字。《唐诗纪事》为宋人计有功撰，以其在史料、考证、辑佚、品评等多方面的价值，历来为学人所重。自计氏成书至今，虽有六七种版本，各种版本都不同程度地存在讹、脱、衍、倒以至缺文错简、张冠李戴的情况，后世的许多舛误便是承袭该书而来。《唐诗纪事校笺》选用明洪楩本为底本，以明清以下诸本及《全唐诗话》等进行参校，所据参考资料 400 余种，对计氏原书做了一番全面、认真的追本溯源的工作。在原书纪事部分，尽可能找到计氏搜采资料的来源、出处，笺证史实，校正文字，寓校雠于笺证之中；对于书中所举诗篇，亦尽可能利用计氏当时所能见到的资料加以校雠，讹者正之，缺者补之。凡有校正，均一一书出校记，说明根据及理由。同时详细考证计氏生平行事、版本情况以及校订该书所应解决的诸多问题。卷末附各本序跋及该书人名索引。

《五四新文学与外国文学》　王锦厚著，四川大学出版社 1989 年 10 月出版。全书分 8 章：五四新文学与印度文学、五四新文学与日本文学、五四新文学与被损害民族的文学、五四新文学与俄苏文学、五四新文学与英国文学、五四新文学与美国文学、五四新文学与法国文学、五四新文学与德国文学。较全面论述五四新文学与外国文学的关系。

《大后方散文论稿》　尹鸿禄著，四川教育出版社 1990 年出版。该书勾勒抗战时期大后方散文的整体风貌，揭示其发展轨迹，对杂文、记叙抒情散文和报告文学的实绩分别作出评估，对有代表性的作家作品给予应有的评价。书中不少重要问题都是首次系统探讨；有些问题在过去的论著中虽有涉及，但该书提出新的见解。书中还大量运用比较研究对大后方散文作了纵向和横向观察，并引进系统论、文艺心理学等新理论充实和丰富研究方法。

《王梵志诗校注》　项楚著，上海古籍出版社 1991 年出版。王梵志，唐代诗僧。其诗内容广泛、思想驳杂，有的演绎佛理教义、宣传佛教思想；有的反映社会现实，诉说民生疾苦。平实质朴、通俗易懂，是民间通俗诗的代表。20 世纪初于敦煌出土 20 多种唐宋时期王梵志诗手抄写本残卷，经过整理、校辑，得诗 336 首。项楚在通观敦煌文献以及各种笔记小说中现存的王梵志诗的基础上，考定所谓王梵志诗绝非一人一时之作，在缜密详博的词义注释之后又在按语以及前言、附录中对各个王诗可能产生时代段的诗作进行细致厘定，分析一些王诗背后存在的可能的隐身作者，为进一步研究开辟方向，奠定基调。全书除正文外，附录有释亡名与敦煌文学、“但存方寸地，留与子孙耕”考、王梵志诗 11 首辨伪、敦煌遗书中有关王梵志 3 条材料的校订与解说、列 1456 号王梵志诗残卷补校后记等论文和王梵志诗论著目录、王梵志诗语辞索引。

《高适研究》　佘正松著，巴蜀书社 1992 年出版。该书对唐代著名诗人、政治家，又身兼“戎帅”的高适，作了全面、系统地研究，包括其生平思想、军政活动、诗歌艺术、文赋创作、地位影响等，对其中若干悬疑及争议问题，作者勾稽史料，独抒已见，决疑解惑，识断精审。对于高适诗歌的主要成就边塞诗，作者对其诗中所反映的社会生活、民族矛盾以及爱国主义内涵，作了细致深入地探讨和论述，并从文学的角度分析评论高适诗歌“悲壮”的风格特征及不同变化，以及抒情方式和语言的鲜明个性。该书布局匠心独具，笔势纵横结合，其中不乏创新之处。

《断裂的世纪——论西方现代文学精神》 易丹著，四川大学出版社1992年出版。该书通过对人这一主题的历史考察，重点剖析1870—1970年100年间西方文学精神的种种现象，分析催生这些文学现象的社会、历史和文化等方面的根源，重点研究西方现代主义和后现代主义文学的风格特征与精神图景，并进行思考和批判。

《中国禅宗与诗歌》 周裕锴著，上海人民出版社1992年出版。该书是国内较早的一部系统研究中国禅宗与诗歌关系的专著。系统论述中国禅宗史与诗歌史之间的关系，着重论述禅宗对于诗歌渗透，禅宗的世界观、思维形式等对唐宋诗人的人生哲学、思维形式，对诗歌的风格、流派以及语言文字所产生的深刻影响。

《中国词学史》 谢桃坊著，巴蜀书社1993年初版，巴蜀书社2002年修订出版。该专著以词学生成过程为研究对象，通过对历代词学家及词学著作的探讨，真实描述词学发展的全部历史过程，寻求词学生成的外部条件与内部规律，总结其美学、方法论和学术价值。

《初唐四杰年谱》 张志烈著，巴蜀书社1993年4月出版。该书以初唐四杰王勃、杨炯、卢照邻、骆宾王合谱，广搜载籍，精研原作，对四人的文化环境、家世教养、生活经历、思想发展、创作活动、诗文系年、诗文本事等方面，作了精详的钩稽探求，并由之剖析其创作心态与艺术风格成因。对难以编年和前贤未曾编年的诗文，大都考清其创作年代、地域和背景。同时，兼及义理、辞章的分析，尤其注重探析谱主的精神气质、心灵历程。全书视野宏阔，评析兼长，甚多独创和填补空白之处。

《郭沫若评传》 秦川著，重庆出版社1993年9月第1版，2002年第2版。作者在对各家观点进行梳理前提下，对关于郭沫若的若干重大问题进行综合评论，并提出自己的观点。主要内容包括：早期郭沫若爱国民主主义思想的形成及其改良主义问题；《女神》所体现的时代精神；《女神》不可重复的艺术魅力；泛神论怎样理解和评价；世界观、文艺观的转变；怎样看待和评价郭沫若的10年流亡生活，他怎样以自己的方式参加中国思想界对中国革命性质和社会性质及社会史的论战；郭沫若历史剧评价及其对历史剧理论的建设等。作者分析伟大人物身上的渺小之处，既写出他一生艰苦卓绝、多姿多彩、宏富辉煌的一面，又写出其曲折、复杂、多变，中华人民共和国成立后尤其是“文化大革命”中灵魂迭遭扭曲的一面。并对郭沫若各个创作阶段的重要作品一一作出评述，揭示其成长的中外文化背景及其深层次的文化心理。

《汉语诗歌的节奏》 陈本益著，台湾文津出版社1994年出版。全书分为上、中、下三编。上编论述什么是汉语诗歌的节奏，把诗歌分为平仄节奏、重轻节奏、音组节奏论、顿节奏论、音节节奏，并提出汉语诗歌的基本节奏是顿歇节奏。中编论述古代诗歌的节奏形式，论述《诗经》《楚辞》、五言诗、七言诗和词、曲的节奏形式、句式，以及诗歌节奏和韵的关系。下编论述新诗的节奏形式。论述新诗发展不同时期的格律诗、自由诗、民歌体、散文诗的体式、节式、行式的节奏形式和节奏单位等问题，以及新诗节奏形式与韵的关系。

《死神唇边的笑——李金发传》 陈厚诚著，台北业强出版社1994年8月出版。该书是中国较早一部有关中国象征派诗开创者李金发的评传性传记。全书根据从中国内地、中国香港、台湾地区和美国、马来西亚等国家搜集的大量第一手资料，对李金发作为诗人、雕塑艺术家、外交官和农场经营者的人生历程进行全面的评述，特别侧重探讨李金发接受法国象征派诗歌影响的原因，他的诗歌创作发展演变及其在中国新诗发展史上占有的重要地位。该书引证许多过去鲜为人知的资料，揭开蒙在李金发身上的一层神秘面纱，有助解开这位“诗怪”的生平、思想和诗歌创作之谜。

《跨时代的超越——〈红楼梦〉叙事艺术新论》　李庆信著，巴蜀书社 1995 年 5 月出版。该书从作品本体出发，适当以现代小说叙事学为参照，借鉴其他现代美学、现代批评理论的个别观点、方法，并结合中国小说艺术、小说美学的民族传统和某些特殊范畴，对《红楼梦》的叙事艺术作了以下方面的研究探讨：《红楼梦》的叙事形态，具有跨世纪意义的东方性格小说典范；叙事观念的更新与叙事文本的嬗变；从说书人叙事到叙述人叙事的转化；人物叙事与人物视点；叙事时空建构；叙事体制；章回体的衰变与困扰；隐含作者回忆与自叙的虚构叙事；叙事的诗化倾向；作为叙事话语特殊成分的诗词曲赋；前五回中的亚神话叙事；叙事文本中的不确定性与意义空白；叙事中的影笔与“影子”说。

《东方文论选》　曹顺庆主编，四川人民出版社 1996 年出版。该书是一部全面反映东方文学艺术理论概貌的大型教材。编者选译印度、阿拉伯、波斯、日本、朝鲜等有代表性的文学理论著述 100 余种（篇）。所选著作绝大部分是第一次译为汉语。该书将印度、阿拉伯、波斯、日本、朝鲜、中国文论各列为一编。每编的概述论述该国文论发展概况、特征、基本范畴及艺术思维模式等，资料翔实，有较高学术价值。在选编体例上以人为纲，依时代先后排列。每个理论家之前附有生平、论著及其文论思想介绍。该书出版后，被国内外多所高校作为“西方文论选”和“中国历代文论选”课程相并列的“东方文论选”课程的教材，或作为文学、比较诗学等专业研究生的必读和作为教学和研究的资料。

《苏联文学沉思录》　刘亚丁著，四川大学出版社 1996 年 7 月出版。前 3 章为“创新与争夺文化霸权（1932 年以前）”“中心、边缘、对话（20 世纪 80 年代以前）”“暮气、危机、多元（苏联解体以前）”研究，阐释 20 世纪初至苏联解体前的俄罗斯文学，用“文学史的进化观念”分析文学的发展过程；既研究中心文学（传统的苏联文学），也研究曾被排斥在苏联文学版图之外的边缘文学，揭示两者之间的对话关系。

《文字禅与宋代诗学》　周裕锴著，高等教育出版社 1998 年出版。作者采用语言学、阐释学等相结合的方法，对文字禅与宋诗学的内在意蕴、历史变迁与相互关系展开多维透视和多元分析，还原宋代禅宗与诗学的原生态势，揭示语言文字对宋代禅宗与诗学的家园意义。

《弗吉尼亚·伍尔夫：存在的瞬间》　伍厚恺著，四川人民出版社 1999 年 9 月出版。该书对西方女性主义重要女作家弗吉尼亚·伍尔夫的理论观点、作品主题和艺术风格的变化过程作了全面理清。对各个时期的代表作给予重点论述，透过各种因素的交叉渗透和内在联系，寻找一以贯之的线索。该书对伍尔夫意识流写作方法的论述，联系她对“真实性”、人类认知能力、生命与时间等所持的根本观念，说明其与 20 世纪西方社会转型的关系、对理性主义哲学和自然主义传统的反拨的实质以及所受美学、心理学等新理论的影响。对其女性主义思想的论述，除揭示其反抗男权社会话语霸权的意义以外，尤其注意论证伍尔夫实际上强调女性精神特质和思维特点，并注重两者的互补与和谐关系，并说明其女性主义思想与其文学上的革新观念和创新手法之间的内在联系，以及与其后期寻找民间“无名者”的文学史观，强调“普通读者”的文学批评观的渊源。

《二十世纪西方文学思潮》　龚翰熊著，河北人民出版社 1999 年出版。全书分上下两编及“结束语”、几个问题的再认识。上编3章，是对20世纪西方文学思潮发展轨迹的宏观研究，首次将“世纪末文学”流派作为“前现代主义”考察。下编10章，重点介绍、分析后期象征主义、未来主义、表现主义、超现实主义、存在主义、荒诞派戏剧、新小说派、黑色幽默、魔幻现实主义。该书对20世纪西方文学思潮的社会历史背景与文化、文学背景，文学思潮、流派与作家、作品的关系，各种文学思潮、流派的发生发展过程及其特点作了历史追踪与理论阐释，也对反映这些思潮、流派的经典性作品作细致、透彻的文本分析。

《中国现代文学悲剧女性形象研究》 周芳芸著，天地出版社1999年10月出版。中国现代文学悲剧女性形象研究，既是一片辽阔的大地，又是一片荒芜的园地。半个多世纪以来，一些学者在理论上对妇女命运给予较多的人文关怀，但相对而言，对文学作品中的悲剧女性形象的研究则比较薄弱。该书以女性婚、恋、爱情为切入点，以马克思主义的社会学、文化学、哲学、美学，特别是心理学为探测仪，深入作品里，力图与作者灵魂遇合、情致交汇，以独特的个性感悟，探寻中国现代文学悲剧女性形象的深层心理结构，剖析她们的心灵，关怀她们的命运。作者用真诚与同情、责任与挚爱及生命的感悟同中国现代文学悲剧女性形象进行一场特殊的心灵对话。

《二十世纪巴蜀文学》 邓经武著，电子科技大学出版社1999年出版。该书立足于当时学术界“世纪总结”和“重写文学史”的学理意识，以文化学的理论为基本框架，从区域文化的积淀影响、巴蜀人文精神的传承衍化、大盆地特定自然和人的生存条件以及生活方式等不同层面，剖析巴蜀四川作家辈出、个性独特和成就极大的原因。用文化比较的方法，从不同区域的文化差异、不同国家的民族文化差异等，分析和凸现作家的艺术个性表现的深层原因；站在当今理论研究的前沿，着眼于时代思潮荡激、中外文化交汇碰撞和区域文化积淀的“集体无意识”，紧扣具体作家的独特人生经历，因而能够体现新的创见。对次要作家和一些突出文学现象的梳理，从“面”上展示世纪巴蜀文学的波澜壮阔，为整理研究巴蜀文化与文学，提供具有较强价值意义的资料。

《中国军事文学史》 任昭坤著，四川人民出版社1999年出版。该书系统展现中国远古至清末的军事文学历史。绪论之后8编分述各代的军事文学，插图32幅。绪论阐述军事文学的概念及特征；每编概述该时期军事史及当时、后代反映它的文学作品，接着是重要作家、作品研究。该书打开古代军事文学的宝库，成为中国较早一部从军事角度系统审视中国文学史的著作。对军事文学理论和具体作家作品研究有较多的新内容。是运用综合方法，将文学与军事、历史地理融汇一起进行研究的著作。

《中西诗学对话——英语世界的中国古代文论研究》 王晓路著，巴蜀书社2000年出版。作者通过“互为参照”的方式，从不同文化语境出发反观中国文学研究，首次全面梳理中国古代文论在英语世界的接受情况，就以北美为中心的西方汉学界对中国文论的理解、阐释以及方法作出介绍，并对其囿于自身传统所产生的误读作出自己的分析与评述。全书分为4章。第一章简略地回顾中国古代文论在英语世界的流传和接受情况，全面展示异域在这一领域的研究成果。第二章就英语世界对中国古代文论的认识、理解和阐释，对其在关于中国古代文论思想的主要观点及其囿于自身传统所导致的误读加以梳理、分析和评述。第三章从语言、文化和批评术语的差异入手进行对比研究，并对英语世界引用频率较高的若干中国古代文论语句的英译进行评述，在此基础上提出自己的参考译文，以着力探索将中国文论“送出”并与世界文论进行实质性对话的有效路径。第四章从中西文化中心范畴的比较出发，论证中西文论互识与互补存在的对话基础并从诗学的角度说明平等对话研究的必然。

《寒山诗注》 项楚著，中华书局2000年出版。寒山诗是中国古代诗王国中的一朵奇葩，是佛教思想在中国诗歌之树上结出最重要的果实。寒山诗长期以来流传于禅宗丛林，在文学史上却从来没有一席之地，在国外却有着显赫的命运。《寒山诗注》网罗海内外所存善本，版本搜罗之富，参考文献之广，前所未有。同时钩辑寒山拾得佚诗18首，附录相关研究资料等，使本书成为校勘最精审、收诗最完备、资料最丰富的寒山诗定本。该书最大特色在于注释的广泛、深入、精确和丰赡。注释者擅长校勘考据，谙熟四部典籍，尤精佛道二藏，善于融会贯通，融语言、文学、宗教、民俗于一体，引书700余种，追源朔流，探赜索隐，尤其对于一般研究者视为畏途的唐代口语和佛典奥义的注释，发挥淋漓尽致。该书在文学、语言学的价值之外，更具有思想史、文化史、社会史和宗教史的意义。该书的出版，重新树立中国大陆在寒山研究中的权威地位。

《外国文化与文学》 范文瑚、李欧主编，天地出版社2000年出版。该书建构在文化史与文学史的基础上，勾勒欧美文化、文学发展史的框架，同时对有代表性的重点人物和作品进行专题研究。该书突破仅以文学为材料的传统研究方法，围绕文学现象，沟通与文学密切相关的各文化门类（哲学、宗教、绘画、音乐、建筑、影视等）进行综合研究。在以文化视点关注文学的同时，关注从制度到日常行为的特定生活方式，在文化分析中包含对特定生活方式的意义与价值的分析。该书具有开放的视野，不拘泥于某一种文化、文学理论的批评模式，对所涉及的文化、文学现象提供多向、多面的阐释（诸如宗教、政治、地域、种族、心理等）。同时重视纵向与横向的联系与比较，重视不同历史时期，不同地域、民族、国家之间文化的渗透、影响与差别。

《李白生平研究匡补》 杨栩生著，巴蜀书社2000年出版。全书分上中下三篇，上篇李白蜀中行踪及诗文创作。中篇李白首次入京求仕长安之始末。下篇李白卒于宝应元年考辨。上篇对李白蜀中的行踪及诗文创作进行深入的研究。中篇对李白首次入京求仕的长安之行的经过作了介绍。下篇对李白的卒年作了探讨。另有杂考3篇，考证李白子嗣，对李白《大猎赋》与司马相如和扬雄的畋赋进行探讨。该书内容全面，结构严谨，资料翔实，具有一定的科学性、理论性及探讨性。

《中国文学批评史论》 薄友俊著，巴蜀书社2000年出版。该书史、论结合，在对中国古代文学批评宏观认识的基础上，对先秦至魏晋南北朝这段时期中国古代文学批评的主要成果，历史发展及其理论特色进行多元视角的描述和阐释。对先秦至魏晋南北朝中国文学批评的萌芽、发展、演进作了详尽的探讨，阐明它如何在纯文学观和反文学观的冲突中，经历由自发、迷失到自觉的过程，从而形成自身独特而比较成熟的理论内核，对后世文论产生很大的影响，是研究中国古代文学批评的关键。

《中国文学的伦理精神》 刘玉平、周晓琳著，四川人民出版社2001年出版。该书是一部简洁明要、通观全局的文学伦理史。视野上起远古，下迄当代，尤其注重打通古今界限，在纵横交错的坐标系中对中国文学的伦理精神进行全方位的立体把握，努力寻求古代文学与现当代文学历史性伦理的内在关联，探索贯穿中国文学发展进程带有规律性的东西。该书宗旨是在民族伦理史和中国文化史的广阔背景下，追寻中国文学的人格生成，演绎伦理精神的诗性建构。作者从文化视角截取中国所包涵的伦理精神作为研究对象进行理性观照，将中国古代文学、现代文学、当代文学视为一个有机联系的整体，置于传统文化的背景下，研究并揭示其伦理精神的复杂内涵和嬗变轨迹。作者凭借特有的文化剖析视角、高度统一的有机结构及整体的历史观照视野，显示文学范畴中伦理精神研究的收获。

《顿河激流——解读肖洛霍夫》 刘亚丁著，四川教育出版社2001年出版。全书分为“时代篇”“人物篇”和“影响篇”，研究肖洛霍夫求真唯实的创作个性的形成过程，发掘他的《静静的顿河》等作品的悲剧意蕴，揭示他与同时代作家和政治人物的独特关系，在阐发他关注的胜利者和牺牲者两种声音之中，显露他中心作家边缘写作的人生智慧，梳理他作品所蕴含的反思历史，认识现实的文化资源。该书资料翔实，文风活泼，语言晓畅，可读性强。

《刘熙载〈艺概〉研究》 韩烈文著，江苏古籍出版社2002年出版。该书概括介绍清代文学批评家刘熙载的生平与思想，着重论述刘熙载《艺概》一书有关艺术本质、艺术发展、艺术创新、创作主体、艺术境界、艺术风格、艺术鉴赏等内容及特点。

《世界文明视野中的泰戈尔》 尹锡南著，巴蜀书社2003年出版。该书通过讲述泰戈尔富有传奇色彩的社会经历与人际交往，诠释和论述泰戈尔的文明思想，主要内容包括：泰戈尔“文明”之理解；泰戈尔论东方文明之一般特征；泰戈尔论中国文明、日本文明、印度文明、东南亚及西亚文明、西方文明；泰戈尔东西文明观特征分析；影响泰戈尔文明观形成的因素；泰戈尔文明观在中国、日本、印度和西方的反响等。作者在文本解读和分析的基础上勇于立言，不受权威大家的观点所囿，在他人的研究基础上有所创新。全书不乏明快的评论、精微的考证和透彻的辨析，从而使读者看到一个更加完整、真实、形象丰满的泰戈尔。

《汉赋通论》 万光治著，华龄出版社2004年出版。该书全面论述汉赋的文体功能及其历史地位、汉赋的产生、分类、文体流变以及与汉代诗歌、汉代经学的关系等问题。全书18章，包括绪论和文体论、流变论、艺术论3个主要部分以及附录、汉赋今存篇目叙录。主要内容包括赋的文体功能及其历史地位、赋称原始、班固分类原则试析、汉赋分类史述略、汉赋三体溯源及变迁、汉代颂赞箴铭与赋同体异用、汉初文化心理与骚体赋、赋家地位与赋的繁荣、汉赋与汉诗、汉代经学、赋的抒情化与小品化、文学描绘与描绘性文体、汉赋的图案化倾向、汉赋的类型化倾向、汉赋用字造语之谜等章。

《论钱钟书》 陈子谦著，广西师范大学出版社2005年出版。全书分3卷，内容分别是：钱钟书文学情境赏析、钱钟书批评方法探析、钱钟书人文精神解析。既对钱钟书的文艺思想作了宏观微观的探讨，又就其为人看事之道作了颇有意趣的解析。既有对钱钟书为人为文之品评鉴赏，又有对钱钟书治学方法、批评特色之深研力索；尤其对钱钟书所创文学情境，作者理会深切，论述明断，视阈宽广。语言亦别具风味，藻采斐然，文笔犀利而谑语不断。所蕴蓄于字里行间者，是作者对一代国学大师之无限钦敬，及对当今学风文风之深沉思虑。

《唐代白话诗派研究》 项楚、张勇、谭伟、何剑平著，巴蜀书社2005年出版。唐代白话诗派是一个游离在主流诗歌之外、成员数量庞大的诗歌派别，有自己的渊源和形成发展过程。它基本上是佛教诗派，但又超越佛教诗派。唐代白话诗派不仅开创中国大规模的佛教文学运动，而且极大地推动中国白话通俗文学的演进，从而对中国文学发展的全局产生重要而深远的影响。由于传统的文学观点排斥佛教文学和通俗的白话文学，再加上相关资料缺失，学术界对唐代俗文学的研究一直较为薄弱，而对唐代白话诗派更是少有关注者。该书在“雅文学与俗文学并重，世俗文化与宗教信仰文化兼顾”的研究思路下，通过考察唐前白话诗人宝志、傅大士、亡名、卫元嵩，唐代诗人王梵志、寒山、庞居士，唐代数十位禅宗诗人，以及敦煌文献中的禅宗白话诗，探讨唐代白话诗派的生成背景和演变过程、唐代白话诗派的主要作家和艺术经验、唐代白话诗派与外来文化和本土文化的联系、唐代白话诗派与文人诗歌的互动作用、唐代白话诗派所反映的民众意识形态、唐代白话诗派的影响和历史评价等，基本廓清唐代白话诗派的整体面貌。该书横跨佛学、文学、语言学、文献学、敦煌学、历史学等诸多学科领域，是一项多学科交叉研究、学术内涵相当丰厚、创新程度较高的成功之作，为唐代白话诗派的研究开创一个良好的先例，在唐代文学研究领域填补一项学术空白。

二、论文

《一往情深，千秋论定——谈杜甫吟咏诸葛亮的诗》 钟树梁著，载《成都大学学报》1986 年第 3 期。作者指出，杜甫吟咏诸葛亮的许多诗，对诸葛的评论至为精当，他的诗笔亦即史笔，一词一句皆褒其所当褒，不作空泛颂美之辞，语语都有所本、有所指，也不作依违两可之语，句句话都带有论断性质，有自己异乎寻常议论的独特观点。应该说杜甫是以良史之才成绝妙之诗。自有咏诸葛亮的诗以来，无人能够超越杜甫。杜甫咏诸葛亮的诗识见高超，辞采典赡，一言片语也感人至深。杜甫咏诸葛亮诗作内容，一为刘备与诸葛亮君臣间鱼水相得、精诚相孚的亲密关系；二为诸葛亮忠于事业、至死不易其节的崇高品格；三为诸葛亮深谋远虑、奇才盖世的雄伟智略。杜甫吟咏诸葛的诗，情感既炽烈，识见亦高超。杜甫咏诸葛亮的诗传千万人之口，入千万人之心，也就使诸葛亮的形象更加丰满，更为人所了解和喜爱。

《〈荒原〉发微》 范文瑚著，载《四川师范大学学报》1989 年第 4 期。作者对诺贝尔奖得主、欧洲现代诗歌的领军人物托麦斯·史特恩斯·艾略特的代表作《荒原》进行较为深入的研究和解说，辨析发微，颇有新见。鉴于《荒原》这首诗旁征博引，表现手法异乎寻常，含义晦涩暧昧，疑义丛生，在欧美现代派诗歌中属于最难读懂的“天书”一类。对该诗的解读见仁见智，众说纷纭。该文从对全诗构架的总体把握出发，抓住每一诗章的关键诗句，结合诗人的自注，对各家观点加以梳理评说，力图领会全诗真谛。论文的几个部分“四月是最残忍的一个月”“你是活的还是死的?”“诗中最重要的一个角色”“水里的死亡”“这些带头罩的人群是谁”“这些片断我用来支撑我的断垣残壁”，连接起来可视为理解全诗的一根红线。

《徐庾文学评议》 王仲镛著，载《魏晋南北朝文学国际研讨会论文集》，香港中文大学出版社 1990 年出版。萧梁后期，大同以后文学，历来认为淫放、轻险，斥为亡国之音。作者认为，这种看法是不恰当的，这段时期的文学，对后世的影响极大，而徐、庾二家的文学活动，融通南北，承先启后，发挥过重要的作用。论文分 3 个部分：一、徐庾体的名称、背景和创作特点；二、《玉台新咏》的成书年代和撰录标准；三、徐、庾的后期文学及其在中国文学史上应有的地位。对以徐陵、庾信为代表的所谓徐庾体出现的历史背景，徐庾体的代表宫体诗赋以清新、流丽、清便富艳的特点，和对后世文学的影响，作了充分的阐述和肯定。

《超越“殖民文学”的文化困境》 易丹著，载《外国文学评论》1994 年第 2 期。作者以“后殖民”的理论框架，考察中国外国文学翻译和研究的历史和现状，指出自新文化运动以后，中国的外国文学译介工作一直受到文化立场的困扰，无论是翻译工作者还是研究工作者都没有建立一套属于自己、民族化的话语体系，从而在一定程度上扮演西方文化在中国“殖民”推广者的角色，从而丧失作为研究主体的文化立场和建立在文化立场之上的话语权力。

《比较文学中国学派基本理论特征及其方法论体系初探》 曹顺庆著，载《中国比较文学》1995 年第 1 期。作者首次在国内系统地论述比较文学中国学派的基本特征及其方法论。在作者看来，比较文学中国学派的基本特征是探讨跨越中西方异质文明的文学碰撞、文化浸透、文学误读，并寻求这种跨越异质文明的文学对话、文学沟通以及文学观念的汇通、整合与重建。基本方法论为“阐发法”“异同比较法”“文化模子寻根法”“对话研究”“整合与建构研究”等。

《学衡派文学批评与新人文主义》 陈厚诚著，载《社会科学研究》1996 年第 5 期。该文是较早从文学批评的角度研究学衡派与白璧德新人文主义关系的论文。作者指出，学衡派将新人文主义应用于文学批评，从而开创中国现代文学中的道德批评模式，并全面评述这种批评在文学的本质及功用、批评的性质及标准等方面的独特见解以及该派的批评实践，肯定学衡派在 20 世纪 20 年代“欧化”与“复古”莫衷一是的情况下对新文学创新之路的思考与探索，认为他们的批评可视为对五四文学革命的一次不无意义的反思。

《论〈格列佛游记〉的讽喻体小说形式及其文学地位》 伍厚恺著，载《四川大学学报》1996 年第 4 期。作者联系斯威夫特的其他讽喻性作品，论述《格列佛游记》的讽喻体特色及其在文学史上的渊源，探讨小说的内容、结构和 4 个部分各自的主题及讽喻类型，并分析作者所使用的多种反讽手法。作者特别强调它对西方“乌托邦”和“反乌托邦”两种重要小说类型的影响，并针对历来有所争论的关于作者悲观厌世思想等问题提出自己的看法。

《论杨升庵的散曲》 刘益国著，载《四川师范大学学报》1996 年第 2 期。全文分 6 个部分：第一部分对杨升庵及其夫人黄峨的散曲进行鉴别，澄清《杨升庵夫人词曲》集中所误收的杨升庵的散曲以及杨升庵门人的《陶情续集》中所误收的其他元明人的散曲；第二部分对杨升庵的散曲作了论述，认为，杨升庵的散曲是他一生坎坷遭遇的真实写照，成就最高的是那些抒写愤恨与不平的作品；第三部分分析、论述杨升庵的散曲对云南的名山胜水、奇风异俗和四时风景所作的描绘；第四部分论述杨升庵的散曲对黄峨刻骨铭心的思恋之情；第五部分论述杨升庵“陶情乎艳词、寄意乎声伎”类的散曲，并探讨杨升庵之所以写这类散曲的原因。

《周起渭的诗歌及诗论》 李朝正著，载《贵州社会科学》1997 年第 4 期。论文论述清初周起渭的诗歌创作、诗论及其在康熙年间诗坛上的地位及影响。揭示周诗豪宕纵横的诗风，清丽飘逸的奇句，情景所示，景媒情胚，任性而发的激越奔放的豪壮气势；在诗论上点石成金，主张创意造言，皆不相师的求新精神，缘情景（境）而发，杜绝矫情自饰之诗，在当时具有振聋发聩的作用；在清初，周起渭的诗歌创作及诗歌理论属于全新的视角，对改变一代诗风起到导向和发轫作用，颇为清初诗界重视。

《诗骚异同简论》 李诚著，载《文学评论》1998 年第 3 期。该文论述《诗经》与以《离骚》为代表的楚辞，在文学、美学、伦理学等方面的异同。作者指出，“诗”与“骚”在主题的“当代”性上并无二致，而因表现的题材不同，形成“悬隔”，即在文学、美学、社会学和伦理学意义的巨大区别。“骚”是“诗”的继承，但它身中活跃着远古血缘血亲社会的依稀影子和精灵。从艺术发生的源流，从审美的角度，从人类文明和意识演化的程序看，则“骚”当更古老。这正是“骚”对“诗”继承之余，在不同的时代诗人主体精神和个人人格力量高扬的一种表现。诗人的作品如“骚”的主题与题材常有巨大的悬隔，带给人冲突、震荡、焦灼的悲剧式美感；而“诗”正由其和谐、群体意识给人永长、悠久、平和、回味无穷的审美感。

《西方马克思主义文论对中国新时期文论的影响》 冯宪光著，载《四川大学学报》1999 年第 1 期。作者指出，中国新时期文学批评受到西马文论的深刻的、深层次的影响，是有因可循的。

论文从艺术与美学的人道主义；现实主义与现代主义之争；艺术生产论；艺术的文化学阐释；艺术的人文精神的失落与拯救问题；大众文化问题；语言学转向与马克思主义文学方法论等方面，在对二者进行比较分析研究的同时，系统总结20世纪东西方马克思主义文学批评发展的大致状况。认为，中国新时期文学批评的热点往往是西方马克思主义文论所关注的问题，中国文学理论家在提出和认识这些问题时，不同程度地受到西方马克思主义的影响。探索建设有中国特色的马克思主义文学批评理论的诸多问题。

《体系的差异》 王晓路著，载《文艺理论研究》2000年第1期。该文从中西文学理论的特质分析入手，全面论证不同文化背景中理论言说方式与体系的差异。该文在分析若干西方汉学家的观点后指出，在文学理论体系的评价上并不存在普适性的标准，各自的体系形态均有其合理性和独特性。理论的价值并不在于体系的架构，而在于揭示的问题以及对问题的论证方式。

《肖洛霍夫的写作策略》 刘亚丁著，载《外国文学评论》2000年第3期。作者指出，苏联文学中心与边缘对立的大格局为认识肖洛霍夫的价值提供新思路。过去评论界在肖洛霍夫究竟属于中心还是属于边缘的问题上各执一词。这是由于批评家不了解肖洛霍夫采取独特的写作策略。文章阐释这种写作策略：肖洛霍夫既遵从中心文学的基本规则，又突破其约束。他的作品有许多与边缘文学重合的东西，他本人却对边缘作家采取批判态度。这就是肖洛霍夫能够在不同的历史时期和具有不同的价值取向的读者中得到广泛接受的原因；他的作品既有中心文学的合法性，又有边缘文学的批判性。他处于中心与边缘的过渡地带。

《二十世纪的中国新诗》 尹在勤著，载《人民日报》2000年12月23日第6版。该文系《人民日报》对中国20世纪新文学全面总结的特约稿之一。全文分3个部分：艰难跋涉中的新诗；时空纵横的抒写层面；新诗的现状和展望。文章对自1918年诞生的直至20世纪末的新诗，从创作到理论，进行全方位的概括论述，史料翔实、持论公允，对各时期的代表诗人、诗作和流派，皆有精要品评，不偏于憎爱，不追逐时髦；对近年某些新诗和诗论，也观点鲜明地发表作者的见解。全文史论结合，纵横交织，既具有学术性，又具有可读性。

《二十世纪西方文学全景中的现实主义》 龚翰熊著，载《新疆大学学报》2000年第4期。早在20世纪60年代初，罗杰·加洛蒂等的《无边的现实主义》等著作就提出"应该开放和扩大现实主义的定义"，根据当代特有的作品，"赋予现实主义以新的尺度"。针对这些看法，作者系统阐述自己的观点。论文的重点有四：一、必须把握现实主义的界定性特征，为此，主张先"回到历史"。作者在考察现实主义作为一个文学术语的历史以后，同意韦勒克的观点，把现实主义看作是"一种反对浪漫主义的论战武器"，这也就是人们通常所说的"按照生活的本来的样子来反映生活"。二、论文承认现实主义的内涵是发展的，但认为一切事物的发展都是在保持其自身规定性的基础上的发展，而不是丢弃自身的规定性融入另一事物。三、论文主张用现实主义的应有之义去审视20世纪西方文学中各式各样的"现实主义"。论文分析魔幻现实主义等被一些人视为现实主义的文学现象以后，认为把他们纳入现实主义的范畴是没有意义也行不通。四、作者认为应当进一步破除现实主义至上论：不承认一些现代文学流派是现实主义绝不意味着贬低它们；也不应为了维护现实主义君临一切的地位而把现代主义纳入现实主义，以壮大现实主义的声势。这样，只能使本已很混乱的现实主义理论更为混乱。

《多元文化与汉语文学批评》 阎嘉著，载《文艺理论研究》2000年第5期。作者论述当代中国文学批评和理论界面临的主要论域，对“多元文化”与多元文化语境作了集中分析和讨论，通过对“五四”以来形成的汉语文学批评新传统的研究，探讨汉语文学批评界所面临的困惑。作者从文化批判和语境分析入手，对现实的思想文化状况和文学理论状况给予极大的关注，特别强调文学批评在意义建构、价值传承和文化批判方面的重大职责。作者提出：在当代多元文化语境中，既要从世界范围着眼，提倡不同民族文化的多极对话；同时，也要关注汉语文化圈内部文学批评观念和理论的多元化问题，倡导理论建构资源的多元化。

《三十年代现代派对中西纯诗理论的引入及其变异》 曹万生著，载《文学评论》2000 年第 2 期。纯诗是 20 世纪 30 年代现代派的一个重要诗学命题。它本身体现现代派向纯诗靠近的历史特征，也体现现代派本身诗学内涵的变异与发展。全文分 4 部分。第一部分，系统清理现代派 30 年代对西方和古代的纯诗理论的全面引入。第二部分介绍现代派对古代诗词特别是晚唐南宋纯诗的热衷。第三部分论述现代派在引入中西纯诗时，也丰富和发展纯诗的诗学命题。30 年代现代派对中西纯诗理论有所借鉴，有所扬弃，也有所变异，在 30 年代新诗实践中，作出符合中国符合时代的审美抉择。梁宗岱“形式是一切文艺作品永生的原理”的论点和“一切纯粹永久的诗的真元”的概念，是现代诗学中最具有理论意义的诗学论点，有其鲜明的现象学意义。

《非构思写作学宣言——后现代主义写作学观念、原理与方法》（上、下） 马正平著，载《海南师范学院学报》2002 年第 2 期、第 3 期。作者在较为广阔的时空背景上，对构思主义创作论和写作学产生的来龙去脉进行较为详尽的分析，并对其基本观念、方法进行实践的和理论的批判，并指出“非构思写作学”是对发达的中国古代写作理论的回归、超越、升华和发展。更重要的是，从非构思写作学主张写作内容应“消解预设”的“未定论”追求上实现心灵高度自由来看，它体现一种后现代写作精神、学术文化；但它又主张写作思维操作模型则是固定的，这样，它又是一种超越后现代主义的哲学思潮的原创性哲学观念，而这种哲学精神恰恰是“依道而生”的中华哲学文化的东方神韵的当代形态。

《比较文学的问题意识：以“和而不同”的尴尬现状为例》 曹顺庆著，载《外国文学研究》2003 年第 3 期。“和而不同”是中国传统文化中的核心观念之一。“和而不同”的文化原则曾在中国古代文明的建设与发展中发挥很大的作用，是中国传统文明中可贵的思想财富。作者对“和而不同”的真正实行和实现提出自己的看法和意见：希望通过跨文明研究重建中国文化规范和文论话语，目的就在于将中国传统文明和文论进行现代转化，让它们恢复生机和活力，重新参与我们的思维重建，参与世界文明对话和交流。这种传统文明和文论的现代转化，既不是“复古”，也不是“欧化”，而是于“复古”与“欧化”之外，又不脱离古代传统和西方资源的理论创造。

《事实·学理·洞察力——对外国文学传记式研究模式的质疑》 王晓路著，载《外国文学研究》2005 年第 3 期。作者认为，作为一种学术的外国文学研究中普遍存在的“传记式研究模式”，主要是对现存材料进行的转述和阐释，它虽然能够为读者提供一种“事实性知识”，然而“事实”本身却不能决定理论的意义。因此这种模式不利于为外国文学研究领域提供一种中国视角。作者认为可以采纳“问题式研究模式”，即以某种核心问题进入研究领域，进而提出理论构想。这既可弥补“传记式研究模式”的不足，也可在方法论上打破那种平面论述，使人们关注某一作家在其作品中所反映的基本问题的同时，提供一种题域使人们得以深入下去。

第三节 学科代表人物

魏炯若（1907—1991） 号杜庵，四川省成都市人。1935 年毕业于四川大学国文系，为蜀中名儒龚向农、庞石帚、林山腴的亲授弟子。先后任教于四川省成都中学、成都树德中学、成都光华大学等校。1956 年 9 月调入四川师范学院（今四川师范大学）中文系，教授中国古代文学。治教治学，既重严谨，又重开拓。雅好诗词，时与同好唱和，有《杜庵诗集》并诸多佳作传世。早年著述，多为读书札记，极少发表；中年学术研究所得，全部注入教材，且融入集体成果；晚年治学更为投入，在海内外报刊发表论文数十篇，并陆续出版《离骚发微》《读风知新记》两部专著，引起学术界重视。20 世纪 80 年代被聘为四川省古籍整理出版规划小组学术委员。遗稿《九歌发微》《九辩发微》《杜庵说诗》由其后人整理出版。

黄稚荃（1908—1993） 女，四川省江安县人，又名黄先泽，笔名杜邻。1930 年毕业于成都高等师范学校。次年，考取北平师范大学研究生院历史科学门，师从著名学者、诗人黄节研究中国古代文学。先后任成都第一女子师范、四川大学等校教授。1949 年后先后担任中华诗词学会顾问、四川诗书画院顾问、四川诗词学会名誉会长等职。主要学术著作有《杜诗在中国诗史上的地位》《杜诗札记》《李清照著作十论》《楚辞考异》《文选颜、鲍、谢诗评补》《杜邻存稿》等。

王仲镛（1915—1997） 四川省南充市人，四川师范大学古典文学研究所教授。早年就读于华西协合大学中文系，1939 年毕业，留校任教，1945 年晋升副教授，1957 年调四川师范学院历史系，后转中文系、古典文学研究所。精于中国古代文化，对汉魏六朝文学，乃至唐宋诗词研究尤深。著作有《唐诗纪事校笺》《升庵诗话校笺》《绝句衍义校注》，整理出版《赵熙集》《借槐庐诗集》等，发表论文数十篇，内容涉及哲学文学史学多个学科门类，汇成《居易室文史考索》一书。诗词造诣极高，然平日率尔为之，成即弃去，不留底稿，今搜求散佚，得数十首，名《梅苏诗存》。

屈守元（1913—2000） 原名屈爱良，四川省成都市人。1940 年毕业于四川大学中文系，后留校任教。1945 年后在成华大学任讲师、副教授、教授。1950 年到南充川北大学中文系任教授，1951 年调四川师范学院中文系任教授，1958 年任图书馆馆长，1960 年兼中文系副主任、代系主任。主要著作有：《中国古代文学》《中国文学简史》《〈昭明文选〉杂述及选讲》，主编《中国历代文选》及《韩愈集校注》，主要论文有：《谈刘禹锡诗文集的两个影宋本》《记残宋本刘梦得文集》《记明范氏卧云山房抄本刘禹锡诗文集》《谈魏长生》《元刊本〈韩诗外传〉题记两首》《谈古诗的吟咏》《关于宋人谢克家、克明兄弟》等。

唐正序（1933—2001） 四川省南充县人。1957 年毕业于四川大学中文系，后留校任教，任讲师、副教授、教授，历任中文系副主任、主任，兼任全国高等教育自学考试指导委员会中文专业委员会委员、中国文艺理论学会理事、全国毛泽东文艺思想研究会理事、四川省作家协会主席团委员、成都市文学艺术界联合会主席等职。20 世纪 50 年代开始从事文学评论，先后发表有关作家、作品评论和文艺理论研究论文多篇，如《要重视和加强文艺批评》《坚持和发展马克思主义文艺理论》，《试论毛泽东同志对现实主义理论的发展》（与人合作）被选入《中国新文艺大系》理论一集。主要著作有：《文艺学基础》《文学批评研究》，主编《文艺学基础理论》《二十世纪中国文学与西方现代主义思潮》《生命的光环——中国文化与中国文论》。

袁　珂（1916—2001）　四川省成都市人。1941年毕业于华西协合大学，1946年后历任台湾省编译馆编辑，台湾省教育厅编审委员会编审，系统研究中国神话传说。1949年初回到四川，一直从事文学及神话学的研究工作，1950年开始发表作品。1962年加入中国作家协会。历任西南人民艺术学院讲师、中国作家协会四川分会专业作家、四川省社科院研究员。曾任中国民间文艺家协会会员、中国作家协会会员、中国神话学会主席。长期从事中国神话研究，在当代第一个全面系统梳理中国神话史的脉络。他对中国神话学科所作的界定，得到学术界广泛认同。相关著述甚丰，主要有《中国古代神话》《中国神话传说》《古神话选释》《神话论文集》《袁珂神话论集》《中国神话通论》《中国神话史》《山海经校注》《中国神话传说词典》《中国神话大词典》等20余部专著及数十篇神话研究论文。

华忱之（1914—2002）　北京市人。1937年毕业于清华大学中文系。历任厦门大学中文系副教授、华西协合大学教授、四川大学中文系教授。20世纪50年代后一直在四川大学中文系任教。原治古典文学，后改授现代文学。主要著作有：《鲁迅后期杂文的思想深度》《曹寓剧作艺术探索》，整理校订《顾亭林诗文集》《孟东野诗集》（附年谱、遗事），编著《顾亭林文选》。

杨明照（1909—2003）　字韬甫，重庆市大足县人。1930年进入重庆大学文科预科。1932年秋升入本科国文系后，开始攻读《文心雕龙》。1935年秋，重庆大学并入四川大学，杨明照成为四川大学学生。1936年秋，以优异成绩考入燕京大学研究院国文部，师从著名文学批评史专家郭绍虞，继续研究《文心雕龙》。1939年夏，《文心雕龙校注》定稿，该书成为其学术生涯的奠基之作，1958年由上海古典文学社出版后，台北世界书局、河洛书局、香港龙门书局相继翻印或影印。日本立正大学教授、著名汉学家户田浩晓专门撰写《读杨明照氏的〈文心雕龙校注〉》一文，给予很高评价。认为《校注》中“有不少发前人所未发的见解”，堪称“自民国以来一直到战后《文心雕龙》研究的名著”。台湾学者王更生说，此书在《文心雕龙》的研究上，为后人树立一个新的断代。

王朝闻　见本志“哲学研究”第三节“学科代表人物”。

白敦仁（1918—2004）　字梅庵，室名水明楼，四川省成都市人。曾就读于四川大学，毕业于华西大学中文系，与屈守元、王文才、王仲镛等并为庞石帚先生高足。古典文学研究家。1942年起历任成都县中等学校语文教师，华西大学中文系助教，成华大学中文系讲师，波兰华沙大学东方语文学院中文系讲师，成都大学中文系教授、系主任、成都大学学术委员会主任，李白研究会副会长，杜甫学会顾问等。主要研究宋代文学与晚清文学，于陈与义研究用力尤勤，精校雠考证之学，擅诗词。有《水明楼诗词集》。著有《陈与义年谱》《宋诗略论》，笺注有《陈与义集校笺》《巢经巢诗钞笺注》《彊村语业笺注》，主编《周邦彦词赏析集》，整理辑印《养晴室遗集》等。

王文才（1923—2008）　四川省成都市人，先后就读于华西大学中文系和四川大学文科研究所，毕业后任该所助理研究员。1953年调入四川师范学院中文系，先后任讲师、副教授、教授。主攻中国古代文学，长期从事杨慎研究，著有《杨慎学谱》《杨慎词曲集》《杨升庵诗选注》，主编《杨升庵丛书》，其他著作有《蜀梼杌笺证》《元曲纪事》《白朴戏曲集校注》《成都城坊考》《青城山志》等。

第十四章　文艺美学研究

文艺美学，是20世纪70—80年代由中国学者创建，介乎文艺学和美学之间，并进入自觉研究的一门新兴学科，在新时期的文艺学和美学研究中占有重要地位，是20世纪中国学者具有世界学术意义的创新之一。四川省的文艺美学研究，在国内学术界占有重要地位。四川大学中文系教授王世德，是中国文艺美学学科的创立者之一，为该学科的建设作出突出贡献。20世纪70年代后期至2005年，四川大学及一些院校和研究机构出现一批以文艺美学为研究方向的学者，在文艺美学的主要研究领域取得国内学术界瞩目的成果。

第一节　研究综述

1971年，台湾学者王梦鸥出版一部研究西方美学的论文集，书名《文艺美学》。这是“文艺美学”这一概念的最早出现。在此前后，大陆学术界的一些学者也开始运用西方美学思想解决文艺和文学的基本问题，即文学艺术的“审美目的”和“艺术美”。这实际上反映文艺学和美学两个学科在边沿上的对话和交融。

20世纪80年代初，“文艺美学”这一概念在大陆被正式提出。1980年，在昆明举行的中华美学学会年会上，学者胡经之提出建立文艺美学学科，并指出应该把“系统研究艺术活动的审美本质和审美规律”作为该学科的主要任务。胡经之的提议得到全国美学、文艺学研究者的认同和响应，30多年来，由于中国学者的努力，文艺美学逐渐确立其学术研究的学科地位。

文艺美学是介乎文艺学和美学之间的一门交叉学科。它既是美学的一个分支学科，又是文艺学的一个分支学科。就文艺美学与美学的关系而言，它是美学下属的一个部类；就文艺美学与文艺学的关系而言，它与文艺心理学、文艺社会学、文艺哲学同属于文艺学的分支学科。而文艺美学不同于其他三者之处，就在于它从美学的观点来研究文学艺术，具有把审美体验、艺术感悟和理性分析、理论概括等结合起来研究的特点，是从美学角度去研究文艺的审美特质和审美规律，探寻包括文学、电影、舞蹈、音乐、摄影等在内的各个艺术门类的审美特征和审美规律，再从中寻找出共同之处，然后再上升到经过抽象、概括的文艺美学的理论形态。作为一门新兴学科，文艺美学的创新性，就在于它从对西方美学和文艺学的引进中，在以中国原有的诗文评、画论、乐论的艺术批评传统的对话中，在中西两种不同文化的交流、对话空间中，提出一种中国学者进行美学研究的新思路、新规范、新视角。

四川省的文艺美学研究，在国内学术界占有重要地位。四川大学中文系教授王世德，是文艺美学学科的创立者之一，在这个领域辛勤耕耘30余载，为该学科的建设作出突出贡献。20世纪70年代后期后，先后主编中国第一部《美学辞典》，出版专著《审美学》《文艺美学论集》《美学新趋势》《影视审美学》等。其中，《文艺美学论集》对"文艺美学"作了学术界定，是该学科重要的基础性著作。此外他发表文艺美学论文400多篇。在他的影响下，四川大学及四川省其他院校和研究机构出现一批以文艺美学为研究方向的学者，所取得的成果为国内学术界所瞩目。四川师范大学教授皮朝纲，是四川文艺美学研究的又一位重要学者，他对建构中国特色的审美观念与中国古典文艺美学范畴体系作出重要贡献，尤其对禅宗美学史的研究具有开创性。自70年代末期起，发表学术论文80余篇，出版著作10余部。主要有《中国古典美学探索》《中国古代文艺美学概要》《中国美学沉思录》《禅宗美学史稿》《中国古代审美心理学论纲》《中国美学体系论》《静默的美学》《审美心理学导引》《禅宗的美学》等。

四川省的文艺美学研究机构，主要有四川大学文学研究所文艺美学研究室、四川省社会科学院文学研究所，四川省内各高等院校相关院系、教研室和文艺单位的一些学者进行文艺美学的研究。

20世纪70年代后期至2005年，四川文艺美学研究成果主要集中在文艺美学理论、文艺创作的美学研究、文艺作品的美学研究和文艺欣赏等方面。

文艺美学理论 专著主要有：王世德《美学辞典》《文艺美学论集》《审美学》《美学新趋势》和《文艺美学辞典》（副主编）；冯宪光《西方马克思主义文艺美学思想》《马克思美学的现代阐释》；冯宪光、马睿《审美意识形态的文本分析》；皮朝纲、李天道《中国古代审美心理学论纲》；皮朝纲《禅宗美学史稿》；皮朝纲、董运庭《静默的美学》；曹顺庆、李建中、张志怀《非性文化的奇花异果——中国古代性观念与中国古典美学》；董小玉《文艺创作与审美心理》；冯川、苏宁《文学与心理学》；李敬敏、董运庭、朱丕智《文艺批评学》；钟仕伦《南北文化与美学思潮》；钟仕伦等《当代中国传统美学研究》；董志强《消解与重构——艺术作品的本质》；李天道《禅：生命之境和审美之境》；吴野《生活美、艺术美及其他》；曾永成《运用系统原理进行审美研究试探》《回归实践论人类学——马克思主义文艺学新解读》；葛启进《审美场研究》；易丹《断裂的世纪——论西方现代文学精神》；刘兆吉《文艺心理与美育心理文学》等。

论文主要有：王世德《论艺术掌握》《苏轼的"寓意于物论"与康德的非功利审美论》《文艺价值论——文艺美学研究的新趋势》《禅宗与文艺美学相通的探索》《论文艺审美特性中的"转化"机制》《论审美规律》《相对论与文艺的美学特征》《论音乐美学》；冯宪光《西方马克思主义文论对中国新时期文论的影响》《南斯拉夫"实践派"美学评述》《文艺美学是一门"间性"学科》《告别自由主义美学——伊格尔顿〈审美意识形态〉解读》《论伊格尔顿的"文化生产"美学》《面对自然的文学》；冯川《荣格美学思想批判》；皮朝纲《关于创建中国古代文艺美学的思考》《中国古代美学的独特品格及其现代意义》《开展中国古代审美心理学研究的构想》。

文艺创作的美学研究 专著主要有：王世德《影视审美学》《诗书画艺术新论》；尹在勤《诗人心理构架》；周晓风《现代诗歌符号美学》；唐永啸《中国戏曲舞台上的角色创造》；周冠群《散文探美》；邓运佳《中华梨园一枝花——川剧艺术》；高师大《舞台的解读与成像》；王林《美术形态学》；邓运佳《川剧艺术概论》；郭久麟《文艺创作灵感论》等。

论文主要有：王世德《鲁迅美学思想探索》《文艺作品怎样才有审美感染力——巴金在美学上给我们的启示》《电影艺术创造中的美学规律》《论音乐美学》《形象直觉与移情体验——再谈有关戏

剧美学的美感论》《留意物欲与寓寄情意——苏轼美学思想探索》；冯宪光《论巴金晚年美学思想的两个命题》《〈文心雕龙〉的符号学问题》《从〈文心雕龙·辨骚〉看中国文论思维形态》；曹顺庆《滋味说与美感论——中西文论比较研究》《大美无言》；李益荪《马克思恩格斯悲剧理论新探》；苏丁《关于艺术美的断想》《论叶燮美学思想对曹雪芹的影响》；李诚《苏轼作品中的音乐世界》；陈应鸾《论李杜的清丽观》；阎嘉《论"味"的美学意义》；钟仕伦《论南下高僧及其对美学、文学发展的影响》；皮朝纲《关于禅宗美学的逻辑起点、研究对象与理论范式的思考》《"不即不离"说的美学意蕴》《"妙在愈小而大"说初探——中国古代文艺美学命题研究之一》；王林《浅论儒家美学对台湾散文创作的影响》；周晓风《现代诗歌符号美学论纲》；刘少泉的《苏轼画论的美学思想》；周裕锴的《中国古典诗歌的三种审美范型》；周浩然、田旭中的《略论书艺美学中之"气"说》；王小遂《空里传神——川剧舞台美学语汇试释》；郭久麟《论艺术灵感与审美结构》；李祥林《说"淡"——中国古典美学范畴札记之一》等。

文艺作品的美学研究和文艺鉴赏 专著主要有：王世德《儒道佛美学的融合——苏轼文艺美学思想研究》；何开四《碧海掣鲸录——钱钟书美学思想的历史演进》；蒋均涛《语文美学分析》；马正平《生命的空间：〈人间词话〉的当代解读》；雷涛《阳翰笙电影、戏剧语言修辞艺术》；魏红珊《郭沫若美学思想研究》；张凯、刘迅《中国古典戏剧肢体语言》；钟善祥《川剧高腔音乐散论》；曹万生《理性·社会·客体——茅盾艺术美学论稿》；刘扬烈《诗神·炼狱·白色花——七月诗派论稿》；林木《论文人画》；周冠群《散文探美》等。

论文主要有：王世德《张船山美学思想与张诗美学特色》《苏轼文艺美学思想论纲》《发掘薛涛文史中真善美的诗意》；钟仕伦《论"汉家威仪"的美学意蕴》《试论古典文学鉴赏的差异性》；张志烈《论杜甫诗歌的混茫境界》；皮朝纲《庄子美学思想管窥》《"妙在含糊，方见作手"——中国古典文艺美学例》《中国古代美学的独特品格及其现代意义》《"只要檀郎认得声"——禅宗机锋与艺术审美特征》；冯宪光《穿越时光的旅程——〈冷山〉文本分析》；何开四《"诗画分界"析——关于莱辛〈拉奥孔〉和钱钟书〈旧文四篇〉的比较研究》等。

第二节 主要著述

一、专著

《文艺美学论集》 王世德著，重庆出版社1985年出版。全书收入王世德20世纪70—80年代的论文21篇，分3个部分。前5篇为第一部分，对马克思、鲁迅、郭沫若、刘熙载的美学思想及文艺理论的民族特色问题进行探索研究。在论述美学基础理论的前提下，突出文艺美学思想、兼顾今古不同创作方法。第二部分14篇，是文艺美学专论，是该书的基本内容。《论文艺的美学特征》《"形象大于思想"是一条重要的美学原理》《形象思维简论》3篇是文艺美学的概论，着重论述文艺的美学特征和审美规律，同时兼论文学美学的特点规律。《论文艺的美学特征》一文是全书的纲。其余11篇从文艺美学总体理论出发，对下属的美学领域如戏剧美学、电影美学、舞蹈美学、摄影美学等审美特征的论述。第三部分包括两篇文章，论述与文艺美学相关的西方现代派文艺的借鉴问题和"意识流"。全书自成体系，逻辑性强，是文艺美学概论的一部探索之作。

《散文探美》 周冠群著，重庆出版社 1986 年出版。全书 29 个标题，从美学鉴赏、结构形态、创作手法等角度和层面阐述散文的美学问题、文化内涵和创作问题，内容包括：散文主题的丰富性、散文的自然美、散文的诗意美、散文的结构形态、散文的抑扬手法、散文的断续艺术、散文的剪裁艺术、散文的议论艺术、散文中的社会风俗画、随笔小品、散文诗等。

《诗人心理构架》 尹在勤著，华岳文艺出版社 1987 年出版。全书分为“追寻缪斯遍心迹（引言）”“诗的心理特质”“诗人的感知”“诗人的思维”“诗人的想象”“诗人与读者的反馈环路”“后记”等章节。

《审美学》 王世德著，山东文艺出版社 1987 年出版。全书分 3 编。作者首先提出美学就是审美学这一独到见解，对鲍姆嘉通提出创建美学的原意以及各国关于美学一词的不同解释作了新的论证，阐述“美学”就是审美学这一结论。第一编从人类审美活动的产生和发展谈起，作了历史与逻辑相统一的考察，概括审美规律和美的规律，为认识美和美感等范畴奠定基础。作者还特设审美规律专节，全面论述艺术掌握、美的规律、美感等美学难题。第二编针对中国主要的几种关于美的定义问题作了详尽分析，特别是关于“美是本质力量的对象化”“美是自由”这两种定义，作者指出它们的可取之处与存在的缺点。第三编论述艺术美。它明显区别于其他美学概念，其独特之处在于：作者积累几十年的研究经验，从文艺的根源、内容、形式、作用等方面条分缕析、言简意赅地概括和阐述文艺的美学特征。

《西方马克思主义文艺美学思想》 冯宪光著，四川大学出版社 1988 年 10 月出版。该书是国内较早系统介绍和研究“西方马克思主义文艺美学”的专著，有 7 章和一个“结语”。第一章作为总论，阐述了西方马克思主义文艺美学思想的“源起”和“特征”。第二章至第七章，分别评述葛兰西的“民族—人民”的文艺理论、卢卡契的现实主义文艺理论、法兰克福学派的浪漫主义文艺理论、萨特的“存在主义的马克思主义”的文艺理论、“结构主义的马克思主义”的文艺理论，以及英国的“西方马克思主义”的文艺理论。作者在大量阅读中外文资料的基础上，进行分析和综合，抓住西方马克思主义文艺美学的不同时期、不同学派的代表人物、代表著作的主要观点，力图把西方马克思主义文艺美学的真实面貌介绍给读者，使读者对西方马克思主义文艺美学具体特征和总体面貌有一个清晰的了解。

《理性·社会·客体——茅盾艺术美学论稿》 曹万生著，四川省社会科学院出版社 1988 年 12 月出版。该书系统地从“艺术美”“艺术美感”“门类艺术美学”三方面对茅盾的美学思想进行梳理、评价，对茅盾美学思想的基本构造、体系作出独特阐释。结合茅盾有关美学的文论及创作实践，对其艺术美本质论、本体论、美感心理论、美感实践论、崇高、悲剧、丑、喜剧等艺术美范畴及关于神话、小说、诗歌、戏剧、散文的美学理论进行分析阐释。

《碧海掣鲸录——钱钟书美学思想的历史演进》 何开四著，成都出版社 1990 年出版。全书分 12 个专题，作者认为，从认识论来说，钱钟书学术思想的精髓，是他的艺术哲学。因而从美学的高度，更能理解和把握钱钟书的学术思想。作者把钱钟书的美学思想视为一种关系、一个过程，并以发展的眼光透视这种关系和这个过程，对钱钟书美学思想脉络进行初步梳理。作者指出，钱钟书的美学思想，有一个从朴素唯物论向历史唯物论发展的过程。其中最能代表这一美学思想在不同阶段的具体状况的著作，分别是《谈艺录》《宋诗选注》《管锥编》，考察出这 3 部著作之间的关系，实际上也就勾勒出钱钟书美学思想的发展轮廓。

《文艺创作灵感论》 郭久麟著，四川大学出版社1990年出版。作者结合当代社会科学和自然科学的最新成就，运用系统论的原则，将文学创作灵感作为人类现代创作思维的一个子系统进行宏观审视，同时根据文学创作的自身特点，运用创作主体的切身体验和论述，在中外古今灵感论的比较中，在艺术灵感和科学灵感的对比中，总结艺术灵感的自身特点和特殊规律，在文艺创作思维学的建树中取得重大突破。作者从文艺学、美学、哲学、心理思维科学、脑科学和系统论等视角去论述灵感的本质和灵感的诱发机制，并着重研究诱发灵感的基础条件和心理态势，阐述灵感的触发与捕捉。阐明灵感是创作思维最难求得的瑰宝。灵感与联想和想象有着十分密切的关系，灵感的闪现往往借助于联想和想象的翅膀。诗眼、警句、妙语，凡是文章中的特别闪光之处，几乎都有灵感的足迹。作者特别注意吸收世界上最新的自然科学和社会科学的成果，素材翔实，例证丰厚，运用系统论的方法，理论紧密联系实际，进行全面、系统、深刻的论述，从而显现这部著作的鲜明特色。

《静默的美学》 皮朝纲、董运庭著，成都科技大学出版社1991年出版。该书从历史、哲学、宗教和美学的角度论述佛教禅宗与中国古代美学的关系，除“前言”外，全书分为“从佛学禅到美学禅”“禅、艺合流的发展过程”“‘直彻心源’的生命情调”“‘离相无念’的直觉思维”“‘当下顿悟’的感性超越”5编15章，主题分别为禅宗与中国美学、禅与艺术的关系和影响、禅与生命感受、禅与艺术思维、禅与艺术审美等。该书余论部分有“中国古典美学的接受理论——玩味说”“建构中国特色的审美观念”两章。

《文艺创作与审美心理》 董小玉著，四川教育出版社1992年出版。该书是一部从审美心理角度切入文学创作研究的著作。全书由15个部分组成，分别论述作家从事文学创作的动机、内动力、创作动机的表现形式和触发机制；审美心理的解析和审美心理的物化形态；关于创作思维；文学语言的心理特征；作家创作中的想象、错觉、幻觉、感觉、灵感、观察、虚构等审美心理和创作技巧等技术问题，作了较为生动和透彻的分析和研究。

《儒道佛美学的融合——苏轼文艺美学思想研究》 王世德著，重庆出版社1993年出版。该书主旨在于论证苏轼融合儒释道三家思想，创立关于文艺美学系统性的美学思想。全书9章，主题分别为苏轼在美学史上的意义；儒道佛思想的融合；“寓意于物”的审美态度论；有为而作的述意抒情论；有融于中的自然感兴论；虚净物化的成竹于胸论；了然口心的审美辞道论；形理传神的象外意境论；妙出法外的至味新意论。作者指出，苏轼的美学思想，是融合、吸取、改造和发展儒释道三家思想的产物。是继承前者，在时代潮流影响下有独创性和系统性的美学思想。它在当时难能可贵，对后世影响巨大，在今天仍有指导作用，并有助于我们探索有中国特色的马克思主义文艺审美学体系。

《语文美学分析》 蒋均涛著，语文出版社1994年出版。该书主题是关于中学语文教学中的美学和美育问题。全书分为3个部分：上编讲各类文体，抒情类文学、叙事类文学、戏剧、影视文学的审美特征。中编讲语文教学各环节，识字教学、写字教学、阅读教学、写作教学、第二课堂活动中的美育。下编讲语文教学方法的实证检验和审美心理的过程与特性。作者注重将理论知识与实际运用相结合，使读者能将实际中遇到的问题提升到理论高度，同时又能用这些理论指导实际问题的解决。该书3个部分既有理论，又有知识，又有举例。该书举例生动，有独到见解，往往能够将议论提升到文艺美学原理的高度，从而提出比较深刻的见解。

《诗味论》 陈应鸾著，巴蜀书社1996年出版。全书分9章：第一、第二章探讨诗味论的物质，论证中国特色的诗歌美学理论。第三章至第五章探讨诗味论的发展史，提出诗味论滥觞于先秦、胎甲于晋宋、形成于齐梁至唐代、盛行于宋元明清（前期和中期）、衰落于近代的论断，突出论证其中12个理论高峰。第六章探讨诗味论之成因：中国发达的饮食文化是其形成的文化基础，中国古人独特的直觉感悟式的思维是其形成的主观原因，魏晋南北朝的历史特征是其形成的契机。第七章至第九章探讨诗味论涉及的美学范畴：意境、情志、情理、赋比兴、声律、字句、自然平淡和含蓄朦胧、兴会、妙悟等与诗味的关系。

《影视审美学》 王世德著，北京广播学院出版社1999年9月出版。该书是大学文艺美学研究生和进修教师的教材。全书11章，第一章至第三章对审美学和影视审美学的概念内涵和功能进行表述和分析。第四章至第十一章分别对电影艺术的审美特征、电视艺术的审美特征、纪实性电视剧与纪实主义美学原则、影视艺术创造的审美规律、提炼题材的美学要求、观众欣赏影视艺术的审美要求、影视美学观念的新开拓、中国影视要与世界“接轨”“对话”，对影视艺术的审美规律和审美要求进行全面论述。

《齐白石画语录图释》 李祥林编著，西泠印社1999年7月出版。该书系中国名画家画语录图释之一，全书8万字、图76幅。作为中国现代绘画史上的巨匠，齐白石有画也有论，但他毕竟不是专门的理论家也不曾写过独立系统的画学论著，其言论虽精到却简约又散见。编著者在悉心研究的基础上择取齐白石画论、画作之精要，按照“画的创造”“画的涵养”和“画的类别”三大块分列专题一一相配，同时在每个专题后撰写有“读解”，行文言简意赅，有深度而不深奥，并将齐白石画论尽量纳入中国美学和中国画学的大背景中加以审视析说；末尾撰有长文，从整体上论述齐白石艺术美学思想。

《生命的空间：〈人间词话〉的当代解读》 马正平著，中国社会科学出版社2000年出版。全书分为3篇，上篇：《人间词话》“境界”说的文本解读；中篇：《人间词话》“境界”说的相关研究；下篇：《人间词话》“境界”说的整体研究。该书旨在解读王国维在其文学评论名著《人间词话》提出的“境界”说的概念和理论体系。在多层面、多角度对王国维的“境界”说进行分析和论证之后，作者得出这样的结论：“作为艺术批评、鉴赏美学的‘境界’说，不是‘艺术形象’论，不是‘情景交融’论，不是‘典型形象’论，不是‘联想想象’论，而是一种人论的美学，一种生命的美学，自由的美学。‘境界’说的本质，就是对人类高远的心灵空间、高深的思维空间、自由的生存空间、自然的生命精神空间的向往与追求。”该书是近年来王国维美学与文论思想研究的一次重要突破。这种突破，主要是通过对王国维美学概念、美学体系、美学主旨的还原实现的，而最终则实现对中国传统美学与文论思想的迷人风采的还原。

《消解与重构——艺术作品的本质》 董志强著，人民出版社2002年出版。该书从当代美学研究的前沿问题出发，通过对艺术作品存在方式的系统考察，对一些广为流行的传统美学观点提出质疑和批判，对许多困扰当代美学的问题提出新的理解，对艺术的本质作了新的揭示。该书从人类生命活动的整体出发，揭示艺术生产如何从一般的生产活动中分离出来及其在人类生命活动自我建构中担当的角色和意义之所在；并对在此历史过程中发生的艺术作品和普通产品之间的相互转换、艺术作品的复制及其商品化等前沿问题作了新的解释；对艺术接受活动以及艺术作品的内部结构进行系统分析，揭示艺术作品的不同存在方式及由此展现的各种本质属性和功能。该书还对当代哲学的某些影响广泛的观点进行批判，提出“生命活动的二重性”“存在场所与世界”“历史性世界与此在世界”“事物作为客体和对象的两种存在方式”“语言的两种使用方式”“生产活动的两个阶段”等一系列独创性的一般理论，在此基础上展示一种新的本体论视野的建构，对符号、文化、商品等现象的本质给予新的解释；并提出立足于当下汉语语境进行现代中国学术建构的一般方法论及作为人文学科核心之“未来美学”的建构问题。

《美术形态学》　王林著，西南师范大学出版社2004年出版。该书从共时性和历时性两个方面对美术世界和美术样式及其历史形态进行形态描述和美学分析，内容包括绘画的艺术特征、摄影艺术的特征、文字艺术的特征、雕塑的艺术特征的空间转移、完成创作选择性、线条的运动等方面。在一些颇为繁难的理论问题上，诸如各门类艺术的形态学特征、形式与内容、图像的实证与体验、艺术的形式系统等，展开分析。

《中国古典戏剧肢体语言》　张凯著，西南师范大学出版社2005年出版。中国古典戏剧肢体语言是一个全新的边沿学科。它包含表演美学、表演心理学、表演运动学等多门学科。认真关注和学习中国古典戏剧舞台上的肢体语言描述和构成规律等，可以减少舞台肢体语言在舞台交流活动中的盲目性、随意性，使表演实践和学习更具效率性和实用性，增强戏剧的美学效果。该书用专业化的语言和生动翔实的图片资料，讲述和记录中国古典戏剧舞台上肢体语言的基本描述方法、类别和创作规范等。它对了解中国古典戏剧肢体语言的基本造型、基本律动、基本构成模式，培养戏曲舞台表演人才、普及和提高中国古典戏剧欣赏，具有重要的现实意义。

二、论文

《“离形得似”与“味外之旨”》　王世德著，载《四川师范学院学报》（社会科学版）1981年第2期。该文讨论唐代诗人和诗论家司空图在《诗品》中提出的“味外之旨”“韵外之致”“象外之象”“离形得似”“不着一字，尽得风流”的美学思想。作者认为诗意不能停留于字面上所写出来的的景象、韵味，或是停留于照录出生活事物的“形”，而应该通过字面上所写的景象和韵味，传达出象外之象，景外之景，韵外之致，味外之旨。优秀的诗作表面上没有毫发不差地照录生活事物的形貌，似乎离开事物的“形”，却能真切地传物之“神”。文学艺术不要平直呆滞地追求“形似”，不要停止于字面上所写的意思，而要通过字面上“传神”的描绘，寓以深刻的寄托，传达出“味外之旨”，给读者以美感享受，提高读者的精神境界。

《关于创建中国古代文艺美学的思考》　皮朝纲著，载《四川师范学院学报》1986年第12期。作者就探索创建中国古代文艺美学的有关问题提出意见。主要包括探索创建中国古代文艺美学的必要性；中国古代文艺美学研究的对象与范围；中国古代文艺美学体系的逻辑结构；中国古代文艺美学思想发展线索4个方面。作者指出，中国古代的文艺家和文艺理论批评家，在他们的文艺理论著作和论述中，对文艺的审美特征和审美规律提出过一些深刻的、精彩的意见。对这些文艺美学遗产进行整理和研究，是建立中国文艺美学体系所不可缺少的一项工作。文艺创作美学和文艺欣赏美学的许多重要范畴，均涉及审美主体的审美活动和审美意识。其中，“味”（文艺作品的审美特征、美感力量）与“意象”（艺术作品的艺术意象）是构建中国古代文艺美学体系的具有基础、性质的范畴，揭示审美活动的性质、艺术的审美本质以及艺术创造活动和欣赏活动规律的美学特点。在研究中国古代文艺美学思想的发展线索时，特别要重视那些重要的美学命题的研究成果，认真研究分析各个历史时期有代表性的美学命题，能够很好地理清美学思想的发展线索。

《论审美规律》　王世德著，载《西南师范大学学报》1986年第12期。作者通过大量的事例，论述审美的几条重要规律。审美活动是在人类改造自然的社会历史劳动实践中产生的。人类在劳动实践中，先求实用产品也能满足审美要求，再求专门满足审美要求的精神产品。审美精神的功利要求，既脱离物质实用的功利，但又暗中潜伏和联系物质功用，并不完全脱离物质功用，而是围绕物质功用的中轴线而上下摆动。激起人们的美感，必须遵循“公认美”和“共同美感”产生的原理，使“众口好调”。激起美感、审美对象必须是具体可感的形象和感情，文艺传达感情，让读者感动，必须通过形象。这个“形象”是指“非抽象概念”，是“具体可感的情状形态”。激起美感，必须尊重欣赏者喜新厌旧、推陈出新、既要稳定又要变化、既要保守又要发展、既要重复又不要重复的审美心理规律。

《荣格美学思想批判》 冯川著，载《美学》1987 年第 7 辑。该文在介绍德国哲学家荣格的哲学、心理学、美学基本思想的同时，分析并阐发荣格思想的价值与意义，探讨其中可以借鉴的若干方面。作者认为，荣格在美学研究方面的意义是试图用原型、集体无意识、自主情结、抽象审美心态等解释文艺创作和欣赏中的某些现象。而在哲学、心理学方面的意义是引发学术界对作为思想家的荣格的兴趣。论文发表后，三联书店接着在同年出版由论文作者翻译的《荣格心理学入门》和《心理学与文学》两部译著。

《论艺术灵感与审美结构》 郭久麟著，载《四川外语学院学报》（政治与汉语版）1989 年第 4 期。该文认为，审美结构是一个多层次的开放型系统，其核心部分是审美修养和审美创造能力。从审美结构的角度研究和分析艺术灵感，可以更加深入地认识和理解艺术灵感的美感特征，促使人们更自觉地提高美学修养和审美创造能力，更好地培育和激发灵感。审美理想，亦即作家艺术家的美学信仰，它是作家艺术家的灵魂和旗帜，也是作家追求美、创造美的出发点和原动力。审美趣味是人类精神文明的积极成果和长期审美实践的产物之一。作家的审美趣味则是作家对审美客体（自然界、人类社会和艺术作品）的独到的体验、理解和评价。作家艺术家的艺术灵感同他的审美结构是密不可分地联系在一起的。艺术灵感是作家艺术家高度的审美理想、审美情感与审美趣味及审美创造能力同审美客体的热烈拥抱和瞬间激发。

《“只要檀郎认得声”——禅宗机锋与艺术审美特征》 皮朝纲著，载《西北师大学报》1991 年第 5 期。作者认为，禅宗机锋单刀直入，直彻心源，是禅的魅力所在。它包括“绕路说禅”和“公案”，而“公案”又包括“棒喝”和“话头”。乍看起来，禅宗机锋玄之又玄，但它以口应心，不假修饰，自然天成，总是指向言意之外的心灵领域。因此，只要剥离它的宗教神秘主义外衣，就不难看出它与艺术的审美特征有着某些深刻的一致性，并由此对中国艺术精神产生深远影响。该文围绕这一中心论题，进行多方面的透视、剖析和论述。

《现代诗歌的时空结构——现代诗艺管窥之一》 周晓风著，载《当代文坛》1991 年第 6 期。作者认为，诗的时空结构说有依赖诉诸心灵的形象以及形象之间的关系才能建立起来。诗歌的时空结构作为时空观念的具体体现，应当是一个不同于修辞学的美学效应的概念。诗歌的时空结诗所涉及的实际上是诗人如何根据自己的美学观念处理对象世界以创造美的艺术结构的问题。作者论证现代诗歌时空结构的两个基本特征。首先，现代诗歌时空结构的一个突出特征，是在时空的统一中，趋向于从空间形式上把握诗歌。其次，现代诗歌的时空带有强烈的主观性，更是一种心理时空的创造而不是客观世界真实时空的简单摹写。现代语言表达方式之趋向于精确化和形式化，以工业革命为主要内容的现代化过程则大致规定其文化精神和美学风格必然是“有为进取”胜于“无为静观”

和以“充实之为美”。这意味着现代诗歌时空结构的理想模式虽很诱人，却又面临更大的困难。

《浅论儒家美学对台湾散文创作的影响》 王进著，载《社会科学研究》1995 年第 6 期。该文指出，台湾散文深受儒家以道德精神为美之本的影响。其原因是：一、岛内小气候和国际大气候。二、多数散文家既深谙国语，又通晓西文。儒家美学在认识问题等方面，对全球华人总会有所启迪，经过有意义的扬弃转化，能够成为我们思想中的新内容。台湾散文受此濡染，表现出两个明显的审美特征：第一，感情深沉，动人心灵的素朴人性美。第二，至德至情，绘事成胜的真切人格美。儒家美学对台湾散文创作的巨大影响，不仅是历史的，而且是现实的，甚至是指向未来的。因为中华民族树大根深的传统优秀文化，始终是联系着两岸的一条纽带。

《论南下高僧及其对美学、文学发展的影响》 钟仕伦著，载《社会科学研究》1995 年第11 期。该文论述魏晋南北朝时期中国古代审美文化心理结构开始从南北差异和流变走向多元一统的过程中，北方高僧南下对南北文化的交流和融汇的推动作用。作者指出，魏晋南北朝时期总的文化发展趋势是儒、释、道三教合流，但就其对传统的审美意识和美学思潮的影响看，佛学远远超过儒学，甚至可能超过玄学。在南下高僧中，释道安、竺法汰、慧远、竺道生 4 位高僧对于开南方文化一代风气和对南方文学艺术影响最为深远。南下高僧对般若性空学说的研究，改变南方士人对万物的认识，并在此基础上形成新的自然审美意识。南下高僧的经书传译对南方文艺理论发展有着重要影响。深受佛教浸染且有相当佛学造诣的刘勰在研究中国作家风格与气质的关系时，就借用佛经中“体性”概念。并在其《文心雕龙》中专列“体性”篇。此外，南下高僧对诗歌声律的研究也起到积极的推动作用。诵经与咏诗，本无二致，均需声韵谐合、悦耳可诵，故佛经之“唱导”“转读”自然与诗歌音韵“四声八病”之说相契合而终致产生“永明体”诗，推进中国诗歌音乐特性的发展。

《文艺价值论——文艺美学研究的新趋势》 王世德、刘方著，载《临沂师专学报》1995 年第 4 期。对于文艺价值论的关注，是 20 世纪美学一个相当重要的问题。20 世纪 80 年代以后中国理论界为建构马克思主义文艺价值论，作了大量的努力与探索。作者列举并分析这些探索的几个主要方面：对于价值论引入文艺美学研究的必要性；关于价值、文学价值内涵；艺术价值产生过程与评价问题；价值论与认识论在文艺美学研究中的地位、关系问题等。作者指出，作为文艺美学理论研究基础的价值论，决非是一种经济价值论，而是一种特殊的精神价值论。对于这种精神价值论的理解，只能从人与世界的源始关系中、从此在与世界的先在关联中得以实现。文学艺术就其文本构成与客观效果来说，必须带有认识因素，但是，衡定文学艺术的本质与意义的，应当是精神价值论，而非认识论。重视文艺价值论研究，就不仅仅具有学术理论的价值，它的意义已经溢出学术的范围而延伸到更为广阔的现实社会的存在空间。

《论伊格尔顿的“文化生产”美学》 冯宪光著，载《文艺理论与批评》1997 年第 3 期。作者认为，伊格尔顿的美学思想是结合威廉斯的文化唯物主义与阿尔都塞的意识形态理论，对文学艺术活动进行文化生产分析的理论。作者从“艺术是审美意识形态的生产”“文学批评的价值分析”等方面对伊格尔顿的“文化生产理论”进行详尽的分析。认为伊格尔顿有关文化活动与政治联系的理论研究及文化生产的有关理论研究，在当代世界文化与当代马克思主义美学发展的广泛视野中，思考和研究文艺与政治的关系、艺术生产的规律等问题。伊格尔顿的观点，无疑可以在被分析、批判的基础上，作为建设中国当代马克思主义文艺学、美学的借鉴。

《论艺术掌握》 王世德著，载《文艺理论研究》1997 年第 4 期。该文是对此前一些关于“艺术掌握”的论文的商榷。文章深入具体地阐明作者对马克思这一论述的理解，并以深入浅出的生动实例，说明“艺术掌握”区别于科学理论掌握、实践掌握、实践——精神掌握的特点，并论述正确理解艺术掌握特点与规律，对于文艺创作与评论，对于创建有中国特色的文艺美学有重大的学术价值与积极的重要现实促进作用。

《论李杜的清丽观》 陈应鸾著，载《文艺理论研究》2000年第3期。作者认为，清、丽是两种不同的文学特色。清，实质指刘勰所论的风骨，李白、杜甫两人在此基础上各有所发展，李白强调“真”，杜甫强调“新”；丽，指艺术形式（尤其是语言）的华美。在对待清、丽的态度上，李、杜两人大同小异：李白重清而轻视绮丽，但又提倡丽溶入清中而形成的壮丽；杜甫则是清、丽并重，主张二者结合，尤其高度肯定六朝的绮丽在文学史上的地位。李、杜两人对丽的态度有异的原因，主要是由于两人接受的文学理论传统、文学史观、思想有差异而造成的。

《苏轼作品中的音乐世界》 李诚著，载台湾《宋代文学研究丛刊》2000年12月。作者从感应论美学观点研究苏轼创作，探讨苏轼对传统诗乐理论精华的理解，在生活实践中节律能力的增强，意识中理想音乐意象的构建。指出三者交互作用，对于本身具有深厚文化积累的多能文学艺术大师苏轼来说，更加促进其审美意识的整体提高。由之，其审美感受、审美理想、审美趣味、审美能力都因为有强烈的乐感因素潜在推动而呈现出特殊的活力。晶莹剔透的艺术心灵，与那充满节律感应的自然、社会、人生境况，实现着无穷无尽的“调谐”，从而在其著作中留下投射其情感律动的永恒鲜活的音乐世界。这对他的全部人生和创作产生巨大的影响。

《中国古代美学的独特品格及其现代意义》 皮朝纲著，载《山东医科大学学报》（社会科学版）2000年第12期。该文对中国古代美学的理论基础、人生美论和艺术美论的基本内容进行分析和阐释，从而揭示中国古代美学的人生意蕴，论证它是一种具有独特品格和思想体系的人生美学，阐述它在建构有中国特色的当代塑造当代人的美学体系、美好心灵与审美人格中的重要意义。

《空里传神——川剧舞台美学语汇试释》（上、下） 王小遂著，载《中国戏剧》2002年第10期、第11期。中国传统戏剧千百年来所面对的是三面敞开一无所有的“裸台”，这是中国传统戏曲舞台的特有形式，同时也是一种不利的条件。该文以多个川剧剧目舞台艺术为例，从时空变换的灵活性、舞台元素的多义性、技艺结合的独特性、虚实相生的共创性、戏里戏外的互动性几个方面论述川剧艺术家处理舞台对时间空间的限制与突破、舞台美工的简陋与丰富、生活与艺术等多对矛盾，空里传神地表现出独具特色的美学效果，使川剧艺术丰富和发展中国特有的戏曲艺术。

《论杜甫诗歌的混茫境界》 张志烈著，载《杜甫研究学刊》2003年第1期。作者从杜甫诗句“意惬关飞动，篇终接混茫”两句入手，就杜甫对“混茫”这一文学境界的解释和杜甫诗歌所表达的“混茫”的意境进行深入阐述。作者指出，“混茫”的境界，就是思想感情的恰当完满的表达总是紧密关合神采飞动的意象，即在纷披密丽、飞舞淋漓的形象推移中完美地贯注、融合强烈的思想感情。因而整篇诗读完后，读者犹久久地沉浸在浑厚、生动、如造化演成的神妙意境中，领略那无限深广的义蕴。

《文艺美学是一门“间性”学科》 冯宪光著，载《深圳大学学报》2003年第4期。作者指出，中国的“文学美学”学科是20世纪中国学者具有世界学术意义的创新之一。认识文艺美学的中国原创性，要从关于这门学科的学科定位入手。该文从“文艺美学”的名称翻译上遇到的难题入手，对俄国理论家巴赫金的对话理论和文本间性理论作了简短的阐释，提出可以按照巴赫金的理论把文艺美学理解为文艺学与美学的对话性的理论构成，是一种涉足于文艺学和美学之间的“间性”理论。中国的文艺美学的创新性就在于它从对西方美学和文艺学的引进中，在以中国原有的诗文评、画论、乐论的艺术批评传统的对话中，在中西两种不同文化的交流、对话空间中，发现一种“间性”，提出一种中国学者进行美学研究的新思路、新规范、新视角。文艺美学作为学科的交叉性和边缘性，这种交叉性和边缘性就是巴赫金所说的“间性”。对“间性”的认识和发现，是当代学术发展、创新的一个突破口。中国文艺美学的出现，就是“间性”发现的产物，进一步建设和发展文艺美学，也要从进一步发现“间性”着眼。

《论巴金晚年美学思想的两个命题》 冯宪光著，载《西南民族大学学报》2003 年第 11 期。该文针对巴金的“我不是文学家”和“说真话”这两个著名的命题进行论证。作者指出，巴金作品的美学理论价值在于实现中国现代审美文化、审美意识的艺术体现。巴金和他所代表的现代作家的艺术实践所体现的中国现代性审美文化，是中国现代美学发展的基础性形态。巴金说“我不是文学家”，不是低姿态的自谦之词，而是他对自己一生文学写作道路的经典美学总结。这个声明表达出来的是一种真实而真诚的审美态度。这是中国现代作家具有审美价值的美学宣言。巴金旗帜鲜明地提出在文学写作中要“说真话”，这是在审美文化领域破除瞒和骗的“风向”文化、“来头”文化，推崇实事求是的真善美文化的重大问题。在文学创作上“说真话”是每一个名副其实的作家的基本美学立场。只有“说真话”，作家才能树立文学权威和美学权威。说真话既直面人生，又直面自我，包含对待现实与自我关系的坦诚不虚的伦理态度。这事实上就是艺术的现实主义美学精神。

第十五章　教育学与心理学研究

中共十一届三中全会后，“文化大革命”期间中断的教育学、心理学研究重新恢复并得到快速发展。四川的教育学研究在从事教育学基础理论研究之外，以主要力量投入教育发展与改革中的理论与实践问题研究；心理学拓宽研究视野，对现代社会转型时期矛盾与压力带来的心理问题开展研究。这个时期形成一大批具有时代特色与现实针对性的教育学、心理学论著。

第一节　研究综述

1984年，西南师范学大学建立教育科学研究所。1985年，四川师范大学恢复教育学、心理学教研室。20世纪80年代前期，重庆师范学院、南充师范专科学校恢复教育学、心理学教研室。西南民族学院、四川音乐学院、成都体育学院、成都大学等普通高校增设师范专科点，这些师范专科学校和点都建立教育学、心理学教研组、室。1986—2005年，四川的教育学、心理学研究机构有：四川省教育科学研究所、四川师范大学教育科学研究所、四川师范大学教师教育研究所（2004年更名为四川省教师教育研究中心）、四川大学心理学研究所、四川大学医学教育研究与发展中心、四川省教育学院、成都市教育学院、成都市教育科学研究所和绵阳、攀枝花、南充、内江、乐山、广元、凉山、阿坝等市（州）的教育科学研究所以及甘孜州民族教育科学研究所等。四川省社会科学管理学研究所（人才资源研究所）也从事教育学研究，该所研究员查有梁在教育学研究方面著述颇丰。此外，还有四川冯德全儿童潜能开发研究中心、四川南岛心理咨询研究所、四川好学堂心理教育研究发展中心等民办研究机构。1997年重庆直辖前，西南师范大学及其教育科学研究所、基础心理学研究所，重庆师范大学教育科学学院、重庆市教育科学研究所等是四川教育学、心理学研究的重要机构。西南师范大学教授张敷荣是教学论专家，教授黄希庭是心理学专家，教授刘兆吉是现代心理学家、美育心理学创始人。

四川的教育学、心理学学术团体有：省教育学会、省心理学会、省高等教育学会、省成人教育协会、省干部教育学会，以及各市（州）教育学会。

四川教育学、心理学的学术研讨和对外交流比较活跃。1988年7月，全国师专教育研讨会在乐山市召开。1991年6月12日，四川省社科联和四川省教育学会在成都举行专题座谈会，围绕江泽民关于对青少年进行近现代史和国情教育的指示精神，就近现代史和国情教育的意义、性质、内容、方法和途径等问题进行座谈。2000年1月13日，四川省社科联和四川省科教兴川促进会联合在成都召开“四川五十年科技与教育发展现状与未来对策分析研讨会”。2001年12月，由四川省应用心理学专业委员会、乐山师范学院主办的“中国首届西部大开发应用心理学的实践与作用学术研讨会”在乐山市召开。2004 年 3 月，美国俄勒冈大学教授、心理学家朱利安・泰普林一行 4 人应四川省社科院邀请到四川访问。2005 年 2 月 5 日，四川省社科院与美国特拉华州心理协会合作项目家庭教育咨询的三大技术程序（TSP）系列讲座之“成就孩子的三个技巧——思维、学习、保护”，在成都图书馆学术报告厅举办。

1986—2005 年，为适应四川教育事业和经济社会各项社会事业大发展的需要，教育学研究在邓小平“教育要面向现代化、面向世界、面向未来”的战略思想指导下，结合四川教育发展与改革中的理论与实践问题开展广泛深入的研究，推动四川教育学研究领域的扩大和理论的创新；心理学研究除从事与教育密切相关的教育心理研究以外，针对现代社会转型时期矛盾与压力带来的心理问题开展研究，尤其对青少年心理问题给予较多关注，心理学走出专门学科的狭窄领域，开始渗透到文化和社会生活的各个方面。四川教育学、心理学研究呈现蓬勃发展的局面，形成一大批具有时代特色与现实针对性的教育学、心理学论著。

一、教育学研究

教育理论研究 教育如何适应改革开放的时代要求，教育如何面向现代化、面向世界、面向未来，是教育理论研究面临的亟待回答的重大问题。四川省理论界就教育观念、教育本质、功能与规律、新型教育模式、教育国际化与民族化等基本理论问题进行深入的探索，丰富和发展教育理论，对于推动教育发展与改革发挥积极作用。查有梁 1986 年运用控制论、信息论、系统论分析教育科学中的一些重要的理论和方法论的问题，引起学术界的强烈反响，对于促进教育现代化有积极影响。纪大海在 20 世纪 90 年代就在全国率先提出“和谐教育”“新人本教育”理念，提出“教育人才学”学说，这些前瞻性的理论在教育领域甚至社会生活领域产生较大影响。主要专著有：纪大海《新型人才——未来教育眼光》《学校关系大转型——从传统走向现代》；查有梁《控制论、信息论、系统论与教育科学》《系统科学与教育》《大教育论》；刘世民《西方的教育》；吴定初《关于中国基础教育国际化与民族化的思考》《教育科学研究概论——理论与方法探析》；洪宝书《教育本质与规律》；张诗亚《中国教育问题研究丛书》；刘克兰《教学论》；李小融、魏龙渝《教学评价》；赵鹏程《教育基本理论研究》；陈理宣《教育价值论》；刘良慧、张先华《教育观念的革命》；聂厚德、乐安中、黄万琏等《基础教育评价》；杨青松《教学艺术论》；靳玉乐《现代课程论》等。

主要论文有：张诗亚《论可持续发展中的教育观》；刘世民《论“教育”界定的中立性原则》《论教育学的人本性和科学性》《在成人与成才之间——中学的教育功能分析》；查有梁《科学方法与教育理论》；纪大海、杜萍《教育关系论》；洪宝书《教学过程本质若干问题之我见》《关于教育目标问题的探讨》；扈远仁、唐志成《固本与开新——晏阳初平民教育思想研究》等。

教育发展战略研究 主要专著有：张诗亚《中国教育战略重点问题》《震荡与变革——二十世纪的教育技术》；刘茂才、林圃、查有梁等《智力开发工程学》；李定开《为中国教育寻觅曙光》等。

主要论文有：王文肃、李效宁《论我国改革开放条件下的高等教育价值观——兼论高等教育价值观与高校办学方向的关系》；张诗亚《论可持续发展中的教育观》；彭久麒《教育与经济发展水平的动态平衡关系》；洪宝书《关于教育目标问题的探讨》等。

教学改革与实验研究 主要专著有：胡晓风《创业教育——教育整体改革的新构想》；杜学元等《当代中国重大教育改革事件专题研究》；吴定初等《高等师范院校初等教育专业教学内容和课程体

系改革研究》；刘永康《语文创新教育研究》；刘克兰、李承武、周鸿等《西南基础教育改革与发展研究》等。

主要论文有：刘世民《论外国教育课程体系的改革》；沈庆生、李代志、彭蜀晋等《普通中学课程改革研究与试验》；周兴儒、廖晓春《“立体型”教学结构改革及中专“3+1”教学模式实验研究》；鲍正荣、王松柏、明国强等《中学化学微型实验及教学研究》；周林、刘建国、曾宁波等《教改实验成果推广研究报告》；罗正祥、郝钦伟、袁炳泉等《面向21世纪工科院校实验室建设和实验教学改革的系列研究与实践》；王文肃、李效宁《发展商品经济与深化高教改革》；曾宁波《新课程改革背景下学校教研制度的探讨》；王广虎《健康理念内涵的把握与学校体育改革的思考》；王裕国、宋光辉、毛洪涛等《中国高等财经院校教育改革研究》；冯一下《普通高考历史命题改革述评》等。

教材教法研究　主要专著有：韦茂荣、刘行强、薛建强《现代教学模式研究》；查有梁《新教学模式之建构》；查有梁、谢仁根、沈仁和等《物理教学论》；赵伶俐《课堂教学技术与艺术——执教行为训练·评价·鉴赏》；严先云《课堂教学技能与教学艺术》；张正东、杜培俸《外语教育实验的理论与实践》；杨光泉《现代小学语文教学方法》；秦树基《语文第二课堂初探》；晏茂心、钟贤权、张先华等《四级台阶速读训练法》；马正平《写的智慧》；魏传宪《课堂微观教学行为艺术研究》；周小山、严先元《新课程的教学策略与方法》《课堂教学技能与教学艺术》；彭蜀晋《科学课程论析》；童敏《让孩子们我育我学》；徐宗钰、徐仲林、薛道华等《利用高考信息对中学教学质量的研究与评价》；张正东、杜培俸、杨振常等《外语立体化教学法的原理与模式》等。

主要论文有：戴高龄《关于“整体、个体、主体”教育的实践和思考》；鲍正荣、王松柏、明国强等《中学化学微型实验及教学研究》；王桂芝《充分发挥教师在教学中的主导作用》等。

素质教育研究　主要专著有：蒋均涛《语文美学分析》；叶学良、查有梁《大学美育》；王仕尧、严先元、叶学良等《素质教育的理论与实践》等。

主要论文有：卢铁成《论高素质创新人才的培养》；洪宝书《素质教育系列研究》；高亚非《现代教育应注重学生人文精神的塑造》；叶上雄《素质教育的重点：培养创新精神和实践能力》等。

德育教育研究　主要专著有：纪大海《德育新视点》；张庆远《世界德育研究》；冯文广、刘利才、宋全德等《德育艺术论》；景志明、宋春宏、杨爱华等《中外学校德育综合比较》；黄希庭、张进辅、李红等《当代中国青年价值观与教育》；余仕麟《道德教育论纲》；何沙、高卫东、秦杨等《学生德育工程的理论与实践》；戴钢书《德育环境研究》；陈正安、刘利才、宋全德等《大学德育论——高师学生思想政治教育研究》；胡珍、刘黎、严明等《中国当代大学生性现状与性教育研究》；何沙、段大蓉、张尚华等《大学生行为研究与指导》等。

主要论文有：高林远《对高校德育理论几个基本问题的思索》；陈彪《切实加强未成年人道德教育的针对性和实效性》等。

师资队伍建设研究　主要专著有：纪大海《青年教师论》；冯文广、李化树《现代教师论》；吴光勇、张华修、李诗白等《塑造教师人格魅力》；杜学元等《教师教育金钥匙丛书》等。

主要论文有：刘世民《生存状态与教师专业化发展》；赵家骥、赵汉国、陈俐等《重塑师魂练教艺　推进教育促小康——经济欠发达地区跨世纪教师队伍素质建设初探》等。

高等教育研究　主要专著有：李馨亭《大学教育管理论》；刘福国、贾成林、万明春等《教育实习概论》；王明东、王振兴、李翰如《中国高等教育新体系探索》；陆钦仪、张凤山、靳诺等《大学教育工作通论》；罗强、郑世文、吕尚彬等《高等工程教育人才培养模式》；向东、曾诚、万学红《高等教育课程论》；钟守铭、谢云荪、朱宏等《新世纪工科数学教育探索》；叶学良、孙国刚《医学学习论——医学生学习素质教育与成长指导》等。

主要论文有：卢铁城《用科学发展观指导高教改革与发展》《关于积极稳步发展高等教育的思考》；赵善中、兰家隆、陈家祥等《重视本科教育·加强能力培养·造就跨世纪复合型人才》；王文肃、魏香茹《对新时期我国高等教育贯彻教育与生产劳动相结合方针的思考》；李化树、杨璐僖《论知识经济时代高等教育的可持续发展》；李代玺、罗承德、万英平等《面向21世纪高等农林教育本科人才培养模式的研究与实践》；田守铭《自我意识与大学生的自我教育》；曾诚、宛小燕、张伟《中外高等医学教育发展与改革比较研究》；赵昌文、王益谦、宛小燕等《西部地区经济社会发展对教育的需求研究》；李晓松、曾诚、张晓兰《医学教育国际标准"全球医学教育最基本要求"实施相关问题研究》；蒋学华、张志荣、杨俊毅《21世纪初药学人才培养模式研究与实践——药师型人才培养模式研究》；黄廷祝、傅英定、钟守铭《关于深化工科数学教学改革，建设一流国家教学基地的研究与实践》；徐晓玉、刘毅、颜承秀等《中医本科增设中药药理学课程的必要性研究》等。

农村教育研究　主要专著有：刘世民《错位与抉择——论农村学校教育的主导功能和路向》《农村教师生存状态调查及分析》；李培湘、李佳孝、姚云等《西南地区农村初中素质教育目标导学体系研究》；王均熊、李代志、刘先强等《走向未来的农村中学教育研究》；杨启贵、吴诚洪、徐洪生等《督导评估镇（乡）管理教育研究与实践》；张传燧、别必亮《中国农村教育学》（专著）等。

主要论文有：刘世民《鲜活的生命力——从四川省C县H小学的剪纸教学实践看农村学校校本课程的开发》；彭仕成《浅谈贫困地区农村职教的发展》；张仁诚、姚文忠、黄平《农村小学教师继续教育的研究和实践》；刘宗武、徐步高、邓朝喜等《农科教统筹结合理论与实践研究报告》；景庆云、李培湘、陈国先《农村初中目标导学综合教改实验》；邓跃宁、杨光荣、李培文《四川省农村学校体育现状及制定发展规划中的若干问题》；李明春《试论农村教育改革的两大基本主题》等。

民族教育研究　主要专著有：巴登尼玛《文明的困惑——藏族教育之路》《文化视野中的藏族义务教育课程》；杨嘉铭、李能武、林俊华等《四川藏区双语教育与教学研究》；李能武、林俊华、唐明钊等《四川藏区职业技术教育研究》等。

主要论文有：杨岭多吉《阿坝州牧区教育的现状问题及其发展对策研究》；景志明、张杜佳、李道华等《凉山州彝汉双语教育发展的研究》；张诗亚《从恶性循环到良性循环的转折——凉山州普格县农技校的启示》；黄育云、冯文广、靳容等《民族教育与阿坝州经济社会发展战略研究》；蔡世勤、周发成、王红接等《四川民族地区现代远程教育研究》等。

职业教育研究　主要专著有：姜树林、刘亚琴、周兴儒等《四川省及成都市人力资源开发与职业教育成人教育发展战略研究》等。

主要论文有：吕光军、李学锋、陈玉华等《主动寻求企业参与是办好高等职业教育的必由之路》；曹凤《高职高专数控人才培养模式的研究与实践》；卢晓东、徐红、王珊《培养创业型人才高职教育模式构建研究》；郭汉祥、李世明、张登文等《中等职业学校实行职业资格证书制度的可行性研究》；李世明、郭汉祥、程晓江等《四川技工教育发展战略研究》等。

民办教育研究　民办教育是改革开放后教育领域出现的新事物，是教育体制改革的产物。民办教育在发展过程中面还临不少问题。但这个时期四川理论界对民办教育的关注和研究显然不够。主要专著有：顾美玲《中国民办教育探索》；宋光辉《中国民办教育供给与需求的经济学分析》等。

主要论文有：顾美玲《对民办教育立法中校产归属问题的思考》；左卫民《民办学校的几个法制问题探析》等。

家庭教育 这个时期对家庭教育的研究相当薄弱，表明四川理论界对家庭教育在整个教育体系中的地位和作用缺乏应有的重视。主要专著有：陈理宣、尹朝全、余笠新《现代家庭教育》等。主要论文有：游永恒《论现代家庭中的素质教育》等。

译著与外国教育研究 主要专著有：任代文、任一明、刘荐波等《蒙台梭利幼儿教育科学方法》；张琦、程文新、姚顺先《日本现代高等教育》；纪大海、沈安源、裴希林《社会与教育》（译著）等。

主要论文有：汪风雄《21 世纪美国教育的发展趋势和启示》等。

教育史 主要专著有：杜学元《中国女子教育通史》《外国女子教育史》《中外女童教育简史》《中国音乐教育通史》；吴定初《中国教育史要略》；李定开《中国教育史》《中国学前教育史》《中国教育思想史》《抗战时期重庆的教育》《重庆教育史》；熊明安、徐仲林、李定开等《四川教育史稿》等。

二、心理学研究

普通心理学研究 主要专著有：黄希庭《普通心理学》；皮朝纲、钟仕伦《审美心理学导引》；陈安福、陈国英、卢彰等《心理教育》等。

主要论文有：霍大同《关于颜色感知的几个心理学问题》；肖旭《试论心理内环境形成的机制》等。

教育心理学研究 主要专著有：张庆林、胡悟、管鹏等《当代认知心理学在教学中的应用》；杨成章、谢贤扬、李丽等《语文教育心理学》；陈安福、何毓智《课堂教学管理心理》；杨宗义、韦茂荣、田守铭等《学校应用心理学》；刘兆吉、曾欣然、梁承谋等《美育心理研究》；唐柏林《心理咨询学》；徐行效《心理过程与声乐教学》；李绍辉等《小学语文教学心理学》；都燕雄等《小学数学教学心理学》。

主要论文有：张庆林、杨东《儿童学科思维策略训练研究》等。

大中学生心理健康研究 主要专著有：邓建民、肖兴政、邱仲平《大学心理教育研究》；张大均《大学生心理的发展》；何成银、刘东刚、邹道济等《大学生心理咨询与治疗》；屠火明、陈华、赵明国等《大学生心理健康指南》；李全、郭勇、李艳等《中学生挫折教育的理论与实践》等。

主要论文有：肖旭、曾学锋、陈捷《高校心理咨询工作研究》；张晓舟、李光华、陈华等《四川省高校学生心理素质调查与分析》；柯尊平、宁维卫、朱健梅等《面向 21 世纪高校心理健康教育模式的探索》；康柏林、张淑芳《大学生心理素质比较研究》；游季浦、李佳孝、冉元辉等《也论大中学生的逆向心理》等。

老年心理研究 关于老年心理的研究比较薄弱，老年心理问题尚未引起学术界足够重视，与这个时期中国人口尚未完全进入老年社会、老年问题还未成为紧迫社会问题有关。主要专著有：严伟年、张学仁《老年心理咨询 200 问》；王化远等《老年心理和生理卫生》等。

主要论文有：许改玲、李道旭《论老年人口的心理健康》等。

职业心理学研究 主要专著有：席文举《新闻批评心理学》；孙元明《市场经济心理学》；吕建

国、孟慧《职业心理学》；何希凡《在文化的光芒与阴影下——中国现当代作家作品的文化与心理研究》；林之达《传播心理学新探》；罗悌伦《影视心理学》（译著）等。

文艺心理学研究 主要专著有：冯川、苏宁《文学与心理学》；韩健敏《神秘的空间——女性写作心理探索》；徐行效《声乐心理研究》等。

第二节 主要著述

一、教育学论著

（一）专著

《小学班主任工作》 张玉仁著，四川教育出版社1990年出版。作者结合自己班主任工作实践，从班主任工作的意义、班集体的组织、班集体活动的开展入手，总结小学班主任工作的成功经验，阐述班主任工作的基本原理、主要方法和班主任教师自身修养等问题。书中引用大量生动的事例对所阐述的观点、方法进行说明，对于小学班主任工作有较大的应用价值。

《当代中国青年价值观与教育》 黄希庭、张进辅、李红、张庆林、郑涌著，四川教育出版社1994年出版。该书抓住青年个性心理的核心成分——价值观进行系统研究，提出价值观是多维度多层次的观念系统，并把价值观划分为：人生价值观、政治价值观、道德价值观、人际价值观、职业价值观、审美价值观、宗教价值观、自我观、婚恋观和幸福观等10种类型进行专题研究。该书采用多特质多方法进行研究，以适合中国青年的特点的测验工具对中国青年进行研究。该书的研究取样范围广，代表性强，研究结论既有科学的数量刻画，又有定性描述与分析。该书在分析当代青年价值观特点的基础上提出一系列合理化的教育对策。

《创造教育的理论与实践》 罗成昌著，四川辞书出版社1994年出版。该书是关于此前中国开展创造教育的基本经验的一次全面系统总结。作者对创造教育的理论、观点进行系统的概述。着重介绍创造思维、创造技法和创造教育的特点、内容、方法以及历史和现状等方面的内容。该书对创造教育的特点，如开放性、探索性、动态性、主动性等问题的探讨，对创造教育的内容，如思维教育、发现教育、信息教育、个性教育等问题的论述体现时代特色。作者针对时弊，就新时期创造型人才的基本素质，以及就克服部分青少年心理脆弱、独立生活能力不强的等问题进行探讨，阐明一个人创造、成才、成功之路。

《德育艺术论》 冯文广、刘利才、宋全德、张家生著，四川大学出版社1998年出版。作者认为德育不仅是一门科学，而且是一门艺术。作者把关于德育艺术问题的讨论与德育科学化的研究结合起来，对什么是德育艺术、德育艺术与德育科学的关系、德育艺术的理论框架、德育艺术的追求、德育艺术过程、德育艺术的实施、德育艺术环境的营造、德育艺术人才的培养等德育艺术的基本理论和实践问题，作了较全面系统的阐述，既有各家之言，更有自己独特见解。该书是对德育理论的深层思考和有益探索，也是对实践经验的总结和概括。

《语文创新教育研究》 刘永康著，四川大学出版社2000年出版。该书是关于在语文教育中培养学生创新意识的著述。该书系统研究在语文教育中如何排除创新障碍、营造创新氛围、激活创新思维；论述如何进行创新阅读教学、创新听说教学、创新课外活动，以及作为一个创新型语文教师应具备的素质和如何进行创新评估。作者研究语文教学的各个方面的创新，又把各个方面汇合在一个点上，即注重使学生具备在语文学习中主动获取知识，自觉加强提取、加工信息的能力。该书为培养造就适应时代要求的具有创新意识和开拓进取精神的创新人才，提供最基本的思维方式和认识方法。

《校风班风与人格教育》 肖明华、冯华等著，新华出版社2001年出版。该书由理论篇、探索篇、实践篇和展望篇4个部分组成。理论篇主要分析校风班风的含义和构成要素以及对中学生人格行为的影响，探讨校风班风与中学生人格行为之间的关系，并在此基础上就如何完善中学生的人格行为和加强校风班风建设提出对策和建议；探索篇采用6种与人格特征相关的量表，对3种不同校风的中学学生的人格特征进行实际测量，形成有价值的分析研究报告；实践篇主要结合石室中学在校风班风建设和培养学生健全健康人格方面的成功作法，进行全面的经验总结和理论概括；展望篇提出该校今后在校风班风建设和学生人格行为培养的目标和方向。

《德育环境研究》 戴钢书著，四川人民出版社2002年出版。该书是关于德育环境、中介、人的思想政治道德素质三维理论模型的建构与分析的著述。作者从学科建设要求出发，将大德育概念引入德育环境的视野中，通过逻辑分析方法，将德育环境概括为经济、政治和文化环境，并对其内在关系进行辩证的研究。作者强调“中介”在德育环境与人的思想政治道德素质关系中的重要作用，且运用数学统计的理论，在大量调查和分析数据的基础上建构德育环境、中介、人的思想政治道德素质三维理论模型，揭示德育环境、中介与人的思想政治道德素质之间的有机联系。这项研究为发展德育环境理论提供新的思路。

《新教学模式之建构》 查有梁著，广西教育出版社2003年出版。该书对创新型教学模式的建构进行系统理论研究。从大教育观建构教学模式，论述教育观如何转化为方法论，转化为具体的教育模式建构。作者在思维模式分类与测验的基础上，结合生动事例建构“启发—创新”“交流—互动”“审美—立美”“调查—反思”和“整体—整合”5个较为普遍适用的教学模式，最后设有专章“用教学建模进行评课”，总结教学建模的10条建议和16条教学策略建议，分别予以评述。作者将模式的建构看作是一个动态发展的过程，主张“建构模式，超越模式”，这些观点具有启发性。

《主体性活动教育研究》 李培湘主编，四川人民出版社2004年出版。该书从以人为本的“以活动促发展”教育的角度，针对主体性活动教育的目标体系、模式体系、评价体系等理论系统，选编实验学校教师的实验研究成果。该书针对中国教育学生行为被动、主体精神缺乏的状况，提出以培养学生自主性、能动性和创造性为宗旨的主体性活动教育理念。构建主体性素质结构理论；构建主体性活动教育的目标体系、评价体系、管理体系和模式体系；构建主体性活动教育的反思性思维模式、互动式主体性活动教学模式、主体性活动教育合作学习模式、主体性活动研究性学习模式、主体性活动教育元认识自我监控模式、主体性活动教育发展性评价模式、主体性活动教育自律性管理模式等。

（二）论文

《教学辩证法》 查有梁著，载《教育研究丛刊》1986年第1期。该文提出教学论的基本原理是适应和转化原理。主要有3条：1. 明确意义，增强兴趣。2. 逐步深化，周期循环。3. 掌握结构，培养能力。该文提出教学论的10多种范畴，并逐一用1个原理和3个原则来论述。作者在文中运用信息科学的成果等来论述教学原理和原则，在辩证法和现代科学基础上提出一个新的教学理论的框架，对传统的教学论有较大的突破。

《发展商品经济与深化高教改革》　王文甫、李效宁著，载《高等教育学报》1989 年第 3 期。作者指出，中国传统的学校教育历来存在轻视教育的经济功效的倾向。随着经济体制改革深入发展，高等教育改革赖以存在的社会经济、政治、科技等制度构成的外部条件及社会总体氛围发生极大变化，高等教育应根据所处的时代条件下发展商品经济的特点和高等教育的规律确定和实施正确的高等教育发展战略，形成与中国社会主义商品经济和社会发展要求相适应的高等教育体系。作者提出，应采取“优化结构、深化改革、改善条件、努力提高质量和办学效益”的高校发展战略。高校发展应以扩大内涵和优化结构的模式来实现。高等教育的领导者、决策者和高等学校师生应逐步树立与社会主义商品经济发展和精神文明建设相适应新的教育价值观、教育竞争观、教育效益观和教育民主观。

《科学方法与教育理论》　查有梁著，载《中国社会科学》1990 年第 1 期。该文阐述科学方法的结构及其对教育理论研究的意义。作者认为，科学方法可以形成 3 种结构：范畴结构、横向结构和纵向结构。与此相对应，教育科学方法也具有范畴结构、横向结构和纵向结构。作者指出：在教育理论研究中，逻辑方法、心理方法、历史方法等应用得比较广泛也比较成功；相对说来，较为忽视数学方法、物理方法和系统方法。在此基础上，作者着重阐述数学方法、物理方法和系统方法对教育理论研究的作用，说明现代科学及其方法论是教育理论研究的重要基础之一。

《农村小学教师继续教育的研究和实践》　绵阳市涪城区教师进修学校课题组著，载《教育研究》1995 年第 6 期。作者根据农村小学师资队伍现状，指出农村小学教师继续教育的必要性和紧迫性。认为这种继续教育就是一种职业培训。进一步分析当时农村小学教师继续教育的特点：强烈的针对性、突出的应急性、复杂的层次性、操作的灵活性、管理的有效性。并阐述农村小学教师继续教育的目标、指导思想、培训形式、培训方法等。

《关于积极稳步发展高等教育的思考》　卢铁城著，载《电子科技大学学报》（社会科学版）1999 年第 1 期。作者在研究中国高等教育现状的基础上，指出积极发展高等教育的重要性，阐述发展高等教育和建立面向 21 世纪的目标的必要性。提出如何实现目标的具体方法：改革人事制度，改变大学毕业生的就业观念和就业模式，是扩大高等教育规模的前提；实行两种办学模式和两种运行机制，是迅速扩大高等教育规模的基础；加速高校后勤社会化步伐，是迅速增加高校招生规模的物质基础；加快校内人事制度改革，充分调动教职员工的积极性，是扩大高教规模、保证人才培养质量的关键；扩大省（市、区）对高等教育的统筹权和高等学校的办学自主权，使高校更好地服务于地方经济和社会发展。

《对构建高校体育新体系模式的研究》　邓跃宁、黎勤、王晖、杨军、李培文著，载《体育学刊》1999 年第 5 期。作者对中国高校以课程为中心而构建的传统体育体系模式加以反思，提出建立“以课外体育为中心的高校体育新体系模式”。分别从适应大学生年龄、身心特征；从校园文化建设角度，从体现高校体育特色等方面论述建立“新体系模式”是国际学校体育发展和中国高教改革的必然趋势。指出高校改革的经验为构建“新体系模式”提供可行性论证与实践依据。

《素质教育面临的严峻局面——素质教育系列研究之一》　洪宝书著，载《攀枝花大学学报》2000 年第 2 期。作者指出，素质教育倡导多年，但总是推而不行，没有实质性进展。其主要表现是：说得多做得少，假的多真的少，花架子多实在的少。假搞素质教育、真搞应试教育的现象极为严重又极为普遍，上有政策，下有对策，许多改革措施变得名存实亡。作者认为应试教育存在的历史根源、思想根源，以及现实的经济根源，再加上管理体制上的缺陷和技术因素的影响，这5个方面共同形成一股强大的社会力量，使应试教育得以滋生蔓延。

《对高校德育理论几个基本问题的思索》 高林远著，载《四川师范大学学报》2000年第5期。作者指出，中国经济体制的转轨导致社会经济生活、政治生活和人们精神生活的深刻变化，这些变化必然反映到大学生的思想观念上，从而对高校德育工作提出更新更高的要求。按照这一要求，不仅高校德育工作要改进方式方法，而且高校德育理论也必须在进行深刻反思的基础上实现创新。高校传统德育理论存在的主要问题是：把道德教育等同于政治教育；把道德理想与道德实践混为一谈；忽视个人利益存在的客观性和合理性，片面强调集体或整体利益；忽视马克思主义科学认识与科学信仰相统一的特征等。

《现代教师简论》 纪大海著，载《高等教育研究》2001年第1期。该文论述现代教师的基本要素和基本特征。认为现代教师的基本要素包括现代教育观、现代人才观和学生观、现代教育方法论，以及健康的人格。作者在论述现代教师的基本特征时指出，网络化的知识结构是教师现代化的典型表现。强调综合能力是现代教师的最重要特征。现代教师应当成为复合型教师。对于现代教师而言，综合能力包括组织能力、应用能力、表达能力、科研能力。

《四川民办教育的发展趋势与对策研究》 顾美玲、王志强、刘莉著，载《四川师范大学学报》2002年第6期。作者指出，近年民办教育在四川迅猛崛起，并有广阔的发展前景，同时也存在不少问题：对待民办教育教师、办学者的政策落实不到位；管理体制未理顺；民办教育整体发展比例偏小，民办高等学历教育发展薄弱；缺乏稳定经费来源、缺乏必要办学条件，以及少数民办学校办学思想不端正，以营利为目的，干扰办学方向等。作者提出加强督导和政策扶持，以教育股份合作制的方式广泛吸纳国内外资金，民办教育发展在层次结构上要突出重点等旨在促进四川民办教育蓬勃健康发展的对策建议。

《关于中国基础教育国际化与民族化的思考》 吴定初著，载《教育评论》2003年第1期。作者指出，培养既有世界眼光又有民族精神的21世纪新型人才，必须从基础教育抓起。为此，重视教育的“国际化”和“民族化”两大趋势，就显得尤为重要。教育国际化体现中国教育发展的方向。在教育观念上应“重心下移”，使国际化理念从高等教育下移至基础教育。思路上应注重研究东西方教育的差异，进而“明辨短长”。借鉴发达国家先进的理论和实践经验，必须从中国的具体国情出发，避免盲目照搬；基础教育的国际化要以民族化为前提。要在国际化的共同性中保持中国的特殊性，从中国基础教育的实践出发，研究适合中国国情的改革思路与模式。在思考坚持并强化中国基础教育民族化特色的同时，应正确认识和处理其国际化与民族化的关系。

《当代中学生喜爱的教师人格特征研究》 吴光勇、黄希庭著，载《教育研究与实验》2003年第4期。该文整合采用理论分析方法与调查法、形容词检核法、文献分析法和访谈法等多种实证研究方法，对1000余名中学师生和社会公众理想中的当代中学生喜爱的教师人格特征进行实证研究，通过不同类型中学生喜爱的教师人格特征异同及其分析、中学生群体喜爱的教师人格特征概括及其分析，从总体上揭示当代中学生喜爱的教师人格特征的共性和差异性，并对相关问题进行分析和探讨。

《培养创业型人才高职教育模式构建研究》 卢晓东、徐红、王珊、谢家训、张雳著，载《成都教育学院学报》2003年第12期。该文基于培养有一技之长的学生顺利进入社会就业求生存、创业谋发展的思路进行总体设计。目标是通过全方位、整体性的改革，初步构建起培养创业型人才高职教育模式的框架。文章对原有高职教育模式进行反思。概括“四种需求”作为高职办学理念，即成都市经济和社会发展的需求，学生家庭的需求，学生个体发展的需求，以及通过满足这三种需求达到满足学院自身发展的需求。论述“育人模式”微观理论基础的“创新力范畴与创业素质”理论。研究培养创业型人才高职教育模式的构成要素、模式构建及有效运行等问题。提出进一步强化对高职类教育政策支持的建议。

二、心理学论著

（一）专著

《审美心理学导引》 皮朝纲、钟仕伦著，成都电讯工程学院出版社1988年出版。该书着重介绍审美心理学的基础知识，由3个部分组成。第一部分，进行审美活动的心理基础和必要条件。包括审美心理结构、审美需要、审美动机、审美注意。第二部分，审美心理活动的过程和审美心理因素。包括审美心理过程、审美知觉、审美想象、审美情感、审美理解、审美意向。第三部分，审美心理的法则，包括审美心理定势、审美体验、审美探求、审美共鸣、审美移情、审美距离。

《小学语文教学心理学》 李绍辉等著，四川教育出版社1990年出版。该书运用心理科学的基本原理，针对小学语文教学中的学生学习积极性，识字与写字、阅读、作文、基础训练、教师修养等方面的心理学问题，联系教与学的实际进行分析论述，揭示教学中的心理特点与规律，促进语文教学全过程有效地建立在心理科学的基础上，克服教学中的主观片面性和随意性，把培养学生表达能力与促进学生身心的全面发展结合起来，对于改革语文教学，提高教学质量，完善教师素养，具有较强的应用价值和指导意义。

《小学数学教学心理学》 都燕雄等著，四川教育出版社1990年出版。该书针对小学数学教学既重要又困难的二重性特点，运用心理学的基本理论对小学数学教学中的心理特点和规律性进行探索研究，着重解决小学数学教学中的实际问题，揭示数学教师“为什么要这样教”的心理学依据，指出小学数学教学开发儿童智能的途径和方法，对小学数学教学心理学的建设和心理科学知识的具体运用有较大的积极作用。

《课堂教学管理心理》 陈安福、何毓智著，四川教育出版社1990年出版。该书在搜集和借鉴国内外有关研究成果的基础上，阐述心理学对于课堂教学管理的重要性。从心理学的角度对课堂教学的组织管理、情感调节、师生交往、信息传输、课堂纪律与学习积极性等方面的问题进行全面分析，揭示教师运用心理学理论有效组织教学，激励学生学习兴趣，缓解学生焦虑、怯场情绪的基本路径。对于调动师生教与学的积极性、创造性，优化课堂管理，深入开展教学改革，提高教学质量与提高教师业务水平，具有理论指导价值和实际应用价值。

《声乐心理研究》 徐行效著，四川人民出版社1990年出版。该书是作者结合自己多年的声乐演唱、教学、创作等实践活动，对声乐心理学进行研究的著述。内容包括声乐学习心理、声乐教学心理、声乐演出比赛心理、声乐心理训练、声乐教师学生心理。作者提出“培养声乐学生良好的心理品质是当代声乐课堂教学的基本任务之一”，提出“对歌唱者进行心理训练”的教学方法等观点，对健全完善中国声乐艺术学科及声乐心理学学科的建设，具有较大的理论价值和实际意义。

《市场经济心理学》 孙元明著，西南师范大学出版社1993年出版。该书第一部分主要从经济心理学学科化的角度阐述经济心理学最基本的理论问题，分析经济心理学作为一门独立学科存在的必要性和可能性。论证经济心理学的学科体系，全面梳理经济心理学的重要成果。第二部分着重应用经济心理学研究现实问题。在回顾改革开放以来中国民众心理状态发展变化的基础上，重点放在与现实生活密切关系的物价、消费、广告、储蓄、投资、税收等重大经济行为上，从经济心理学的角度逐一分析这些重大经济行为与民众心理的关系。

《大学生心理的发展》 张大均著，重庆大学出版社 1993 年出版。该书从中国当代大学生心理反映形式的意识性和反映内容的社会性发展的有机统一出发，分析大学生身心发展特征、智能、情感和性格的发展。并以大量篇幅着重论述大学生心理需要和价值观、大学生自我意识、人生意识、成才意识、创造意识、审美意识、职业意识、恋爱意识、品德意识、群体意识及政治意识的发展，从整体上探索当代中国大学生心理发展的规律。

《文学与心理学》 冯川、苏宁著，四川人民出版社 2003 年出版。该书通过对文学与心理学作一种跨学科的比较再现两者之间的亲缘关系。作者认为，精神分析心理学致力于探寻人性的奥秘，致力于研究各种潜在动机和复杂的心理过程；文学同样致力于探寻人性的奥秘，探寻人的精神活动，诗人与作家对人性奥秘的揭示，其广度与深度不亚于心理学。只不过这种以文学方式的自我探索，在许多情况下是处于不自觉的状态。该书论述文学与心理学结合的契机，从心理学的角度对移情、象征等文学表现手法，对鉴赏心理、创作心理等文学活动和文学现象重新加以考察和解读，并形成作者对现代心理学的最新成果和对文学艺术的某些独到的观点。

《传播心理学新探》 林之达著，北京大学出版社 2004 年出版。该书是探索传播过程中受众主观能动性为何发挥作用的著述。作者从考察传播学与心理学各自研究对象的本来关系出发，揭示两个学科研究对象之间的实际关系。通过详尽的推论式分析，得出一个结论：受众的“心理选择”乃是众多传播媒体为之运转的隐形轴心。由此确立全书最重要的新理论即传播的两级效果论。作者指出信息流一旦进入人的心理系统，就会发生质变，进而产生与信息完全不同的事物，如动机、信心、毅力、能力等，由于这些事物可以做功、发动行为，具有能的特点，由此提出“心理能”的概念。该书的研究革新传播效果的解读范式，为“受众本体论”提供理论支持。

（二）论文

《也论大中学生的逆向心理》 游季浦、李佳孝、冉元辉、张南荣著，载《四川师范学院学报》1990 年第 3 期。该文根据作者的教师经验总结和对 538 名大、中学生的自问调查，对逆向心理的实质、作用和矫正，作了较详尽的探讨。讨论学生逆向心理的含义和结构，认为逆向心理具有不同的层次。着重针对大多学生逆向心理所属于的初期态度层次进行研究。指出这一层次的逆向心理由3 种成分构成：偏颇的认识，抵触的情绪，与教育要求相反的行为倾向。讨论逆向心理的特性和作用，指出大中学生逆向心理既具有一般态度的特点，同时也有自己的特点：主观性与针对性，稳定性与过度类化，社会性特强。进一步分析学生逆向心理的成因，提出逆向心理矫正的基本方法。

《论老年人口的心理健康》 许改玲、李道旭著，载《社会科学研究》1990 年第 6 期。该文主要讨论老年人口群体心理变化的因素、状况及对策。具体从老年人口群体对现实的共性反映出发，结合作者 1987 年在四川进行的对 3578 名老年人口抽样调查资料，描述老年人口心理反应的时态阶段，分析老年人口这种心理反馈的状态及表现，探讨调节和制约不利于老年人口心理健康的种种因素。指出应提高老年人口对生理、社会地位转变后的适应能力和自勉力，加强老年人口的心理保健。

《儿童学科思维策略训练研究》　张庆林、杨东著，载中国心理学会2001年主编《第九届全国心理学学术会议文摘选集》。该研究首先提出儿童学科思维训练的“分类目标体系”。认为小学儿童学科思维能力训练包括读写思维能力、数学思维能力和科学领域思维能力3个学科领域，每个学科领域又包括十几条思维策略，每种思维策略群在每个年级中反复出现、反复训练，以最终形成学生的思维能力。其次，提出思维能力培养的“策略性知识转化”理论。该理论认为发展小学生的思维能力，必须从传授关于如何学习、如何思考的策略性知识开始，如果这些策略性知识能够真正理解、熟练掌握、自觉运用，那么，策略性知识就转化成思维能力。该文还提出思维策略的六阶段课堂教学模式。

《关于颜色感知的几个心理学问题》　霍大同著，载《四川大学学报》2001年第4期。该文写作的目的是企图从对颜色感知的角度，对中国古代的若干理论派别：儒家、法家、名家、道家和佛家等，提供一个心理学的提纲挈领的理解。作者从颜色的物理心理学的基本概念出发对中国传统的颜色感知理论进行分析，包括阴阳五色理论；法家的刑名说；名家的形色分离；道家的玄鉴与佛教的明镜概念蕴含着两种不同的视知觉理论和认识论。作者强调“形”的本土传统与强调“色”的印度传统的对立。提出一个能同时知觉到颜色的3种属性的理想模型。

《试论心理内环境形成的机制》　肖旭著，载《西华大学学报》2004年第4期。作者认为心理内环境形成的过程，本质上是在开放前提下信息结构（心理结构）的一个结构化、稳定化和涨落的过程，这个过程体现为信息获取—信息联结—信息认知—信息平衡4个基本环节。该文对这4个基本环节进行讨论，最后探讨心理内环境形成机制研究的应用意义：通过对心理内环境形成机制的揭示，就有可能对心理障碍产生的原因作出统一分析；对心理障碍形成、发展和转归的过程作出统一解释；对心理障碍进行统一分类；并在心理咨询中综合应用各心理学派行之有效的方法，同时促进心理咨询方法的创新。

第十六章　宗教学研究

1986—2005年，随着哲学社会科学的全面恢复和繁荣，四川的宗教学研究逐步恢复并开始进入活跃时期，相关研究机构相继组建，专业的科研人员逐渐增多。四川是道教的发源地和发祥地，有深厚的文化积淀，学者倾斜于道教研究领域，出现以四川大学卿希泰教授为代表的一批具有国内一流水平的学者，研究方法和角度新颖、多样，高质量的论著不断问世，在国内道教研究中处于领先和主流地位。在宗教学研究的其他领域，四川省的学者也取得具有一定影响力的成果。

第一节　研究综述

1986—2005年，四川省宗教研究机构主要有四川大学道教与宗教文化研究所、四川省社会科学院哲学研究所、四川省民族研究所、西南民族大学民族研究所、四川大学哲学系、西南师范大学哲学系等。

四川大学道教与宗教文化研究所是四川省宗教学研究最重要的机构。于1980年由中国著名宗教学家、道教学专家卿希泰创立，是国家教委批准的中国高校第一个宗教学的专业研究所、中华人民共和国成立后高校第一个宗教学专业国家重点学科点。该所创办的《宗教学研究》杂志是国内高校唯一的一份海内外公开发行的宗教学全国中文核心期刊，是四川地区自20世纪80年代以后宗教学研究，特别是道教研究的核心基地。其他一些学术单位和社会上也有不少学者长期从事宗教学研究，如四川省博物馆研究员王家佑等。

从20世纪80年代开始，四川的宗教学研究，特别是道教研究表现出鲜明的学术特点，并取得全国性的影响，成都成为中国道教研究的重要基地。四川大学卿希泰教授是四川省宗教研究的代表性学者，所著《中国道教思想史纲》（2卷）和《中国道教史》（4卷）较集中地体现其学术思想。这两部著作具有独创性的学术观点有以下3个方面：第一，道教发展的规律性问题，其中包含道教起源和道教史的分期问题；第二，道教在中国传统文化中的地位和作用及研究中国道教史及其思想史的重要意义；第三，研究道教文化的方法论问题。上述各方面的成就，得到学术界的一致肯定。此外，在道教和其他学科的交叉结合、地方道教和道教史的研究上，卿希泰也提出独到见解。

20世纪90年代以后，四川的道教研究更趋繁荣，研究方法和角度新颖、多样，高质量的论著不断问世，在国内道教研究中处于领先和主流地位。专著主要有：卿希泰、丁贻庄、陈兵、李刚《道教与中国传统文化》；胡文和《四川道教佛教石窟艺术》《中国道教石刻艺术史》；卿希泰、曾召南、赵宗诚、陈兵、唐大潮《中国道教史》；姜生《汉魏两晋南北朝道教伦理论稿》《宗教与人类自我控制——中国道教伦理研究》；石衍丰、胡孚琛《中国道教大辞典》；王纯五《天师道二十四治考》；潘显一《大美不言——道教美学思想范畴论》；龙显昭、黄海德等《巴蜀道教碑文集成》；卿希泰《刍荛集》；张泽洪《道教斋醮符咒仪式》《道教神仙信仰与祭祀仪式》；姜生、郭武《明清道教伦理及其历史流变》；龙晦、徐湘霖等《太平经全译》；唐大潮《明清之际道教“三教合一”思想论》；俞理明《〈太平经〉正读》；刘宁《刘一明修道思想研究》；李刚、李大华、何建明《隋唐道家与道教》；李远国《神霄雷法：道教神霄派沿革与思想》《道教法印秘藏》；郭武《〈净明忠孝全书〉研究——以宋元社会为背景的考察》；李裴《隋唐五代道教美学思想研究》；盖建民《道教科学思想发凡》等。

论文主要有：卿希泰《道教的产生、发展和演变》；卿希泰、盖建民《道教生育观考论》；石衍丰《道教奉神的演变与神系的形成》；陈兵《道教生死观及其与佛教的关系》《中华气功在道教中的发展》；李远国《论道教性命双修的内炼体系》《心法与空观——兼及陈抟与佛学关系》；胡文和《四川摩岩石刻造像调查及分期》；龙显昭《论曹魏道教与西晋政局》；李刚《试论隋代道教》《道教老学重玄学派》；甘绍成《青城山道教科仪演礼程序与音乐安排》；盖建民《道教传统教义思想的现代诠释》；谢祥云《〈想尔注〉怎样解〈老子〉为宗教神学》；张泽洪《魏晋南北朝时期少数民族与道教——以南蛮、氐羌族群为中心》等。

佛教研究　专著主要有：陈兵《佛教禅学与东方文明》《自净其心——重读释迦牟尼》；周裕锴《中国禅宗与诗歌》《文字禅与宋代诗学》；母学勇《剑阁觉苑寺明代佛传壁画》；胡文和《安岳大足佛雕》；张勇《傅大士研究》；陈兵、邓子美《二十世纪中国佛教》；俞理明《汉魏六朝佛经代词探析》；皮朝纲《禅宗美学思想的嬗变轨迹》；龙显昭、蔡东洲等《巴蜀佛教碑文集成》；贾题韬《贾题韬佛学论著》；贾题韬、冯学成等《巴蜀禅灯录》；邱明渊《中国佛教史略》；段玉明《相国寺——在唐宋帝国的神圣与凡俗之间》；高小强（陆沉）《唯识学“转识成智”说研究》等。

论文主要有：何志国《四川早期佛教造像滇湎道传入论——兼与吴焯先生商榷》；刘立千《藏传佛教的噶举派》；陈兵《近代学者对法相唯识义理的探讨》；唐大潮《佛教、基督教在中国的传播和发展之比较》；向世山《从“圆觉经变”造像论宋代民间佛教的信仰特征》；任新建《藏密破瓦法之养生原理》；伍先林《慧能思想探析》等。

少数民族宗教研究　四川是多民族聚居的区域，少数民族宗教研究是四川宗教学研究的重要内容。专著主要有：冉光荣《中国藏传佛教寺院》；霍巍《西藏西部佛教文明》；李绍明等编《中国各民族原始宗教资料集成・土家族卷》；钱安靖编著《中国原始宗教研究及资料丛编・羌族卷》；佘万治、万果（译著）《藏传密宗气功——那若六成就法》等。

论文主要有：钱安靖《论羌族的原始宗教》；张泽洪《古代少数民族与道教》《中国少数民族的宗教观》《魏晋南北朝时期少数民族与道教——以南蛮、氐羌族群为中心》；石硕《达磨灭佛对佛教在藏区传播趋势的影响》《格鲁派的兴起及其向蒙古地区传播的社会政治背景》《略谈本教内涵及其流变》；赵心愚《略论丽江木氏土司与噶玛噶举派的关系》；郎维伟《川苗原始宗教述论》；朱成源《初探藏区喇嘛教与社会主义环境相适应的问题》等。

基督教研究　专著主要有：杨天宏《基督教与近代中国》《基督教与民国知识分子：1922 年—1927 年中国非基督教运动研究》《战争与社会转型中的中国基督教会》；陈建明、何除《基督教与中国伦理道德》；秦和平《基督宗教在西南民族地区的传播史》；唐小林《看不见的签名：现代汉语诗学与基督教》等。

论文主要有：秦和平《清代中叶四川天主教传播方式之认识》；陈建明《基督教普世主义及其矛盾》；王挺之《意大利文艺复兴时期的城市宗教生活》；郎维伟《天主教、基督教在川南苗族地区传播述略》等。

伊斯兰教研究 主要有张泽洪《四川伊斯兰教史述略》《四川阿坝地区伊斯兰教的历史与现状》等。

宗教学理论和宗教综合研究 专著主要有：陈麟书《宗教学原理》；陈麟书、石衍丰、陈霞《宗教观的历史·理论·现实》；陈麟书、朱森溥《世界七大宗教》；任厚奎、朱森溥等《无神论史话》；潘显一、冉昌光《宗教与文明》；谢谦《中国古代宗教与礼乐文化》等。

论文主要有：童恩正《中国古代的巫》；刘弘《蜀巫与滇巫》等。

翻译少数民族和国外宗教研究 主要专著有袁亚愚校订《社会中的宗教》；佘万治、万果译《藏传密宗气功——那若六成就法》；丁培仁译《中国近世道教的形成——净明道的基础研究》；陈兵译《融通念佛宗的教判与教义》；张泽洪译《纳西族与彝族的超度亡灵仪礼》；石硕、张建世译，《西藏佛教史考》等。

第二节 主要著述

一、专著

《世界七大宗教》 陈麟书、朱森溥著，重庆出版社1986年出版。全书7章，分别介绍基督教、伊斯兰教、佛教、道教、犹太教、印度教和神道教七大宗教产生的社会历史背景、源流、宗教发展及分派、宗教现状、宗教文化概况等。

《宗教学原理》 陈麟书编著，四川大学出版社1986年出版。该书从理论上较系统地阐述宗教的本质、宗教的基本形态；宗教的产生、发展和消亡的规律；宗教与科学、道德、文艺、政治等关系；宗教意识的特征及其行为表现；宗教与社会主义等。

《道教论稿》 王家佑著，巴蜀书社1987年出版。该书是作者结合考古学和民族学研究道教的一部著作。作者分别就四川境内道教遗址、摩崖石刻、神话传说、少数民族宗教、巴蜀古史、五斗米道、陈抟以及唐代道教、青城山道教等问题进行论证，其观点多有独到之处。

《中国教案史》 张力、刘鉴唐著，四川省社会科学院出版社1987年出版。该书系统梳理自唐至清初中国封建王朝应对基督教入华政策的变化、西方传教士对于中西文化交流的推动作用；教禁以及教禁的瓦解；自雍、乾、嘉三朝以来，天主教、基督教和东正教在华传教，引起纠纷，产生种种教案的全过程；1844—1949年三教在中国各地引发约80起典型教案。

《无神论史话》 任厚奎、朱森溥、石衍丰、丁培仁、陈运炎著，四川人民出版社1988年出版。该书着重记述无神论与有神论斗争的历史，以及无神论者对天命鬼神、各种宗教神学、巫术迷信的批判等。

《道教文化新探》 卿希泰著，四川人民出版社1988年出版。全书由作者的24篇论文构成，以辩证唯物主义与历史唯物主义的世界观和方法论为指导，梳理道教产生、发展和演变的过程，阐明道教发展过程中的若干子问题，并对宗教理论研究的方法论问题作了探讨。

《藏族宗教史之实地研究》　李安宅著，中国藏学出版社 1989 年出版。该书是作者于 1938 年深入甘南藏区，对藏传佛教格鲁派六大寺院之一的拉卜楞寺作了 3 年的实地考察，取得大量材料之后完成的。该书对藏传佛教的历史，特别是对藏族原始宗教——本教、早期藏族佛教宁玛派、半革新的佛教萨迦派和噶举派的历史和教派情况进行详细介绍。重点研究、介绍拉卜楞寺及其施主、寺院组织、主要神佛、训练和课程、公开聚会等情况。著名社会学家雷洁琼称此书“是国内外公认为通过实地考察和社会调研而撰写的有关藏族宗教史的第一部杰作”。这部著作虽然是半个世纪以前的旧作，但它是中国对藏传佛教进行实地考察的一个开端，标志一个时代的学术水平。

《道教与中国传统文化》　卿希泰、丁贻庄、陈兵、李刚、郝勤著，福建人民出版社 1990 年出版。全书着重从道教与中国哲学、儒释、文学艺术、古代化学、医学、养生、气功、少数民族等方面对道教与中国传统文化的密切关系进行论述，在附录中还提到道教在国外的发展、流布状况。

《佛教禅学与东方文明》　陈兵著，上海人民出版社 1992 年出版。该书重点阐述佛教禅定的基本原理；禅定的基本方法；禅学与东方文化包括印度教瑜伽、道教炼养学、儒学、耶回等教、文艺、武术、民族文化心理等的交涉关系；禅学与现代医学、气功、心理学、伦理学等关系。该书是在气功、人体科学研究的热潮下，从全新的角度系统地阐释佛教禅学的重要研究成果。

《论开悟》　贾题韬著，四川人民出版社 1993 年出版。该书是根据作者 1985 年和 1986 年在北京中国佛学院两次讲学的记录稿整理而编成。全书分上下两篇。上篇论述内容广泛，涉及到宗教与科学、哲学的关系；佛教在宗教中的特殊性；佛法的主要内容；佛学与哲学及道德的关系等。在此基础上，着重阐述自己对开悟的领会以及论证。下篇围绕开悟这一佛教修行的目的，介绍佛教各宗派的开悟观，并重点论述禅宗的开悟。全书多有独到而精深的见解。

《基督教与近代中国》　杨天宏著，四川人民出版社 1994 年出版。该书作者一反当时学界运用“线性思维”的简单方法解释基督教历史文化及其相关的一切，运用科学方法证实 20 世纪 20 年代的非基督教运动是一场理性化的以世俗人文化反对宗教神文化的运动，同时又是一场以民族主义为内涵的反帝爱国运动。总览全书，作者的归结点在于，尽管这场运动漏洞百出，但在基督教尚未斩断其与不平等条约联系的前提下，在超自然的神秘主义尚未被科学真理取代的条件下，非基督教运动自然有其历史合理性。

《四川道教佛教石窟艺术》　胡文和著，四川人民出版社 1994 年出版。全书 4 卷，文字 50 万字，图片 276 幅，插图 48 幅。该书第一卷阐述四川道、佛教石窟的分布，按四川境内江河流域为分类依据，将境内的道、佛教石窟系统梳理出来；第二卷按历史顺序将境内道、佛教石窟进行详细地分期考察；第三卷为四川石窟中道、佛教题材内容的研究，是全书核心部分；第四卷探讨四川道、佛教石窟的艺术美学和价值。该书是一部收集、整理较为完善，真实性较强的四川佛、道教石窟资料研究专著。

《中国藏传佛教寺院》　冉光荣著，中国藏学出版社 1994 年出版。全书分上、下篇，上篇 4 章主要阐述藏传佛教的形成、发展与寺院活动及分布，涉及藏传佛教的产生及宁玛派、噶丹派、萨迦派、噶举派和格鲁派等派别寺院的兴建和发展；下篇 11 章，是全书的重点，主要阐述藏传佛教寺院的建筑、宗教活动、组织体系与社会影响，重点解决其写作该书的最基本问题，及对其社会影响和作用的评价。

《中国道教史》 卿希泰、曾召南、赵宗诚、陈兵、唐大潮著，四川人民出版社1995年出版。全书4卷，约200万字。该书全面系统地总结具有1800多年历史的道教的发生、发展和演变的客观规律，对道教同中国政治、经济、文化、思想等方面的关系进行探讨，评价道教在中国文化史上的意义，坚持史论结合，分析道教思想的基本特征及其教理教义、科仪方术等，创造性地建立中国道教史研究的学科体系，提出不同于以往的道教历史分期，并以道教产生、改革、宗派衍化为纲，以著名道教人物、主要道教经籍为目，剖析各宗派发生、发展的历史必然性，论述道教著名人物的事迹和思想，探讨道教同儒、释的相互关系，阐发它对中国古代科技以及中国古代学术思想发展的意义。总览全书，它给人们提供一幅道教发展史的全景图。不仅吸收前人的研究成果，而且总结当代中外道教学术研究的新成果，史料翔实、内容丰富、独抒己见，成一家之言。

《汉魏两晋南北朝道教伦理论稿》 姜生著，四川大学出版社1995年出版。作者从浩如烟海的道教经籍中，整理总结道教伦理的理论要点、思想特征及其发展规律，在广泛占有第一手资料的基础上，力图运用辩证唯物主义与历史唯物主义的观点和方法，批评西方学术权威对道教伦理所持荒谬论点，对道教伦理思想进行客观的分析和评价，逐层揭示并探讨道教的生命伦理、社会伦理和神学伦理等方面问题，构成相当完备的研究体系。同时，该书属断代研究成果，对道教伦理学学科的总体理论和结构贡献颇大，具有重要的学术价值。

《中国道教大辞典》 石衍丰、胡孚琛等编，中国社会科学出版社1995年出版。该辞典收录辞目1.5万余条，包括道家，道教门派、人物，道教典籍，教理、教义及基础知识，斋醮、科仪及戒律，符箓、法术与占验术数，道教医药学，道教养生功法及武术，内丹学，房中养生，外丹黄白术，道教神仙和民俗信仰，道教文学艺术，洞天福地与宫观，附录道士人名、字号索引等门类。有些门类内又含有小分科，辞义相近的条目尽量排在一起。辞典正文按门类分科编排，在各门类中有些实在不便细分的辞目，按笔画顺序排列。

《宗教观的历史·理论·现实》 陈麟书、石衍丰、陈霞、田海华、王学义著，四川大学出版社1996年出版。全书分4篇12章，第一篇阐述宗教观的历史，梳理从古代到西方至马克思、列宁和中国共产党人宗教观的历史发展进程；第二篇讲述宗教学的基本理论；最后两篇分别重点探讨宗教与社会主义及宗教与当代社会诸方面的问题，最后以中西方宗教信仰模式的比较作为全书的结束语。

《天师道二十四治考》 王纯五著，四川大学出版社1996年出版。全书分上、下篇，作者以文献考据、实地考察和文物考古材料相结合的方法，对二十四治进行实地考察，写成此书。上篇为二十四治综论，论述“治”的源起、天师道初创期的社会背景、五斗米教与巴蜀文化、道教与西南各民族的信仰等问题，从宗教地理学的角度探索早期道教发生、发展的历史及其文化内涵；下篇为二十四治分述，详细介绍各“治”的情况。该书考证翔实，可补文献记载之不足。

《大美不言——道教美学思想范畴论》 潘显一著，四川人民出版社1997年出版。该书运用多学科交叉研究的方法，深入道教思想内部探索其美学思想，寻求其美学范畴，并联系中国古代美学思想的发展，概括为数甚巨的道教文艺作品中体现的美学思想，又广阔地比较世界特别是西方的宗教美学思想观点，从本质论、辩证论、趣味论、文艺美论4个角度，梳理道教美学思想的4个基本范畴：第一，道教美学的核心范畴是“道”，道是不可见的，美是可见的。第二，道教美学朴素的辩证思想是美恶对立，要欣赏“大”的阳刚美，“水”的阴柔美；对不可言的“美”要“听之以心”，进而欣赏物化之美。第三，道教美学趣味的总纲是“道法自然”；审美态度是“无欲”与“忘我”；目标是寻求恬淡的“天德”，至美的丰采。第四，道教文艺美学思想的总纲是出“真文”，除“邪文”“巧伪”，目的是以道化人；该书通过对这4个范畴及其衍生的16个命题、48个代表性观点的论述，勾勒一个道教美学思想的基本范畴体系，论述其丰富内容与相互关系，其与儒、佛美学思想的异同。

《巴蜀道教碑文集成》　龙显昭、黄海德、蔡东洲、杨超、查中林著，四川大学出版社1997年出版。全书收录各类碑铭457篇，源自浩繁的历代文集、总集、地方志、其他有关文献以及实地考察。书中每一碑文撰有简要题记，说明碑文出处、撰写者及撰写年代（或刻石立碑年代）、碑址及重要宫观略历。该书是巴蜀地区道教研究的重要工具书。

《藏传密宗气功——那若六成就法》　佘万治、万果译著，四川民族出版社1997年出版。该书全面系统地论述以灵热成就法、幻观成就法、梦观成就法、净观成就法、中阴成就法和往生成就法为主体的那若六法，详细介绍人体的形成、脉道的分布、风息的运向、生命的本质、思维的定势等人体科学理论，注重修持，以及每个功法的修习方法、要点及利弊，并配有81幅图示。该书是一部全面翔实地介绍藏密气功的译著。

《自净其心——重读释迦牟尼》　陈兵著，四川人民出版社1998年出版。全书分上、下篇，上篇为释迦牟尼思想的现代阐释，以南北传佛教界和学术界共认的《阿含经》等为基础，以大乘经为补充，按照丛书设计者的立意，从现代人的观察角度，以有益于社会精神文明建设为立场，对释迦牟尼的思想作一概略的介绍评述；下篇为佛所说经选读，录取48种佛经（或节选），并作注释。

《西藏西部佛教文明》　霍巍著，四川人民出版社1998年出版。该书结合西藏地区早期地理环境和早期历史，介绍佛教在西藏的传播与发展。书中还收录西藏西部佛教艺术的代表作品，包括殿堂壁画、石窟壁画、寺院建设、金铜佛像、泥塑艺术、玛尼石刻等，从不同的角度展示西藏西部佛教艺术的魅力。

《宗教与文明》　潘显一、冉昌光主编，四川人民出版社1999年出版。该书围绕宗教与文明的起源、发展这一线索，从宗教与社会、宗教与人、宗教与哲学、宗教与道德、宗教与科学、宗教与文学艺术、宗教与民俗、宗教与民族学等方面论述宗教与文明发展的关系。分析宗教在文明发展中的地位和作用，以及人类文明发展对宗教的影响。

《道教斋醮符咒仪式》　张泽洪著，巴蜀书社1999年出版。作者在大量搜集相关文献资料的基础上，将道经与史籍结合起来，既从纵的方面，把握1000多年来的斋醮历史，又从横的方面，建构斋醮科仪的完整框架。

《明清道教伦理及其历史流变》　姜生、郭武著，四川人民出版社1999年出版。全书分为上、下篇。上篇论述明清以前道教伦理形成和发展的历史线索。具体论述汉魏两晋南北朝道教伦理的形成与初步发展，隋唐五代北宋时期道教伦理的发展变化，以及南宋金元时期道教伦理的主要特征。下篇论述明清道教的伦理的形成、主要内容及其思想形态的流变。具体内容为：明清思想文化与道教发展状况，明清道教生命伦理、社会伦理、神学伦理，以及明清道教伦理的衰变。书中还专题论述近代以来中国伦理诸问题。

《太平经全译》 龙晦、徐湘霖、王春淑、廖勇著，贵州人民出版社1999年出版。全书分为上、中、下三卷。作者通过大量援引道经，同时借助儒释经典、诸子要籍等，将道教早期最重要的经典之一《太平经》的真实本义展现出来。

《明清之际道教“三教合一”思想论》 唐大潮著，巴蜀书社2000年出版。该书论述明清之际道教衰落、明清之际道教“三教合一”思想的表现及特点、明清之际道教“三教合一”思想的成因等内容。

《傅大士研究》 张勇著，巴蜀书社2000年出版。该书为巴蜀书社中国古典文献学研究丛书之一。南北朝之际的禅学大师傅大士（傅翕，497—569），自称“双林树下当来解脱善慧大士”，以居士身份而广弘菩萨行，在当时和后来影响颇大。全书分3编13章，从文献学、敦煌学、比较宗教学、宗教哲学、语言学、历史学等角度，对傅大士的生平、语录、佛学思想、师承授受关系及影响等，作了综合性、批判性、全面性的精细考辨和分析。作者认为，傅大士实应为中土弥勒教的创始人、中土维摩禅的重要代表之一，在南朝佛学界、中国禅发展史、中国佛教史，特别是中国民间信仰史中都应该占有重要的地位。

《二十世纪中国佛教》 陈兵、邓子美著，民族出版社2000年出版。该书主要介绍在社会主义计划经济转向市场经济这一大环境下，中国佛教的发展状况，主要论及佛教教会团体的组建、文教事业的发展、社会基础的调整、佛教社会功能的转变、人间佛教的理论建构和佛教各派的发展兴起等内容。

《刘一明修道思想研究》 刘宁著，巴蜀书社2001年出版。该书为儒道释博士论文丛书之一。该书对清代著名道士、道教学者刘一明的修道思想进行全面、系统的剖析和述评。全书从刘一明思想的内在结构出发进行论述，全面细致论述刘一明的思想，主要包括5个部分，即修道根基论、修道价值论、修道方法论、天人合一论、三教合一论。

《基督教与中国伦理道德》 陈建明、何除著，四川大学出版社2002年出版。该书收录论文17篇，从6个方面多角度地探讨基督教的伦理道德问题，包括基督教的伦理观、生态观，历史上在中国、在日本的传教士面临的伦理问题，以及与基督教伦理有关的神学问题等。

《隋唐道家与道教》 李刚、李大华、何建明著，广东人民出版社2003年出版。全书分上、下两册共9章，详细论述隋唐道家与道教全貌，包括隋至初唐王朝的崇道与道家思想之兴盛、成玄英的重玄思想、王玄览《玄珠录》解读、吴筠的道治论与神仙可学论、张志和《玄真子外篇》的新庄学、强思齐的重玄思想与道论等内容。

《禅宗美学思想的嬗变轨迹》 皮朝纲著，电子科技大学出版社2003年出版。该书收录作者1996年以后对禅宗美学研究的15篇论文，主要介绍禅宗美学的基本理论问题及其历史发展轨迹以及影响禅宗哲学与美学的天台宗与华严宗美学思想。

《巴蜀佛教碑文集成》 龙显昭、蔡东洲、杨超、查中林、荣远大编，巴蜀书社2003年出版。全书150万字，汇集1100余通佛教类碑文，其范围从东晋迄于清末，时间跨度1500余年，为研究四川佛教历史提供最基本的文献和实物资料。

《基督宗教在西南民族地区的传播史》 秦和平著，四川民族出版社2003年出版。该书主要分析近代基督宗教在西南民族地区传播的特殊历史现象，研究基督宗教在西南民族地区的表现、抵制、融合以及变异等，分析清朝及民国政府对教会活动的认识及回应，并透视基督宗教对部分民众产生的某些影响。该书是少数民族地区基督宗教研究的开创性著作。

《道教神仙信仰与祭祀仪式》 张泽洪著，台北文津出版社2003年出版。该书建立在作者大量搜集阅读文献资料的基础上，分4个部分论述道教斋醮科仪思想历史及其功能，并以此为基础深入分析道教神仙信仰的意义。全书运用宗教学的理论方法，主论道教神仙信仰与祭祀仪式，阐明道教斋醮是神仙信仰的仪式化演绎。

《神霄雷法：道教神霄派沿革与思想》 李远国著，四川人民出版社2003年出版。该书详细介绍神霄派从肇始期、形成期、兴盛期到延续期的历史概况，以及道教神系的基本概况、神霄诸帝与雷部众真，并重点阐述神霄雷法的渊源与特征及其内奥与影响。该书为学术界较早一部介绍道教神霄派历史和思想的专著。

《相国寺——在唐宋帝国的神圣与凡俗之间》 段玉明著，巴蜀书社2004年出版。作为中国古代最有影响的寺院之一，开封相国寺以其相当特殊的身份，在唐宋帝国的宗教与社会生活中扮演十分重要的角色。该书以历史学的方法为基础，广泛运用宗教学、社会学、人类学以及后现代文化研究的理论和方法，分别从其兴建、历代维修扩建、造像和壁画、圣显、大德高僧、其与帝国政治生活的关系、其与都城经济生活的关系以及其在都城士庶文化娱乐生活中的地位等方面，对唐宋相国寺进行系统、全面、深层次的考察研究。在宗教、世俗与皇室多重力量的共存互动中，唐宋相国寺呈现出来的种种特性，为认识中国宗教与信仰乃至中国文化的某些特性开启一个新的视角。作者采用现象学取径的宗教研究方法，从空间维度出发理解和阐释相国寺这一宗教事象，强调神圣与凡俗的转换、交流是理解宗教实践的关键所在。该书的出版为中国寺院研究提供一个可资借鉴的范式。

《中国道教石刻艺术史》 胡文和著，高等教育出版社2004年出版。全书3卷，以文字描绘和图像展示相结合的形式详细阐述中国道教石刻艺术的发展历程，一为北朝至隋唐的道（佛）教造像碑、石；二为巴蜀隋唐至宋的道教造像龛窟；三为宋元之际的山西太原龙山道教石窟。

《看不见的签名：现代汉语诗学与基督教》 唐小林著，中国社会科学出版社2004年出版。该书考察现代汉语诗学的基督教语境，清理现代汉语学与基督教的话语逻辑，辨析启蒙诗学、普世诗学、爱的诗学、存在诗学、民间诗学与基督教职工的内在关联，审理基督教在汉语诗学的现代性生成中的关键作用，敞开不少已然被传统学术遮蔽的历史真实，提出许多新颖独到而又发人深省的观点，建立相对完整的现代汉语诗学研究框架。

《〈净明忠孝全书〉研究——以宋元社会为背景的考察》 郭武著，中国社会科学出版社2005年出版。该书从讨论《净明忠孝全书》与元代刘玉净明道教团产生的关系开始，进而论述净明道派在江西西山地区的兴起和传播，并追溯至隋、唐时期有关净明道派祖师许逊的传说，诸章内容和论证皆建立在其以《净明忠孝全书》为中心而进行的非常扎实的文献考据基础之上。

《隋唐五代道教美学思想研究》 李裴著，巴蜀书社2005年出版。该书为儒道释博士论文丛书之一。该书以隋及初唐、盛唐、唐末五代为分期，论证道教美学在这3个不同时期的背景、发展情况、基本内容及特色，论述的方面广泛涉及到美的本质、美感、审美心态、美丑辩证观、人格美学、生态美学、美育等重要问题。

《唯识学“转识成智”说研究》 高小强（陆沉）著，四川人民出版社2005年出版。该书以哲学上的先验方法，从3个方面详尽地研究唯识学的“转识成智”说，即佛教唯识学的“识”与自我；

转识成智的证修：部派佛教之“智”与中观之“智”；唯识学“转识成智”的证修等。

《中国近世道教的形成——净明道的基础研究》 丁培仁译，中国社会科学出版社 2005 年出版。该书由〔日〕秋月观暎著，详细论述许真君传考、许逊仙道团的历史地理、许逊教团的形成及其发展、宋代的许逊教团与许逊信仰的实态、净明道的形成及其传承等内容，对净明道作了全面系统的研究。

《道教科学思想发凡》 盖建民著，社会科学文献出版社 2005 年出版。该书以道教与古代科学思想关系为主线，分道教天学思想、道教术数与传统数学思想、道教物理思想、道教外丹黄白术与古代建筑思想以及道教科学思维方法 8 个专题，系统挖掘道教科学思想的资源、梳理道教思想的发展脉络，探讨道教科学思想对中国科学技术和思想的贡献及其现代价值。该书是学术界较早的一部以道教科学思想为主题的研究专著。

二、论文

《论宗教在社会历史进程中的派生作用》 徐益明、陈麟书著，载《宗教学研究》1986 年第 2 期。作者认为宗教作为一种社会意识形态和社会运动的特殊表现形式，在社会历史进程中除了消极落后和阻碍社会进步的本质主导作用外，也还在某种特定社会历史条件下起过一些派生的积极作用，对社会意识形态的其他各个方面和一些社会政治运动，诸如政治、思想、科学、文化、道德等意识领域和群众运动之发动、组织等产生进步的影响，而这一点，也是宗教得以长期存在、繁衍和发展，并广为下层群众所接受的历史原因之一。

《道教奉神的演变与神系的形成》 石衍丰著，载《四川文物》1988 年第 2 期。作者指出，两汉魏晋南北朝的道教诸神，由于师传不同，所奉神和仙亦有差异，但它逐渐趋向统一，道教神系初步形成，以“元始天尊”为最高神基本确立时期；隋唐五代是形成并确立以“三清”为最高神的道教奉神系统；宋代以来是道教庞杂神和仙体系最后形成时期，成为后世通行的道教奉神系统之基础。

《〈想尔注〉怎样解〈老子〉为宗教神学》 谢祥云著，载《宗教学研究》1989 年第 1 期。作者在文中对《想尔注》以宗教神学观点解释《老子》提出自己的见解。《想尔注》对《老子》书的篡改，在方法上是采取减字、增字等，曲解《老子》的原旨，附会道教，注解全书章句，使《老子》一书曲附宗教神学。

《四川伊斯兰教史述略》 张泽洪著，载《宗教学研究》1991 年第 1 期、第 2 期。该文论述四川自唐末五代至 20 世纪 90 年代的伊斯兰教活动史。文章首先论述四川伊斯兰教的源流和发展，四川有伊斯兰教徒居住，可追溯到唐末五代时期。回族穆斯林大批进人四川是在元、明、清时期，清代是回族穆斯林入川的高峰。然后总结四川伊斯兰教的主要活动和建树，重视文化教育，弘扬伊斯兰精神，是四川伊兰教的特点。文章最后描述四川伊斯兰教和穆斯林的现状。

《试论隋代道教》 李刚著，载《江西社会科学》1992 年第 4 期。作者从隋代统治者与道教之间的关系入手，详细探讨隋代道教的特色，指出其最基本的特色就是以茅山宗为主的南北道教的融汇合流，其特征大体上延续到唐代，为唐代道教的兴盛作了内在条件，应充分肯定隋代道教在道教史中的重要价值。

《道教老学重玄学派》 李刚著，载《宗教学研究》1994 年 1 期。该文对早期道教重玄学派的人物、著作、思想渊源，及其与道教不同宗派以及佛教的相互影响进行考论。作者认为，重玄学派对隋唐乃至宋元时期道学道教思想，特别是道教解老思想有深远影响，对社会有广泛影响，其学术价值和社会作用应充分评估。

《四川早期佛教造像滇湎道传入论——兼与吴焯先生商榷》　何志国著，载《东南文化》1994 年。文章阐述滇缅道的开通过程、年代，中印早期文化交流和商业贸易，并进一步论述四川早期佛教造像风格、年代、滇缅道沿线早期佛教艺术及其传播。作者反驳吴焯的观点，认为四川早期佛教造像时代大多为东汉晚期，系从印度经滇缅道传入。

《藏传佛教的噶举派》　刘立千著，载《中国藏学》1995 年第 4 期。该文从传承系统、法要（经续和教授）、教义和特点 4 个方面具体探讨藏传佛教噶举派的传承脉络和宗教文化内涵。

《中国少数民族的宗教观》　张泽洪著，载《西藏民族学院学报》1995 年第 1 期。文章论述中国少数民族自然崇拜、祖先崇拜、图腾崇拜和祭祀仪式等原始宗教信仰，旨在说明这些少数民族原始宗教为现代文明宗教的发端性意义所在。

《中国古代的巫》　童恩正著，载《中国社会科学》1995 年第 5 期。该文首先对原始宗教、多神宗教、一神宗教以及巫师、法师、祭司作出界定，接着对中国古代的巫这一特殊社会集团的功能进行考察。作者认为，仅仅将中国巫的研究作为宗教史的一部分来看待是不够的。在原始社会里，巫是氏族的精神支柱，是智慧的化身，是灵魂世界和现实世界一切疑难的解答者。在中国北方文明和国家起源的过程中，许多文明因素如法律、文字、天文历算、医学等的创造和积累与巫师的活动都分不开。特别是巫师集团促进祖先崇拜的制度化和宗庙系统的出现，这对于文明和国家的起源起到决定性的作用。夏代开始，巫师的后继者祭师集团构成中国历史上第一个知识分子集团。由于他们最高领袖为世俗的国王，所以他们既是政治上的统治者、经济的指导者，又是一切精神财富的保存者。迨至西周，这一集团的政治地位开始下降，战国以后，随着早期文明史的结束，他们特殊的政治地位也就一去不复返；而在民间，古老的巫则继续存在，但他们的活动已受到主流宗教的歧视和排斥。

《略谈本教内涵及其流变》　石硕著，载《西藏民族学院学报》1996 年第 4 期。该文考察和分析学术界对西藏原始宗教本教的本土产生和外地传入问题后，认为本教是以西藏本土自然发生的原始民间宗教为本源，由最初无“见地方面的说法”进而发展到“有了关于见地方面的言论”，最后又受佛教影响而发展成为一种有组织的宗教。作者指出，对于本教至少应注意到两个问题：第一，佛教传入前流行于西藏社会中的本教与后来佛教传入后深受佛教影响而形成的本教派别是有较大区别的。第二，本教是以西藏本土自然发生的原始民间宗教为其底蕴和本源而发展起来的一种宗教，其土著性和民间性使它极富生命力。

《达磨灭佛对佛教在藏区传播趋势的影响》　石硕著，载《中国藏学》1996 年第 2 期。该文论证 841 年发生的达磨灭佛事件对佛教在藏区传播的影响。作者指出，达磨灭佛并未使佛教在藏区遭到完全毁灭。相反，其实施灭佛的结果，使佛教在藏地的传播与发展趋势发生重大改变，使佛教由过去主要流行于统治者上层而开始普遍地转向民间；导致佛教由过去主要流行的卫藏中心地区向多康、阿里等边远地区的普遍扩散和转移。佛教在转入民间后，呈现较为松散和民间化的特点，并且在传播的内容和形式上开始发生变化。这一时期实际上是佛教潜移默化地被改造和本土化的重要时期，同时也是佛教真正与民众结合并逐渐同藏区本土文化相融合、相协调的时期。这一过程持续百余年时间，其结果是佛教逐渐植根于藏区社会并得到民众的认同和信仰，从而为“后弘期”佛教

（即藏传佛教）在藏族社会中大规模复兴和发展奠定基础。

《意大利文艺复兴时期的城市宗教生活》 王挺之著，载《历史研究》1996 年第 5 期。作者从教会和俗人两个方面对文艺复兴时期意大利城市的宗教生活予以考察，作为探讨欧洲由中世纪向近代过渡这一历史进程中深层社会因素的一个方面。作者指出，文艺复兴时期，随着商品经济的发展，城市的普遍兴起和扩张，教会从自身组织和教俗关系，从思想到行为都发生很大的变化。社会转型所带来的思想观念的变革从各方面对基督教在思想文化领域内的地位构成强有力的冲击，迫使教会对这种冲击自觉或不自觉地做出反应，从而在价值观念、伦理道德、活动方式等方面产生相当大的变化。城市宗教生活的普遍化和大众化就是人们思想观念变革的冲击和教会自身变化的结果。这一结果也是整个欧洲走向近代的一个阶梯。

《道教生死观及其与佛教的关系》 陈兵著，载《宗教学研究》1997 年第 4 期。生死观为各宗教思想的核心所在。生存于儒释道三元共轭、具兼容并蓄之长的道教，其生死观深受外来佛教的影响。该文从肉体长生到超出生死；形魂、魂魄、精气神与道即是心；从养气炼形到性命双修、以性兼命等 3 个方面，对道教生死观的内容及其与佛教思想的关系作了概要的论析。

《道教生育观考论》 卿希泰、盖建民著，载《中国哲学史研究》1998 年第 2 期。该文对道教提倡的珍惜生命、乐生恶死的生命伦理观念，以及由此生发的关注和重视人类的生殖、繁衍的观念，反对早婚早育、注重人口的优生优育、注重生态平衡的理性生育观等，进行系统的考察和议论。

《川苗原始宗教述论》 郎维伟著，载《宗教学研究》2001 年第 1 期。文章列举四川苗族的主要传统信仰祖先崇拜、自然崇拜、人造物崇拜、祭司、巫师与巫术等，并对其表现形式和内涵进行叙述和分析。作者指出，四川苗族历史上的传统信仰属于原始宗教的范畴，四川苗族民俗禁忌的内容也多与传统宗教相关联。近代西方宗教传入苗区，但是古朴和自然的原始宗教仍然是四川苗族传统文化的主要组成部分。

《略论丽江木氏土司与噶玛噶举派的关系》 赵心愚著，载《思想战线》2001 年第 6 期。作者认为，噶玛噶举派在康区的长期经营和木氏土司崛起后向康南地区的扩张，使双方建立长期密切关系成为历史发展的必然。随着新兴教派的出现和形势的变化，这一关系也呈现 3 个大的阶段性变化，其变化的实质是基于利益之上的相互利用与相互依赖关系。

《佛教、基督教在中国的传播和发展之比较》 唐大潮著，载《社会科学研究》2001 年第 6 期。文章对比佛教、基督教传入中国的过程，并强调政治因素是造成两者在中国传播、发展路径和命运不同的主要因素之一。作者指出，佛教通过北方丝绸之路传入中国，时值中国封建社会鼎盛前期。它在传入过程中逐渐改造自己与中国传统文化相契和；尤其是传入时注重宗教思想传播，没有什么政治图谋，满足统治者需要，因而受到支持。基督教的传入稍晚一些，虽然前后有 3 次，但是前两次没有传入哲学思想，16 世纪时，第三次才大规模传入，而在第三次，其传入目的则是要使中国成为罗马教廷一个教区，因而为中国统治者与人民所抵制。

《纳西族与彝族的超度亡灵仪礼》 〔日〕丸山弘著，张泽洪译，载《宗教学研究》2002 年第 1 期。作者通过对礼仪过程的实地田野调查，探讨纳西族和彝族传统宗教的意义，并比较两个民族超度仪礼的共通性和差异性。

《青城山道教科仪演礼程序与音乐安排》 甘绍成著，载《中国音乐学》2003 年第 4 期。作者认为青城山道教的科仪与音乐，经过长期衍变，科仪在演礼程序与音乐安排上，逐渐形成一套约定俗成的定规，经仪、忏仪、斋仪、醮仪各有一套“依科阐教”的方式。在大体遵循道教仪式书籍规定的演礼程序基础上，既保持其演礼的严格性，又增加其演礼的随意性。

《道教传统教义思想的现代诠释》　盖建民著，载《中国宗教》2003 年第 1 期。作者认为道教在长达 2000 多年的历史发展中，形成自己独特的教理、教义体系。“我命在我不在天”是道教重要的教义思想之一，对这一教义思想的形成发展及其现代价值进行探索，有助于 21 世纪的道教教义思想发展与建设。

《基督教普世主义及其矛盾》　陈建明著，载《世界宗教研究》2004 年第 2 期。该文主要从教会论而非救赎论的层面来讨论基督教普世主义，目的是探讨普世主义教会观产生的源头、发展线索以及在实践中的矛盾表现。作者认为从教会教义的形成与发展以及圣经教训内容本身两方面来看，普世主义教会观直接秉承罗马普世主义思想文化资源；论述古代和中世纪教会普世主义的矛盾发展及其引发教会分裂的历史过程，认为难以解决的矛盾主要表现在制定教会教义与确立教会权威这两个问题上；探讨普世主义在 20 世纪取得突飞猛进的原因，并简略讨论普世主义在中国新教教会中的情况。

《魏晋南北朝时期少数民族与道教——以南蛮、氐羌族群为中心》　张泽洪著，载《中南民族大学学报》2005 年第 6 期。该文考察道教在南蛮、氐羌族群中的传播。作者认为魏晋南北朝时期南蛮、氐羌族群，曾不同程度受到道教影响。在这一民族大融合的历史时期，道教主动参与各民族文化的交流，在道教向少数民族传播的进程中，具有深远影响。学术界言及道教传入少数民族的时限，有南宋时期传入说，也有明清时期传入说。该文讨论的南蛮是今瑶、壮、苗、土家等民族先民，而氐羌族群历史上又曾向云南迁徙，由此可见，南方少数民族与道教关系有着悠久渊源，其最初接受道教影响的时代，可以追溯至魏晋南北朝时期。

第三节　学科代表人物

贾题韬（1909—1995）　山西省洪洞县人，毕业于山西大学法学院。抗日战争期间移居成都，在光华、金陵、成华、华西等大学执教，教授逻辑学与道家哲学。1950 年，被西南军政委员会聘为高级顾问，随解放军入藏，任西藏宗教事务委员兼佛教协会副秘书长。1979 年后，历任四川省佛教协会副会长、中国佛教文化研究所研究员等。应邀在中国佛学院、闽南佛学院等处讲授佛学，在成都文殊院讲《六祖坛经》等，并倡议成都学术界人士创建四川禅学会、中国传统文化研究所，研究佛学，讲解撰述。其讲稿整理为《坛经讲座》《论开悟》《佛教与气功》等，辑为《贾题韬佛学论著》出版。

刘立千　见本志“民族学研究”第三节“学科代表人物”。

王家祐（1926—2009）　四川省成都市人，考古学家，道教文化研究专家。1948 年毕业于四川大学历史系，之后曾担任中学历史教师，云游杭州、南京等地。1953 年于北京大学进修考古史学专业，1954 年任四川省博物馆研究员。历任中国道教协会第四届、第五届理事会理事，第六届、第七届理事会名誉理事，中国道教文化研究所副所长，四川省道教协会顾问。王家祐在文物考古、民族史和道教史研究方面卓有成就，在三星堆早期调查发掘和道教研究方面取得突出成就。主要论著有《凉山船棺葬发掘报告》《凉山彝族奴隶社会》和《中国美术全集·四川石窟雕塑》（道教部分）以及《张陵五斗米道与西南民族》《青城山道教仙源录》《青城山道藏记校录》《蜀中八仙考》《成都青羊宫老君考释》《江津朝元观》《四川道教古印与神秘文字》等。他结合考古和民族学研究道教，风格独具，集中体现在其《道教论稿》一书之中。此外，还参加《宗教词典》的编撰和《中华道教大词典》的审订工作。

第十七章　民族学研究

四川是多民族聚居地区，民族学研究在国内学术界一直处于领先地位。1986—2005 年，四川省的民族学研究在原来的基础上继续发展，研究机构和学术团体不断增加，研究力量不断增强，学术交流十分活跃。民族学分支学科和研究领域不断扩大和深入，在基础理论和应用研究的各个方面取得具有国内一流水平的成就。一些应用性研究成果，为国家民族地区政策和策略制定提供理论依据和历史借鉴。

第一节　研究综述

1986—2005 年，四川省的专业民族研究机构主要有：四川省民族研究所、西南民族大学民族研究所与民族语言文学研究所、四川大学中国藏学研究所、四川省康藏研究中心（挂在四川省社会科学院）、凉山州民族研究所等。此外，一些大专院校和科研单位也从事民族学的研究工作，主要有四川省社会科学院历史研究所、四川大学宗教研究所、四川大学历史研究所，四川师范大学历史系等。四川其他高等院校和民族地区的机关、单位、团体的研究机构或个人也从事民族学方面的研究。

四川省民族学研究学术团体主要有：四川省民族研究学会、四川省民族理论研究会、四川省民族地区经济研究会、四川省藏学学会、四川省彝学学会、四川省民族语言学会、中国西南民族研究学会、中国南方少数民族哲学及社会思想史学会、四川省民间文艺家协会和中国少数民族戏剧研究会四川分会等。这些团体成立后，相继开展一系列学术研究和交流活动，促进四川省民族学学科和分支学科的发展。重要的学术活动和学术研讨会主要有：彝族社会历史学术讨论会、中国悬棺葬学术讨论会、中国南方少数民族哲学及社会思想史学会第一次学术讨论会、全国首届彝族学术讨论会、全国石棺葬学术讨论会、全国藏族史学术讨论会、“藏彝走廊”历史文化学术讨论会等。

四川省民族研究所是全省现有民族学科研机构中，在全国该领域影响最大的学术单位。20 年来，该所科研工作者围绕民族学的基本理论和民族地区发展的实际需求，不断进行理论创新，积极推动理论研究为民族工作实践服务，基础研究与应用研究并举，取得明显成绩。

四川省的民族学研究的代表性学者，首推四川省民族研究所原所长李绍明。李绍明是当代中国民族学、人类学和民族史学很有成就的学者之一。他在四川民族学研究上的贡献是多方面的，主要有：积极倡导建立有中国特色的民族学学科体系，对建立中国的民族学体系提出独到见解，并对民族学的理论体系和学科地位、民族学与人类学理论在田野考察中的应用等问题提出一系列创见；通过对凉山彝族奴隶制的研究，为丰富学科理论及凉山社会改革的实践作出突出贡献；主持羌族社会历史调查，著作《羌族史》为羌学奠定坚实基础；主持四川土家族调查和研究，并在民族识别、民族文化与民族法学研究方面提出一些创见；主持横断山区“六江流域”民族综合考察，开创“藏彝走廊”民族综合研究；以中华民族“多元一体”观点对藏族社会进行研究并提出康区的特殊性以及“稳藏必先安康”的重新认识。其代表作有《民族学》《李绍明民族学文选》《凉山彝族奴隶社会》《川东酉水土家》等。

四川大学中国藏学研究所，是1999年通过对四川大学“西藏考古与历史文化研究中心”进行改组而新建的重点科研机构。该所发挥四川大学地处西南、长年注重藏区考察与研究的学术特长及传统，继承前辈学者的学术研究积淀，开拓新的藏区研究领域，在全国藏族地区研究领域中具有重要的历史地位。该所3个主要研究方向为：藏区现状与社会发展研究；藏族历史与藏汉关系研究；藏区考古与藏族文化艺术研究。该所教授石硕，长期从事藏族历史、汉藏关系、藏族与周边其他民族关系、藏族与中原王朝政权关系史研究。专著《西藏文明东向发展史》《藏族族源与藏东古文明》《吐蕃政教关系史》和论文《西藏人口的地理性及其发展趋势》《一个隐含藏族起源真相的文本——对藏族始祖传说中“猕猴”与“罗刹女”含义的释读》《康区藏族的形成及多元化特点》《关于金城公主入藏及出嫁对象等相关史实的考订》等在学术界有较大影响。

四川省的民族学研究的分支学科和研究领域不断扩大和深入，在基础理论和应用研究的各个方面，如民族学理论、少数民族的社会和人口、文化习俗、语言文字、政治经济，以及民族史、民族识别、民族区域关系等方面取得前所未有的成就。

民族学理论研究 包括民族学学科理论和人类学的基本研究方法的研究。代表著作主要有李绍明《民族学》《李绍明民族学文选》《任乃强民族研究文集》《伍湛民族学术论集》；都淦《民族·历史与政治》；周锡银《中国少数民族的历史作用》等。

少数民族综合研究 专著主要有：李绍明、程贤敏编《西南民族研究论文选》；王静如《王静如民族研究文集》；杨岭多吉等主编《四川藏学研究》第1—5辑；李绍明等编《西南民族研究论文选》《刘立千藏学著译文集》等。结集出版的已故著名学者论著有《李安宅藏学文论选》；《于式玉藏区考察文集》；蒙文通《古族甄微》等。

关于“藏彝走廊”的研究 “藏彝走廊”是费孝通于1980年前后提出的一个历史—民族区域概念，主要指今四川、云南、西藏三省（区）毗邻地区由一系列北南走向的山系与河流所构成的高山峡谷区域，即横断山脉地区。在这片区域中，居住着藏缅语族中的藏、彝、羌、傈僳、纳西等民族，而以藏缅语族的藏语支和彝语支的民族居多，故从民族学而言称之为“藏彝走廊”。由于地域上的重合，“藏彝走廊”研究往往与“南方丝绸之路”研究相互联系。从20世纪80年代起，四川、云南、西藏的民族学者对“藏彝走廊”开展民族综合考察，内容涉及民族史、民族风俗、中外交通等方面。李绍明是当今“藏彝走廊”研究领域最有成就的学术传承人之一，他领导组织80年代“六江流域”和“南方丝绸之路”的综合考察，为“藏彝走廊”研究作出许多开创性的贡献。进入21世纪，关于“藏彝走廊”的研究形成热潮，产生大批研究成果。专著主要有：李绍明、童恩正《雅砻江流域民族考察报告》；石硕主编《藏彝走廊：历史与文化》等。

论文主要有：李绍明《西南丝绸之路与民族走廊》《“藏彝走廊”研究与民族走廊学说》《藏彝走廊研究中的几个问题》；石硕《“藏彝走廊”：一个独具价值的民族区域——谈费孝通先生提出的“藏彝走廊”概念与区域》《藏彝走廊：历史与文化》《四川岷江上游走廊的历史演变与民族文化特

点》；赵心愚《藏彝走廊古代通道的几个基本特点》；陈剑等《营盘山遗址——藏彝走廊史前区域文化中心》；李星星《藏彝走廊的历史文化特征》《论“民族走廊”及“二纵三横”的格局》；刘复生《族群问题三议——以藏彝走廊民族为例》等。

民族史研究　专著主要有：马长寿遗著，李绍明整理《彝族古代史》；蒙文通遗著，蒙默整理《越史丛考》；冉光荣、李绍明、周锡银合著《羌族史》；任乃强《羌族源流探索》；吴天墀《西夏史稿》；田继周《先秦民族史》；杨铭《吐蕃统治敦煌研究》《西南民族史研究》；蒙默《南方民族史论集》；唐嘉弘《中国古代民族研究》；于式玉《藏族史论文集》；陈玉屏、罗新本、张建世、来仪《中国古代民族融合问题研究》；刘复生《僰国与泸夷——民族迁徙、冲突与融合》；杨铭《氐族史》《唐代吐蕃与西域诸族关系研究》；吕一飞《胡族习俗与隋唐风韵——魏晋北朝北方少数民族社会风俗及其对隋唐的影响》；赵心愚《纳西族与藏族关系史》；马尚林《四川回族历史与文化》；霍巍《古格王国——西藏中世纪王朝的挽歌》；林俊华《康巴历史与文化》；屈川《都掌蛮——一个消亡民族的历史与文化》。

论文主要有：冉光荣、李绍明、周锡银的《论羌与戎》，张泽洪《魏晋南朝蛮、僚、俚族与汉族的融合》；蒙默《论苗族族源讨论中的西支来源说及有关问题》；陈明芳《川南僰人悬棺葬与都掌人的兴衰》；石硕《藏族族源“西羌说”的缘起及其不成立性》《关于金城公主入藏及出嫁对象等相关史实的考订》《汉代的“都夷”“旄牛徼外”与“徼外夷”——论汉代川西高原的“徼”之划分及部落分布》《从唐初的史料记载看“附国”与“吐蕃”》等。

少数民族社会、人口研究　专著主要有：四川省民族研究学会编《四川彝族家支问题论文集》；四川省民族研究所编《四川少数民族人口研究》；徐新建《罗吏实录——黔中一个布依族社区的考察》；袁亚愚主编《当代凉山彝族的社会和家庭》；程贤敏、李绍明等《中国藏族人口与社会》；李锦《羌笛新曲》；李绍明主编《川东西水土家》；杨怀英、黄名述《凉山彝族奴隶社会法律制度研究》等。

论文主要有：程贤敏《少数民族的婚姻与家庭》；程贤敏、左齐、周钊《中国彝族人口发展态势研究》；石硕《西藏人口的地理特征及其发展趋势》；赞拉·阿旺、佘万治译《朗氏家族史》，西藏人民出版社1989年出版；郎维伟《凉山彝族家支现状浅议》《论四川苗族人口的历史演变》；何景熙《四川彝族人口近期死亡模式分析》《1950—1990年藏族人口规模变动及其地区差异》；陈彩霞《从1990年人口普查数据看藏族妇女的婚姻状况》等。

调查报告主要有：四川省民族研究所《凉山地区吸贩毒问题的社区控制研究》《现代化过程中少数民族的文化调适研究》《藏传佛教的寺院经济研究》《川藏民族地区都市化进程和少数民族社会文化变迁》《藏区“觉母”调查研究》；李涛《城镇对西部民族地区乡村生活方式的影响——西藏两个乡村农民生活变迁的调查》等。

少数民族文化、习俗研究　专著主要有：陈明芳《中国悬棺葬》；童恩正《南方文明》；关荣华《四川少数民族传统文化与教育》；萧崇素《萧崇素民族民间文学论集》；冯敏《万户千门入图画——巴蜀少数民族文化》；沙马拉毅《彝族文学概论》；李明主编《羌族文学史》；卢丁等《羌族历史文化研究》；杨健吾《我国少数民族宗教文化特点的历史分析》；伍精忠《凉山彝族风俗》；苏克明《凉山彝族哲学与社会思想》；鲁云涛《民族文化与民族文学》；李力《彝族文学史》；王昌富《凉山彝族礼俗》；马林英《彝族妇女文化》；苏克明《凉山彝族道德研究》；石硕《西藏文明东向发展史》《藏族族源与藏东古文明》；霍巍《西藏古代墓葬制度史》；李永宪《西藏原始艺术》；陈宗祥、邓文峰《白狼歌研究》；李学琴《藏族文化散论》；罗布江村《雪域文化与新世纪》；钱来忠主编《四川民俗大典》；李星星《曲折的回归——四川酉水土家文化考察札记》；郎维伟《四川苗族社会与文化》；杨正文《苗族服饰文化》；罗布江村等《琉璃刻卷——丹巴莫斯卡〈格萨尔王传〉岭国人物石刻谱系》；张建世等《西南少数民族民间工艺文化资源保护研究》；刘俊哲《四川藏族价值观研究》；刘勇等《鲜水河畔的道孚藏族多元文化》；土登尼码等《格萨尔词典》；王康等《神秘的白石崇拜——羌族的信仰和礼俗》等。

论文主要有：霍巍《西藏天葬习俗起源辨析》《喜马拉雅山南麓和澜沧江流域的农业村落——兼论布鲁札霍姆文化》《西藏昂江古墓葬的调查发掘与吐蕃时期丧葬习俗研究》；陈明芳《我国南方地区悬棺葬与崖洞葬之比较研究》；王川《试论近代昌都地区的民间信仰与民间宗教（1840—1949年）》；石硕《论藏族关于自身起源的三个传说及价值》《一个隐含藏族起源真相的文本——对藏族始祖传说中“猕猴”与“罗刹女”含义的释读》《〈格萨尔〉与康巴文化精神》《茶马古道及其历史文化价值》；秦和平《试论天主教传播布依族社会的部分原因》等。

少数民族宗教研究 具体内容见本志第十六章“宗教研究”。

少数民族政治、经济研究 专著主要有：龚荫《中国土司制度》；石硕《吐蕃政教关系史》；冉光荣《四川少数民族地区的租佃关系》；冉光荣、徐君《四川藏区的开发之路》；郎维伟《论邓小平民族区域自治的实践与思想》；袁本朴等主编《长江上游民族地区生态经济研究》；庄万禄《民族经济学》；中共四川省委、四川省人民政府民族地区经济开发工作领导小组办公室编《四川省民族自治地方发展研究》；付志康《西部民族地区经济发展战略与实践》；李涛《走出香巴拉——西藏“一江两河”流域乡村城镇化研究》；冉光荣等《西部开发中西藏及其他藏区特殊性研究》；任新建《雪域黄金——西藏黄金的历史与地理》；蒋彬《四川藏区城镇化与文化变迁——以德格县更庆镇为个案》；赵曦《中国西藏区域经济发展研究》；杨明《藏族游牧部落及社会主义现代化》等。

论文主要有：石硕《清朝前期治藏特点及相关问题》；任新建《论近代四川藏区黄金开发》；杨健吾《康宁寺经济活动调查》《藏传佛教寺庙经济的变化——四川甘孜、德格两县寺庙经济活动的调查》；郎维伟《西部藏区畜牧业如何应对“入世”——以牦牛产业为案例分析》《四川藏区发展中的反贫困探要》《论藏族牦牛文化及其价值关系》；陈世松《中国西部大开发与客家文化》；邓前程《四川藏区之藏商与商业的历史考察》；王川《清末、民国时期西康地区的农业改进及其实际成效》《“茶马古道”旅游品牌打造的思考》《清代西藏昌都三岩地区政事拾遗》等。

少数民族语言文字研究 四川省的少数民族语言情况极为复杂，民族语言调查和研究成为四川民族学研究的重要内容。20世纪80年代以后，除了继续对羌语进行调查研究和为羌族创造拼音文字外，还调查分布于凉山州、甘孜州等地的另一些民族语言，如甘孜州境内的贵琼语、尔龚语、扎巴语等，并形成调查报告或论文，主要有林向荣《嘉戎语研究》；刘辉强《尔苏语概况》《纳木依语概要》《木雅语研究》；冯元蔚译《勒俄特依》等。这方面的研究在工具书方面也有较大成就，主要有《彝语大词典》；马明等编《彝汉词典》《彝汉成语词典》；马黑木呷等编《汉彝词典》；马黑木呷编《彝语大词典》；朱建新等《彝文字典》；沈伍已《彝族尔比词典》；李明、马明合著《凉山彝语语法》《凉山彝语语音概论》；周锡银主编《羌族词典》等。

民族识别 20世纪80年代以后，运用民族学、民族历史的基础理论，重点开展对川东南土家族、苗族的识别调查，对北川、茂县等地的羌族识别调查。此外，还对川西南“西番”，阿坝、绵阳地区“白马藏族”，盐源、盐边一带的“纳日”等作了识别调查。形成《四川“西番”识别调查小结》《白马藏人族属问题讨论集》《川东南部分群众要求更正民族成分和实行民族区域自治的调查》《川滇边境纳日人的族别问题》等成果。这些识别调查工作，使川西南藏族、川东南土家族、苗族以及川西北一部分羌族等少数民族群众恢复民族身份，有利于民族团结政策。经过民族识别调查研究，四川省恢复川东南的酉阳、秀山、黔江、彭水、石柱等县的土家族、苗族成分。这片地区现有土家族 80 余万人、苗族 30 余万人，基本上得到恢复。这 5 个县也改为土家族、苗族的自治县。在北川、茂县等地，部分人在民族识别的基础上，也恢复原来的羌族成分。民族识别调查还涉及凉山与雅安地区俗称为“西番”和分布在凉山州与攀枝花市境内俗称为“蒙族”的少数民族，他们自称为“纳日”。经过调查，对这些少数民族的民族成分问题，也相应提出意见。关于这一工作，李绍明有论文《我国民族识别的回顾与前瞻》。

羌族研究　是 20 世纪 80 年代以后四川民族学者开辟新的学术领域，取得一系列成果。代表性的著作有冉光荣、李绍明《羌族史》；任乃强《羌族源流探索》。其他成果主要有李绍明编著《羌族历史问题》；周锡银主编《羌族词典》；李锦《羌笛新曲》；卢丁等《羌族历史文化研究》等。

康藏关系研究　康区与西藏在历史和文化方面一直有着非常密切的关系，康藏关系的研究，为国家治理和稳定西藏政策和策略提供理论依据和历史借鉴。专著主要有：杨嘉铭《甘孜州稳定与发展研究》。论文和研究报告主要有：四川省民族研究所的研究报告《我国藏区反分裂、反渗透与社会稳定问题研究》；李锦、袁晓文《“稳藏必先安康”的历史启示》；李绍明、周锡银《关于调整四川藏区政策的研究报告》。

少数民族地区文献资料整理　主要有四川省民族研究所编《清末川滇边务档案史料》《近代康区档案资料选编》；李绍明、钱安靖编《中国各民族原始宗教资料集成·土家族卷》；钱安靖编《中国原始宗教研究及资料丛编·羌族卷》；四川省民族事务委员会编《四川藏传佛教寺院资料选编》；赵心愚、秦和平编《清季民国康区藏族文献辑要》；罗国清等编《凉山彝族饮食文化概要》；任新建编《近代康藏重大事件史料选编》；刘忠、杨铭译《敦煌西域古藏文社会历史文献》；马德清等编《凉山彝族谱系》；仰协等编《凉山经济地理》；杨明、马廷森编《羌族思想史资料汇集》等。

第二节　主要著述

一、专著

《民族学》　李绍明（土家族）著，四川民族出版社 1988 年出版。该书规范民族学的定义、任务及与有关学科的关系；系统介绍西方的民族学及其流派，旧中国民族学的情况及马克思主义民族学的发展。阐述种族及种族问题、民族的形成和发展。并对世界民族的人口、语言及亚洲、非洲、大洋洲及太平洋岛屿、欧洲、美洲各民族及当代的原始民族均有介绍。针对中国民族问题，着重论述中国各民族的概况、经济形态、政治制度、宗教信仰及习俗文化、中国民族问题与民族政策。最后一章专门讲述民族学调查方法。作者在书中对建立中国的民族学体系提出独到见解，并对民族学的理论体系和学科地位、民族学与人类学理论在田野考察中的应用等一系列问题进行富有创见的阐述。该书是系统化的、具有创新精神的民族学教材，是马克思主义民族学与中国的具体实际相结合的理论著作，为从事民族学研究及民族工作者必读书籍。

《汉彝词典》 马黑木呷、沈伍已、马明、谢志礼著，四川人民出版社1989年出版。该词典是一部融科学性、知识性和适用性为一体的综合性中型汉彝双语词典。汉语以普通话为依据，酌收方言和古书中常用的若干词语。书中汉语词条以商务印书馆1983年再版的《现代汉语词典》为蓝本，结合彝语的实际情况作了一些增删，并酌收部分古彝语中的常用词语。全书收入5.3万个词条，240余万字。译文以《彝文规范方案》规定的圣乍标准语为依据，以直译与意译相结合，译义准确，用语精练通俗。

《西南民族研究论文选》 李绍明等编，四川大学出版社1991年12月出版。该书收录1904—1949年间中国著名学者章太炎、马长寿、芮逸夫、吴泽霖、刘介、马学良、徐中舒、董作宾、顾颉刚、蒙文通、翦伯赞、郑天挺、韩儒林、任乃强、谭英华、李安宅、法尊、李有义、胡鉴民、朱希祖、冯汉骥、闻宥、吴文藻等人有关西南民族研究的43篇代表作。内容涉及民族学、社会学、历史学、语言学、考古学等方面，有很高的学术价值。

《中国土司制度》 龚荫著，云南民族出版社1992年6月出版。全书分为“土司制度概论”和“各省土司纂要”两大部分。“土司制度概论”部分系统阐述土司制度的起源、形成、发展及衰落。作者认为，土司制度起源于“羁縻政策”，肇始与秦、汉，至唐、宋时，渐次趋于强化，元代施行“蒙、夷参治”之法，官有“流、土”之分，土司制度正式建立，明代，土司制度得到进一步的完善和发展，并达到鼎盛时期。清代时，少数民族地区地主经济兴起，土司制度对于社会发展渐次起阻碍作用，清代中期以后逐渐消亡。“各省土司纂要”部分，不仅弄清全国设置土司情况，并且对每一家土司进行初步的研究。

《中国彝族人口初探》 程贤敏主编，《人口与发展》杂志社1992年出版。该书在分析彝族人口地理分布、人口规模变动、家庭与婚姻、人口出生与死亡、年龄与文化结构，以及人口与经济发展等基础上，提出对其人口、社会经济宏观调控的政策思路。

《当代凉山彝族的社会和家庭》 袁亚愚主编。四川大学出版社1992年7月出版。全书7章，分别为凉山彝族社会发展的基本状况及特征，社会结构与社会分层，社会群体、组织和家支，婚姻和家庭，社会生活，社会控制与社会问题，近40年的经济与社会发展。作者按照社会学的理论和研究方法，以大量翔实的调查资料为基础，对凉山彝族社会及家庭进行系统、全面、深入和多层次的描述、分析与综合研究。

《川东酉水土家》 李绍明主编。成都出版社1993年9月出版。全书分为10章，内容为环境与建置沿革，人口状况，民族历史，经济历史，经济现状，宗教与民间社团，婚姻、家庭、丧葬与习俗，宗教信仰，物质文化，民间文艺。该书是四川地区首次以川东酉水流域的土家族聚居区为考察对象进行研究的民族志著作，通过丰富的田野调查资料，客观反映土家族社区的社会历史全貌。

《嘉戎语研究》 林向荣著，四川民族出版社1993年出版。嘉戎语是藏语的一支，是汉藏语系藏缅语族诸语言中一个较完整地保留古老面貌特征最多的语言。该书是一部较全面系统的嘉戎语研究专著，全书收录各方言土语代表点12个（包括简介的），书后附录一定数量的各方言词语和长篇故事材料，并对长篇材料做了字字对译，篇后附有译文对照。

《南方民族史论集》 蒙默著，四川民族出版社1993年出版，全书收入作者所撰南方民族史的论文21篇，主要讨论濮（僚）人是古代西南地区的主要居民；彝、氐、羌、么些各族的源流；苗瑶民族的迁徙，以及扬越地域侗族的渊源，初步勾画一个西南民族史的新框架。

《古族甄微》　蒙文通著，巴蜀书社1993年出版，该书为作者数十年关于中国民族史的论著专辑，收入作品8种。其中，除《周秦少数民族研究》《巴蜀史的问题》《越史丛考》等5种已先后刊布外，另3种则为手稿。该书系蒙默根据作者的批语，将其遗稿整理、增补、订正后，与前5种作品汇集出版。

《凉山彝族礼俗》　王昌富（且萨乌牛，彝族）著，四川民族出版社1994年出版。该书是一部全面论述大小凉山习俗的专著。作者通过大量资料，全面、系统地反映和论述大小凉山彝族在中华人民共和国成立前的各种习俗。内容涉及彝族的衣食住行、礼尚往来、婚姻习俗、丧葬习俗、天文历法和宗教习俗、民间文娱体育活动、语言文字和民间文学、逢年过节和其他习俗。并从不同角度对各种民俗事象所赋含、蕴示的文化意义和社会功能作了深入探讨。

《西藏文明东向发展史》　石硕著，四川人民出版社1994年出版。全书分9章。内容分别为"引言""西藏早期文明的形成与内涵""13世纪以前吐蕃的扩张与西藏文明东向发展趋势的形成""吐蕃时期促成西藏文明东向发展的三大因素""西藏文明向中原文明体系的归属——西藏与元朝政治隶属关系的形成""明代——向东倾斜的西藏经济与文化""清代：西藏与中原政治关系的定型和强化""清末至民国西藏与中央关系的演变与性质""对元以来西藏被纳入中原政权若干原因的探讨"。该书从全新的角度，系统研究西藏与中原关系的形成历史，在该研究领域取得重大基础性突破。该书出版后在海内外产生重要反响并受到藏学界关注。

《彝族文学史》　李力主编。四川民族出版社1994年出版。全书分为4编。第一编"原始社会时期文学"，涉及远古神话、创世史诗、远古传说、远古歌谣。第二编"奴隶社会时期文学"，涉及各类传说、民间故事、民间歌谣、民间抒情长诗、民间叙事长诗、谚语、早期的书面文学。第三编"封建社会时期文学"，涉及传说、爱情故事、勇士型的民间故事、讽刺幽默及矿山故事、童话、寓言、彝族民间叙事长诗、彝族抒情长诗及民歌、彝文古籍诗歌、明代彝族作家、清至解放前夕的彝族作家、余氏五诗人及其他、彝族古代作家作品特色。第四编"社会主义时期文学"，涉及新民歌及歌手、作家文学、彝文文学创作的新崛起、彝族戏剧。该书首次全面系统地对彝族文学进行总结，读者从中可以看到彝族文学发展史的清晰脉络。

《李绍明民族学文选》　李绍明著，成都出版社1995年出版。该书为著名民族学家、历史学家、考古学家李绍明的民族学论文选集。收入论文58篇，是作者从1963—1994年撰写的150篇论文中选择出来的代表作。从论文内容来看，包括民族学理论、凉山彝族社会性质、藏族历史、羌族社会与历史、藏族社会与历史、土家族历史与文化、古代民族的族属与葬式以及民族识别等几个方面，大体反映出作者研究这些问题的心得。该书反映作者本人、也在某种程度上反映四川省民族学研究的历程和学术水平，有很高的学术价值。

《彝语大词典》　《彝语大词典》编纂委员会编，四川民族出版社1997年出版。该词典是彝族历史上第一部用规范彝语文编纂并正式出版的大型综合性工具书。其编纂时间历时12年，聚集40多位彝语文新老专家的智慧。所收词语涵盖彝族历史、政治、经济、文化、宗教、天文、地理、医学、语言文学、哲学等各个领域。全书收4.5万词条，300多万字。

《凉山彝族道德研究》　苏克明等著，四川大学出版社1997年出版。全书分10章，依次为"凉山彝族奴隶社会道德形成的政治背景和经济关系”“家支道德”“立人的道德”“婚姻家庭道德”“母系制道德遗风和祭祀祖灵道德”“村落互助与交易道德”“阶级道德”“社会交往道德”“生态道德”“市场经济与凉山彝族道德变革”。该书为首次系统、深入介绍和研究凉山彝族的伦理道德状况及问题的专著，填补中国道德研究领域的空白。对弘扬凉山彝族传统道德文化，建设凉山社会主义精神文明有重要意义。

《四川苗族社会与文化》 郎维伟著。四川民族出版社 1997 年 12 月出版。作者以大量第一手的田野调查资料，较为系统地介绍四川苗族的人口、源流、社会、文艺、习俗、宗教、语言等内容，对四川苗族社会发展的脉络作了比较完整、准确的描述，同时，以新视角研究四川苗族支系的形成、彼此的关系和认同及其政治经济地位与历史关联等，为四川苗族的研究提供新的途径。展示四川苗族社会与文化的共性和个性特点，体现中华民族历史文化丰富多彩的客观事实，论证中华文化多元一体的格局。

《吐蕃统治敦煌研究》 杨铭著。新文丰出版公司 1997 年 12 月出版。全书分上、中、下三编，及前言、附录。上编“吐蕃对河陇、西域的统治”，中编“敦煌、西域古藏文文书研究”，下编“敦煌西域古藏文文书所见名号考”。附录包括“吐蕃与南亚、中亚各国关系史述略”和“吐蕃统治敦煌、西域研究论著目录”。作者在前人研究的基础上，利用敦煌、西域古藏文文书多年来不断出版，国内外藏学界研究成果不断问世的有利条件，对吐蕃统治河陇及西域这一重要的历史阶段，作了全方位的研究。

《成都少数民族》(《成都文史资料》第 30 辑) 政协成都市委员会文史资料委员会、成都市民族事务委员会、成都市伊斯兰教协会、成都市满蒙人民学习委员会编，四川人民出版社 1997 年出版。该书作者通过亲见、亲历、亲闻大量生动的历史事实，从不同侧面反映从清代到改革开放这段历史，成都市少数民族在政治、经济、文化、教育和社会生活变化发展的历史轨迹，为了解、认识成都市少数民族提供丰富的史料。

《藏族原始宗教》 周锡银、望潮著，四川人民出版社 1999 年出版。全书 7 章，即“绪论”“自然崇拜”“灵魂崇拜”“巫师与巫术”“征兆与占卜”“藏族原始宗教活动方式”“本教的产生、发展及其与藏族原始宗教的关系”。该书是中国较早的一部系统论述藏族原始宗教的学术专著。比较客观地评介藏族原始宗教崇拜与信仰，巫师与巫术，原始信仰的活动方式，原始信仰礼仪，神话与传说，原始宗教的演变等，内容丰富，资料翔实，立论严谨，是藏学研究领域中取得的一项新成果。利于藏学、宗教学等领域的拓展，具有较高的史料参考价值。

《刘立千藏学著译文集》 刘立千著，民族出版社 2000 年出版。该书为著名藏学家刘立千藏学主要著作和译著的合集，包括《印藏佛教史》《藏传佛教各派教义及密宗漫谈》《格萨尔王传·天界篇》《西藏王统计》《西藏王臣记》《卫藏道场胜迹志》《大圆胜慧本觉心要修证次览》《米拉日巴传》《土观宗派源流》《大圆满虚幻休息论妙车释》等。

《僰国与泸夷——民族迁徙、冲突与融合》 刘复生著。巴蜀书社 2000 年出版。全书 8 章，分别为僰国疑案、僰国之地的早期开发、僚人入蜀与泸叙民族的演变、隋唐宋的“开边”与羁縻州的置废、宋代泸夷述论、元明土司制度与泸叙民族地区的开发、明代泸夷述论、一个消失民族的史诗：僰人民间传说。该书对古称僰国，今位于西南地区川滇黔三省交汇之地进行较为全面系统的研究。作者在总结前人的成果基础上，对该地区 2000 年来民族的演变作了“平实的列述”，以探索复杂多变的民族关系活动轨迹。

《羌族历史文化研究》 卢丁等著。四川人民出版社2000年5月出版。为早稻田大学长江流域文化调查队报告之二。全书分两个部分，第一部分“四川省理县桃坪羌族乡1998—1999年度羌族社会历史文化调查报告”，从历史地理、历史渊源、生产经济、衣、食、住、行、婚姻家庭、生育死葬、宗教信仰、民间文化知识、考古与文物的角度，对桃坪羌族居住区进行社会历史文化综合调查。第二部分为“论文”，收录12篇有关专家和学者的研究成果。内容涉及羌族与白马藏族、纳西族的文化比较研究、禹的传说、“羌戈大战”考证、羌族经济、宗教、艺术、传统工艺等。还有对蜀文化礼器、四川早期佛教历史的探讨。

《四川藏区的开发之路》 冉光荣、徐君著，四川人民出版社2000年出版，该书全面论述新形势下藏区开发的条件和路径，内容包括四川藏区的自然、环境与历史文化特点、四川藏区开发的历史经验教训、传统农业的新发展、畜牧业的强化与拓展、处于危机中的林业及出路、工业与交通、商业贸易、区域经济开发、流域经济区开发、毗邻藏区间的协作开发、寺院经济开发、人口与藏区开发、法制建设与藏区开发等方面。

《羌笛新曲》 李锦著，云南人民出版社2001年出版。该书选择茂县羌族聚居区代表性人物王泰昌的一家这一典型家庭，以民族学的民族志描述方式叙说这个家庭5代人的命运与变化。作者将羌族悠久文化传统的许多内容，与人物的经历紧密结合起来，既使读者可以在特定文化背景下理解这个家庭成员所作出的选择，也使得该书的叙述更加深入，传递的信息更加丰富。

《雪域黄金——西藏黄金的历史与地理》 任新建著，巴蜀书社2003年12月出版。主要内容包括：中国藏区开采与使用黄金的历史；文献记载的黄金产地和部落；黄金开采与加工，黄金税收，黄金在社会中的使用；藏传佛教中的“黄金法”等文化现象；外国对西藏金矿的探寻与记载；近代藏区黄金开发与主要金矿；影响藏区黄金开发的各种因素等。

《纳西族与藏族关系史》 赵心愚著，四川人民出版社2004年出版。该书运用大量历史文献资料、民族志资料和作者近年来在纳西族地区进行社会历史调查获得的第一手资料，对纳西族与藏族的族源关系和7世纪至20世纪初两族间的关系、相互间出现的融合及这一关系形成发展原因与性质特点等进行系统深入的研究，提出一系列新的观点和看法。

《鲜水河畔的道孚藏族多元文化》 刘勇等著，四川民族出版社2005年出版。全书分4个部分，分别介绍道孚县藏族民俗文化、道孚县藏族婚姻家庭、道孚县藏族宗教文化和道孚县藏族语言文化。

《四川回族历史与文化》 马尚林著，四川民族出版社2005年出版。该书从四川回族的源与流、人口与分布、宗教信仰、经济的历史与特点、教育、语言、居住与服饰、饮食习俗、婚姻习俗、丧葬习俗、养生习俗、对祖国历史、文化的贡献等12个方面，对四川回族的历史与文化进行全面系统的研究。

《藏彝走廊：历史与文化》 石硕主编，四川人民出版社2005年出版。“藏彝走廊”主要指四川、云南西部及西藏东部横断山脉高山峡谷区域。这一地区自古以来就是众多民族或族群迁徙流动的场所，也是沟通西北与西南民族的重要孔道。该书所收集的20多篇论文，分别从民族学、人类学、民族史、语言学、考古学、生态学等不同学科和角度对“藏彝走廊”的历史文化现象作了或宏观或微观的研究。从某种意义上可以说是对“藏彝走廊”开展跨学科综合研究的一个尝试。

《四川藏族价值观研究》 刘俊哲著，四川民族出版社2005年出版。该书从自然地理、政治和文化等角度论述藏族价值观产生的条件，进而对藏族价值观的基本内容和发展演变进行全面的述评，然后对藏族的生命价值观、生态价值观、文化价值观、婚姻家庭价值观进行介绍和分析。

《中国西藏区域经济发展研究》 赵曦著，中国社会科学出版社2005年出版。作者从西藏社会经济发展的现实条件出发，理清西藏未来发展的战略思路，抓住西藏未来发展多方面的战略措施展开论证。把主要注意力集中在搞清楚西藏社会经济的发展进程与历史经验，正视西藏社会经济发展所面临的问题与障碍，分析西藏地区社会经济发展的相对优势与劣势。在此基础上，提出一系列总的战略措施，首先是制度创新与社会主义市场经济制度建设，产业结构的调整与发展，地区布局调整与重点地区开发，特别强调人力资本投资与教育事业发展，认为这是西藏社会经济发展的关键所在。就人口发展与城镇化建设、生态环境与经济社会可持续发展问题提出看法和建议。

二、论文

《我国少数民族宗教文化特点的历史分析》 杨健吾著，载《社会科学研究》1990年第6期。作者认为，中国少数民族宗教文化具有“普遍、复杂、敏感”的特征。中国少数民族宗教文化特点形成的原因，主要在于落后的社会历史条件；低下的生产力发展水平；复杂的民族传统影响；恶劣的自然地理环境；初始的科技文化事业；单调的社会文化生活等。在相当长的历史时期内，少数民族宗教文化的存在和发展都是不可避免的。对此应有清醒、明确的认识。

《试析木里土司的政治经济结构》 袁晓文（益希汪秋）著，载《西南民族学院学报》1992年第4期。该文对川西北藏区木里藏族自治县原木里土司统治地区的政治结构、经济结构进行分析，并指出其主要特点：木里土司政治的最大特色是“政教合一”，在木里土司统治地区内，以土司政治为核心，把一切社会生活纳入其轨道。木里土司地区的经济是领主制的经济，在它的基础之上，这种徭役制的经济成为土司政治的附庸。作者最后指出，木里土司的政治结构与经济结构二者是密不可分的，它们互为依存。正是这种政治结构与经济结构的严密结合，才构成沿袭近300年之久的木里土司制度。

《论藏族文化史的分期》 李锦、仁真洛色著，载《中国藏学》1995年第1期。作者认为，藏族文化史可分为4个时期：奠基时期，史前原始文化向本教文化转化并确立本教文化为主导文化；形成时期，外来佛教文化与本教文化融化并形成藏族佛教文化为主导文化；兴盛时期，藏族佛教文化发展并推动藏族文化百花齐放，产生藏族文化史上许多有划时代意义的事件；回落时期，藏传佛教形成“格鲁派”独尊的“政教合一”和经院制教条文化为主导文化，限制文化的多元化发展。相对上一个时期，藏族文化发展步入一个缓滞阶段。

《城镇对西部民族地区乡村生活方式的影响——西藏两个乡村农民生活变迁的调查》 李涛著，载《学术季刊》1997年第4期。城市化成为世界各国社会发展的潮流。对中国西部民族地区发展来说，城镇对农村是否具有“拉力”作用？该文通过对西藏拉萨、泽当近郊农民生活方式影响的调查，指出城镇在中国西部民族地区乡村生活方式变迁中起着不可忽视的作用。因此，加强城市化进程是这些地区的当务之急，也是西部民族地区经济发展的“后发战略”之一。

《我国民族识别的回顾与前瞻》 李绍明著，载《思想战线》1998年第1期。该文回顾中华人民共和国成立初中国各地族别的各种状况，对中国民族识别工作的几个阶段进行简介。指出，在中国民族识别中，既要作为民族共同体的4个特征同时存在的必要性，又要注意到这4个特征具体存在于某一民族时其所表现出的不平衡性。即首先是共同地域。其次是共同语言。第三是共同经济生活。第四是表现于共同文化上的共同心理素质。此外，根据实际情况还须着重考虑两个原则：注重各民族的名称与历史渊源和注重各民族的意愿。对于今后的民族识别工作，作者提出，首先要继续研究民族识别的理论问题。其次要解决民族识别中的遗留问题。第三要解决在民族识别中因种种原因形成的一些问题。第四要对港、澳、台的民族识别问题进行必要的研究。

《一个隐含藏族起源真相的文本——对藏族始祖传说中“猕猴”与“罗刹女”含义的释读》　石硕著，载《中国社会科学》2000 年第 4 期。猕猴与罗刹女交配繁衍藏人，通常被看作是有关藏族起源的神话传说。该文对这一传统看法提出质疑，认为此传说并非神话，而是藏族的重要祖源传说，是关涉藏族起源真相的具有实际含义的文本。文章指出，传说中的“猕猴”与“罗刹女”是血缘图腾符号，“罗刹女”种系人群应为藏地土著，“猕猴”种系人群则出自东部横断山区，二者结合的传说实际上隐含着远古两地氏族之间的联姻。这一内涵与藏文史料中关于藏地最初四大或六大氏族中曾存在藏地腹心地区同横断山区氏族相互联姻的史实记载一致，二者逻辑结构、族群背景与地望均完全对应。文章还对此传说在藏族起源研究上的价值及所预示新的可能性进行论证。

《清代西藏昌都三岩地区政事拾遗》　王川著，载《西藏研究》2000 年第 4 期，昌都三岩地区，今属西藏自治区昌都地区贡觉县、芒康县，东濒金沙江，由北至南分别为上岩、中岩、下岩。该地区民风骠悍，以抢劫杀人为雄，历不属藏亦未附汉，往往成为“日格本墨龙巴”，即“没人管之地”。该文对清代乾隆、同治、光绪和宣统时期对三岩地区的进剿、抚绥、清查户口、征收赋税直至改流等政事进行核稽考证，初步厘清清政府对该地区的行政管理和统辖的基本线索。

《20 世纪藏族多偶家庭调查研究述论》　张建世著，载《中国藏学》2002 年第 1 期。作者指出，20 世纪国内关于藏族多偶家庭的调查研究成果，以 20 世纪 50 年代以后的成果为多。藏族的家庭以一夫一妻为主，其次为多偶家庭。多偶家庭中以一妻多夫为主，一夫多妻次之。多偶家庭的存在不是孤立的，与社会分层、亲属关系、居住原则、家族关系观念、村社组织与管理、继承制度、土地与差税制度、山区经济与劳动力、人口增减等有关。只有从社会、经济、文化的多个层面研究多偶家庭，才可能系统、深入理解，避免片面的解释。

《四川藏区之藏商与商业的历史考察》　邓前程著，载《社会科学研究》2003 年第 2 期。作者对四川藏区藏商群体和商业的特殊状况进行考察和分析，指出历史上四川藏区之商业，并不是本地区经济发展、社会分工所致，特殊的地理位置造就一种有别于其他地区的特别商业，虽然它的产生有藏汉不同区域经济互补的原因，但它的兴废，一定程度上取决于政治因素，当然不会从根本上动摇区域经济的原本结构。对该地区历史上存在的畸形商业与藏族商人群体的特殊性的研究，至少可以达成如此认识：对于民族地区的经济开发，遵照通常的规则固然重要，但是在制定可行性方案时，对不同民族地区的历史传统文化等非经济因素亦必须予以充分的考虑，以便确立特别的开发模式，进行特殊的运作。

《藏彝走廊的历史文化特征》　李星星著，载《中华文化论坛》2003 年第 1 期。该文概括“藏彝走廊”的七大历史文化特征，提出：典籍所载“嫫母”为今白马人图腾和先母祖之一；第一个方相氏出于今白马人先民；峡谷一线民族崇拜的是同一个女神；“康”之新释；昆仑即是牦牛；习用猪膘的民族先民是农业的发明者等，对“藏彝走廊”的诸种历史文化现象提出新的看法和阐释。

《西部藏区畜牧业如何应对“入世”——以牦牛产业为案例分析》　郎维伟著，载《西藏研究》2003 年第 3 期。作者认为，牦牛作为高原特有的畜种，以其独有的特色理所当然地应成为西部藏区畜牧业发展的主体。文章从牦牛资源、牦牛经济、牦牛文化的独特性优势；“入世”给牦牛产业带来的机遇；“入世”给牦牛产业带来的挑战等方面进行论述后，指出西部藏区牦牛产业必须作出相应的调整以应对“入世”，并提出主要对策。

《从唐初的史料记载看“附国”与“吐蕃”》 石硕著，载《民族研究》2003年第4期。自从1946年岑仲勉提出附国即吐蕃的观点后，学术界对这个问题始终存在争议。该文放弃以往主要从附国的地理人文特征与吐蕃相比较的讨论范式，着重从附国即吐蕃观点缘起之依据及唐初关于附国和吐蕃的史料记载之背景来加以审视，即着重从观点、史料的发生学角度对此问题进行梳理和探讨。结论是，附国即吐蕃的观点在唐人和宋人那里找不到任何证据，相反，史料记载的背景可充分证明附国不是吐蕃。

《试论天主教传播布依族社会的部分原因》 秦和平著，载《宗教学研究》2003年第4期。该文介绍天主教在黔西南等地（安龙教区）的传播概况，指出该教区的多数信徒是布依族，集中分布册亨、望漠、贞丰及镇宁等地。继而着重剖析天主教得以传播的主要原因是：民族传教人员、尤其是卢廷美等人的积极努力，起到良好的开端。教会的政治庇护和经济资助，部分改变教徒的地位，具有强烈的吸引力。广泛创办经言学校等，利用教育功能，培养和发展教徒。并揭示教会因此受到的某些影响。

《藏彝走廊古代通道的几个基本特点》 赵心愚著，载《中南民族大学学报》2004年第3期。作者指出，“藏彝走廊”是一个历史形成的民族地区，有史以来一直是藏缅语族各民族的活动空间之一。由于独特的自然环境和古代民族的活动，“藏彝走廊”古代通道具有数量较多、南北向通道更显重要和通道形成后又处于不断变化之中这3个基本特点。这3个特点之所以称作基本特点，是因为它是随这一民族走廊的形成而出现的，而且长期存在。分析这些基本特点，有助于加深对整个“藏彝走廊”民族历史文化的认识。

第三节　学科代表人物

宋蜀华（1923—2004）　四川省成都市人，著名民族学家。1946年毕业于燕京大学社会学系，同年考入澳大利亚悉尼大学研究院攻读人类学专业硕士。1949年回国后，任成都华西协合大学考古及民族学博物馆助理研究员。1952年起在中央民族学院从事教学与科研工作，1981—1986年任副院长。1985年被聘为国务院学位委员会学科评议组成员。1988年当选为英国皇家人类学会荣誉会员。曾任中国民族学会会长、名誉会长。致力于中国西南地区的民族研究，多次深入偏远少数民族地区进行田野工作并撰写调查报告数十万字，倡导民族学中国化和探索有中国特色的民族学发展道路。著有《中国民族问题研究》《中国民族学理论探索与实践》《百越》；与人合著《中国少数民族》《原始社会史》等书。参加《辞海》等权威性工具书的编撰并担任《中国大百科全书·民族卷》编委兼民族学分科副主编、《民族词典》副主编等，主编的教材有《中国民族概论》《民族学的理论与方法》等，在国内外发表学术论文数十篇。

任乃强（1894—1989）　字筱庄，四川省南充县人。当代著名民族学家、藏学家、民族史学家、历史学家。1915年毕业于北平农业专门学校。1921年回四川，任南充县实业局局长兼县立中学教务主任。后任川康边区视察员，于1927—1928年首次考察川边并写出各县的考察报告，绘制各县地图。1935年秋，任西康建省委员会委员，后任西康县政人员训练所所长，1939年，受聘担任西康省通志馆筹备委员会主任委员。1943年，接受华西协合大学之聘，任该校边疆研究所教授、研究员。1944年再次入康考察。1945年受聘为四川大学教授，在此期间，募捐成立康藏研究社，创办发行《康藏研究》月刊。1950年参加解放军第十八军政策研究室，为和平解放西藏提出多项具有卓见的对策，还以自绘康藏全图为基础主持绘制进军西藏的全部地图，为和平解放西藏作出重大贡献，后被任命为西南民族事务委员会委员，参与筹建西南民族学院。1981年担任四川省社会科学院特约研究员。一生发表论文100余篇，出版专著20余部。其民族学方面的代表著作主要有《任乃强民族研究文集》《西康札记》《西康图经》《康藏史地大纲》《〈西藏政教史鉴〉校注》《英藏汉文对照康藏全图》《羌族源流探索》《四川上古民族史》《川藏边历史资料汇编》。其历史学代表著作主要有《华阳国志校补图注》《四川上古史新探》《四川州县沿革图说》等。

童恩正 见本志“考古研究”第三节“学科代表人物”。

刘立千（1910—2008） 四川省德阳县人。现代著名藏学家。少年时就读于成都瀛寰中学，因结识藏传佛教人士对藏族文化和佛教产生浓厚兴趣，到康区学习藏语，后在康定师范学校和国立师范学校任教，并涉足藏学领域。1944年任成都华西协合大学边疆研究所副研究员，致力于西藏文史和佛学典籍的翻译和研究。1949年随解放军第十八军进藏，在中共西藏工委工作数年。后调北京，先后在国务院翻译局藏文处、民族出版社工作。1979年受聘为中国社会科学院民族研究所特约研究员，后担任四川省《格萨尔》工作领导小组办公室顾问。主要著作和译著收入民族出版社2000年出版的《刘立千藏学著译文集》（丛书），主要有《印藏佛教史》《米拉日巴传》《西藏王统记》《格萨尔传·天界篇》《卫藏道场胜迹志》等；论文集《刘立千藏学著译文集·杂集》，所收论文主要有《西藏密宗漫谈——破瓦法》《〈米拉日巴传〉述评》《吐蕃赞普生卒年代重考》《从格萨尔史诗中看古代青藏高原上的部落社会》等。

李绍明（1933—2009） 四川省秀山县人，土家族。著名民族学家、考古学及历史学家。1950年考入华西协合大学社会学系，1954年毕业于四川大学民族学专业和西南民族学院民族问题研究班。先后在阿坝州、全国人大民委四川民族调查组、中国科学院民族研究所四川调查组、四川省民族研究所等单位从事民族学、中国民族史、民族问题与民族政策研究。曾任中国民族科学基金评委，四川省历史学会会长，四川省社会科学界联合会副主席等职。主要学术著作有《民族学》《李绍明民族学文选》《羌族历史问题》《巴蜀民族史论集》《藏彝走廊民族历史文化》；主编《雅砻江流域民族考察报告》《中国各民族原始宗教资料集成·土家卷》《三星堆与巴蜀文化》等。在国家、省级及海外期刊上发表论文200余篇。

第十八章　历史学研究

历史学研究是四川省社会科学研究的传统优势学科。1986—2005 年，四川省的历史学研究在改革开放、解放思想的时代背景下蓬勃发展，研究力量不断增强，学术交流十分活跃。学术研究的广度和深度上有大的拓展，逐渐由传统单一学科视野向多元视野研究转变，除了具有国内一流水平的先秦、魏晋南北朝等传统分支学科，在专门史研究方面，地方史、城市史、近代思想史以及“湖广填四川”研究等领域不断得到开拓，产生一批具有重大影响的代表性论著，在国内学术界占据重要地位。

第一节　研究综述

1986—2005 年，四川省的历史学研究机构和学术团体主要有：四川大学历史系（后扩建为四川大学历史与旅游学院）、四川大学历史研究所、中共四川省委党史研究室、中共重庆市委党史研究室、四川大学城市研究所、四川大学宗教研究所、四川大学古籍研究所、四川师范大学历史系、西南民族大学历史系、西南师范大学历史系、四川师范学院历史系、重庆师范学院历史系、四川省社会科学院历史研究所、成都市社会科学院历史文化研究所、四川省地方志编纂委员会、四川省历史学会、成都市历史学会等。此外，西南交通大学、西南财经大学、四川省民族研究所等院校和研究机构也开展相关专门史的研究。

四川历史学在研究的广度和深度上有大的拓展，逐渐由传统单一学科视野向多元视野研究转变，研究领域进一步扩大，除了中国古代史、中国近现代史、世界史等传统的研究领域，在专门史研究方面，地方史、城市史、社会生活史、近代思想史以及具有地方特色的“湖广填四川”研究等领域不断得到开拓，产生不少有重大影响的代表性论著。

历史研究是四川省社会科学研究传统的优势学科，其中四川大学历史系占据重要地位。传统的研究领域中国古代史，由徐中舒领衔的先秦史和缪钺领衔的魏晋南北朝史在国内学术界占据重要地位。

专门史方面，城市史研究在国内学术界具有重要影响。1988 年，四川大学副校长隗瀛涛创建四川大学城市研究所，这是全国高校中最早成立的从事城市研究的科研机构，研究方向为中国近代区域城市史，隗瀛涛因此成为国内最早开拓这一研究领域的学者之一。他先后出版《近代重庆城市史》《中国近代不同类型城市综合研究》等专著，推动中国近代城市史的研究。

中国近代史和中国近代思想文化研究，是 20 世纪 90 年代以后四川史学研究引起国内学术界广泛关注的一个领域，四川大学教授罗志田在这方面取得令人瞩目的成就。从 90 年代初至 2005 年，他出版专著 8 部，连续发表数十篇高水平论文，其中在《中国社会科学》《历史研究》《近代史研究》3 种权威核心期刊上发表 30 多篇论文，这在国内学术界上是十分罕见的现象。

四川省社科院历史研究所，是四川省历史研究的另一个重要机构。其学术特色主要为四川地方史。贾大泉、陈世松两位研究员主编的 7 卷本《四川通史》，是这一研究领域的代表性著作。此外，关于巴蜀古史和“湖广填四川”的研究也取得一定的成就。

四川大学历史系在中共党史研究上有明显特色，四川大学原副校长王庭科长期从事共产国际与中国革命的研究，取得一系列研究成果，在国内学界有重大影响。

四川省的历史研究学术团体主要有：四川省历史学会、四川省中共党史学会、成都市历史学会、四川省陈毅研究会、四川省吴玉章研究会、四川省《新华日报》暨《群众》周刊史学会、四川省新四军史料征集会、四川省二野军大校史研究会、四川省国际共运史学会等。这些团体定期召开年会或其他学术活动。一些全国性历史学术机构和团体，也多次在成都等地举行重要学术活动。在四川各地举行的重要学术会议主要有：

1987 年 9 月 2—6 日，全国中共党史研究会，中国社会科学院近代史研究所、历史研究所、世界历史研究所，四川省社会科学院等单位联合在温江召开第四届全国史学理论讨论会。

1989 年 10 月 24—27 日，四川省社科院、四川大学、西南师范大学、重庆社科院、合川钓鱼城管理处等 11 个单位联合发起的中国钓鱼城暨南宋后期历史国际学术讨论会在合川举行。

1990 年 5 月 17—18 日，中共四川省委宣传部、省社科院、四川大学、省历史学会、省国防教育学会等联合举办四川省纪念鸦片战争爆发 150 周年的爱国主义理论研讨会。

1991 年 8 月 19—23 日，中国社科院、中国人民大学清史研究所、四川省社科院、四川大学和崇庆县政府等单位在四川崇庆县联合举行 1991 年国际清史学术讨论会，会议主题为“清代边疆开发”。9 月 22—25 日，四川省社科联、四川省历史学会、中共自贡市委宣传部、自贡市社科联、中共荣县县委、荣县人民政府在荣县联合举行四川省暨自贡市纪念辛亥革命 80 周年学术讨论会。10 月，由四川省社科院、四川省博物馆、王建墓博物馆、成都市社科所等单位联合召开的首届前后蜀历史与文化学术研讨会在成都召开。10 月 7—12 日，中国国际共运史学会、四川省社科联、四川大学、四川省国际共运史学会等单位在成都联合举行纪念巴黎公社 120 周年学术讨论会。12 月 1—3 日，成都军区政治部、四川省社科联、中共四川省委党史研究室、中共重庆市委党史研究室、重庆市社科联、西南师范大学、四川师范学院、南充地委党史研究室、南充地区社科联、仪陇县委宣传部、朱德纪念馆等单位在朱德故乡——仪陇县联合举行纪念朱德同志诞辰 105 周年学术讨论会。

1992 年 10 月 10—24 日，中共中央党史研究室、中国中共党史学会、四川省社科联、四川大学、中共四川省委党史研究室、四川省中共党史学会等单位在成都联合召开全国共产国际、苏联与中国革命关系学术讨论会。

1994 年，由四川联合大学历史系和中国先秦史研究会、德阳市文化局联合举办的先秦文化国际学术交流会议在德阳市召开。

2003 年 10 月，中国世界近现代史研究会世界近代史专业委员会、四川省历史学会、西华师范大学等单位联合主办的中国世界近现代史研究会世界近代史专业委员会第五届年会暨学术讨论会在南充市召开。

2004 年 3 月 29—31 日，四川省历史学会在成都市龙泉驿区举行史学发展趋势学术研讨会暨四川省历史学会第六次会员代表大会。6 月，由中国宋史研究会主办、西华师范大学承办的中国宋史研究会第十一届年会暨安丙学术讨论会在华蓥山市召开。

2005 年 5 月 19—21 日，中美关系史研究会、中国社会科学院美国研究所、四川大学历史文化学院、四川省社科院《社会科学研究》杂志社共同主办的“中美关系中的人物”学术研讨会在成都举行。

四川省历史学研究取得的代表性成果，主要体现在以下方面：

中国古代史 中国古代史是传统史学研究的重点，四川史学界在这方面有比较明显的优势，其中，先秦史、魏晋南北朝史、宋史取得的成果较为突出。

先秦史 先秦史一直是四川史学界研究的重点，专著主要有：徐中舒《甲骨文字典》；李学勤、彭裕商《殷墟甲骨分期研究》；彭裕商《殷墟甲骨断代》《西周青铜器年代综合研究》等。

论文主要有：彭裕商《新邑考》《西周金文所见夷厉二王在位年数及相关问题》《周伐猃狁及相关问题》等。

巴蜀古史 专著主要有：童恩正《古代的巴蜀》；任乃强《四川上古史新探》《华阳国志校补图注》；段渝《政治结构与文化模式——巴蜀古代文明研究》等。

论文主要有：段渝《巴蜀古代城市的起源》；赵殿增《三星堆考古与巴蜀古史研究》；幸晓峰《三星堆遗址出土石璧的祭祀功能和音乐声学特征》；罗开玉《古代巴蜀土著姓氏研究》等。

三国两晋两北朝隋唐史 专著主要有：缪钺《冰茧庵读史存稿》《冰茧庵序跋辑存》；李祖桓《仇池国志》；陈玉屏《魏晋南北朝兵户制度研究》；方北辰《魏晋南朝江东士家大族述论》；景蜀慧《魏晋诗人与政治》；吕一飞《胡族习俗与隋唐风韵》；谢元鲁《唐代中央政权决策研究》；卢华语《唐代蚕桑丝绸研究》等。

论文主要有：杨耀坤《刘宋初期皇权政治与佛教》《东魏北齐兵制概论》；罗新本《两晋南朝秀才孝廉察举》；谢元鲁《论扬一益二》《唐代御前决策会议初探》《隋唐五代的特殊贵族二王三恪》《汉唐掖庭制度与宫廷政治》等。

三国蜀汉史和诸葛亮研究 这是 20 世纪 80 年代以后成都史学的一个重点内容，主要成果有成都市诸葛亮研究会先后主编的论文集《诸葛亮研究》第 1、2、3 辑等。

五代两宋史 专著主要有：杨伟立《前蜀后蜀史》；刘复生《北宋中期儒学复兴运动》；胡昭曦、邹重华《宋蒙（元）关系史》；胡昭曦、刘复生、粟品孝《宋代蜀学研究》；朱瑞熙、张邦炜、刘复生《辽宋西夏金社会生活史》；张邦炜《宋代皇亲与政治》；陈廷湘《宋代理学家的义利观》；史继刚《宋代军用物资保障研究》；张金岭《晚宋时期财政危机研究》；郭武《〈净明忠孝全书〉研究——以宋元社会为背景的考察》；段玉明《大理国史》；季平《司马光新论》；刁忠民《宋代台谏制度研究》等。

论文主要有：缪钺《宋代文化浅议》；张邦炜《宋代禁止官吏经商始于何时》《范成大治蜀述论》《论北宋晚期的士风》《论宋代的皇权和相权》；贾大泉《交子的产生》；蔡崇榜《宋朝日历纂修考》；刘复生《宋朝“火运”论略——兼论“五德终始”政治学说的终结》《北宋中期儒学嬗变与史学的变化》；谢元鲁《北宋中后期四川铁钱币值与流通地区的变化》；蔡东洲《宋儒的魏蜀正伪论争与改修〈三国志〉之风》等。

中国近现代史　专著主要有：陈廷湘《中国现代史》；杨天宏《口岸开放与社会变革——近代中国自开商埠研究》；凌耀伦等《四川近代经济史》；邓绍辉《晚清财政与中国近代化》；沈传经《福州船政局》；张兴定《国民党在大陆和台湾》；侯德础《中国工合运动研究》；鲜于浩《留法勤工俭学运动史稿》；张力、刘鉴唐《中国教案史》；崔国华等《抗日战争时期国民政府财政金融政策》；周春、蒋和胜《中国抗日战争时期物价史》；许广清等《四川民盟史稿》；秦和平《四川鸦片问题与禁烟运动》；赵清《袍哥与土匪》；王干国《中国政治协商会议史略》；李学明《海峡两岸交流史稿》；曾瑞炎、李世平《华侨与抗日战争》；黄俊英《二次大战的中外文化交流史》；周勇《辛亥革命重庆纪事》《吴玉章与中国民主革命》等。

论文主要有：罗志田《天朝怎样开始崩溃——鸦片战争的现代诠释》《北伐前期美国政府对中国国民革命的认知与对策》《帝国主义在中国：文化视野下条约体系的演进》；杨天宏《清季首批自开商埠考》《太平天国的租赋关系》《义和团“神术”论略》《北洋外交与治外法权的撤废》《北伐期间的反教暴力事件及其责任人问题》；鲜于浩《试论川路租股》；侯雄飞《西安事变和平解决原因新探》；谭继和等《抗战初期国民党战场的抗战与败退问题探新》；隗瀛涛《西方宗教势力在长江上游地区的拓展》；谢放《张之洞与戊戌政制改革》；侯德础《高校内迁与战时西南的科技文化事业》；陈廷湘《论奕䜣的外交思想》《1920 年前后两次争国权运动的异样形态及形成原因》；王春英《抗战时期难民收容所的设立及其特点》；黄立人等《抗日战争时期国民党政府开发西南的历史考评》等。

近代思想史研究　以四川大学罗志田的成就最为突出，其专著主要有：《再造文明之梦——胡适传》《民族主义与近代中国思想》《权势转移：近代中国的思想、社会与学术》《国家与学术：清季民初关于“国学”的思想论争》《裂变中的传承：20 世纪前期的中国文化与学术》等。论文主要有：《西潮与近代中国思想演变再思》《胡适世界主义思想中的民族主义关怀》《走向“政治解决”的“中国文艺复兴”：五四前后思想运动与政治运动的关系》《传教士与近代中西文化竞争》《清季科举制改革的社会影响》《西方的分裂：国际风云与五四前后中国思想的演变》《从科学与人生观之争看后五四时期对五四观念的反思》《因相近而区分：“问题与主义”之争再认识之一》《整体改造和点滴改革：“问题与主义”之争再认识之二》等。

其他学者的成果专著主要有：陈廷湘《中国新文化思想史纲》；何一民《转型时期的社会新群体——近代知识分子与晚清社会研究》；王东杰《国家与学术的地方互动：四川大学国立化进程（1925—1939）》；杨天宏《基督教与民国知识分子：1922 年—1927 年中国非基督教运动研究》等。

论文主要有：谢放《中西学“分之则并立，合之则两亡”——严复文化教育思想研究》；王川《陈寅恪与伯希和学术交往述略》；王东杰《国中的“异乡”：二十世纪二三十年代旅外川人认知中的全国与四川》《民国高等教育中的国家：四川大学国立化进程（1925—1939）》《走向多元动态的思想史》；陈勇《略论钱穆的历史思想与史学思想》等。

中共党史　这方面的研究表现出比较浓厚的地方特色。四川是红军长征经过的重要区域，是中共南方局活动的核心地区，又是川陕革命根据地的中心区域，与此有关的问题成为四川党史学界的重要课题。四川大学王庭科关于共产国际与中国革命的系列研究，在国内学界有重大影响，其代表性论著有《共产国际·斯大林与中国革命》《走自己的路——中共党史论集》。此外，专著主要有：王庭科《红军长征研究》；詹大风等《红军长征在四川》；匡珊吉《顺泸起义》；黎永泰《毛泽东与大革命》；孟广涵等《抗战时期国共合作纪实》；唐志宏、谭继和主编《中华苏维埃共和国史稿》；

廖乐山等《中国共产党宣汉县地方史》；黄友凡等《南方局党史资料大事记》；唐敦教等《川陕革命根据地斗争史》；黄淑君等《抗日民族统一战线的号角——战斗在国统区的〈新华日报〉》；王福生《毛泽东与贺龙》；贾成等编著《西南服务团史》；吴启权《毛泽东长征在四川》；张天伟等《二野女大——中国人民解放军第二野战军女子大学的光辉历程》；中共四川省委党史研究室《党史研究概论》；朗维伟等《邓小平与西南少数民族——在主持西南局工作的日子里》等。

论文主要有：陈廷湘《大革命时期党的统一战线理论策略》《论中国共产党在大革命时期关于国民会议的主张》《中国共产党在大革命时期对农运策略的探索》；张小路《谢伟思与中国共产党》；王富荣《陈毅与新四军的统战工作》；王安平《朱德与土地革命战争时期人民军队的三大会师》《朱德在长征中的重大历史贡献》；黄国华《八七会议总方针新论》等。

四川地方史 这段时期取得的成果较多，具有代表性的成果首推贾大泉、陈世松主编的《四川通史》，全书分7卷，分别为先秦、秦汉、两晋南北朝隋唐、前后蜀两宋、元明、清、民国。此外，专著主要有：任乃强《四川上古史新探》；蒙默、刘琳、唐光沛、胡昭曦、柯建中《四川古代史稿》；隗瀛涛、李有朋、李润苍《四川近代史》；罗开玉《中国科学神话宗教的协合——以李冰为中心》；蓝勇《四川古代交通路线史》；陈世松《宋元之际的泸州》；凌耀伦《卢作孚与民生公司》；李泽荣等《万县地区500年灾害研究（1440—1990）》；张学君、张莉红《四川近代工业史》；王振江等《当代四川的工人阶级和工会运动》；匡珊吉、杨光彦《四川军阀史》；王治国等《当代四川简史》；杨超主编《当代中国的四川》（上、下）；秦和平《四川鸦片问题与禁烟运动》；四川省政协文史资料委员会、四川省人民政府参事室合编《川军抗战亲历记》；成都市社科院主编《当代成都简史》等。

论文主要有：谢元鲁《秦汉至隋唐四川盆地经济区的能量与信息交换》《北宋中后期四川铁钱币值与流通地区的变化》；贾大泉《宋代四川地区的茶业和茶政》；鲁子健《清代四川的権关》；谢放《近代四川农村耕织结合分离过程及其局限》《辛亥革命前的四川富农经济》《抗战时期四川小农经济与社会变迁》；侯德础《抗日战争时期四川及周边地区的经济与文教》；李柏槐《近代成都工商同业组织研究》等。

“湖广填四川” 是四川历史上最重要的一次移民运动，这方面的研究成果很多，专著主要有：陈世松《大迁徙：“湖广填四川”历史解读》；陈世松等《四川客家》；刘正刚《闽粤客家人在四川》；孙晓芬《清代前期的移民填四川》《四川的客家人与客家文化》《明清的江西湖广人填四川》；牛晓萍、张伟《清代以降四川城乡人口变迁研究》等。

论文主要有：陈世松《“麻城孝感乡”现象探疑》《“解手”的传说与明清“湖广填四川”》；王炎《湖广填四川的移民浪潮与清政府的行政调控》等。

城市史研究 专著主要有：隗瀛涛、周勇、谢放、何一民《近代重庆城市史》；隗瀛涛、周勇《重庆开埠史》；隗瀛涛主编《中国近代不同类型城市综合研究》；何一民《中国城市史纲》《20世纪中国西部中等城市与区域发展》；何一民等《近代中国城市发展与社会变迁（1840—1949）》；何一民、王毅《人类共有的遗产：中日历史文化名城保护与发展——京都·成都的历史文化与现代化》；王瑞成《中国传统工商业城市类型研究》；张学君、张莉红《成都城市史》；四川省文史馆编《成都城坊古迹考》等。

论文主要有：谢放《关于近代中国城市史研究的几个问题》《中国近代民用工业在城市的分布状

况·(1840—1927)》；何一民《农业时代中国城市的特征》等。

社会文化史研究 是20世纪80年代以后史学界研究的重要领域，专著主要有：朱瑞熙、张邦炜、刘复生《辽宋西夏金社会生活史》；张邦炜《婚姻与社会（宋代）》；金铮《科举制度与中国文化》；霍巍《西藏古代墓葬制度史》；邓子琴《中国风俗史》；刘发岑《婚姻通史》；罗新本、许蓉生《中国古代赌博习俗》；江玉祥《中国影戏与民俗》等。

论文主要有：张邦炜《两宋时期的义冢制度》《辽宋西夏金时期少数民族的丧葬习俗》；彭邦本《论中国古代的收继婚俗》；刘复生《宋代“衣服变古”及其时代特征——兼论“服妖”现象的社会意义》；杨兴梅《从劝导到禁罚：清季四川反缠足努力述略》《南京国民政府禁止妇女缠足的努力及其成效》等。

中国科学技术史 专著主要有：毕剑横《中国科学技术史概论》；林元雄等《中国井盐科技史》；陈丽琼《四川古代陶瓷》；陈一石、贾大泉《四川茶叶史》；冯汉镛《巴蜀科技史研究》。

论文主要有：韦兵《日本新发现北宋开宝五年刻〈炽盛光佛顶大威德销灾吉祥陀罗尼经〉星图考——兼论黄道十二宫在宋、辽、西夏地区的传播》；闵丽、黄金辉《“李约瑟难题”新解》等。

宗族研究 专著主要有：蔡东洲《宋代阆州陈氏研究》《安丙研究》；张邦炜《宋代盐泉苏氏剖析》等。论文主要有：张邦炜《宋元时期的仁寿——崇仁虞氏家族研究》；蔡东洲《安丙家族考论》等。

地方志编纂 地方志编纂作为历史学的重要门类，在这一时期取得重大成果。1981年10月，四川省地方志编纂委员会成立，负责领导全省地方志的编纂工作。随后，全省各市（州）及县成立地方志工作机构，各级地方志编纂工作全面开展。截至2000年末，全省规划内的首轮新方志编纂任务全部完成，出版《四川省志》1种79卷，填补清嘉庆二十一年（1816）《四川通志》刊行后184年无省志的历史空白。还出版省辖市（州）志8种，县（市、区）志157种，规划外的新建县级区志10种，出版县（市）志续编5种，总字数达3亿多字。有40多种市、县、区志填补当地现行政区史无志书的空白。同时，出版各种行业志、部门志、乡镇志、专门志、年鉴及其他地情资料书。2005年，中共四川省委办公厅、省政府办公厅（以下简称“两办”）下发文件，启动四川省第二轮新方志编纂工作。2006年，两办印发《四川省志》（1986—2000）编纂方案，规划93卷，对编纂工作的指导思想、目标任务、体例结构、工作步骤、工作经费、组织领导等方面进行规定，并印发93部分卷的具体规划。

世界史 专著主要有：顾学稼等《美国史纲要》；何平《阿富汗史——文明的碰撞和融合》；孙培良《萨珊朝伊朗》；陈紫华《一个岛国的崛起——英国产业革命》；张箭《地理大发现研究15—17世纪》等。

论文主要有：张毅《古代印度的种姓制度与奴隶》；孙锦泉《论意大利文艺复兴的文化基础》；王挺之《近代外交原则的历史思考——论马基雅维里主义》《意大利文艺复兴时期的城市宗教生活》；何平《论孔多塞的历史进步观》《作为历史研究本体论范畴的历史进步观及其内涵》《中国和西方思想中的文化概念》；徐波《〈圣经〉与西欧史学》；孙培良《斯基泰贸易之路和古代中亚的传说》；张箭《马可·波罗与地理大发现》《哥伦布第二次远航与旧大陆生物初传美洲》等。

中外关系史 专著主要有：鲜于浩、田永秀《近代中法关系史稿》等。

论文主要有：张毅《元代的开放政策与我国海外交通的发展》《唐代的开放政策与海上交通》；

高大伦《关于“南方丝绸之路”的几点思考》；张箭《地理大发现在自然地理学方面的意义》《古代中国人足迹和地理知识的北至》等。

古籍整理和资料书 主要有任乃强《华阳国志校补图注》；缪文远《战国策新校注》；赵吕甫《史通新校注》《云南志校释》；王晓波、刘琳《全蜀艺文志点校》；林贞爱《扬雄集校注》；孟广涵、周永林、周勇《政治协商会议纪实》；四川省档案馆《四川革命历史文件汇集》《巴蜀灾情实录》；龚廷万《四川两千年洪灾史料汇编》等。

政协文史资料 政协文史资料的征集和编纂，是重要的当代史资料整理和积累工作。该项工作开展于20世纪50年代末，于“文化大革命”中陷入停顿。改革开放后，随着政协工作的恢复正常，四川省及各市（地、州）的政协文史资料工作也随之开展，且较“文化大革命”前的力度更大。至2005年，《四川省政协文史资料》出版45辑，同时尚有大量存稿待整理和出版。

第二节 主要著述

一、专著

《仇池国志》 李祖桓著，书目文献出版社1986年出版。该书是关于魏晋南北朝时期氐族建立的一支地方政权仇池国的专史。全书分8卷，主要内容包括仇池国史4卷：第一卷，氐族的由来及仇池的兴起与建国；第二卷，杨定重建仇池及仇池国的极盛时期；第三卷《武兴记》，武兴国的兴起，是仇池末期的历史；第四卷《阴平记》，阴平国的建立，是仇池杨氏旁支的历史；第五至第七卷为《仇池人物列传》，分别为仇池杨氏同族诸人事略，杨氏直系子孙宗族及臣属事略，南北朝及十六国臣属中的杨氏宗族诸人事略。第八卷为仇池列表、年表、人名表、世系表、封号表、爵位职官表、地理表等。

《中国井盐科技史》 林元雄、宋良曦、钟长永、马宗瑶、陈然著，四川科技出版社1987年出版。该书是一部多种专业结合的科技专史，全书分4篇，分别为井盐地质、井盐钻井技术的发展、井盐开采技术的演进、井盐的制盐技术。全书按照历史朝代顺序，结合中国井盐科技发展阶段中的特征，进行纵的论述和横的对比，系统介绍中国古代井盐科技成果，产生的社会背景和历史条件，发展阶段和过程，历史地位和作用，以及中华人民共和国建立后井盐科技获得的蓬勃发展。附录有历代产盐地分布图。

《甲骨文字典》 徐中舒著，四川辞书出版社1988年出版。该书既广泛吸收最新研究成果，又融入作者数十年研究甲骨文的重要收获，该书体例独创，释义精辟，举例恰当，兼采各书之长，独创最先进的编纂体例。该书对甲骨文字的解释，分为字形、解字、释义3部分，3个部分有机结合，互为表里，使读者通过该书对甲骨文有一个较为全面深入的了解；字形的收集，先汇集全部甲骨文字，从其中选出有代表性的字形，故该书所收字形虽不是太多，却有一以当十之功效。博采众家之长，不囿于一说，实事求是，同时又融入作者数十年研究甲骨文的学术成果，综合形、音、义全面考察，创获颇多；该书在甲骨文的考释上体现作者科学的考释古文字的方法，强调文字之间的相互联系，解决许多长期未曾解决的学术问题。

《四川古代史稿》 蒙默、刘琳、唐光沛、胡昭曦、柯建中等著，四川人民出版社1988年出版。

该书是一部系统论述四川古代政区建置及政治、经济、文化与民族关系的学术性著作，在广泛利用考古和文献材料的基础上，探索不少新的问题，并提出一些新的见解，引证翔实而不烦琐，内容丰富而不冗杂。

《杨慎学谱》　王文才著，上海古籍出版社1988年出版。全书分为纪年录、著述录、评论录、别录4个部分。其中著述录是全书中最有价值、最见功夫的部分。杨慎著述如林，作者集录历代各家书目，共得350余种，汇为一表，以便纵览，并作提要，撮述内容特点，历考传本，存亡真伪、分合。这是杨慎去世400多年后，对他著述所作的全面系统的整理，为系统整理和全面研究杨慎著作打下基础。作者在全面研究杨慎的基础上撰写的前言，系统阐述杨慎在中国学术思想史和文化史上的地位，全文理论新颖，评价公允，论证翔实，颇有创见。

《中国科学神话宗教的协合——以李冰为中心》　罗开玉著，巴蜀书社1989年出版。全书分为上、下两篇。上篇“科学与传统文化的整合”，共5章，从历史学和水利科学角度论述李冰创建都江堰及其配套水利工程的具体情况；下篇“神话宗教掩盖的科学”，共4章，论述李冰治蜀、建堰时协调科学与宗教的领导艺术、论述李冰被神化的历程、从文化人类学角度考查官府、民间、道教等对李冰神灵的借助。该书是第一部从人文科学角度系统研究李冰、都江堰的专著。在研究手法上结合历史文献、出土文物、地方志、民间传说等，资料丰富，持之有据，言之成理。该书系统研究都江堰与蜀文化的关系，提出都江堰是古代蜀文化滋润的硕果，凝结当时蜀文化的科学技术和朴素的宗教意识，是研究古代“蜀文化”的活化石等。

《魏晋南朝江东世家大族述论》　方北辰著，台北文津出版社1991年出版。全书分为上、下两篇，除绪论以外共7章，18万字。上篇4章，分别论述19个具备典型意义的江东世家大族产生及其在三国孙吴、两晋、南朝时期的政治活动及其特点。下篇第一章，系统研究经济地理环境与江东世家大族兴衰的关系，这是全书重点所在。第二、第三章，分别探索诸家族的文化特征和集团结构，是从其他侧面对第一章的补充。

《近代重庆城市史》　隗瀛涛、周勇、谢放、何一民、胡道修著，四川大学出版社1991年出版。该书对中国新兴城市的近代化过程及其结构和功能的演变进行深入研究，从城市地域、城市经济、城市社会、城市政治、城市文化等不同方面，对中国内陆大城市重庆进行历史的和全方位的考察，阐明近百年来重庆兴起的条件、动力、特点和局限性，从而拓宽四川地方史和中国近代史的研究领域，为中国当代的城市规划、建设、管理以及选择正确的城市化道路提供借鉴。

《共产国际·斯大林与中国革命》　王庭科著，成都出版社1992年出版。该书论述共产国际与中国革命的关系。作者在兼顾历史发展顺序的同时，从共产国际的集中领导体制与中国共产党独立自主的矛盾、共产国际的俄国革命模式与中国国情的矛盾、共产国际“反右倾”斗争与中共党内实际状况的矛盾、共产国际的“苏联利益中心”与中国革命利益的矛盾，这4个反映共产国际与中国革命关系本质的矛盾入手，把纷繁复杂的历史内容组合在一个独特的体系中，通过对这几组矛盾的历史考察和全面剖析，系统论述共产国际与中国革命关系的发展演变，具体指出共产国际、斯大林对中国革命的功过是非，客观展示中国革命的历史进程和所处的国际环境，并以新的视角总结中国革命成功的历史经验。

《中华苏维埃共和国史稿》　唐志宏、谭继和主编，成都出版社1993年出版。该书对中华苏维埃运动作了全方位的历史考察，论述苏维埃理论在中国的早期传播、中华苏维埃运动的兴起、中华苏维埃运动的发展和各大苏区的形成、中华苏维埃共和国的建立；考察中华苏维埃共和国的政权建设、经济建设、文化教育事业和军事建设；详细记述中华苏维埃共和国的战略转移，以及向抗日民主政权的转变。作者对中华苏维埃运动来自共产国际的理论渊源作了颇有深度的历史考察。探讨从大革命失败后到苏维埃运动兴起之间，有一个策略转变的“过渡时期”，即“左派国民党运动时期”，指出这一运动实际上是大革命失败的尾声，是共产国际和中国共产党试图挽救大革命的失败，挽救国共合作的最后努力，成为中国大革命到中华苏维埃运动之间承前启后的交叉点。

《四川通史》 陈世松、贾大泉主编，四川大学出版社1993年出版。全书7卷210余万字，各卷主编分别为段渝（先秦）、罗开玉（秦汉）、李敬洵（两晋南北朝隋唐）、贾大泉（前后蜀宋）、陈世松（元明）、吴康零（清）、温贤美（民国）。该书是四川从古至今的总结性通史著作。该书内容系统，经纬有序，逻辑严谨，表述通俗，对四川地区从远古到民国时期的社会经济、政治、文化、民族、宗教、民俗等人文的和自然的内容作了较为客观和系统的记述。从横向看，它是四川各个时期的断代史；从纵向看，它是四川多个领域的专题史。有四川发展的曲折历程之演化，有时代进步的辉煌暗淡之交替，有川人面对灾难自强不息之坚毅，有历代统治者治蜀镇疆之得失。

《留法勤工俭学运动史稿》 鲜于浩著，巴蜀书社1994年出版。作者根据在法国外交部档案馆和国内主要图书馆、档案馆等处查阅的档案资料，全面深入地论述留法勤工俭学运动兴起的原因、勤工俭学人数、在法国勤工俭学概况及思想转变、运动不同阶段的发展变化、留法共产主义小组、旅欧党团组织的建立、旅欧国共合作的形成和破裂等重大问题。

《中国城市史纲》 何一民著，四川大学出版社1994年出版。该书是一部系统研究中国城市起源、发展与演变的专著。该书将漫长的中国城市史分为3个大的时期加以全面系统的考察，从先秦城市起源，历经汉唐一直到民国时期，对不同时期不同阶段城市的发展演变和特点进行研究。作者认为，从原始社会末期到战国时期是中国城市产生和初步形成的时期，早期中国城市多是以政治、军事实体为基础，以法律、宗教、行政或暴力的等强制性手段来实现人口的聚集，因而早期城市形成严格的城邑等级制度，城市规划和城市的分布都受到政治行政力量的重大影响。从秦到清代中期是中国封建城市的发展时期，这一时期中国城市形成严格的行政等级城市体系，在强大的封建中央集权的控制下，中国城市无自治权和无法定的独立地位，同时正是由于封建中央集权的作用，中国城市具有很强的规划性，城市数量多、规模大，城市由封闭型向开放型演变，城市的发展受社会周期性危机演化的影响，呈波浪型曲线轨迹，城市的分布和发展极不平衡。从鸦片战争到中华人民共和国成立，为中国封建城市向近代城市过渡的转型时期，这一时期，中国城市出现现代化的发展趋势，城市现代化受到外力的巨大影响，经济因素对于城市发展的作用越来越大，政治行政因素的作用虽然减弱，但影响仍大，因而城市的分布和发展更加不平衡，一些新兴城市在外力的作用下迅速发展成为大城市、特大城市，这对中华人民共和国成立后城市发展产生重要影响。

《唐代蚕桑丝绸研究》 卢华语著，首都师范大学出版社1995年出版。该书全面论述唐代蚕桑丝绸产地分布特点、蚕桑丝绸发展状况、丝绸特点和社会作用。对唐代蚕桑丝绸发展的重点区域黄河领域、四川、长江中下游地区的状况，以及丝绸在经济生活、政治生活和社会生活中的作用作了较为详尽的论述和分析。书末有附录“建国以来唐代蚕桑丝绸业研究综述”。

《中国女子教育通史》 杜学元著，贵州教育出版社1995年出版。该书以教育为轴心，探讨历史上中国妇女物质生活和精神生活的各个方面，从而勾画中国历代妇女的特有风貌，作者在女子学校教育、家庭教育、社会教育、世俗教育、宗教教育及汉族与少数民族女子教育等方面进行全面研究，并取得一些独创性见解，得到学界的认同。

《中国工合运动研究》　侯德础著，四川大学出版社 1996 年 2 月出版。该书是一部系统梳理和研究抗日战争时期中国群众性经济救亡运动即“中国工业合作运动”的专著。全书分 5 章，论述和分析合作运动在中国的源流和实践与兴衰分期；“工合”的组织机构、其股份合作制的形式、内容与特点，颇具特色的经营管理之道。在此基础上，论述分析“工合”在抗日战争和中国合作运动中的地位和作用，认为“工合”运动是抗战紧急关头由中外进步人士共同发起，得到国共两党、民主势力和世界反法西斯国家朝野人士大力支持，为坚持抗战和促进中国民主运动作出重要历史贡献，在国际上享有崇高声誉的群众性经济救亡运动。

《中国近代不同类型城市综合研究》　隗瀛涛主编，四川大学出版社 1998 年出版。该书除概论外，分为 3 篇，第一篇为传统城市的继承与演变；第二篇为开埠与近代城市的发展；第三篇为近代工业交通与城市的发展。该书以现代化为主线对近代中国的城市类型进行划分，深入探讨近代不同类型城市的分布、等级、社会经济类型、产业分布、人口密度以及城市之间的社会经济联系等重要问题，对不同类型的城市的兴衰、发展原因、发展动力、相互关系进行整体、宏观的研究。从宏观上阐明中国近代城市的发展规律和特点。该书的出版标志中国近代城市研究从单体城市研究、区域城市研究进入整体、综合性的宏观研究，对于中国近代城市研究发挥推动作用。

《辽宋西夏金社会生活史》　朱瑞熙、张邦炜、刘复生、蔡崇榜、王曾瑜著，中国社会科学出版社 1998 年出版。该书分别从服饰、饮食、居室和居室用品、交通与通信、妇女、婚姻、生育与养老、丧葬、社会交谊及礼节、宗教信仰、天地山川鬼神崇拜、巫卜、文体娱乐、称谓排行、避讳、押字、文身和簪花、民间家族组织、节日等方面全面展示 10—13 世纪整个中国范围内各民族、各地区人们社会生活的具体风貌及其发展演变过程，分析不同民族和群体各自的生活特色以及彼此间的互相影响和交融。研究的空间视野涵盖辽、宋、西夏、金、大理、吐蕃等各政权所辖区域在内的整个中国地区。其考察的社会对象除了汉、契丹、女真、党项族外，还有室韦、回鹘、吐蕃、西南蛮、苗、瑶、黎、僚等周边少数民族。

《中国抗日战争时期物价史》　周春、蒋和胜、蒋永穆、钟思远、朱方明著，四川大学出版社 1998 年出版。该书首次全面、系统地编著抗日战争时期的物价史，具有填补学术空白、丰富物价史库的重要作用。同时，此成果带有抢救史料的性质，为中国史学界、经济学界研究价格史、经济史提供可靠的史料基础。

《在闭塞中崛起——两千年来西南对外开放与经济、社会变迁蠡测》　张莉红著，电子科技大学出版社 1999 年出版。该书对包括四川、云南、贵州和西藏在内的西南地区古、近代对外经济贸易历史进行全面系统的考察。上篇古代的开拓，论述古代西南对外贸易的盛衰始末、规模范围及其产生的经济社会影响。对巴蜀移民历史和客籍商人在四川的商贸活动进行重点探索。下篇近代的开放，以 19 世纪 70 年代以后东西方列强迫使清廷开放长江上游市场、云南边陲市场，进而觊觎西藏地区为背景，重点论述重庆对外开放引起的长江上游经济重心东移和市场变化，云南开关后以法商为首的西方商人投资滇缅铁路、控制云南金融和进出口贸易引起云南经济结构和商品市场的变化。同时论及在东西方列强的市场争夺和洋教输入中，清廷及其地方大吏极度矛盾的心态和进退两难的政策措施。

《权势转移：近代中国的思想、社会与学术》 罗志田著，湖北人民出版社1999年出版。该书是作者关于近代中国文化史的论文集。由《新的崇拜：西潮冲击下近代中国思想权势的转移》《近代湖南区域文化与戊戌新旧之争》等10篇文章组成。该书在历史学科的大范围内进行跨学科研究，从思想、社会与学术3个方面论证近代中国在西潮冲击下的权势转移，特别注重考察分析思想演化、社会变迁和学术发展的的三边互动关系，藉以探索近代大变局中传统的中断与传承。该书有意识地兼顾近代中国不变的一面，以充分认识历史的延续性，但更多讨论其变的一面。作者指出：在变的共相之下，近代中国社会、思想和学术等具体面相的发展变化速度又是不同步的，这与因幅员广阔所造成的区域性发展不同步共同构成近代中国的两大特色，凸显出一个以多歧性为显著特点的时代。因为有这些不同步的发展，一般人视为不两立的新与旧，不论在社会史、思想史、还是学术史意义上，或者是在三者互动的意义上，都并非截然分开而是在许多方面彼此互渗及相互重合覆盖。

《当代成都简史》 成都市社会科学院主编，四川人民出版社1999年出版。该书由成都市社会科学院研究人员集体撰写。全书分为序章、正文8章和结束语，共27.8万字。序章扼要论述成都自古蜀时期至民国的历史，正文分阶段系统论述成都自1949年解放至1999年半个世纪的社会主义建设史，对各个时期政治、经济、文化教育、市政建设等各方面的成就和经验进行总结，是中华人民共和国成立后第一部较为完整的当代成都地方史。

《宋代阆州陈氏研究》 蔡东洲著，天地出版社1999年出版。宋代阆州陈氏是中国古代门阀士族衰落后由科举崛起的一个书香世家。家族成员在宋代政坛、文坛上活跃约150年，其功业文章彪炳史册，对宋元以来的古代社会产生深远而巨大影响，元修《宋史》为陈氏5人立传，关汉卿据史演绎成剧作《状元堂陈氏教子》，“天下皆以陈氏教子为法，以陈氏世家为荣”。该书系统研究陈氏家族自北宋初年陈省华随孟昶归宋到南宋湖南宣抚使陈兖去世的一个多世纪的兴盛衰落的历史及其原因。该书所涉及的问题是前人未曾论及或语焉不详的，如陈氏之遗迹、陈氏家族的源流和兴衰、陈氏族谱之真伪、陈氏家族之特征等。从而对宋史研究、四川地方史研究、中国社会史研究、中国家族史研究起到促进作用，也为之提供新的资料、论见和线索。

《走自己的路——中共党史论集》 王庭科著，四川人民出版社2001年出版。该书为作者自选的论文集，分4个部分，中心内容是“走自己的路”，即中国革命和建设要“走自己的路”。第一部分“授业求索”8篇文章，主要探讨中共党史、中国革命史的研究方法和教学方法。第二部分“万里长征”7篇文章，用第一手材料对长征中的一些具体问题进行深入的考证研究。第三部分“‘远方’功过”10篇文章，主要探讨共产国际、苏联和中国革命关系中的一些重大理论问题。第四部分“道路选择”9篇文章，对中国共产党选择中国革命与中国建设道路进行深入的理论思考，论述中国共产党在革命、建设和改革等不同历史时期将马克思主义与中国实际相结合，从“走苏联所走过的道路”转变到“走自己的道路”。

《中国现代史》 陈廷湘著，四川大学出版社2003年出版。该书全面展示1912年中华民国成立至1949年国民党政权覆灭时期的历史。全书分为上、下两篇。上篇“中华民国的建立和北洋政府的统治（1912—1928年）”，下篇“南京国民政府统治时期（1928—1949年）”。该书的一个重要特点，是突出经济、文化、思想、学术和对外关系方面的内容，使读者对这一时期中国社会各方面的状况有具体而真切的认识和理解。因此，该书在体例和内容上有别于以往的《中国现代史》。该书现为大学历史专业学生指定教材。

《口岸开放与社会变革——近代中国自开商埠研究》　杨天宏著，中华书局2003年出版。该书对近代中国自开商埠的历史作了系统全面的专题研究。作者对课题所涉及的一系列学术性难点问题进行专题研究，从而较好地建立清季自开埠历史的研究格局。该书的出版为中国近代对外通商史的研究开辟一个新的领域。

《裂变中的传承：20世纪前期的中国文化与学术》　罗志田著，中华书局2003年出版。该书在对中国传统文化进行研究的基础上，引证相关作家与作品，对清末民初中国文化在西方文化的剧烈冲撞下，知识分子对中国文化历史的延续性、反传统倾向的传承、传统的负面整体化等内容进行系统论述。主要内容包括：清季士人寻求民族认同象征的努力；从清季的“古学复兴”到民国的“新潮”；清季民初趋新士人从“现代”里驱除“古代”的倾向；清季民初士人一项持续关怀的演变；清季民初的“历史眼光”；清季民初关于“国学”的思想论争；五四前后中国人心目中的“科学”；整理国故与文学研究的考据化等。

《宋代政治文化史论》　张邦炜著，人民出版社2005年出版。该书为作者的论文集，收入论文27篇，全书分为5个部分。第一部分：宋代政治制度研究。由《论宋代的皇权和相权》等7篇论文组成，重点在于宋代中枢权力研究。第二部分：北宋晚期政治研究。由《北宋亡国与权力膨胀》等6篇论文组成，为北宋徽、钦二宗的相关研究。第三部分：宋代历史人物研究，论述毕士安、寇准、王继英、宋孝宗、范成大、韩侂胄等历史人物和澶渊之盟、开禧北伐、吴曦叛宋等历史事件。第四部分：宋代文化教育研究。由《宋代文化的相对普及》等5篇论文组成，从文化教育这个侧面展示唐宋社会变革的轨迹，并探寻其动因及意义。第五部分：宋代丧葬习俗研究。由《两宋火葬何以蔚然成风》等4篇论文组成，论述宋辖汉族居住区，并涉及契丹、党项、女真、大理及宋辖少数民族居住区。

《国家与学术的地方互动：四川大学国立化进程（1925—1939）》　王东杰著，生活·读书·新知三联书店2005年出版。该书从中国现代大学与国家关系这一特殊视角展示和分析20世纪20、30年代“国家统一”运动的复杂性。作者把四川大学放在广泛的文化、社会和政治背景下去看待，即“国家统一”运动在大学这一场域中的体现。论述四川大学作为中央驻川机关在中央与地方的关系中所扮演的角色，中央与地方的关系变化对四川大学发展的影响，从大学这一角度看，中国的国家统一运动是如何展开的等问题。作者以四川大学作为一个场域，考察四川大学“国立化”进程，以凸显“国家统一”运动的复杂形势及各方对此运动的态度，将四川大学这个“小社会”纳入中央与地方权利关系演变的视域中，采取微观与宏观视角的互动融合，从中考察政治权力的竞争（地方与中央之间、地方军人之间、不同党派之间）、社会心态的变化（新派和旧派、主流知识分子和边缘知识分子、“乡人”和“国士”、四川人和“中央人”），以及教育制度的更替和学术典范的转移等。

《20世纪中国西部中等城市与区域发展》　何一民著，四川出版集团2005年出版。该书对20世纪前半期和后半期中国西部的新疆、甘肃、宁夏、青海、四川、云南、贵州和广西等省的中等城市和区域发展进行系统研究，对各区域城市规模、产业结构等状况进行分析，在此基础上对20世纪至21世纪之交西部中等城市与区域发展战略提出设想。作者指出，城镇规模结构的断层，必将在一定程度上影响城市和区域经济的发展。另一方面，西部城市体系中大城市一环的缺失又进一步凸现西部中等城市在城市体系中的重要地位。它们不仅仅承担中等城市所具有承上启下的原有责任，更将会成为区域社会经济发展的中心。为加快西部中等城市发展形成比较完善的城市体系，加大现有中等城市的发展力度，促进部分条件优越的中等城市向大城市发展，已成为西部城市发展的当务之急。

二、论文

《论扬一益二》 谢元鲁著，载《唐史论丛》第3辑，陕西人民出版社1987年出版。“扬一益二”是唐代流行的一句俗语，是对全国仅次于洛阳的两个工商业大都会扬州和成都城市地位的通俗评价。该文从扬州和成都两个城市在自然、人文等因素作用下的发展、鼎盛和衰落历程进行考察，论述这两个城市在全国和区域经济中的地位和作用，对其发展和衰落的主要原因进行探讨。

《两晋南朝的秀才孝廉察举》 罗新本著，载《历史研究》1987年第2期。该文通过对正史中两晋南朝时期入仕的全部人员各自的入仕道路、时间、门第等方面的详细考证归纳。认为：两晋南朝时期秀才孝廉察举仍一直通行，但它已从汉代的入仕大宗退居第二，并经历西晋较盛、东晋式微、宋齐稍兴、梁陈再度衰颓的几个阶段。西晋时期，一流高门士族不涉及此途，而地位较低的士族及边州远郡士族、南方士族多以此为进身初阶；自东晋起，秀孝二课开始出现士庶之分的迹象，被举之人无双涉二途者，秀才的门第普遍高于孝廉。降及南朝，秀才只纳士族，孝廉多揽寒门。上述情况的出现，与士族势力的兴衰、寒人势力自东晋后期起逐渐兴起密切相关；同时，与士族、寒人不同的文化社会背景也有较大的关系。

《成都城市文化的性质及其特征》 谭继和著，载《成都城市研究》，四川大学出版社1989年出版。全文分为3个部分。第一部分首先讨论以成都为中心的蜀文化的萌发和形成，并对蜀文化的文化特色进行归纳和表述。然后对成都城名的产生、成都古典城市文化的形成、沿袭和发展以及转折和停滞的历史过程进行论述。第二部分论述成都古典城市文化发展的特征。提出成都古典城市文化是以蜀地域文化为主体，兼容南北文化的综合性的流通性文化。成都古典城市文化的活力来源于城市经济的发展和繁荣。第三部分为成都古典城市文化的基本性质和特征。作者认为，成都古典城市文化的基本性质，是古典小农文化和古典工商文化的综合，从而产生城乡浑然一体的古典城市文化。文章还用专门的篇幅讨论成都城址不迁的原因。

《近代外交原则的历史思考——论马基雅维里主义》 王挺之著，载《历史研究》1993年第3期。作者指出，长期以来人们将马基雅维里主义当作一种“治术”，一种“统治”的政治原则看待，这是对马基雅维里主义内涵的误解。根据马基雅维里本人对政治原则的完整表述，他的主要著作中基本的思想倾向，结合他的从政经历，以及其时代意大利的国家关系，作者认为，马基雅维里主义实际上是近代外交的基本原则。其特点是，无视传统的基督教道德，反对教皇在国家关系中那种君临一切的干预，强调国家主权，一切外交行为都以国家利益为依归。因此，有理由这样说，马基雅维里主义是中世纪外交与近代外交的分水岭，这是马基雅维里思想的精髓，是他对世界思想史的真正贡献所在。从这个意义上讲，马基雅维里可谓近代国际关系的思想先驱。

《中国共产党在大革命时期对农运策略的探索》 陈廷湘著，载《四川大学学报》1993年第4期。该文考察大革命时期中国共产党人在探索解决农民问题策略方针进程中的早期理论和实践及其建树。主要内容包括：农民运动的组织问题；建立农民武装的认知与实践；中国农村革命中农民政权的特殊意义与性质；中国式的土地革命。作者对中国共产党人的土地革命纲领、理论策略和实践进行详细的考察和分析，分析土地革命过程中共产国际和中共主要领导人在农民运动策略上的得失，并指出共产国际和中共主要领导人在农民策略上的重大缺陷，正是共产国际和中共当时的土地革命政策不能发挥实际作用的症结所在。

《论意大利文艺复兴的文化基础》 孙锦泉著，载《历史研究》1993年第5期。西方文艺复兴研究专家布克哈特在其代表作《意大利文艺复兴时期的文化》中提出一个重要观点，认为文艺复兴所以发源于意大利，在于意大利人特有的“精神素质”。但他未能就其产生的历史根源和社会环境作进一步的探讨。也未能界定这种“精神素质”的内涵，分析具体的表现形式。该文正是从意大利社会的特殊背景出发，论述由此而形成的意大利人特有的生活方式、消费取向、观念形态、精神面貌和文化素质，从而论证文艺复兴运动肇始于北部意大利的历史必然性。

《谢伟思与中国共产党》 张小路著，载《中共党史研究》1994年第2期。谢伟思是抗日战争后期美军驻延安观察组成员，是美国与中国共产党一度建立联系的首倡者和实行者。驻华期间，他对延安作了详细的考察并向美国政府发出大量考察报告，多次向美国政府提出调整对华政策的建议，与中国共产党合作抗击日本侵略者。尽管他的建议并未被美国政府采纳，但对后来发展中美关系形成的影响、发挥的作用是显而易见的。该文考察谢伟思与中国共产党的接触，特别是去延安以后对中国共产党认识的深化，对国共关系的看法，对美国对华政策的建议，以及他对发展中美关系的作用，最后对他后来的遭遇及其对发展中美关系的影响和作用进行客观评价。

《传教士与近代中西文化竞争》 罗志田著，载《历史研究》1996年第6期。该文从近代中西文化的碰撞、竞争与相互作用这个方面入手，对身处中西文化竞争前沿的西方传教士在此动态进程中的作用作简单勾勒和分析。以文化竞争而言，西方传教士在中国的成败不仅在于使多少中国人皈依基督教，而且在于是否使更加众多的中国人改变思想方式。文章特别注意考察传教士如何运用科学和出版物证明西方文化的优越，以说服中国士人，以及后者对此的因应，有助于进一步认识近代中西新旧的互动关系。

《中国非基督教运动（1922—1927）》 杨天宏著，载《历史研究》1996年第6期。该文对1922—1927年中国非基督教运动的爆发原因及过程，这场运动中的社会思潮及运动的社会反响进行系统归纳和总结。作者认为，非基督教运动是一次中国人对外来文化的理性思维和批判，是中国近代思想史上一次重要的启蒙运动，是新文化运动的继续和深化。它对中国近代政治思想、学术文化、宗教信仰、教育科技乃至中外关系都产生不容忽视的影响。由于具体的历史背景，运动又带有浓厚的民族主义色彩。非基督教运动广泛宣传科学民主思想，扩大社会主义思想影响。尤其应当指出的是，它促成中国的“教会革命”，使酝酿已久的教会“本色化”进入实际进行阶段。

《刘宋初期皇权政治与佛教》 杨耀坤著，载《四川大学学报》1997年第1期。该文主要论证刘宋王朝建立和巩固皇权政治中佛教所起的作用，以及宋文帝提倡佛性顿悟说的政治意义。宋武帝刘裕能登上帝位，佛教僧侣为他制造舆论是重要原因之一，故刘宋王朝建立后对佛教十分尊崇，宋文帝还直接引进僧侣参与国政，遂出现有名的“黑衣宰相”。宋文帝对佛教义理特别赞赏，提倡佛性顿悟说。此说的核心思想，是一切众生皆有佛性，皆能成佛。这种思想不仅为高门士族所需要，也为寒门庶族提供与高门士族同等为官的理论依据。

《宋朝“火运”论略——兼谈“五德终始”政治学说的终结》 刘复生著，载《历史研究》1997年第3期。该文全面论述宋朝“国运”体系的确立以及在礼制方面的诸种表现。作者认为，“五德转移”学说在宋代政治生活中仍然发挥重要作用。“火运”成为国家的命运之神，对其尊崇随着国势的颓落而日益加强。该文首次提出炎帝葬于湖南之说为“五运”说下的产物，论证“长沙炎陵”之说在宋代得到进一步演化确立的原由。作者指出，随着宋代儒学复兴思潮的高涨，将人事盛衰与社会、道德因素相联系的新思想逐渐取代“依天道以断人事之不可断者”的“五德终始”观念。这是中国思想文化史上的一个重要转折。

《张之洞与戊戌政制改革》 谢放著，载《历史研究》1997年第6期。该文针对国内外史学界关于戊戌变法时期，张之洞作为洋务派代表，以“反对民权与议院”的姿态成为维新派的对立面这一“定论”，提出商榷意见，将张氏的变法观及其对议院、民主、民权的认知置于当时的语境中进行考察，并与维新派进行比较研究，考析戊戌时期“民权”“民主”的不同涵义以及时人对这两个关键词的不同理解和使用，认为，在对待“民主”“议院”的态度上，以及“民权”“议院”实施的条件和程序上，张氏与维新派并无太大分歧。两者的分歧，主要表现在政制改革的步骤和策略上。

《论秦汉王朝对巴蜀的改造》 段渝著，载《中国史研究》1999年第1期。该文从政治经济、社会组织、移民以及文化等方面，论析秦、汉中央政权对巴、蜀的改造。作者认为，在政治经济方面，秦、汉王朝对巴、蜀的改造就整体而言是强制性的统一；在文化方面，则采取温和的、诱导性的整合。作者指出，秦王朝对巴蜀的文化政策迥然有别于它对东方六国的文化专制主义，从而使巴蜀文化的精髓及精英几乎全面保留下来，为蜀文化在汉代迅速兴盛发达，攀上汉文化高峰提供可能。总之，秦汉王朝对巴蜀的改造是成功的，既增加中央王朝对巴蜀的吸引力、凝聚力，又增强巴蜀对中央王朝的向心力、整合力。经过长期发展，形成无比坚强的中华民族凝聚力。这是秦汉王朝对中国历史的重大贡献。

《新邑考》 彭裕商著，载《历史研究》2000年第5期。该文考证文献记载的周初所建“新邑”，其结论主要有以下几点：新邑不是成周，而是后来的王城；成周的营建较早，约在武王克商后的两年间；王城的营建较晚，在成王五年。周初的所谓“作洛”，实际上是营建王城，不是成周；周初王城的居住者主要是与商王室有血缘关系的“王士”，周王不住在王城。周王与百官住在武王时营建的“周居”，即成周。周王居王城是平王东迁以后的事；城市规模，王城大，成周小。但在政治地位上，王城不能和成周相比。

《〈山海经〉与近代中国史学》 罗志田著，载《中国社会科学》2001年第1期。近代中国史学界对《山海经》是否可以用作可信的史料一直存在争议。一般认为将其运用到古史研究中是民初“思想解放”的结果，其实此书在晚清学者常备的《书目答问》之中已属史部，且已较多为清季学人使用。该文通过考察这一旧籍在近代中国学统里的沉浮，探讨民国新旧史料观的错位、传统观念怎样在“现代”学术里通过转换表现形式而延续、以及与此相关的学术传统之中断与更新等问题。

《宋代理学家高谈义利之辨的历史原因》 陈廷湘著，载《中国史研究》2001年第3期。宋代理学家较之历代儒家更强调义利之辨，其原因多种多样。作者认为：理学家把义利之辨、人欲横流视为孔孟以后儒学地位下降和宋代社会危机发生的根本原因，力图以明辨义利、重振道德来挽回儒学失落的地位和解除王朝的危机；同时，理学家无法从理论源头排斥佛道，只能以义利之辨评判佛道之非，并力图把儒家的“义”理论化，使之成为可以取代佛道的入世型信仰体系等，是宋代理学家特别重视义利之辨的主要原因。

《国中的“异乡”：二十世纪二三十年代旅外川人认知中的全国与四川》 王东杰著，载《历史研究》2002年第3期。20世纪20、30年代的四川在全国舆论中处在较为边缘的位置，被时人视为国中之“异乡”。外省人士对四川了解不多，已有的认知也多为负面的。这一形象既与四川混乱的政局及相对闭塞的文化环境有关，也包含想像的成分。旅居外省的四川人一方面致力于改善四川的政治、社会面貌，另一方面又努力消除外省人对四川的负面印象。该文考察“国中异乡”现象形成的原因及旅外川人围绕此问题发表的言论，希望在重构这方面社会心态的基础上，从“地方史”的角度探索20世纪上半期中国“国家统一”问题

《农业时代中国城市的特征》 何一民著，载《社会科学研究》2003年第5期。作者指出，农业时代中国城市有以下几方面的特征：城市主要以政治行政管理功能为主，未能在社会经济的发展中起到经济中心的作用；农业是城市发展的主要动力和制约因素，城市建立在小农业与家庭手工业相结合的自然经济之上，城市的发展以土地财产和农业为基础，农业始终在社会经济中占主导地位；城市总的数量较少，城市规模普遍较小，聚集力、吸引力和影响力较弱，辐射的范围较小；城市处于封闭与半封闭的状态，主要表现在城市内部空间布局的封闭和城市对外部的封闭等方面；城市具有强烈的规划性，但城市规划受政治的影响很大，以及城市的空间分布呈不平衡性等。

《民国高等教育中的国家：四川大学国立化进程（1925—1939）》 王东杰著，载《中国社会科学》2004年第3期。作者指出，20世纪20、30年代，四川大学由一所地方性很强的大学转化为真正的国立学校。在此进程中，中央、地方和学术界围绕着“国家”这一象征性资源展开竞争，展示其时“国家”这一概念在人们认知与实践中的多歧性。与通常采纳的理论假设不同，在具体的历史语境下，中央并不总是被视为“国家”的代表；而中央和地方之间的矛盾也启示“国家建设”理论并不尽符合近代中国的“国情”。这一理论构建出的“国家—社会”二元分析框架，实更近“前近代”中国的官、民之分。中国文化中“道高于势”的传统仍在近代潜存且与某些西来观念如“学术自由”等结合并发挥着其力量，中央并不必然被视为国家的化身。川大国立化进程中“国家”“中央”和“地方”在人们的认知和实践的层面上所呈现的错综关系，提示“国家”在近代中国的具体意味还有待进一步研究。

《朱德与土地革命战争时期人民军队的三大会师》 王安平著，载《中共党史研究》2004年第3期。朱、毛部队井冈山会师，红2、6军团与红四方面军甘孜会师，红一、二、四方面军西北大会师，是中国共产党领导的人民军队发展史上，对人民军队的发展和中国革命有着重大历史作用的几次军队会师。该文考察朱德在红军主力3次会师的历史过程中的重大举措和作用，对其创建、保存、发展和建设人民军队，开创新的革命局面的历史贡献做了高度评价：一、朱德在事关中国革命事业和人民军队发展的三大会师中，发挥关键性的作用。二、朱德在人民军队创建初期，为建设新型的人民军队提出一系列重要的建军原则。三、朱德几乎与毛泽东同时决定实行战略转变，初步找到具有中国特色的革命道路。

第三节 学科代表人物

赵卫邦（1908—1986） 字子凡，又名子防，河北省深县人。早年在保定、太原、北京等地辗转求学，后入北京大学外语系，1933年毕业后执教于北京、上海、浙江、山西等地多所中学，讲授外语和国文。1936年考入北平辅仁大学研究院史学部，师从陈垣、胡适等海内外知名学者，并在此期间系统接受文化人类学、民族学训练。4年后获硕士学位，毕业后留校担任助教、讲师。1949年受辅仁大学民族研究所特派，以研究员身份深入西康省（今属四川）凉山地区从事西南少数民族社

会、文化演化的调查研究工作。1950年受聘为成都华西大学中文系教授、代理系主任和该校中国文化研究所研究员。1952年10月调任四川大学历史系教授，1953年兼任校图书馆馆长。1964年兼任校印度研究所（后更名为南亚研究所）研究员。主要学术领域包括亚洲古代史、印度社会史和民族学比较研究，尤其对中国西南地区少数民族、南亚民族的社会文化变迁等问题有独到研究。晚年发表不少有关《红楼梦》的研究成果引起红学界的广泛关注。主要学术著作收入两卷本的《赵卫邦文存》。

孙培良（1910—1987）　河北省武强县人，北平市立师范学校文科毕业，历任私立华北大学、台湾大学、台南工学院、兰州大学、国立女子师范学院教授，20世纪50年代以后任西南师范学院教授、系主任、硕士生导师。曾任中国世界中世纪史研究会副理事长、四川省历史学会副理事长、重庆市历史学会会长。代表性论著有《中世纪的巴格达》《斯基泰贸易之路与古代中亚的传说》《萨珊朝伊朗》等。

任乃强　见本志“民族学研究”第三节“学科代表人物”。

邓少琴　见本志“考古研究”第三节“学科代表人物”。

徐中舒（1898—1991）　安徽省怀宁县人。1926年毕业于清华大学研究院国学门，后执教于暨南大学、复旦大学。1929—1938年在中央研究院历史语言研究所从事中国古代史及古文字研究，从此奠定一生的学术基础及方向。1938年起任四川大学教授，直至逝世。抗战期间，先后担任北京大学、武汉大学、华西协合大学、燕京大学、中央大学等校兼职教授。中华人民共和国成立后，兼任西南博物院院长、四川省博物馆馆长、四川省文物管理委员会副主任。曾任国务院学位委员会评议组成员、中国先秦史学会理事长、中国古文字学学会常务理事、中国考古学会顾问、四川省历史学会理事长等职。从事中国古代史研究和教学工作60余年，善于运用文献学、考古学、古文字学、民族学等多学科综合考察解决历史疑难问题，其研究成果受到海内外学术界广泛重视和好评。代表性的学术论文有《耒耜考》《豳风说》《古代狩猎图像说》《〈左传〉的作者及其成书年代》《论战国策的编写及其有关苏秦诸问题》《再论小屯与仰韶》《金文嘏辞释例》《禹鼎的年代及其相关问题》《甲骨文中所见的儒》《周原甲骨初论》等。从20世纪40年代开始，还对四川地方史进行研究，撰有《巴蜀文化初论》《巴蜀文化续论》《论〈蜀王本纪〉成书年代及其作者》《〈交州外域记〉蜀王子安阳王史迹笺证》等文。主编《汉语大字典》《甲骨文字字典》《汉语古文字字形表》《殷周金文集录》等大型工具书。

卢剑波（1904—1991）　四川省合江县人。1928年毕业于上海国民大学政治经济系。1933年任成都东方美术专科学校美术史教师。1944年起任四川大学法学系逻辑学讲师、大学部副教授。20世纪50年代以后，任四川大学历史系教授、世界史教研室主任、中国世界古代史研究会副理事长，四川省世界语学会副理事长。在世界古代史和文化史方面有一定成就，先后发表有关论文数十篇。有较深的语言学造诣，掌握英、法、意大利、西班牙、拉丁、希腊、世界语等多种语言，译著颇丰。主要译著有《法国工团主义》《伊索寓言》《萨樊事件》《爱琴文明探源》《胡司战争》等。

缪　钺（1904—1995）　字彦威，江苏省溧阳县人，著名历史学家、文学家、教育家。1924年北京大学文预科肄业。曾任保定私立培德中学和保定私立志存中学国文教员。后历任河南大学中文系、广州学海书院、浙江大学中文系教授。1946年起，任华西协合大学中文系教授兼中国文化研究所研究员，同时兼任四川大学历史系教授。1952年后，专任四川大学历史系教授。历任中国古代史教研室主任、历史研究所副所长、古籍整理研究所名誉所长。1981 年，被国务院学位委员会批准为首批博士生导师，为四川大学培养出第一位博士。主要著作有：《唐诗精华》《中国野史集成》（合著）和《元遗山年谱汇纂》《诗词散论》《杜牧诗选》《三国志选》《读史存稿》《杜牧传》《杜牧年谱》《冰茧庵丛稿》以及《灵溪词说》（合著）、《三国志导读》（主编）、《冰茧庵序跋辑存》等，有旧体诗词集《冰茧庵诗词稿》行世。《缪钺全集》于 2004 年 7 月由河北教育出版社出版，共 8 卷。

李世平（1924—1995）　四川省成都市人。1947 年毕业于四川大学历史系，从事中学教育，1948 年调入四川大学历史系任教。1951 年进入中国人民大学研究生班学习，1953 年毕业后回四川大学历史系任教。1985 年任教授。主要从事中国古代史、中国现代史和人口史的教学和研究。著有《中国现代政治思想史》《四川人口史》等专著。主编《中国现代史》《中国现代多党合作史》《周恩来和统一战线》《抗日战争史论丛》等著作，参编《人口学辞典》《中国人口·四川分册》等。发表学术论文 50 多篇。

谭英华（1917—1996）　祖籍湖南。20 世纪 40 年代毕业于武汉大学历史系。50 年代初期任四川大学历史系教授。其研究领域有中国唐史、西藏史、世界史等，是中国西方史学史研究领域重要学者之一，为中国首批世界史硕士授权点导师。1985 年，受教育部委托，兼任《西方史学史》全国高校统编教材副主编。主要论著有：《两唐书食货志校读记》《十九世纪历史学与历史学家》（校注）、《十六、十七世纪西方史学思想的更新》《试论马考莱的史学》《论卡莱尔的史学》等。

童恩正　见本志“考古研究”第三节“学科代表人物”。

赵吕甫（1919—1999）　浙江省吴兴县人。1944 年毕业于复旦大学中文系获硕士学位，曾师从著名历史学家顾颉刚。毕业后任教于成都石室中学，1956 年 9 月起任教于四川师范大学历史系。后调任南充师范学院历史系（今西华师范大学历史文化学院）教授。代表作有《史通新校注》《云南志校释》等。其中《史通新校注》一书是《史通》研究的上乘之作，蜚声学术界。

吴天墀（1913—2004）　别名浦帆，四川省万县（今重庆市万州区）人，历史学家。1938 年毕业于四川大学历史系，任助教。1940 年秋起先后任四川省教育科学馆研究员、西康省政府秘书兼省立雅安图书馆馆长、芦山县县长兼县立中学校长等职。1947 年起在四川大学历史系作专任讲师，先后在成都理学院、成都尊经国学专科学校、东方文教学院、川北大学等校任副教授或教授。20 世纪 50 年代前期以体力劳动为生，后为四川大学历史系高级资料员。1978 年重返讲坛，由讲师升副教授，1982 年再任教授，并任四川师范大学、宁夏大学、四川省文史研究馆等单位兼职教授。20 世纪 30 年代以后先后撰有《宋儒之风操与理性主义》《张咏治蜀事辑》《烛影斧声传疑》《唃厮啰与河湟吐蕃》《王小波、李顺起义为什么在川西地区发生》《水神崇奉与王小波、李顺起义》《论党项拓跋氏族属及西夏国名》《西夏称“邦泥定”即“白上国”新解》等，《吴天墀文史存稿》收入 32 篇文章，内容涉及宋史、西夏和西北史。代表作《西夏史稿》，奠定其在西夏史研究上的地位。

李绍明　见本志“民族学研究”第三节“学科代表人物”。

第十九章　考古研究

1986—2005年，四川省的考古研究在经济社会快速发展的时代背景下蓬勃发展。伴随全省各地大规模的基本建设，省内各考古机构发现和调查发掘多处重要古遗址和古墓葬，最具代表性的有广汉三星堆遗址和成都金沙遗址。这些遗址及出土的大批珍贵文物，为四川的考古研究提供重要的基础材料。四川考古研究产生一大批高水平的发掘报告、研究性著作和论文。其中，古代巴蜀考古通过对成都平原各重要古代遗址以及岷江河谷古代遗址的考察和研究，基本厘清古蜀文明起源和发展的线索，初步建立四川早期文化序列。西南民族考古中的重大课题如“藏彝走廊”和“南方丝绸之路”研究，在国内外学术界产生较大影响。

第一节　研究综述

1986—2005年，四川的考古研究机构主要有四川省文物考古研究所、成都市文物考古研究所、重庆市文物考古研究所、四川大学历史系考古专业教研室、四川大学中国藏学研究所等。各市（地、州）、县（区）文物管理部门，也从事考古清理、发掘和研究。考古学术团体有四川省考古学会。

1986年，四川省文物主管部门组织第三次文物普查活动，这是中华人民共和国成立以后规模最大、范围最广、门类最齐全的一次文物普查活动，基本摸清全省文物分布情况。在此基础上绘制的文物分布图和地下文物分布示意图，为之后的田野考古奠定一定的参照依据。

改革开放以后，全省各地一直在进行大规模的基本建设，四川考古工作，除有计划的发掘外，更多的是配合基本建设展开的抢救性发掘。

1985—1997年，受国家文物局委托，四川省文物考古部门对三峡水库淹没区四川段进行大规模的文物调查，动员上百人的专业队伍，集中全省文物考古的精英，对沿江十几个县（市）进行拉网式调查，最后形成《三峡水库淹没区（四川段）文物保护大纲》，该方案经国家文物局、国务院三峡建设委员会审定通过，成为此后三峡地区文物保护的纲领性文件。

四川省各主要考古研究机构调查、发掘和研究的重大古遗址、古墓葬主要有：巫山龙骨坡遗址、荥经县严道古城、青川战国遗址、广汉三星堆遗址、成都十二桥遗址、成都平原史前遗址、成都金沙遗址、成都商业街战国船棺墓、成都明蜀王陵、邛崃什邡堂邛窑遗址、茂县营盘山遗址、忠县中坝遗址、华蓥安丙墓、宣汉罗家坝遗址、泸县宋墓群、三台郪江崖墓群、云阳汉“朐忍”故治、绵阳双包山木椁汉墓等。

巫山龙骨坡遗址　位于重庆市巫山县庙宇镇龙坪村龙骨坡，占地约700平方米。发掘于1986年。

发现古人类门齿和带犬齿的颌骨化石，以及数十件与人类化石同一层次的巨猴、剑齿虎、双角犀等化石。经考证，这些化石属早更新世，距今204万年。这一重大发现，填补中国早期人类化石空白，对于人类起源和三峡河谷发育史的研究具有重要的科学价值。

荥经县严道古城 1977—1986年，四川省文物考古研究所对荥经县严道古城进行多次考古调查和发掘，发掘春秋末到秦汉的古墓30多座，发现大批与楚文化有关的文物。

青川县秦墓 1979—1987年，四川省文物考古研究所对青川县郝家坪秦墓进行发掘，出土一批秦国文物，其中“更修田律”木牍和刻有“蜀东工”等20字的铜戈最有价值，反映商鞅变法后秦国土地制度的变化和蜀地手工业的发达。

邛崃什邡堂邛窑遗址 1984—1987年，四川省文物考古研究所和成都市考古工作队对什邡堂邛窑进行发掘，发现窑址东西长530米，南北宽210米，总面积11.13万平方米，现存窑包13个，唐代早期民居遗址一处。清理出土器物1.7万多件，其中以釉色丰富鲜亮“邛三彩”瓷器最为珍贵。这一发现丰富了什邡堂邛窑遗址的内容，具有较高科研价值。

成都十二桥遗址 1985—1987年，四川省文物管理委员会、四川省文物考古研究所、成都市博物馆对成都十二桥遗址进行发掘。在第8层土层发现大型的建筑遗址。出土竹桩经C14测定为距今2465年左右（树轮校正年代2505年左右），约相当于春秋末至战国初。这是国内迄今发现保存最完整、规模最大的商代干栏式建筑遗址。其建筑工艺系采用竹木捆绑、榫卯结合、混用竹木茅草建筑材料，具有鲜明的地方特色。

广汉三星堆遗址 1986年7月，在广汉县三星堆遗址发现古代玉器，随后四川省文物考古研究所对三星堆遗址进行大规模发掘，发现两座大型祭祀坑，坑内出土1700多件青铜器、玉器、漆器、陶器等，还有80根象牙，4600多枚当时的货币、海贝、铜贝等。其中青铜立人像、青铜面具、青铜神树、金杖、玉璋等，以其巨大的体量、奇特的造型震惊世界。此次发现是继1931年燕家院子发现玉、石器窖藏之后三星堆遗址的又一次大发现。此后，考古工作者又对三星堆遗址进行发掘，清理出古代城址。三星堆两个祭祀坑的发现被称为20世纪人类最伟大的考古发现之一。

绵阳永兴双包山西汉木椁墓 1995年2月，四川省文物考古研究所和绵阳市博物馆对绵阳永兴双包山发现的大型汉墓进行抢救性发掘。发现二号墓前后室砌筑有巨大的木椁，墓中出土大量漆器，其中有生活用木胎漆盘200多件，以及经脉漆雕木人，100余匹剽悍神骏的漆马、漆车、骑俑等。

云阳县汉晋“朐忍”故治 云阳县旧县坪“朐忍”故治是重庆三峡库区保存非常好的一个古县城遗址。“朐忍”县为汉巴郡所辖十一县之一，《汉书·地理志》有载。1994年，四川大学历史系考古专业工作队在云阳旧县坪发掘汉代朐忍县故治遗址，清理出房址、排水沟等遗迹，初步认定遗址为历史文献中汉、晋朐忍县的治所。后经多次大规模发掘，清理房屋、窖穴、陶窑和冶铸遗迹近百处，出土铜、铁、陶、瓷、石、骨器等文物4000余件，取得丰硕的成果。在此后的多次发掘中，继2000年发现“朐”字陶器刻文和2001年出土木牍之后，又发现朐忍令碑和大型建筑台基，使得汉、晋朐忍县故址得以确认。

成都明蜀王陵 为明代皇室蜀王家族陵墓群，位于距成都4公里处十陵镇正觉山麓前后，距今500余年。蜀王陵以明代第三代蜀王僖王陵为中心，围绕其四周及邻近区域集中僖王赵妃墓、僖王继妃墓、黔江悼怀王墓、怀王墓、惠王陵、昭王陵、成王陵、成王次妃墓、半边坟郡王墓等10座陵墓，因而被称为十陵。1979年起，成都市文物考古研究所先后对僖王陵、昭王陵两墓进行发掘。僖王陵出土500多件彩釉兵马俑、舞乐俑等器物。1996年12月被国务院列为全国重点文物保护单位。

成都平原史前古城址群 指分布于成都市的新津宝墩遗址、温江鱼凫村遗址、郫县古城遗址、都江堰芒城、崇州双河以及紫竹等6处古城遗址，面积在11万—60万平方米不等。1995年，成都市文物考古工作队、四川联合大学考古教研室、新津县文管所对新津县龙马乡宝墩村古城遗址作了调查和试掘。调查确认遗址长约1100米、宽600米。出土多种陶器、石器等，其时代约距今4500年。遗址的发现对建立四川早期文化序列具有重要的意义，并由此确立“宝墩文化”考古学的基本涵义，证实成都平原是长江上游古代文明的起源中心。1996—1999年，成都市文物考古研究所会同郫县、温江、都江堰、崇州等地文管部门，先后对温江鱼凫村、郫县古城、都江堰芒城、崇州双河以及紫竹等5处遗址进行发掘，取得重大成果。上述遗址以“成都平原史前古城址群”的名义被列为国务院重点文物保护单位。

华蓥安丙墓 位于华蓥市双河镇昭勋村，是南宋四川宣抚使、少师安丙及其家族墓地。1996年四川省考古研究所对安丙家族墓地进行发掘，发现享堂、九层坎、石马坪、昭勋寺等大片附属建筑遗址。在墓内发现大量精美的高浮雕石刻及设色壁画，技法精细，线条流畅，形象生动逼真。石刻内容丰富，涉及人物、动物、植物、建筑、神兽、兵器、乐器等。其中有国家一级、二级等各类文物100多件。安丙墓被列入1996年国家考古10大发现，后被列为全国重点文物保护单位。

忠县中坝遗址 1997—2002年，四川省文物考古研究所参与对重庆忠县中坝遗址前后6次发掘。根据不同地层出土遗迹、遗物的综合分析和初步研究，中坝遗址文化堆积层厚达十余米，年代从距今5000年前后的新石器时代晚期，历夏、商、西周、春秋、战国、秦、汉、南朝、唐、宋、明、清至近现代，基本上没有大的缺环。是三峡地区最具代表性的文化遗存。出土各时代大量的遗迹和遗物，其中发现唐代中期前后、排列整齐的盐灶遗址，唐代的“瓦棺葬”，宋代瓷器窖藏等。

成都水井街酒坊遗址 1999年，成都市文物考古研究所、四川省文物考古研究所在成都全兴水井街全兴酒坊遗址进行发掘。这是国内首例对古代酒坊遗址进行的专题性考古发掘。发掘晾堂3层、酒窖8口、灶坑5座、灰坑5个以及作坊建筑遗址等。其遗址现象上起明代，下迄当代，烤酒及窖酒连续不断。各种酒坊遗址，显示完整的不同时期的发展序列，为中国蒸馏酒酿造技术、酿酒设备的发展提供珍贵的第一手资料。

宣汉罗家坝墓群 1999年和2003年，四川省文物考古研究所、达州市文物管理所、宣汉县文物管理所组成联合考古队，对罗家坝遗址进行两次发掘，清理墓葬39座、灰坑50个，出土青铜器、陶器、骨器、铁器、玉石器等700余件。这些文物涵盖新石器至夏、商、西周、春秋、战国、秦、西汉、东汉时期，历史年代久远，文化积淀深厚。特别是疑为巴国王侯墓的33号大墓，出土的大型青铜礼器、巴式青铜兵器、彩色陶器和巴人印章等，具有显著的巴人文化和土著文化特征，填补巴文化研究空白。2001年6月，罗家坝遗址被列为国家重点文物保护单位。

成都商业街战国船棺、独木棺墓 2000年8月至2001年1月，成都市文物考古工作队在成都商业街清理1座大型战国时期船棺、独木棺墓。初步确定，其时代距今约2500年，系多棺合葬的土坑竖立墓。墓坑长约30米，宽约21米，面积约600平方米。出土的9具船棺（二次葬）、8具木棺，下面垫有纵横交错的枕木。出土的铜器、漆器、竹木器数以万计。初步推测，该墓葬应为古蜀开明氏王室或上层贵族的家族墓地。

茂县营盘山遗址 位于茂县凤仪镇附近，属于“藏彝走廊”重要的文化遗存。2000—2003年，成都市文物考古研究所会同当地文物部门对该遗址大规模调查、勘探及发掘，发现的新石器时代遗迹包括房屋基址9座、墓葬及人祭坑8座、窑址4座、灰坑140余个、灰沟3条及灶坑13座等，还在遗址中西部发现1处大型类似于广场的遗迹，获得丰富的实物资料。

成都金沙遗址　位于成都市城西苏坡乡金沙村。2001年2月开挖蜀风花园大街工地时首先发现，随后成都市文物考古研究所对其进行多次发掘，清理出商、周遗址，有祭祀场所、大型建筑、一般居址、墓地等，分布约4平方公里，规模仅次于三星堆。出土金器、铜器、玉器、石器等标本6000余件，象牙数百根。其中太阳神鸟金饰图案2005年被国家文物局公布为中国文化遗产标志。金沙遗址是成都地区迄今发现规模最大的商周时期文化遗址，再现商代晚期至西周时期古蜀文化的辉煌，被认为是中国进入21世纪的第一个重大考古发现。

三台县郪江崖墓群　位于三台县郪江乡，汉代为郪县治所。2002年，四川省文物考古研究所对郪江崖墓群进行调查和发掘。郪江崖墓群分布面积数平方公里。墓多开凿于东汉中晚期，以多室墓为主。一般分为墓道、墓门、前室、中室、后室、侧室和耳室。墓室面积最小2—3平方米，最大80余平方米，最深25米。墓内大都有精美的圆雕和浮雕石刻，形象生动。

泸县宋墓群　泸县宋墓群在泸县19个镇都有发现，总数100座以上。2002年，四川省文物考古研究所对泸县福集青龙金宝村、奇峰红光村、喻寺南坳村3处已暴露的6座石室墓进行抢救性发掘，出土85件各类石刻和部分随葬器物。泸县宋墓石刻对研究南宋时期的经济、文化、社会生活状况、丧葬习俗等具有非常重要的作用，具有重要的考古学价值，是全国发现的规模最大宋代石室墓葬群。泸县宋墓被列为全国重点文物保护单位。

大批古遗址、古墓葬和出土文物的发现和清理，为四川省的考古研究提供丰富的材料，产生大批研究成果，其中不少达到较高水平。这些成果主要分为考古发掘报告、研究性著作（包括图集、资料书）和论文几个类别，内容主要包括以下方面：（一）关于古蜀文明的产生和发展研究；（二）西南民族考古研究，包括“藏彝走廊”和“南方丝绸之路”研究；（三）四川古代历史、文化、宗教研究，其中，关于四川各地石窟寺的研究成果值得注意。此外，还有不少成果涉及其他地区和其他方面。

西南民族考古和“南方丝绸之路”　是四川考古学界获得重大成果的一个研究领域。对西南民族考古较全面的研究，肇始于四川大学教授、著名考古学家冯汉骥（1899—1977）。限于20世纪50年代至70年代初期国内特定的政治、学术背景，冯汉骥在世之时，西南民族考古未能形成一个学术体系。冯汉骥的学生、四川大学教授童恩正对“西南民族考古”学术体系的建立具有突出贡献。童恩正长期从事西南民族考古调查、发掘和研究，70—90年代先后发表《文化人类学》《古代的巴蜀》《近年来中国西南民族地区战国秦汉时代的考古发现及其研究》《论早期铜鼓》《试论我国从东北至西南的边地半月形文化传播带》《论南中国与东南亚的中石器时代》等数十篇（部）具有很高学术价值的系列论文和专著，基本建立一个包括针对四川、云南、贵州、广西、西藏及其近邻地区当地土著民族文化的考古学研究体系。在此期间，童恩正主持国家社科基金“古代南方丝绸之路综合考察”课题，对“南方丝绸之路”进行考古学考察。四川考古学界搜集大量资料，撰写和发表一批水平较高的学术论文。不仅从学术层面说明这条南方丝绸之路的确实存在，而且还证明它在历史上对中外交通以及沿线的经济文化交流与促进均发挥巨大作用。由于地域上的重合，从考古学、民族学角度进行的“南方丝绸之路”研究与“藏彝走廊”研究相互联系，出现一批具有较高水平学术成果。

20世纪80年代以后，通过对广汉三星堆遗址、成都十二桥遗址、成都平原史前城址群、成都金沙遗址，以及岷江河谷古代遗址的考察和研究，学术界基本厘清古蜀文明起源和发展的线索，初步建立四川早期文化序列。这是四川考古学界取得的又一重要学术成果。

四川省文物考古研究所原所长、研究员陈德安主持广汉三星堆遗址发掘，在三星堆和古蜀文化研究方面有较深造诣，代表作有他主持编写的《三星堆祭祀坑》等。四川大学教授宋治民长期从事考古研究，在巴蜀文化考古、西南夷考古、汉代考古等方面在国内外学术界有较大影响，代表作有《宋治民考古文集》《蜀文化与巴文化》等。四川大学教授霍巍长期从事西藏考古，在藏族墓葬考古和丧葬制度研究方面卓有成果，专著《西藏古代墓葬制度史》和论文《西藏高原史前墓葬的考古发现与研究》《西藏天葬风俗起源辨析》等在学界有较大影响。成都市文物考古研究所研究员王毅、江章华，长期从事成都以及川西高原考古发掘和研究，对成都平原史前古城址群、成都金沙遗址和川西高原遗址的研究受到学术界的高度重视。其研究成果对建立四川早期文化序列具有重要的学术意义，并由此确立"宝墩文化"考古学的基本涵义，证实成都平原是长江上游古代文明的起源中心。其代表性论著有：王毅、江章华、李明斌、卢丁《四川新津县宝墩遗址调查与试掘》；江章华等《成都平原早期城址及其考古学文化初论》；王毅、江章华、张擎《成都平原先秦文化初论》；江章华、李明斌《古国寻踪——三星堆文化的兴起及其影响》等。

四川考古研究的重要研究成果主要有：

考古报告 主要有：陈德安、陈显丹《广汉三星堆遗址一号祭祀坑发掘简报》；四川省文物考古研究所《三星堆祭祀坑》；成都市文物考古研究所《成都金沙遗址的发现与发掘》；赵殿增等《四川荥经曾家沟战国墓群第一、二次发掘》；蒋成等《四川茂县营盘山遗址试掘报告》；周科华、荣远大《泸县宋墓》；宋治民《大邑县西汉土坑墓》；陈剑、李明斌《四川成都水井街酒坊遗址发掘简报》；成都市文物考古工作队、都江堰市文物局《四川都江堰市芒城遗址调查与试掘》；成都市文物考古研究所《成都市商业街船棺、独木棺墓葬发掘报告》；罗二虎《云阳李家坝遗址发掘报告》；成都市文物考古研究所编《成都考古发现》（多卷本）等。

专著 主要有：童恩正《南方文明》《中国西南民族考古论文集》；宋治民《宋治民考古文集》；霍巍《西藏古代墓葬制度史》；霍巍、黄伟《四川丧葬文化》；谢涛等《四川彭州宋代金银器窖藏》；张勋燎、白彬《中国道教考古》；范小平《古蜀王国的艺术星空——三星堆青铜文化研究》；陈显丹等《三星堆奥秘》；陈明芳《中国悬棺葬》；高大伦《张家山汉简〈引书〉研究》；彭裕商《殷墟甲骨断代》；四川大学历史系《中国西南的古代交通与文化》（论文集）；罗二虎《汉代画像石棺》《龙与中国文化》；罗开玉、罗伟先主编《华西考古研究》；方述鑫《殷虚卜辞断代研究》；冉光荣、工藤元男主编《四川岷江上游历史文化研究》；雷玉华《成都地区南朝佛教造像研究》等。

论文 主要有：童恩正《试论我国从东北至西南的边地半月形文化传播带》《从出土文物看楚文化与南方诸民族的关系》《古代中国南方与印度交通的考古学研究》；赵殿增《三星堆考古发现与巴蜀古史研究》《四川古文化序列概述》；陈明芳《我国南方地区悬棺葬与崖洞葬之比较研究》；江章华《试论鄂西地区商周时期考古学文化的变迁——兼谈早期巴文化》；宋治民《成都市商业街墓葬的问题》；林向《蜀与夏——从考古新发现看蜀与夏的关系》；黄家祥《元谋大墩子新石器时代遗址的思考》；王燕芳等《论广汉三星堆两座窖藏坑的性质及其相关问题》；高大伦、李峰《夏史物证——谦论歧峰端刃器的定名》《四川茂县牟托石棺葬小议》；霍巍《20世纪西藏考古的回顾与思考》《西藏阿里东嘎佛寺殿堂遗址的考古发掘》《试论无胡蜀式戈的几个问题》《西藏高原史前墓葬的考古发现与研究》；罗二虎《四川崖墓的初步研究》《陕西城固出土的钱树佛像及其与四川地区的关系》《试论中国南方的岩洞葬》；石硕《西藏石器时代的考古发现对认识西藏远古文明的价值》《从旧石器晚期文化遗存看黄河流域人群向川西高原的迁徙》《藏彝走廊地区石棺葬所属人群探讨》；王先胜《绵阳出土西汉木胎漆盘纹饰识读及其重要意义》；江章华《巴蜀柳叶形剑研究》；李明斌《四川雅安沙溪遗址陶器及相关问题的研究》；蒋成、李明斌《四川温江鱼凫村遗址分析》；蒋成、陈剑《岷江上游考古新发现述析》等。

图集、资料书　主要有：四川文物编辑部编《四川省志·文物志》；秦安禄主编《三星堆图志》；赵殿增《中国青铜器全集·巴蜀》；龙显昭等编《巴蜀佛教碑文集成》等。

第二节　主要著述

一、考古报告

《三星堆祭祀坑》　四川省文物考古研究所编著，文物出版社1998年出版。该书为广汉三星堆祭祀坑的大型考古报告。全面、系统、科学、准确地介绍两座祭祀坑出土的全部文物情况。书中根据10多年的文物修复、测试分析、整理研究成果，用考古类型学方法，以30万字的篇幅对祭祀坑的发现、发掘经过、地层关系、埋藏情况，进行客观准确的介绍；对文物进行分类、定名，详细描述每件文物的特征，并附有每件文物的线图和照片；将两个祭祀坑的年代、分期、特征、性质、族属、宗教制度和文化关系等问题进行阐述，详细介绍大量第一手资料，为建立三星堆文化研究的科学体系，深入开展多学科的综合研究与利用创造条件；在结语部分，对两个祭祀坑的性质、族属、宗教制度和文化关系等问题进行深入阐述；在附录中收录有各类文物的统计表和青铜器铅同位素比值研究、玉石器岩石类型薄片鉴定、玉石器残片鉴定和动物骨骼观测报告。这些重要成果，为建立三星堆文化研究的科学体系、深入开展多学科的综合研究和利用创造条件。该书兼括众多学者的学术观点和研究成果，是四川省几十年来最大、最重要、最成功的一部考古报告。

《成都考古发现》　王毅主编，科学出版社出版。该书为成都市文物考古研究所研究人员的考古报告文集。自1999年开始每年由科学出版社出版1集，至2005年出版7集。内容主要为成都地区近年的考古报告，涉及金沙遗址、商业街船棺葬、杜甫草堂唐宋遗址、成都古城墙、明代太监墓、邛崃蒲江摩崖造像，及近期发现的其他古遗址、古墓葬等。多篇报告为其他地区的古文化遗址，包括四川省的茂县、西昌、安岳、剑阁、旺苍、广元、苍溪、汉源以及重庆市的忠县等。

《四川都江堰市芒城遗址调查与试掘》　成都市文物考古工作队、都江堰市文物局编著，载《考古》1999年第7期。作者对该遗址的文化面貌、性质、年代及其相关问题作了初步研究，认为该遗址的文化内涵与新津宝墩遗址的文化内涵比较一致，应属同一考古文化的同一时期，即“宝墩文化范畴”。主要表现在：陶器中泥质陶所占比例较大，略多于夹砂陶；陶器制法以手制加慢轮修整为主，底部和圈足的粘接方法一致；纹饰中常见的绳纹、划纹、戳印纹、瓦棱纹、细线纹、镂孔等；该遗址能见到的器形在宝墩遗址中几乎全有；石器以磨制的斧、锛、凿为主；房屋建筑为木骨泥墙。根据芒城遗址的文化特征与宝墩遗址的早期差异相对较大，与宝墩遗址晚期接近而有不尽相同的文化发展趋势，推测芒城遗址的时代应紧接宝墩遗址的晚期。

《四川成都水井街酒坊遗址发掘简报》 陈剑、李明斌著，载《文物》2000年第3期。水井街酒坊遗址的考古发掘，是国内首例对古代酒坊遗址进行科学发掘的专题性考古重大发现，1999年被列为全国“十大考古新发现”之一。该文用酒文化考古的研究手法对白酒的起源、工艺发展进行初步探索，对揭示中国蒸馏酒的起源和发展提供珍贵的考古研究资料。该文获得成都市第六次哲学社会科学优秀成果三等奖。

《成都市商业街船棺、独木棺墓葬发掘报告》 成都市文物考古研究所著，载《成都考古发现(2000)》，科学出版社2002年出版。报告内容分9个部分：一、地理位置与发掘经过；二、地层堆积；三、墓葬概况及保存情况；四、墓葬形制；五、出土葬具，以文字和图版形式逐个描述出土的以大型桢楠制成的9具船棺和8具独木棺；六、随葬器物，以文字和图版逐一描述各棺内出土的陶、铜、角器和漆、竹、木器及杂件；七、墓葬年代与性质，出土器物基本表明该墓葬的年代应该是战国早期偏晚，对应的正是古蜀国的最后一个王朝——开明王朝的晚期，根据墓葬形制和随葬器物分析，该墓葬很有可能是古蜀国开明王朝甚至蜀王本人的家族墓地；八、墓葬情况，就开明氏族的族源、古蜀国的礼制、漆器在成都的发达、船棺葬的葬式等问题进行探讨；九、墓葬保护工作。

《成都金沙遗址的发现与发掘》 成都市文物考古研究所著，载《考古》2002年第7期。该文分4个部分。第一、第二部分简述金沙遗址发现与发掘经过，发现的重要遗存。指出，金沙遗址所出的金、铜、玉、石器等，总体风格与三星堆一、二号坑出土器物一致，表明这两个遗址有着较为密切的渊源关系。但金沙遗址同时也显示出较强的自身特色。出土陶器反映金沙遗址与三星堆文化的承袭关系。第三部分时代及文化性质，初步认为金沙遗址的年代上限约在商代晚期，下限可至春秋，其主体文化遗存的时代当在商代晚期至西周早期，属十二桥文化阶段。它是一处大型古蜀文化中心聚落遗址，有可能是古蜀国在商代晚期至西周时期的都邑所在。通过发掘和研究，可以揭示该遗址与三星堆遗址之间的关系，破译许多古蜀文化未解之迷，推动商周时期成都平原考古学文化序列的建立和完善。

《泸县宋墓》 四川省文物考古研究所、成都市文物考古研究所编著，文物出版社2004年出版。该书是2002年对泸县境内的6座已经暴露的石室墓进行抢救性发掘的报告。全书201页，彩色图版67幅。这6座石室墓为长方形竖穴式墓扩、用石材构筑仿木结构的单室墓。墓葬由封土、墓道、墓门、墓室等部分组成。墓室正中设有棺台。墓道底部设有排水沟。墓室两侧壁和后壁设有壁完，完内雕刻女侍、门窗、花卉等图像。墓中出土85件各类石刻和部分随葬品。该书还发表一批征集的泸县宋墓石刻材料，为研究宋墓石刻提供新资料。

《四川彭州宋代金银器窖藏》 成都市文物考古研究所、彭州市博物馆编著，科学出版社2003年出版。该书为16开本，284页，彩色图版56幅，黑白图版23幅。四川彭州宋代金银器窖藏出土350多件金银器，器形多样，制作精美，代表宋代金银器制作工艺的水平，具有极高的学术价值和观赏价值。作为该窖藏的考古报告，该书按照器物的质地和种类分别对每件器物进行描述，分析器物的铭记、形制、纹样及工艺等，并对宋代金银器的使用和制作进行研究。

二、专著、图集

《龙与中国文化》 罗二虎著，三环出版社1990年出版。该书运用历年出土的有关龙的考古实物资料，结合文献，探讨龙的起源，以及龙与中国历史上各种巫术、宗教、神话、哲学思想等的关系，论证龙在中国文化中的重要地位。

《中国文物鉴赏辞典》　高大伦等编著，漓江出版社1991年12月出版。该书分为十大门类，包括陶器、瓷器、青铜器、玉器、金银器、漆器、铜镜、古钱、书法、绘画，内容达1639个条目。适合广大文物爱好者、研究者的需求。

《殷墟卜辞断代研究》　方述鑫著，台湾文津出版社1992年出版。该书是一部关于甲骨文断代研究方面的专著。作者从甲骨出土的坑位地层，结合甲骨文的字形、文例、人名、地名、方国、事类、亲属称谓、同版关系。以及卜兆钻凿等大量材料，论证甲骨断代的一些重大问题。

《中国西南的古代交通与文化》　四川大学历史系编，四川大学出版社1994年出版。该论文集收入中日两国学者论文22篇，围绕中国西南地区有关考古、历史、地理、民族学以及文化人类学等多学科领域的若干重大问题进行研究。四川大学的冯汉骥、宋治民、冉光荣、张勋燎、高大伦、蔡崇榜、霍巍等有文章编入此集。

《中国青铜器全集·巴蜀》　赵殿增著，文物出版社1994年出版。该书是迄今为止关于巴蜀地区所出青铜器最完整的资料汇编，分为4个部分。第一部分为目录，著有青铜器的名称和时代。第二部分为相关研究文章，其中收录作者撰写的《巴蜀青铜器概论》一文，介绍巴蜀青铜器发现与研究的历史，按时代将这些青铜器分成6期，按类别分成人兽雕像、礼器、炊容器、兵器、工具、印章和乐器7类。同时，利用新材料阐述巴蜀文化与中原文化的关系。第三部分为彩版。第四部分为图版说明，包括每件器物的黑白照片、器名、尺寸、出土地点和时间以及目前的收藏处。最后附有《巴蜀文化分布图》。全书彩版195幅，收录青铜器160件。彩版按所附研究文章中的青铜器分类编排，在进行细微的分类后再依时代排出先后，既同前文相呼应，又可清楚地了解每一种器类的整个发展演变过程。

《西藏古代墓葬制度史》　霍巍著，四川人民出版社1995年出版。作者首先对西藏古代史籍中极为丰富的有关远古时期丧葬习俗的传说与记载从新的研究视角进行系统的历史考察。并利用近年来大量考古调查，发掘出土的西藏古代墓葬材料，以考古学的研究理论和方法，对这批资料进行考古年代学的断代与整理，初步排列出西藏各类型古墓葬的相对早晚年代关系，首次比较完整、全面地提出西藏早晚各个历史时期不同类型古代墓葬的考古学年代序列，为进一步深入研究打下基础。然后从西藏吐蕃时期墓葬及墓葬制度的形成，墓葬建筑技术与风格，墓葬的器物随葬制度，动物殉祭习俗，殡丧之制与独特的尸体处理方式对墓葬制度进行多层次、多角度的分析研究。同时，将西藏墓葬考古材料与藏族族源研究相结合，提出自己新的观点和认识。作者还探讨吐蕃丧葬习俗的演变与西藏近现代丧葬形式的兴起，从中比较清楚地揭示西藏古代墓葬制度与丧葬习俗发展演进的脉络。

《四川省志·文物志》　四川文物编辑部主编，四川人民出版社1999年出版。全书分为：文物事业、古代文物、近现代文物、民族文物4篇，对四川省上至旧石器时代、下至近现代的重要传世文物、出土文物、古建筑、古遗址、石刻摩崖以及革命文物进行全面系统的反映，同时反映四川省文物事业的发展情况。卷首有概述，各篇之首有简述，弥补文物记述条目式的不足。第一篇分两章。第一章对中华人民共和国成立前的文物事业进行回顾，第二章对中华人民共和国成立后的文物工作、管理机构、专业人员培训、科研工作进行介绍。第二篇是该书的重点。该篇按地下和地面文物，共分古遗址，古墓葬，古迹，摩崖造像、题记、画像及其他造像，碑、志、券，古建筑，馆藏文物，历代版本，民俗文物等9章，对四川现存的历史文物进行全面介绍。四川历代重要文化遗存的重要发现，在该篇得到充分展现。第三篇分为旧居、故居，旧址、遗址，墓、碑、历史纪念建筑，石刻，重要藏品5个章节。收录四川从1840—1949年，部分具有代表性的重要文物，其中反映新民主主义革命时期的革命文物。第四篇分为彝族文物，藏族文物，羌族文物，土家族文物，苗族文物和其他各族文物6章，展示各兄弟民族政治、军事、经济、文化、科学等方面的文物瑰宝。

《古国寻踪——三星堆文化的兴起及其影响》 江章华、李明斌著，巴蜀书社2002年出版。该书较全面地介绍三星堆和相关发现、发掘、研究的历史，归纳各方面的研究成果，依据历来的考古材料，尤其是最新出土的大批文物，结合文献记载，围绕古蜀文明最重要的遗址——三星堆遗址所反映的三星堆文明进行深入的探讨和研究，勾勒从远古国到战国时期的文化面貌，用考古材料构建古蜀国历史，对重要遗址的分期、性质判断都有新的建树。

《汉代画像石棺》 罗二虎著，巴蜀书社2002年出版。该书对100年以来发现的中国汉代画像石棺（有个别为三国时期的）进行系统整理和研究。全书5章，内容主要涉及画像石棺的结构与类型，画像内容的分类与组合，画像的主题，石棺的制作，画像的雕刻技法与艺术风格，画像石棺的分布、分区、年代与分期、画像石棺所反映的葬俗与丧葬观念，使用画像石棺的墓主身份，画像石棺的渊源与兴衰等方面。

《巴中石窟》 雷玉华、程崇勋著，巴蜀书社2002年出版。该书在详细介绍巴中石窟的分布、现状、开凿年代等情况的基础上，重点介绍巴中境内的南龛、北龛、西龛、永宁寺等10个地点的全部有纪年窟龛和典型窟龛的调查情况，并对巴中唐代佛教石窟中独特的、常见的和对其他地区有影响的9种题材造像进行考证研究。作为第一本系统介绍并研究巴中石窟的学术专著，此书的出版对四川石窟研究具有重要意义。

《巴蜀佛教碑文集成》 龙显昭主编，蔡东洲、杨超、查中林、荣远大副主编，四川出版集团巴蜀书社2003年出版。该书汇集1100余通碑文。其范围从东晋迄于清末，时间跨度1500余年，总字数近百万字，为研究四川佛教历史提供最基本的文献和实物资料，对其他的研究也不无参考价值。书中最前面的序言，系作者根据整理碑文后而得出的一些认识，对四川佛教的特点作了概括。

《西周青铜器年代综合研究》 彭裕商著，巴蜀书社2003年出版。该书回顾有关研究的历史，并由前人的基础出发，讨论西周青铜器分期的方法和标准，就西周的重要史迹和分期中几个关键性问题进行论述，主要内容包括：周公摄政考、谥法考、新邑考、西周金文月相考。然后对西周青铜器容器的器型划分和流行年代，以及青铜器纹饰中的龙纹、鳞纹进行专门研究，对传世的重要西周青铜器的年代提出看法。

《南方文明·童恩正学术文集》 童恩正著，重庆出版社2004年出版。该书为作者的论文集，收入论文24篇，内容以西南地区民族考古为主，包括《中国西南的旧石器时代文化》《略论我国西南地区的史前考古》《论南中国与东南亚的中石器时代》《试论早期铜鼓》《我国西南地区青铜剑的研究》《西藏昌都卡若新石器时代遗址的发掘及其相关问题》《中国南方农业的起源及其特征》《试论我国从东北至西南的边地半月形文化传播带》等。

《宋治民考古文集》 宋治民著，科学出版社2004年出版。该文集收入论文30篇，分为巴蜀文化考古、西南夷考古、汉代考古和带有思考性的文章4个部分。分别探讨蜀文化的渊源、分期，巴文化的渊源、分期，巴蜀文化中外来文化因素分析，早期蜀文明，石棺葬和大石墓的分期、年代、族属，石棺葬出土器物的文化因素分析，云南西部青铜文化墓葬的分析，汉代屯田、铜器的铸造手工业，新野画像石砖墓，徐州狮子山楚墓等方面的一些问题。

《长江上游的巴蜀文化》 赵殿增、李明斌著，湖北教育出版社 2004 年出版。该书是长江文化研究文库之一，是对以四川盆地为主的长江上游先秦时期古文化资料的归纳和研究。该书主要介绍长江上游青藏高原和四川盆地从新石器时代至青铜时代的古文化，重点探讨巴蜀文化的发展和巴蜀文明的进程，及其在长江文化与中国古代文明中的地位与作用。该书以考古发掘的古文化实物资料为主要依据，以考古学的方法，分期分区、分文化类型介绍本区域新石器时代、商周、春秋战国、秦汉初期的考古学文化遗存，并结合有关文献资料，进行社会经济文化的探讨。着重对近年来四川新发现的三星堆、十二桥、宝墩、金沙等典型遗址进行剖析和研究，建立并完善四川盆地先秦考古学文化的序列，得出许多有新意的见解。

《三星堆图志》 秦安禄主编，汪毅、敖天照副主编，四川人民出版社 2005 年出版。该图志集四川研究三星堆文化的一流专家学者的成果以及编辑单位的编辑理念，突出志书特点，“不全之全”地展示丰富而神秘的三星堆文化。该图志由三星堆考古志、三星堆文物志、三星堆学术志 3 部分组成，附录三星堆文化研究文献目录。全书收录有关三星堆考古发掘与三星堆文物青铜器、金器、玉器、石器、陶器等图片约 1000 幅。

《中国道教考古》 张勋燎、白彬著，北京线装书局 2005 年出版。全书 120 万字，插图 500 余幅，分 23 个专题，按遗迹遗物所在地域的不同分成北方、南方、综合 3 卷 6 册。该书融贯考古与道教，广泛运用宗教学、考古学、金石学、历史学、古文字学、古文献学等多学科知识，对考古出土的与古代道教活动有关的实物遗存进行系统梳理，内容涉及墓葬、宫观建筑、石窟、碑刻、简牍、画像、雕像、印章、铜镜、符牌等不同方面的遗迹和遗物，上起东汉，下迄于明，几乎涵盖各个不同时段的材料。在对有关实物遗存进行分型、分式、分区、分期研究的基础上，重点联系以道书文献为主的古文献记载，对这些实物材料的宗教学含义进行解读，弄清其性质、用途、用法和社会作用，揭示它们所包含的古人进行道教活动的信息，从新的视角出发，帮助解决单纯依靠文献记载难以解决的一些古代道教史上的重大问题。

三、论文

《试论我国从东北至西南的边地半月形文化传播带》 童恩正著，载《文物与考古论集》，文物出版社 1987 年出版。该文从细石器、石棺葬、大石墓—石棚、石头建筑遗迹、其他文化遗物及山川地貌、太阳辐射、气温、农作物生长期、降水量、植被与土壤的水平分布等不同角度，论述中国从东北至西南的边地半月形文化传播带的存在。作者指出，将考古学文化放在一定的生态环境和社会背景之下考察，进行多学科的综合研究，提出新的问题，可增进对古代社会的全面了解，该文正是这样一种尝试。

《我国南方地区悬棺葬与崖洞葬之比较研究》 陈明芳著，载《中央民族学院学报》1989 年第 5 期。该文对广泛分布在中国长江流域及其以南地区的悬棺葬和崖洞葬，从葬法、葬具、葬式和它们的起源及其所反映的宗教观念等方面进行综合、比较研究，将分布在中国南方地区的“崖葬”分为“悬棺葬”和“崖洞葬”两大类。作者对悬棺葬和崖洞葬的族属问题进行考察，指出崖洞葬是苗族、瑶族葬俗。关于悬棺葬和崖洞葬的起源及所反映的宗教观念，作者认为，悬棺葬反映的宗教观念是祖先崇拜。崖洞葬则是人类社会早期穴居生活的反映，体现以氏族和家族为主的血缘关系。

悬棺葬和崖洞葬虽有一些相同或相似之处，但其文化内涵和反映的宗教观念不同。总的来讲，二者之间是小同大异。

《三星堆考古发现与巴蜀古史研究》 赵殿增著，载《四川文物》1992 年专辑。全文分 4 个部分，一、三星堆考古的基本收获。二、考古材料所反映的巴蜀历史发展进程。作者认为三星堆四期文化大体表现 3 个重要历史时期。从三星堆及相关考古发现反映四川早期巴蜀历史概貌是：大约在距今 4800 年前盆地中形成巴蜀特殊的民族文化集团，距今 4800—4000 年为第一阶段，处于原始社会晚期，经济文化逐步得到发展。距今 4000 年前后，出现一次飞跃，形成典型的"三星堆文化"，建立古城，可能出现最初的国家政权。到商代中晚期，即距今 3300—3200 年前达到发展的高峰。殷商后期，三星堆吸收一些新的文化因素，逐渐发展变化。商末周初三星堆古城突然废弃，巴蜀历史上发生一次较大的社会变革，蜀国中心逐步转移到成都地区，开始新的发展阶段。考古发现反映古代巴蜀几个中心地域几个文化阶段，印证传说蜀史的几个时期大体存在。但它们不象汉晋史籍上编排的那样一套整齐的世袭，而是几个文化共同体或氏族部落联盟式的集团，并先后取得统治地位。三、三星堆考古发现展现四川早期社会丰富多彩的面貌，反映古代巴蜀可能存在一个"古文化古城古国"的发展阶段，对探索中国文明起源具有重要意义。

《巴蜀柳叶形剑研究》 江章华著。载《考古》1996 年第 9 期。柳叶形剑是巴蜀文化中最具代表性的器物之一。关于柳叶形剑的起源地，学术界大多主张是起源于陕西宝鸡一带，春秋时才传入四川。作者在对四川、陕西、甘肃、北京等地考古出土的 18 件柳叶形剑的综合研究的基础上，对柳叶形剑的渊源、年代分期，及其形制演变轨迹诸问题，作了详细的分析论证。认为柳叶形剑的发展可分 4 个时代：即商代晚期（初始期）；西周早期——战国早期（发展期）；战国中期——战国晚期（成熟期）；秦——西汉早期（衰落期）。并提出柳叶形剑最早起源于商代晚期的蜀地，并在其后得到独立发展的新观点。

《四川新津宝墩遗址的调查与试掘》 王毅、江章华、李明斌、卢丁著，载《考古》1997 年第 1 期。文章对新津县宝墩古城遗址 1995 年首次试掘的地层堆积、遗迹（房址、灰坑、墓葬、城墙）、出土遗物（陶器、石器）作了详细介绍，作者认为该遗址文化面貌独特，有别于同时期的其他考古学文化。在四川地区发现的类似古文化遗存有绵阳边堆山、三星堆一期、汉源狮子山及都江堰芒城遗址等。宝墩遗址是这类遗址中面积最大、最具代表性的一个。

《四川成都市西郊金鱼村南宋砖室火葬墓》 刘雨茂、黄晓枫著，载《考古》1997 年第 10 期。全文分为墓葬形制、随葬器物、结语 3 部分，墓葬形制部分将墓葬中的单室墓与双室墓，分别进行详尽描述，随葬器物部分将发掘出土器物分类、分型、分式，进行描述。结语部分作者对这类火葬墓的性质作了探讨，指出过去的观点"贫下之民并客旅远方之人"迫于财力所为的观点不妥，以金鱼村 2 号、9 号墓的情况加以证明墓主并非财力困难之人。提出这样的葬俗当与道教有关。这批墓葬中以 9 号墓为代表的"石真"及火葬材料，反映浓烈的道教色彩，解决长期未能明确的川西地区这种类型墓葬的性质问题。同时对了解南宋时期川西地区道教活动的历史情况也有重要参考价值。

《四川温江鱼凫村遗址分析》 蒋成、李明斌著，载《东南文化》1998 年第 4 期。作者以鱼凫村遗址的层次关系为基础，结合陶器形制进行分析，初步建立该遗址的 3 个分期年代序列，并概括各期的文化特征。分析表明，三期均以夹砂陶为主，陶系中夹砂灰褐和红褐陶占多数。器表以素面和绳纹常见，纹饰种类也多数相同，陶器制法一致，都有喇叭口形器、花边大口罐、圈足器等。但三期间也存在不同程度的差别。根据考古学文化因素特征的对比分析，第一、第二期的共同性较多，联系紧密，且年代前后相接；而第三期年代相对较疏远。第一、第二期的绝对年代认定为距今约4200—4000年；第三期晚于第二期，而又介于三星堆第一、第二期之间，即龙山时代末期至夏初前后，距今约3900—3700年。以鱼凫村第三期为代表的遗存的发现，对于探讨成都平原、四川地区早期考古学文化的序列有重要的价值。

《古代中国南方与印度交通的考古学研究》　童恩正著，载《考古》1999年第4期。作者认为，对中印古代交通的研究具有重大的学术价值，关系到关于两大文明中心之间早期文化交流的研究。这两大文明不是传统上的印度文明和中国北方文明，而是印度文明和中国西南文明。这一研究课题是非常广泛和复杂的，它包括古代中国西南、缅甸和阿萨姆等地民族的分布和历史，这一地区文化的发明和传播，佛教最早传入中国的途径，以及四川道教与稍后迎摩缕波国金刚乘的起源和发展。而印度七世纪金刚乘的起源，又深受中国道教的影响。

《四川雅安沙溪遗址陶器及相关问题的研究》　李明斌著，载《考古》1999年第2期。1985年、1986年两次发掘的雅安沙溪遗址是四川盆地西南边缘比较重要的一处古文化遗存。作者以成都平原为中心的川西平原所发掘的具有典型意义的早期蜀文化遗址出土的陶器，与沙溪遗址下文化层的陶器作了对比研究，认为后者在陶器的制法、陶质、陶色、纹饰上，与成都十二桥、指挥街、新繁水观音、月亮湾以及羊子山土台基址上层诸遗存的陶器有许多相同或相似之处，应属同一考古学文化，即早期蜀文化。关于器型类比，从小平罐看，沙溪早期的A型2式相当于十二桥早期和水观音早期；沙溪晚期的B型相当于水观音晚期。尖底盏，沙溪早期的B型1式相当于指挥街早期，沙溪晚期的AB型3式、B型2式相当于指挥街晚期、十二桥中晚期和水观音晚期。沙溪早期的尖底盏亦产生于同时。沙溪晚期的器盏、纺轮相当于指挥街晚期、十二桥中期，或更接近于十二桥晚期。沙溪晚期的Ⅳ式尖底盏（原报告3式）尖底近圜，可能晚到战国初年。由此认为，沙溪遗址下层的绝对年代：早期相当于西周后期，晚期相当于春秋或更晚。此外，沙溪下层有肩石器与早期蜀文化陶器共存的独特组合。作者认为是青衣江流域早期文化一大特征，是早期蜀文化地方类型的又一表现。

《成都平原早期城址及其考古学文化初论》　江章华、王毅、张擎著，载《苏秉琦与当代中国考古学》，科学出版社2001年出版，全文约3万字。作者对1995年以来成都平原相继发现的新津宝墩、都江堰芒城村、崇州双河村和紫竹村、郫县古城村和温江鱼凫村6座商周以前的早期城址的文化内涵进行分析和研究，认为它们有一组贯穿始终而又区别于其他考古学的器物群，当属同一考古学文化遗存。将这一考古学文化命名为“宝墩文化”。全文分：城址概况；城址特点；宝墩文化的特征及初步分期；与周邻文化和遗址的关系；宝墩文化与三星堆文化的关系；结语等章节。文章着重对宝墩文化的总体特征、宝墩文化的初步分期及各期特征、三星堆遗址一期分析，以及宝墩文化的年代推断等作了分析和描述。成都平原古城址群的发现和研究，为建立四川盆地西部和东部的先秦文化序列和发展脉络提供坚实的基础。

《成都地区南朝佛教造像研究》　雷玉华著，载《少林文化研究论文集》，宗教文化出版社2001年出版。该文以当时所能见到的地下资料及考古学方法，对成都市万佛寺、西安路、商业街、彭州龙兴寺及茂县等地出土的南朝佛教石刻进行对比研究，对南朝佛教题材、经典、信仰、渊源等问题进行较全面的分析，并对南朝佛教石刻进行考古学的年代序列排比。作者指出，历史背景和文化因素的改变在造像上得到反映，造像的第一期，因受西北文化的影响，造像仍然保持古朴雄健的遗风；第二期前一阶段受南朝传统审美观的影响，流行一种病态瘦弱的风格；后一阶段因受到来自建康的诸多因素的影响，潇洒飘逸的形象又有“张得其肉”的风格；第三期因受到来自北方的影响，佛和菩萨的形象又发生较大的变化。

《岷江上游考古新发现述析》 蒋成、陈剑著，载《中华文化论坛》2001 年第 3 期。岷江上游新石器时代考古起步虽早，但发展缓慢。该文以 2000 年度岷江上游的考古调查、试掘等新发现材料，对岷江上游的新石器文化内涵、特征，进行对比研究和初步分析，提出以茂县营盘山遗址主体遗存为代表的“营盘山遗存”，是距今 5500—5000 年岷江上游地区一种以本土文化因素为主，吸收多种外来文化的地方文化类型的看法。

《成都平原先秦文化初论》 王毅、江章华、张擎著，载《考古学报》2002 年第 1 期。近年在成都平原有一系列考古新发现，作者深知从考古学角度建立该区域文化发展，并进而结合文献建构古蜀历史的必要性，所以在该文中试图对这一区域先秦时期的古文化遗址进行梳理，引起学术界重视，希望对推动这一区域考古工作的发展有所裨益。全文主要探讨典型遗址分析与文化阶段的划分、各阶段文化分期与特征、早晚文化的演进特征几个问题。在遗址分析与文化阶段划分的问题中作者认为宝墩文化、三星堆文化、十二桥文化、上汪家拐遗迹存乃前后相继的几个文化，这样成都平原从相当于中原龙山时期到战国末期的先秦文化划分成为接继发展的 4 大文化阶段，宝墩文化——三星堆文化——十二桥文化——上汪家拐遗迹存。该文对成都平原龙山时期至汉初的古文化，根据各个时期文化内涵的同一与变异程度，用“文化、期、段”进行不同层次的划分，并对各个阶段的文化特征和早晚关系以及演进特点进行初步的分析，目的是建立这一地区先秦古文化的年代序列。

《绵阳出土西汉木胎漆盘纹饰识读及其重要意义》 王先胜著，载《宗教学研究》2003 年第 2 期。该文对 1995 年四川绵阳双包山西汉 2 号木椁墓出土西汉木胎漆盘纹饰作了识读，并论述其文化意义。作者指出（Ⅰ式）是太极八卦盘，其纹饰内涵包括老子太极图、八卦六十四卦生成序、河图洛书、十月太阳历、阴阳合历、二十八宿、干支、节气、大衍数等几乎所有中国古代天文历法和《周易》数理；木胎漆盘与江淮流域各省出土的双耳 S 形圆图（即老子太极图）证实宋、明之际易学图书学的兴起与道家易学、道教易学传出有关，邵雍先天图、刘牧河图洛书、周敦颐太极图及阴阳鱼太极图均源自道家、道教，道家易、道教易源头在《归藏》，它们是有别于《易经》《易传》、儒家易传承关系的另一易学传承系统；木胎漆盘的出土和识读对易学史和中国文化研究具有重要意义。

《从旧石器晚期文化遗存看黄河流域人群向川西高原的迁徙》 石硕著，载《西藏研究》2004 年第 2 期。作者通过对目前川西高原地区发现的旧石器晚期遗存石器类型和文化面貌的分析，认为遗址的居民主要是从黄河流域南下的北方人群系统，正是他们将源自华北地区的小石器和细石器传统带入川西高原。他们主要活动在川西高原的一些河流阶地，最南抵达今攀枝花金沙江流域，并在此同由华南地区沿长江向西迁徙并有大中型石器和砾石传统的人群发生一定程度的交流与联系。此局面开启后来历史时期源自北方的藏缅语族群（或称“氐羌”族群）同源自南方的濮越族群两大族群之间发生交汇、联系和融合之先河。这表明“藏彝走廊”南部地区成为黄河流域与长江流域的文明之间一个交汇地带的历史，至少可以上溯到距今 1 万多年前的旧石器时代晚期。

《试论鄂西地区商周时期考古学文化的变迁——兼谈早期巴文化》 江章华著，载《考古》2004 年第 11 期。该文用考古层位学和文化因素的分析方法，对鄂西地区商周时期古遗址材料进行细致的梳理，将鄂西地区商周时期的考古学文化分为4期，同时将其文化遗存分为4类文化因素。从而清晰地揭示鄂西地区商周时期考古学文化的变迁历程。该文不仅揭示鄂西地区商周时期考古学文化的变迁历程，并因此对寻找早期巴文化提出新的线索，也为四川盆地考古学文化的变迁动因，三星堆文化的衰落及十二桥文化的形成原因提出有价值的见解。

《藏彝走廊地区石棺葬所属人群探讨》　石硕著，载《康定民族师范高等专科学校学报》2005年第1期。该文指出，石棺葬是继新石器时代以后整个“藏彝走廊”地区最主要的一种考古文化遗存。“藏彝走廊”石棺葬文化族属的“羌人”说和“氐人”说均难成立。从汉代史籍记载看，“藏彝走廊”地区与石棺葬文化相对应的人群应与《史记·西南夷列传》所记载的徙、筰都、冉駹、嶲、昆明5个部落相关。

《大渡河中游先秦考古学文化的分期及相关问题》　陈剑著，载《中华文化论坛》2005年第4期。大渡河中游地区是一个相对独立的地理单元和先秦时期的亚文化区。作者根据最新的考古实物资料，对大渡河中游先秦文化的时代、序列等基本问题进行基础性研究，论据充分，立论准确。文中使用大量的线图和统计表，形象生动地展现大渡河中游地区先秦文化的基本内涵，丰富川西高原先秦考古的研究内容。

第三节　学科代表人物

成恩元（1917—1995）　山西省水文县人，考古学家。1937—1941年在北京师范大学史地系、燕京大学历史系任职。1941—1945年在国民政府军委会外语训练班、成都燕京大学历史系、燕京研究院考古部学习。1947—1952年在华西协和大学博物馆任职。1952年后在四川大学博物馆资料室任职。主要代表作有：《敦煌棋经笺注》《我过现存最早象棋谱考》（1980—1982）、《邛窑五十年》（1984）、《川苗刺绣图案与铜鼓》（1984）等。

邓少琴（1897—1990）　原名作楷，字绍勤，四川省江津县（今重庆市江津市）人。青年时曾供职于重庆《强国报》社、《新蜀报》社、重庆联合中学、省立第二女子师范、江津中学等。1927年，受卢作孚之邀参与现代航运企业民生公司的筹划经营。先后担任过煤矿公司经理、北泉公园主任等职务。他撰写的《川江航运史》在学术界产生重大影响。1943年编撰《四川史志》和《重庆史志》。1943年，任四川大学版本整理委员会主任，后任四川大学历史系教授。1951年，离开成都去重庆与徐中舒、冯汉骥等共同筹建西南博物院（重庆市博物馆前身），任博物院秘书，主持日常工作，后任重庆市博物馆副馆长，20世纪80年代任学术顾问。主要论著有：《西康木雅乡西吴王考》《西康民族采风录》《昭觉之汉石刻》《益部汉隶集录》《武夷岩棺葬调查》《谈西南的岩棺葬制》《四川珙县崖棺葬调查记》等论文专著。还整理上百种四川地方志，绘制20多幅表现四川历史沿革的图样。

童恩正（1935—1997）　湖南省宁乡县人，考古学家、历史学家、民族学家、科幻作家。1961年毕业于四川大学历史系考古专门化班。毕业后在四川大学历史系考古教研室工作，担任冯汉骥的助手。1979年后先后担任四川大学历史系副教授、教授、硕士生导师、博士生指导教师、四川大学博物馆馆长。20世纪80年代先后在美国洛杉矶加州大学、哈佛大学、密歇根大学作访问学者和访问教授。1989年赴美，先后在加州大学、宾州大学等校讲课，并任德国匹兹堡大学历史系及东方艺术研究中心客座教授、德国科学院考古研究所通讯院士。童恩正长期从事西南民族考古调查、发掘和研究，先后主持甘孜藏族自治州石棺葬、西藏昌都卡若新石器时代遗址等多处古遗址、古墓葬的考古发掘。从70年代至90年代先后发表数十篇（部）具有很高学术价值的系列论文和专著，对西南民族考古这一学术领域的建立作出重要贡献。主要著述有专著《古代的巴蜀》《文化人类学》《南方文明·童恩正学术文集》；论文《论早期的铜鼓》《我国西南地区青铜戈的研究》《华南与东南亚的早期金属时代》《试论我国从东北至西南的边地半月形文化传播带》《中国北方与南方古代文明发展轨迹之异同》等。

秦学圣（1917—1998）　湖北省光化县人，体质人类学家、考古学家、民族学家，早年留学美国，专攻人类学及民族学。中华人民共和国成立后回国，先后担任华东军政委员会文化部研究员，重庆西南师范学院图书博物馆科教授、四川省文物考古研究所研究员、中国自然科学博物馆协会理事、中国人类学会主席团成员等职。在古人类和古脊推动物、体质人类学等方面造诣颇深，在国内外享有极高的声誉。在中华人民共和国成立初期，配合成渝铁路建设，出土著名的古人类化石“资阳人”，对“资阳人”的研究成果得到学术界的广泛认同。

王家祐　见本志“宗教学研究”第三节“学科代表人物”。

李绍明　见本志“民族学研究”第三节“学科代表人物”。

第二篇 机构、社团、刊物与网站

中共十一届三中全会以后，中共四川省委、省政府把繁荣和发展社会科学放在重要位置，加强对社会科学工作的领导。1980 年批准成立四川哲学社会科学学会联合会，后更名为四川省社会科学界联合会。同时，各市（地、州）相继成立社科联组织。改革开放后成立的四川省社会科学院等社科院校，与高等院校、党校系统、地方党政部门研究系统和各学术团体共同构成四川省社会科学的基本研究机构。一批社会科学研究的学术刊物相继问世。2004 年，省社科院、省社科联创办“四川社会科学在线”网站，各高校和部分市（州）社科联也随之创办官方网站。

第一章　社会科学管理机构

社会科学管理机构为省、市、县各级社会科学界联合会（以下简称社科联）。社科联是各级党委、政府领导下具有一定行政管理职能的学术性人民团体，是党和政府联系社会科学工作者的桥梁和纽带。

社科联的主要职能是：宣传、贯彻执行中国共产党的路线、方针、政策，反映社会科学工作者的要求，维护会员的合法权益，促进社会科学工作者的团结，充分发挥社会科学工作者的作用；负责指导、管理行政区划内社会科学团体开展活动，促进和加强学术团体之间、学科之间的联系与合作，促进理论工作部门与实际工作部门之间、哲学社会科学界与自然科学界之间的联系和合作。省、市社科联负责指导、管理行政区划内下级社科联、高等院校社科联、民办社会科学研究机构开展活动；整合行政区划内社会科学资源，组织多形式、多层次、多方面的学术探讨、调查研究、决策咨询，资助部分社会科学著作的出版；编制省、市社会科学研究的近期规划和长远规划，批准社会科学规划课题，组织社会科学规划研究项目的申报和课题管理。省社科联负责全省国家社会科学基金课题的申报工作，指导省社会科学重点研究基地和社会科学普及基地建设。省、市社科联组织开展哲学社会科学优秀科研成果评奖活动，协调部分获奖成果的出版、宣传、推广工作；编制省、市社会科学普及规划，组织各种形式的社会科学知识普及活动，开展社会科学培训、咨询服务工作；受省、市党委和政府委托负责行政区划内社会科学咨询业的行业管理工作；参与推荐有突出贡献的社会科学专家、社会科学学术带头人及后备人选的工作。承办各级党委、政府交办的其他事项。

第一节　省级社会科学管理机构

四川省社会科学界联合会是中共四川省委、四川省人民政府领导下的学术性人民团体。

1979 年 6 月 6—15 日，四川省召开首次哲学社会科学规划会议，成立四川省哲学社会科学学会联合会筹备组，开展筹备组建四川省哲学社会科学学会联合会的工作。1980 年，中共四川省委批准成立四川省社会科学学会联合会，明确为正厅级单位。1981 年 12 月 8—12 日，召开首次代表大会，四川省哲学社会科学学会联合会正式成立。1984 年 8 月，中共四川省委批准四川省哲学社会科学学会联合会成立党组。1991 年 4 月 26 日，四川省哲学社会科学学会联合会更名为四川省社会科学界联合会（以下简称四川省社科联）。

首届省社科联名誉主席杜心源、杨超、任白戈；顾问张秀熟、彭迪先、潘大奎、郑止戈；主席沈一之；副主席陈文、刘洪康、许琦之、李半黎、李吉均、李哲愚、萧菊人、余涧南（女）、宋锡仁、胡光、徐中舒、康电、胡晓风、秦其谷、黄明、黄友凡、韩纪元；秘书长李吉均（兼）。理事121人，其中常务理事40人。

1985年11月10日，省社科联召开第二次代表大会。全省理论战线的代表200余人参加会议。会议选举第二届理事会。选举杨超为理事会主席。推举谭启龙、杜心源、任白戈、张秀熟为名誉主席。聘请彭迪先、马识途、徐中舒、潘大逵、缪钺、邓止戈、陈文、韩纪元、刘洪康、李哲愚、秦其谷、许琦之、黄明、杨明照、李吉均为顾问。选举许川、宋锡仁、陈国志、郑青、冯举、林凌、王文肃、康电、隗瀛涛、钟明钊、刘诗白、张凤山、王文才、王先高、向在仁、阿旺措成为副主席，王克修为秘书长。选举理事147人，其中常务理事46人。

1991年4月24—26日，省社科联召开第三次代表大会，选举第三届理事会。名誉主席张秀熟、杨超；顾问彭迪先、马识途、潘大逵、缪钺、杨明照、邓止戈、陈文、韩纪元、李哲愚、秦其谷、许琦之、黄明、李吉均、宋锡仁、王叔云、冯举、康电、王文才、屈守元；咨询委员马骏阳、贾成、郑英、张凤山、康振农、王克修、李牧、陈康杨、钟锡畴；主席聂荣贵；副主席张锋、陈国志、刘诗白、扈远仁、郑青、林凌、姜凌、章玉钧、杨启泉、杜肯堂、王永锡、隗瀛涛、朱芬吉、吴世泰、杜江、徐仲林、阿旺措成、向在仁、鲁济典、杨泉明、钟明钊、贾本乾（1992年增补）、钱来忠（1992年增补）、王金明（1994年增补）、梁守勋（1996年增补）、宋玉鹏（1996年增补）；秘书长李南青、谢世廉（1996年调整）；理事198人，其中常务理事51人。

1997年6月3—5日，省社科联召开第四次代表大会，选举第四届理事会。名誉主席杨超、聂荣贵；顾问辛文、林凌、姜凌、隗瀛涛、卿希泰、康电、阿旺措成、陈国志；主席刘诗白；副主席贾本乾、梁守勋、宋玉鹏、鄢正刚、蒋明政、唐公昭、唐朝纪、杜肯堂、李绍明、刘茂才、王庭科、王永锡、杨泉明、郑晓幸、殷建中（1998年增补）、张家鎏（1998年增补）；秘书长谢世廉；理事210人，其中常务理事72人。

2002年9月18—19日，省社科联召开第五次代表大会。大会修改并通过学会章程，选举第五届理事会。名誉主席杨超、聂荣贵；顾问辛文、林凌、姜凌、隗瀛涛、卿希泰、阿旺措成、陈国志、鄢正刚、唐朝纪、杜肯堂、李绍明、刘茂才、王庭科、王永锡、都淦；主席刘诗白；副主席梁守勋、王均（2005年增补）、龚炤祥、李大宁、郑晓幸、唐公昭、李锡炎、卢耸岗、袁本朴、杨泉明、侯水平、唐小强、张家鎏、吕重九、涂文涛、陈玉屏、高林远、刘从政；秘书长谢世廉；理事210人，其中常务理事89人。

省社科联属参照公务员管理的学术性人民团体。下设办公室、规划评奖办公室（对外分别挂“四川省社会科学规划办公室”和“四川省社会科学评奖办公室”牌子）、学会学术部、社科普及部、《天府新论》编辑部、人事部6个部（室）和1个直属事业单位社会科学咨询服务中心。1997年9月，经省社科联第四届理事会第一次会议审议通过，成立省社科联规划工作委员会、学术工作委员会、学会工作委员会、市（州）社科联工作委员会等4个工作委员会，各工作委员会由常务理事和聘请专家组成。1998年9月，省科协和省社科联共同组建四川省咨询业协会，省社科联成立四川省咨询业协会社科办事处，后改称四川省咨询业协会社会科学专业委员会，下设德阳、绵阳、内江、广安和雅安5个工作站。

1984年起，省社科联开始负责组织经省人民政府批准设立的社科优秀成果评奖，每两年1次，至2004年评奖12次，评出省政府奖2708项，社科优秀奖527项。1986年，省社科规划课题立项工作全面展开，至2005年立项1036项；从2004年起，增设“省哲学社会科学规划（市州）项目”，立项29项；2005年推出“哲学社会科学普及规划项目”，立项24项；1991年起，开展国家社科基金课题申报工作。

1999年，中共四川省委、省政府明确省社科联负责省级社科类“创新人才”候选人的资格审查和初评工作。2001年，省社科联成为全省学术和技术带头人8个认定管理单位之一，承担归口推荐社科类学术和技术带头人及后备人选的任务。2004年，中共中央和四川省委明确四川省社科联是全省民办社科研究机构的业务主管单位。同年，四川省繁荣发展哲学社会科学协调小组成立，并决定实施重要成果专报制度，省社科联承担《重要成果专报》的遴选、编报工作。

1982年3月，省社科联创办内部刊物《四川社联通讯》；1992年1月，更名为《四川社科界》；1985年1月，创办公开发行的综合性学术双月刊《天府新论》；2000年，创办“四川社科在线”互联网站和“四川省社科联”党政网。2004年，根据四川省繁荣发展哲学社会科学协调小组的指示，互联网站“四川社科在线”与省社科院互联网站“四川社会科学”合并创办“四川社会科学在线”互联网站，网站含“四川省社科联”和“四川省社科院”两个子网。

四川省社科联已发展成为学科门类齐全、结构比较合理、优长学科突出、科研实力雄厚的社会科学学术团体，所属省级社科学会、协会、研究会168个；全省21个市（州）除阿坝州以外，建立社科联，有47个县（市、区）建立社科联；另外还建立泸州医学院社科联。团结和联系全省社会科学工作者超过30万人。期间，为配合重庆直辖市的建立，1997年完成重庆市社科联和涪陵地区社科联的移交。

四川省社科联成立后，应地方党委、政府邀请，组织学会和专家学者先后开展荥经县经济发展战略，广元市经济发展战略，成都市西城区经济发展战略，凉山彝族自治州普格县经济、社会和科技发展战略，荥经县跨世纪发展战略，绵竹市国民经济跨世纪发展战略，眉山地区战略发展课题，攀西地区天然林保护，邛崃市经济跨世纪发展，甘孜藏族自治州经济社会发展战略等调研活动，为地方的经济社会发展提供大量的对策咨询建议。

第二节　市级社会科学管理机构

一、成都市社会科学界联合会

市（州）社会科学界联合会是市（州）委、人民政府领导下具有一定行政管理职能的学术性人民团体。

1991年12月24日，成都市社会科学界联合会第一次代表大会召开，市社科联正式成立，选举第一届理事会。名誉主席王荣轩。主席王少雄，副主席向在仁、谭继和、龙凤阳、唐志宏、何光荣、陈企山、阳正太、赵静桂、杨伯安、魏柏良，秘书长陈绍乾。

1998年12月23日，第二次代表大会召开，选举第二理事会，名誉主席黄忠莹，副主席李维中、张树云、古荣华、叶长坚、刘从政、肖百冶、何昕旭、康超光、杨继瑞、梁昱庆、丁任重、宋如华、陈绍乾，秘书长陈绍乾（兼）。

2004年5月，第三次代表大会召开，选举第三届理事会，名誉主席黄忠莹，副主席刘从政、邵昱、陈伯君、宋志斌、孙建军、罗波、蔡亦如、门生、肖百冶、周鉴、杨继瑞、刘灿、梁昱庆，秘书长王苹。

成都市社科联属参照公务员管理的学术性人民团体。机关下设办公室、规划评奖办公室、学会学术部和编辑部4个职能部（室）。机关事业编制19名（不含市社科院编制35名），其中党组书记1名，党组副书记1名。处级领导职数8名。

成都市社科联实行团体会员制，团体会员由全市性社会科学学术团体和区（市、县）社科联组成。有各类社科学会、协会、研究会65个，19个区（市、县）基本完成社科联组建，其中13个区（市、县）社科联正式成立。形成一支专业与业余相结合、有较强实力，5万余人的社科研究队伍，成为成都地区学科门类齐全、结构合理、科研实力较强的哲学社会科学学术团体体系。1991年起，经成都市人民政府批准设立社科评奖，每两年1次，进行7次社科评奖，评出由市政府授奖的奖项715项，其中荣誉奖16项、特别奖1项、一等奖21项、二等奖117、三等奖560项；由成都市社科界授奖的奖项158项，其中市社联奖150项、组织工作奖8项。

1993年初，成都市社科联创办综合性学术刊物《解放》（内部季刊），1999年更名为《社科论坛》。

二、自贡市社会科学界联合会

1983年初，自贡市哲学社会科学学会联合会筹备组成立，负责自贡市哲学社会科学学会联合会的筹建工作。12月26日，召开第一次代表大会，自贡市哲学社会科学学会联合会正式成立，首届理事会会长周更新，副会长颜月皎、杨杰勋、宁永康、古代学、曾正武。

1989年1月，第二次代表大会召开，选举第二届理事会，主席钟历国，副主席颜月皎、陈文刚、古代学、黄先勤、陈金武（专职）。

1992年7月，第三次代表大会召开，选举第三届理事会，主席张新才，副主席吴树伦、陈金武、古代学、唐德祥。

1998年12月，第四次代表大会召开，选举第四届理事会，名誉主席钟历国，主席邱德峰，副主席彭南、杨大忠、黄蜀熊、冯志纯、彭布尔。

2003年12月，第五次代表大会召开，选举第五届理事会，主席邱德峰，副主席刘树宏、漆成康、游建军、李太顺、颜伟先。

1992年6月，自贡市哲学社会科学学会联合会更名为自贡市社会科学界联合会（以下简称自贡市社科联）。

1999年7月29日，四川省咨询业协会社会科学办事处自贡市工作站成立。1999年12月15日，中国人民政治协商会议自贡市委员会明确自贡市社科界为自贡市政协的组成界别。2000年10月10日，中共自贡市委组织部发文件，建立中共自贡市社科联党组。2004年10月26日，中共自贡市委决定成立自贡市繁荣发展哲学社会科学工作协调小组，下设办公室，负责承担日常工作，办公室设在市社科联。

自贡市社科联编制4名（2005年增编1名）。实行团体会员制，下辖各类社会科学学会、协会、研究会63个，个人会员3万余人。1978年，自贡市人民政府批准设立哲学社会科学优秀成果奖，评奖工作每两年开展1次，进行11次评奖，评出市政府奖奖项661项，其中一等奖23项、二等奖

94 项、三等奖 382 项、四等奖 162 项。

自贡市社科联主编出版内部刊物《社科天地》。

三、攀枝花市社会科学界联合会

1985 年 5 月，渡口市哲学社会科学学会联合会成立，选举第一届理事会，名誉主席张伯希，主席李翠贤，副主席阴温、孙本先、王树均、胡昌绪、罗心权。理事 33 人，其中常务理事 23 人。1989 年5 月，攀枝花市社会科学研究所成立，与该会合署办公。

1989 年 8 月，第二次代表大会召开，大会审议通过新章程，确定渡口市哲学社会科学学会联合会更名为攀枝花市社会科学学会联合会（以下简称攀枝花市社科联）。选举第二届理事会，主席李翠贤，副主席谭学虹、罗心权、李自宝、洪宝书、阴温、华铁平、李增山、胡昌绪、和克武。理事 79 人，其中常务理事 23 人。

1993 年 11 月，第三次代表大会召开，选举第三届理事会，主席吴登昌，副主席罗心权、李自宝、洪宝书、赫正友、刘新会、陈奎彦。理事 72 人，其中常务理事 23 人。

1998 年 12 月，第四次代表大会召开，选举第四届理事会，主席邹吉祥，副主席罗心权、李自宝、洪宝书、赫正友、刘新会、张宽洪、周金榜。理事 78 人，其中常务理事 25 人。

2004 年 5 月，第五次代表大会召开，选举第五届理事会，主席肖立军，副主席杜非、刘新会、吴宏放、李尚志、李福君、项建国、王斌、杨君。理事 77 人，其中常务理事 25 人。

攀枝花市社科联由中共攀枝花市委宣传部代管。1985 年成立时编制 3 名，2002 年增加至 9 名，主席由市委宣传部部长或副部长兼任，设常务副主席 1 人，主持日常工作。下设学会学术部、办公室、规划评奖办公室（挂攀枝花市社会科学规划办公室和攀枝花市社会科学优秀成果评奖办公室牌子）。

攀枝花市社科联实行团体会员制，有社会科学学会、协会、研究会 52 个，主要分布在经济、政治、法律、哲学、教育等学科领域。1987 年起，开展攀枝花市哲学社会优秀成果评奖，每两年 1 次，至 2003 年开展 7 次评奖，有 738 项成果获奖，其中特等（别）奖 2 项、一等奖 66 项、二等奖 166 项、三等奖 504 项。从 1989 年开始，攀枝花市社科研究规划工作由市社科联统一组织领导，至 2005 年完成规划课题 121 项。

1985 年 5 月，创办内部刊物《渡口社联》；1987 年，更名为《攀枝花市社会科学》。

四、泸州市社会科学界联合会

1989 年 8 月 3 日，泸州市社会科学界联合会成立，选举第一届理事会，主席周朝富，副主席车有荣、陈自均、张万琴、夏天、曾孝权（常务）、曾落先、廖学文。理事 49 人，其中常务理事 19 人。

1994 年 11 月 29 日，第二次代表大会召开，选举第二届理事会，名誉主席周朝富，主席叶怀祥，副主席查克林、石俊华、肖天任、周胜富、梁庵、常序烈、焦心久。理事 66 人，其中常务理事 19 人。

2002 年 1 月 16 日，第三次代表大会召开，选举第三届理事会，主席查克林，副主席方莉、尹杰霖、康立莎、杨亚光、陈兴友、刘涛 6 人。理事 54 人，其中常务理事 18 人。

泸州市社科联属参照公务员管理的学术性人民团体，由中共泸州市委宣传部代管。行政编制

3名。

泸州市社科联实行团体会员制，有下属学会、协会、研究会42个，县（区）社科联7个、高校社科联1个（泸州医学院）。1990年起，每两年进行1次社会科学优秀成果评奖，至2004年开展8次评奖，有653项优秀成果获奖，其中一等奖28项、二等奖132项、三等奖309项、优秀奖184项。1997年起，每年度开展泸州市社会科学重点科研课题规划工作，规划重点课题125项。1992年，创办综合性理论季刊《泸州社会科学》。

五、德阳市社会科学界联合会

1998年6月28日，德阳市社会科学界联合会成立，市社科联党组同时成立，与中共德阳市委讲师团实行一套机构、两块牌子、合署办公。首届市社科联主席郑晓幸，副主席周延兴（党组书记）、陈延理（驻会）、蒋大海、袁前锋、田亚东、龙旗云、李继街、李显武、张远国、刘建伟（届中增补）。理事76人，其中常务理事43人。

2004年9月1日，第二次代表大会召开，选举第二届理事会。主席郝跃南，副主席罗世福、李林全、黄平林、蒋大海、王箭、刘建伟、贺文佳、吴忠金、李开元（增补）。理事110人，其中常务理事62人。

2000年5月，四川省咨询业协会社会科学专业委员会德阳工作站成立。2001年，德阳市政治协商会议明确德阳市社科界为市政协的组成界别。

德阳市社科联由中共德阳市委宣传部代管。下设办公室和学会学术部（挂德阳市哲学社会科学优秀科研成果评奖委员会办公室牌子）。2001年11月，市社科联机构改革，增设社科普及部，设行政编制1名，事业编制8名。其中驻会主席1名、副主席1名。科级领导职数4名（含秘书长1名。）机关事业服务人员事业编制1名。

德阳市社科联实行团体会员制，有下属学会、协会、研究会48个。2000年起，每两年进行1次社会科学优秀成果评奖，至2004年开展3次评奖，评出政府奖140项，其中荣誉奖1项、一等奖6项、二等奖34项、三等奖99项、社科优秀奖90项。1998年起，参加省哲学社会科学优秀成果评奖，至2004年参加4次，有4项成果获奖，其中二等奖2项（2000年、2002年）、三等奖2项（1998年、2004年）。

德阳市社科联编辑出版学术刊物《德阳社会科学》（季刊）。

六、绵阳市社会科学界联合会

1986年1月21日，绵阳市哲学社会科学学会联合会召开第一次会员代表大会，选举第一届理事会。名誉主席曾子军、辛清碧，主席衡超伦，专职副主席孙章平、杨培德（届中增补），兼职副主席彭书杰、刘芳卿、陈怡，聘请顾问9名。理事43人，其中常务理事15人。

1990年9月19—21日，第二次代表大会召开，选举第二届理事会。名誉主席衡超伦、谢能勋、刘耀华，主席杨培德、杨子林，副主席陈怡、刘芳卿、冯子月、沈亦军（届中增补、专职）。理事63人，其中常务理事17人。

1995年12月26—27日，第三次代表大会召开，审议通过新的章程，决定将绵阳市哲学社会科学学会联合会更名为绵阳市社会科学界联合会（以下简称绵阳市社科联）。选举第三届理事会。名誉主席蒋仁富、赵欣、魏志渊、刘耀华，主席杨子林，专职副主席沈亦军、肖平凡，兼职副主席冯文凡、江秉慧、王天柱、杨学军，聘请顾问6名。理事70人，其中常务理事24人。

2000年1月，第四次代表大会召开，选举第四届理事会。主席杨子林，专职副主席肖平凡，兼职副主席陈怡、冯子月、蒋仕钧、杨学军、袁思伦、姚定。

2004年12月，第五次代表大会召开，选举第五届理事会。主席肖平凡，专职副主席何季德、唐德映、赵维民，兼职副主席侯志明、朱强、王海滨、姚定、商碧辉。理事69人，其中常务理事24人。

绵阳市社科联属参照公务员管理的学术性人民团体。下设学会学术部和办公室，机关编制8名。

绵阳市社科联实行团体会员制。成立初有下属学会、协会、研究会等团体会员26个。2005年有学会、协会、研究会等团体会员56个、县级社科联1个（江油市社科联），会员3万余人。1986年起，受绵阳市政府委托，组织开展全市哲学社会科学优秀成果评奖工作，从1992年第三次评奖开始每两年开展1次，至2004年开展9次评奖，有1082项成果获市政府奖励，其中特别奖4项、一等奖63项、二等奖228项、三等奖689项、优秀奖160项。

1985年8月，创办综合性理论季刊《绵阳社联通讯》（内部刊物）；1986年，更名为《绵阳社联》；1988年，再次更名为《绵阳论坛》。

七、广元市社会科学界联合会

1997年3月21日，中共广元市委常委会议决定成立广元市社会科学界联合会（以下简称广元市社科联）。2002年4月27日，广元市社科联第一次代表大会暨成立大会召开，选举第一届理事会。名誉主席刘诗白、梁守勋。主席何开金；专职副主席罗彦康（驻会），兼职副主席淳廷才、覃清涛、张清明、张德清。理事25人，其中常务理事13人。

广元市社科联属参照公务员管理的学术性人民团体，挂靠中共广元市委宣传部。机关内设办公室、综合部，机关事业编制4名。

广元市社科联实行团体会员制。有学会、协会、研究会等团体会员41个、县级社科联2个（剑阁县、市中区），会员4.5万余人。

广元市社科联编辑出版内部理论季刊《广元社会科学》。

八、遂宁市社会科学界联合会

1986年2月，遂宁市哲学社会科学学会联合会筹备组成立，副市长李鸿儒任组长，市委宣传部部长汤群祥、市委党校副校长陈希胜、市委讲师团副团长张廷安任副组长。1988年12月6日，遂宁市哲学社会科学学会联合会第一次代表大会召开，选举第一届理事会。主席李鸿儒，副主席汤群祥、张廷安（常务）、陈希胜，秘书长王文斗。理事48人，其中常务理事13人。

1992年6月15日，第二次代表大会召开，选举第二届理事会。主席汤群祥，副主席冯良、袁熙贵、王文斗（兼秘书长）。理事58人，其中常务理事14人。同年7月，遂宁市哲学社会科学学会联合会更名为遂宁市社会科学界联合会（以下简称遂宁市社科联）。1995年6月，第二届理事会班子进行调整，理事增至60人，其中常务理事16人；主席冯良，副主席袁熙贵、向来（兼秘书长）。1996年，市社科联机构改革，四川省社科院遂宁经济研究所并入市社科联。

1997年11月28日，第三次代表大会召开，选举第三届理事会。名誉主席李鸿儒、汤群祥。主席冯良，副主席熊高仲、向来（兼秘书长）、张维录。常务理事20人。

2001年11月9日，第四次代表大会召开，选举第四届理事会。名誉主席汤群祥、熊高仲。主席李小华，副主席谢兰阶（兼秘书长）、石平、唐谟友。理事35人，其中常务理事15人。2003年12月，第四届理事会班子进行调整，主席冯良、副主席谢兰阶（常务）、石平、唐谟友，秘书长袁媛。

遂宁市社科联属参照公务员管理的学术性人民团体。由市委宣传部代管。编制3名。内设办公室。

遂宁市社科联实行团体会员制。有市级学会、协会、研究会25个，会员2万余人。

1988年1月，遂宁市哲学社会科学优秀成果评委会成立。6月，开展第一次哲学社会科学优秀成果评选。此后每两年进行1次社会科学优秀成果评奖，至2004年开展8次评奖，有347项成果获奖（未有第六次评奖资料），其中荣誉奖3项（第二、五次）、一等奖28项、二等奖91项、三等奖215项、鼓励奖10项（第一次）。

1988年，市社科联与市委宣传部、遂宁市经济研究所、市委讲师团、市委政研室联合创办，四川省农村工作委员会与遂宁市委共同主办，以研究丘陵地区经济发展为主的全市性学术理论季刊《丘陵经济》（内刊），由市社科联具体承办；1995年，与市委宣传部联合创办全市综合性社科理论刊物《涪江论坛》（内刊，双月刊），由市社科联具体承办；2001年，两刊划归市委宣传部。

九、内江市社会科学界联合会

1984年3月，经中共内江地委的批准，内江地区社会科学学会联合会筹备组成立。1984年12月4日，内江地区哲学社会科学学会联合会正式成立。第一次代表大会选举由53人组成第一届理事会。1985年2月11日，内江撤地建市，内江地区哲学社会科学学会联合会更名为内江市哲学社会科学学会联合会。6月，设立市社科联办公室。12月，创办内部刊物《内江新论》，后于1994年停刊。1986年3月，内江市哲学社会科学评奖委员会成立。市社科联办公室兼作评委会办公室，具体负责办理评奖的组织协调工作。

1988年8月29—30日，第二次会员代表大会召开。审议通过《内江市哲学社会科学学会联合会章程》（修订稿）和《内江市哲学社会科学学会管理试行条例》，选举由43人组成的第二届理事会。1991年11月22日，根据四川省社会科学界联合会章程，经市委研究，内江市哲学社会科学学会联合会更名为内江市社会科学界联合会（以下简称内江市社科联）。2001年机构改革，市社科联并入内江市委宣传部，编制、人事、后勤等纳入宣传部统一管理，对外独立开展工作。2003年9月29日，市社科联成立四川省咨询业协会社会科学专业委员会内江市工作站，主要负责管理本市辖区内从事社会科学咨询业务的企事业单位或组织及具有从事社科咨询工作执业水平的专业人员。

内江市社科联设主席1名（正县级），专职副主席1名。专职副主席魏常武，秘书长孙旭。有市级学会、协会、研究会54个，会员2万余人。1989年，组织开展全市哲学社会科学优秀科研成果评奖工作，从1992年第二次评奖开始每两年开展1次，至2004年举办8次评奖活动，有近400项成果获奖。

十、乐山市社会科学界联合会

1983年2月，乐山地区哲学社会科学学会联合会召开第一次代表大会，选举第一届理事会。名誉理事长杨万明，顾问裴洪德、张追光，理事长张浩，副理事长李泳、黄德润、孙强、何仲铭。常务理事10人。

1987 年 10 月 20 日，第二次代表大会召开，选举第二届理事会。主席张浩，副主席李金营、黄德润、王聿修、邹健明、何仲铭、杨廷德。

1990 年 12 月 21 日，第三次代表大会召开，选举第三届理事会。主席李吉荣，副主席黄德润、何仲铭、杨廷德、孙强、王聿修、邹健明、周绍全。本届理事会决定任期由原 3 年改为 5 年。同时，乐山市哲学社会科学学会联合会更名为乐山市社会科学界联合会（以下简称乐山市社科联）。

1995 年 11 月 23 日，第四次代表大会召开，选举市社科联第四届理事会。名誉主席李吉荣，名誉副主席黄德润、石化金，顾问邹健明，主席严文清，副主席赵志强、林晓、魏奕雄、冯良伦、王影聪、周绍全、杨桦、薛建平。

2001 年 12 月，第五次代表大会召开，选举第五届理事会。名誉主席何征修，顾问黄德润、邹健明、杨廷德，主席黄学文，专职副主席周政军、彭国伦，兼职副主席郝丽萍、薛建平、杨胜宽、赵志强、王频。理事 63 人，其中常务理事 31 人。

乐山市社科联属参照公务员管理的学术性人民团体，由中共乐山市委宣传部代管。与四川省社会科学院乐山分院实行两块牌子、一套班子的管理体制，乐山市社会科学顾问团、乐山市政府社会科学评奖委员会、乐山市社会科学研究和普及规划办公室设在社科联。机关内设办公室和学会工作部，核定事业编制 8 名，设主席 1 名，专职副主席 1 名；科级领导职数 2 名。

乐山市社科联实行团体会员制。有市级哲学社会科学的学会、协会、研究会 35 个，县级社科联 1 个（沙湾区社科联），会员 2 万余人。1988 年起，承担乐山市政府哲学社会科学优秀成果评奖工作，每两年开展 1 次，至 2004 年开展 9 次，有 1274 项获市政府奖，其中荣誉奖 4 项、一等奖 49 项。

十一、南充市社会科学界联合会

1989 年 4 月 8 日，南充地区哲学社会科学学会联合会成立。主席赵培德，副主席杨元生、龙显昭、彭书，秘书长莫尚富。理事 93 人，其中常务理事 35 人。1993 年 10 月，南充撤地建市，南充地区哲学社会科学学会联合会更名为南充市社会科学界联合会（以下简称南充市社科联）。

1994 年 12 月 28 日，南充市社科联第一次代表大会召开，选举第一届理事会。名誉主席李正培、向阳，主席蒲显福，副主席周太荣、王绍维（专职）、龙显昭，秘书长王绍维（兼）。理事 85 人，其中常务理事 25 人。

2000 年 2 月 25 日，第二次代表大会召开，选举第二届理事会。主席陈荣仲，副主席董保真、谭旭辉、杨士中、罗文荣、宋先钧、赵东（专职），秘书长王军。理事 76 人，其中常务理事 23 人。

2005 年 12 月 5 日，第三次代表大会召开，选举第三届理事会。主席赵东（党组书记），副主席朱世宏、凌保东、聂应德、杨凤林、宋先钧，秘书长王军。理事 85 人，其中常务理事 25 人。

南充市社科联为正县级行政单位，受中共南充市委宣传部直接领导。1991 年机关内设 1 个编辑部，1994 年起增设专职副主席 1 名，1997 年起内设机构改为南充市社科规划评奖办公室，1998 年，市社科联机关并入公务员系列管理体制。2001 年，经中共南充市委批准建立市社科联党组。社科联机关事业编制 4 名，其中党组书记、专职副主席 1 名，科级领导职数 1 名。

南充市社科联实行团体会员制。有学会、协会、研究会 51 个，会员 6 万余人。

“八五”至“十五”（1991—2005 年）期间，全市社科规划课题先后获得国家社科基金课题 11 项，教育部基金课题 14 项，省社科规划课题 52 项，省教育基金课题 23 项，并从“九五”开始开展全市社科研究规划立项工作，至 2005 年，规划完成课题 52 项。

1990 年起，由政府组织的社科优秀成果评奖活动每两年开展 1 次，至 2004 年开展 8 次评奖（南充地区行署评奖 2 次、南充市政府评奖 6 次），评选出市（地）政府奖 613 项，市社科界优秀奖 796 项。其中荣誉奖 19 项、一等奖 58 项、二等奖 197 项、三等奖 364 项、青年社科优秀奖 32 项。

南充市社科联编辑出版会刊《南充社科论坛》。

十二、宜宾市社会科学界联合会

1997 年 10 月 27—28 日，宜宾市社会科学界联合会（以下简称宜宾市社科联）召开第一次代表大会，选举第一届理事会。主席徐国华，副主席尹德宏、郫书俊、刘宁、毛克强、罗永康（专职）、郑耀银、饶玉中，秘书长侯敏。顾问高万权、李敦伯。理事 103 人，其中常务理事 36 人。此前，宜宾市社会科学界的各类学会、协会、研究会，大部分由宜宾市科协代管，部分业务工作接受宜宾地委宣传部指导。市社科联成立后，社科类学会、协会、研究会正式加入市社科联。2002 年 3 月建立市社科联党组，徐国华兼任党组书记。

2003 年 1 月，第二次代表大会召开，选举第二届理事会。主席徐国华，副主席葛燎原、马平、刘宁、毛克强、刘光远、陈和平、罗永康（专职），秘书长侯敏。理事 110 人，其中常务理事 34 人。

宜宾市社科联属参照公务员管理的学术性人民团体。编制 6 名，机关内设办公室 1 个机构。

宜宾市社科联实行团体会员制。有学会、协会、研究会 70 个和宜宾县、屏山县、兴文县、长宁县 4 个县级社科联，会员 2 万余人。

1992 年，由政府组织的“宜宾地区哲学社会科学优秀成果评奖”工作启动，评奖活动每两年开展 1 次，至 1996 年组织 3 次评奖。1998 年起改称“宜宾市哲学社会科学优秀成果评奖”，由市社科联承办，至 2004 年开展 4 次，有 775 项成果获奖，其中一等奖 23 项、二等奖 69 项、三等奖 278 项、优秀奖 405 项，另评选出组织工作奖 48 个。

1999 年起，宜宾市社科联每年组织专家学者从各单位申报的课题中评选全市年度社科重点课题，至 2005 年对 201 个市级重点研究课题予以表彰奖励。

1999 年，宜宾市社科联创办会刊《三江新论》（内部刊物、季刊），2004 年停刊。

十三、广安市社会科学界联合会

1995 年 3 月，广安地区社会科学界联合会（以下简称广安地区社科联）成立。1996 年 11 月，广安地区机构改革明确广安地区社科联为正县级事业单位的学术性人民团体。1997 年 8 月，广安地区社科联成立暨第一次代表大会召开。1995 年 5 月，广安地区社会科学界联合会更名为广安市社会科学界联合会（以下简称广安市社科联），并召开第一次代表大会，选举第一届理事会。名誉主席李成轩，主席陈茂全，副主席傅琳、李勇明；秘书长李超。理事 63 人，其中常务理事 26 人。

2002 年 3 月，广安市社科联设立办公室。市社科联机构编制、人事和后勤管理由市委宣传部负责，对外独立开展工作。2004 年，经四川省咨询业协会社会科学专业委员会批准，成立四川省咨询业协会社会科学专业委员会广安工作站。

广安市社科联实行团体会员制。有 54 个学会、协会、研究会和邻水、武胜 2 个县级社科联，会员 1 万余人。

广安市社科联成立后，坚持理论联系实际，开展广安经济发展、县域经济、教育、旅游开发等领域的研究工作，先后有 10 余项课题获得四川省邓小平研究中心、省社科规划课题立项。1998 年，广安地区哲学社会科学优秀成果评奖委员会成立，1999 年，改称广安市哲学社会科学优秀成果评奖委员会，并于 1998 年、2002 年组织开展 2 次优秀成果评奖活动，有 143 项成果获奖，其中特等奖 10 项、一等奖 16 项、二等奖 31 项、三等奖 58 项、优秀奖 28 项（1998 年）。

1998 年 3 月，广安市社科联创办社科理论季刊《金广安》杂志。1999 年，改为双月刊。2000 年，广安市委决定，《金广安》杂志为市委机关刊物，由市社科联承办。2005 年，由双月刊改为月刊。

十四、达州市社会科学界联合会

1979 年 10 月 24 日，达县地区社会科学研究学会成立，是全省成立最早的社科联组织。理事长扈远仁，副理事长孙瑞岚、刘仁忠、李企、郑自然、刘云杰、高树海、巨能舜（兼秘书长）。理事 24 人。1983 年 3 月 15 日，达县地区社会科学研究学会更名为达县地区哲学社会科学界联合会。1993 年7 月，达县地区区划调整，达县地区更名为达川地区。达县地区社科联更名为达川地区社科联，巴中县、通江县、南江县、平昌县社科联划归新设立的巴中地区，邻水县社科联划归新设立的广安地区。

1999 年 8 月，达川地区社科联召开第五次代表大会暨成立 20 周年纪念大会，选举第五届理事会。名誉主席张格民，主席熊清明，副主席王绍其、石俊、周代志、向自强（专职），秘书长谭德海。同年，达川地区撤销，设立达州市。11 月，达川地区社会科学界联合会更名为达州市社会科学界联合会（以下简称达州市社科联）。

2005 年 4 月，达州市社科联召开第二次代表大会，选举第二届理事会。名誉主席康莲英，主席杜泽九，副主席杨会国、吴应刚、黄龙德、刘孝林、王道坤、李明忠、傅忠贤。理事 65 人，其中常务理事 24 人。

达州市社科联机关定编 7 名，内设办公室、学会学术部，同时挂达州市社会科学评奖委员会办公室和达州市社会科学规划委员会办公室两块牌子。

达州市社科联实行团体会员制。有学会、协会、研究会 43 个，县（市、区）社科联 7 个，会员 2 万余人。达州市开展哲学社会科学优秀成果评奖工作较早，1984—2005 年开展 9 次优秀成果评奖，评出市（行署）政府奖 808 项，其中一等奖 45 项、二等奖 156 项、三等奖 607 项，另有 205 项成果获市（地区）社科优秀奖。

达州市社科联编辑出版学术理论刊物《达州社会科学》。

十五、巴中市社会科学界联合会

1994 年，巴中地区哲学社会科学学会联合会（以下简称巴中地区社科联）成立。2003 年，巴中撤地设市，召开社科联换届工作会，巴中地区社科联更名巴中市社科联，选举巴中市社科联新的理事会和领导班子。2005 年，中共巴中市委确定市社科联为正县级机构。

巴中市社科联与市委宣传部合署办公。实行团体会员制，有学会、协会、研究会 13 个及南江、通江 2 个县级社科联。

十六、雅安市社会科学界联合会

1988 年 11 月 29 日，雅安地区哲学社会科学学会联合会第一次代表大会召开，选举第一届理事会。主席彭学美，副主席刘明德、聂泽京、唐洛宾、冯启江、周利权，秘书长肖树义。理事 42 人，其中常务理事 14 人。1991 年，雅安地区哲学社会科学学会联合会更名为雅安地区社会科学界联合会。

1992 年 2 月 18 日，第二次代表大会召开，选举第二届理事会。名誉主席刘福银，主席彭学美，副主席刘明德、帅韬、王久仁、李泉君、周利权、肖树义，秘书长廖成志。

1996 年 4 月 22 日，第三次代表大会召开，选举第三届理事会。名誉主席李自明、张翊为，主席罗宗义，副主席李泉君、肖树义、周利权、廖成志（兼秘书长）、张广博。2000 年 12 月，雅安撤地设市。雅安地区社会科学界联合会更名为雅安市社会科学界联合会（以下简称雅安市社科联）。

2002 年 12 月 30 日，第四次代表大会（雅安市社科联第一次代表大会）召开，选举第四届理事会。名誉主席何大清、向华全、罗玉兰，主席罗光泽，副主席董进智、刘平、王岩飞、张广博、武宪熙、杨金明、王玲（兼秘书长）。

雅安市社科联属参照公务员管理的学术性人民团体。实行团体会员制。有学会、协会、研究会 48 个。1999 年，四川省咨询业协会社科办事处雅安工作站成立。

1988 年 2 月，地区社科联筹备组启动雅安第一次哲学社会科学优秀科研成果评奖，以后每两年评选 1 次，至 2004 年组织 9 次评奖，有 271 项以上成果获市（行署）奖励，其中特别奖 3 项、一等奖 35 项、二等奖 80 项、三等奖 153 项（第三次评奖资料缺失）。

1989 年 7 月雅安市社科联创办学术性综合性内部刊物《雅安社科研究》。

十七、眉山市社会科学界联合会

1997 年 9 月，眉山地区社会科学界联合会成立。主席王影聪，副主席徐井万（兼秘书长）、赵志明、王华清、李中毅、刘川眉。2000 年 12 月，眉山撤地建市，眉山地区社会科学界联合会更名为眉山市社会科学界联合会（以下简称眉山市社科联）。

2002 年 8 月，眉山市社科联召开第一次代表大会，选举第一届理事会。主席王影聪，副主席徐井万、赵志明、李中毅、王华清，秘书长涂勇。理事 35 人，其中常务理事 23 人。

眉山市社科联为正县级事业单位，由中共眉山市委宣传部代管，编制 1 名。其主要职责是：指导和协调所属各个学会、协会、研究会的工作。

眉山市社科联实行团体会员制，有 25 个学会、协会、研究会和 1 个县级社科联（东坡区社科联），会员 3000 余人。

眉山市社科联于 2002 年、2004 年举办两届“哲学社会科学优秀成果评奖”活动，有 134 项成果获市政府表彰奖励，其中一等奖 10 项、二等奖 55 项、三等奖 69 项，另有 57 项成果获市社科优秀奖。1998—2004 年，先后有 12 项成果在四川省社科评奖中获奖，其中，二等奖 1 项、三等奖 7 项、社科优秀奖 4 项。

十八、资阳市社会科学界联合会

2005 年 4 月，资阳市社会科学界联合会（以下简称资阳市社科联）召开第一次代表大会，选举理事会。主席苏华，副主席陆安强（兼秘书长）。理事 35 人。

资阳市社科联属于参照公务员管理的学术性人民团体，与中共资阳市委宣传部合署办公。

资阳市社科联实行团体会员制。有市级学会、协会、研究会 15 个，会员 700 余人。

十九、甘孜藏族自治州社会科学界联合会

2004年6月，甘孜藏族自治州社会科学界联合会（以下简称甘孜州社科联）筹备组成立。2005年4月4—5日，甘孜州社科联成立暨第一次代表大会召开，选举第一届理事会。名誉主席泽波、王怀林、陈加林、根秋登子，主席金学文，副主席贺先枣（驻会）、李能武、东风、杨洛桑。理事21人。四川省社科院甘孜州分院同时挂牌成立。

甘孜州社科联属参照公务员管理的学术性人民团体，与四川省社科院甘孜州分院实行两块牌子、一套人员合署办公。机关内设办公室、学会学术部。

甘孜州社科联实行团体会员制。有学会、协会、研究会21个。

甘孜州社科联每年开展1次社会科学优秀科研成果的评奖活动；参与省的评奖活动。承办州委、州政府交办的任务。编辑出版本会刊物、学术资料和简报，交流信息。

二十、凉山彝族自治州社会科学界联合会

1983年3月，凉山彝族自治州哲学社会科学学会成立。后经中共凉山州委、州政府批准，1984年12月在州社会科学学会基础上成立凉山彝族自治州社会科学工作者联合会。12月3—7日，第一次代表大会召开，选举第一届理事会。名誉会长刘绍先、罗开文、马鹤龄，会长王传廷，副会长肖光成、李培意、巴莫尔哈、赵明、刘世昌、柏长庚、徐德全，秘书长杨纯才（后由梁志德担任）。常务理事24人。

1993年，凉山彝族自治州社会科学工作者联合会更名为凉山彝族自治州社会科学界联合会（以下简称凉山州社科联）。

1994年12月16日，凉山州社科联召开第二次代表大会，选举第二届理事会。名誉主席骆玉祥，主席王万金，副主席梁志德（专职、兼秘书长）、曹永葆、张全安、卿太金、李杨名、周述文、王吝禄、阿卓哈布、阿什老轨、刘焰，聘请刘绍先、马开明、朱洪明、余天佑、吴荫德、陈其中、韩恕、张作哈、韩启方、龚继铭为顾问。理事64人，其中常务理事34人。

2002年1月18日，凉山州社科联召开第三次代表大会，选举第三届理事会。名誉主席阿什老轨，主席王金铁，副主席哈小华、王洪轩、匡文俊、刘永梅、许正模、沈明祥、李怀良、苏志明、陈明甫、何学湘、张家让、胡绍定、洪长伟、徐家模、景志明，秘书长刘萍。聘请巴莫尔哈、张发江、张锡煊、罗国清、梁志德、穆文富为顾问。理事101人，其中常务理事35人。

凉山州社科联实行团体会员制。有学会、协会、研究会42个，县（市）社科联（社科学会）7个（会东县、会理县、甘洛县、普格县、金阳县、喜德县社科联和西昌市社会科学学会），会员2万余人。

凉山州社科联从"八五"时期开始，编制"凉山州哲学社会科学规划纲要"，从宏观上指导和引导全州社会科学研究的方向，并有计划地逐年实施规划纲要中提出的研究课题。2002年，凉山州颁布《凉山州哲学社会科学研究课题管理办法》，州社科联受州委、州政府委托，领导全州哲学社会科学规划工作。20多年，组织实施100余项全国、省、州重点研究课题。

凉山州社科联每两年开展1次的凉山州哲学社会科学优秀成果评奖活动，始于1988年，截至2004年开展9次。

1985年，凉山州社科联创办内部学术季刊《凉山社科联通讯》；2000年，改为双月刊，更名为《凉山社会科学》。截至2005年，出刊84期，增刊18期。

二十一、重庆市社会科学界联合会

1982 年 3 月 24—26 日，重庆市哲学社会科学学会联合会第一次代表大会召开，选举第一届理事会。名誉主席孟广涵、张永青、张文澄，主席黄友凡，副主席陈家聪等 12 人。1992 年，重庆市哲学社会科学学会联合会更名为重庆市社会科学界联合会（以下简称重庆市社科联）。

1997 年 6 月，国务院决定将四川省管辖的重庆市、涪陵市、万县市、黔江地区划出，组建新的重庆市，由中央直辖，重庆市社科联改组为重庆直辖市社科联。

二十二、涪陵市社会科学界联合会

1990 年 9 月 20 日，涪陵地区哲学社会科学联合会成立。首届理事会主席刘庆渝。1995 年 2 月，更名为涪陵地区社会科学界联合会。同年，涪陵撤地设市，涪陵地区社会科学界联合会更名为涪陵市社会科学界联合会。2 月 23 日，第二次会员代表大会召开，选举第二届理事会，主席杨宗恒。

1997 年 6 月，涪陵市划归新组建的重庆直辖市，涪陵市社科联改属重庆市社科联指导、管理。

第三节 县级社会科学管理机构

县（市、区）社会科学界联合会（以下简称县级社科联）是县（市、区）委、政府领导下的学术性人民团体，是各县（市、区）社会科学学会、协会、研究会的联合组织。县级社科联的产生、发展与壮大，与当地学术理论繁荣和社会科学学会发展密不可分。

1980—1989 年，面对改革开放和思想解放的大潮，哲学社会科学逐渐活跃，各类社会科学学会的出现为社科联的建立奠定基础。1982 年，《中共中央关于转发〈全国哲学社会科学规划座谈会纪要〉的通知》发出，为社科联的建立提供重要的政策依据。达县地区县级社科联的建设在全省最为活跃。1979 年，达县地区社会科学研究学会成立。1980 年，万源、大竹、邻水 3 县率先建立县级社科联（社会科学研究学会）。至 1988 年，达县地区 12 个县（市）全部建立社科联（社会科学研究学会、哲学社会科学学会联合会）。同期，成都市温江县（1984 年）、金堂县（1989 年），绵阳市江油县（1986 年），乐山市眉山县（眉山市东坡区，1988 年）社科联（哲学社会科学学会联合会）也相继建立，全省有县级社科联 15 个。这一时期，县级社科联挂靠在县（市）委宣传部，无专职人员和工作经费，各县（市）县级社科联职能不尽相同，属初创探索阶段。

20 世纪 90 年代初，凉山州会东、会理、甘洛、普格、金阳、喜德县和西昌市 7 个县（市）相继成立社科联，挂靠在各县（市）委宣传部，全省县级社科联达到 22 个。这些县（市）社科联的建立为当地社会科学事业的发展起到推动作用。但就全省县级社科联的总体情况看，这一时期县级社科联的发展建设进入低潮，已建立的县级社科联工作大多处于停滞状态。一些县级社科联如江油市、平昌县等社科联因长期未进行换届选举，名存实亡；巴中县（今巴中市）巴州区于 1991 年进行重新变更登记，全省县级社科联实有 20 个。凉山州建立的 7 个县（市）社科联也由于多种原因，无独立机构编制、工作经费和办公地点，有关社科联的工作由当地宣传部承担。

2001 年，泸州市纳溪区社科联建立，全省县级社科联开始恢复发展，并逐步进入快速发展时期。2004 年，中央关于繁荣发展哲学社会科学事业的意见，为繁荣发展哲学社会科学事业，推动社科联的发展提供重要的政策依据。至2005年，除阿坝州以外，全省20个市（州）建立社科联。成都、泸州、广元、宜宾、广安、乐山相继建立县级社科联26个，全省县级社科联达到46个（绵阳市江油市，巴中市巴州区、平昌县社科联未计算在内）。其中，泸州市7个县（区）全部建立社科联；成都19个县（市、区）建立13个，其他6个县进入筹备阶段。同时，达州市所属7个县（市、区）社科联机构、职能得到逐步加强和完善。县级社科联虽仍有部分与县（市、区）委宣传部合署办公，但在机构设置、人员编制、职能要求上，其学术性团体的性质和作用更加明确。

四川省县级社科联情况一览表

表2－1

市（州）	县(市、区)社科联	成立时间	有无编制	市（州）	县(市、区)社科联	成立时间	有无编制
成都市	温江区	1984年10月	5	宜宾市	宜宾县	2003年10月	宣传部调剂
	金堂县	1989年2月	—		屏山县	2003年11月	1
	邛崃市	2004年12月	2		长宁县	2004年8月	宣传部调剂
	郫　县	2005年	3		兴文县	2004年12月	2
	武侯区	2005年	2	广安市	邻水县	1980年5月	1
	都江堰市	2005年4月	5		武胜县	2005年3月	2
	双流县	2005年4月	4	达州市	通川区	1984年5月	2
	大邑县	2005年4月	1		达　县	1986年3月	1
	彭州市	2005年5月	—		宣汉县	1985年3月	2
	青羊区	2005年6月	4		大竹县	1980年	3
	锦江区	2005年6月	2		渠　县	1985年8月	2
	蒲江县	2005年6月	—		开江县	1983年12月	1
	金牛区	2005年7月	3		万源市	1980年3月	2
泸州市	江阳区	2005年12月	—	巴中市	南江县	1981年2月	2
	龙马潭区	2005年12月	—		通江县	1988年	1
	纳溪区	2001年5月	—	眉山市	东坡区	1988年7月	宣传部调剂
	泸　县	2005年12月	—	凉山州	会东县		无
	合江县	2005年12月	—		会理县		无
	叙永县	2005年9月	—		普格县		无
	古蔺县	2005年12月	—		甘洛县		无
广元市	剑阁县	2004年7月	2		喜德县		无
	市中区	2004年12月	宣传部调剂		金阳县		无
乐山市	沙湾区	2003年5月	1		西昌市		无

说明：绵阳市江油市，巴中市巴州区、平昌县社科联未统计在内。“—”为未统计

第二章　社会科学研究机构

社会科学研究机构主要包括社会科学专门研究机构（各级社科院、社科所）、高等院校人文社会科学研究机构、中共各级党校和行政学院社会科学研究机构、党委政府内设的研究室。另外，1986—2005 年，四川新增加一些民办社会科学研究机构。

第一节　省级研究机构

一、四川省社会科学院

1959 年 9 月，中国科学院四川分院哲学社会科学研究所成立。1962 年，该所更名为四川省哲学社会科学研究所。1978 年 6 月，四川省哲学社会科学研究所与中共四川省委政策研究室合并组成四川省社会科学研究院。1983 年 4 月，更名为四川省社会科学院（以下简称四川省社科院）。

四川省社会科学院是四川省哲学社会科学研究的专门学术机构和综合性研究中心。内设院属科研所（含中心）15 个；研究生部 1 个；党委办公室、院办公室、科研处（对外学术交流中心）、组织人事处（职称改革工作领导小组办公室）、离退休人员工作处、财务处、监察处、后勤管理处 8 个职能部门；《社会科学研究》杂志、社科文献信息中心 2 个科辅部门；1 个集体所有制企业（企业管理研究开发中心）。下设 5 个分院和 11 个分所。主办（主管）有公开发行刊物 7 种，内部刊物 2 种。主办有全省哲学社会科学门户网站“四川社会科学在线”网站和“四川省社会科学院”网站。

四川省社科院从 1984 年开始招收硕士研究生，1986 年由国务院学位委员会批准为硕士学位授权单位，设有中国哲学、区域经济学、产业经济学、民商法、经济法学、中外政治制度、科社与国际共运、文艺学、新闻学、农业经济管理、社会学、人口学和专门史 13 个专业硕士学位授权点。2005 年，经国务院学位委员会批准，与四川农业大学联合取得农业经济管理专业博士学位授权点。

四川省社科院的主要研究领域：经济学、政治学、社会学、哲学、文学、史学、法学、科学学、情报学和管理学等。新兴学科、边缘学科、交叉学科的研究有较大发展。形成具有四川特色的优长学科和重点学科，如经济体制改革理论与实践研究、民商法学与经济法学研究、毛泽东思想研究、邓小平理论研究、党的第三代领导集体对邓小平理论的实践与创新研究、区域经济研究、农村经济研究、青少年犯罪研究、中国古代神话研究、中华传统文化研究、四川地方史研究、巴蜀文化研究、康藏研究、中国哲学研究、人力资源开发研究等。

至 2005 年，全院出版专著（含编著和译著）2250 部，发表学术论文和理论文章 14700 篇，取得其他科研成果 9530 多项；其中，获得国家级奖励 15 项，获得省（部）级奖励 420 项。形成的科研成果和学术思想，涉及马克思主义、“三农”问题、经济体制改革、区域经济、产业经济、民商法学、社会学、地方史、巴蜀文化、文艺评论、康藏问题和党的建设等方面。先后与美国、英国、法国、德国、日本、俄罗斯、韩国、澳大利亚、新加坡、荷兰等国家有关院校、研究机构建立学术交流关系。

四川省社科院有研究人员279人，具有副高级以上职称研究人员148人（正高级职称71人、副高级职称77人），中级职称86人，初级职称45人。其中享受国务院及省政府特殊津贴专家26人，四川省学术和技术带头人14人，四川省学术和技术带头人后备人选8人，四川省突出贡献专家10人；硕士生导师34人。拥有一批在国际国内学术界享有盛誉、学术造诣高的专家学者和在学术理论研究方面崭露头角的中青年研究骨干。

历任党委（组）书记陈文、冯举、周琳、李翠贤，历任院长陈文、刘茂才。现任党委书记贾松青，院长侯水平，党委副书记、副院长周友苏，副院长杜受祜、孙成民、罗鸣，学术顾问林凌。

图2－1　四川省社会科学院院属科研机构图

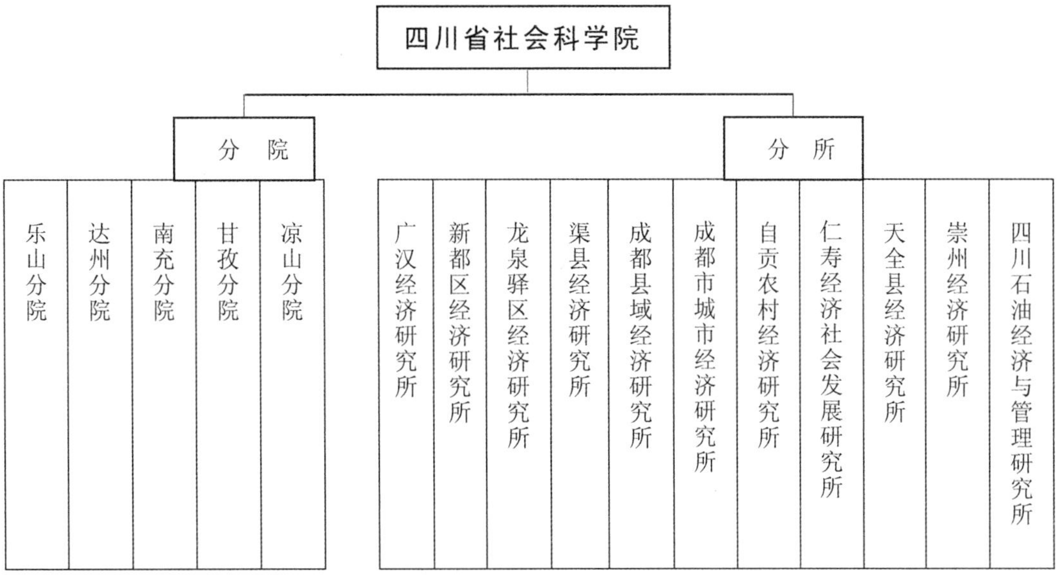

说明：原四川省社会科学院遂宁市经济研究所、南部县经济研究所先后于2000年前后撤销

图2－2　四川省社会科学院分院、分所机构图

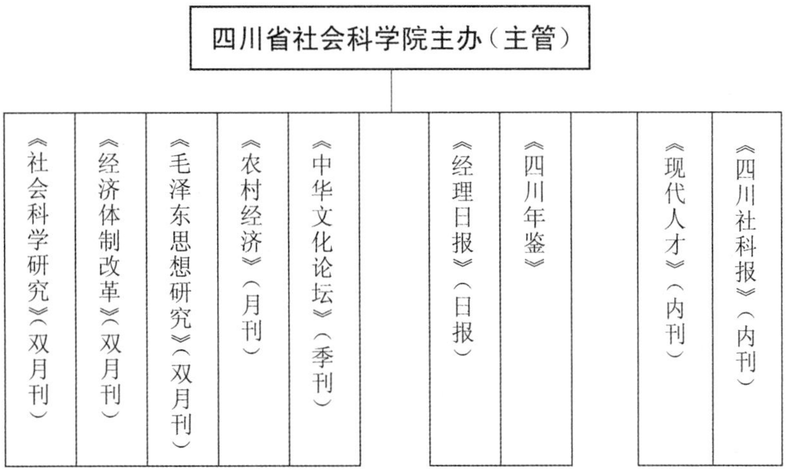

图2－3　四川省社会科学院主办（主管）机构图

二、省属其他研究机构

（一）四川省民族研究所

1956年，全国人民代表大会民族委员会四川少数民族社会历史调查组成立，1958年更名为中国科学院民族研究所四川少数民族社会历史调查组。1959年，中国科学院四川分院民族研究所成立。1964年1月，中国科学院民族研究所四川少数民族社会历史调查组与中国科学院四川分院民族研究所合并成立四川省民族研究所，隶属中共四川省委民族工作委员会。

四川省民族研究所下设民族学与民族史研究室、民族问题与民族宗教研究室、藏学研究室、民族经济研究室、民族语言文字研究室、邓小平民族理论研究室和少数民族妇女研究中心。有汉、藏、彝、羌、土家、满等民族科研人员35人，具有副高级以上职称研究人员18人（其中研究员11人、副研究员7人），其中享受国务院特殊津贴专家6人，四川省政府特殊津贴专家1人，国家社科基金项目专家评审组成员1人，四川省学术和技术带头人1人。

四川省民族研究所以民族基础理论与应用研究为主要方向，着重研究四川各民族兼及西南各民族经济、政治、文化、社会方面的理论和实际问题。主办有内部学术刊物《民族论丛》《国外藏学动态》。

（二）四川省川剧艺术研究院

1958年，四川省戏曲研究所成立，1961年与四川省川剧学校合并，1978年恢复建制，定名四川省川剧艺术研究所，1983年更名为四川省川剧艺术研究院，隶属四川省文化厅。

四川省川剧艺术研究院下设3个研究室，有高级专业技术职称人员26人，其中享受国务院特殊津贴专家1人，四川省学术和技术带头人1人。主要研究方向和任务：开展巴蜀地方戏剧艺术学科基础理论研究；参与文化艺术实践，研究文化艺术生产与管理规律、建设发展战略；承担国家非物质文化遗产——川剧及其他相关的非物质文化遗产的保护工作；收集、整理、保护、研究以及开发利用民族民间文化艺术资源，建立并完善文化艺术档案管理及信息咨询服务系统；开展对外文化艺术交流与传播。主办有公开发行刊物《四川戏剧》（双月刊）和内部刊物《川剧与观众》。

（三）四川省审计科学研究所

1984年12月，四川省审计科研培训中心成立，1988年更名为四川省审计科学研究所，隶属四川省审计厅。内设行政办公室、科研室、编辑室、情报室、学会秘书处办公室。主要承担审计科研、编辑刊物、传递审计信息、组织审计学会日常工作等业务。

四川省审计科学研究所主要任务：组织、承担并完成由审计署、四川省审计厅下达的科研课题和科研所自定的科研课题；编辑、出版和发行审计科研刊物，交流与传递相关审计信息；四川省审计学会与四川省内部审计师协会日常事务的办理和相关工作的协调；组织开展审计科研学术研讨活动；组织开展审计科研优秀论文的评奖活动等；审计及相关业务知识的培训，国际注册内部审计师（CIA）资格考试的组织和实施等。主办有公开发行刊物《现代审计》（双月刊）和内部刊物《四川审计报》（1999年停办）、《四川内部审计》。

（四）四川省文物考古研究院

1951年9月，四川省文物考古研究所成立，其前身系川西文物管理委员会，1954年川西行署与其他3个行署合并成四川省后变更为四川省文物管理委员会，1958年起与四川省博物馆合署办公。1981年与四川省博物馆分离，为四川省文化厅直属文物科研事业单位，主要承担全省文物调查、保护、考古发掘、研究工作，对市（州）、县文物工作进行业务辅导。1985年，经四川省机构编制委员会批准，增挂四川省文物考古研究院牌子，实行两块牌子，一套人员，定编88人。内设考古一队、考古二队、三星堆工作站、文物保护中心、古建石窟研究设计室、技术修复室、《四川文物》编辑部、办公室、财务科、保卫科、图书信息中心。主办有公开发行刊物《四川文物》。

四川省文物考古研究院是中国西南地区规模最大、人数最多、门类最齐的文物科研单位，在田野考古、古建筑石窟保护、文物保护修复技术等方面有较强的实力，尤其在古代巴蜀文化研究、古代壁画、古代青铜器和石质文物保护方面取得较为突出的成绩，在四川乃至西南地区文物考古行业中处于领先地位。中华人民共和国成立20世纪末查明省内1.5万处文物点，其中多数填补省内文物空白点；先后出土文物几十万件，为省博物馆和各市县博物馆、文管所提供大量馆藏文物。所内有较强的科研力量，人才辈出，先后有全国著名的考古学家冯汉骥、古人类学家秦学圣、古文字权威于豪亮在所里工作。

（五）四川省财政科学研究所

1980年10月21日，隶属四川省财政厅成立。下设政策理论研究室、财政史研究室、编辑室和科研组织室。主要任务：以社会主义现代化建设中重大的财政理论问题和实际问题为主研方向，同时进行财政基础理论和财政史的研究。主要研究课题有财政改革的方向及其理论依据、社会主义财政在新形势下的地位、作用和财政分配的领域及范围、社会财力的综合平衡、新形势下财政监督的形式、内容和方法等。

（六）四川省青少年事务发展中心

1984年5月，共青团四川省委青年运动史研究室成立，主要从事抢救、收集、整理四川省团史、青运史方面的资料和负责四川省共青团的编史修志及青运史的研究工作。1997年10月，更名为四川省青少年研究中心，研究重点由青年运动史研究变为涵盖范围更为广泛的青少年研究。2002年2月，更名为四川省青少年事务发展中心，其职能、性质不变，青少年研究依然是其重要的工作内容之一。

（七）四川省妇联妇女研究所

1994年，由四川省妇联研究室和妇运史研究室合并而成，直属省妇联，是财政全额拨款的全民所有制事业单位。有研究人员7人。

省妇联妇女研究所是全省妇联系统唯一以妇女理论、政策研究和调查建议为工作内容的研究单位。工作职责是妇女理论研究和妇女热点、难点问题调研及对策研究，同时，承担全省各级妇联调研活动的指导工作。

（八）四川省经济发展研究院

1980年11月，在省计划经济委员会规划调研处的基础上筹建成立四川省计划经济委员会计划经济研究所。下设经济、社会事业发展战略、理论、体制（含当前综合性对策、措施）、现代管理、企业、情报资料、《计划与管理》编辑部等部门。主要任务是从理论和实践的结合上，研究四川经济、科技、社会发展中的重大问题，为领导决策提供客观情况和理论依据；根据中央的方针政策和省的中心工作，为四川省经济建设提供对策建议；配合有关部门和有关单位研究计划编制和执行中的重大问题。出版公开刊物有《计划与管理》（后更名为《市场与发展》）

1999年，四川省计划经济委员会计划经济研究所改建为四川省经济发展研究院。下设经济研究所、社会发展研究所、区域发展研究所、投融资研究所、市场情报研究所（同时承担公开刊物《市场与发展》的编辑、发行工作）、企业发展研究所、院办公室7个部门。主要职责：坚持理论联系实际，突出以应用研究为主的方向，紧紧围绕中共四川省委、省政府确定的中心任务和目标，紧紧围绕四川国民经济和社会发展的重大问题开展研究工作，及时向省委、省政府提供有针对性、实用性和可操作性的对策建议方案，同时面向社会开展咨询服务。

（九）与社会科学相关的其他研究机构

除上述专门的社会科学研究机构外，中共四川省委、省人民政府、省人大常委会、省政协设有政策研究机构。省级各部门、人民团体和民主党派在四川的领导机关一般内设研究机构。这些研究机构的工作不同程度与社会科学研究相关。分别是：中共四川省委政策研究室、四川省人民政府研究室、四川省人大常委会研究室、政协四川省委研究室，以及中共四川省纪委研究室、中共四川省委组织部研究室、中共四川省委宣传部政策法规研究室、中共四川省委统战部研究室、中共四川省委政法委研究室、中共四川省委党史研究室、省检察院研究室、省法院研究室、四川省教育研究所、省总工会研究室、民革四川省委研究室、民盟四川省委研究室、民建四川省委研究室、民进党四川省委研究室、农工党四川省委研究室、九三学社四川省委研究室等。

第二节　高校及其社科研究机构

一、四川省高等院校

1985年后，四川高等教育在调整改革中发展，至2005年全省有普通高校72所，普通本、专科在校生75万多人。四川省高等院校中，部委属高校6所，省管高校52所，市（州）办院校14所，中央、省、市（州）三级办学的体制基本形成。同时，民办高校迅速崛起，四川省有民办高校8所、独立学院8所，办学主体日趋多元化。除综合性大学设置人文社科类院系，理工科大学也开设马列主义、行政管理、经济管理等社科类专业。

科研队伍　2005年末，四川省内高校中的哲学社会科学教学、教学研究人员近两万人。其中，高级职称人员5000余人（教授约1100人、副教授约3900人）；其中，获博士学位1000余人，获硕士学位近6000余人，这些博士或硕士有75%都在40岁以下。中青年在高学位人员中占有比例优势，表明四川省高校哲学社会科学事业的发展具有很大的后劲。

研究机构　2005年末，四川省高校哲学社会科学研究机构发展到70余所。其中教育部批准的“人文社科重点研究基地”6个，即道教与宗教文化研究所、中国俗文化研究所、中国藏学研究所、南亚研究所、中国金融研究中心、巴蜀文化研究中心。四川省教育厅批准建立乐山师范学院旅游发展研究中心等一批“四川省人文社科重点研究基地”。四川省高校积极整合哲学社会科学的力量，分别在学校内部组建一大批哲学社会科学研究机构，如现代艺术设计研究所、公共政策研究中心、知识创新与知识产权研究中心等，其中许多是哲学社会科学发展的新兴领域。这些研究机构整合一大批国内外知名学者和学术带头人，成为四川省哲学社会科学研究和学科建设及人才培养的重要基地。

重点学科建设　至2005年末，四川省高校的国家级重点学科发展到21个，省部级重点学科发展到50多个。其中，民族学、中国少数民族语言文学、汉语史、中国古典文献学、宗教学、政治经济学、金融学、体育史等学科在国内有较大影响，宗教学、金融学等学科在国内学术界有着举足轻重的影响，成为四川省哲学社会科学的优势和特色。

学科门类　经过20余年的持续发展，四川省高校哲学社会科学门类较为齐全，学科体系较为完整，覆盖马克思主义、哲学、经济学、科学社会主义、宗教学、图书馆学、情报与文献学、教育学、文学、语言学、国际问题研究等学科。许多学科特色鲜明，在西部地区具有比较明显的优势。

研究成果　1985—2005年，四川省高校取得丰硕的哲学社会科学研究成果。仅2005年，四川省高校完成哲学社会科学课题3000余项，出版专著1000余部，发表论文9000余篇，应用成果400余项，获省部级优秀成果奖300余项。四川大学作为全国知名的综合性大学，哲学社会科学研究成果的数量和质量在全国综合大学中名列前茅。

制度建设　改革开放以后，四川省高校在哲学社会科学研究的组织管理方面不断加强制度建设，逐步建立和健全科研投入、成果奖励、课题立项、项目管理等方面的有关制度，哲学社会科学的课题申报、评审、考核、奖惩、竞争等走上规范化、公开化、制度化的轨道。

二、教育部人文社科重点研究基地

（一）四川大学南亚研究所

1964 年 9 月，四川大学印度研究室建立。1979 年 10 月扩建为南亚研究所。2000 年 11 月被教育部确定为普通高等学校人文社会科学重点研究基地。下设南亚经济发展研究室、南亚社会政治研究室、南亚军事安全研究室、南亚与中国西南发展研究室、行政资料室和《南亚研究季刊》编辑部等机构。主要研究南亚各国经济、政治现状，兼及历史。主要研究课题有南亚各国经济发展战略、南亚各国经济比较研究、中印比较研究、南亚各国部门经济、南亚各国对外关系等。出版刊物《南亚研究季刊》。

（二）四川大学道教与宗教研究所

1980 年 12 月，四川大学宗教研究室成立，1984 年在研究室基础上成立宗教研究所，1999 年扩建为道教与宗教文化研究所。2000 年 9 月被教育部确定为普通高等学校人文社会科学重点研究基地。下设中国道教思想史、道教与中国科技、宗教学原理、西南少数民族宗教研究室及《宗教学研究》编辑室和图书资料室。有中国道教、佛教、宗教学理论与当代宗教、中国少数民族宗教、基督教 5 个固定研究方向。出版刊物《宗教学研究》（季刊）。

（三）四川大学中国藏学研究所

四川大学中国藏学研究所是在教育部批准设立的全国高校“历史学科人才培养和科学研究基地”的基础上，于 1999 年通过对四川大学西藏考古与历史文化研究中心进行重新改组而新建的重点科研机构。1999 年被教育部确定为普通高等学校人文社会科学重点研究基地。

该所发挥四川大学地处西南、长年注重藏区考察与研究的学术特长及传统，继承该校前辈学者的学术研究积淀，开拓新的藏区研究领域，在全国藏族地区研究领域中具有重要的历史地位。

四川大学中国藏学研究所有专、兼职研究人员 24 人，其中教授（研究员）13 人，副教授（副研究员）10 人，研究人员中有 11 人获博士学位，专兼职研究人员的平均年龄为 43 岁，藏族研究人员 6 名。

四川大学中国藏学研究所以西藏、四川、云南等西南藏区及甘青藏区为主要研究地域，科研课题涉及藏族史、藏汉关系史、藏区经济史、藏区可持续发展、藏区考古文物、藏族文化艺术、藏传佛教史、藏族传统文化、中国藏区与南亚中亚关系、国内外藏学史、藏区社会经济现状、西南民族关系史、吐蕃史等诸多领域。形成的 3 个主要研究方向为：藏区现状与社会发展研究，藏族历史与藏汉关系研究，藏区考古与藏族文化艺术研究。

（四）四川大学中国俗文化研究所

1999 年 6 月，在四川大学中国古典文献学、中国古代文学、汉语言文字学 3 个学科点的基础上，对原有研究方向重新规划，对原有学术力量实施优化组合而建立四川大学中国俗文化研究所。该所依托于国家重点学科中国古典文献学，以及中国古典文献学、中国古代文学、汉语言文字学 3 个博士点。2000 年 9 月被教育部确定为普通高等学校人文社会科学重点研究基地。

下设俗语言研究室、俗文学研究室、俗信仰研究室。3个研究室分别负责俗文学、俗语言、俗信仰3个研究方向的科研和建设。3个方向各有其任务和研究特色。俗文学研究方向，着眼于从纵横两个维度对中国俗文学进行宏观与微观相结合的综合研究，在敦煌俗文学和佛教俗文学方面成果突出，并继续进行俗文学的分体研究、主题研究和地位研究，由此深入探讨俗文学与雅文学、大众文学与精英文学、主流文学与非主流文学的互动关系。俗语言研究方向，坚持严谨扎实的学风和开拓创新的精神相结合，致力于中古文献中方俗语音、俗语词、语法、修辞、俗字的探讨。俗信仰研究方向，在继承四川大学老一辈学者注重考据的优良学风的基础上，借鉴国际学术界跨学科综合研究的方法，从民俗学、宗教学、心理学、语言学、文献学等角度对俗信仰进行全面研究。

（五）西南财经大学中国金融研究中心

1986年，西南财经大学金融研究所成立。2000年2月，与中国人民银行金融研究所以合作建设、合作研究的方式，组建成立西南财经大学中国金融研究中心，具有新型机制的实体性科研机构，9月正式列为教育部人文社会科学百所重点研究基地。下设金融理论与政策研究室、金融市场与投资研究室、保险理论与实务研究室、金融数量分析与金融电子化研究室及金融法研究室5个子机构。以西南财经大学金融学科的研究力量为主，邀请国内外大专院校、科研院所和知名金融机构的著名专家学者，共同研究中国金融改革与发展中面临的重大理论和实践问题。

（六）四川师范大学巴蜀文化研究中心

1983年7月成立，2000年1月重新组建，2001年由教育部批准为部省共建的“全国高校省属人文社会科学重点研究基地”。研究中心下设巴蜀文化与发展研究室、巴蜀文献与学术研究室、巴蜀民族与语言研究室等。中心的研究方向：挖掘巴蜀文化数千年的历史和积淀，整理巴蜀文化数千年的历史遗存，发扬巴蜀文明和精神。

三、高校内设研究机构

（一）四川大学人口研究所

1979年成立，是联合国人口基金资助单位，被确定为全国高教系统人口研究和培训西南中心。下设人口理论研究室、计算机室、《人口研究译文》编辑部、资料室。研究方向及任务是四川农村人口问题和西南少数民族人口问题、南亚人口问题等。出版刊物《人口研究译文》（公开刊物）、《人口研究资料》（内部交流）。

（二）四川大学历史研究所

1980年成立，下设先秦史、魏晋南北朝史、四川地方史、古文字史、民族史等研究室。主要从事古文字学、先秦史、魏晋南北朝史、四川古近代史和中国民族史（着重西南地区）的研究。

（三）四川大学汉语言文学研究所

1980年成立，下设汉语言文学、唐宋文学、文艺美学和郭沫若研究室及资料室。研究方向及任务：参加编写《汉语大字典》、注释《郭沫若全集》、编选郭沫若研究论文集和郭沫若选集、编写《苏轼全集》，并开展郭沫若研究、三苏研究、唐诗研究、杜甫研究、唐宋散文研究等。出版刊物《郭沫若研究专刊》（内部资料，不定期）。

（四）四川大学古籍整理研究所

1983年成立，是国家教育部批准成立从事中国古典文献整理与研究的专门机构。下设哲学文献、历史文献、文学文献、历史地理文献研究室和文澜电子出版制作中心、宋代文化研究资料中心，学科包括中国儒学、古典文学、汉语史、历史文献学、历史地理学和计算机应用等专业。主要研究方向及任务：以先秦两汉魏晋南北朝历史古籍、宋代文学古籍的整理研究为主。

（五）西南财经大学人口研究所

1979 年 5 月成立。1983 年被国务院学位办公室批准为人口学硕士授权点，1998 年被批准为人口资源与环境经济学硕士授权点，1986 年被批准为人口学博士授权点。下设人口理论研究室、人口经济研究室、人口统计研究室、办公室，承担四川省和西部地区人口研究及培养人口学硕士和博士研究生、人口资源与环境经济学硕士研究生。主要开展多学科、多层次的课题研究，其中主要有：东西方人口理论研究、生育率研究、人口城市化研究、人口老龄化研究、人口预测与规划研究、人口法学研究、工商人口与市场需求研究。把四川人口作为研究重点，为各级政府提供重要的决策咨询，为工商企业的经营管理决策提供科学依据，为国家建设服务，为社会服务。

（六）西南财经大学应用统计研究所

1993 年成立，1995 年开始招收博士后，主要承担统计学博士、硕士研究生的培养任务，承担科研和学科建设工作。在科研和学科专业建设方面，侧重经济金融统计的应用基础理论研究和应用研究，经过几十年的探索和积累，形成多指标综合评价、宏观经济统计、货币与金融统计等在国内具有相对优势和特色的研究方向。

（七）西南财经大学宏观经济研究中心

1958 年，在西南财经大学经济研究所的基础上建立四川财经学院经济研究所，1962 年四川财经学院撤销建制，经济研究所随之解散。1978 年复校后，于 1983 年重建。中心以西南财经大学经济学科的研究力量为主，邀请国内外大专院校、科研院所和知名研究机构的著名专家学者，共同研究中国经济改革与发展中面临的重大理论和实践问题。

（八）西南财经大学中国西部经济研究中心

2000 年 6 月成立，以西部区域经济和人口、资源、环境协调可持续发展经济研究为重点，有区域经济学，人口学，人口、资源与环境经济学硕士和博士学位培养专业，承担博士、硕士研究生培养任务。

（九）西南民族大学西南民族研究院

1952 年，西南民族学院民族研究室设立，主要从事西南地区少数民族政治、经济、文化、历史等方面的研究。1978 年 10 月，在民族研究室的基础上成立西南民族学院民族研究所，其后又陆续建立民族文化史教研室、民族高等教育教研室、民族经济教研室、中国西部大开发研究所等研究机构，四川省少数民族语言文学研究所、四川省民族经济研究所先后挂牌。2002 年 5 月 28 日，以原民族研究所及各研究机构为主体，正式成立西南民族研究院。

西南民族研究院下设西南民族研究所、中国西部人类学研究中心、民族古籍整理办公室、西部大开发研究所等研究机构，四川省少数民族经济研究所、四川省少数民族语言文学研究所两个省级研究机构也设在该院。该院以“两地一族”（康区、大凉山地区，羌族）为主要研究对象，兼及西南各民族及西部民族地区。在基础研究方面，具有一定优势的民族语言文字、民族历史、民族传统文化、民族经济、民族理论与民族政策、民族宗教等是长期稳定的研究方向；在应用研究方面，结合西部大开发的实施，重点搞好政府决策研究、民族文化传承和开发利用研究、民族地区经济发展研究等，是研究的特色和重点。拥有民族学、马克思民族理论与政策、中国少数民族经济、中国少数民族史、宗教学5个学科。其中，民族学是国家民委重点学科；民族理论与民族政策和宗教学是四川省重点建设学科（硕士层次）。

（十）四川师范大学汉语研究所

汉语研究所是一所侧重于基础研究的汉语言文字类研究所，成立于1984年。汉语研究所主要研究方向有：巴蜀语言研究，与四川师范大学巴蜀文化研究中心巴蜀民族语言研究室合作，研究巴蜀历代作家语言、四川方言、四川民族语言，具有地方特色，对于语言研究及西部大开发均有直接意义；出土文献语言研究，开拓语言研究新领域；传统典籍词汇研究；近代汉语研究。

（十一）四川师范大学教育科学研究所

四川师范大学教育科学研究所，该所由四川省教育厅于1986年批准，内设民办教育研究中心。

其重点研究领域涉及民办教育比较研究、基础教育教学与课程改革以及高等教育体制改革研究等。该所成立以后，承担全国教育科学规划项目、四川省哲学社会科学规划课题、省科技厅软科学课题、省教科规划课题以及其他高等院校委托课题等，多项成果获得省部级优秀科研成果奖。

（十二）四川师范大学中国古代文学研究所

1983年成立，是由四川省教育厅批准建立的侧重于基础研究的文学类研究所。下设先秦两汉文学研究室、魏晋南北朝文学研究室、唐宋文学研究室、元明清文学研究室。主要研究方向为中国古代文学和文学发生、发展的历史及其横断面研究。

（十三）乐山师范学院旅游发展研究中心

1985年，由乐山师专与中国科学院成都山地环境研究所联合成立乐山师专旅游研究所，2002年经四川省教育厅批准，成立全省第一个人文社会科学重点研究基地——乐山师范学院旅游发展研究中心。

下设旅游规划研究所、世界遗产研究所、旅游文化研究所和生态旅游研究所4个研究所。目标任务：围绕旅游科研中心、人才培养中心、学术交流中心、情报信息中心和咨询服务中心五大目标任务进行建设。2002年起，受四川省教育厅的委托，归口管理四川省教育厅旅游科学研究项目，受理四川省各高校及个人的旅游类课题申报管理；旅游科研服务。主要围绕四川旅游发展重大发展问题组织专家研究，为地方、景区和企业开展旅游规划、策划与管理培训服务。

第三节　党　　校

各级党校既是各级党委直接领导下培养党员领导干部和理论干部的学校，又是党的社科研究机构。改革开放以后，四川省党校系统的社科研究人员队伍发展较快，自省至县，建立一支有一定规模和质量的社科研究队伍。至2000年，四川省委党校有办公室、教务处、科研处等36个内设机构，在职职工563人，其中，具有高级专业技术职务144人、中级专业技术职务95人。四川省委党校是国务院学位委员会授权的硕士学位授予单位，是全国党校系统中最早具有硕士学位授予权的省级党校之一。至2005年，四川省委党校有马克思主义哲学、中共党史、政治经济学、科学社会主义与国际共产主义运动等6个专业的硕士学位授予权。

至2000年，四川省党校系统有省委党校1所、省直机关党校1所、副省级城市党校1所、市（地、州）党校20所、县级党校176所。全省党校系统有在职职工4000余人，其中，既从事科研又从事教学工作的近3000人。改革开放以后，特别是“八五”“九五”期间，全省党校系统注重对高学历（位）人才的培养和引进，博士开始出现在党校科研人员队伍中。至2005年，在省委党校和市、州党校（不包括县级党校）的科研、教学人员中，博士约占1%，硕士约占10%，大学本科约占85%，大学专科约占4%。

党校系统社科研究的学科构成和研究力量分布有所改善。由过去研究力量主要集中在“老五门”（即哲学、政治经济学、科学社会主义、党史、党的建设）的状况，改变为科研力量在一些与改革开放和社会主义现代化建设紧密相关的学科，如管理学、法学等发展较快，科研力量的分布比较均衡、比较合理。至2005年，全省党校系统中研究人数占第一位的是经济学，为24.6%，其余依次为法学13.6%，党史、党建12.6%，哲学11.2%，管理学10%，文学3.8%，历史3.6%，语言3.2%。经过改革开放20余年的持续发展和逐步调整，党校形成一些具有自身特色和比较优势的重点学科，如党的学说与党的建设、科学社会主义与邓小平理论、马克思主义哲学、政治经济学、政治学、区域经济学、领导学与管理学、法学、文化社会学、民族宗教学。

第四节 市级研究机构

一、成都市社会科学院

1980年2月，成都市社会科学研究所成立，隶属成都市委、市人民政府。阮永熙、过杰、向在仁、谭继和、龙凤阳、刘从政先后任该所所长。

2000年8月，改建为成都市社会科学院，是成都市社会科学研究的专门机构和综合性研究中心。成都市社科院与成都市社会科学界联合会、成都市邓小平理论研究中心合署办公。刘从政任院长。

成都市社科院在哲学社会科学领域进行基础理论研究、应用研究、对策研究和咨询服务，并担负成都市哲学社会科学规划、研究、科普和邓小平理论等重大课题的组织和实施工作。该院设有经济研究所（文化咨询中心）、历史与文化研究所、社会学与法制研究所等3个学术研究机构；科研辅助机构有：图书馆（文献信息中心）、院刊编辑部；并设有办公室、科研处（与市社科联规划评奖办公室和邓小平理论研究中心办公室合署办公）、学会学术部等行政管理机构；另有院外研究所1个（县域经济研究所）；在科研处设有“成都市哲学社会科学专业职称评审委员会”。主办有内部刊物《社科研究》（双月刊）。

二、攀枝花市社会科学研究所

1989年5月成立，与攀枝花市社科联合署办公，实行两块牌子、一套班子。

各市（州）委、政府设有政策研究室、研究室等专门从事政策、理论涉及社会科学的研究机构。

第五节　民办社科研究机构

四川省民办社科研究机构最早成立于2001年，是随着改革开放和社会经济发展，在社会转型时期四川社科战线发展起来的一支新生队伍。至2005年，全省有省级民办社科研究机构16个。

四川民办社科研究机构包括文史类、艺术类、心理学类、经济类、教育类以及综合类等类型，注册资金多为3万—5万元，其中1家为30万元。其研究方向比较有特色，具有地域性、特定性、跨学科性和边缘性的特点，对四川社科研究发展起到积极的作用。

2005年末四川省民办社科研究机构情况一览表

表2－2

序号	名　　称	成立时间	主　要　业　务
1	绵阳内杰饮食营养文化研究所	2001年12月	研究宣传传统饮食文化，进行国内外饮食文化技术的引进、推广、交流及咨询
2	四川翰林历史文化研究院	2002年2月	研究、整理、保护中国传统文化、巴蜀文化传播、咨询服务等活动
3	四川华西徐悲鸿张大千艺术研究院	2003年3月	对徐悲鸿、张大千绘画艺术研究及相关资料的出版、整理、咨询、展览等活动
4	四川冯德全儿童潜能开发研究中心	2002年5月	婴幼儿智力潜能开发研究和教育科研成果的推广
5	四川南岛心理咨询研究所	2002年7月	咨询心理学研究、心理健康教育研究、心理咨询服务等活动
6	四川西蜀张大千艺术研究院	2002年8月	美术理论研究、文化艺术服务和相关培训、合作开发等活动
7	四川西部贫困经济研究中心	2003年3月	西部经济及贫困的研究、咨询服务和学术交流
8	四川西部经济文化发展研究院	2003年5月	承接相关研究项目及经济热点问题的研究
9	四川客家研究中心	2003年7月	四川客家民俗、民风、源流及现状的调查研究，普及客家文化知识，弘扬客家文化的学术交流
10	四川现代艺术研究院	2003年9月	艺术品的整理、研究、艺术科技开发及艺术人才培养和教育
11	四川社会经济管理研究院	2004年4月	经济管理、社会管理、政策法律研究及咨询
12	四川省灵志艺术人才教育研究院	2004年5月	对艺术美术教育培训，以及素质教育艺术研究
13	四川中国西部社会发展研究院	2004年5月	中国西部区域经济、文化和社会发展的研究与策划，以及西部企业发展的相关咨询策划
14	绵阳七曲文化发展中心	2004年6月	对文昌文化的研究整理，学术交流、挖掘开发
15	四川好学堂心理教育研究发展中心	2004年12月	心理学领域的课题研究、专业培训、咨询服务
16	四川顺逸心理咨询中心	2005年8月	心理咨询、心理健康知识培训、讲座

第三章 社会科学学术团体

学会、协会、研究会等社科学术团体，是社会科学工作者以专业、行业或共同研究对象为纽带自愿组成的学术性群众团体，由各级民政部门登记、管理，在各级社科联指导、管理下开展活动。中共十一届三中全会后，四川省广大社会科学工作者在“解放思想、实事求是”的思想路线指引下，冲破长期“左”的思想束缚，探索社会主义理论和实践问题，社科研究空前活跃。为凝聚研究力量、整合研究资源、促进学术交流，各种新建和恢复的社会科学学会、协会、研究会迅速发展起来。这些社科学术团体大都依托高校、研究机构和党政部门，结合自身专业或业务开展研究活动。一些有共同兴趣爱好的理论和实际工作者，以学会、协会、研究会的方式搭建相互交流、学习、开展研讨的平台。一些市（地、州）结合自身的地域文化特色和历史积淀，建立具有地方文化特色的各类社会科学学会、协会、研究会。

第一节 省级社科学术团体

1978 年，四川省历史学会、四川省文艺理论研究会等第一批学会成立。至 1981 年，建立学会 36 个。在此基础上，1981 年 12 月，四川省社会科学学会联合会成立。

1982—1989 年，全省各类学会迅速增加到 122 个，这些学会分别组建于省内科研院（所）、高校、党校、党政部门，覆盖四川几乎所有的哲学社会科学学科。

1990—2005 年，在邓小平视察南方谈话、“三个代表”重要思想、中共中央关于繁荣发展哲学社会科学事业意见的指导下，各类学会经过清理整顿，重点解决在学会团体注册登记、依法开展活动等方面存在的问题，学会建设走上良性、健康的发展轨道。2002 年省级学会一度达到 177 个，后通过清理、整顿，一些形同虚设、重复设立或发挥作用不大的学会被撤销、合并，学会的整体质量得到巩固、提高。至 2005 年末，全省社会科学学会 168 个，团结和联系四川社科工作者近 30 万人，建立学科门类比较齐全、结构比较合理、重点突出的社会科学学术团体体系，形成一支有较高科研水平和相当人员数量的哲学社会科学研究队伍。

按学科类划分：文史哲类学会 57 个，经济类学会 56 个，综合类学会 55 个。

按管理系统分：挂靠省委、省政府部委厅局 90 个，挂靠大专院校 34 个，挂靠科研院所 20 个，挂靠其他部门 24 个。

按学会功能可为 3 类：第一类，学术性学会 95 个。这类学会主要从事该学科的学术研究，大多是基础类学会，如历史学会、哲学学会、马克思主义学会、毛泽东思想研究会等。第二类，工作性学会56个。这类学会主要依托相应职能部门，促进该领域工作的开展，如组织人事工作研究会、机关党的建设学会、警察学会、税务学会等。第三类行业性学会17个。这类学会主要对该领域进行行业管理，如注册会计师协会、物资流通协会、价格协会等。

按发展状况分为3类：第一类，良性运行、协调发展的学会91个，占学会总数的54%。这类学会组织健全，挂靠单位重视，有一个强有力的学会领导班子，有较充足和稳定的经费来源，能独立自主开展活动，对内凝聚力强，对外影响力大，学会充满生机和活力。第二类，发展运行较好的学会50个，占学会总数的30%。这类学会组织健全，有热心学会工作的专兼职干部，但经费来源不够充足、稳定，学会功能受到一定限制。第三类，发展运行差的学会27个，约占学会总数的16%。这类学会组织不够健全，缺乏热心学会的专兼职人员，经费困难，研究方向狭窄，学会活动难以开展。

2005年末四川省省级学会、协会、研究会情况一览表

表2－3

序号	学会名称	类别	序号	学会名称	类别
1	中国《三国演义》学会	文史哲	25	四川省马克思主义哲学史研究会	文史哲
2	四川省历史学会	文史哲	26	四川省语言学会	文史哲
3	四川省《新华日报》暨《群众》周刊史学会	文史哲	27	四川省自然辩证法研究会	文史哲
4	四川省哲学学会	文史哲	28	四川省杂文学会	文史哲
5	四川省中国哲学史研究会	文史哲	29	四川省书学学会	文史哲
6	四川省巴蜀文化研究会	文史哲	30	四川省世界语协会	文史哲
7	四川省中华文化学会	文史哲	31	四川省鲁迅研究会	文史哲
8	四川省中国当代文学研究会	文史哲	32	四川省翻译工作者协会	文史哲
9	四川省新四军史料征集研究会	文史哲	33	四川省杜甫学会	文史哲
10	四川省新闻学会	文史哲	34	四川省档案学会	文史哲
11	四川省新闻工作者协会（记协）	文史哲	35	四川省诗词学会	文史哲
12	四川省地方志协会	文史哲	36	四川省二野军大校史研究会	文史哲
13	四川省宣传学研究会	文史哲	37	四川省逻辑学会	文史哲
14	四川省广播电视学会	文史哲	38	四川省群众文化学会	文史哲
15	四川省社会主义辩证法学会	文史哲	39	四川省少儿艺术国际交流学会	文史哲
16	四川省文艺理论研究会	文史哲	40	四川省老庄学会	文史哲
17	四川省民俗学会	文史哲	41	四川省图书馆学会	文史哲
18	四川省中共党史学会	文史哲	42	四川省川剧理论研究会	文史哲
19	四川苏轼研究会	文史哲	43	四川省陈毅研究会	文史哲
20	四川省写作学会	文史哲	44	四川省散文学会	文史哲
21	四川省美学学会	文史哲	45	四川省易学学会	文史哲
22	四川省比较文学学会	文史哲	46	四川省郭沫若研究会	文史哲
23	四川省外国文学学会	文史哲	47	四川省李白研究会	文史哲
24	四川省世界政治经济和国际共产主义运动史研究会	文史哲	48	四川省大禹研究会	文史哲

续表 2－3

序号	学会名称	类别	序号	学会名称	类别
49	四川省藏学研究会	文史哲	85	四川省经济体制改革研究会	经济
50	四川省出版工作者协会	文史哲	86	四川省农村经济促进会	经济
51	四川省报告文学学会	文史哲	87	四川省企业经营者开发协会	经济
52	四川省草书研究会	文史哲	88	四川省中国经济史学会	经济
53	四川省彝学学会	文史哲	89	四川省推销理论与实践研究会	经济
54	四川省吴玉章研究会	文史哲	90	四川省《资本论》研究会	经济
55	四川省意象书画艺术研究会	文史哲	91	四川省外国经济学说研究会	经济
56	四川省朱熹研究会	文史哲	92	四川省城市经济学会	经济
57	四川省民族文化艺术研究会	文史哲	93	四川省数量经济学会	经济
58	四川省世界经济学会	经济	94	四川省企业联合会（企业家协会）	经济
59	四川省农业经济学会	经济	95	四川省卫生经济学会	经济
60	四川省企业家研究会（俱乐部）	经济	96	四川省城市科学研究会	经济
61	四川省企业文化学会	经济	97	四川省审计学会	经济
62	四川省股份经济与证券研究会	经济	98	四川省财务成本研究会	经济
63	四川省市场学会	经济	99	四川省商业经济学会	经济
64	四川省技术经济和管理现代化研究会	经济	100	四川省价格学会	经济
65	四川省宏观经济学会	经济	101	四川省经济文化协会	经济
66	四川省财政学会	经济	102	四川省企业文化促进会	经济
67	四川省会计学会	经济	103	四川省发展经济学会	经济
68	四川省统计学会	经济	104	四川省城市金融学会	经济
69	四川省物资流通协会	经济	105	四川省经济学会	经济
70	四川省林业经济专业委员会	经济	106	四川省经济信息协会	经济
71	四川省劳动和社会保障学会	经济	107	四川省注册会计师协会	经济
72	四川省对外经济贸易学会	经济	108	四川省市场联合会	经济
73	四川省机械工业协会	经济	109	四川省亚太经济文化研究会	经济
74	四川省税务学会	经济	110	四川省对外经济合作促进会	经济
75	四川省交通运输协会	经济	111	四川省知识经济促进会	经济
76	四川省工商行政管理协会	经济	112	四川省管理科学学会	经济
77	四川省供销合作经济学会	经济	113	四川省行为科学学会	综合
78	四川省粮食学会	经济	114	四川省马克思主义学会	综合
79	四川省县域经济学会	经济	115	四川省政治学会	综合
80	四川省金融学会	经济	116	四川省社会学学会	综合
81	四川省钱币学会	经济	117	四川省青少年研究会	综合
82	四川省农村金融学会	经济	118	四川省毛泽东思想学会	综合
83	四川省区域经济研究会	经济	119	四川省晏阳初研究会	综合
84	四川省保险学会	经济	120	四川省公共关系协会	综合

续表2－3

序号	学会名称	类别	序号	学会名称	类别
121	四川省女性人才开发研究会	综合	145	四川省成人教育协会	综合
122	四川省社会科学情报学会	综合	146	四川省职工教育研究会	综合
123	四川省科学社会主义学会	综合	147	四川省教育学会	综合
124	四川省领导科学研究会	综合	148	四川省陶行知研究会	综合
125	四川省党的建设研究会	综合	149	四川省高等院校党的建设理论研究会	综合
126	四川省机关党的建设研究会	综合	150	四川省秘书学会	综合
127	四川省法学学会	综合	151	四川省创造学会	综合
128	四川省检察官学会	综合	152	四川省干部教育学会	综合
129	四川省纪检监察学会	综合	153	四川省职业技能开发学会	综合
130	四川省统战理论学会	综合	154	四川省警察学会	综合
131	四川省婚姻家庭及妇女理论研究会	综合	155	四川省人民代表大会制度研究会	综合
132	四川省行政管理学会	综合	156	四川省企事业法律顾问研究会	综合
133	四川省民族研究会	综合	157	四川省报纸评论理论宣传研究会	综合
134	四川省民族理论学会	综合	158	四川省党校邓小平理论研究会	综合
135	四川省人口学会	综合	159	四川省餐饮娱乐行业协会	综合
136	四川省人才研究会	综合	160	四川省科技青年联合会	综合
137	四川省老年学会	综合	161	四川省科教兴川促进会	综合
138	四川省社会工作者协会	综合	162	四川省民族法学研究会	综合
139	四川省伦理学会	综合	163	四川省水利电力职工思想政治工作研究会	综合
140	四川省科学学与科技政策研究会	综合	164	四川省政府法制研究会	综合
141	四川省海峡两岸交流促进会	综合	165	四川省社会科学学术基金会	综合
142	四川省职工思想政治工作研究会	综合	166	四川省中外时尚文化研究会	综合
143	四川省高等教育学会	综合	167	四川省高等学校思想政治教育研究会	综合
144	四川省职工技术教育学会	综合	168	四川省会展经济促进会	经济

第二节　市（州）社科学术团体

据不完全统计，全省21个市（州）有各类社科学会、协会、研究会约868个，会员30余万人（各地统计方式不同，而存在较大差异）。

从总体来看，学会、协会、研究会的发展受当地的经济发展环境、学术科研氛围、社会认知度和领导重视程度等因素的影响较大，全省各市（州）学会的发展不平衡；从学会自身建设上看，运行情况良好的、运行情况较好的和较差的分别占30%、50%和20%，不同类型学会在发展思路、发展空间、工作成效、经费保障等方面存在较大差距。

2005年末四川省市（州）学会、协会、研究会统计表

表2－4

市（州）	学会数（个）	会员（万人）	市（州）	学会数（个）	会员（万人）
成都市	65	5	宜宾市	70	2
自贡市	63	3	广安市	54	1
攀枝花市	52		达州市	43	2
泸州市	42		巴中市	13	
德阳市	48		雅安市	48	
绵阳市	56	3	眉山市	25	0.3
广元市	41	4.5	资阳市	15	0.07
遂宁市	25		阿坝州	5	
内江市	54	2	甘孜州	21	
乐山市	35	2	凉山州	42	2
南充市	51	6	合　计	868	32.37

1997—2005年四川省历届社会科学“十佳学会”表

表2－5

届　次	十　佳　学　会	届　次	十　佳　学　会
第一届（1997—1998）	四川省金融学会	第二届（1998—1999）	四川省民族文化艺术研究会
	四川省高等教育学会		四川省经济发展及农业产业化研究会
	四川省价格学会	第三届（2000—2001）	四川省历史学会
	四川省税务学会		四川省出版工作者协会
	四川省经济发展及农业产业化研究会		四川省农村金融学会
	四川省会计学会		四川省杜甫学会
	四川省组织人事工作研究会		四川省税务学会
	四川省杜甫研究会		四川省会计学会
	四川省出版工作者协会		四川省组织人事工作研究会
	四川省民族文化艺术研究会		四川省民俗学会
第二届（1998—1999）	四川省税务学会		四川省纪检监察学会
	四川省法学学会		四川省注册会计师协会
	四川省组织人事工作研究会	第四届（2002—2003）	四川省历史学会
	四川省会计学会		四川省水利电力职工思想政治工作研究会
	四川省历史学会		四川省会计学会
	四川省注册会计师协会		四川省农村金融学会
	四川省新闻工作者协会		四川省纪检监察学会
	四川省出版工作者协会		四川省审计学会

续表 2－5

届　次	十 佳 学 会	届　次	十 佳 学 会
第四届（2002—2003）	四川省注册会计师协会	第五届（2004—2005）	四川省民俗学会
	四川省金融学会		四川省价格协会
	四川省统战理论学会		四川省会计学会
	四川省税务学会		四川省农村金融学会
第五届（2004—2005）	四川省历史学学会		四川省金融学会
	四川省税务学会		四川省饭店与餐饮娱乐行业协会
	四川省水利电力职工思想政治工作研究会		四川省注册会计师协会

第四章 社科刊物、网站

各类社会科学研究机构一般办有自己的学术期刊。这些学术期刊有综合性的，也有主要刊载各学科专门领域研究成果的。有国内外公开发行的，也有仅是内部发行的。同时，一些社会科学管理部门和研究单位先后开办社会科学网站。

第一节 重点社科刊物

一、社科院、社科联主办的社科刊物

《社会科学研究》 是四川省社科院主管主办的综合性人文社会科学学术理论刊物，1979 年 3 月创刊，双月刊，主要刊登哲学、经济学、政治学、法学、社会学、历史学、文学等学科的学术理论文章。《社会科学研究》获得过多项荣誉，建立较高的学术地位。1993 年以后连续多次被评选为全国中文核心期刊、中国人文社会科学核心期刊，并入选历次“中文社会科学引文索引”（CSSCI）来源期刊，以及全国中文核心期刊。

《毛泽东思想研究》 《毛泽东思想研究》杂志由四川省社科院主管，四川省社会科学院、四川省社会科学界联合会、中共四川省委党史研究室共同主办，系全国唯一一家公开出版的研究和宣传毛泽东思想的大型学术理论刊物。1997 年第 1 期起由季刊改为双月刊。其办刊宗旨是：从理论、历史和现实的结合上研究和宣传毛泽东思想，着重研究和宣传中共十一届三中全会以来毛泽东思想的新发展，研究邓小平理论和“三个代表”重要思想。该刊连续 3 次被评为全国中文核心期刊，并在马列主义、毛泽东思想类中名列第一，同时被评为中国人文社科核心期刊，2005 年获得第三届国家期刊奖百种重点期刊称号。

《天府新论》 是四川省社科联主办的综合性社会科学学术刊物。创刊于 1985 年 1 月，双月刊。该刊坚持“二为”方向，贯彻“双百”方针，鼓励创新之见，以繁荣和发展哲学社会科学为宗旨。发表国内外经济、政治、法律、社会学、哲学、文化、文学、历史、科教等社会科学研究论文、书刊评论、观点综述，是了解国内外社会科学学术界的新思想、新观点、新论证、新成果和新趋势的重要窗口。学术性、创新性、探索性、综合性为该刊主要特色。开设有哲学研究、经济理论研究、宏观经济问题研究、区域经济研究、探索与争鸣、科学社会主义研究、公共管理研究、法学研究、社会学研究、文化研究、历史研究、文学研究、教育理论与实践等栏目。该刊发表的许多文章被《新华文摘》《中国人民大学报刊复印资料》等报刊全文转载，在 CSSCI 期刊数据库中的引文量逐年增长。

《农村经济》 是四川省社科院主管、四川省农业经济学会主办的农村经济理论刊物。创刊于

1983年5月10日，月刊，内部发行。该刊追踪时代潮流，与时俱进，不断创新，以更开阔的视野，构筑农村经济改革与发展理论研究和实践交流的平台，以探讨农村经济发展进程中的现实问题为视角，在深刻反映农村经济发展走势、广泛传递农村经济发展信息的基础上，致力于为经济理论工作者提供研究新动态，为各级政府提供发展新思路，为广大农村经济工作者提供实践新方法，全力打造农村经济理论和政策研究一流期刊。该刊多次被列为全国中文核心期刊和中国人文社会科学核心期刊。

《经济体制改革》 是四川省社科院主办的经济理论刊物。创刊于1984年，双月刊。开设有现代企业制度研究、产权改革探讨、宏观经济管理与改革、城市经济体制改革、农村经济改革、股票与证券、金融体制改革、经济学家改革思想介绍等栏目，主要探讨建立社会主义市场经济体制过程中的各种问题，适合经济研究人员和经济工作者阅读。该刊多次被列入中文社会科学引文索引（CSSCI）来源期刊。

《中华文化论坛》 是四川省社科院主办的文史哲学术季刊。创刊于1994年。以从事历史、文化、哲学研究的专家学者、大专院校师生为主要读者。开设有世纪之交中华文化笔谈、文化经济热点、儒释道研究、传统文化与现代化、巴蜀文化研究、中华文化的源与流、中华儒道佛学研究、中华区域文化、中外文化交流、海外学者谈中华文化、民族文化研究、中西文化比较研究、学者谈治学、道德经研究、山海经研究、易经研究、老一辈学者谈巴蜀文化与中华文化、三国文化研究、中华学人研究、探索与争鸣、中华酒文化、书评、综述与信息等栏目。该刊被被评为中国人文社科核心期刊，列入中国期刊全文数据库。

二、高校、党校主办、承办的社科刊物

《四川大学学报（哲学社会科学版）》 是教育部主管、四川大学主办的人文社科类综合性刊物。创刊于1955年。1999年由季刊改为双月刊。学报依托四川大学重点学科、重点人文社科基地、重点课题办刊，同时面向海内外征稿。注重刊载在研究和解决国家及地区发展中具有全局性、前瞻性、战略性的重大问题上有原创性和创新性的研究成果，并注意反映人文社会科学各领域的学术前沿和最新成果。自1992年起，学报连续4次入选《中文核心期刊要目总览》（北京大学），一直是CSSCI来源期刊（南京大学）、中国人文社会科学核心期刊（中国社会科学院）、入选中国期刊方阵（新闻出版署）。1999年，获得全国高等学校文科学报研究会百强社科学报奖。在1992年、2000年四川省两次期刊评比中，获得优秀期刊一等奖。2002年，获得中国人文社科学报学会“双十佳社科学报奖”，连年被四川省新闻出版局评为四川省质量一级期刊。

《财经科学》 是教育部主管、西南财经大学主办的财经类综合性刊物。1957年创刊，月刊，是西南地区最早的经济理论刊物。该刊长期被列入全国经济类核心期刊，并被四川省新闻出版局评为四川省一级期刊。该刊发表的许多高水平的论文、研究报告被《新华文摘》《中国人民大学报刊复印资料》《高等学校文科学报文摘》转载，并被南京大学中文社会科学引文索引（CSSCI）选为来源期刊。

《经济学家》 是教育部主管，西南财经大学、四川社会科学学术基金会主办的大型经济理论刊物。由中国经济学界一批著名专家学者于1989年共同倡议创办，双月刊。该刊主要发表经济学界新近的理论研究成果，包括马克思主义经济学基本理论的研究；社会主义市场经济运行及其机制的研究；中国经济改革和经济发展重大课题的研究；当代资本主义发展的新特点、新趋势研究；世界经济发展问题研究以及反映中国经济领域中的新情况、新问题的调查报告和当代国外各派经济理论的介绍和评价等。该刊开设的主要栏目有中国经济学论坛、理论经纬、改革探索、比较与借鉴、研究

报告、金融研究、财税研究、农业研究、学者风范、新观察。

《西南民族大学学报（人文社科版）》 是国家民族事务委员会主管、西南民族大学主办的综合性学术理论刊物。1979 年《西南民族学院学报（哲社版）》创刊，1985 年公开发行，1990 年由季刊改为双月刊，2000 年改为月刊。2004 年更名为《西南民族大学学报（哲学社会科学版）》。

该学报突出民族特色，着重探索民族教育、教学及管理方面的规律，为教学和科研服务。同时密切关注学术界热点难点问题的研究，开设有人类学研究、文学研究、历史研究、法学研究、哲学研究、财政与金融研究、语言研究等栏目。特设有各种热点问题和现实问题的专题研究栏目。在 2000 年北京大学出版社出版的《中文核心期刊要目总览》所收录的 50 家综合性人文、社会科学类核心期刊中，该学报排名第 38 位。

《四川师范大学（哲学社会科学版）》 是四川省教育厅主管、四川师范大学主办的综合性学术理论刊物。1973 年，《四川师范学院学报》（文理合刊）创刊（后更为名《四川师范大学（社会科学版）》，向国内外公开发行。1978 年文理分开，1991 年由季刊改为双月刊。开设有中国语言文学、历史、旅游、政治、经济、法律、教育、心理学、外国语与教学、哲学等栏目。被列入中国人文社会科学核心期刊、CSSCI 来源期刊、综合性人文社科类核心期刊。

《理论与改革》 是中共四川省委党校主办的综合性政治理论月刊。该杂志以邓小平建设有中国特色社会主义理论和党的基本路线为指导，全面宣传一个中心、两个基本点，研究和宣传马克思主义理论，反映和探讨改革开放中的新情况、新问题、新经验，力求运用马克思列宁主义、毛泽东思想的立场、观点、方法研究和回答建设有中国特色的社会主义实践中的现实问题。该刊被列入 CSSCI 来源期刊。

《中共四川省委党校学报》 是由中共四川省委党校主办的政治理论季刊。开设有“三个代表”重要思想研究、马克思主义研究、社会主义研究、经济建设与经济体制改革、文化建设与文化体制改革、党的建设、哲学研究等栏目。该刊坚持以马克思主义、毛泽东思想、邓小平理论为指导，贯彻“百花齐放、百家争鸣”的方针，以理论旗帜鲜明，思想观点严谨，学术见解新颖为特点，宣传党的基本路线、方针、政策，为各级领导决策服务，为党校教学、科研服务，促进党校教育事业的发展。

《西华师范大学学报（哲学社会科学版）》 是四川省教育厅主管、西华师范大学主办的综合性学术理论刊物。1979 年，《南充师范学院学报（哲学社会科学版）》创刊，双月刊。1989 年，更名为《四川师范学院学报（哲学社会科学版）》，2003 年更名为《西华师范大学学报（哲学社会科学版）》。主要刊载哲学、政治学、法学、经济学、文学、语言学、历史学、教育学等学科的学术论文，开设有巴蜀文化研究、三国历史文化研究等特色栏目。1999 年，被四川省新闻出版局评为四川省质量一级期刊。

此外，四川省内高校、市（州）党校办有学报。如《成都大学学报（哲学社会科学版）》《电子科技大学学报（哲学社会科学版）》《中共成都市委党校学报》等。

第二节 重点社科网站

一、省级重点社科网站

2004 年 12 月 31，由四川省繁荣发展哲学社会科学工作协调小组主管，四川省社科院、四川省社科联主办的网站“四川社会科学在线”日正式开通。四川社会科学在线是四川省哲学社会科学事业宣传、管理的重要平台，也是研究和宣传哲学社会科学的重要基地，展示全省哲学社会科学整体形象和水平的重要窗口。该网站创办后，历经多次改版，设立社科动态、热点关注、马克思主义中国化、四川经济社会发展研究、巴蜀文化研究、理论研究、社科规划、社科评奖、学会管理、社科咨询、社科普及、社科研究机构、民办社科机构、地方社科联、专家学者、学术争鸣、四川高校、科普之窗、社科期刊、社科著述、信息化数字化专题、社科学人与网友、时评精选、金沙讲坛等20多个栏目。

二、高校重点网站

四川大学校园网 始建于1996年，是四川省内最早开设的一批校园网站之一。由于四川大学是一所综合性大学，因此校园网上承载的信息既包括人文社会科学内容，也包括自然科学内容。但由于四川大学本身人文氛围浓厚，学术沉淀深厚，因此，四川大学校园网也是四川哲学社会科学的一个重要窗口。特别是网站首页显著位置的理论宣传专栏、学术看板专栏，对宣传四川省哲学社会科学活动、讨论社会科学理论问题、传播社会科学界活动信息起到重要作用，在广大高校学生乃至社会各界人士中产生重要影响。

西南财经大学校园网 是四川省内最早开设的一批校园网站之一。西南财经大学是教育部直属的重点财经类院校，在全省乃至全国经济学界有一定影响。该校的校园网站对跟踪人文社科新闻、理论研究、财经动态都有相当的敏感度，是省内社会科学领域有影响力的网站之一。

四川师范大学校园网 除常规的学校管理栏目以外，师大论坛、大学生心理健康服务中心栏目在广大学生中有很大影响，对于四川省社科信息宣传、增大社科事业影响有重要作用。

西南民族大学校园网 除学校日常管理内容以外，在宣传民族文化、倡导和谐方面开设许多板块，承载很多信息，有重要影响。

至2005年，省内高校都建有校园网站。

三、各市（州）重点社科网站

随着四川省社会科学事业的发展，市县一级的社科活动开展越来越频繁，逐步建立一批网站，影响力逐渐加大，成为社会主义精神文明建设的重要力量。

成都社科在线 是成都市社科联、成都市社科院于2004年创办的网站，设立统筹城乡、金沙讲坛、成都时情、理论聚焦、规划评奖、社科研究、社科学会、社科书刊等栏目，信息丰富，介绍生动，是成都市社科管理、交流的网上平台。

泸州社会科学网 由泸州市社科联主办。设立有热点关注、社科动态、国内要闻、酒城讲坛、网上读报、社科工作等栏目。

绵阳市社会科学界联合会网 是绵阳政务网的一个子页，由绵阳市社科联主办，设立社科工作、社科动态、科普宣传等栏目，是绵阳市社科工作内容的汇集平台。

第三篇　社会科学工作与活动

为适应四川省改革开放和现代化建设的新形势，加强和完善社会科学规划项目管理，促进哲学社会科学研究，多出优秀成果、优秀人才，制订《四川省社会科学规划项目管理办法》，对项目确定，项目申报、评审与立项，经费使用与管理等作出详尽的规定。为奖励社会科学优秀成果，调动和发挥社会科学工作者的积极性，促进社会科学事业的繁荣发展，省政府制订《四川省社会科学优秀成果评奖办法》。此外，中共四川省委宣传部制订《关于加强哲学社会科学普及工作的意见》。在这些文件的指导下，四川省社科规划与评奖、社科普及与成果转化，社科人才培养等工作得到有序推进。

第一章　社会科学规划与评奖

组织申报和管理国家社科基金项目、制订和实施四川省社科研究规划，组织社科优秀成果评奖，是中共四川省委、省人民政府推动和繁荣四川省哲学社会科学发展的重要举措，也是省委、省政府赋予省社科联的重要工作职能。1987 年 5 月，省社科设立四川省哲学社会科学规划评奖办公室，具体负责省社科规划项目的立项与管理、国家社科基金项目的管理，以及省社科优秀成果评奖等工作。

第一节　国家社会科学基金项目

国家社科基金项目，是国家社科规划的重要内容，是中国最高层次的社科类研究项目，代表国家级社科类研究水平，具有重要的导向和示范作用。承担国家社科基金项目的多少，成为衡量一个省、一个单位学科建设和科研实力的重要标志，也是衡量其研究成果上水平出精品的重要标志之一。国家社科基金项目设立后，四川省社科联一直高度重视，精心组织国家社科基金项目的申报、立项和管理，并取得好成绩。

一、立项数目及获得经费资助总额

1991 年，四川省组织开展国家社科基金项目申报工作。“八五”至“十五”（1991—2005 年）期间四川省承担国家社科基金项目 476 项，获得项目资助金额 2111. 12 万元。

1991—2005 年四川省国家社科规划课题立项情况统计表

表 3－1

年　度	立项数（项）	金额（万元）	年　度	立项数（项）	金额（万元）
1991	39	100. 00	1999	23	68. 30
1992	35	89. 65	2000	36	162. 00
1993	23	30. 37	2001	33	163. 60
1994	29	63. 90	2002	34	201. 00
1995	12	29. 00	2003	32	235. 00
1996	41	140. 30	2004	40	287. 50
1997	18	43. 80	2005	56	410. 50
1998	28	86. 20	合计	476	2111. 12

二、优秀成果简况

四川省承担的国家社科基金研究项目完成的质量较高。1999 年，在全国哲学社会科学领导小组组织的首届国家社科基金项目优秀成果评奖中，四川省有 6 项成果获奖：四川大学卿希泰主编的《中国道教史》获得二等奖；杨超主编的《毛泽东思想史》获得二等奖；四川大学隗瀛涛主编的《近代重庆城市史》获得三等奖；四川大学周裕锴完成的《宋代诗学通论》获得三等奖；四川大学杨继瑞完成的《中国城市用地制度创新》获得三等奖；四川大学石硕完成的《西藏文明东向发展史》获得三等奖。四川省在首届国家社科基金项目优秀成果评审中获奖数量排名居前。

三、优秀成果宣传与转化

四川省承担的国家社科基金项目成果，为党和政府科学决策，为三个文明建设服务发挥很好的作用。成都市委党校刘益飞承担的《党员主体：发展党内民主的理论创新与制度创新》，2004 年3 月在《理论动态》上发表，2004 年 4 月被全国规划办摘登《成果要报》，报送党和国家领导人，人民日报社《内部参阅》27 期刊登成果主要观点，产生广泛的社会影响。西南民族大学教授秦和平承担的《西部民族地区的毒品危害及其对策》，其中期成果《关于凉山部分彝区艾滋病危害趋势及对策建议》，被国家社科规划办转送公安部参考。四川大学教授姜晓萍承担的《WTO 与西部地方政府行政审批制度改革研究》，课题组在对 8 省市进行调研基础上形成的调研报告被四川省行政审批制度改革领导办公室上报国务院，国务院办公厅以简报形式对其价值予以肯定，报告中提出的对现行行政审批制度的改革方案被成都市政府采纳施行。四川大学教授李天德承担的《洗钱与反洗钱的的金融学控制》，教授徐玖平承担的《制造型企业环境成本的核算和控制》，教授陈维政承担的《中国加入 WTO 之后解决就业问题新思路：工作分享制的实证研究》，省社科院研究员周友苏承担的《上市公司法律规制论》，因最终研究成果调研基础扎实，提出的对策建议具有较强的针对性和可操作性，被全国规划办摘登《成果要报》，报送党和国家领导人。

第二节 四川省社会科学规划项目

四川省社科研究规划是四川省国民经济和社会发展规划的组成部分，是四川省社科研究近期、中期和长期的总体设计，是中共四川省委、省人民政府实施社科研究的具有先导性、战略性、全局性的部署方案和制度安排。四川省社科规划项目是省内最高层次的社会科学研究项目，具有重要的导向和示范作用。1985 年 1 月，省委为加强四川省哲学社会科学研究工作规划、协调和管理，成立四川省哲学社会科学规划领导小组（后改为规划联席会议），省委常委、省委宣传部部长、省社科联副主席许川任组长。1987 年 5 月，经四川省机构编制委员会核批，四川省哲学社会科学规划办公室正式设立，设在四川省社科联。

一、项目规划与立项

四川省社科规划办公室成立后，在中共四川省委宣传部和省社科联党组的直接领导下，在各有关单位的参与下，编制并实施四川省哲学社会科学“七五”“八五”“九五”“十五”的社科研究规划。这些规划从指导思想到规划项目的设立，直接为四川省在“七五”“八五”“九五”“十五”时期确定的经济、社会发展奋斗目标服务。每一个5年社科研究规划，省社科联在组织专家学者进行广泛深入调查研究的基础上，针对不同时期国家和四川经济、社会发展的特点和迫切需要，提出四川省社科研究的目标和主要任务，明确规定实现社科研究规划工作的保障措施，结合四川的优长学科和学科发展需要，制订该时期各学科重点研究方向和重点研究课题。按照规划的总体要求，省社科联每年组织专家学者经过充分论证，紧密配合四川省国民经济社会发展的需要，从全局性、战略性、前瞻性的高度研究制定年度项目课题指南。年度项目课题指南具有明确的导向性、针对性和时效性，着重引导广大社科工作者加强马列主义、毛泽东思想、邓小平理论和“三个代表”重要思想的基础理论研究，加强对四川省重大现实问题的研究，加强对具有本省地方特色的巴蜀文化研究。

年度社科规划项目课题发布后，在省社科联指导下，各社科研究机构和各级社科联组织广大社科工作者进行课题申报。省社科联在实施社科规划立项工作中，探索和完善社科规划管理机制，逐渐形成省社科规划项目采用通讯初评和会议评审两级评审机制。通讯初评采用活页匿名方式进行，每份活页由3名同行专家审读打分，将平均分从高到低排序决定初评入围的项目，在此基础上对入围项目进行会议评审确定立项项目。鼓励科研单位联合党政机关和实际工作部门开展协作攻关，提供配套课题经费。

在立项评审中，要求申报课题充分反映本学科及相关研究领域新的进展，立足学科前沿，倡导原创性和开拓性研究，避免低水平重复。鼓励哲学社会科学各学科交叉融合，鼓励哲学社会科学与自然科学相互渗透。鼓励着眼于国际局势和新的时代特点，着眼于当代中国国情和四川省情，注重研究中国尤其是四川改革开放和全面建设小康社会进程中全局性、战略性和前瞻性的重大课题。省社科联不断加强对立项课题的中期管理、成果验收等环节，以确保社科规划课题的高质量完成。

省社科规划课题立项工作全面开展后，“七五”至“十五”期间（1986—2005年）立项1036项；项目类别包括省社科重点项目、一般项目和青年项目；2004年起，增设“省哲学社会科学规划（市州）项目”，立项29项。2005年，推出“哲学社会科学普及规划项目”，立项24项。

1986—2005年四川省社会科学规划课题立项情况统计表

表3－2　　　　单位：项

年　度	省级课题立项	市（州）课题	科普课题
1986—1990	“七五”规划课题141项		
1991—1995	“八五”规划课题124项		
1996			
1997	165		
1998	51		
1999	91		
2000	13		
2001			
2002	134		
2003	108		
2004	48	13	
2005	161	16	24
合　计	1036	29	24

二、优秀成果宣传与转化

在中共四川省委、省政府的领导和关怀下，四川省社科规划研究坚持以邓小平理论和“三个代表”重要思想为指导，全面落实科学发展观，以四川改革开放和现代化建设中的重大理论问题和实际问题为主攻方向，为党委、政府正确处理热点难点问题，提供理论依据和智力支持。在基础理论研究方面取得瞩目成绩。在咨政育人、传承文明、服务社会等方面发挥重要作用。推出一批深入研究马克思主义中国化理论的新成果。如《毛泽东思想史》（1—4卷）是国内首次研究毛泽东思想的产生、形成、发展的专著，填补毛泽东思想研究领域的空白；《邓小平理论史》（1—4卷）、《党的第三代集体领导对邓小平理论的实践与创新》（1—8册）等。探索新情况、研究新问题方面取得明显进步，如省社科院林凌的《利润周期与经济周期》，提出评价一个国家发展水平和状况的不应该是GDP增长率，而应是利润增长与利润周期的分析方法，在学术界受到好评。省委党校的《地方党委加强执政能力建设》，对地方党委在加强执政能力的认识及行为作了系统深入的分析，得到省委领导的肯定。省社科院杜守祜的《环境经济学》，全面系统研究环境保护和经济建设的关系，提出建立西部地区环境补偿机制的对策建议。针对四川省经济、政治、社会发展和建设的重大问题，推出一批有影响力的成果。如省科技顾问团完成的《科学发展观与四川战略发展重点研究》，紧扣四川实际，分析矛盾，廓清思路，研究四川省经济发展中的重大问题，规划提出21世纪头20年四川省经济社会发展的宏伟蓝图。推出一批紧密结合四川历史、文化、民族特点的具有地方特色的研究成果。如四川文物考古队的《三星堆祭祀坑》、四川省社科院袁珂的《中国神话词典》、成都市考古队江章华的《成都平原早期城址及其考古学文化初论》、四川大学项楚的《寒山诗注》、四川大学曹顺庆的《中国古代文论话语》、四川师范大学蔡方鹿的《朱熹经学与中国经学》等。

省社科联重视省社科规划项目的宣传与转化，编辑出版年度《四川省社科规划项目优秀成果选介》；利用省繁荣发展哲学社会科学工作协调小组建立的《重要成果专报》，重点选择规划项目中围绕省委、省政府中心工作、对四川经济、社会发展有重要推动作用的项目，直接上报决策层；发挥“四川社会科学在线”网站、《天府新论》《四川社科界》和社科界所有报刊以及省内各新闻媒体在社科规划成果宣传推广方面的作用。在《四川日报》开辟“四川省社科规划课题优秀成果巡礼”等专栏。

第三节 四川省哲学社会科学优秀成果评奖

一、优秀成果评奖

对社会科学研究成果进行评价，是社会科学科研管理的重要环节。1984年，为调动广大社科工作者的积极性和创造性，四川省政府批准设立四川省哲学社会科学优秀成果政府奖，每两年1次，四川是全国开展社科评奖工作较早的省份之一。

1984—1990年，是评奖工作设立和探索阶段。开展第一、第二、第三、第四次评奖。社科评奖成为四川省社科联的重要职能，初步建立评奖机制，成立评奖委员会，确定评奖周期为两年1次，奖项为省政府奖。但奖项总量不固定，评奖工作未实现制度化，评奖工作的影响度不高。如第一次的奖项为765项，除设立荣誉奖、一、二、三等奖外，还设有四等奖；第二次为161项，第三次

202 项，第四次为 161 项，奖项设置上也取消四等奖，只设荣誉奖及一、二、三等奖。

1992—1998 年，是四川省社科评奖工作逐步规范和发展的阶段，这期间开展第五、第六、第七、第八次评奖。进一步细化四川省社科评奖工作实施细则，政府奖项数确定为 200 项，于 1992 年第五次评奖中首次确立评委实行回避制度，于 1996 年第七次评奖中新增四川省社科界优秀成果奖105 项。评奖标准不断改进和完善，逐步形成相对稳定的评奖机制。

2000—2005 年，是四川省社科评奖工作法制化、规范化的阶段，开展第九、第十、第十一次评奖。四川省社科评奖工作法制化建设得到加强。2000 年 8 月 8 日，四川省人民政府颁布《四川省社会科学优秀成果评奖办法》（第 142 号令），以地方立法的形式确定社科评奖工作制度和机制。评奖办法对四川省社科评奖的指导思想、遵循原则、评奖范围、评奖委员会的构成及职责、评奖程序、奖项等级、获奖奖励、公示异议期等作出明确规定，形成较为科学、公正、民主的评奖机制。办法规定：省评奖委员会办公室设在四川省社科联，负责评奖的日常工作。

1978—2006 年，四川省进行 12 次评奖，评出政府奖 3547 项。其中，荣誉奖 58 项，一等奖 78 项，二等奖 432 项，三等奖 2044 项，社科界优秀成果奖 935 项（含第一次评出四等奖 295 项）。获奖成果范围覆盖马列科社、党史党建、哲学、经济学、政治学、社会学、教育学、语言文学、法学等社会科学各个学科门类。

1978—2006 年四川省哲学社会科学优秀成果评奖情况统计表

表 3－3　　单位：项

届　别	年　度	荣誉奖	一等奖	二等奖	三等奖	优秀奖
第一次	1978—1983	7	15	111	337	295
第二次	1984—1985	6	4	21	124	6
第三次	1986—1987	3	4	30	165	—
第四次	1988—1989	11	6	23	121	—
第五次	1990—1991	6	2	34	163	—
第六次	1992—1993	8	6	26	168	—
第七次	1994—1995	7	5	26	166	105
第八次	1996—1997	2	7	32	158	104
第九次	1998—1999	4	7	37	156	102
第十次	2000—2001	2	7	30	163	104
第十一次	2002—2003	2	6	34	160	111
第十二次	2004—2005	—	9	28	163	108

说明：1978—1983 年，评出四等奖 295 项

二、获奖成果

获奖的优秀社科成果，是四川社科工作者在马列主义、毛泽东思想、邓小平理论和“三个代表”重要思想指引下，坚持立足国情、省情，立足当代，以深入研究重大现实问题为主攻方向，坚持以基础理论研究带动应用对策研究，不断提高学术创新能力，推出的一批在改革开放和现代化建设以及哲学社会科学自身发展中具有重要影响的精品力作。其中：获得省政府一等奖的《四川省情》（中

共四川省委政研室编写，第一次评奖），是一本全面、系统介绍四川基本情况的资料性书籍，中央书记处研究室赞誉“做了一件很有意义的事情，值得提倡”；刘诗白撰写的《社会主义所有制研究》（第二次评奖）是一部创新之作，系统研究社会主义所有制的内涵及阶段特征，提出一系列新见解，为所有制关系的改革提供很有价值的思想理论；唐公昭等撰写的《经济体制改革的回顾与近期深化改革的思考》（第三次评奖），深刻揭示8年改革对旧体制的历史性突破，客观分析和评价8年改革中几项重大措施及其思路，系统论述8年改革在深层次上给予人们的启示，并提出近期经济体制改革的重点选择和总体设想；叶谦吉撰写的《生态农业——农业的未来》（第四次评奖）详细分析当今世界农业发展的若干模式，结合中国国情深入探讨农业发展的方向，重点阐述具有中国特色的生态农业理论，为探索中国社会主义现代化农业新模式作出贡献；刘洪康等撰写的《人口理论》（第五次评奖）在关于人和人口的本质、物质资料生产和人类自身生产、人口和社会的关系、人口规律体系、人口质量、人口控制和人口计划等问题上提出具有真知灼见的新观点，在体系、结构以及研究方面有所突破；刘诗白撰写的《产权新论》（第六次评奖）是国内第一部系统研究产权基本理论并初步形成一个新体系的创新之作，对中国全方位推进产权制度改革，具有重大的现实指导意义。郑晓幸等撰写的《丘陵经济发展大思路——四川丘陵地区农村经济增长方式转变》（第八次评奖），从不同角度论述四川省丘陵地区转变农村增长方式的途径，对地方经济决策具有重要的参考价值；蒋永穆撰写的《中国农业支持体系研究》（第十次评奖），以全新视角，运用邓小平理论为指导研究中国农业和农村改革问题，填补中国农业支持体系研究领域的空白；张其佐撰写的《第六次产业革命是否即将来临》（第十一次评奖），创造性提出生物、生命、主导技术及其产业将会引发人类第六次产业革命的观点，受到国内外关注。根据此观点深入研究撰写的《关于抓住生物产业革命的重大战略机遇，实施生物经济强省战略的建议》等，受到省委、省政府与科技部领导的高度重视。刘诗白撰写的《现代财富论》（第十二次评奖），是国内第一部全面系统论述现代财富的精品力作，对中国确立现代财富理论具有重大的理论指导意义。

1984—2006年四川省社会科学优秀成果评奖获得一等奖项目表

表3－4

届　别	项　目　名　称	主研部门（人员）	出版（发表）情况
第一次评奖（15项）	《四川省情（1949—1981）》（专著）	中共四川省委研究室	四川人民出版社1984年
	《彝文规范方案》	四川省民委彝文工作组	《四川日报》1980年12月17日公布
	《发挥重庆经济中心的作用》（论文）	林凌、郭元晞（四川省社科院）	《四川日报》1983年2月19日
	《关于建设有中国特色的社会主义的学习宣传提纲》	中共四川省委宣传部组织编写	
	《社会主义商品生产若干问题研究》（专著）	刘诗白（四川财经学院）	四川人民出版社1983年
	《生态农业——我国农业的一次绿色革命》（论文）	叶谦吉（西南农学院）	《农业经济问题》1983年第11期
	《四川省盆周山区建设的调查》（调查报告）	赵文欣、王能典、杨忠好（四川省委农村政策研究室）	红旗杂志社《经济调查》1983年第1辑
	《对四川省经济、社会发展战略及策略问题的探讨》（论文）	甘永沛、崔新恒（四川省计经委）	《四川计划经济》1982年第59期

续表 3－4

届　别	项　目　名　称	主研部门（人员）	出版（发表）情况
第一次评奖（15 项）	《“异化”是一个历史的概念》（论文）	鲁家果、林之达、王治林（四川省社科院）	四川省《社会科学研究》1981 年第 6 期
	《中国高等教育史》（专著）	熊明安（西南师范学院）	重庆出版社 1983 年
	《我国西南地区青铜戈的研究》《近年来中国西南民族地区战国、秦汉时代考古发现机器研究》《试论早期铜鼓》《四川古代文化与东南亚地区古文物的关系》（论文）	童恩正（四川大学）	《考古学报》1979 年第 4 期、1980 年第 4 期、1983 年第 3 期，《文物》1983 年第 9 期
	《越史丛书》（专著）	蒙文通（蒙默整理）（四川大学）	人民出版社 1983 年
	《马克思主义政治经济学的创立》（专著）	李善明（四川大学）	上海人民出版社 1979 年
	《山海经校注》（专著）	袁珂（四川省社科院）	上海古籍出版社 1980 年
	《科学技术进步对社会生产两大部类比例关系的影响》（论文）	鲁济典（西南农学院）	四川省《社会科学研究》1980 年第 4 期
第二次评奖（4 项）	《社会主义所有制研究》（专著）	刘诗白（西南财经大学）	上海人民出版社 1985 年
	《训诂学简论》（专著）	张永言（四川大学）	华中工学院出版社 1985 年
	《中国道教思想史纲》二卷（专著）	卿希泰（四川大学）	四川人民出版社 1985 年
	《藏汉大辞典》（工具书）	主　编：张怡荪（四川省政协） 副主编：祝维翰（四川省民族研究所） 土登尼玛（四川省藏文学校）	民族出版社 1985 年 7 月
第三次评奖（4 项）	《经济体制改革的回顾与近期深化改革的思考》（研究报告）	四川省经济研究中心“改革反思”课题组 主研人员：唐公昭、刘西荣、张大明、张　煜、李经伟（省体改委）	《管理世界》1987 年第 4 期
	《资产阶级古典学派货币银行学说》（专著）	曾康霖（西南财经大学）	中国金融出版社 1986 年
	《劳动改造罪犯的理论与实践》（专著）	邓又天、高绍先、夏宗素、赵长青、杨显光（西南政法学院）	法律出版社 1987 年
	《简明古汉语字典》（工具书）	中华书局香港分局 1987 年再版 张永言、向　熹、经本植、罗宪华、严廷德（四川大学）	四川人民出版社 1986 年
第四次评奖（6 项）	《四川省经济科技社会发展战略规划及产业政策研究报告》（研究报告）	唐公昭、漆先望、邹大鹏、何传贵、陈家泽	原系内部研究报告，后载《四川奔向 2000 年（综合卷）》西南财经大学出版社 1990 年 1 月
	《生态农业——农业的未来》（专著）	叶谦吉（西南农业大学）	重庆出版社 1988 年
	《中国人口・四川分册》（专著）	刘洪康（西南财经大学） 赵世利（四川大学）、吴忠观、马延华（西南师范大学）	中国财经出版社 1988 年

续表 3－4

届别	项目名称	主研部门（人员）	出版（发表）情况
第四次评奖（6 项）	《中国知识分子的历史道路》（专著）	隗瀛涛、刘传英、蒋晓丽、陈建明（四川大学）、余长安（光明日报社）	四川教育出版社 1989 年
	《杨慎学谱》（古籍整理）	王文才（四川师范大学）	上海古籍出版社 1988 年
	《汉彝词典》（工具书）	马黑木呷（省民委）、沈伍已（西南民族学院）、马　明、谢志礼（西南民族学院）	四川人民出版社 1989 年
第五次评奖（2 项）	《人口理论》（专著）	主　编：刘洪康、吴忠观（西南财经大学） 副主编：周君玉、王茂修（西南财经大学）	西南财经大学出版社 1991 年
	《近代重庆城市史》（专著）	隗瀛涛（四川大学）、周　勇（重庆市委党校）、谢　放、何一民（四川大学）、胡道修（重庆市地方志编委会）	四川大学出版社 1991 年
第六次评奖（6 项）	《毛泽东思想史（1—4）》（专著）	毕剑横、刘平斋、姜　忠、李声禄、杨先农（省社科院）	四川人民出版社 1993 年全部出版齐
	《产权新论》（专著）	刘诗白（西南财经大学）	西南财经大学出版社 1993 年
	《美育心理研究》（专著）	刘兆吉、曾欣然、梁承谋、赵伶俐、张大均（西南师范大学）	四川教育出版社 1993 年
	《儒家法思想通论》（专著）	俞荣根（西南政法学院）	广西人民出版社 1992 年
	《世说新语辞典》（工具书）	张永言、骆晓平（四川联合大学）、田懋勤（成都教育学院）、蒋宗许（绵阳师范学校）	四川人民出版社 1992 年
	《甲骨文金文字典》（工具书）	常正光、方述鑫、彭裕商（四川联合大学）	巴蜀书社 1993 年
第七次评奖（5 项）	《加快攀西地区经济开发研究》（研究报告）	杨　超（省委）、周振华（省社科院）、杜肯唐（四川联合大学）、解　洪（省政府攀西川南资源开发办）、王小琪（省社科院）	西南财经大学出版社 1995 年
	《内陆地区改革开放研究》（专著）	辛　文（省政协）、袁文平（西南财经大学）	四川大学出版社 1995 年
	《中国道教史》（四卷本）（专著）	卿希泰、曾召南、赵宗诚、陈兵、唐大潮（四川联合大学）	四川人民出版社 1995 年
	《李绍明民族学文选》（论文集）	李绍明（省民族研究所）	成都出版社 1995 年
	《中国女子教育通史》（专著）	杜学元（四川师范学院）	贵州教育出版社 1995 年

续表 3－4

届　别	项 目 名 称	主研部门（人员）	出版（发表）情况
第八次评奖（7 项）	《丘陵经济发展大思路——四川丘陵地区农村经济增长方式转变研究》（专著）	郑晓幸（中共四川省委党校、中共德阳市委）、郑和平（绵阳市人民政府）、傅泽平（中共四川省委党校）、冯文凡（中共绵阳市委党校）、姜　凌（中共四川省委党校）	四川人民出版社 1997 年
	《资本经营》（专著）	郭元晞（西南财经大学）	西南财经大学出版社 1997 年
	《中国城市地价探析》（专著）	杨继瑞（四川大学）	高等教育出版社 1997 年
	《高新技术商品化产业化国际化研究》（专著）	陈永忠（四川省社科院）	人民出版社 1996 年
	《大美不言——道教美学思想范畴论》（专著）	潘显一（四川大学）	四川人民出版社 1997 年
	《四川文史资料集粹》（1～6 册）（资料书）	四川省政协文史资料委员会	四川人民出版社 1997 年
	《彝语大辞典》（工具书）	《彝语大辞典》编纂委员会	四川民族出版社 1997 年
第九次评奖（7 项）	《利润周期与经济周期》（论文）	林　凌、刘世庆（四川省社科院）	《中国社会科学》1999 年第 3 期
	《中国抗日战争时期物价史》（专著）	周　春、蒋和胜、蒋永穆、钟思远、朱方明（四川大学）	四川大学出版社 1998 年
	《国有资产流失研究》（专著）	赵一锦、刘　军、张宁俊、吕先锫（西南财经大学）	西南财经大学出版社 1999 年
	《四川高耗能工业发展研究》（专著）	袁本朴、李传林（四川省民委）、常　江（四川省民族地区经济开发办公室）、曾玉成（四川大学）、肖晓军（四川省政府）	四川人民出版社 1999 年
	《四川省志·文物志》（资料书）	四川文物编辑部	四川人民出版社 1999 年
	《中国神话大词典》（工具书）	袁　珂（四川省社科院）	四川辞书出版社 1998 年
	《三星堆祭祀坑》（专著）	四川省文物考古研究所	文物出版社 1998 年
第十次评奖（7 项）	《党的第三代领导集体对邓小平理论的实践与创新研究丛书》（专著）	四川省社科院课题组	四川人民出版社 2001 年
	《成本论》（专著）	林万祥、付代国、余海宗、毛洪涛、李卫东（西南财经大学）	中国财经经济出版社 2001 年
	《中国农业支持体系论》（专著）	蒋永穆（四川大学）	四川大学出版社 2000 年
	《中国宏观经济非均衡分析》（专著）	王成璋、贾志永（西南交通大学）、龙志和（华南理工大学）、郭耀煌、傅　浩（西南交通大学）	经济科学出版社 2000 年
	《环境经济学》（专著）	杜受祜、甘庭宇、李晟之（四川省社科院）、杜　珩（四川省扶贫开发办）、葛家瑜（四川省社科院）	中国大百科全书出版社 2001 年

续表 3－4

届　别	项　目　名　称	主研部门（人员）	出版（发表）情况
第十次评奖（7 项）	《成都平原早期城址及其考古学文化初论》（论文）	江章华、王　毅、张　擎（成都市文物考古研究所）	载《苏秉琦与当代中国考古学》，科学出版社 2001 年
	《寒山诗注》（专著）	项　楚（四川大学）	中华书局 2000 年
第十一次评奖（6 项）	《邓小平理论史》（专著）	四川省社科院课题组	四川人民出版社 2003 年 12 月
	《长江上游经济带西部大开发战略与政策研究》（专著）	刘世庆、罗宏翔（四川省社科院）、邓立新（成都市人民政府研究室）、郭　岚、劳承玉（四川省社科院）	四川科学技术出版社 2003 年 2 月
	《国有资本经营专论——国有资产管理、监督、营运体系研究》（专著）	郭复初、向显湖、李　力、杨丹（西南财经大学）、任兴文（四川省国资委）	立信会计出版社 2002 年 6 月
	《口岸开放与社会变革——近代中国自开商埠研究》（专著）	杨天宏（四川师范大学）	中华书局 2003 年 3 月
	《中国货币与金融统计体系研究》（专著）	庞　皓、黎　实、聂富强、毛中明、任　栋（西南财经大学）	中国统计出版社 2003 年 9 月
	《中国古代文论话语》（专著）	曹顺庆（四川大学）、傅勇林（西南交通大学）、李思屈（四川大学）	巴蜀书社 2001 年 7 月

第二章　社会科学普及和成果转化

20世纪80年代中期以后，四川省社科普及工作日益活跃。省社科联组织社科工作者围绕不同时期党和国家的大政方针、社会生活中的热点问题，以及中国和四川经济社会发展中的重大问题等，将社会科学研究成果向广大群众进行普及宣传。各市（地、州）社科联也从各学科、本地区的特点和实际出发，开展多种形式的社科普及工作。

第一节　社会科学普及

一、围绕党和国家的大政方针、经济社会发展中重大问题开展社科普及工作

围绕党和国家大政方针开展社科普及工作。1992年邓小平视察南方谈话发表后，省社科联邀请著名经济学家刘诗白重点就邓小平关于发展生产力理论的重要意义和理论贡献，作专题报告。1993年，中共十四大提出建立社会主义市场经济体制的重要方针，省社科联组织专家宣讲社会主义市场经济知识和中国的经济政策；省社科联和省国际和平与发展研究中心邀请美国IBM公司管理专家到成都举办股份制理论研究学术报告会；省社科联邀请省体改委负责人作了“当前我省经济形势与深化改革中的几个全局性问题”的专题报告。1996年，为了让干部群众适应重庆即将直辖后四川省行政区划发生的重大调整，省社科联邀请著名经济专家辛文作了行政区划调整后的四川经济发展战略思路的专题报告。1997年，中国政府恢复行使对香港的主权。为帮助干部群众认识香港回归带来的对外开放新机遇，省社科联举办由经济学专家林凌作题为“香港回归与台、澳、大陆经济协作”的报告会。2000年，在中央作出实施西部大开发的重大战略决策，以及中国即将加入WTO的形势下，为帮助企业界和经济部门深刻认识形势把握机遇，省社科联组织经济热点系列讲座，围绕西部大开发和中国入世等经济社会发展中的热点难点问题，邀请省内外专家学者为企业界和经济部门主讲“西部大开发与四川经济发展”“西部大开发的思路与对策”“国家关于西部大开发的有关政策动向”“当前客观经济形势与西部大开发——国家经济政策取向与理论争论”“入世与进一步推动全方位、多层次、宽领域的对外开放”“2000年中国经济走向与未来十年中国经济发展形势分析”等10个专题；宜宾、德阳等市（州）社科联组织社科专家学者，到厂矿企业和市、区（县）机关作专题报告，把西部大开发的战略举措及时宣传到基层；成都市社科联编写出版《西部大开发100问》《WTO基本知识百题解》两本科普读物。2001年，为贯彻落实江泽民《致全国科普工作会议的信》，推进科学普及，反对伪科学，由省社科联牵头，联合《华西都市报》和省知识经济促进会组织“‘大跨越要建设精神家园’——四川省社会科学普及人心工程”的社会科学普及专家系列座谈会。

中国加入 WTO、特别是全国经济工作会议后，一些市（州）和基层单位纷纷要求邀请专家辅导。12 月下旬，省社科联应邀组织专家分赴攀枝花市和巴中市作专题报告。2003 年，为贯彻省委提出的加快县域经济发展的思路，省社科联组织大批专家学者分赴达州、古蔺、梓潼等地为县区经济发展开展科技咨询活动。为把科普讲座办到基层，省社科联组织专家宣讲组 6 批到梓潼、雅安、德阳、安县、中江等市（县）宣讲。省社科联为梓潼县领导班子和部门负责人就梓潼如何走新型工业化、农业产业化、城镇化道路问题举办专题讲座；4 月，省社科联组织专家教授为全省技工学校校长、党委书记举办学习班，重点宣讲加入 WTO 后职业技术教育体制改革、教育模式、观念转变等问题；6 月，组织学者赴雅安市举办“对邪教现象的综合分析”报告会；8 月，组织专家赴中江县举办“县域经济发展对策研究”报告会。2004 年，省社科联多次组织专家学者到罗江县、宝兴县就西部大开发、中国入世面临的机遇和挑战等问题，作专题学术报告。2005 年，为落实中共十六大提出的科学发展观，省、市社科联组织专家学者开展“科学发展观与区域经济成长”“科学发展观与县域经济发展”等系列科普宣讲活动；中共十六届五中全会召开后，省社科联组织专家学者赴各市（州）宣讲十六届五中全会精神。

针对改革开放的重大实践开展社科普及活动。1997 年，国企改革进入攻坚阶段，亚洲金融危机爆发，社科界针对当前形势开展宣讲。省社科院经济体制改革研究所所长杨钢应中共乐山市委要求，专程赴乐山为市委中心学习组作“贯彻十五大精神，打好所有制改革的攻坚战”的专题报告；为推广长虹改革经验，省社科联和省发展经济学会邀请长虹总经理倪润峰作“关于长虹的基本经验与基本实践”报告。省职工思想政治工作研究会于 1998 年组织“长虹经验巡回报告”。1998 年，省社科联面向大中型企业经理、厂长等实际工作者组织专家开展热点难点问题系列讲座。1999 年，根据形势发展的需要，省社科联组织 10 次经济热点讲座，为企业界和经济部门释疑解惑。邀请刘诗白主讲《当前中国经济的若干热点问题》，赵国良主讲《1999 年经济形势与企业改革的展望》和《四中全会与国企改革》，林凌主讲《美国经济和中美经济发展前景》，沈元瀚主讲《社会主义本质与中国加入世贸组织》，刘崇仪主讲《中国加入世贸组织后企业面临的机遇与挑战》，曾国安主讲《市场竞争与企业市场竞争战略、策略的新方向》，沈志云主讲《知识经济与技术创新》，副省长邹广严主讲《四川省经济社会发展情况及今后的发展战略》。

二、针对社会热点问题和与群众利益密切相关的问题开展社科普及工作

1997 年，省社科联社科咨询服务中心重点承办省委宣传部、省社科联、省公安厅、省精神文明办联合举办的全省消防教育系列宣传活动，回收“知识竞赛”答卷 19 万张，电视决赛在四川电视台播放两次。1998 年，省法人代表权益保护协会组织开展全省“纳税人在我心中”税法知识大奖赛活动，进行全民税法知识大普及。2001 年，省社科联围绕群众关心的社会生活和经济发展热点，组织 8 次面向基层干部、群众，面向企业界的知识讲座。主要内容有“中国证券法”“当前经济形势与中小企业的发展方向”“加入 WTO 和明年经济形势展望”。2002 年，针对改革开放和社会经济发展中的热点、难点问题，省社科联举办 3 次专题讲座。2003 年，针对突如其来的“非典”，及时将 5 月科技活动周主题定为“防治‘非典’、倡导科学”。省社科联将防“非典”知识搬上互联网，为群众性防“非典”活动提供智力支持。省级各学会和市（州）社科联纷纷上街头下基层举办展览、开展咨询、散发宣传资料。成都市社科联组织开展“万众一心，战胜‘非典’，弘扬民族精神”科普宣传活动。

三、开展以爱国主义和国防教育为主题的社科普及工作

参与国防教育基地建设。1993 年，省社科联、省国际和平与发展研究中心、省国防教育协会通

过内引外联，在温江县进行创办四川省国防科教基地的工作。1995 年，省社科联继续支持国防教育基地的建设，包括规划设计、项目立项等工作。并帮助省国防教育学会主办普及读物《国防教育》月刊。1998 年，为支持国防教育基地建设，省社科联举办“国防教育图片展”和“全国抗洪救灾展览”。国防教育基地被省政府授牌为“四川省科普教育基地”。

开展爱国主义教育。1993 年，省历史学会为弘扬爱国主义精神，举办“爱我中华历史知识竞赛”活动。1996 年，省社科联与省历史学会、成都市历史研究所联合筹办“国耻教育展”“四川近代革命斗争史”“解放军川籍名将”“四川著名科技人物”展览；省历史学会与省图书馆联合举办“传统文化与现代科学讲座”。1999 年，省统战理论研究会举办庆祝中华人民共和国成立 50 周年、迎接澳门回归知识竞赛，普及统战知识。省杜甫研究会、省影评学会、省党史研究会等举办成就展、艺术收藏展、影视展等群众性活动，开展爱国主义教育。

四、利用“科技之春”平台开展社科普及工作

四川省人民政府举办的每年集中进行科学知识普及宣传的“科技之春”，是一项具有广泛影响的大型群众性科普活动。省社科联积极参与“科技之春”活动，利用“科技之春”的平台开展社科普及工作。其中：1996 年 3 月全省“科技之春”科普活动月，省社科联组织省级各学会和市（地、州）社科联开展社会科学知识的宣传普及和咨询服务活动。省广播电视学会与省广播电台、省农科院联合举办“农业科技点播台”专题节目；省金融学会邀请著名金融专家赵海宽就“当前经济金融形势与宏观调控”问题作专题报告；省历史学会与省图书馆联合举办“传统文化与现代科学讲座”；乐山市社科联组织城管、农经、法学等 20 多个学会上街设立宣传站，展出科普图片 120 幅，散发资料 1 万多份；成都、重庆、遂宁、泸州、自贡、绵阳、攀枝花等社科联发挥各自优势，开展多种形式的科普活动。2000 年“科技之春”科普宣传月活动，各级社科联利用多种形式传播科学知识，宣传科学思想，弘扬科学精神。举办“科普宣传一条街”活动，各级社科联组织所属学会上街摆摊设点，设置宣传展板，设立咨询服务台，散发科普资料，赠送科普读物；组织科技“三下乡”活动；举办培训班和讲座，培训科技骨干。2001 年，省社科联组织开展“科技之春”宣传月活动，重点宣传西部大开发、宣传四川新的跨越。据统计，各级社科联在科普月活动中，组织 2000 多人（次）直接参加宣传西部大开发，张挂各类展板、标语、挂图 1000 多幅（块），上街设咨询点 90 多处。2002 年，各级社科联和学会参加全省“科技之春”科普活动月和 5 月“科技活动周”活动制度基本建立，科普活动丰富多彩。举办科普专题讲座 180 场，发放科普读物 20 万余份，展出科普图片 3000 余幅，参与人数达 10 万余人。2003 年，在“科技之春科普活动月”和 5 月“科技活动周”活动中，成都、广安、达州、泸州、德阳、南充、攀枝花、凉山、雅安等市（州）社科联，围绕贯彻落实“三个代表”重要思想、公民道德、法治建设、村民自治等，开展丰富多样、群众喜闻乐见的科普宣传活动。

五、出版科普图书和举办科普展览

1988 年，省社科联组织完成以“十法六例”[①] 为内容的《大众经济法丛书》的编辑出版工作，每

---

① “十法六例”中“十法”指：《全民所有制工业企业法》《经济合同法》《环境保护法》《矿产资源法》《商标法》《专利法》《会计法》《计量法》《统计法》《企业破产法》。“六例”指：《工业产品质量责任条例》《物价管理暂行条例》《文选管理暂行条例》《全民所有制工业企业厂长工作条例》《中国共产党全民所有制工业企业基层组织工作条例》《全民所有制工业企业职工代表大会条例》。

套12本，发行2万多套。1992年，省社科联承担科技成果展览社会科学部分的任务。通过方案设计、成果汇集、资料整理等工作，分10个部分选展有代表性的优秀社科成果122项，书刊199部，图片、图表65张，接待单位组织参观50多批，参观者近10万人次。1997年，省社科联参与由省委宣传部、省精神文明办牵头的《职业道德丛书》编撰工作，由省社科联人员任主编、副主编的《职业道德导论》出版问世。1998年，省社科联参与主办“四川优秀科普图书奖”评选活动，省社科联《天府新论》编辑部被评为“省科普工作先进集体”。2004年，省社科联组织编写社科知识普及读物。向各市（州）社科联、省级各学会发《关于组织编写社科知识普及读物的通知》，并拟出部分参考题目。动员组织专家学者编写社科普及读物，并鼓励各市（州）社科联、省级各学会根据实际情况和学科特点，精心选题，认真编写。2005年，省社科联、省劳动和社会保障学会编著《民工劳动权益保护100问》。

六、宣传社科优秀成果

2003年，省社科联利用《四川日报》、四川电视台、四川人民广播电台、四川新闻网、《天府新论》《四川社科界》、四川社科在线等，对四川省历届10次社科获奖成果进行宣传。同时，将获奖成果中对四川社会经济文化发展有直接现实意义、社会各界比较关注的调研报告、对策研究选出一部分汇编成《四川省第十次哲学社会科学优秀成果获奖论文选编》正式出版；并编印《四川省“九五”国家社科基金课题暨省社科规划成果选介》。

七、开展送科普进社区下农村活动

1993年，省教育学会组织专家和教师到山区讲课，进行示范教学。2005年，省社科联组织专家学者到基层开展社科普及活动。5月，在成都市西御河沿街社区组织开展以“建设文明科学现代社区”为主题的大型科普宣传活动，向社区赠送社科图书，围绕群众关心的社会热点问题开展现场咨询。11月6日，省社科联与成都市社科联在成都市浣花溪公园举办“科普活动日”活动，30多个学会围绕全面建设小康社会开展咨询服务，提供法律、税收、财会、价格、金融等知识援助。2005年，省、市社科联围绕“科学发展观与区域经济成长”“科学发展观与县域经济发展”“加强未成年人思想道德建设和预防未成年人犯罪”等专题，组织高等院校、科研院所及省市级有关部门的专家学者，深入基层，为干部、群众和学生作普及教育报告。

八、开展社科咨询服务

1988年，省社科联和省级学会建立的各类咨询服务机构发展至27个，积极开展咨询业务活动。省金融学会成立咨询服务部，开展验资业务、评估论证、审计查账等工作；省社科咨询服务中心创办社会科学函授学校，与中国人民大学联合开设行政、经济管理等专业；省社科咨询服务中心和各省级学会开办四川儿童艺术学校、乡村建设学校、中华文协学校、自考函授中心等学校和学习班，普及社会科学知识；举办短期讲学班，如国际经济大循环讲习班、世界政治讲习班、法律知识讲习班等。1989年11月，为总结交流经验，拓展社科咨询普及工作，省社科联承办全国社科普及咨询工作经验交流会，21个省社科联负责人参加会议。1991年，省社科联承办全国社科普及咨询工作经验交流会。1993年，省金融学会设立19个金融咨询服务部，开展证券知识培训、结算业务培训、项目评估讲座以及企业财产保险等专题咨询服务。1995年，科社、职业教育、组织人事、财务成本、会计、逻辑等省级学会、研究会根据市场经济发展的需要，坚持面向社会、服务社会的宗旨，开办弘博中等专业学校、慧明中专学校、经济管理学校等中等专业学校以及各种短期培训班、学习班、专业知识讲座，为改革开放培养急需的专业人才，取得较好的社会效益和经济效益。

九、市（地、州）社科联运用自己综合优势，开展社科普及工作

各市（地、州）社科联除按照省社科联统一要求开展社科普及工作以外，从本地区的特点和实际出发，开展各具特色的社科普及工作。1995 年，成都市社科联组织力量在全市开展婚姻家庭追踪调查和中学生思想品德及家庭教育调查，在广播电台开办近一年“如何搞好夫妻关系”的专题讲座；在《成都晚报》上开设“如何改善成都投资环境”专栏；与有关学会联合举办经纪人培训班、股份制讲习班、中专教师培训班等人才培训和知识普及活动；重庆市社科联主办每月一次的“当代经济与管理论坛”专题报告会。1996 年，乐山市社科联组织城管、农经、法学等 20 多个学会上街设立宣传站，展出科普图片 120 幅，散发资料 1 万多份；宜宾、遂宁、泸州、自贡、绵阳、德阳、攀枝花等社科联发挥各自优势，开展多种形式的科普活动。1997 年 2—3 月，各市（地）社科联和省级学会响应省社科联的号召，组织社科工作者走上街头，利用专业知识优势，为群众提供咨询服务，宣传普及社科知识。1998 年，绵阳市社科联组织“科技兴绵”战略宣传活动。

十、加强对社科普及工作的领导和管理

省社科联为了推进四川社科普及工作，加强对社科普及工作的领导和管理，促进社科普及工作向制度化、规范化发展。1996 年，省社科联拟定“九五”科普规划。2002 年，省社科联召开科普工作研讨会，探索新形势下开展社会科学普及的新思路、新方法。2005 年，省社科联成立哲学社会科学普及工作委员会，加强对社科普及工作的指导。

加强与兄弟省市在社科普及工作方面的交流。2004 年 6 月 27 日至 7 月 1 日，省社科联科普部组织部分市（州）社科联、省级学会骨干 12 人赴浙江、江苏、上海学习考察三省市开展社科普及工作的情况。11 月，省社科联赴安徽参加全国第七次社会科学知识普及理论研讨与经验交流会。2005 年 7 月 27 日至 8 月 1 日，省社科联组织部分市（州）社科联、省级学会、协会、研究会的骨干赴山东省考察学习。9 月，省社科联赴内蒙古自治区参加全国第八次社会科学普及理论研讨与经验交流会。

开展表彰先进活动，推动社科普及工作进一步发展。2004 年，省社科联表彰 2004 年度社科普及工作先进集体。授予成都市社科联、绵阳市社科联、广元市社科联、凉山州社科联 4 个单位为 2004 年度四川省社科普及工作先进集体一等奖，德阳市社科联、乐山市社科联、自贡市社科联、攀枝花市社科联、达州市社科联 5 个单位为 2004 年度四川省社科普及工作先进集体二等奖。2005 年，省社科联表彰 2005 年度社科普及工作先进集体。成都市社科联、自贡市社科联、宜宾市社科联、德阳市社科联、泸州市社科联、乐山市社科联、广元市社科联、广安市社科联、凉山州社科联 9 个单位为 2005 年度四川省社科普及工作先进集体。

第二节　社会科学研究成果转化

一、拓宽社会科学研究成果转化渠道

省社科联重视哲学社会科学的成果转化，疏通和拓宽哲学社会科学优秀成果进入党和政府决策的渠

道，及时向党和政府决策部门提供有重要参考价值的研究成果，完善哲学社会科学研究成果的宣传与转化机制。推动哲学社会科学研究项目与指导实际工作结合，与重大问题的解决结合，与决策咨询结合。

2005年，省繁荣发展哲学社会科学工作协调小组建立哲学社会科学重要成果专报制度，制订《四川省哲学社会科学重要成果专报暂行办法》，创办《重要成果专报》。为做好重要成果专报工作，省社科联成立重大成果办公室，并随即开始受理省内各高等院校、党校、科研院（所）和省级有关部门，以及各市州委宣传部和社科联推荐上报的研究成果。成果办将这些成果进行汇总、分类和择优遴选，对优选出的成果以《重要成果专报》上报省繁荣发展哲学社会科学工作协调小组办公室，由领导审定后报送省委、省人大常委会、省政府、省政协领导和省级有关部门。至2005年11月，《重要成果专报》编发12期，对涉及全省经济社会发展重大问题研究的13项重大成果，向省委、省人大常委会、省政府、省政协领导以及省级有关部门作了专报。所专报的重大成果立足四川，紧紧围绕省委、省政府的中心工作，着眼于马克思主义的理论运用，着眼于对实际问题的理论思考，着眼于新的实践和新的发展，为省委、省政府科学决策提供重要的参考，推动四川省哲学社会科学重大成果进入决策层，成为社科优秀科研成果转化的好形式。

省社科联除组织好《重大成果专报》以外，编辑出版《四川省社科规划项目优秀成果选介》，发挥“四川社会科学在线”网站、《天府新论》《四川社科界》和社科界所有报刊及新闻媒体在社科成果宣传推广方面的作用。

为促进社会科学研究成果转化，自2001年开始实施优秀成果出版资助，加大对优秀科研成果的出版支持力度。至2005年资助出版社科学术理论著作82部，资助金额105.3万余元。

二、社科研究成果在国家、省级层面的转化

1996年，省市财务成本研究会针对财务工作中出现的假账、假发票、假报表等不法行为，通过调查研究撰写的《财务信息失真的成因及对策研究》，被省财政厅召开的会计工作会议采用。

1998年，四川省政府法制研究会的“行政执法责任制”研究成果，被省政府采纳，作为省政府文件印发；省干部教育学会的《党政领导干部理论学习考核测试标准的方法》，被省委组织部采纳，转化为《全省领导干部理论学习考试考核意见》的文件印发执行。努力提高《社科界信息》质量，及时把专家有关经济社会发展的重要意见和建议报送党和政府。全年编发信息35条，被省委、省政府办公厅采用14条，其中1条转报中共中央办公厅。

1999年，省税务学会开展《关于当前税收与经济关系问题》系列课题研究，从不同角度对中国现实经济税收问题进行探讨，提出的对策建议被国家税务总局和四川省相关部门采用和借鉴；省商业经济学会就国内需求不足的问题，对南充、绵阳、遂宁等地进行调查，形成调研报告，就扩大内需开拓农村市场问题提出见解和对策，有关建议被省政府采纳；全年编发信息35期，其中20期被省委、省政府采用。

2001年，省亚太经济文化研究会开展的《关于四川省小城镇建设的对策研究》课题受到省委领导重视，并被相关厅局采纳。

2002年，省社科联与省计委经济发展研究院给省委、省政府上报的《加快四川县域经济发展的研究报告》，一些重要建议被采纳。

2003年，西南财经大学刘崇仪承担的国家社科基金重点项目《21世纪初美国经济发展和战略调整及其影响》的阶段性研究成果，“试论美国‘新经济’发展模式”等一组论文被全国社科规划办

编印的《成果要报》2003年第12期刊载，呈党和国家领导人作决策参考；四川大学姜晓萍承担的国家社科基金项目《WTO与西部地方政府行政审批制度改革研究》，在各大刊物上发表20多篇论文，课题组在对8省市进行调研基础上形成的调研报告被省政府采用，并以“四川省行政审批制度改革汇报”上报国务院，国务院办公厅以简报形式对其价值予以肯定。以该课题为基础完成的“成都市规范化服务型政府试点工作方案”，其基本精神和主要内容被写入成都市第十四次政府工作报告；四川大学张军承担的省重点项目《四川省传统优势企业竞争力分析与评价》，就四川省经济的跨越式发展与传统优势企业竞争力全面提升和再造工程提出若干有益的建议，被省政府2003年政府工作计划所采纳；省民族理论学会完成的课题《稳藏必先安康的历史新启示》内部报告部分被国家民委采用并报送中共中央政治局常委；《四川藏区稳定形势问题及对策》被国务院办公厅采用并获国务院领导批示。

2004年，省社科联与省社科院联合组成课题组，对甘孜州生态移民中存在的问题进行调查研究，并提出对策建议。副省长柯尊平、王怀臣批示要求省发改委会同有关部门选择地区，先行试点，逐步推开；四川省亚太经济文化研究会组织的“增强紧迫感，进一步加强对艾滋病的防治工作”和“发展农村‘大户经济’带动农户调整结构，上规模、进市场、奔小康”课题研究成果被省政府采用。

三、社科研究成果在市县级层面的转化

1988年，省社科联组织有关学会联合攻关，完成广元市经济发展战略研究。形成的综合报告比较符合广元实际，中共广元市委采纳综合报告的若干建议，调整全市战略发展的思路，在实践中见到成效。

1990年，省社科联组织有关专家学者开展普格县经济、社会和科技发展战略的课题研究。经过1年多的调查和论证，完成普格县经济、社会和科技发展战略研究综合报告和农村经济、产业结构、能源交通、市场贸易、文化科技、国土结构等子课题报告。这项研究成果得到省委领导的肯定，被普格县制定“八五”计划和十年规划时采用。

1992年7月，省社科联与荥经县联合召开四川荥经石材开发咨询论证会，探索依靠科技进步开发资源促进山区经济发展的路子。这次会议之后，荥经县引进资金4000多万元，新办企业60多家，新增产值1800多万元，促进当地的经济发展，扩大荥经的对外影响。

1995年，自贡市社科联组织的“自贡市固定资产投资发展战略研究”，由于切合实际，研究报告提出的投资思路、投资方向、投资结构等内容被该市“九五”计划所采纳。

1997年，绵阳市社科联开展的“绵阳市国有大中型企业经营管理者管理制度改革研究”，为市委、市政府制订《绵阳市国有大中型企业经营管理者考核、奖惩、监督试行办法》提供主要依据；南充市社科联召开欠发达地区再就业工程研讨会，提出再就业工程的工作思路和对策，《南充市人民政府关于实施“再就业工程”的补充通知》采纳该课题提出的意见，使该市再就业工程落到实处。

1998年，自贡市社科联组织完成的《自贡市国民经济跨世纪法制战略》课题成果，被市委、市政府采纳，以文件形式印发执行；攀枝花市社科联组织完成的攀枝花市新的经济增长点研究成果，被纳入攀枝花经济建设的规划之中。

2003年，省城市经济学会组织完成的《经营城市，开创城市建设新局面——达州经营城市理论与实践研究》，受到省委、省政府领导的充分肯定，达州市政府采纳该报告，《四川日报》就达州经营城市作长篇报道。

第三章　社会科学人才培养

20 世纪 80 年代中期以后，随着四川省社会科学事业日益繁荣，社科研究机构、高校、党校等社会科学优秀人才的培养进入中华人民共和国成立以后前所未有的快速成长期。社会科学研究在为改革开放和精神文明建设服务的过程中，不断出成果、出人才，形成一支数量可观、总体素质较高、学科门类齐全、专业结构和老中青梯次结构相对合理的社会科学研究队伍。至 2005 年，全省有专职从事社会科学研究的专家、学者 1 万余人，另有兼职社会科学工作者 30 万余人。其中，涌现出一大批优秀社科人才。许多中青年学者崭露头角，在各自研究领域内形成功底扎实、富有创新精神的学科带头人梯队。

第一节　学术带头人及后备人选推荐工作

为加强四川省高层次人才队伍建设，促进人才成长，根据中共四川省委安排，四川省社科联承担归口推荐社科类学术带头人和后备人才的任务。1999 年起，省委组织部、省人事厅和省社科联等 7 个单位，开展四川省学术和技术带头人及后备人选的推荐工作。2003 年，四川省社科联建立动态社会科学学术带头人数据资料库，首批 83 名专家学者资料入库。至 2005 年末，全省已进行的前 6 批共评选四川省人文社会科学学术带头人 186 人。

2005 年末四川省人文社会科学学术和技术带头人名单（人文与社会科学部分）

表 3－5

批　次	姓　名	单　　位	职　称
第一批（30 人，1999 年）	丁任重	西南财经大学	教授
	王叔云	西南财经大学	教授
	石玉琴（女）	成都体育学院	教授
	冉昌光	四川大学	教授
	刘茂才	四川省社会科学院	研究员
	刘诗白	西南财经大学	教授
	杜肯堂	四川大学	教授
	杨汉果	四川音乐学院	教授
	杨明照	四川大学	教授
	杨泉明	四川师范大学	教授

续表 3－5

批 次	姓 名	单 位	职 称
第一批（30 人，1999 年）	杨继瑞	四川大学	教授
	吴忠观	西南财经大学	教授
	何泽荣	西南财经大学	教授
	张永言	四川大学	教授
	张泽荣	四川省社会科学院	研究员
	陈安福	四川教育学院	研究员
	林 凌	四川省社会科学院	研究员
	周西宽	成都体育学院	教授
	项 楚	四川大学	教授
	赵国良	西南财经大学	教授
	赵炳寿	四川大学	教授
	赵振铎	四川大学	教授
	胡昭曦	四川大学	教授
	查有梁	四川省社会科学院	研究员
	卿希泰	四川大学	教授
	唐小我	电子科技大学	教授
	唐正序	四川大学	教授
	曾康霖	西南财经大学	教授
	隗瀛涛	四川大学	教授
第二批（6 人，2000 年）	杨宗义	四川教育学院	教授
	林 义	西南财经大学	教授
	罗志田	四川大学	教授
	黄万品	四川音乐学院	教授
	曹顺庆	四川大学	教授
	潘显一	四川大学	教授
第三批（24 人，2002 年）	郑国玺	中共四川省委党校	教授
	王 伻	中国科学院成都文献情报中心	研究员
	杜受祜	四川省社会科学院	研究员
	周友苏	四川省社会科学院	研究员
	蔡方鹿	四川省社会科学院	研究员
	陈永忠	四川省社会科学院	研究员
	段 渝	四川省社会科学院	研究员
	张泽洪	四川大学	教授
	黄宗贤	四川大学	教授
	周裕锴	四川大学	教授
	冯宪光	四川大学	教授

续表 3－5

批　次	姓　名	单　　位	职　称
第三批（24 人，2002 年）	何一民	四川大学	教授
	龙宗智	四川大学	教授
	赵德武	西南财经大学	教授
	刘　灿（女）	西南财经大学	教授
	郭元晞	西南财经大学	教授
	刘家强	西南财经大学	教授
	李仕明	电子科技大学	教授
	陈　宁	成都体育学院	教授
	钟仕伦	四川师范大学	教授
	吴定初	四川师范大学	教授
	杨天宏	四川师范大学	教授
	沙马拉毅	西南民族学院	教授
	佘正松	四川师范学院	教授
第四批（24 人，2003 年）	王　毅	成都市文物考古研究所	研究员
	王国清	西南财经大学财政税务学院	教授
	王晓路	四川大学文学与新闻学院	教授
	左卫民	四川大学法学院	教授
	石　硕	四川大学历史文化学院	教授
	刘世庆	四川省社会科学院	研究员
	刘建和	成都体育学院	教授
	刘复生	四川大学历史文化学院	教授
	张星炜	中共四川省委党校	教授
	李　诚	四川师范大学巴蜀文化研究中心	教授
	李天德	四川大学经济学院	教授
	李晓玲（女）	四川音乐学院钢琴系	教授
	汪　弥	四川人民出版社	编审
	沈伯俊	四川省社会科学院	研究员
	邱沛篁	四川大学文学与新闻学院	教授
	陈廷湘	四川大学历史文化学院	教授
	周殿昆	西南财经大学贸易经济研究所	教授
	侯水平	四川省社会科学院	研究员
	封小超	四川师范大学	教授
	赵喜顺	四川省社会科学院	研究员
	涂文涛	西南财经大学	教授
	郭晓鸣	四川省社会科学院	研究员
	郭耀煌	西南交通大学经济管理学院	教授
	程锡麟	四川大学外国语学院	教授

续表 3－5

批　次	姓　名	单　　位	职　称
第五批（30 人，2004 年）	万　果	西南民族大学	教授
	马家郁	四川省文物考古研究所	研究馆员
	文兴吾	四川省社会科学院	研究员
	王成璋	西南交通大学经济管理学院	教授
	王国敏（女）	四川大学政治学院	教授
	王海兵	四川电视台	高级记者
	王裕国	西南财经大学	教授
	邓生庆	四川大学成人教育学院	教授
	冯亚东	西南财经大学	教授
	田　佳（女）	成都体育学院	教授
	任佩瑜	四川大学工商管理学院	教授
	刘亚丁	四川大学文学与新闻学院	教授
	许志强	中国科学院成都文献情报中心	研究员
	李　杰	四川大学文学与新闻学院	教授
	李远国	四川省社会科学院	研究员
	李星星	四川省民族研究所	研究员
	李康生	峨嵋电影制片厂	一级编剧
	杨　钢	四川省社会科学院	研究员
	阿　来	《科幻世界》杂志社	一级文学创作
	陈子谦	四川省社会科学院文学研究所	研究员
	陈玉屏	西南民族大学	教授
	卓　志	西南财经大学	教授
	周治滨	中共四川省委党校（四川行政学院）	教授
	胡小平	西南财经大学	研究员
	赵　磊	西南财经大学《经济学家》编辑部	研究员
	徐开来	四川大学	教授
	敖昌群	四川音乐学院	教授
	郭正模	四川省社会科学院	研究员
	高林远	四川师范大学	教授
	彭裕商	四川大学历史文化学院	教授
第六批（32 人，2005 年）	丁任重	西南财经大学	教授
	巴登尼玛	四川师范大学	教授
	王小刚	四川省经济发展研究院	研究员
	任新建	省社会科学院	研究员
	刘诗白	西南财经大学	教授
	朱方明	四川大学	教授

续表 3－5

批　次	姓　名	单　　位	职　称
第六批（32 人，2005 年）	祁晓玲（女）	四川师范大学	教授
	何志勇	四川出版集团	教授
	何泽荣	西南财经大学	教授
	张立伟	四川省社会科学院	研究员
	张建世	西南民族大学	研究员
	李西林	四川音乐学院	教授
	李锡炎	中共四川省委党校（四川行政学院）	教授
	杜学元	西华师范大学	教授
	杨先农	四川省社会科学院	研究员
	陈　伟	成都体育学院	教授
	周西宽	成都体育学院	教授
	庞　晧	西南财经大学	教授
	罗布江村	西南民族大学	研究员
	罗映光	成都理工大学	教授
	俞理明	四川大学	教授
	祝尚书	四川大学	教授
	赵国良	西南财经大学	教授
	项　楚	四川大学	教授
	卿希泰	四川大学	教授
	唐允明	四川大学	教授
	殷孟波	西南财经大学	教授
	聂应德	西华师范大学	教授
	高晋康	西南财经大学	教授
	曾　勇	电子科技大学	教授
	曾康霖	西南财经大学	教授
	意西泽仁	四川省作家协会	文学创作一级

第二节　培养扶持中青年学者

2000 年，中共四川省委、省政府设立两年一届的“四川杰出创新人才奖”，至 2005 年已进行三届评选，赵国良、根秋登子、唐小我、周学东作为人文社会科学方面推荐的创新人才分别入选，获得“四川省创新人才奖”。“九五”期间，四川省社科联在制定全省社科研究规划时，特别注意把培养和扶持中青年社会科学工作者作为一项战略任务，并具体贯彻落实在规划课题的评审、立项和实施的全过程中。“九五”社科规划首次设立“青年课题”，“一般项目”和“重点项目”也向中青年社会科学工作者倾斜，使一大批中青年社会科学工作者通过独立承担或参与课题研究，提高研究水平和科研组织能力，为培养四川省社会科学研究后继人才发挥作用。1999 年，为加大对优秀社科专家的宣传力度，在《四川日报》上开设“天府英才”专栏。2000 年，在报纸上开设“四川省社科规划课题优秀成果巡礼”专栏。2000 年，中共四川省委、省人民政府印发《关于在实施西部大开发战略中进一步加强科技人才培养使用引进工作的意见》。

第三节　发挥知名老专家表率作用

四川省社会科学界拥有一批老一辈知名专家，他们学术功底扎实，治学严谨，成果丰硕，是全省社会科学事业的宝贵财富，也是中青年学者的师长和楷模。为发挥知名老专家的表率作用，营造尊重知识尊重人才的氛围，省社科联、省社科院、四川大学、西南财经大学等高校以及一些省级学会多次组织召开知名老专家的学术思想研讨会。四川省社科联和四川省社科院组织庆祝袁珂 80 诞辰暨神话研究 50 周年活动，表彰中国神话学会会长、国际著名学者袁珂对社会科学事业的贡献。四川大学文学院、四川大学中国俗文化研究所、重庆师范大学举办杨明照学术思想国际学术研讨会。省社科联、西南财经大学举办刘诗白新著《现代财富论》学术研讨会。还召开杨明照、徐中舒、缪钺、刘诗白、林凌、隗瀛涛、李绍明、林向、胡昭曦等著名专家的学术思想研讨会，弘扬老专家们严谨的治学作风、丰硕的学术成果和壮心不已的治学精神，启迪和激励后辈学人。

第四章　社团管理

在充分发挥社会科学学术团体作用的同时，按照国务院1998年10月颁发的《社团登记管理条例》，四川省加强社团管理工作，各类学会、协会、研究会的管理走上法制化、规范化的道路。

第一节　社科学会管理

中共十一届三中全会以后，社会科学事业获得大的发展。各类社会科学研究机构相继建立，学术团体蓬勃发展，社会科学研究队伍壮大。社会科学事业呈现前所未有的欣欣向荣的局面。

随着社会科学的发展，学术交流的增多，从20世纪70年代末80年代初起，四川省相继建立不少全省性学会、研究会、协会。至2005年末，经过20年的持续发展和健康有序的管理调整，全省各类社会科学学术团体168个，涉及学科范围广泛，包括政治、经济、法学、哲学、文学、美学、史学、语言学、教育学、民族学、社会学、信息产业等重点学科及新兴、交叉和边缘学科，团结和联系全省社科工作者30万余人。学会、研究会、协会在增进党和政府与社会科学工作者的联系，团结四川广大社会科学工作者，开展学术研究和学术交流，为发展马克思主义社会科学理论，普及社会科学知识，开发智力、培训人才、咨询服务等方面，做了大量的工作，发挥其他组织不能替代的重要作用。

四川省民政部门和省社科联在发挥学会组织作用的同时，重视对学会的管理工作。1990—1991年，民政部门开始对社团管理机构进行社团重新登记，对各自的职能予以明确。四川省民政厅作为社会团体的登记管理机关，负责对社会团体进行依法登记和管理，监督和处罚违法社团；四川省社科联作为社会科学学术社团的业务主管部门，负责省级社会科学社会团体成立、变更和注销的审查，对其工作进行指导、管理、协调和服务。为发挥社科类学会在两个文明建设中的作用，四川省社科联注重对社科类学会的管理和指导，，对新申请成立的省级社科类学术社团，按照中央和省有关规定，根据四川省社会科学各学科的发展状况，对其进行严格的资格审查；每年不定期召开学会负责人会议，传达中央和省有关文件精神，布置学会工作任务，并与民政部门联合组织开展对学会秘书长的培训工作，使学会工作始终保持正确的政治方向；有计划、有针对性地组织或指导学会开展课题研究、理论研讨、学术交流、成果评奖、社科知识普及、咨询服务及其他各种活动；经常深入学会调查研究、参加和指导学会的换届大会、年会、学术研讨会等活动，及时掌握学会工作情况，发现问题及时协调解决。自1985年开始，开展每两年表彰1次先进学会和学会先进工作者的“双评”工作，激励学会及学会工作者的积极性和创造性。

1997 年 4 月，《国务院办公厅转发民政部关于清理整顿社会团体的意见的通知》下发，省民政厅于 6 月印发《四川省清理整顿社会团体工作的意见》，清理整顿社会团体的工作。至 11 月，省级社科类学会总数 181 个，其中文史类 69 个，经济类 58 个，综合类 54 个。1—11 月审批加入学会 3 个。即接纳团体会员两个：四川省注册会计师协会、四川省经济发展及农业产业化研究会；审批（初具资格审查意见 1 个）：四川省市场联合会。同意成立筹备组的学会 2 个。因四川、重庆行政区划调整，将原四川鬼城文化研究会移交重庆管理，注销其在四川的资格。

1998 年 10 月，国务院颁发新的《社团登记管理条例》，12 月省政府召开"四川省加强民间组织管理、维护社会稳定工作会议"，对新时期社团的管理工作提出更高、更明确的要求。至 1999 年 4 月，在 181 个学会中，有 173 个学会完成自查及挂靠单位、业务主管部门审查工作，将清理整顿材料报送省民政厅。对符合清理整顿有关条件规定的学会，提出予以保留的意见。对存在种种问题的学会，根据清理整顿工作的有关规定提出处理意见：1. 建议对省李白研究会、省逻辑学会、中国经济法研究会四川分会、省工业经济学会、省经济体制改革研究会、省中国抗战文化研究会、省中国现当代文学研究会、省文艺理论研究会、省民族语言研究会、省速记协会、省岷江音乐学会等 11 个学会进行整改，对整改无效的予以撤销；2. 建议对部分学会进行合并，保留原省哲学学会、省中国哲学史研究会、省马克思主义哲学史研究会，把省历史唯物主义研究会、省现代外国哲学研究会、省易学研究会、省外国哲学史研究会 4 个学会改为专业委员会，合并到省哲学学会；3. 建议撤销省市场经济学会、省徐悲鸿国际艺术研究会、省青年经济学会、省集体企业协会；4. 建议注销省青年运动史研究会。

1999 年，四川省社科联根据新的《社会团体登记管理条例》，修改、完善和制订新的《四川省社会科学界联合会学会管理办法》《四川省社会科学界联合会关于成立全省性社会科学社会团体资格审查的规定》。至是年末，省级社科类学会总数为 184 个（包括 11 个整改的学会），其中文史类 67 个，经济类 58 个，综合类 59 个。

2000 年，学会清理整顿工作进行到第三阶段，即登记机关审查与换发证书阶段。四川省社科联与省民政厅协调配合，开展审定换证、整改验收、注销撤销、公告及善后处理等工作，基本完成持续 3 年的学会清理整顿工作，进一步规范学会行为、加强学会管理，学会管理和学会工作上了一个新台阶，为学会的发展和社科事业的繁荣打下良好的基础。有 151 个学会完成换证登记工作，对进行整改的 11 个学会逐一进行检查验收，对达到整改要求的 8 个学会予以保留，对未达到整改要求的省工业经济学会、省中国抗战文艺研究会、省速记协会 3 个学会予以撤销，加上 1999 年注销、撤销及合并的学会，共注销 6 个学会（含合并的学会），加上新成立的学会，截至 2000 年末有省级社科类学会 179 个。

2001 年，继续巩固学会清理整顿工作成果。对长期不开展活动的学会、学科设置重复交叉、社会上没什么影响、没有太大价值的学会，以及在工作中严重违纪违规，出现重大问题的学会，予以清理。至年末，省级社科类学术团体 175 个，其中文史类学会 62 个，经济类学会 57 个，综合类学会 56 个。围绕新时期学会管理工作、学会组织机构建设、学会思想政治工作、学会改革思路等方面组织调研，为做好学会工作提供理论指导和具体对策，省社科联先后召开新时期学会工作改革与发展理论研讨会和新时期基础学科学会工作改革与发展理论研讨会。在两年一度的"双评"基础上，开展首届"四川省十佳社科学会"评选，发挥先进集体和先进个人在社科类学会中的示范作用和模范带头作用。

2001 年，开展理顺业务主管单位、挂靠单位和学会的关系工作。4 月，四川省社科联分别与四川大学和西南财经大学召开挂靠学会管理工作座谈会，明确规定和完善挂靠单位的责任和权利。9 月，经与省社科院研究、磋商并同意，将该院所属 21 个学会转为由省社科院担任业务主管单位。根据省委、省政府关于在省级部门开展“四项清理”和省级有关部门关于清理规范行业协会、学会和中介组织收费工作的要求，开展并完成对省级社科类学会的清理规范工作。在前几年清理整顿工作基础上，对学会情况开展调查摸底，重点核查学会的合法性和依法登记、依法开展活动等情况，分别提出保留、注销等处理意见。通过这次清理工作，促进学会的自律管理和健康发展。至年末，省级社科类学会总数 177 个，其中文史类 63 个，经济类 58 个，综合类 56 个。

2003 年，开展实施省社科联团体会员年度检查制度。制订《四川省社科联团体会员年度检查办法》，编制《团体会员年度检查报告表》，理顺业务主管单位，挂靠单位及学会的关系。

2004 年，《中共中央关于进一步繁荣发展哲学社会科学的意见》和《中共四川省委关于努力推进哲学社会科学事业繁荣发展的意见》文件下发后，制订印发《四川省社科类社团挂靠单位管理职责》，明确挂靠单位职责，加强所属学会的管理、指导。加大对基础类学会的经费资助。四川省历史学会等 10 个学会被评为“四川省十佳社科学会”。

2005 年，在前几年加大对存在问题学会处理力度的基础上，加强对新学科、新领域学会的审批、支持，四川省社科学会的整体质量得到进一步提高。1 月，印发《关于实行直管学会工作季报制的通知》，要求直管学会在每个季度汇报学会工作情况。组织开展全国先进民间组织和全省先进民间组织评选表彰活动的推荐工作，四川省饭店与餐饮娱乐行业协会被评为全国先进民间组织，受到民政部表彰；省注册会计师协会、省纪检监察学会、省税务学会、省农村金融学会、省民族法学研究会被评为全省先进民间组织，受到省政府表彰。至年末，全省有省级社科类学会 168 个。

市（州）社科联贯彻中共中央、国务院和省委、省政府相关文件精神，在省社科联指导下，结合本地实际情况，对市（州）学会加强管理。

第二节 民办社科研究机构管理

2004 年末，《中共中央办公厅、国务院办公厅关于加强民办社科研究机构管理工作的意见》和《中共四川省委办公厅、四川省政府办公厅关于加强民办社科研究机构管理工作的意见》下发，根据文件精神，四川省社科联是全省民办社科研究机构的业务主管部门，对民办社科研究机构实行与四川省民政部门双重负责的属地化管理体制。

为贯彻文件精神，四川省社科联开展对省内民办社科研究机构的调查摸底工作，并与省民政厅协调和研究，共同商定对民政注册的民办社科研究机构的变更和交接的办法和程序。从对省民政厅提供的 50 多个民办非企业单位中，依据其名称和章程规定的宗旨任务是否具有社科研究性质，甄别、认定民办社科研究机构 26 个。在这 26 个单位中，有些单位由于种种原因不愿意更换业务主管单位，而选择通过变更机构名称、修改章程规定的宗旨任务而变为非民办社科研究机构；有些基本未开展工作甚至名存实亡，直接予以注销。最终于 2005 年 8 月完成 15 个单位的变更和转交，加上新登记注册的1个，至2005年末，全省省级民办社科研究机构16个。四川省民办社科研究机构总体情况良好，大部分能正常开展工作、活力和灵活性较强，并开展形式多样的学术研究、课题调研、咨询普及和教育培训等业务活动。

在完成摸底调研的基础上，四川省社科联依据文件精神和国务院《民办非企业单位登记管理暂行条例》，结合全省实际，起草制订《四川省民办社科研究机构管理暂行办法》和《四川省民办社科研究机构筹建和审查暂行办法》，初步建立全省民办社科研究机构管理体制构架，为以后对民办社科研究机构的管理打下良好基础。

管理民办社科研究机构是省社科联的一项新的职能，省社科联坚持对新申报成立的民办社科研究机构，按照筹建和审查办法的要求，坚持标准和条件，积极稳妥地培育发展；对已有的民办社科研究机构，坚持把重点放在把握好其政治方向和行为规范上，加强对其资金、人员和业务活动的管理。

四川省志·哲学社会科学志

附　　录

一、名　　录

1986—2005 年四川省社会科学界联合会名誉主席、顾问、主席、副主席、秘书长名录

表附-1

届　别	姓　名	单　位　职　务	任职时间
第一届理事会（1981.12—1985.11）	杜心源	四川省社会科学界联合会第一届理事会　名誉主席	1981.12—1985.11
	杨　超	四川省社会科学界联合会第一届理事会　名誉主席	1981.12—1985.11
	任白戈	四川省社会科学界联合会第一届理事会　名誉主席	1981.12—1985.11
	张秀熟	四川省社会科学界联合会第一届理事会　顾问	1981.12—1985.11
	彭迪先	四川省社会科学界联合会第一届理事会　顾问	1981.12—1985.11
	潘大逵	四川省社会科学界联合会第一届理事会　顾问	1981.12—1985.11
	邓止戈	四川省社会科学界联合会第一届理事会　顾问	1981.12—1985.11
	沈一之	四川省社会科学界联合会第一届理事会　主席	1981.12—1985.11
	刘洪康	四川省社会科学界联合会第一届理事会　副主席	1981.12—1985.11
	李半黎	四川省社会科学界联合会第一届理事会　副主席	1981.12—1985.11
	李吉均	四川省社会科学界联合会第一届理事会　副主席、秘书长	1981.12—1985.11
	李哲愚	四川省社会科学界联合会第一届理事会　副主席	1981.12—1985.11
	肖菊人	四川省社会科学界联合会第一届理事会　副主席	1981.12—1985.11
	余涧南（女）	四川省社会科学界联合会第一届理事会　副主席	1981.12—1985.11
	宋锡仁	四川省社会科学界联合会第一届理事会　副主席（驻会）	1981.12—1985.11
	陈　文	四川省社会科学界联合会第一届理事会　副主席	1981.12—1985.11
	秦其谷	四川省社会科学界联合会第一届理事会　副主席	1981.12—1985.11
	徐中舒	四川省社会科学界联合会第一届理事会　副主席	1981.12—1985.11
	许琦之	四川省社会科学界联合会第一届理事会　副主席	1981.12—1985.11
	黄友凡	四川省社会科学界联合会第一届理事会　副主席	1981.12—1985.11
	康　电	四川省社会科学界联合会第一届理事会　副主席	1981.12—1985.11
	鲁　光	四川省社会科学界联合会第一届理事会　副主席	1981.12—1985.11

续表附-1

届 别	姓 名	单 位 职 务	任职时间
第二届理事会（1985.11—1991.04）	谭启龙	四川省社会科学界联合会第二届理事会 名誉主席	1985.11—1991.04
	杜心源	四川省社会科学界联合会第二届理事会 名誉主席	1985.11—1991.04
	任白戈	四川省社会科学界联合会第二届理事会 名誉主席	1985.11—1986.06
	张秀熟	四川省社会科学界联合会第二届理事会 名誉主席	1985.11—1991.04
	彭迪先	四川省社会科学界联合会第二届理事会 顾问	1985.11—1991.04
	马识途	四川省社会科学界联合会第二届理事会 顾问	1985.11—1991.04
	徐中舒	四川省社会科学界联合会第二届理事会 顾问	1985.11—1991.04
	潘大逵	四川省社会科学界联合会第二届理事会 顾问	1985.11—1991.04
	缪 钺	四川省社会科学界联合会第二届理事会 顾问	1985.11—1991.04
	邓止戈	四川省社会科学界联合会第二届理事会 顾问	1985.11—1991.04
	陈 文	四川省社会科学界联合会第二届理事会 顾问	1985.11—1991.04
	韩纪元	四川省社会科学界联合会第二届理事会 顾问	1985.11—1991.04
	刘洪康	四川省社会科学界联合会第二届理事会 顾问	1985.11—1991.04
	李哲愚	四川省社会科学界联合会第二届理事会 顾问	1985.11—1991.04
	秦其谷	四川省社会科学界联合会第二届理事会 顾问	1985.11—1991.04
	许琦之	四川省社会科学界联合会第二届理事会 顾问	1985.11—1991.04
	黄 明	四川省社会科学界联合会第二届理事会 顾问	1985.11—1991.04
	杨明照	四川省社会科学界联合会第二届理事会 顾问	1985.11—1991.04
	李吉均	四川省社会科学界联合会第二届理事会 顾问	1985.11—1991.04
	杨 超	四川省社会科学界联合会第二届理事会 主席	1985.11—1991.04
	王文才	四川省社会科学界联合会第二届理事会 副主席	1985.11—1991.04
	王文肃	四川省社会科学界联合会第二届理事会 副主席	1985.11—1991.04
	王先高	四川省社会科学界联合会第二届理事会 副主席	1985.11—1991.04
	冯 举	四川省社会科学界联合会第二届理事会 副主席	1985.11—1991.04
	向在仁	四川省社会科学界联合会第二届理事会 副主席	1985.11—1991.04
	刘诗白	四川省社会科学界联合会第二届理事会 副主席	1985.11—1991.04
	许 川	四川省社会科学界联合会第二届理事会 副主席	1985.11—1991.04
	宋锡仁	四川省社会科学界联合会第二届理事会 副主席	1985.11—1991.04
	张凤山	四川省社会科学界联合会第二届理事会 副主席	1985.11—1991.04
	阿旺措成	四川省社会科学界联合会第二届理事会 副主席	1985.11—1991.04
	陈国志	四川省社会科学界联合会第二届理事会 副主席（驻会）	1985.11—1991.04

续表附-1

届 别	姓 名	单 位 职 务	任职时间
第二届理事会（1985.11—1991.04）	林 凌	四川省社会科学界联合会第二届理事会 副主席	1985.11—1991.04
	郑 青	四川省社会科学界联合会第二届理事会 副主席（驻会）	1985.11—1991.04
	种明钊	四川省社会科学界联合会第二届理事会 副主席	1985.11—1991.04
	康 电	四川省社会科学界联合会第二届理事会 副主席	1985.11—1991.04
	隗瀛涛	四川省社会科学界联合会第二届理事会 副主席	1985.11—1991.04
	王克修	四川省社会科学界联合会第二届理事会 秘书长	1985.11—1991.04
第三届理事会（1991.04—1997.06）	张秀熟	四川省社会科学界联合会第三届理事会 名誉主席	1991.04—1994.03
	杨 超	四川省社会科学界联合会第三届理事会 名誉主席	1991.04—1997.06
	彭迪先	四川省社会科学界联合会第三届理事会 顾问	1991.04—1991.07
	马识途	四川省社会科学界联合会第三届理事会 顾问	1991.04—1997.06
	潘大逵	四川省社会科学界联合会第三届理事会 顾问	1991.04—1991.06
	缪 钺	四川省社会科学界联合会第三届理事会 顾问	1991.04—1995.01
	杨明照	四川省社会科学界联合会第三届理事会 顾问	1991.04—1997.06
	邓止戈	四川省社会科学界联合会第三届理事会 顾问	1991.04—1991.11
	陈 文	四川省社会科学界联合会第三届理事会 顾问	1991.04—1997.06
	韩纪元	四川省社会科学界联合会第三届理事会 顾问	1991.04—1997.06
	李哲愚	四川省社会科学界联合会第三届理事会 顾问	1991.04—1997.06
	秦其谷	四川省社会科学界联合会第三届理事会 顾问	1991.04—1997.06
	许琦之	四川省社会科学界联合会第三届理事会 顾问	1991.04—1997.06
	黄 明	四川省社会科学界联合会第三届理事会 顾问	1991.04—1997.06
	李吉均	四川省社会科学界联合会第三届理事会 顾问	1991.04—1997.06
	宋锡仁	四川省社会科学界联合会第三届理事会 顾问	1991.04—1997.06
	王叔云	四川省社会科学界联合会第三届理事会 顾问	1991.04—1997.06
	冯 举	四川省社会科学界联合会第三届理事会 顾问	1991.04—1997.06
	康 电	四川省社会科学界联合会第三届理事会 顾问	1991.04—1997.06
	王文才	四川省社会科学界联合会第三届理事会 顾问	1991.04—1997.06
	屈守元	四川省社会科学界联合会第三届理事会 顾问	1991.04—1997.06
	聂荣贵	四川省社会科学界联合会第三届理事会 主席	1991.04—1997.06
	王永锡	四川省社会科学界联合会第三届理事会 副主席	1991.04—1997.06
	王金明	四川省社会科学界联合会第三届理事会 副主席（驻会）	1991.04—1997.06
	朱芬吉	四川省社会科学界联合会第三届理事会 副主席	1991.04—1997.06

续表附-1

届 别	姓 名	单 位 职 务	任职时间
第三届理事会（1991.04—1997.06）	向在仁	四川省社会科学界联合会第三届理事会 副主席	1991.04—1997.06
	刘诗白	四川省社会科学界联合会第三届理事会 副主席	1991.04—1997.06
	杜 江	四川省社会科学界联合会第三届理事会 副主席	1991.04—1997.06
	杜肯堂	四川省社会科学界联合会第三届理事会 副主席	1991.04—1997.06
	杨启泉	四川省社会科学界联合会第三届理事会 副主席	1991.04—1997.06
	杨泉明	四川省社会科学界联合会第三届理事会 副主席	1991.04—1997.06
	吴世泰	四川省社会科学界联合会第三届理事会 副主席	1991.04—1997.06
	宋玉鹏	四川省社会科学界联合会第三届理事会 副主席（驻会）	1996.09—1997.06
	张 锋	四川省社会科学界联合会第三届理事会 副主席	1991.04—1997.06
	阿旺措成	四川省社会科学界联合会第三届理事会 副主席	1991.04—1997.06
	陈国志	四川省社会科学界联合会第三届理事会 副主席（驻会）	1991.04—1997.06
	林 凌	四川省社会科学界联合会第三届理事会 副主席	1991.04—1997.06
	郑 青	四川省社会科学界联合会第三届理事会 副主席（驻会）	1991.04—1997.06
	种明钊	四川省社会科学界联合会第三届理事会 副主席	1991.04—1997.06
	姜 凌	四川省社会科学界联合会第三届理事会 副主席	1991.04—1997.06
	贾本乾	四川省社会科学界联合会第三届理事会 副主席	1992.12—1997.06
	钱来忠	四川省社会科学界联合会第三届理事会 副主席（驻会）	1992.12—1997.06
	徐仲林	四川省社会科学界联合会第三届理事会 副主席	1991.04—1997.06
	章玉钧	四川省社会科学界联合会第三届理事会 副主席	1991.04—1997.06
	梁守勋	四川省社会科学界联合会第三届理事会 副主席（驻会）	1996.09—1997.06
	扈远仁	四川省社会科学界联合会第三届理事会 副主席（驻会）	1991.04—1997.06
	隗瀛涛	四川省社会科学界联合会第三届理事会 副主席	1991.04—1997.06
	鲁济典	四川省社会科学界联合会第三届理事会 副主席	1991.04—1997.06
	李南青	四川省社会科学界联合会第三届理事会 秘书长	1991.04—1996.09
	谢世廉	四川省社会科学界联合会第三届理事会 秘书长	1996.09—1997.06
第四届理事会（1997.06—2002.09）	杨 超	四川省社会科学界联合会第四届理事会 名誉主席	1997.06—2002.09
	聂荣贵	四川省社会科学界联合会第四届理事会 名誉主席	1997.06—2002.09
	辛 文	四川省社会科学界联合会第四届理事会 顾问	1997.06—2002.09
	林 凌	四川省社会科学界联合会第四届理事会 顾问	1997.06—2002.09
	姜 凌	四川省社会科学界联合会第四届理事会 顾问	1997.06—2002.09
	隗瀛涛	四川省社会科学界联合会第四届理事会 顾问	1997.06—2002.09

续表附-1

届　别	姓　名	单　位　职　务	任职时间
第四届理事会（1997.06—2002.09）	卿希泰	四川省社会科学界联合会第四届理事会　顾问	1997.06—2002.09
	康　电	四川省社会科学界联合会第四届理事会　顾问	1997.06—2002.09
	阿旺措成	四川省社会科学界联合会第四届理事会　顾问	1997.06—2002.09
	陈国志	四川省社会科学界联合会第四届理事会　顾问	1997.06—2002.09
	刘诗白	四川省社会科学界联合会第四届理事会　主席	1997.06—2002.09
	王永锡	四川省社会科学界联合会第四届理事会　副主席	1997.06—2002.09
	王庭科	四川省社会科学界联合会第四届理事会　副主席	1997.06—2002.09
	刘茂才	四川省社会科学界联合会第四届理事会　副主席	1997.06—2002.09
	杜肯堂	四川省社会科学界联合会第四届理事会　副主席	1997.06—2002.09
	李绍明	四川省社会科学界联合会第四届理事会　副主席	1997.06—2002.09
	杨泉明	四川省社会科学界联合会第四届理事会　副主席	1997.06—2002.09
	宋玉鹏	四川省社会科学界联合会第四届理事会　副主席（驻会）	1997.06—2002.09
	张家鋈	四川省社会科学界联合会第四届理事会　副主席（驻会）	1998.06—2002.09
	郑晓幸	四川省社会科学界联合会第四届理事会　副主席	1997.06—2002.09
	贾本乾	四川省社会科学界联合会第四届理事会　副主席	1997.06—2002.09
	殷建中	四川省社会科学界联合会第四届理事会　副主席	1998.06—2002.09
	唐公昭	四川省社会科学界联合会第四届理事会　副主席	1997.06—2002.09
	唐朝纪	四川省社会科学界联合会第四届理事会　副主席	1997.06—2002.09
	梁守勋	四川省社会科学界联合会第四届理事会　副主席（驻会）	1997.06—2002.09
	蒋明政	四川省社会科学界联合会第四届理事会　副主席	1997.06—2002.09
	鄢正刚	四川省社会科学界联合会第四届理事会　副主席	1997.06—2002.09
	谢世廉	四川省社会科学界联合会第四届理事会　秘书长	1997.06—2002.09
第五届理事会（2002.09—）	杨　超	四川省社会科学界联合会第五届理事会　名誉主席	2002.09—
	聂荣贵	四川省社会科学界联合会第五届理事会　名誉主席	2002.09—
	辛　文	四川省社会科学界联合会第五届理事会　顾问	2002.09—
	林　凌	四川省社会科学界联合会第五届理事会　顾问	2002.09—
	姜　凌	四川省社会科学界联合会第五届理事会　顾问	2002.09—
	隗瀛涛	四川省社会科学界联合会第五届理事会　顾问	2002.09—
	卿希泰	四川省社会科学界联合会第五届理事会　顾问	2002.09—
	阿旺措成	四川省社会科学界联合会第五届理事会　顾问	2002.09—
	陈国志	四川省社会科学界联合会第五届理事会　顾问	2002.09—

续表附－1

届　别	姓　名	单　位　职　务	任职时间
第五届理事会（2002.09—）	鄢正刚	四川省社会科学界联合会第五届理事会　顾问	2002.09—
	唐朝纪	四川省社会科学界联合会第五届理事会　顾问	2002.09—
	杜肯堂	四川省社会科学界联合会第五届理事会　顾问	2002.09—
	李绍明	四川省社会科学界联合会第五届理事会　顾问	2002.09—
	刘茂才	四川省社会科学界联合会第五届理事会　顾问	2002.09—
	王庭科	四川省社会科学界联合会第五届理事会　顾问	2002.09—
	王永锡	四川省社会科学界联合会第五届理事会　顾问	2002.09—
	都　淦	四川省社会科学界联合会第五届理事会　顾问	2002.09—
	刘诗白	四川省社会科学界联合会第五届理事会　主席	2002.09—
	王　均	四川省社会科学界联合会第五届理事会　副主席（驻会）	2005.05—
	卢耸岗	四川省社会科学界联合会第五届理事会　副主席	2002.09—
	吕重九	四川省社会科学界联合会第五届理事会　副主席	2002.09—
	刘从政	四川省社会科学界联合会第五届理事会　副主席	2002.09—
	李大宁	四川省社会科学界联合会第五届理事会　副主席	2002.09—
	李锡炎	四川省社会科学界联合会第五届理事会　副主席	2002.09—
	杨泉明	四川省社会科学界联合会第五届理事会　副主席	2002.09—
	张家鋆	四川省社会科学界联合会第五届理事会　副主席（驻会）	2002.09—
	陈玉屏	四川省社会科学界联合会第五届理事会　副主席	2002.09—
	郑晓幸	四川省社会科学界联合会第五届理事会　副主席	2002.09—
	侯水平	四川省社会科学界联合会第五届理事会　副主席	2002.09—
	袁本朴	四川省社会科学界联合会第五届理事会　副主席	2002.09—
	高林远	四川省社会科学界联合会第五届理事会　副主席	2002.09—
	唐小强	四川省社会科学界联合会第五届理事会　副主席	2002.09—
	唐公昭	四川省社会科学界联合会第五届理事会　副主席	2002.09—
	涂文涛	四川省社会科学界联合会第五届理事会　副主席	2002.09—
	龚炤祥	四川省社会科学界联合会第五届理事会　副主席	2002.09—
	梁守勋	四川省社会科学界联合会第五届理事会　副主席（驻会）	2002.09—
	谢世廉	四川省社会科学界联合会第五届理事会　秘书长	2002.09—

1986—2005年中共四川省社会科学界联合会党组成员名录

表附-2

姓　名	单　位　职　务	任职时间
宋锡仁	中共四川省社会科学界联合会党组　书　记	1984.08—1989.02
陈国志	中共四川省社会科学界联合会党组　副书记 书　记	1984.08—1989.02 1989.02—1991.07
扈远仁	中共四川省社会科学界联合会党组　副书记（主持工作）	1991.07—1995.10
梁守勋	中共四川省社会科学界联合会党组　书　记	1995.10—2005.04
王　均	中共四川省社会科学界联合会党组　书　记	2005.04—
郑　青	中共四川省社会科学界联合会党组　成　员	1984.08—1992.09
王克修	中共四川省社会科学界联合会党组　成　员	1984.08—1991.05
傅建中	中共四川省社会科学界联合会党组　成　员	1984.08—1992.01
王金明	中共四川省社会科学界联合会党组　副书记	1992.01—1996.04
李南青	中共四川省社会科学界联合会党组　成　员	1992.01—1995.10
钱来忠	中共四川省社会科学界联合会党组　副书记	1992.10—1995.10
宋玉鹏	中共四川省社会科学界联合会党组　副书记	1995.12—1998.06
谢世廉	中共四川省社会科学界联合会党组　成　员	1996.09—
唐永进	中共四川省社会科学界联合会党组　成　员	1997.04—
张家鎏	中共四川省社会科学界联合会党组　副书记	1998.02—
何其知	中共四川省社会科学界联合会党组　副书记	2001.09—

1986—2005年四川省社会科学院领导人名录

表附-3

姓　名	单　位　职　务		任职时间
冯　举	四川省社会科学院	党组代理书记	1984.11—1990.07
		党委书记	1990.07—1991.06
		学术顾问	1991.07—1995.04
周　琳	四川省社会科学院	党委书记	1991.06—1996.09
		党组副书记、副院长（正厅级）	1989.11—1990.07
		党委副书记、副院长（正厅级）	1990.07—1991.06
李翠贤	四川省社会科学院	党委书记	1996.09—2005.03
贾松青	四川省社会科学院	党委书记	2005.03—
刘茂才	四川省社会科学院	党组成员、院长	1984.11—1990.07
		党委委员、院长	1990.07—2001.02

续表附-3

姓　名	单位职务		任职时间
侯水平	四川省社会科学院	党委副书记、院长	2001.02—
		党委委员、副院长	1999.07—2001.02
徐文缤	四川省社会科学院	党组副书记	1984.09—1991.06
李宝元	四川省社会科学院	党组副书记	1985.10—1987.10
桂大成	四川省社会科学院	党委副书记	1991.06—2001.02
		副厅级调研员	2001.02—2004.12
周友苏	四川省社会科学院	党委副书记、副院长	2001.02—
		党委委员、副院长	1996.09—2001.02
林　凌	四川省社会科学院	党组成员、副院长	1978.06—1991.06
		党委委员、副院长	1990.07—1991.06
		学术顾问	1991.07—
谭洛非	四川省社会科学院	党组成员、副院长	1982.12—1990.07
		党委委员、副院长	1990.07—1995.03
顾宗枨	四川省社会科学院	党组成员、副院长	1983.09—1990.06
		党委委员、副院长	1990.07—1991.06
		学术顾问	1991.07—1994.11
王治国	四川省社会科学院	党组成员、副院长	1984.11—1990.06
		党委委员、副院长	1990.07—1991.06
		学术顾问	1991.07—1994.11
陈世松	四川省社会科学院	党组成员、副院长	1984.11—1990.07
刘平斋	四川省社会科学院	党组成员、副院长	1988.01—1990.06
		党委委员、副院长	1990.07—1995.03
		学术顾问	1995.06—2005.04
万本根	四川省社会科学院	党委委员、副院长	1991.06—2001.02
		副厅级调研员	2001.02—2004.12
杜受祜	四川省社会科学院	党委委员、副院长	1995.03—
孙成民	四川省社会科学院	党委委员、副院长	1996.02—
达凤全	四川省社会科学院	党委委员、副院长	1996.09—2001.02
陈焕仁	四川省社会科学院	党委委员、副院长（正厅级）	1998.06—2005.03
罗　鸣	四川省社会科学院	党委委员、副院长	2005.09—
刘广州	四川省社会科学院	党委委员、纪委书记	1996.12—2000.12

二、大　事　记

1978 年

3 月 29 日　中共四川省委同意，中共四川省委政策研究室和四川省哲学社会科学研究所合并组成四川省社会科学研究院（以下简称省社科院）。6 月 3 日，省社科院正式挂牌。

5 月　《四川大学 1978—1985 年哲学社会科学规划纲要》（草案）编制完成，提出 8 年内学校哲学社会科学研究工作的发展分为两个阶段，同时提出 8 年哲学社会科学研究的 8 个重点研究方向。

8 月　省社科院在成都市举办“四川省首次关于真理标准问题讨论会”。

11 月 25 日至 12 月 5 日　省社科院在成都市举办“毛泽东哲学思想讨论会”。

1979 年

2 月 16—22 日　四川省计划委员会、四川省物价委员会、四川省社会科学研究院在成都市举办“全省价值规律理论讨论会”。

3 月 1 日　省社科院主办的综合性理论刊物《社会科学研究》第 1 期试刊出版。

4 月 23—28 日　“四川省纪念‘五四’运动六十周年座谈会”在成都市举办。会议结束后，成渝两地代表 7 人赴京参加全国“五四”运动 60 周年纪念会。

5 月 21—26 日　四川省社会科学研究院、陕西省社会科学院在四川省巴中市举办“川陕革命根据地历史研究会成立暨第一次学术讨论会”。

6 月 6—15 日　四川省哲学社会科学规划会议在成都市召开。四川省人大常委会副主任张秀熟、四川省政协主席任白戈出席会议。全省 18 个市（地、州），20 多个高等院校，中共四川省委党校，省直有关部门，省属社会科学研究单位，以及成都军区、新闻界、出版部门的代表 230 余人参会。会议宣布成立四川省哲学学会、四川省经济学会、四川省历史学会和四川省哲学社会科学学会联合会筹备组。

6 月　省社科院文学研究室在乐山市举办“第一次郭沫若研究学术讨论会”。著名作家艾芜和郭沫若女儿郭广英出席会议。

9 月　四川省社会科学研究院、四川省哲学学会在成都市举办“四川省第二次真理标准题讨论会”。

10 月 17—27 日　《汉语大词典》第五次编写工作会议在成都市召开，会议决定聘请四川大学教授徐中舒担任主编。

10 月 24 日 达县地区社会科学研究学会成立并召开第一次代表大会，这是四川省第一个市（地、州）社科联。

11 月 20—27 日 省社科院在成都市举办“外国文学学术讨论会”。

是年 经教育部批准，四川大学先后建立四川大学历史研究所、汉语言文学研究所、人口研究所。

1980 年

1 月 25—30 日 四川省经济学会、四川省社会科学研究院经济研究室在成都市举办“城镇集体经济讨论会”。

2 月 22—28 日 四川省历史学会、四川省民族研究所、四川省博物馆、四川省社会科学研究院历史研究室、四川大学历史系、宜宾地区文教局主办的“中国悬棺葬式的文化内涵及其族属学术讨论会”在宜宾市珙县举行。

3 月 省社科院《社会科学研究》编辑部承办的“张献忠在四川学术讨论会”在成都市举行。会后编辑出版《社会科学研究》丛刊《张献忠在四川》论文集。

4 月 四川省历史学会、四川省民族研究学会、四川省社会科学研究院历史研究室主办的《历史知识》双月刊创刊。

5 月 8—12 日 川陕革命根据地历史研究会、四川省社会科学研究院历史研究室、陕西省社会科学院党史研究室主办的“川陕革命根据地历史第二次学术讨论会”在陕西省汉中地区召开。中共四川省委宣传部副部长、四川省社会科学研究院院长陈文出席会议。

5 月 28—29 日 省社科院《社会科学研究》编辑部主办的“全民所有制企业自负盈亏问题讨论会”在成都市召开。

6 月 13—20 日 四川省文学研究会成立大会在成都市召开。

9 月 11 日 省社科院历史研究所接办《历史知识》杂志，1981 年起向全国公开发行。

9 月 12—17 日 四川省社会科学研究院、四川大学主办的“全国苏轼学术讨论会”在乐山地区眉山县召开。

9 月 19 日 中共四川省委印发《关于同意成立四川省哲学社会科学学会联合会的批复》。

10 月 6—15 日 中国社会科学院哲学研究所、《哲学研究》编辑部、四川省社会科学研究院、四川大学哲学系、西南师范学院政教系主办的“全国马克思主义认识论讨论会”在四川省乐山地区乐山市举行。中国社会科学院哲学研究所所长邢贲思、四川省社会科学研究院院长陈文主持会议。

11 月 17—23 日 省社科院主办的“四川省逻辑学学术讨论会”在成都市召开。

11 月 24—29 日 四川省社会科学研究院、西南师范学院、重庆市文学艺术界联合会主办的“四川省抗战文艺讨论会”在重庆市召开。会议筹建重庆地区中国抗战文艺研究会。

是年 教育部批准的中国高校第一个宗教学专业研究所——四川大学宗教研究所成立，卿希泰任所长。

1981 年

3 月 27 日至 4 月 5 日 中国社会科学院经济研究所、《政治经济学（社会主义部分）》编写组、四川省社会科学研究院主办的“我国现阶段生产资料所有制结构问题讨论会”在成都市召开。中国社会科学院副院长于光远出席会议。

3 月 中共四川省委宣传部、四川省社会科学研究院在成都市召开四川省新闻工作者代表会。

4 月 15—25 日 中国社会科学院工业经济研究所、四川省社会科学研究院在成都市召开“全国经济管理体制改革理论与实践问题讨论会”。中国社会科学院副院长马洪、中国社会科学院工业经济研究所所长蒋一苇出席会议。

8 月 8—12 日 四川省社会科学研究院、四川省历史学会主办的“四川省纪念辛亥革命七十周年学术讨论会”在成都市举行。

11 月 30 日至 12 月 5 日 四川省计划经济委员会、四川省社会科学研究院、四川省经济学会在成都市召开“四川省第二次价值规律讨论会”。

12 月 7 日 省社科院文学研究所主办的“中国抗战文学讨论会”在成都市召开。诗人方敬主持会议。

12 月 8—12 日 四川省哲学社会科学学会联合会（以下简称省社科联）成立大会在成都市举行。中共四川省委书记杨万选，中共四川省委书记、四川省人民政府副省长杨汝岱，中共四川省委书记、四川省人民政府副省长何郝炬等出席大会。何郝炬代表中共四川省委、四川省人民政府讲话。全省社会科学界的专家、学者和各方面代表 250 余人参加大会。会议讨论并通过章程，选出第一届理事会和常务理事会。会议选举沈一之为主席，陈文、刘洪康、许琦之、李半黎、李吉均、李哲愚、肖菊人、余涧南（女）、宋锡仁、鲁光、胡晓风、秦其谷、黄明、黄友凡、韩纪元为副主席，李吉均兼秘书长；推举杜心源、杨超、任白戈为名誉主席；聘请张秀熟、彭迪先、马识途、徐中舒、郑止戈、缪钺为顾问。

12 月 14—19 日 省社科院《社会科学研究》编辑部承办的“人道主义和异化问题讨论会”在成都市召开。

12 月 中国社会科学院组建中国宏观经济考察团访问日本，四川省社会科学研究院副院长、经济学家林凌任团长。

1982 年

2 月 22—28 日 四川省哲学社会科学学会联合会、四川省社会科学研究院、四川省毛泽东哲学思想研究会等 7 个单位主办的“全国第二次毛泽东哲学思想研讨会”“四川省第二次毛泽东哲学思想研讨会”在成都市召开。中共四川省委副书记、四川省哲学社会科学学会联合会名誉主席杨超作专题学术报告。中共四川省委副书记聂荣贵出席会议。四川省社会科学研究院党组书记陈文主持会议。

3月25—31日 为纪念毛泽东《在延安文艺座谈会上的讲话》发表40周年，四川省哲学社会科学学会联合会、四川省社会科学研究院、四川省文学艺术界联合会在成都市召开“四川省毛泽东文艺思想讨论会”。

5月1—7日 四川省历史学会、四川省社会科学研究院历史研究所主办的“中国先秦史研究学术讨论会”在成都市召开。

6月7—13日 川陕革命根据地历史研究会、四川省社会科学研究院历史研究所、陕西省社会科学院党史研究室主办的“川陕革命根据地历史第三次学术讨论会”在四川省南充市召开。

6月10日 四川省社会科学研究院历史研究所、《社会科学研究》编辑部，中共永川地委宣传部主办的“反洋教和余栋臣起义学术讨论会”在永川地区大足县召开。

7月1日 省社科院主办的《学习》杂志创刊，向全国公开发行。

7月 中国哲学史学会四川分会、四川省社会科学研究院哲学研究所、四川大学哲学系主办的“中国哲学史讨论会”在成都市召开。

9月 《中国社会科学》编辑部、四川省哲学社会科学学会联合会、四川省社会科学研究院主办的“全国哲学社会科学学术思想交流会”在成都市召开。四川省哲学社会科学学会联合会名誉主席杨超作专题学术报告。

11月24—27日 省社科院历史研究所在成都市召开《四川通史》编写工作会。

1983年

1月 四川省马列毛泽东著作研究会在成都市召开年会暨学术讨论会。

2月25日 省社科院主办的《经济体制改革》创刊。

2月 乐山市社会科学界联合会成立并召开第一次代表大会。

3月12—14日 “四川省纪念马克思逝世一百周年大会暨学术报告会”在成都市举行。中共四川省委书记杨汝岱作题为《高举马克思主义的伟大旗帜胜利前进》的报告，四川省哲学社会科学学会联合会名誉主席任白戈作题为《马克思主义在中国的传播和影响》的报告。

3月16—19日 四川省哲学社会科学规划会在成都市举行。会议拟定全省“六五”期间哲学社会科学的重点课题规划。中共四川省委常委、宣传部部长许川就全省社会科学规划有关问题讲话。中共四川省委宣传部副部长、四川省社会科学研究院（四川省哲学社会科学学会联合会）党组书记陈文任会议领导小组组长，中共四川省委宣传部副部长胡晓风、宋锡仁任副组长。

3月23日 文化部出版局批准成立四川省社会科学院出版社。

3月31日 四川省作家协会（以下简称省作协）、四川省社会科学研究院文学研究所、四川大学中文系、四川师范学院中文系在成都市召开“李劼人创作学术讨论会”。

4月14日 四川省社会科学研究院更名为四川省社会科学院（以下简称省社科院）。

4月15—21日 “《三国演义》学术讨论会”在成都市召开。这是中华人民共和国成立以来首届《三国演义》学术讨论会。

4月 四川省社会科学院文学研究所、四川省文艺理论研究会在成都市召开“全国毛泽东文艺思想讨论会”。

6月28日至7月2日 省委宣传部、省社联、省委党校、省高教局、省社科院在成都召开“建设有中国特色的社会主义理论讨论会”。

7月12日 四川省哲学社会科学评奖委员会正式成立。杨超、任白戈、徐中舒为顾问，康振黄为主任委员，陈文、宋锡仁、陈国志为副主任委员，冯举、林凌、康电、刘诗白、王文肃、马明、唐正序、隗瀛涛、彭塞、恭平、过杰、朱挹清为委员。

9月15—17日 中国哲学史学会、四川省社会科学院哲学研究所在四川省成都市新都县召开“杨升庵学术思想讨论会”。

9月25—30日 四川省社会科学院青少年研究所主办的“四川农村青年现状调查学术讨论会”在成都市灌县召开。

9月30日 教育部批准四川省社会科学院1984年起列为硕士研究生招生单位。

10月6—9日 省社科院文学研究所承办的“郭沫若学术座谈会”在成都市举行。中共四川省委常委、宣传部部长许川，四川省人大常委会副主任张秀熟、马识途，创造社老诗人段可情出席会议并讲话。

10月10日 中国科学院成都分院、四川省社会科学院历史研究所、四川大学历史系在成都市举办“《山海经》学术讨论会”。四川省政协主席、省哲学社会科学学会联合会名誉主席杨超出席并主持会议。

12月16—17日 四川省哲学社会科学学会联合会第一届第二次理事会在成都市召开。中共四川省顾问委员会主任谭启龙，四川省政协主席、省哲学社会科学学会联合会名誉主席杨超出席会议并讲话。中共四川省委常委、宣传部部长许川作《理论战线清除精神污染》的报告。会议一致推举谭启龙为四川省哲学社会科学学会联合会名誉主席，选举陈国志兼任秘书长。

12月19—23日 中共四川省委宣传部、中共四川省委党校、中共四川省委党史工委、四川省哲学社会科学学会联合会、四川省社会科学院、四川省高等教育局组织召开的四川省纪念毛泽东诞辰90周年学术讨论会在成都市举行。四川省政协主席、省哲学社会科学学会联合会名誉主席杨超，中共四川省委常委、宣传部部长许川出席会议并讲话。

12月26日 《毛泽东思想研究》创刊，四川省政协主席、省哲学社会科学学会联合会名誉主席杨超任主编。

同日 自贡市社会科学界联合会成立并召开第一次代表大会。

12月 中国社会科学院工业经济研究所、四川省社会科学院、重庆市社会科学研究所主办的“全国城市工业管理理论讨论会”在重庆市召开。经济学家林凌、蒋一苇分别主持会议。

是年 四川大学古籍整理研究所成立。

1984年

3月14日 省社科联主办胡乔木文章《关于人道主义和异化问题》座谈会。

3月 四川省社会科学院受中共四川省委委托，举办全省首次县委书记经济体制改革培训班。

6 月 25—29 日　四川省社会科学院、四川省财务成本研究会在成都市召开“除本分成制”理论与实践讨论会。

6 月　国家经济委员会组织经济代表团访问联邦德国和奥地利，经济学家林凌参与访问。

8 月 10—14 日　省社科联在乐山市召开发展农村专业户理论讨论会。

8 月 31 日　中共四川省委印发《关于同意成立四川省社会科学界联合会党组的决定》，批准宋锡仁为党组书记，陈国志为党组副书记，王克修、付建中为党组成员。

8 月　四川省社会科学咨询服务中心成立。该中心由省社科联领导，其任务是接受委托，组织、协调社会科学界各方面的力量，开展社会科学咨询服务活动。

9 月 10 日　中国社会科学院代表团访问法国，四川省社会科学院副院长冯举参与访问。

9 月 10—14 日　四川省哲学社会科学学会联合会、四川财经学院、四川省社会科学院、四川省农村经济学会举办的四川省农村商品经济理论讨论会在成都市召开。中共四川省委书记杨汝岱，中共四川省委常委、宣传部部长许川到会并讲话。

9 月 18 日　四川省首次哲学社会科学优秀科研成果颁奖大会在成都市举行。会议评出 1978—1983 年优秀科研成果 758 项，其中一等奖 15 项、二等奖 111 项、三等奖 337 项、四等奖 295 项。中共四川省委、中共四川省顾问委员会、成都军区、四川省人大常委会、四川省人民政府、四川省政协、四川省军区的领导杨汝岱、谭启龙、陈明义、冯元蔚、许梦侠、杨超、刘子毅、许川、康振黄等出席大会。中共四川省委书记杨汝岱作题为《理论工作要为社会主义现代化建设服务》的讲话，四川省人民政府副省长康振黄作评奖工作报告。

10 月 15—25 日　省社科院青少年研究所承办的四川省青少年犯罪调查方法学术讨论会在成都市召开。

11 月　省社科院副院长、经济学家林凌率中国城市经济考察团访问日本。

12 月 3 日　凉山州社会科学界联合会成立并召开第一次代表大会。

12 月 4 日　内江市社会科学界联合会成立并召开第一次代表大会。

12 月 7 日　省社科院文学研究所承办的“抗战时期的郭沫若学术讨论会”在乐山市召开。作家马识途出席大会并发言。

12 月 16—18 日　省社科院科学学与自然辩证法研究所承办的“科技体制改革理论和政策问题讨论会”在成都市召开。

1985 年

1 月 13—14 日　西南地区社会科学院协作联系会议在成都市召开。

1 月 24 日　省社科联在成都市召开四川中青年社科工作者座谈会。

1 月　省社科联主办的综合性学术刊物《天府新论》杂志创刊。

3 月 4 日　“开发大西南战略研究”课题在省社科院内公开招标。这是省社科院首次以公开招标方式选拔课题研究人。

3 月 26—27 日　四川省哲学社会科学规划领导小组在成都市召开四川省哲学社会科学“七五”

规划座谈会。

3月 四川省哲学社会科学规划领导小组成立。由许川任组长，刘茂才、郑青任副组长，成员有王瑞、康振龙、王文肃、贺弘毅、周琳、张弓、向在仁；郑青兼秘书长，达凤全、刘平斋任副秘书长；宋锡仁为顾问。领导小组办公室设在省社科联。

同月 省社科联组织部分市地社科联、省级学会骨干赴广东、福建、江苏、上海等省（直辖市）以及深圳、珠海、厦门等经济特区学习考察。

同月 省社科院举办全省第二次县委书记经济体制改革培训班。

5月14日 攀枝花市社会科学界联合会成立并召开第一次代表大会。

5月 中国社会科学院财贸所、四川省社会科学院财贸物资所、重庆市社会科学研究所主办的“全国第三次中心城市经济理论讨论会”在重庆市召开。

同月 省社科院文学研究所承办的“巴金、阳翰笙、沙汀、艾芜创作学术讨论会”在成都市召开。

6月7—9日 省社科联以“更好地贯彻党的理论工作方针，开拓社联和学会工作的新局面”为主题在成都市召开工作经验交流会。

6月12日 省社科院《国内外经济管理》编辑部承办的“中国现代经济研究讨论会”在成都市召开。

6月17—22日 中共四川省委宣传部主办的“四川省搞活企业理论讨论会”在成都市举行。中共四川省委书记杨汝岱，中共四川省委常委、四川省人民政府常务副省长顾金池出席会议作专题讲话。会后，讨论成果整理为“搞活四川企业的建议”报送中共四川省委、四川省人民政府。

6月22—24日 四川省社会科学院农村经济研究所、四川省农业经济学会主办的“四川省平坝地区农村产业结构调整讨论会”在德阳市召开。

7月2—9日 云南、贵州、四川、重庆西南三省四方社会科学院（所）在云南省昆明市召开“开发大西南战略研究”首次学术讨论。云南、贵州、四川、重庆、广西四省五方社会科学院（所）联合成立“开发大西南战略研究协作中心”，协作中心联络处设在四川省社会科学院。

7月7—11日 中共四川省委宣传部、中共四川省委党史工委、四川省哲学社会科学学会联合会、四川省社会科学院、中共重庆市委党史工委、中共成都市委宣传部、中共成都市委党史工委等10个单位召开的“四川省纪念抗日战争胜利40周年学术讨论会”在成都市举行。中共四川省委副书记聂荣贵出席会议并讲话，中共中央顾问委员会委员任白戈到会作专题发言。

7月15日 四川省社会科学院毛泽东思想研究所、《毛泽东思想研究》编辑部邀请在成都市参加全国党校第五届哲学年会的部分代表参加毛泽东思想研究恳谈会。

7月31日至8月8日 四川学者查有梁出席在美国旧金山加州大学（伯克利分校）举行的第十七届世界科学史大会，并提交论文《祖冲之“缀术”新探》。

9月 四川省社会科学院社会学研究所、四川省妇女联合会宣传部组建四川省婚姻家庭研究会。

10月1—30日 四川学者李远国应法国对外关系部人文社会科学处和法国道教研究中心邀请，赴法国参加国际道教讨论会，并作学术报告。

10月 四川省社会科学院院长刘茂才、副院长顾宗枨、顾问陈文应法国对外关系部人文社会科学处邀请，赴法国访问考察3周。

同月　四川学者敖昌德应联邦德国艾伯特基金会邀请，赴联邦德国访问考察半年。

11月4—8日　四川学者赵喜顺应香港中文大学社会科学院及社会研究所邀请，赴香港参加第二届现代化与中国文化国际研讨会。

11月10日　四川省哲学社会科学学会联合会第二次代表大会在成都市举行。中共四川省委书记杨汝岱作题为《进一步发挥社会科学的作用，更好地为现代化建设服务》的报告，省社科联名誉主席谭启龙出席会议并讲话。代表们听取省社科联常务副主席宋锡仁代表省社科联第一届理事会向大会作的工作报告，讨论并通过省社科联新章程，大会选举省社科联第二届理事会。第二届第一次理事会选举常务理事会。杨超当选第二届理事会主席，许川、宋锡仁、陈国志、郑青、冯举、林凌、王文肃、康电、隗瀛涛、钟明钊、刘诗白、张凤山、王文才、王先高、向在仁、阿旺措成为副主席，王克修为秘书长；推举谭启龙、杜心源、任白戈、张秀熟为名誉主席；聘请彭迪先、马识途、徐中舒、潘大逵、缪钺、郑止戈、陈文、韩纪元、刘洪康、李哲愚、秦其谷、许琦之、黄明、杨明照、李吉均为顾问。

11月11—13日　四川省哲学社会科学学会联合会承办的华东、中南、西南省市区社科联工作协作会议在成都市召开。

12月17—19日　川陕革命根据地历史研究会、四川省社会科学院历史研究所、陕西省社会科学院历史研究所在陕西省西安市召开川陕革命根据地第四次学术讨论会。

12月　四川省社会科学院农村经济研究所被评为全国调查和农业区划工作的先进集体。

1986年

1月20日　开发大西南战略研究协作中心在贵州省贵阳市召开第二次干事会议，布置1986年重点开展研究的8项科研课题，并决定参加中国科学院牵头的“西南国土资源考察和发展战略研究”课题。会议确定四川省社会科学院牵头负责“西南内外部关系研究”“西南三线建设调整改造战略”“西南智力开发战略研究”3项课题。

1月21日　绵阳市社会科学界联合会成立并召开第一次代表大会。

1月30日　中共四川省委组织部、四川省编制委员会、四川省体制改革办公室、四川省社会科学院科社与政治学研究所组建四川省级机关机构改革调查组，对13个省直厅（局）进行调查并提出改革意见。

1月　四川省哲学社会科学评奖委员会增补戚扬、刘茂才、章玉钧、郑青、王克修、屈守元、周显炜、王定邦为委员，增补刘诗白、郑青为副主任委员。

2月10日　开发大西南战略研究协作中心“西南内外部经济关系”课题组在重庆市召开研讨会，形成《进一步巩固和发展西南四省五方横向联系的研究报告》。

2月26日　四川省历史学会、四川省社会科学院《社会科学研究》编辑部、四川省哲学社会科学学会联合会学会处在成都市召开“历史科学的社会功能”座谈会。

3月29日　中共四川省委宣传部、四川省哲学社会科学学会联合会党组报请中共四川省委审定《四川省哲学社会科学研究“七五”重点项目规划的建议》（以下简称《建议》）。该《建议》根据

“七五”计划总目标、总要求，结合四川实际，拟定列入省级以上重点项目的选题范围，并就如何确保规划实现提出具体措施。

4月12日 中国科学技术协会书记处书记李宝恒、中国社会科学院哲学所副所长李惠国到四川省社会科学院考察，就哲学研究、社会科学研究与自然科学的结合等问题进行座谈。

4月22—24日 四川省经济社会科技发展战略讨论会在成都市召开。省社科院承担“社会科学发展战略研究”课题。

4月30日 中共四川省委宣传部组织选编《马克思、恩格斯、列宁、斯大林关于社会主义经济理论的部分论述》。

5月6—7日 中共四川省委宣传部、四川省哲学社会科学学会联合会、四川省社会科学院、四川省精神文明建设办公室、四川省计划经济委员会政治部在成都市召开关于社会主义商品经济与思想政治工作理论讨论会。

5月10日 省社科院副院长林凌与《经济体制改革》课题组人员结束对重庆市综合体制改革的考察，完成《城市经济体制改革的回顾与展望——重庆市综合体改三周年》报告。

5月14日 中国社会科学院研究生院院长温济泽到四川省社会科学院指导教学和科研工作。

5月15—25日 开发大西南战略研究协作中心参加在云南省昆明市召开的西南四省五方经济协调会第三次会议，确定承担国家课题“西南国土资源考察和发展战略研究”中的“西南社会经济情势综合考察研究”。

5月30日 四川学者查有梁被邀请成为世界性学术组织美国科学史学会（HSS）会员。

5月 省社科院《社会科学研究》编辑部召开纪念“百花齐放、百家争鸣”方针提出30周年座谈会。

6月2日 全国物资贸易中心讨论会在成都市召开。四川省人民政府省长蒋民宽在开幕式上讲话。会议讨论物资贸易中心的地位、作用、性质、组织结构、经营方式，以及发展中面临的困难等问题。

6月6—10日 四川省社会科学院、四川省科技协会召开农村专业技术合作经济模式学术讨论会。

6月8日 国家教委全国教育科学规划小组聘请四川学者查有梁为教育理论方面的学科规划组成员。

6月15日 《宣传学丛书》编委会举行第一次会议。会议决定宋锡仁任主编，李宝元任副主编。

7月3日 《天府企业家》出版发行座谈会在成都市召开。四川省人民政府省长蒋民宽出席会议并讲话，改革者代表韩景云等被载入该书的10位企业家出席会议。

7月6—12日 美国罗德岛大学社会工作系副教授陈月娥应邀到四川省社会科学院访问。

7月21—25日 四川省哲学社会科学学会联合会、四川省科学技术协会、四川省酒类专卖事业管理局、四川省食品工业协会、四川省商经学会在宜宾市召开四川省酒类发展战略讨论会。会后出版由调研报告汇集成的《川酒发展战略探讨》。

7月23日 省社科院科社与政治学研究所召开全省政治体制改革研讨会。

7月25日 湖北、湖南、陕西、甘肃、云南、贵州等省社会科学院和重庆市社会科学研究所相关人员到四川省社会科学院参观考察，就地方社科院体制改革、科研管理、专业职务评定及开展横向联合等问题进行座谈。

7月28日　国务院学位委员会第七次会议批准，四川省社会科学院列为国家硕士学位授予单位，有权授予工业经济、科学社会主义、新闻学、中国古代文学等学科的硕士学位。

7月下旬　四川省社会科学院毛泽东思想研究所在中央文献研究室支持下，组织全国有关专家、学者编写《学习〈毛泽东著作选读〉》。

7月　省社科联组织省级学会和有关部门成立“四川省荥经县商品经济发展战略研究”课题组，开展荥经县商品经济发展战略综合研究，探索四川省盆周山区商品经济发展模式。

8月26日　中共四川省委宣传部批复同意《农村经济》杂志公开发行。

8月31日　四川省首届民主管理讨论会在成都市召开。中共四川省委常委、四川省人民政府常务副省长谢世杰，四川省人民政府副省长蒲海清出席会议并讲话。

9月10—15日　四川省改善宏观控制理论讨论会在成都市温江县举行。四川省人民政府省长蒋民宽出席会议并讲话，国务院经济技术发展研究中心总干事吴敬琏作专题报告。

9月22日　国家教委组织的理论与实践研讨会专家宋涛、蒋学模、吴树青等，应邀到四川省社会科学院交流座谈。

9月29日至10月14日　联邦德国东方与国际问题研究所经济研究室博士托马斯·夏乐平应四川省社会科学院邀请到四川访问，就中国人口政策、人口预测、计划生育、劳动力安置与流动以及少数民族的人口和劳动就业等问题与四川学者座谈。

10月3日　四川省社会科学院副院长顾宗枨任团长的四川省农业考察团，应联邦德国艾伯特基金会邀请赴联邦德国访问。

10月5—10日　国家教委人才研究所、四川省智力开发与专门人才研究所在成都市召开第二次全国人才研究机构联络会。四川省人民政府副省长康振黄出席会议。美国加州代理州务卿、加州大学教授、中美人才交流协会主席顾衔时作学术报告。

10月7—11日　四川省社会科学院哲学研究所、四川大学哲学系、达县地区社科联举办全国第一次唐甄思想讨论会。

10月9日　全国马克思主义哲学会、中国社会科学院、中共中央党校、中国人民大学和四川省社会科学院在成都市召开全国第二次毛泽东哲学思想讨论会。四川省政协主席、省哲学社会科学学会联合会主席杨超，中共中央文献研究室副主任龚育之，中共中央党校副校长韩树英、四川省社会科学院副院长林凌等在会上作学术报告。会议讨论毛泽东思想与两个文明建设、毛泽东思想与改革等问题。会议期间成立全国毛泽东哲学思想研究会。

10月10日　国务院经济技术社会发展中心、中国社会科学院财贸物资经济研究所、四川省社会科学院在成都市召开全国社会主义市场体系理论讨论会。中共四川省委常委、四川省人民政府副省长顾金池出席会议并讲话。会议就社会主义市场体系的涵义、构成、特点、内部运行机制，发展和完善社会主义市场体系的条件、途径和步骤，加强对社会主义市场体系的调节和控制以及价格改革等重要问题进行讨论。

同日　四川省社会科学院《社会科学研究》编辑部，《光明日报》理论部，中国社会科学院历史所、近代史所、世界史所在北京市召开史学理论座谈会。

同日 中国社会科学院农村发展研究所、全国林业经济研究会、四川省林业厅、四川省社会科学院在成都市召开全国林业经济学术讨论会。中国社会科学院农村发展研究所所长詹武主持会议。

10月12日 中国社会科学院人口研究所、四川省社会科学院工业经济研究所在成都市召开全国人口及就业理论讨论会。中共四川省委常委、四川省人民政府副省长顾金池出席会议并讲话。

10月13日 四川省社会科学研究系列高级职务评审委员会组建，刘茂才任主任委员，林凌、宋锡仁任副主任委员。

同日 四川省社会科学院副院长谭洛非任团长的社科院代表团，应澳大利亚人文科学院和社会科学院邀请出访澳大利亚。

10月17日 四川省第二次哲学社会科学优秀科研成果颁奖大会在成都市举行。会议评出1984—1985年度优秀科研成果149项，其中一等奖4项、二等奖21项、三等奖124项。徐中舒、缪钺、杨明照、杨超、胡兰畦、任乃强获荣誉奖。中共四川省委副书记聂荣贵出席会议并讲话，四川省人民政府副省长、省评委会主任康振黄作评奖工作报告。中共四川省委、四川省人大常委会、四川省人民政府、四川省政协的领导冯元蔚、许川、何郝炬、康振黄、张秀熟、潘大逵、徐崇林、任景龙出席大会。

10月20日 省社科院文学研究所在成都市召开中国抗战文艺学术讨论会。

11月1日 西南四省五方社会科学院在贵州省贵阳市召开“开发大西南战略研究”第二次学术讨论会。

11月3日 四川省历史学会、四川省社会科学院历史研究所、四川大学历史系、四川省民族研究所在德阳市广汉县召开巴蜀历史与文化学术讨论会。

11月4—7日 全国哲学社会科学“七五”规划会在北京市召开，确定四川省社会科学院牵头承办“西南地区经济社会发展战略”等5个国家“七五”规划重点课题。

11月12日 “社会主义与资本主义研究”课题组在成都市召开“跨入80年代苏联与东欧问题讨论会”。四川省政协主席、省哲学社会科学学会联合会主席杨超，中共四川省委常委、宣传部部长许川出席会议并讲话。

11月13日 国务院三线建设调整改造规划办公室、四川省社会科学院工业经济研究所在成都市召开“发挥三线企业作用研讨会”。

11月18日 中国社会科学院人口研究中心、四川省社会科学院等在成都市召开全国经济体制改革的人口与就业讨论会。

11月20日 四川省社会科学院出版社《经济体制改革丛书》编委会正式成立，顾金池、林凌任主编，顾宗枨、戚阳、张力任副主编。

12月7—12日 四川省社会科学院在重庆市召开全国第三次城市精神文明理论讨论会。中共中央宣传部理论局局长卢志超、中共中央党校教育长江流、四川省社会科学院党组代理书记冯举出席会议。

12月12—15日 四川省哲学社会科学“七五”规划座谈会在成都市召开。

12月15日 四川省社会科学院工业经济研究所、成都市社会科学研究所承办的全国城市经济学会成立大会在成都市举行。

12月23日 四川省社会科学院历史研究所、出版社，《社会科学研究》编辑部在成都市召开四川近代教案史研究会。学者蔡可卿出席会议。

是年 《四川经济年鉴》创立并出版。

1987 年

2 月 14 日 英国学术院副常务秘书威廉姆斯和负责中国交流项目的官员库珀访问四川省社会科学院。

2 月 15—18 日 四川省社会科学院农业经济研究所、遂宁市经济所承办的全省农村家庭经济学术讨论会在遂宁市射洪县召开。

2 月 25—27 日 四川省哲学社会科学学会联合会在四川省内江市召开社科联系统社科知识普及和咨询服务工作经验交流会。上海市社会科学界联合会、辽宁省社会科学界联合会、四川省科学技术协会在会上介绍经验。

3 月 18 日 省社科联主持召开全省学会工作研讨会。

3 月 20—24 日 四川省哲学社会科学学会联合会《天府新论》编辑部、《文学遗产》编辑部、《文学评论》编辑部、《语文导报》编辑部在浙江省杭州市召开中国古典文学宏观讨论会。

4 月 3 日 美国宾夕伐尼亚州立大学科学史教授席文应邀到四川省社会科学院访问。

4 月 22—24 日 中共四川省委宣传部、四川省高等教育局、四川省哲学社会科学学会联合会召开的“坚持四项基本原则，坚持改革、开放、搞活的方针，反对资产阶级自由化理论讨论会”在成都市举行。中共四川省委常委、宣传部部长许川出席会议并讲话。

4 月 四川省科学技术委员会批准四川省社会科学院建立学位评定委员会。刘茂才任主席，顾宗枨、刘平斋任副主席。

5 月 12—26 日 四川省社会科学院代理党组书记、高级学术顾问冯举任团长的四川省社会科学院经济学家代表团，应德意志研究联合会邀请访问联邦德国。

5 月 24 日 四川省社会科学院《国内外经济管理》编辑部、上海文汇报社、社会科学报社在上海市召开中国古代管理思想研究与应用座谈会。

5 月 26—29 日 “中国城市化道路”课题组在成都市召开“乡镇企业与城市化”学术讨论会，成立“中国城市化研究协作小组”。

5 月 省社科联设立四川省哲学社会科学规划办公室。

6 月 9—23 日 四川省对外友协访问团应日本广岛县、山梨县邀请赴日访问，四川省社会科学院社会学研究所所长刘成根随团出访。

6 月 12 日 《社会科学研究》编辑部、《经济体制改革》编辑部、《毛泽东思想研究》编辑部、《国内外经济管理》编辑部召开加强改革理论宣传研究座谈会。

6 月 13—17 日 联邦德国德意志研究联合会外事局长威尔齐默克和慕尼黑大学著名汉学家鲍尔到四川省社会科学院访问。

7 月 2—4 日 四川省社会科学院工业经济研究所、《国内外经济管理》编辑部、中共四川省委宣传部在成都市召开四川省首次企业文化学术讨论会。

7月29日 四川省社会科学院党委书记冯举会见美国驻成都领事馆前领事柯壮和新任领事白瑞德。

7月30—31日 中共四川省委宣传部、四川省哲学社会科学学会联合会、中共雅安地委在成都市召开荥经县商品经济发展战略研讨会，讨论《荥经县商品经济发展战略研究综合报告》。中共四川省委常委、四川省人民政府常务副省长谢世杰，中共四川省委常委、宣传部部长许川出席会议并讲话。

8月30日 联邦德国汉堡亚洲研究所特约研究员沙默妮应四川省社会科学院邀请到四川考察访问。

9月2—6日 中共党史研究会，中国社会科学院近代史研究所、历史研究所、世界历史研究所，四川省社会科学院在成都市温江县召开第四届全国史学理论讨论会。

9月5—9日 四川省哲学社会科学学会联合会、四川省社会科学院、绵阳市政协在绵阳市召开第二届全国明末农民战略史学术研讨会。日本史学研究者谷口规矩雄、佐藤文俊、山田秀夫等应邀参加会议。

9月16日 澳大利亚墨尔本拉特布大学亚洲研究部主任何家博到四川省社会科学院访问。

9月19—26日 四川省社会科学院《历史知识》编辑部、《社会科学研究》编辑部、出版社发起的全国教案史讨论会在安徽省绩溪县召开。

9月28日 四川省企业家俱乐部、四川省农民企业家协会（筹备会）在成都市召开农民企业家座谈会。四川省人民政府副省长马麟出席会议。全国优秀农民企业家、郫县寒山酒厂厂长宗云清等11名农民企业家参会。

9月 省社科联组织四川省市（地、州）社科联工作考察团前往湖北、河南、广东、江苏等省学习考察。

10月4日 四川省农业经济学会、四川省社会科学院农村经济研究所、《农村经济》编辑部在成都市召开“社会主义初级阶段农村经济的基本特征座谈会”。中国社会科学院农村发展研究所党组副书记秦其明等应邀参会并作报告。

10月16日 中共四川省委宣传部、四川省哲学社会科学学会联合会、四川省社会科学院、中共四川省委党校在成都市召开“社会主义初级阶段理论讨论会”。中共四川省委常委、宣传部部长许川，中共四川省委宣传部副部长张锋等出席会议。

10月17日 四川省哲学社会科学学会联合会、《四川省志》编委会、四川省社会科学院历史研究所、绵竹县人民政府在绵竹召开“纪念杨锐、刘光弟殉难90周年学术讨论会”。

10月27日 四川省社会科学院科学学与自然辩证法研究所承办的全国“社会科学学”学术讨论会在成都市举办。

10月27—28日 四川省哲学社会科学学会联合会在乐山市召开四川省第一次市地州社科联工作会。

11月9日 《哲学研究》编辑部、四川省社会科学院哲学研究所、四川大学哲学系发起的“道教与中国传统文化研讨会”在成都市召开。

11月23—27日 “西南经济区发展战略”第三次学术讨论会在成都市召开。中共中央政治局委员、中共四川四川省委书记杨汝岱出席开幕式，并作题为《巩固发展横向联合，为振兴西南经济献计献策》的讲话。国务院农村发展研究中心副主任朱厚泽，四川省人大常委会主任何郝炬，四川省人民政府副省长康振黄、蒲海清出席会议并讲话。会议着重讨论西南经济区总体发展战略，区域经济和发展战略的理论与方法，产业结构，区域市场和生产力布局等问题，形成有关西南经济发展的10余项政策性建议。

11月28日至12月初 四川省社会科学院邀请北京、吉林、黑龙江、河南、甘肃、陕西、浙江、云南、贵州、广西、四川11省（自治区、直辖市）以及重庆市社科院院长在四川省乐山市召开联席会议。

11月29日 中共中央政治局委员、中共四川省委书记杨汝岱对四川省哲学社会科学学会联合会《关于组织开展荥经县商品经济发展战略研究工作的情况报告》作批示：“社科联的作法很好，应鼓励提倡。”

11月29日至12月31日 澳大利亚新南威尔士大学经济与管理系高级讲师谭安杰应四川省社会科学院邀请到四川考察访问。

12月16日 四川省哲学社会科学规划办公室发布《四川省哲学社会科学研究1988年滚动计划课题指南》。

1988年

1月 四川省哲学社会科学学会联合会、四川省社会科学院完成中共四川省委组织的精神文明建设战略研讨和规划的重点课题，并形成《四川省社会科学事业发展的历史、现状和1988—1992年的发展目标与措施》研究报告上报中共四川省委。

2月29日至3月1日 中共四川省委宣传部、四川省哲学社会科学学会联合会、广元市人民政府在成都市召开“广元市经济发展战略研讨会”。中共四川省委常委、宣传部部长许川，四川省人民政府副省长马麟到会讲话。

4月21—23日 省社科联在成都市召开“四川省哲学社会科学研究成果评价和奖励的理论与实践研讨会”。

4月 四川师范学院主办的“新西兰文学国际研讨会”在四川省南充市召开，新西兰、澳大利亚等国以及中国各地代表参会。

5月10—14日 四川省第一次市地州社科联协作会议在绵阳市召开。四川省市（地、州）社科联的代表30余人参加会议。吉林、广东、无锡、桂林等地社科联代表应邀参会。

6月 中国唐代文学学会、四川省哲学社会科学学会联合会、四川省社会科学院、中共射洪县委、射洪县人民政府、沱牌酒厂主办的“全国首届陈子昂学术讨论会”在四川省射洪县举行。

9月23—24日 省社科联纪念党的十一届三中全会召开10周年讨论会在成都市举行。

9月 四川省哲学社会科学学会联合会、四川省社会科学院、四川省地方志编纂委员会、德阳市人民政府、自贡市人民政府、富顺县人民政府、绵阳县人民政府、四川省文物管理委员会等15个单位主办的“首届杨锐、刘光第学术讨论会”先后在绵竹县和自贡市召开。四川省人大常委会原副主任张秀熟出席会议。

10 月 17—18 日 四川省哲学社会科学学会联合会、四川大学召开“徐中舒学术思想讨论会”。

11 月 2—5 日 中共省委宣传部、四川省哲学社会科学学会联合会、四川省教育委员会、四川省社会科学院、中共四川省委党校、四川省体制改革委员会、中共四川省委讲师团主办的四川省纪念党的十一届三中全会 10 周年理论讨论会暨第三届哲学社会科学优秀科研成果颁奖大会在成都市举行。1986—1987 年哲学社会科学优秀成果 199 项，其中一等奖 4 项，二等奖 30 项，三等奖 165 项。张秀熟、任乃强、杨明照获荣誉奖。中共四川省委、成都军区、中共四川省顾问委员会、中共四川省纪律检查委员会、四川省人大常委会、四川省人民政府、四川省政协领导杨汝岱、谢世杰、许川、曹庆泽、廖伯康、韩邦彦、康振黄、邵农、张长顺、杨超、天宝、杨万选、张力行、杨岭多吉、彭迪先、潘大逵、徐崇林、任景龙等出席会议。中共中央政治局委员、中共四川省委书记杨汝岱出席会议并讲话，中共四川省委常委、宣传部部长许川代表省委作专题报告。四川省人大常委会副主任、省评委会主任康振黄在授奖大会上作评奖工作报告。

11 月 29 日 雅安地区社会科学界联合会成立并召开第一次代表大会。

11 月 四省五方社科院组织的大西南开发研究协作中心、九三学社中央向中共中央、全国人大常委会、国务院提交《关于建立长江上游生态保护和资源开发区的建议》。

12 月 6 日 遂宁市社会科学界联合会成立并召开第一次代表大会。

12 月 7 日 四川省马列主义毛泽东思想研究会、乐山市社科联在乐山市召开“‘三个再认识’（对发达资本主义、现实社会主义以及两者关系的再认识）理论研讨会”。

1989 年

1 月 10 日 省社科院召开纪念中共十一届三中全会 10 周年优秀论文表彰大会。中共四川省委宣传部顾问、省社科联党组书记宋锡仁，省社科联副主席陈国志、郑青等出席会议。省社科院副院长刘平斋主持会议。大会向评出的 10 篇优秀论文作者颁发证书，向入选参加全国纪念十一届三中全会 10 周年理论研讨会和经济改革理论研讨会的《对社会主义所处时代的重新界定》《论社会主义市场经济》《深化中心城市综合改革的思考》论文作者洪韵珊、何克、郭元晞颁发奖金。

1 月 10—12 日 省社科院召开各市、地、县分院分所联席会议。

1 月 20 日 省社科院承担的“米易县经济、社会、科技综合发展规划”课题在成都市举行的评审会上通过省级评审。

1 月 25 日 四川省社会科学院、四川省酒类事业管理局、四川省社队企业局、巴蜀书社等共同发起的四川中华酒文化研究所筹备工作会议在成都市召开。

2 月 27—28 日 《四川经济年鉴》更名为《四川年鉴》，并在成都市召开 1989 年编辑工作会议。

2 月 四川省农业经济学会在德阳市广汉县召开“城郊经济研讨会”。

同月 经中国管理研究院批复，中国管理研究院四川分院在成都市成立，刘茂才任院长，刘平斋、胡世禄任副院长。

3 月 七届全国人大二次会议期间，大西南开发研究协作中心、九三学社中央起草的《关于建立长江上游生态保护和资源开发区的建议》提交会议讨论。全国人大常委会委员长万里批示：“建议很好，拟可采纳。”

4月5—27日 省社科院在成都市召开“五四运动与传统文化暨纪念《社会科学研究》创刊10周年学术讨论会”。中共四川省委常委、四川省人民政府副省长谢世杰，中共四川省委常委、宣传部部长许川等出席会议。

4月8日 南充地区哲学社会科学学会联合会成立并召开第一次代表大会。

4月18日 四川省社科院乐山分院成立。

4月23日 省社科联、省社科院承担的“七五”期间四川省哲学社会科学重点项目《四川省社会科学手册》出版。

4月29日 中共四川省委宣传部、中共四川省委党校、四川省教育委员会、四川省哲学社会科学学会联合会、四川省社会科学院、共青团四川省委主办的四川省纪念“五四”运动70周年理论座谈会在成都市举行。中共四川省委副书记顾金池出席会议并作专题报告。

5月4日 《毛泽东思想研究》创刊5周年纪念会在成都市召开。

5月5日 日本毛泽东学院委员长竹田幸子到四川省社会科学院访问，与毛泽东思想研究所做交流。

5月25—29日 中国辩证唯物主义研究会、中国社会科学社会辩证法研究会、《求是》杂志社、四川省哲学社会科学学会联合会、广东省社会科学学会联合会、黑龙江省社会科学界联合会等23个单位主办的“第五次全国社会主义社会辩证法学术研讨会”在四川省乐山市举行。

6月28日 “学习邓小平同志讲话和党的十三届四中全会文件座谈会”在成都市召开。中共四川省委常委、宣传部部长许川出席会议。

7月19日 省社科联受成都市西城区人民政府委托，历时一年调研、论证，完成《成都市西城区经济、社会发展战略》课题报告，并召开“成都市西城区经济、社会发展战略研讨论证会”。

7月21日 《毛泽东思想研究》编辑部、《社会科学研究》编辑部召开“学习中共十三届四中全会精神理论座谈会”。省社科联主席杨超出席会议。

7月25—28日 四川省哲学社会科学学会联合会、四川省商业经济学会、四川省金融学会、四川省物资交易信息中心等12个单位主办的“加强商品市场宏观调控、建立社会主义商品流通理论讨论会”在成都市召开。会后，向四川省人民政府提交《关于治理整顿建立社会主义商品流通秩序的建议》，会议论文汇编为《论商品流通秩序》并出版。

8月3日 泸州市社会科学界联合会成立并召开第一次代表大会。

8月16—18日 《毛泽东战略思想研究》（初稿）与《毛泽东思想发展史》（提纲）评审会在成都市召开。

8月23日 新闻出版署发文撤销四川省社会科学院出版社社号。

8月28日 中共四川省纪律检查委员会、中共四川省委宣传部召开新闻发布会，向新闻界通报有关四川省社会科学院出版社违反有关出版规定，受到新闻出版署处理的情况。

8月 九三学社中央主席周培源向中共中央总书记江泽民写信，再次呈送大西南开发研究协作中心、九三学社中央提出的《关于建立长江上游生态保护和资源开发区的建议》。江泽民做出批示，国务院主要负责提出具体意见，并批转国家计划委员会研究办理。

同月 省社科院农业经济研究所完成四川省农业区域开发规则编制任务，报经中共四川省委、四川省人民政府审定后，决定以四川省人民政府名义上报国务院有关部门。

9月 国家计划委员会等有关部门负责人到西南，就《关于建立长江上游生态保护和资源开发区的建议》征求意见。

10月10—13日 四川省第二次市地州社科联协作会议在重庆市举行。

10月12—14日 四川省社会科学院、宏光电子集团在成都市召开“社会主义经济体制改革问题国际学术研讨会”。苏联列宁格勒财经学院经济学家代表团应邀参会。

10月21—24日 长江经济开发第二次理论研讨会在宜宾市召开。大西南开发研究协作中心代表向会议通报有关情况。会议期间成立长江流域经济开发研究联络会。

10月24—27日 四川省社会科学院、四川大学、西南师范大学、重庆市社会科学院等11个单位发起的“中国钓鱼城暨南宋后期历史国际学术讨论会”在重庆市合川县召开。

同时 四川省社会科学院、中共南溪县委宣传部在宜宾市南溪县召开“四川省农村社会学理论讨论会”。

10月26日 四川省毛泽东思想学会年会在成都市召开。

10月26—27日 省社科联在成都市召开“社会科学为市、县经济发展服务经验交流会”。中共四川省委副书记冯元蔚代表省委作报告。中共四川省委常委、宣传部部长许川出席会议。

11月13—15日 四川省企业文化学会1989年年会在自贡市召开。名誉会长、中共四川省委副书记顾金池，名誉会长、四川省哲学社会科学学会联合会主席杨超题词。中共四川省委宣传部副部长张锋、四川省计划经济委员会副主任邹广严、四川省社会科学院副院长顾宗枨、红光电子管厂厂长李铁锤出席会议并讲话。

11月 四川省社会科学院、绵阳市政法委、国营长虹机器厂开办的青少年品性教育实验学校在绵阳市国营长虹机器厂成立。四川省社会科学院院长刘茂才任名誉校长，国营长虹机器厂厂长倪润峰任校长，中国青少年犯罪研究学会会长张黎群、绵阳市政法委书记薛金厚任顾问。

12月5日 四川省哲学社会科学学会联合会、四川省社会科学院、四川省乡镇企业管理局、四川省农业经济学会主办的乡镇企业研讨会在成都市召开。中共四川省委常委、宣传部部长许川出席会议并讲话。会议论文汇集成《乡镇企业理论与实践》，由四川科技出版社出版。

12月18—20日 四川省哲学社会科学学会联合会、四川省社会科学院、四川省哲学学会在成都市召开“四川省马克思主义哲学研讨会”。

12月28日 四川省政治经济学会主办的“中国经济体制展望——纪念中共十一届三中全会10周年理论讨论会”在成都市召开。

12月 四川省社会科学院、四川省地矿局合作课题“川南煤硫综合开发研究”获1988年度国家科技进步三等奖。

1990年

1月10日 四川省哲学社会科学学会联合会第二届理事会第五次全体会议在成都市召开。中共四川省委副书记冯元蔚，四川省哲学社会科学学会联合会主席杨超出席会议。中共四川省委常委、宣传部部长许川作专题讲话。

3 月 10 日 四川省哲学社会科学规划办公室发出《关于编制四川省哲学社会科学研究“八五”规划的意见》。

4 月 12—13 日 四川省哲学社会科学学会联合会、四川省法学会、《社会科学研究》编辑部主办的“四川省有关社团法律与管理问题研讨会”在成都市举行。

5 月 17—18 日 中共四川省委宣传部、四川省哲学社会科学学会联合会、四川省社会科学院、四川大学、四川省历史学会、国防教育学会主办的四川省纪念鸦片战争爆发 150 周年爱国主义理论研讨会在成都市举行。

6 月 7—9 日 中共四川省委宣传部、中共四川省委党校、中共四川省委讲师团主办的“用唯物辩证法观察社会主义的历史命运理论”讨论会在德阳市举行。

7 月 25—27 日 四川省第三次市地州社联协作会议在凉山州西昌市召开。省内 13 个市（地、州）社科联负责人和应邀参加会议的河北省社科联、唐山市社科联的代表 40 多人参加会议。

9 月 10—14 日 四川省哲学社会科学学会联合会、四川省社会科学院、中国《三国演义》学会、绵阳市政协发起的“《三国演义》与中国文化”学术讨论会在绵阳市举行。

9 月 20 日 涪陵地区哲学社会科学联合会成立并召开第一次代表大会。

10 月 12—17 日 中国历史唯物主义研究会、四川省哲学社会科学学会联合会、四川大学哲学系、西南交通大学社会科学系、四川省社会科学院哲学研究所、四川省历史唯物主义研究发起的“历史唯物主义与当代社会主义理论和实践”讨论会在成都市召开。

11 月 2—6 日 中国人体科学学会、四川省哲学社会科学学会联合会、四川省科学技术协会、四川省社会科学院、四川大学、成都科技大学、成都中医学院等单位发起的全国第二届人天观学术讨论会在成都市召开。

12 月 15 日 四川省第四次哲学社会科学优秀科研成果颁奖大会在成都市举行。本次共评出 1988—1989 年度获奖优秀成果 150 项，其中，一等奖 6 项、二等奖 23 项、三等奖121 项。中共四川省委、中共四川省顾问委员会、四川省人大常委会、四川省人民政府、四川省政协的领导聂荣贵、刘海泉、韩邦彦、杨岭多吉、天宝、杨超、王腾波出席大会。中共四川省委副书记聂荣贵代表省委讲话，四川省人民政府副省长、省评委会主任韩邦彦作评奖工作报告。

是年 四川大学制订《四川大学事业发展十年规划和“八五”计划纲要》，明确 1991—1995 年四川大学哲学社会科学研究的指导思想和主攻方向。

1991 年

4 月 16—20 日 四川省第四次市地州社科联协作会在攀枝花市举行。

4 月 24—26 日 中共四川省委理论工作会议暨四川省哲学社会科学学会联合会第三次代表大会在成都市召开。中共中央政治局委员、中共四川省委书记杨汝岱代表省委向大会表示祝贺，并发表以《为进一步促进我省理论的繁荣和哲学社会科学的发展而努力》为题的讲话。代表们听取省社科联第二届理事会常务副主席宋锡仁代表省社科联常务理事会向大会作的工作报告；听取省社科联副主席郑青作的《关于修改省社联章程的说明》，并讨论通过省社科联新章程。会议选举省社科联第三届理事会、常务理事会。聂荣贵当选省社科联第三届理事会主席，张锋、陈国志、刘诗白、扈远仁、郑青、林凌、姜凌、章玉钧、杨启泉、杜肯堂、王永锡、隗瀛涛、朱芬吉、吴世泰、杜江、徐仲林、阿旺措成、向在仁、鲁济典、杨泉明、钟明钊为副主席，李南青为秘书长；推举张秀熟、杨超为名誉主席；聘请彭迪先、马识途、潘大逵、缪钺、杨明照、郑止戈、陈文、韩纪元、李哲愚、秦其谷、许琦之、黄明、李吉均、宋锡仁、王叔云、冯举、康电、王文才、屈守元为顾问，马骏阳、贾成、郑英、张凤山、康振农、王克修、李牧、陈康扬、钟锡畴为咨询委员。中共四川省委副书记、省社科联第三届理事会主席聂荣贵在大会闭幕式上讲话。

4月26日 四川省哲学社会科学学会联合会第三次代表大会决定：四川省哲学社会科学学会联合会更名为四川省社会科学界联合会（以下简称省社科联）。

5月21—23日 中共中央党校、中央文献研究室、人民日报社、《求是》杂志社、中国人民大学、国防科技大学、复旦大学、四川省社会科学界联合会、四川省社会科学院、中共四川省委党校、西南财经大学等17个单位主办的邓小平经济思想学术研讨会在成都市举行。

5月27—31日 鄂豫川陕毗邻地区社科联第四届联谊会在四川省达县地区召开。

5月 四川巴蜀书社《古代文史名著选译丛书》首批50种出版。中共中央总书记江泽民，国务院总理李鹏，中共中央政治局常委、中央书记处书记李瑞环等为丛书题辞。

6月5—8日 四川省社会科学界联合会、四川省商业经济学会、四川省体改研究会、四川省计划经济学会、四川省物资经济学会、四川省工商管理学会、四川大学经济学院等15个单位主办的四川省开拓市场理论和实践研讨会在成都市举行。会议论文和调研报告汇编为《开拓市场理论与实践》，由西南财大出版社出版。

6月22—24日 中共四川省委宣传部、中共四川省委党史研究室、中共四川省委党校、四川省教育委员会、四川省社会科学界联合会、四川省社会科学院、《学习与建设》杂志社、中共四川省委讲师团、四川省党史学会主办的四川省纪念中国共产党成立70周年学术讨论会在成都市举行。

8月19—23日 中国社科院、中国人民大学清史研究所、中国第一历史档案馆、中国社科院边疆史地中心、北京社科院满学研究所、北京满文书院、南开大学、四川省社会科学界联合会、四川省社会科学院、四川大学、西南民族学院、西南师范大学、四川师范大学、四川省文史馆、四川省民族研究所和崇庆县人民政府等单位发起的1991年国际清史学术讨论会在四川省成都市崇庆县举行。来自日本、韩国、法国、捷克、美国等国家，以及中国台湾、香港等地学者出席会议。

9月6日 四川省社会科学界联合会第三届理事会第一次主席办公会议召开。中共四川省委宣传部部长白在林出席会议。

9月16日 省社科联《天府新论》编辑部、《四川社联通讯》编辑部组织四川省理论界部分专家、学者座谈中共中央总书记江泽民“七一”讲话。

9月22—25日 四川省社会科学界联合会、四川省历史学会、中共自贡市委宣传部、自贡市社会科学界联合会、中共荣县县委、荣县人民政府主办的四川省暨自贡市纪念辛亥革命80周年学术讨论会在自贡市荣县举行。

10月1日 中共四川省委办公厅、四川省人民政府办公厅向全省转发四川省社会科学界联合会

《关于加强我省哲学社会科学评奖工作的意见》。

10 月 7—12 日　中国国际共运史学会、四川省社会科学界联合会、四川大学、四川省国际共运史学会在成都市召开“纪念巴黎公社 120 周年学术讨论会”，同时召开中国国际共运史学会代表大会。

10 月 30 日　省社科联在内江市简阳县召开全省市地州社科联工作会议，重庆、内江、泸州、自贡、凉山、攀枝花、乐山、绵阳、南充、遂宁、达县、涪陵、雅安 13 个市（地、州）社科联参会。

11 月 5—8 日　四川省社会科学界联合会、四川省社会科学院、四川大学、湖南大学岳麓书院、德阳市文化局、绵竹县人民政府、四川省中国哲学史学会主办的首届张栻学术讨论会在德阳市绵竹县举行。《天府新论》杂志遴选会议论文出版发行专辑。

11 月 6—8 日　四川省社会科学界联合会、四川省科学技术协会、四川省县级经济学会、四川省农业经济协会、双流县人民政府在成都市双流县召开“四川省农村社会化服务体系建设研讨会”。

11 月　四川省社会科学界联合会、《社会科学研究》编辑部、乐山市社会科学界联合会在乐山市召开“爱国主义与当代爱国主义学术研讨会”。

12 月 1—3 日　成都军区政治部、四川省社会科学界联合会、中共四川省委党史研究室、中共重庆市委党史研究室、重庆市社会科学界联合会、西南师范大学、四川师范学院、中共南充地委党史研究室、南充地区社会科学界联合会、中共仪陇县委宣传部、朱德纪念馆等单位举办的“纪念朱德同志诞辰 105 周年学术讨论会”在南充市仪陇县举行。朱德女儿朱敏代表康克清出席会议并讲话。

12 月 8 日　纪念四川省社会科学界联合会成立 10 周年征文评选揭晓。征文领导小组审定获奖征文 20 篇，其中二等奖 4 篇、三等奖 16 篇，一等奖空缺。

12 月 17 日　四川省社会科学界联合会成立 10 周年纪念会暨第三届二次理事会在成都市举行。中共四川省委副书记、省社科联主席聂荣贵出席会议并讲话。

12 月 18 日　省社科联在成都市召开市地州社科联工作会议。

12 月 24 日　成都市社会科学界联合会成立暨第一次代表大会召开。中共四川省委常委、成都市委书记吴希海出席会议并讲话。四川省社会科学界联合会党组书记、副主席陈国志出席会议。

1992 年

1 月 9—10 日　中共四川省委宣传部、四川省社会科学界联合会在成都市召开四川省哲学社会科学“八五”规划工作会议。中共四川省委副书记、省社科联主席聂荣贵，中共四川省委宣传部副部长贾本乾出席会议并讲话。

1 月　《四川社联通讯》更名为《四川社科界》。

3 月 8 日　“四川省第二届优秀女科技工作者、优秀女企业家颁奖会”在成都市举行。彭承福（教授）、夏宗素（副教授）、刘成根（副研究员）、邓珠拉姆（藏族，藏文译审）、王秋兰（高级讲师）、罗询（副研究员）6 名女社会科学工作者获“四川省优秀女科技工作者”称号。

4 月 9—11 日　省社科联在成都市召开“邓小平论文艺学术讨论会”。

5 月 16 日　中共四川省委宣传部部长席义方到省社科联调研社科工作。

同日 省市地州社科联第五次协作会议在雅安地区召开。

5月下旬 四川省申报社会科学"八五"国家课题揭晓，所立项目数居全国省（自治区、直辖市）第4位。全省获准立项课题45项，其中"八五"国家重点课题9项，中华社会科学基金课题25项，青年社会科学基金课题11项。

6月25—27日 中共四川省委党建办公室、四川省社会科学界联合会、四川省党建学会在成都市召开"四川省党的建设理论讨论会"。

6月 四川省甘孜州与海南省海口市结为友好州市。中共中央政治局委员、中共四川省委书记杨汝岱批示："社科联为发展我省民族地区经济，帮助甘孜州走向海南，跨出了可喜的一步，希继续帮助他们在开拓对外业务中，取得实质性的效益成果。"

7月10日 为充分发挥盆周山区自然资源优势，促进山区县域经济的发展，四川省社会科学界联合会和中共荥经县委、荥经县人民政府在成都市召开"四川荥经石材开发咨询论证会"。中共四川省委副书记谢世杰、中共四川省纪委书记杨崇汇出席会议。

7月12—14日 四川省社会科学界联合会和重庆市社会科学界联合会在重庆市江津县召开"四川长江沿江城市发展与产业结构研讨会"。

8月25日 省社科联在成都市召开"开放促开发，走向东南亚研讨会"。

8月26—29日 中国唐代文学学会、四川省社会科学界联合会、遂宁市人民政府等主办的"陈子昂国际学术交流会"在遂宁市射洪县举行。

9月16—18日 四川省社会科学界联合会、中共四川省委农村工作委员会、四川省扶持丘陵大县财政困难县协调小组办公室、四川省县域经济学会召开的"四川省加快改革步伐发展县域经济研讨会"在绵阳市举行。

9月 为落实中共四川省委书记杨汝岱关于社科联帮助甘孜州走向海南的批示精神，省社科联两次派专人赴海南省工作。

同月 四川省科技成果展览在四川省展览馆开展。展览展出全省优秀社会科学成果122项，书刊199部，图片、图表65张。

10月7—11日 四川省社会科学界联合会、江油市人民政府、四川省李白研究会主办的"李白国际学术研讨会"在绵阳市江油市举行。

10月10—24日 中共中央党史研究室、中国中共党史学会、四川省社会科学界联合会、四川大学、中共四川省委党史研究室、四川省中共党史学会等主办的"全国共产国际、苏联与中国革命关系学术讨论会"在成都市举行。

10月11—13日 中共四川省委宣传部、四川省社会科学界联合会、中共四川省委党史研究室、中共达县地委主办"川陕老区建设与发展理论研讨会"四川省达县地区举行。

10月13日 西南民族学院成立社会科学部。

10月13—15日 四川省社会科学界联合会、四川省"扫黄"办、四川省新闻出版局、成都市新闻出版局主办的"全国'扫黄'理论研讨会"在成都市召开。

10月16日至11月5日 四川省社会科学界联合会组织自贡、内江、攀枝花、雅安等市（地）社科联负责人赴陕西、河南、江苏、山东4省学习考察，与西安、洛阳、郑州、开封、徐州、青岛等市社科联进行交流座谈。在河南考察期间，应邀出席淮河经济区第八次社科联（14个城市）协作会和河南省第五次市地社科联协作会。

10月20日、22日 省社科联分别邀请部分专家、学者座谈学习贯彻中共十四大精神体会。

10月21—24日 为纪念郭沫若诞辰100周年，四川省社会科学界联合会、中国科学院成都分院、四川大学、乐山市人民政府、四川省郭沫若研究会等单位召开的“郭沫若与中国科学文化”研讨会在郭沫若家乡四川省乐山市举行。全国各地的100多位专家学者、知名人士和日本友好人士参加研讨会，并提交论文（专著）140篇（部）。会议从不同角度追忆郭沫若的主要事迹，评说郭沫若对中国文学、史学、科学的巨大贡献，并对郭沫若的早期思想、郭沫若与马克思主义、郭沫若与中国传统文化、郭沫若与西方文化、郭沫若的文化观、郭沫若的文化建树等方面进行深入研讨。

10月30日 省科社联主办的省级学会、协会、研究会秘书长会议在成都市召开。

11月4日 以“加强党的建设、改善党的领导”为题，中共四川省委宣传部、四川省社会科学界联合会、《四川党的建设》杂志社、四川日报社邀请部分专家、学者和有关部门领导进行座谈。

11月5—8日 四川省社会科学界联合会和上海、江苏、浙江、安徽、江西、湖北、湖南等省（直辖市）社会科学界联合会召开的“浦东开发、三峡工程与长江流域协调发展研讨会”在湖北省宜昌市举行。

12月23日 四川省第五次哲学社会科学优秀科研成果（1990—1991年度）评奖活动结束，四川省人民政府在成都市举行颁奖大会。获奖的199项优秀成果中，一等奖2项、二等奖34项、三等奖163项。同时，大会授予杨超等6人荣誉奖。中共四川省委副书记聂荣贵代表省委向获奖者表示祝贺，四川省人民政府副省长、省评委会主任韩邦彦作评奖工作报告。四川省人大常委会、四川省政协、四川省军区领导何郝炬、廖伯康、饶用虞、杨岭多吉、辛文、祝贵衡，老领导杨超和中共四川省委宣传部部长席义方出席会议。获奖代表和四川省社科界代表300多人参加颁奖大会。

12月23—24日 四川省哲学社会科学规划工作会在成都市召开。四川省各大专院校、党校、科研单位主管科研的校（院）长和科研处负责人，承担国家资助研究课题项目负责人，省直有关厅局科研管理部门负责人，以及各市（地、州）社科联负责人等90人参加会议。

12月25日 四川省社会科学界联合会第三届事理会第三次会议在成都市召开，会议审议通过《四川省社科联1992年工作情况和1993年工作要点》，增补贾本乾、钱来忠为省社科联第三届理事会理事、常务理事、副主席。中共四川省委副书记、省社科联主席聂荣贵出席会议。

12月 西南民族学院成立彝语言文学系和藏语言文学系，原少数民族语言文学系撤销。

是年 四川大学建立人文社会科学研究成果展展厅；全年投入社科研究经费182万元；进行第五次哲学社会科学成果评奖（1991—1992年），从100余部专著类成果和1000余篇论文类成果中，评出80项校级社科奖，其中一等奖2项、二等奖20项、三等奖58项。

1993年

3月13—15日 四川省社会科学界联合会和涪陵地区社会科学界联合会在涪陵地区丰都县举办“社会主义市场经济条件下的社科联学会建设”研讨会。

3月 四川省民族语言文学研究所在西南民族学院挂牌成立。

4月1日 四川省社会科学界联合会承办的西部地区社会科学规划办公室协作会议在成都市召开。全国社科规划办公室主任李长征出席会议并讲话，中共四川省委副书记、四川省社会科学界联合会主席聂荣贵，四川省人民政府副省长李蒙出席会议。陕西、宁夏、青海、西藏、云南、贵州、广西和四川8省（自治区）社科规划办负责人，以及特邀的北京、山东、山西和浙江省社科规划办负责人参会。

5月25—27日 四川省第六次市地州社科联协作会在达县地区召开。重庆、乐山、自贡、绵阳、内江、攀枝花、泸州、雅安、涪陵、遂宁、达县等市（地、州）社科联和四川省社科联代表参会，开江、宣汉、渠县、达县、大竹等县社科联和达县地区金融学会代表出席会议。

5月 为深化四川股份制理论研究，四川省社会科学界联合会特邀美国IBM公司高级管理专家朱达宇在成都市举办学术讲座。

同月 四川师范学院、四川省三国演义学会等单位主办的国际三国文化学术研讨会在南充市举行。

7月5日 中共四川省委组织部通知：王金明任四川省知识分子工作领导小组成员。

7月14日 四川省社会科学院、四川省社会科学界联合会、中共四川省委党史研究室、《毛泽东思想研究》杂志社主办的纪念毛泽东诞辰100周年理论研讨会在成都市举行。

9月14—17日 四川省社会科学界联合会、中共德阳市委宣传部主办的四川省建设有中国特色的社会主义新农村理论研讨会在德阳市召开。

9月 就“如何进一步加强党和政府对社会科学的领导，充分调动社科界知识分子的积极性，更好地开展社会科学研究，努力为经济建设服务”等问题，四川省社会科学界联合会邀请四川大学、西南财经大学、西南师范大学、中共四川省委党校和中共四川省委讲师团部分专家学者座谈。

10月18—19日 省社科联在成都市温江县召开市地州社科联工作会议。

10月26日 四川省社会科学界联合会、绵阳市政协、四川省社科学术基金会、四川省历史学会主办的张秀熟百岁恳谈会暨学术讨论会在成都市举行。中共四川省委副书记秦玉琴，四川省政协副主席韩邦彦，老领导杨超、刘海泉、李培根，中国人民大学原副校长谢韬等出席讨论会。

10月 四川省社会科学院组织编写，贾大泉、陈世松主编的《四川通史》（7卷）由四川人民出版社出版。

11月18—19日 四川省社会科学界联合会、四川省社会主义社会辩证法学会、中共四川省级机关党校、《理论学习导刊》编辑部、四川大学哲学系、四川师范大学政教系、成都行政学院主办的纪念毛泽东诞辰100周年暨四川省社会主义社会辩证法学会年会在成都市召开。

11月22日 《中共中央关于建立社会主义市场经济体制若干问题的决定》学习座谈会在成都市举行。

11月23—26日 中共四川省委组织部、中共四川省委宣传部、中共四川省委党史研究室、中共四川省委党校、四川省教育委员会、四川省社会科学界联合会、四川省社会科学院、《四川党的建设》杂志社、四川省党史学会等单位主办的四川省纪念毛泽东诞辰100周年学术研讨会在成都市召开。

是年 四川大学编纂出版《全宋文》，全书180册，约1亿字，是全国最大的断代文总集。同时编撰的《中国野史集成》出版，共50册。

1994 年

1 月 12—13 日 四川省社会科学界联合会第三届理事会第四次会议在成都市召开。会议审议通过《四川省社科联 1993 年工作总结和 1994 年工作要点》，增补王金明为省社科联第三届理事会理事、常务理事、副主席，表彰社科联、学会先进集体和先进个人。

1 月 24—25 日 省社科联在自贡市召开四川省第七次市地州社科联协作会。

1 月 《天府新论》编辑部和《四川社科界》编辑部合并成立四川省社科联编辑部，承担《天府新论》和《四川社科界》两个刊物的办刊工作，并对四川省社科联主管的报刊进行业务指导。

6 月 21—23 日 四川省社会科学界联合会、中共雅安地委发起的“邓小平同志建设有中国特色社会主义理论研讨会”在雅安地区芦山县举行。中共四川省委常委、宣传部部长席义方前往芦山看望参会知名专家、学者，并就如何开好会议提出要求。

10 月 10—12 日 四川省社会科学界联合会、四川省精神文明建设办公室、中共德阳市委宣传部、德阳市精神文明建设委员会主办的四川省社会主义市场经济与社会主义精神文明建设理论讨论会在德阳市举行。《天府新论》杂志出版会议论文集。

10 月 11—12 日 四川省社会科学界联合会、中共乐山市委宣传部、乐山市社会科学界联合会、中共夹江县委主办的四川省第二届社会主义新农村建设理论研讨会在乐山市夹江县举行。

11 月 1—3 日 中共四川省委宣传部、中共四川省委党史研究室、四川省教育委员会、中共四川省委党校、四川省社会科学界联合会、四川省社会科学院、四川省邓小平思想研究中心主办的四川省邓小平建设有中国特色社会主义理论研讨会在成都市举行。

11 月中旬 中南、西南、华南社科联协作会暨社科联改革与发展研讨会在海南省海口市召开。四川省社会科学界联合会代表参加会议。

12 月 17 日 四川联合大学四川日报社新闻传播研究所在四川联合大学授牌成立。

12 月 21—22 日 四川省社会科学界联合会、中国人民银行四川省分行、四川省金融学会主办的四川省治理通货膨胀学术研讨会在成都市召开。

12 月 23 日 四川省第六次哲学社会科学优秀科研成果颁奖大会暨四川省社会科学界联合会三届五次理事会在成都市召开。评选优秀科研成果 200 项，其中一等奖 6 项、二等奖 26 项、三等奖 168 项，授予潘大逵等 8 人荣誉奖。中共四川省委、四川省人民政府、四川省政协、四川省军区领导聂荣贵、秦玉琴、席义方、徐世群、刘诗白、陶德伦等出席大会并向获奖者颁奖。四川省政协主席、省社科联主席聂荣贵作题为《振奋精神，真抓实干，为开创社科联工作新局面而奋斗》的讲话；中共四川省委副书记秦玉琴作题为《繁荣和发展社会科学，为我省经济建设和改革开放服务》的讲话；四川省人民政府副省长、省评奖委员会主任徐世群作评奖工作总结报告。四川省社科联三届五次理事会审议并通过《四川省社会科学界联合会 1994 年工作总结暨 1995 年工作意见》。

12 月 28 日 南充市社会科学界联合会召开改地建市后的首届代表大会。

是年 巴中地区哲学社会科学学会联合会成立。

是年 中国先秦史研究会、四川联合大学历史系、德阳市文化局主办的先秦文化国际学术交流会议在德阳是召开。

1995 年

6 月 12—13 日　四川省社会科学界联合会、四川省企业管理协会、成都市社会科学界联合会主办的国有企业改革理论研讨会在成都市召开。

6 月　1994 年度国家社会科学基金资助项目经全国哲学社会科学规划领导小组批准，四川省获准立项 29 个，立项课题数居全国各省（自治区、直辖市）第 1 位（除北京地区）。

同月　四川省民族语言学会成立 10 周年大会在西南民族学院举行。

7 月 17—20 日　中共四川省委宣传部召开全省宣传部长会议，学习《邓小平同志建设有中国特色社会主义理论学习纲要》。

7 月 25—28 日　四川联合大学、中国教育报刊社主办的“走向 21 世纪的人文社会科学”学术研讨会在成都市举行。

9 月 7—9 日　四川省第八次市地州社科联协作会议暨省社科联工作会议在泸州市召开。

9 月 20—21 日　四川省“九五”哲学社会科学研究规划座谈会在成都市召开。

9 月 20—22 日　四川省社会科学界联合会、四川省机关党建研究会、成都铁路局机关党委主办的“四川省机关党建研讨会”在成都市都江堰市举行。

10 月 30 日　四川省第一个高校社科联——泸州医学院社会科学工作者联合会成立。

11 月 12 日至 12 月 19 日　受国家文物局委托，四川联合大学考古教研室组建四川联大三峡考古队，在万县市云阳县参与“三峡考古会战”，大面积发掘三峡地区重点古文物遗址——李家坝遗址，取得重大考古成果。

11 月 21—23 日　四川省社会科学界联合会、绵阳市社会科学界联合会主办的四川省第三届社会主义新农村建设理论研讨会在绵阳市涪城区举行。

12 月 2 日　四川省彝文学会成立大会暨首届学术研讨会在西南民族学院召开，并举行彝文书法展。

12 月 20 日　全国高校首届人文社会科学研究优秀成果奖颁奖大会在北京市举行，四川大学教授杨明照、卿希泰、项楚获奖。

12 月　西南民族学院李明等撰写的《彝族文学史》获第九届“中国图书奖”。

同月　西南民族学院李明主编，林忠亮、王康、徐希平、梁银林等撰写的国内第一部《羌族文学史》获“四川省第二届巴蜀文艺奖”一等奖。

是年　四川联合大学制定“九五”人文社会科学研究规划。

1996 年

1 月 4 日　中共四川省委办公厅印发《四川省社科联机关机构改革方案》。

1 月 16—17 日 四川省社会科学科研工作会在成都市召开。会议总结四川省“八五”期间的社会科学研究工作，部署国家社会科学“九五”规划重点课题和 1996 年度国家社会科学基金课题的申报工作。

2 月 29 日 中共四川省委副书记秦玉琴到省社科联考察并召开座谈会。

2 月 四川省社科联创办《社科界信息》。

6 月 3—7 日 四川省社会科学界联合会承办的西南地区社科联第五次协作会在四川省成都市召开。广西、云南、贵州、四川 4 省（自治区）社科联和重庆、乐山两市社科联的代表参加会议。

6 月 19—20 日 四川省社会科学“九五”规划工作会议在成都市召开。

8 月 全国各省、直辖市、自治区社科联协作会在云南省西双版纳州召开，同时召开西南地区社科联协作会。四川省社会科学界联合会副主席王金明参加会议。

9 月 5 日 四川省社会科学界联合会、四川省党史学会、四川省历史学会邀请省内 60 余名老红军和社科界专家学者，在成都市召开“隆重纪念中国工农红军长征胜利 60 周年座谈会”。

9 月 18 日 四川省社会科学界联合会第三届理事会第七次常务理事会议在成都市召开。会议增补梁守勋、宋玉鹏为第三届理事会理事、常务理事、副主席，增补谢世廉为第三届理事会理事、常务理事、秘书长。

10 月 4 日 四川省社会科学界联合会、四川省社会科学院主办的“袁珂先生八十诞辰暨神话研究五十周年纪念大会”在成都市召开。

10 月 22—24 日 四川省第九次市地州社科联工作会在南充市召开。

11 月 5 日 中共四川省委组织部、中共四川省委宣传部、四川省人事厅印发《四川省社会科学界联合会机关参照〈国家公务员条例〉管理的实施方案》。

11 月 12—15 日 四川省社会科学界联合会、中共雅安地委、中共宝兴县委主办的四川省第四届社会主义新农村建设理论研讨会在雅安市宝兴县举行。四川省人大常委会副主任孟俊修出席研讨会。

11 月 22 日 四川省社会科学界联合会、四川省企业家俱乐部主办的四川省深化国营大中型企业改革研讨会在成都 132 厂召开。

12 月 23—25 日 四川省社会科学界联合会、四川省民政厅组织的“四川省全省性社科类社会团体秘书长培训班”在成都市开班。

1997 年

1 月 10 日 四川省社会科学界联合会、四川省邓小平理论研究中心、四川省社会科学院、中共四川省委党校、四川日报理论部等单位发起的“学习党的十四届六中全会精神座谈会”在成都市举行。

1 月 21 日 四川省第七次哲学社会科学优秀科研成果颁奖大会暨四川省社会科学界联合会第三届第七次理事会在成都市召开。评出优秀科研成果 198 项，其中一等奖 5 项、二等奖 26 项、三等奖 167 项，首次评出四川省社科界优秀科研成果 105 项，李华飞等 7 位老专家获荣誉奖。中共四川省委、四川省人大常委会、四川省人民政府、四川省政协、四川省军区领导席义方、康振黄、孟俊修、徐世群、章玉钧，老领导杨超、冯元蔚出席会议。中共四川省委常委、宣传部部长席义方代表省委讲话，四川省人民政府副省长、省评奖委员会主任徐世群作评奖工作报告。省社科联三届理事会审议并通过《四川省社科联1996年工作总结》和《四川省社科联1997年工作要点》。

1月 中国马克思主义哲学史学会、国家教委社会科学研究中心、四川省社会科学界联合会、四川联合大学、四川省马克思主义哲学史研究会主办的全国建设有中国特色社会主义文化理论研讨会在成都市举行。

2月20日 省社科联在成都市举办“香港回归祖国报告会”。省社科联副主席、经济学家林凌作香港回归与内地、港、澳、台经济协作专题报告。

2月22—27日 省社科联组织市（州）社科联和省级学会负责人共29人赴广东、海南等沿海地区考察社团管理工作。

2月24日 四川省社科界沉痛悼念邓小平座谈会在成都市举行。中共四川省委常委、宣传部部长席义方出席会议并讲话。

3月14日 八届全国人大五次会议批准设立重庆直辖市。6月18日，重庆市人民政府机构正式挂牌。重庆市社科联、涪陵市社科联划出四川省社科联系统。

4月 西南民族学院成立外语系、工商管理系、民族经济研究所。

6月3—5日 四川省社会科学界联合会第四次代表大会在成都市召开。中共四川省委书记谢世杰向大会发来贺信，省委、省人大常委会、省政府、省政协、省军区领导杨析综、聂荣贵、杨崇汇、席义方、徐世群、刘诗白、章玉钧、马识途、辛文、江木出席会议。全国政协副主席杨汝岱、四川省人民政府省长宋宝瑞等10多位领导人为大会题词。北京、上海、辽宁、广东等29个省（自治区、直辖市）社科联发来贺信、贺电。四川省科协代表四川省人民团体向大会致贺词。四川省政协主席、省社科联第三届主席聂荣贵致开幕词，中共四川省委副书记杨崇汇代表省委向大会表示祝贺并讲话，中共四川省委常委、宣传部长席义方作题为《努力把社科联工作提高到新水平，为繁荣发展社会科学作出新贡献》的讲话，四川省人民政府副省长徐世群代表省政府向大会表示祝贺并讲话。会议期间，代表们听取省社科联党组书记、副主席梁守勋代表省社科联第三届理事会向大会作的工作报告，讨论通过省社科联新的章程，决定设立5个专业委员会（即学术工作委员会、学会工作委员会、规划工作委员会、普及工作委员会和市地州社科联工作委员会）。会议民主选举省社科联第四届理事会和常务理事会，省政协副主席、经济学家刘诗白当选四川省社科联第四届理事会主席，贾本乾、梁守勋、宋玉鹏、鄢正刚、蒋明政、唐公昭、唐朝纪、杜肯堂、李绍明、刘茂才、王庭科、王永锡、杨泉明、郑晓幸为副主席，谢世廉为秘书长；推举杨超、聂荣贵为名誉主席，聘请辛文、林凌、姜凌、隗瀛涛、卿希泰、康电、阿旺措成、陈国志为顾问。省政协副主席、省社科联第四届理事会主席刘诗白致闭幕词。

6月17—18日 四川省市地州社科联工作会议在遂宁市召开。

6月 卿希泰教授学术基金会在四川大学正式成立。

7月30日 省社科联在成都市召开省级社科类学会、协会、研究会秘书长会议。

8月29日 广安地区社会科学界联合会成立暨第一次代表大会召开。

9月 眉山地区社会科学界联合会成立。

同月 四川省规划工作委员会成立，日常工作由四川省社科联规划评奖办公室具体负责。学术工作委员会成立，日常工作由四川省社科联学会学术部具体负责。学会工作委员会成立，日常工作由四川省社科联学会学术部具体负责。市地州社科联工作委员会成立，日常工作由四川省社科联办公室具体负责。

10月4—8日 中国少数民族哲学社会思想史学会、西南民族学院主办的中国少数民族与宗教文化学术研讨会在成都市召开。

10月27日 宜宾市社会科学界联合会成立暨第一次代表大会召开。

同日 四川省社会科学界联合会、四川省经济贸易委员会在成都市召开四川国有企业资本运营讨论会。四川省人民政府省长宋宝瑞、副省长王金祥出席会议。《会议纪要》由中共四川省委办公厅《信息专报》报送中共中央办公厅。

11月8日 中共四川省委宣传部、四川省公安厅、四川省社会科学界联合会、四川省精神文明建设办公室主办的全省消防教育系列宣传活动颁奖会召开。中共四川省委副书记杨崇汇出席颁奖会并讲话。

12月2日 省社科联市地州工作委员会在成都市召开全省市地州社科联“双评”工作暨老同志座谈会。

12月5日 中共四川省委统战部确定：省社科联作为政协四川省委员会社科界组成单位。

是年 中共四川省委宣传部、四川联合大学召开邓小平理论讨论会。

是年 四川联合大学承办西南、西北地区欧洲问题研究协调会暨学术讨论会；完成第一批中欧高等合作项目申报，北美基督教基金课题申报，获准立项12项；出版《1996年四川联合大学人文社会科学研究成果目录汇编》；编制《四川联合大学人文社会科学科研发展规划》。

1998年

2月16日 中共四川省委副书记杨崇汇到省社科联考察，并就全省各级社科联工作“围绕中心，服务大局，突出重点，做好工作，推动发展”发表讲话。

2月26日至3月11日 省社科联组织的四川省社科界代表团一行7人赴美国考察交流。

2月27日 四川省社会科学界联合会第四届理事会第二次会议在成都市召开。省社科联理事及高等院校、党校、科研单位、市（地、州）代表400余人参加会议。中共四川省委常委甘道明，四川省政协副主席、省社科联主席刘诗白出席会议并讲话。会议审议、通过《四川省社科联1997年工作总结》和《四川省社科联1998年工作要点》；表彰奖励获得“首届十佳社科学会”称号的单位以及四川省社科联系统1996—1997年度先进集体和先进个人；部署全省第八次社科优秀科研成果评奖工作。

2月 四川联合大学获准7项“中欧高校合作项目”，就有关人文社会科学项目进行联合研究。

3月3日 为纪念周恩来诞辰100周年，中共四川省委宣传部、中共四川省委党史研究室、中共四川省委党校、四川省社会科学界联合会、四川省社会科学院、四川省教育委员会、四川省邓小平理论研究中心主办的周恩来生平和思想学术座谈会在成都市召开。中共四川省委常委、宣传部部长席义方出席座谈会。

3 月 16 日 重庆市社科联首次组团，在副主席罗文德、肖庆金带领下，对四川省社科联进行访问。

4 月 4 日 中共四川省委组织部通知：梁守勋任四川省知识分子工作领导小组成员。

4 月 28 日 四川省人民政府副省长欧泽高到省社科联考察。

4 月 29 日 四川省社会科学规划办公室在全国哲学社会科学规划工作会议上被评为国家社科基金项目管理工作先进单位。

4 月 省社科联结合经济形势发展中的热点问题和企业改革中的难点问题，邀请省内知名经济学家面向企业举办系列专题讲座。

5 月 25—28 日 省社科联组织专家学者一行 9 人到雅安地区荥经县开展调查研究和建言献策活动。

6 月 3 日 四川省社会科学院建院 20 周年庆祝大会召开。

6 月 22 日 省社科联在成都市召开“科普大讨论”征文活动座谈会。

6 月 24 日至 7 月 6 日 四川省社科规划办公室组织省内部分大专院校相关人员一行 8 人，前往上海、南京地区学习考察。

6 月 28 日 德阳市社会科学界联合会成立暨第一次代表大会召开。

6 月 殷建中、张家鎏增补为四川省社会科学界联合会第四届理事会理事、常务理事、副主席。

7 月 22—26 日 乐山师范高等专科学校承办的中国西部高校科研管理第二次学术研讨会暨西部高校科研管理协作组第二次会议在乐山市召开。

9 月 18 日 四川省社会科学界联合会承办的各省市自治区社科联联席会议在成都市召开。中共四川省委常委甘道明出席会议并讲话，中共中央宣传部原秘书长沈一之到会指导。全国 29 个省（自治区、直辖市）社科联代表参加会议。

11 月 10—12 日 四川省党校系统纪念中共十一届三中全会理论研讨会在中共四川省委党校举行。

11 月 25 日 首届中国哲学宗教艺术文化交流研讨会在四川联合大学举行。

同日 四川省社会科学界联合会、四川省咨询业协会发出《关于社会科学咨询单位资格等级和科技咨询执业人员资格申报有关事项的通告》。

11 月 四川省咨询业协会社会科学办事处挂牌。

12 月 21 日 中共四川省委宣传部、中共四川省委党校、中共四川省委党史研究室、四川省教育委员会、四川省社会科学界联合会、四川省社会科学院、中共四川省委讲师团等单位发起的四川省纪念中共十一届三中全会 20 周年理论研讨会在成都市召开。中共四川省委副书记杨崇汇，中共四川省委常委、宣传部部长席义方出席研讨会并讲话。中共四川省委宣传部副部长、省社科联副主席殷建中传达中央召开纪念大会和中共中央总书记江泽民的重要报告。

1999 年

1 月 5 日 中共四川省委副书记杨崇汇对“荥经县国民经济跨世纪发展战略研究”课题作批示：

“省社科联在荥经县发展战略研究中创造了一种相互促进的成功经验，很值得借鉴。”

1 月 27 日 四川省社会科学界联合会、四川省发展经济学会、新希望集团主办的“新希望发展轨迹与启示座谈会”在成都市举行。

4 月 2 日 四川省第八次哲学社会科学优秀科研成果颁奖大会在成都市举行。评出 1996—1997 年度省政府奖 197 项，其中一等奖 7 项、二等奖 32 项、三等奖 158 项；授予卿希泰等 2 人荣誉奖；评选出四川省社科界优秀成果奖 104 项。中共四川省委、四川省人大常委会、四川省人民政府、四川省政协、四川省军区领导聂荣贵、席义方、徐世群、石治理、杨岭多吉和老同志辛文等出席大会。中共四川省委常委、宣传部部长席义方代表省委向获奖作者表示祝贺并讲话，四川省人民政府副省长、省评奖委员会主任徐世群作评奖工作报告。

4 月 16 日 四川省社会科学界联合会、四川省文史馆、四川省政协文史委、四川大学历史系、四川省历史学会、四川省中华文化研究会、成都市社会科学界联合会、四川师范大学历史系、四川省社会科学院历史研究所等 18 个单位发起举办的著名历史学家隗瀛涛从教 50 年学术与教育思想研讨会在成都市举行。省人大常委会副主任卢铁成、省政协副主席苟建丽、省社科联主席刘诗白等到会祝贺。中央文史馆等数十家省内外单位发来贺电、贺信、贺词。

4 月 21 日 四川省社会科学界联合会第四届理事会第三次会议在成都市召开。140 余名理事出席会议。会议审议并通过《四川省社科联 1998 年工作总结》和《四川省社科联 1999 年工作要点》；听取 1999 年度四川省社科规划工作情况的汇报；通过修改后的《四川省社会科学界联合会学会管理办法》。

5 月 14 日 全国哲学社会科学规划办公室公布 1999 年度国家社会科学基金项目。四川省有 23 项课题获准立项，在全国各省（自治区、直辖市）中排第 7 位。

5 月 省社科联组织开展第二批四川省学术和技术带头人及后备人选（社科类学术团体人选）推荐工作。

同月 四川省高校邓小平理论教学研究会成立大会暨教学研讨会在泸州市召开。

6 月 29 日 中共四川省委办公厅、四川省人民政府办公厅转发《四川创新人才评选办法（试行）》（以下简称《办法》）。该《办法》确定，省社科联负责省级社科类学会推荐的“创新人才”候选人资格审查和初评工作。

6 月 中国俗文化研究所在四川大学组建，项楚任所长。

7 月 15 日 四川省“九五”社科规划 1999 年度滚动课题申报评审工作全部结束，53 个课题获准立项，其中重点课题 26 项、一般课题 27 项。

7 月 30 日 眉山地区社会科学界联合会成立暨第一次代表大会召开。

8 月 6—11 日 为纪念中华人民共和国成立 50 周年，四川省社会科学界联合会、四川省社会科学院、四川大学、中共四川省委党校、西南财经大学、成都煤炭干部管理学院、中共攀枝花市委宣传部、攀枝花大学、中共攀枝花市委党校、攀钢（集团）宣传部、四川省马克思主义哲学史研究会等单位主办的“新中国马克思主义哲学 50 年”学术研讨会在攀枝花市举行。

9 月 23 日 首次国家社科基金项目评奖中，四川省有 6 项成果获奖，其中二等奖 2 项、三等奖 4 项，奖项总数居全国各省（自治区、直辖市）第 2 位。

9 月 27 日 省社科院在成都市召开《巴蜀文化图典》和《四川 50 年图传》首发式。

10月5日 省社科联重点课题《荥经经济跨世纪发展战略研究报告》通过专家鉴定会议评审鉴定。

10月26日 四川省社会科学界联合会、中共四川省委党校在成都市召开党校科研“两化”经验交流会。中共中央党校副校长刘海藩、中共四川省委副书记秦玉琴向会议发来贺信。

10月 四川师范学院、四川省高校外语教学研究会等单位主办的四川省高校外语教学研究会年会在南充市召开。全省各地的128名代表参加研讨。

11月23日 四川省第八次市（地、州）社科联“双先”评比表彰会和首届县社科联工作经验交流会在成都市新都县举行。各市（地、州）社科联负责人和宣汉、大竹、温江、眉山、会理、金堂、渠县、达县、开江等15个县社科联代表参加会议。

12月26—27日 “四川省社会科学科研管理工作会议”在西南民族学院召开。

是年 四川大学宗教研究所被评为教育部人文社科重点研究基地，更名为道教与宗教文化研究所。

2000年

1月13日 四川省社会科学界联合会、四川省科教兴川促进会主办的四川五十年科技与教育发展现状与未来对策分析研讨会在成都市召开。

1月20日 四川省社会科学界联合会第四届理事会第四次会议在成都市召开。会议通报部分省级学会整改的验收情况，审议并通过《四川省社科联1999年工作总结》和《四川省社科联2000年工作要点》。

1月 中共四川省委“三讲”巡视组召开四川省社科联“三讲”教育总结大会，充分肯定省社科联历时3个月的“三讲”教育活动。

3月 《四川日报》“天府英才”栏目从1999年3月到2000年3月，历时1年，在《四川日报》第1版分别介绍杨超、刘诗白、杨明照、袁珂、林凌、都淦、杜肯堂、隗瀛涛、卿希泰、曹顺庆、项楚、丁任重、吴忠观、周西宽、李绍明、姜凌、陈光、曾康霖等20位专家。该栏目由四川省社会科学界联合会和四川日报社主办，旨在普及社会科学知识、宣传四川省社科界著名专家。

同月 国家民委1992—1999年度社会科学奖揭晓，西南民族学院获得一等奖5项，二等奖7项，三等奖4项。

4月11—18日 四川省社会科学界联合会组织中国社会科学院和四川省10多位专家学者，前往攀枝花市、凉山州调研考察，举办“西部大开发中的攀枝花”和“西部大开发，凉山怎么办”专题研讨会，分别在两地作关于西部大开发的专题学术报告。

4月18日 经中共四川省委、四川省人民政府批准，杨宗义等6人为第二批四川省人文社会科学学术带头人。

4月28日 经中共四川省委组织部等7单位批准，王小琪等11人为第二批四川省人文社会科学学术带头人后备人选。

同日 省社科联在德阳市罗江县举行“西部大开发与四川经济发展”经济热点讲座。

6 月 29 日 省社科联创办“四川社科在线”互联网站，将社科评奖和社科研究课题申报表下载等搬到网上；同时，在四川党政网建立“四川省社科联”网页。

6 月 全国哲学社会科学规划办公室公布 2000 年度国家社科基金项目，四川省有 36 项课题获准立项，立项数名列全国省（自治区、直辖市）第 3 位。

8 月 8 日 《四川省社会科学优秀成果评奖办法》经四川省人民政府第 44 次常务会议审议通过，由第 142 号《四川省人民政府令》正式发布施行。

9 月 四川大学中国俗文化研究所和四川大学中国藏学研究所通过教育部评审，被批准为教育部人文社会科学重点研究基地。

10 月 30 日 四川省社会科学规划办公室在 2000 年全国社科规划办主任会上再次被评为国家社科基金项目管理工作先进单位。

11 月 4 日 四川省社会科学学术基金会举行换届会议。海峡两岸关系协会会长汪道涵向会议发来贺信，四川省政协原主席廖伯康等老领导出席会议表示祝贺。与会代表听取省社科联党组书记、副主席梁守勋关于基金会上届理事会的工作报告和理事会议改组的情况说明，审议并通过《四川省社会科学学术基金会章程》。会议选举基金会第三届理事会，选举刘诗白为会长，仰融、梁守勋、王永锡、张卓元、章玉钧、朱胜良为副会长，刘灿为秘书长；聘任谢世廉、罗仲平、张继东为副秘书长；聘请廖伯康、辛文、谢韬、熊崇义为顾问。

11 月 25 日 四川省社会科学界联合会、四川省文化旅游公司主办的八百寿企业集团发展战略研讨会在眉山市彭山县举行。辛文、李绍明、杜受祜、江玉祥等经济、历史和民俗研究的专家学者参加研讨会。

11 月 四川大学南亚研究所被教育部批准为人文社会科学重点研究基地。

12 月 12 日 省社科联在成都市召开新时期学会工作改革与发展理论研讨会。

同日 四川大学社科“十五”规划攻关动员大会召开。

2001 年

2 月 21 日 省社科联承担的，全国社科规划办公室委托研究的国家社科基金重大项目子课题“三峡工程与长江上游经济社会发展研究”正式结题。

3 月 16 日 四川省社会科学界联合会牵头，《华西都市报》、四川省知识经济促进会主办的“科技之春”科普月专家座谈会在成都市召开。两院院士、西南交通大学教授沈志云出席座谈会。

3 月 29 日 中共四川省委、四川省人民政府在宜宾市召开“全省知识分子工作暨市县党政一把手抓第一生产力经验交流会”。会议向获首届“四川创新人才奖”的赵国良、根秋登子（藏族）等 7 人颁奖。

4 月 6 日 四川省第九次社会科学优秀成果颁奖大会暨四川省社会科学界联合会四届五次理事会在成都市召开。评出 1999—2000 年度省政府奖 204 项，其中，荣誉奖 4 项、一等奖 7 项、二等奖 37 项、三等奖 156 项；同时，评出四川省社科界优秀成果奖 102 项。

4 月 7—8 日 四川省社科联市（地、州）工作委员会会议在眉山市彭山县召开。

4 月 16 日 四川省人民政府副省长李进到省社科联考察工作，听取省社科联党组书记梁守勋的工作汇报。

同日 全国人大常委会委员、全国人大教科文卫委员会委员、农工民主党中央副主席、两院院士、科普法起草领导小组成员陈建生带队到四川调研，并召开“科普法”立法调研座谈会。中共四川省委宣传部、四川省科技厅、四川省科学技术协会、四川省社会科学界联合会等科普联席会议成员单位参加座谈。

5 月 29 日 省社科联主办的新时期基础学科学会改革与发展理论研讨会在成都市举行。

5 月 四川省社会科学界联合会组织申报并经全国社科规划办公室批准，四川省有 33 项课题获准成为 2001 年度国家社会科学基金项目，立项数列全国省（自治区、直辖市）第 7 位。33 项课题中，重点项目 1 项、一般项目 25 项、青年项目 6 项、自筹项目 1 项。

6 月 25 日 中共四川省委组织部、中共四川省委宣传部、中共四川省委党校、中共四川省委党史研究室、四川省社会科学界联合会、四川省社会科学院主办的四川省纪念中国共产党成立 80 周年理论研讨会在成都市召开。中共四川省委常委、宣传部部长柳斌杰出席会议并讲话。中共四川省委常委、组织部部长李建华，四川省政协副主席章玉钧，四川省社会科学界联合会主席刘诗白出席会议。研讨会分别由李建华和柳斌杰主持。

7 月 3 日 四川省社会科学界联合会印发《四川省社科联关于学习贯彻江泽民同志在庆祝中国共产党成立 80 周年大会上讲话的通知》。

7 月 18 日 四川省哲学社会科学研究“十五”规划工作会议在成都市召开。中共四川省委常委、宣传部部长柳斌杰，四川省社会科学界联合会主席刘诗白等出席会议。柳斌杰在讲话中就“十五”期间如何做好四川省社会科学研究规划工作提出 4 点要求，四川省人民政府副省长李进发表书面讲话。四川省社会科学界联合会党组书记、副主席梁守勋作《关于〈四川省哲学社会科学研究“十五”规划纲要〉的说明》。

7 月 26 日 第三批四川省学术和技术带头人及后备人选推荐管理工作启动，省社科联负责推荐所属社科学会人选。

8 月 13—18 日 四川省人大教科文卫委员会、政协四川省委员会科技委员会、政协四川省委员会教育委员会、四川省人事厅、四川省科技厅、四川省教育厅、四川省社会科学界联合会、四川省科学技术协会、中国科学院成都分院、四川省科教兴川促进会主办的首届四川省科技教育成果交流会暨科技教育优秀人才联谊会在成都市举办。

9 月 18—21 日 省社科联在宜宾市召开四川省市州社科联工作研讨会。

10 月 四川省社会科学院、四川师范学院、四川省三国演义学会等单位主办的国际三国文化学术研讨会在成都市、南充市召开。美国、日本、韩国等国和中国各地及香港、台湾地区代表 148 人参加会议。

11 月 29 日 四川省人民政府副省长李进到省社科院调研。

12 月 7—11 日 四川省应用心理学专业委员会、乐山师范学院主办的中国首届西部大开发应用心理学的实践与作用学术研讨会在乐山市召开。

12 月 14 日 四川省社会科学界联合会、四川日报社、四川省经济发展研究院主办的 2002 年经济形势分析及对策研讨会在成都市举行。中共四川省委常委、宣传部部长柳斌杰，副部长殷建中出席会议。

12 月 29 日 四川省社会科学界联合会成立 20 周年纪念大会暨四届六次理事会在成都市举行。中共四川省委常委、宣传部部长柳斌杰，四川省人民政府副省长李进出席会议并讲话。四川省政协主席聂荣贵、四川省科技顾问团副主任辛文、四川省社会科学界联合会主席刘诗白等出席会议。四川省社会科学界联合会党组书记、副主席梁守勋主持会议。中共四川省委宣传部副部长、四川省社会科学界联合会副主席殷建中宣读《四川省社科联关于表彰省“十佳社科学会”、第九次“双评”先进社科学会和学会先进工作者的决定》。四川省社会科学界联合会党组副书记、副主席张家鎏宣读上海市社科联的贺电和祝贺单位名单。四川省作家协会党组书记宋玉鹏代表四川省总工会、共青团四川省委、四川省妇女联合会、四川省科学技术协会、四川省文学艺术界联合会、四川省作家协会、四川省残疾人联合会、四川省台湾同胞联谊会，四川省社会科学院学术顾问刘平斋代表各大专院校、科研院所分别致贺词。

12 月 省社科联组织进行第三届四川省“十佳社科学会”、第九次先进社科学会和学会先进工作者评选活动。

同月 大学生“三个代表”重要思想学习研究会成立。泸州医学院社科联下设学生分会，这是四川省社科联组织扩展到大学生群体的首次尝试。

2002 年

1 月 9 日 省社科院四川经济重大问题对策研究中心、西部大开发研究中心主办的四川省 2001 年经济发展总体情况和 2002 年重点关注的问题分析研讨会在成都市举行。

1 月 10 日 四川省社会科学院历史研究所、成都市社会科学院、中共成都市委党史研究室、成都日报社评论部主办的巴蜀文化与西部开发研讨会在成都市召开。

1 月 11—12 日 省社科院主办的 WTO 谈判代表团西部报告会在成都市举行。

1 月 16 日 四川省社会科学院、四川师范大学巴蜀文化研究中心、四川人民出版社主办的《巴蜀文化系列丛书》出版座谈会在成都市举行。

2 月 18 日 省社科院区域经济所举办的四川省县域经济研讨会在自贡市富顺县召开。

3 月 7 日 四川省社会科学院特邀美国前任贸易副代表唐纳德·菲利浦斯在成都市举行“WTO 条约对中国国际和国内贸易影响”报告会。

3 月 15 日 四川省社会科学界联合会、四川省社科规划办公室召开四川省社科“十五”规划研究项目立项发布会。四川省哲学社会科学研究“十五”规划项目 134 项，其中，重点项目 28 项、一般项目 51 项、自筹项目 55 项。

3 月 18—19 日 2002 年全国桃花节暨客家文化报告会在成都市龙泉驿区举行。

4 月 2 日 四川省社会科学院、四川省人民政府台湾事务办公室、宝光塔陵集团主办的海峡两岸同胞四川经济发展恳谈会在成都市举行。

4 月 9 日 中共中央政治局委员、中国社会科学院院长李铁映在成都市召开学术调研座谈会。

4 月 23 日 中共四川省委副书记刘鹏、席义方，中共四川省委常委、宣传部部长王少雄到省社科联调研。

4月27日 广元市社会科学界联合会成立暨第一次代表大会召开。

5月13日 省社科院召开“上市公司股权多元化与关联交易”研究会。

6月1日 省社科院主管主办的《厂长经理日报》更名为《经理日报》。

6月3日 中共四川省委宣传部召开“认真学习江总书记‘5·31’讲话精神座谈会”。四川省社会科学界联合会主席刘诗白，党组书记、副主席梁守勋参会并分别作题为《保持与时俱进的精神状态》和《推进理论创新》的发言。

6月 四川省社会科学界联合会组织申报并经全国社科规划办公室批准，四川省34项课题获准为2002年度国家社会科学基金项目，立项数列全国省（自治区、直辖市）第8位。34项课题中，重点项目1项、一般项目21项、青年项目10项、自筹项目2项。

7月19日 四川省社会科学界联合会、四川日报社、四川省统计局主办的2002年下半年经济走势分析会在四川日报社举行。中共四川省委常委、省企业工委书记甘道明出席会议并讲话。辛文、刘诗白、林凌、郑晓幸、曾康霖、赵文欣、唐公昭、杜肯堂、赵国良、刘锡良、廖君沛、杜受祜等20余位经济专家参加会议。

7月25—26日 省社科院客家研究中心主办的“客家文化与经济建设”学术研讨会在成都市举行。

7月31日 四川省哲学社会科学评奖委员会在四川省人民政府召开第十次评奖第二次全体会议。会议听取省评奖办公室对第十次评奖申报、初评工作的情况汇报，审议、通过第十次评奖学科评审组评审员名单。

7月 四川省社会科学院主持编撰的“党的第三代领导集体对邓小平理论的实践与创新研究丛书”，被新闻出版总署列为向中共十六大献礼的102种图书之一。

同月 省社科院旅游课题组参加四川省人民政府副省长蒋巨峰主持的旅游发展战略调研。

8月3—5日 省社科院主办的《环境经济学》首发式暨生态旅游高级研讨会在绵阳市平武县召开。

8月21日 眉山市社会科学界联合会成立暨第一次代表大会召开。

8月24—28日 在中国青少年犯罪研究会成立20周年纪念大会暨第十四届学术研讨会上，四川省社会科学院青少年所成都青少年犯罪研究与联络中心获“全国青少年犯罪研究先进集体”奖，该所缪清鑫获“全国青少年犯罪研究团体先进工作者”称号。

8月26日 省社科院组织召开专家学者座谈会，讨论《中共四川省委、四川省人民政府关于加快西部文化强省建设的若干意见（征求意见稿）》并征求意见和建议。

9月2日 “郭沫若与百年中国”学术研讨会在乐山市召开。中国郭沫若研究学会副会长、四川省郭沫若研究学会会长马识途，四川省政协副主席章玉钧出席会议。会议选举新一届四川省郭沫若研究学会机构。

9月5—8日 教育部人文社会科学研究重点基地、四川大学中国俗文化研究所和乐山师范学院中文系主办的中国俗文化研究国际学术研究会在乐山市举行。

9月10日 中共四川省委常委、宣传部部长王少雄到省社科院调研，与社科院专家就文化强省战略问题座谈。

9月14—16日 四川省社会科学院、四川省中青年农村经济研究会、崇州市人民政府组织召开“加入WTO与中国农村组织制度创新学术研讨会”。该研讨会由德国艾伯特基金会资助。

9月18日 四川省社会科学界联合会第五次代表大会在成都市召开。中共四川省委副书记刘鹏出席大会并在社科专家座谈会上发表讲话。中共四川省委常委、宣传部部长王少雄，省社科联主席刘诗白出席大会并讲话。省科联党组书记梁守勋代表第四届理事会作工作报告。四川省总工会、共青团四川省委、四川省妇女联合会、四川省科学技术协会、四川省文学艺术界联合会、四川省作家协会等省级群团在大会上致贺词。大会推举杨超、聂荣贵为省社科联第五届理事会名誉主席；辛文等15位老专家、老领导为顾问。会议选举刘诗白为省社科联第五届理事会主席；梁守勋等17人为副主席；谢世廉为秘书长。

9月19—29日 应越南国家社会科学与人文中心邀请，四川省社会科学院院长侯水平率四川省社科院学术代表团赴越南进行为期10天的学术访问。

9月23日 四川省文艺评论家协会正式挂牌，中共四川省委常委、宣传部部长王少雄为协会揭牌。

9月26日 省社科院召开“三次产业互动与县域经济发展”研讨会。

9月30日 四川省社会科学院、四川省农业经济学会组织召开的“加入WTO后我国农业产业协会发展”座谈会在成都市举行。

9月 省社科院副院长杜受祜研究员等4人，参加中共四川省委、四川省人民政府组织的“一二三产业互动，城乡共融”大型调研活动。

同月 省社科院党委书记李翠贤率四川省社科院考察组赴宁夏、青海、甘肃社科院考察、调研，并参加西北片区2002年度社科院长联席会议。

10月24—26日 中国哲学史学会、国际教育基金会、四川省社会科学院等单位主办的“儒家德治思想与现代社会”国际学术研讨会在成都市都江堰市召开。

10月28日 《邓小平理论史》专家学者研讨会在成都市召开。

10月30日 省社科联主办的“运用WTO规则搞好进出口公平贸易”座谈会在成都市召开。

10月31日 省社科院文学研究所承办的“全球化语境中的四川文学”研讨会在成都市召开。

11月29日 省政协委员视察团在省政协副主席陈官权、原副主席章玉钧的带领下，到省社科院视察工作。

同月 四川师范学院、四川省历史学会等单位主办的嘉陵江流域文化资源研讨会暨四川省史学会常务理事会在南充市召开。

12月3日 省社科院主办的“社会主义政治文明：十六大报告的理论创新”研讨会在成都市举行。

12月10日 四川省第十次哲学社会科学优秀成果评奖委员会召开全体会议，对经初评推荐、学科组评审、复审组复审的202项建议获荣誉奖、一等奖、二等奖、三等奖的成果进行审议和表决。会议由四川省人民政府副省长、省评委会主任李进主持。省社科联党组书记、省评委会副主任梁守勋在会上作了关于四川省第十次社科优秀成果评奖的工作报告。26位省评委会委员出席会议。

12月14日 四川省社会科学界联合会、四川日报社、四川省经济发展研究院在成都市召开2002年经济形势分析与对策研讨会。

12 月 25 日 四川省社会科学界联合会、四川日报社、四川省统计局召开“四川社科界深入学习贯彻十六大精神，全面建设小康社会研讨会”。辛文、刘诗白、章玉钧、林凌、赵文欣等四川省经济专家、学者出席并发表意见。

2003 年

1 月 9 日 四川省第十次哲学社会科学优秀成果评奖工作结束，四川省社会科学界优秀成果奖项目为 105 项。

1 月 18 日 四川烹饪高等专科学校主办的“川菜发展研究中心”被批准为四川省人文社会科学重点研究基地。

1 月 29 日 四川省社会科学院科学学与人力资源研究所和西南石油局四川钻井公司成立“四川石油经济研究所”。

2 月 18 日 四川省人民政府副省长柯尊平约见省社科院院长侯水平，就 2003 年重大课题研究选题等问题交换意见。

3 月 6—8 日 加拿大维多利亚大学举行“中国西部大开发战略及全球影响”国际研讨会。林凌、刘世庆、付实参会并提交《从“五大工程”看中国西部大开发的政策目标及效果》《中国西部大开发面临的挑战》《中国西部地区新型工业化道路探讨》3 篇论文。

3 月 7 日 “五个一”工程理论文章《论江泽民的国家安全观》专家座谈会在成都市召开。

3 月 11 日 中共四川省委组织部、四川省社会科学院举办四川省加快人才资源向人才资本转变研讨会。

3 月 18 日 四川省社会科学院文学研究所和四川省作家协会创作研究室主办“文学新空间与世俗化经验”理论研讨会在成都市召开。

3 月 20 日 美国国务院中国处处长史蒂芬及美国驻成都总领事馆的官员到四川省社会科学院，与副院长杜受祜等座谈。

3 月 26 日 省社科院主持召开《甘孜州“十五”规划中期评估及全面建设小康社会战略规划》课题组会议。

3 月 美国福特基金会项目官员何进到西南民族学院考察该基金会援助项目“彝族地区双语师资培训”进展情况。

4 月 14 日 经四川省民政厅批准，四川省咨询业协会社会科学专业委员会设立。

4 月 15 日 四川省第十次哲学社会科学优秀成果颁奖暨四川省社会科学界联合会五届二次理事会在成都市举行。评出优秀成果 306 项，其中，获省政府荣誉奖 2 项、一等奖 7 项、二等奖 30 项、三等奖 163 项，获省社科界优秀成果奖 104 项。中共四川省委副书记陶武先，中共四川省委常委、宣传部部长王少雄，四川省人民政府副省长柯尊平，四川省社科联主席刘诗白等向获奖者颁发证书。陶武先代表中共四川省委、四川省人民政府讲话。四川省社会科学评奖委员会副主任、省社科联副主席梁守勋作评奖工作报告。四川省人民政府副秘书长李大宁代表四川省人民政府宣读获奖项目名单。中共四川省委宣传部副部长、省社科联副主席郑晓幸主持会议。与会代表通过《四川省社科联

2002年工作总结》和《四川省社科联2003年工作要点》。省社科联副主席卢耸岗、张家鎏、吕重九、陈玉屏、高林远、刘从政，顾问辛文、阿旺措成、陈国志、鄢正刚、唐朝纪、刘茂才、王庭科，省社科联党组副书记何其知，机关党委书记唐永进，省社科联党组成员、秘书长谢世廉参加会议。

同日 四川省人民政府副省长柯尊平到省社科院调研。

5月13日 省社科院召开2003年度院重大课题立项会议。

6月3日 中共四川省委书记张学忠、四川省人民政府省长张中伟发贺信祝贺省社科院建院25周年。

6月4日 “非物质文化遗产”资源评估体系研讨会在省社科院召开。

6月16日 省社科院主办的“全面建设小康社会与媒体责任暨《超越媒体》理论研讨会”在成都市召开。

6月 西华师范大学、四川省政治学会主办的2003年政治学会年会暨学术研讨会在南充市召开。

同月 经中共四川省委、四川省人民政府批准，第四批“四川省学术和技术带头人”和“四川省学术和技术带头人后备人选”发布。

7月10—11日 省社科院在成都市都江堰市组织召开“实践‘三个代表’，推进理论创新”理论研讨会。

8月13日 省社科院召开《汉源县全面建设小康社会发展战略规划》课题研讨会。

8月25日 中国社会科学院常务副院长李慎明到四川省社会科学院访问。

9月1日 法国学者魏明德应邀到四川省社会科学院作题为“全球化下中国文化的现状、发展与趋势”的学术报告。

9月4—7日 日本考察团应四川省社会科学院邀请到广元市剑阁县考察。

9月9日 四川省社会科学院农业经济研究所主办的“农村社区发展硕士培养项目”讨论会在成都市举行。美国福特基金会项目官莫雷，贵州省林业厅、四川省林业厅、四川省扶贫办专家以及西南林业大学、四川大学经济学院和西南财大经济学院教授应邀请参加研讨。

同日 四川省社会科学界联合会、中共四川省委政研室召开四川省新型工业化道路和城镇化问题研讨会。其《会议纪要》上报中共四川省委、四川省人民政府领导及有关部门。

9月12日 四川省巴蜀文化研究中心2002—2003年度重大课题立项说明与汇报会在成都市举行。

9月15日 中国社会科学院宗教研究所研究员、道教研究室原主任钟肇鹏到四川省社会科学院讲学。

9月15—17日 四川省社会科学院、四川客家海外联谊会等单位主办的“移民与客家文化”学术研讨会在绵阳市三台县召开。

9月24—25日 四川省社会科学院、四川省中青年农经学会等单位主办的四川省农村税费改革学术研讨会在眉山市召开。

9月26—27日 “旅游可持续发展与环境问题”全国性学术会议在乐山市举行。

10月13日 “‘三个转变’理论与实践研讨会”在成都市举行。中共四川省委宣传部副部长郑晓辛作题为《深入研究‘三个转变’，科学指导新的跨越》的讲话；中共四川省委组织部副部长刘云夏作题为《加快人才资源向人才资本转变，是全面贯彻‘三个转变’重要思想的实践与创新》的讲话。

10月21日 省社科院主办的农村全面建设小康社会研究学术研讨会在达川市宣汉县召开。

同日 省社科院主办的巴蜀文化与巴蜀文化产业发展研讨会在成都市召开。

同日 四川省社会科学院、四川大学、四川省文化厅及中共德阳市委、德阳市人民政府主办的“三星堆与长江文明”国际学术研讨会在德阳市召开。

10月 中国世界近现代史研究会世界近代史专业委员会、四川省历史学会、西华师范大学等单位主办的中国世界近现代史研究会世界近代史专业委员会第五届年会暨学术讨论会在南充市召开。

11月4日 省社科院主办的社会诚信（信用）体系建设研讨会在成都市召开。

11月6日 四川省社会科学院和国家有关水电单位共同主办的明珠水电调研基地举行挂牌仪式。

11月7日 中共四川省委宣传部、四川省旅游局、四川省社会科学院等单位共同举办的首届四川旅游发展论坛在成都市举行。

11月20—21日 省社科院政治学研究所承办的中英国企重组（四川）CSR高层国际学术研讨会在成都市召开。

11月28日 四川省社会科学院、剑南春酒厂共同主办的剑南春调研基地举行挂牌仪式。

11月28—29日 四川省马克思主义哲学史研究会、四川省社会主义辩证法学会、四川省亚太经济文化研究会在成都市举办纪念毛泽东诞辰110周年理论研讨会。

11月 “全球化语境中民族文学与文化研究”学术研讨会在西南民族大学召开。

12月9—12日 中共四川省委党史研究室、中共雅安市委主办的四川省党史学界纪念毛泽东诞辰110周年学术研讨会在雅安市举行。

12月13日 四川大学主办的“中国西部大开发与南亚现状与前景”国际学术会议暨四川大学南亚与中国西部合作发展研究中心成立大会在成都市举行。

12月15日 省社科院毛泽东思想研究所主办的纪念毛泽东诞辰110周年暨《毛泽东思想研究》创刊20周年座谈会在成都市举行。

12月17日 四川省社会科学界联合会、四川日报社主办的四川2003年经济形势及2004年经济走势分析会在成都市举行。辛文、刘诗白、林凌、崔广义等省内经济学家和有关部门负责人20余人出席会议。

12月18日 四川省社会科学情报学会工作交流会在成都市召开。

12月19—20日 中国毛泽东诗词研究会第五届年会暨毛泽东诞辰110周年纪念会在成都市召开。中国毛泽东诗词研究会会长、中共中央宣传部原副部长、文化部原代部长、诗人贺敬之，南京军区原空军政治委员李中权，四川省政协原主席聂荣贵，中共成都市委副书记黄忠莹，中共四川省委宣传部副部长郑晓幸等参加会议。

12月20日 省社科院在成都市召开“学习党的十六届三中全会《决定》暨纪念《经济体制改革》杂志创刊20周年研讨会”。

12月29日 2003年度四川省哲学社会科学规划工作会议在成都市召开。会议传达全国社科规划工作会议精神，通报2003年度四川省承担的国家社科基金项目和省社科规划项目的执行情况，部署2004年度四川省社科规划工作，动员申报2004年度国家社科基金项目。省内31个大专院校、党校和科研院所管理部门负责人参加会议。

12 月 中国人民大学伦理与道德研究中心和西南交通大学主办的“市场经济道德建设与社会诚信机制”理论研讨会在成都市召开。

2004 年

1 月 10 日 四川省马克思主义哲学史研究会、四川师范大学主办的纪念列宁逝世 80 周年研讨会在成都市举行。

1 月 18 日 中共四川省委宣传部、四川省社会科学界联合会在成都市召开学习贯彻《中共中央关于进一步繁荣发展哲学社会科学的意见》座谈会。

2 月 19 日 四川省哲学社会科学评奖委员会在成都市召开第十一次评奖委员会第一次全体会议。会议由省哲学社会科学评奖委员会主任、四川省人民政府副省长柯尊平主持。27 位省评委会委员出席会议。会议审议并原则通过《四川省哲学社会科学评奖实施细则》和第十一次评奖各学科组组长、副组长名单。

2 月 25 日 省社科院经济社会发展重大问题对策研究中心和西部大开发中心组织召开的四川产权市场发展研讨会在成都市举行。

同月 中共四川省委宣传部根据四川省社会科学院文化产业课题组《关于加快我省文化产业发展的对策建议》，形成《对省政协〈关于加快我省文化产业发展的对策建议〉的意见》。

3 月 1 日 法国助学行动协会玛利到四川省社会科学院社会学研究所进行访问。

3 月 5 日 英国国际发展部“城市贫困问题研究”调查组一行 5 人到四川省社会科学院社会学研究所访问。

3 月 14—30 日 美国俄勒冈大学教授、著名心理学家朱利安·泰普林一行 4 人应四川省社会科学院邀请到四川访问。

3 月 16—17 日 四川客家联谊活动及客家论坛在南充市仪陇县举行。

3 月 17 日 日本东京都立大学人文部教授石原邦雄、南山大学外语学部教授松产庸子和名古屋大学文学部讲师田渊六郎一行到四川省社会科学院进行学术交流。

3 月 19 日 四川省社会科学院、四川大学古籍研究所、成都市龙泉驿区人民政府主办的中国朱熹与龙泉文化发展论坛在成都市龙泉驿区召开。

3 月 27 日 四川省社会科学院农业经济研究所所长郭晓鸣应美国国务院国际学者访问计划办公室邀请赴美国进行为期 28 天的学术交流及考察访问。

3 月 30 日 台湾东吴大学校长刘源俊、经济系教授余德培应四川省社会科学院邀请到四川进行学术访问。

3 月 31 日 《社会科学研究》杂志社主办的学习《中共中央关于进一步繁荣发展哲学社会科学的意见》研讨会暨纪念《社会科学研究》创刊 25 周年座谈会在成都市举行。四川省政协原副主席辛文、中共四川省委宣传部副部长郑晓幸和四川省社会科学界联合会、四川省社会科学院、四川大学、西南财经大学、西南交通大学等单位代表出席会议。

4 月 21 日 四川省社会科学院与韩国牧院大学签订有关双方互换学者和学术刊物交流等内容的

协议。

5 月 7—22 日 四川省社会科学院历史研究所组织“长江上游古文明与中国文明起源”课题组成员赴甘肃、青海、陕西 3 省考察。

5 月 10 日 中共四川省委宣传部、四川出版集团、四川人民出版社、四川省社会科学院主办的《邓小平理论史》首发式暨出版座谈会在成都市召开。

5 月 13 日 中共四川省委印发《关于努力推进哲学社会科学事业繁荣发展的意见》。

5 月 21—23 日 四川大学外国语学院和乐山师范学院外语系主办的全国首届翻译学学科理论建设研讨会在乐山市召开。

6 月 3 日 中共四川省委办公厅印发《关于成立四川省繁荣发展哲学社会科学工作协调小组的通知》，中共四川省委副书记陶武先任组长，中共四川省委常委、宣传部部长王少雄和四川省人民政府副省长柯尊平任副组长。四川省繁荣发展哲学社会科学工作协调小组办公室设在中共四川省委宣传部。

6 月 8 日 四川省人大制度研究会 2004 年会暨理论研讨会在资阳市举行。

6 月 12 日 省社科院主办的首届四川省新闻传播产学研合作发展研讨会在成都市召开。

6 月 14—17 日 中国社会科学院邓小平理论和“三个代表”重要思想研究中心、四川省社会科学院、中共成都市委宣传部、成都市邓小平理论和“三个代表”重要思想研究中心主办的纪念邓小平诞辰 100 周年理论研讨会在成都市举行。

6 月 27 日至 7 月 1 日 省社科联组织部分市（州）社科联、省级学会代表赴浙江、江苏、上海 3 省（直辖市），学习考察社科普及工作开展情况。

6 月 28 日 中共四川省委在成都市召开全省繁荣发展哲学社会科学工作会议。中共四川省委副书记陶武先出席会议并讲话。中共四川省委常委、宣传部部长王少雄对全省社科工作提出具体要求。四川省人民政府副省长柯尊平出席会议。会议学习贯彻《中共中央关于进一步繁荣发展哲学社会科学的意见》和《中共四川省委关于努力推进哲学社会科学繁荣发展的意见》。省直有关部门负责人，省社科联主席、副主席、秘书长，大专院校负责人，社科界知名专家以及市（州）委分管书记、宣传部分管部长、社科联负责人等 200 余人参加会议。

6 月 中国宋史研究会主办，西华师范大学承办的中国宋史研究会第十一届年会暨安丙学术讨论会在广安市华蓥山市召开。

同月 中共四川省委书记张学忠、四川省人民政府省长张中伟作序，四川省社科界合作编撰的大型典籍类图书《20 世纪四川全记录》，由四川人民出版社出版。

7 月 6 日 省社科院法学所承办的《中华人民共和国企业破产法（草案）》研讨会在成都市召开。

7 月 7 日 全国社科规划办基金处处长曾康率队到成都市，对四川省承担的 2003 年度国家社科基金重点项目进行中期检查。

7 月 18—20 日 四川省马克思主义哲学史学会、四川农业大学主办的邓小平理论和当代马克思主义研讨会在雅安市举行。

7 月 20—21 日 省社科联参加在广东省广州市召开的“泛珠三角”区域社科联负责人联席会议。

7月28日　中共四川省委宣传部、中共四川省委党史研究室、四川省社会科学界联合会、四川省社会科学院、中共四川省委党校、四川省教育厅和中共广安市委主办的邓小平生平和思想研讨会在成都市召开。中共四川省委副书记陶武先出席会议并讲话，中共四川省委常委、宣传部部长王少雄主持会议。

7月28—31日　四川省社会主义辩证法学会、四川省亚太经济文化研究会、中共四川省委党校和行政学院系统哲学教研会发起的纪念邓小平诞辰100周年理论研讨会在广安市举行。

7月29日　四川省市州社科联工作会议在成都市召开。

8月9日　中共四川省委宣传部印发《关于加强哲学社会科学普及工作的意见》。

8月11日　四川省社会科学界联合会、四川省历史学会在成都市召开“学习邓小平理论，繁荣人文科学”座谈会。

8月13—16日　四川省社会科学界联合会、四川省社会科学院、四川省历史学会主办的“邓小平与巴山蜀水”书画展在四川省展览馆举行。

8月15日　“四川烟草商业企业发展现代物流研究”课题通过省科技顾问团专家组评审，顺利结题。

8月17日　全国第四届马克思哲学论坛研讨会在绵阳市召开。马克思主义哲学家、北京大学教授黄楠深，《中国社会科学》杂志社总编秦毅，韩庆祥、李德顺、衣俊卿、欧阳康、邴正、俞吾金、赖永海、孙正聿等专家参会。

9月3日　甘肃省社科规划办组织全省理论骨干20人到四川省成都市调研座谈社科规划情况。四川省社会科学界联合会党组书记、副主席梁守勋，党组成员、秘书长谢世廉出席座谈会。

9月4—5日　四川省社会科学院、日本神户大学主办的“全球化过程中中国内地区域经济发展”国际学术研讨会在成都市都江堰市召开。日本的18位学者和国内的30多位专家参加会议。

9月7日　省社科院在成都市召开“成渝经济区域发展思路研究”课题研究报告专家评议会。

9月20日　日本东京农工大学教授若林敬子访问四川省社会科学院。

9月24—26日　四川大学、四川比较文学学会和乐山师范学院中文系主办的比较文化与比较文学国际学术研讨会暨四川省比较文学学会第六届年会在乐山市举行。美国、法国、韩国、日本的比较文学专家和北京、上海、重庆等地20余所高校、科研院所的专家学者80余人参会。

9月27日　省社科院文学研究所承办的“出场的神明——贺兰山岩画展”学术研讨会在成都画院举行。

9月30日　国家基金重点课题“中国百县市经济社会跟踪调查”子课题之一“渠县经济社会跟踪调查”开题。

9月　西华师范大学承办的“四川省教育学专委会2004年学术年会”在南充市举行。

同月　四川大学南亚研究所、中国藏学研究所共同组建“985工程”二期重点建设的人文社会科学创新基地。

10月12日　中共四川省委宣传部和、四川省社会科学界联合会在成都市召开“四川省社科界学习贯彻党的十六届四中全会精神座谈会”。

10月13日　美国福特基金会白爱莲、马季芳应四川省社会科学院邀请到四川就农村经济问题进行学术交流。

10 月 26—27 日 四川省社会科学院、四川日报社、"成都市农民工社会支持系统建设"项目主办的"农民工市民化途径理论研讨会"在成都市召开。

10 月 省社科院承担的《四川通史》重修再版工作正式启动。

11 月 11 日 四川省社会科学院、四川省作家协会主办的以《乡村叙事：全球化与本土化》为主题的"农村小说研讨会"在成都市召开。

11 月 17 日 中共四川省委副书记陶武先到省社科联调研。中共四川省委宣传部副部长郑晓幸陪同调研。

11 月 24 日 四川省区域经济研究会成立暨第一届会员代表大会在成都市召开。

12 月 7 日 省社科院举办纪念毛泽东诞辰 111 周年学术座谈会。

12 月 26 日 四川省历史学会、西华师范大学主办的嘉陵江文化旅游资源学术研讨会在南充市召开；12 月 27—28 日，嘉陵江文化与阆中古城学术研讨会在南充市阆中市召开。

12 月 30 日 2004 年度四川哲学社会科学规划工作会议在成都市召开。中共四川省委宣传部副部长郑晓幸出席会议并讲话。

12 月 31 日 省社科联"社科在线"网站和省社科院"社会科学"网站整合而成"四川社会科学在线"网站开通仪式在成都市举行。

12 月 四川高校首个以廉政与社会发展为研究对象的研究机构——"廉政与社会发展研究所"在成都理工大学成立。

是年 全省各市（州）相继出台《关于繁荣发展哲学社会科学的实施意见》。

2005 年

1 月 13—15 日 国务院发展研究中心、世界银行、加拿大国际发展署、中共四川省委农村工作领导小组办公室、四川省社会科学院主办的"农民协会在四川、中国及世界：中国农民合作经济组织政策研讨会暨四川试点项目启动会"在成都市举行。

1 月 27—28 日 第六届四川省学术和技术带头人认定及后备人选评议专家委员会会议召开。

1 月 根据四川省委繁荣社会科学工作协调小组关于建立哲学社会科学重要成果专报制度的决定，省社科联创办《重要成果专报》，汇总整理省内各高等院校、党校、科研院所、省级有关部门和各市（州）委宣传部、市（州）社科联推荐的研究成果，报送中共四川省委、四川省人大常委会、四川省人民政府、四川省政协领导和省直有关部门。

同月 省社科院主办的《毛泽东思想研究》杂志入选第三届国家期刊社科类百强期刊奖。

同月 四川省社科联哲学社会科学普及工作委员会成立。

4 月 4 日 四川省社会科学院甘孜州分院在甘孜州康定县举行成立挂牌仪式。

4 月 4—5 日 甘孜州社会科学界联合会成立暨第一次代表大会召开。

4 月 8 日 资阳市社会科学界联合会成立暨第一次代表大会召开。除阿坝州外，四川省市（州）一级全部建立社科联组织。

4 月 15 日 "刘诗白《现代财富论》学术研讨会"在成都市举行。

5月8日 四川省第十一次哲学社会科学优秀成果颁奖大会暨四川省社会科学界联合会五届四次理事会在成都市召开。中共四川省委常委、宣传部部长王少雄出席会议并讲话。四川省政协原主席聂荣贵，四川省政协原副主席章玉钧、刘诗白、辛文等出席会议。中共四川省委宣传部副部长、省社科联副主席郑晓幸主持会议。省社科联党组书记王均代表省评委会作第十一次社科评奖工作报告。

5月18日 中共四川省委宣传部、四川省教育厅、四川省社会科学院、四川省社会科学界联合会印发《关于在全省高校社科系统和社科院系统开展“三项学习教育”活动的通知》。

5月19—21日 中美关系史研究会、中国社会科学院美国研究所、四川大学历史文化学院、四川省社会科学院《社会科学研究》杂志社主办的“中美关系中的人物学术研讨会”在成都市举行。

5月27—30日 乐山师范学院四川旅游发展研究中心主办的“嘉陵江干流综合开发与保护暨旅游业发展学术研讨会”在乐山市召开。

5月 西华师范大学主办的“陵江干流综合开发与环境保护暨旅游业发展论坛”在南充市召开。

6月13日 四川省民族研究会、四川省民族研究所主办的“康区稳定与发展”学术讨论会在成都市召开。

6月15—16日 第三次“泛珠三角”区域9省区社科联负责人和港澳社科界代表联席会议暨第二届“泛珠三角”区域合作专家论坛在成都市召开。中共四川省委常委、宣传部部长王少雄出席会议并讲话。

6月17—19日 中国西部职业教育与培训新模式研讨会在绵阳市江油市召开。

6月 国务院总理温家宝对四川省社会科学院离休干部、《社会科学研究》杂志原总编鲁家果调研文章《南水北调西线工程决策要慎重》作出批示：“鲁家果同志的意见值得重视，请水利部阅研。”

同月 中共中央政治局常委黄菊对四川省社会科学院编审张琦撰写的《建议给予我国私募基金合法地位并进行监管》政策建议作出批示：“请小川、明康、福林同志阅研。”

7月4日 四川省社会科学科研管理工作会在成都市举行。

7月6—7日 中共四川省委宣传部、中共达州市委、达州市人民政府和四川日报社主办的“泛川东地区合作与发展论坛”在达州市举行。

7月8日 重修《四川通史》编委会第一次会议在成都市召开。该项目是四川省繁荣哲学社会科学领导小组重点项目。

7月11—12日 四川省社会科学界联合会、四川省历史学会、都江堰市人民政府在成都市都江堰市召开“大禹文化与江源文明学术研讨会”。

7月15日 四川省股份经济与证券研究会在成都市召开“股权分置改革研讨会”。

7月18—21日 马克思主义哲学史学会2005年会在四川省乐山市召开。中国马克思主义哲学史学会会长庄福龄、中共中央党校副校长王伟光、教育部社政司副司长徐维凡、西南交通大学党委书记顾利亚等参加会议。

7月27日至8月1日 省社科联组织部分市（州）社科联、省级学会有关人员赴山东省考察学习。

7月29日至8月2日 四川省社会主义社会辩证法暨全省党校和行政学院系统哲学研讨会在宜宾市召开。

8月6—15日 四川省社会科学院院长侯水平应邀到英国学术院学术访问，并代表四川省社会科学院与英国学术院续签合作协议。

8月18日 中国马克思主义哲学史学会、教育部社会科学研究和思想政治工作司主办的“中国马克思主义哲学史学会2005年年会暨唯物史观的历史进程与当代创新理论研讨会”在乐山市峨眉山市举行。

8月 省社科院主办的《人才与现代化》杂志更名为《现代人才》。

9月21日 英国剑桥大学东亚研究所主任麦大维到四川省社会科学院访问。

10月12—14日 中共四川省委党校、中共遂宁市委党校在遂宁市举办“四川省科学社会主义学会暨构建社会主义和谐社会理论讨论会”。

10月15—17日 “纪念楚山禅师诞辰600周年、能海大师诞辰120周年国际学术研讨会”在成都市召开。

10月19日 德国外交部亚太司司长克里斯蒂安·豪斯威德应邀到四川省社会科学院访问并作报告。

10月20—23日 四川省民俗学会、宜宾市社科联主办的“四川省城镇民俗文化传承与创新学术研讨会”在宜宾市举行。

10月 “移民与客家文化”国际学术研讨会在成都市召开。

同月 中国少数民族经济研究会2005年年会暨少数民族和民族地区非公有制经济发展研讨会在西南民族大学举行。

11月1日 四川省政协文史委、四川省历史学会、荥经县人民政府主办的“颛顼帝故里建设研讨会”召开。

11月15日 四川省社会科学院研究生部与美国普林顿大学合作办学签字仪式在成都市举行。

11月18—22日 国际儒学联合会、香港中文大学主办的“第一届儒家伦理与东亚地区公民道德教育论坛”在四川省宜宾市召开。

11月22日 四川省社会科学院、成都日报社主办的“落实科学发展观构建社会主义和谐社会——学习贯彻十六届五中全会精神理论研讨会”在成都市召开。

11月23日 四川大学人文社会科学繁荣计划专题会召开，四川大学校长谢和平出席会议并讲话。

11月 “成渝经济区发展思路研究”课题成果《共建繁荣：成渝经济区发展思路研究报告——面向未来的七点策略和行动计划》出版。该课题是四川省社科院牵头的国家发展改革委“十一五”规划招标课题。

12月15日 中共四川省委宣传部、四川省社会科学界联合会主办的“四川省构建社会主义和谐社会理论研讨会”在成都市举行。

12月23—24日 四川省社会科学院农村经济研究所、四川大学土地资源所主办的“四川省统筹城乡发展学术研讨会”在成都市双流县召开。会议由德国爱伯特基金会资助。

12月29日 2005年度四川省哲学社会科学规划工作会议在成都市召开。

12月 第六届全国彝学学术研讨会暨西南民族大学彝学文献中心落成庆典在成都市举行。四川省人民政府副省长、中共四川省委民族工委副书记张作哈，贵州省人民政府副省长禄智明等出席庆典。

是年 四川大学古籍整理研究所主编的儒学大型文献丛书《儒藏·史部》（50册）出版。

三、文献辑存

（一）重要讲话

在四川省社科联第一次代表大会上的讲话

何郝炬

（1981 年 12 月）

四川省哲学社会科学联合会第一次代表大会的召开，是我省学术界和理论战线上的大事，我代表省委对省社联第一次代表大会的召开，表示热烈的祝贺！这次盛会，对于四川省的哲学社会科学研究事业的开展，具有极其重要的现实意义和深远的影响。

这次大会的召开，标志着全省广大哲学社会科学工作者的团结和联合，走上一个新的起点。广大哲学社会科学工作者组织起来，必将促进我们全省学术研究方面的进一步发展，充实和丰富哲学社会科学的理论和实践，在四化建设的道路上作出新的贡献！

在党的三中全会提出的解放思想、开动机器、团结起来向前看的方针指引下，我国社会主义建设走上一个新的历史阶段，推动了学术界、思想界的学术讨论和科学研究的蓬勃发展。我省哲学社会科学研究，也和自然科学以及其他领域一样，有了巨大的推动力，学术团体广泛建立和组织起来，学术空气活跃起来了，理论研究逐步展开了，特别是密切结合当前经济建设的实践，开展学术讨论和科学研究，几年来取得了较好的成果。研究的范围在逐渐扩大，涉及到了若干方面，许多领域，各条战线都动起来了。

现在社联的成立，就使我们哲学社会科学研究，能够进一步地组织起来，更能够从各方面组织力量，更好更全面地展开哲学社会科学的研究工作，并且能够集中研究解决一些在社会主义实践当中需要解决的问题。

在哲学社会科学理论研究中，社科院过去和将来都要起到重要的作用。但哲学社会科学工作者遍及各条战线、各个部门，特别是我们许多高等院校和经济机关。现在社联的成立，可以把各方面的力量组织起来，这将使得我们全省的学术研究有了更好的活动基地。可以相信，社联成立以后，必然会成为一个充分发挥广大哲学社会科学工作者学术研究组织者的作用。

哲学社会科学要从事基本理论的研究，又特别需要研究当前社会主义建设实践中存在的问题。

当前，我们正处于建设社会主义精神文明和物质文明的伟大时代，处于振兴中华的中兴时期，对哲学社会科学工作者提出了新的重大的任务和要求，在哲学社会科学研究当中，有许多问题需要认识、再认识，而且还需要去改革、改造。哲学社会科学的研究活动将会日益发展。相信在党的领导下，在社联的推动下，必将使我省哲学社会科学研究进入一个新的时期。在这里，再一次向到会同志们表示热烈祝贺！

（何郝炬时任中共四川省委书记、四川省人民政府副省长）

进一步发挥社会科学的作用更好地为现代化建设服务

——在四川省社科联第二次代表大会上的讲话

杨汝岱

（1985 年 11 月 10 日）

各位代表、各位来宾、各位同志：

四川省哲学社会科学学会联合会第二次代表大会，经过一个时期的筹备，今天在这里召开了。这是我省哲学社会科学界的一件大事，祝大会获得成功！

省社科联自成立以来，在党的十一届三中全会路线的指导下，在组织学术研究、开展学术交流、普及社会科学知识、开发智力、培训人才等方面，做了不少工作。我省的广大哲学社会科学工作者，围绕社会主义物质文明和精神文明建设，围绕农村和城市的经济体制改革，广泛开展了理论研究和学术探讨活动，并获得了一批有一定理论水平和学术水平的研究成果，提出了不少有见地的意见和建议，单是在去年全省哲学社会科学科研成果评奖中，获奖项目就达七百多项。我省广大哲学社会科学工作者的科研方向是正确的，成绩是显著的，有不少研究成果和建议已经为各级党委和政府制定政策时所采纳，较好地发挥了党和政府的参谋、助手作用。

我代表省委，借这个机会，向全省付出了辛勤劳动的广大哲学社会科学工作者表示衷心的感谢，对他们取得良好的成就表示热烈的祝贺。

不久前，我们党召开了全国代表会议。这次会议顺利地解决了两个重大问题：一是通过了制定“七五”计划的建议，一是局部调整和增选了中央领导机构成员。这两个问题，都是关系党和国家全局的大事。顺利地解决这些问题，为我国今后持续的经济振兴、持久的政治安定奠定了坚实的基础，为保持党的路线、方针、政策的连续性和党的领导的稳定性提供了可靠的保证，意义十分重大。

“七五”计划的建议，对今后五年我国的经济工作规定了指导思想、发展战略、方针政策和改革设想。“七五”期间的任务，主要有三条：一是为经济体制的改革创造良好的经济环境和社会环境，使改革顺利展开，基本上奠定新的经济体制的基础；二是加强重点建设、技术改造和智力开发。在物质技术条件方面为九十年代经济和社会的继续发展准备必要的后续能力；三是使人民生活继续有所改善。要完成这些任务，不但要依靠自然科学工作者的努力，也要依靠社会科学工作者的努力。

以马克思主义为核心的社会科学，在社会主义现代化建设中有着极为重要的作用。我们的现代化是社会主义的现代化，不是别的什么现代化，我们的经济体制改革是社会主义的经济体制改革，不是别的什么改革。这里就有一个方向道路的问题。要坚持正确的方向道路，就得有正确的路线、方针、政策作保证，而这种正确的路线、方针、政策，只有在马克思主义理论的指导下才能制定出来。我们要进行社会主义现代化建设，发展先进的科学技术是重要的，但单有先进的科学技术是不够的，还得有先进的科学管理。在经济领域中，先进的科学管理是充分发挥先进的科学技术威力的重要条件。所以，先进的科学技术和先进的科学管理，两者缺一不可。我们要两个文明建设一起抓，但是没有社会科学不但搞不好物质文明建设，更无法搞好社会主义精神文明建设。什么叫精神文明？邓小平同志指出："所谓精神文明，不但是指教育、科学、文化（这是完全必要的），而且是指共产主义的思想、理想、信念、道德、纪律，革命的立场和原则，人与人的同志式关系，等等。"这就是说，精神文明建设，除了必须发展社会主义的教育、科学、文化事业外，还必须加强思想政治教育，搞好思想政治工作。思想政治工作最重要的内容，就是进行四项基本原则的教育，进行"有理想、有道德、有文化、有纪律"的"四有"教育，要反对和抵制资本主义、封建主义腐朽思想的侵蚀，反对资产阶级自由化。这就需要以马克思主义理论和丰富的社会科学知识教育广大群众，特别是青少年。所有这些都说明，社会科学在社会主义现代化建设中的重要作用。中共中央在关于转发《哲学社会科学规划座谈会纪要》的通知中指出："各级党委要充分认识到，我国哲学社会科学事业今后必须有二个大的发展，没有哲学社会科学的发展，要开拓社会主义现代化建设的新局面是不可能的。"中央的这一指示，正是对社会科学在社会主义现代化建设中的重要作用的高度概括。我们应当很好地理解这个精神，贯彻这个精神。过去，我们在革命和建设事业中的胜利和失败、成功和失误，都同我们的社会科学理论修养水平有直接联系。我们要吸取这方面的经验和教训。我们的各级党委、各级政府都要重视社会科学在社会主义现代化建设中的作用，关心社会科学工作者在工作、学习和生活方面的困难，认真落实好知识分子政策，注意发挥他们的积极性。我们的社会科学工作者要更加努力地工作，拿出更多的有益于社会主义现代化建设事业的成果，不要辜负党和政府的期望。

为了充分发挥社会科学在社会主义现代化建设中的作用，"七五"计划的建议对社会科学工作者提出了明确的要求，指出："社会科学要加强对马列主义基本原理的研究，大力开展有关我国社会主义现代化建设中重大理论问题和实际问题的研究，为促进社会主义物质文明建设和加强社会主义精神文明建设服务。'七五'期间，要围绕经济、科技、社会发展的战略问题和以城市为重点的经济体制改革的重要课题，深入开展研究，力争拿出一批高质量的研究成果。要加强新兴学科、边缘学科的建设，充实社会科学研究体系。"要实现"七五"建议中提出的这些要求，社会科学工作者必须进一步解决好同实际相结合的问题。社会科学的学科多，它们同社会主义现代化建设之间的联系各不相同，如何同现代化建设的实际相结合，结合到什么程度，也不可能都一样。但是，它们都要为社会主义的经济基础服务，这是共同的。中央在一个有关社会科学研究问题的文件中指出："社会科学工作者要着重研究社会主义现代化建设中的理论问题和实际问题，这是社会科学能够得到发展的唯一正确道路。"这里讲的要着重研究社会主义现代化建设中的理论问题和实际问题，是整个社会科学发展的唯一正确道路。当然，各个学科必须根据本学科的特点去考虑如何结合、如何服务的问题。但是，社会科学如果不能根据本学科的特点，结合实际需要去探索各自领域里的实际问题，提出规律性的知识，直接或间接地为社会实践服务，推动社会向前发展，在今天，如果不面向现代化建设，不为现代化建设服务，不能对现代化建设起促进作用，那它就不会为人们所重视，从而失去存在的意义和价值。所以，各门社会科学都要注意从当前的实际出发，尽可能直接或间接地与两个文明建设的实际结合起来，为两个文明建设服务。马克思主义的理论研究，更要从当前的实际出发，同当前的实际相结合，为当前的实际服务。自觉地积极地投身到社会主义现代化建设的实际中去，投身到改革的实际中去，深入研究新情况、新问题、新经验，探索社会主义现代化建设过程中各方面的客观规律，这就是最好的同实际结合。社会科学的生命力，就在于它和无比丰富、不断发展变化着的现实相结合。脱离实际，不同当前的实际相结合，不为当前的两个文明建设服务，那样的理论研究是很难有什么前途的。我们四川的社会科学工作者，特别是理论研究工作者，尤其要注意四川现代化建设中的实际情况，选择那些对本省、本地区、本部门的全局工作具有重要意义的课题，进行深入的调查研究，作出马克思主义的回答，拿出社会效益好的成果，提出正确有效的建议，为开拓我省社会主义现代化建设的新局面出谋划策，把我省的两个文明建设搞好。

社会科学工作者要有效地为开拓社会主义现代化建设的新局面服务，就得进一步开创社会科学研究的新局面，为此就要有创新的精神。所谓创新，就是要突破那种已经不能适应新情况、新形势的旧思想、旧观点、旧理论，提出适应已经变化了的新情况、新形势的新思想、新观点、新理论。创新是社会发展所提出的要求，也是科学自身的发展所提出的要求。科学研究活动就是一种创新的活动，科学工作者的责任也就在于创新。没有创新，就没有真正的改革，因为改革就是要革除旧的不合理的东西，创立新的合理的东西。没有创新，也不会有科学的发展。而科学一旦停滞不前，就会成为死的东西，落在社会实践的后面，失去指导社会实践的作用。因此，我们一定要力求有所创新。每一个立志创新的社会科学工作者，都应当深人社会主义现代化建设的实际，研究新情况，探索新问题，提出新观点、新见解。当然，科学上的创新是十分严肃的事情，既要坚持四项基本原则，又要贯彻“双百”方针，一定要采取科学的实事求是的态度。

社会科学工作者要为社会主义现代化建设服务，要创新，就要重新认真学习马克思主义理论。邓小平同志在党的全国代表会议上的讲话中，要求新老干部都要学习马克思主义理论，并指出：只有努力针对新的实际，掌握马克思主义基本理论，“才能提高我们运用它的基本原则基本方法，来积极探索解决新的政治经济社会文化基本问题的本领，既把我们的事业和马克思主义理论本身推向前进，也防止一些同志，特别是一些新上来的中青年同志在日益复杂的斗争中迷失方向。”他还希望中央能作出切实可行的决定，使全党的各级干部，首先是领导干部，在繁忙的工作中，仍有一定的时间学习，熟悉马克思主义的基本理论，从而加强我们工作中的原则性、系统性、预见性和创造性。他认为，“只有这样，我们党才能坚持社会主义道路，建设和发展有中国特色的社会主义，一直达到我们的最后目的，实现共产主义。”在这里，小平同志对学习马克思主义理论的重大现实意义讲得非常深刻，我们要好好学习和领会他的精神。我们搞社会科学的同志不是经常讲要以马克思主义理论作指导、要理论联系实际吗？不认真学习马克思主义，拿什么去指导，用什么去联系？我们不是经常讲要坚持正确的方向吗？坚持正确的方向是要以马克思主义的基本原理作保证的，缺乏必要的马克思主义理论修养，就很难做到坚持正确的研究方向。我们不是经常讲要坚持和发展马克思主义吗？如果连马克思主义的基本理论都没有搞清楚，也就很难谈得上坚持和发展马克思主义了。何况社会主义现代化建设、改革都是前无古人的事业，一切都需要我们自己去探索和创造。所以，我们从事社会科学工作的同志，一定要重新学习马克思主义的基本理论，不但要学习马克思主义的主要经典著作，还要学习十一届三中全会以来党的重要文献和中央领导同志的重要文章、重要讲话，当前要着重学习党的全国代表会议和十二届四中全会、五中全会的文件，特别是中央政治局五位常委的讲话。学习马克思主义理论，要从新时期的新情况、新问题出发，要结合改革和建设的实际，要注重于提高运用马克思主义的基本原理去分析新情况、解决新问题的本领。我省的社会科学工作者，如果在学习马克思主义理论方面能够有一个较大的进步和较大的提高，我省的社会科学研究工作也一定会有一个较大的发展，并且可以为我省的两个文明建设服务得更好，更有成效。

当前，我国的经济政治形势都很好，社会主义现代化建设事业正在蓬勃向前发展，它不但向社会科学工作者提出了很高的要求，同时也为社会科学工作者提供了一个能够充分施展才能的广阔天地。今天真是一个天高任鸟飞、海阔凭鱼跃，英雄大有用武之地的时代。希望我省的社会科学工作者充分珍惜这个历史上少有的大好时机，努力工作，再展宏图，为社会主义现代化建设事业作出更大的贡献！

（杨汝岱时任中共四川省委书记）

为进一步促进我省理论的繁荣和哲学社会科学的发展而努力

——在省委理论工作会议暨省社科联第三次代表大会上的讲话

杨汝岱

（1991 年 4 月 24 日）

同志们：

近几年来，我省理论工作者在省委的领导下，以党在社会主义初级阶段的基本路线为指导，围绕建设有中国特色的社会主义这一主题，认真开展理论教育、理论研究和理论宣传，为推动找省哲学社会科学的繁荣，促进我省改革开放和两个文明建设的发展，做出了新的成绩。在此，我代表省委，向全省社会科学理论工作者，向为促进我省理论的繁荣和哲学社会科学事业的发展的同志们，致以亲切的问候！

去年年底，中央召开了意义重大、影响深远的十三届七中全会。这标志着我国的社会主义现代化建设进入了一个新的发展阶段。新的实践迫切地呼唤着理论的支持，热烈地期待着理论的指导。为了进一步加强和改进对理论工作的领导，充分调动全省理论工作者的积极性，认清形势，振奋精神，努力工作，为实现第二步战略目标提供系统的、科学的、经得起实践检验的理论成果，省委决定委托省委宣传部组织召开这次全省理论工作会议，同时召开省社科联第三次代表大会。这是我省理论界的一次盛会。我代表省委，向这次会议表示热烈的祝贺！希望全体与会同志以七中全会精神为指导，围绕如何促进我省理论的繁荣和哲学社会科学的发展这一主题，认真总结过去，思考未来，献计献策，将这次会议开成一个我省理论战线学习和贯彻党的七中全会精神的动员会和誓师会。下面，我讲几点意见。

一、近几年来我省理论战线成绩显著

一九八八年底，省委委托省委宣传部组织召开了纪念党的十一届三中全会十周年理论讨论会，对全省的理论工作进行了全面的总结。这次会议，对我省理论工作和整个社会科学研究工作，都起到了很好的推动作用。三年多来，在各级党委的领导下，在各方面的关心支持下，经过全省理论工作者的共同努力，我省理论战线的工作又有新的发展。

理论教育做出了显著的成绩。几年来，省委始终坚持把组织党员、干部、青年学生学习马克思主义理论，当作加强党的思想建设、干部队伍建设和学校思想政治工作的头等大事来抓。各级党委在加强和改进党校教育，加强和改进高校的马克思主义理论正规化教育的同时，还采用中心组、“小集中”等多种形式，先后在党员、干部和群众中，大规模地开展了社会主义初级阶段理论和党的基本路线、马克思主义哲学和科学社会主义理论的教育和宣传。这对于提高党员、干部的马克思主义理论水平，增强贯彻执行党的基本路线和各项方针政策的自觉性，对于帮助学生转变思想，逐步树立科学的世界观和人生观，对于坚定人们的社会主义信念和建设有中国特色的社会主义的信心，促进四川各方面工作的发展，都起到了很好的作用。

理论研究获得了新的进展。几年来，省社科联和其他各个系统的广大理论工作者，以马克思主义为指导，按照省哲学社会科学“七五”规划的部署，紧密联系治理整顿、深化改革和两个文明建设的实际，认真开展基本理论和应用决策研究，逐步形成了一批有较高质量的研究成果。在这批成果中，有的具有较强的可行性，其基本观点已为党和政府所采纳，或者成为进行有关方面决策的科学依据；有的具有较强的学术性，促进了学科的建设和理论的发展；有的则是开拓性的，填补了我国或者我省的学术空白。去年年底召开的我省第四次哲学社会科学优秀科研成果授奖大会，就是这一阶段优秀科研成果的一次集中检阅。

理论宣传方面也做了不少工作。几年来，广大理论工作者与报刊、电台、电视台等宣传舆论工具密切配合，围绕党的中心工作，联系在贯彻党的路线、方针、政策过程中出现的重大思想动态和“热点”、“难点”问题，有针对性地开展马克思主义理论宣传。一九八九年下半年以来，根据党的四中全会和中央七号文件精神，还特别突出地抓了对四项基本原则的宣传和对资产阶级自由化思潮的批判。这对于澄清理论是非，端正舆论导向，稳定社会局势，起到了良好的作用。

理论队伍有新的进步和提高。前几年，思想理论战线情况复杂，任务繁重。我省广大理论工作者在省委的领导下，排除干扰，把握方向，努力工作，无论是各级党委宣传部、讲师团和决策研究部门，还是社会科学研究单位，无论是各级党校还是各高等院校和各类干校做理论工作的同志们，都对理论教育、理论研究和理论宣传做出了自己的贡献。同时，这支队伍的素质也在实践中获得了新的进步和提高。一批理论文化素质较高，实践经验较多的实际工作者，特别是一些担任领导职务的同志，积极参与到理论工作中来，这对于进一步优化我省理论队伍的结构，推动理论与实际的结合，起着积极的作用。中青年理论工作者刻苦努力，勇挑重担，成为理论工作各个方面的骨干力量。在一九八九年春夏之交那场政治风波中，理论队伍的绝大多数同志经受住了考验，总的表现是好的。党的四中全会之后，通过学习马克思主义理论，冷静地总结经验教训，从而使方向更加明确，立场更加坚定，在思想理论上有了新的提高。几年来的实践进一步表明，我省理论队伍是一支数量可观、质量较好、可以信赖、能够团结战斗的队伍。

省社科联在团结理论工作者方面发挥了纽带作用。省社科联和所属各学会，作为我省社科界的学术性群众团体，在省委宣传部的直接指导下，遵循理论联系实际的原则，认真贯彻“双百”方针，努力发挥党和政府同社会科学工作者之间的桥梁与纽带作用，积极团结组织广大社会科学工作者，在开展学术活动，推动社会科学理论和我省改革开放及现代化建设中的实际问题的研究，为党和政府提供决策参考，为社会提供咨询服务方面，在哲学社会科学的规划和优秀科研成果的评选、奖励方面，在主办学术工作刊物，促进信息交流，宣传普及社会科学知识方面，都做了大量工作，为活跃我省理论，繁荣我省学术作出了积极的贡献。

在充分肯定我省理论工作的成绩，充分肯定我省理论队伍的进步的同时，我们也还必须清醒地看到，我省理论工作还存在着少数领导同志对理论工作的地位与作用认识不够，理论研究的空气还不够活跃，理论队伍的素质尚待提高等问题，这些都有待于我们在今后的工作中认真地加以解决。

二、理论工作要为实现第二步战略目标，建设有中国特色的社会主义服务

20 世纪的最后十年，对于我们党领导的社会主义事业，对于整个中华民族的未来，都是一个非常关键的时期。党的十三届七中全会，在正确分析国际国内形势的基础上，按照建设有中国特色社会主义的总要求和我国现代化建设分三步走的总部署，确定了今后十年我国经济和社会发展的第二步奋斗目标。这集中反映了全国人民的雄心壮志，体现了各族人民的共同愿望和根本利益。它的胜利实现，将会为我国在下个世纪中叶实现第三步战略目标奠定坚实的基础，并进一步显示出社会主义制度的优越性，增强社会主义的吸引力，使我们党我国人民对世界社会主义运动和人类进步事业作出重大贡献。

四川人口占全国的十分之一，我们的工作状况如何，对全国影响甚大。在前十年中，四川的改革开放和现代化建设，取得了巨大的成就。在今后十年中，我们要按照七中全会精神和中央的统一部署，进一步解放思想，深化改革，扩大开放，努力把四川的经济建设搞上去，为实现全国的奋斗目标，作出应有的贡献。

实现第二步战略目标的基本要求，需要全国各族人民、各条战线的同志们，在中国共产党的领导之下，振奋精神，同心同德，兢兢业业，埋头苦干，付出艰苦的努力。而理论战线上的同志们，更是任务繁重，责任重大。进一步把理论工作者的积极性调动起来，把理论工作者的聪明才智焕发出来，卓有成效地开展理论教育、理论宣传和理论研究，是实现第二步战略目标的迫切需要。

加强对建设有中国特色的社会主义理论的教育、宣传和研究，这是整个理论工作所必须把握的重点。我们党从十一届三中全会开始，逐步形成了建设有中国特色的社会主义理论。这是党和人民智慧的结晶。要实现九十年代的奋斗目标，最根本的就是要沿着有中国特色的社会主义道路前进。在实现第二步战略目标的过程中，广大理论工作者应密切结合各个时期国际国内的形势和干部群众中反映出来的各种思想认识问题，深入持久地进行建设有中国特色社会主义理论的宣传和教育，使它成为广大干部、群众的理论指导，变为亿万人民群众的实际行动，并逐步将其具体化、制度化。建设有中国特色的社会主义是前所未有的事业，是马克思主义发展史上的新课题，我们在理论上对它的认识还远未完成，存在着不少的必然王国；随着改革开放和现代化建设的不断深入，实践已经和必将进一步向我们提出一系列新的认识课题。因此，继续深入开展对建设有中国特色社会主义理论的研究，仍然是广大社会科学理论工作者的紧迫任务。在当前和今后一个时期，特别需要对九十

年代我国和我省经济和社会发展及改革开放中若干重大现实问题，如我国的基本国情；如何加快经济、科技和社会发展；如何进一步搞好治理整顿和深化改革；如何加强社会主义民主和法制建设；如何加强社会主义精神文明建设；如何加强执政党的自身建设等，进行多方面的调查和研究，以不断丰富和发展建设有中国特色的社会主义理论，更好地为实践服务。

加强对马克思主义基本理论的研究、宣传和教育，是理论工作的一项长期的基本任务。广大理论工作者要紧密联系社会主义运动的历史和现状，当代资本主义的发展与矛盾，当今世界的风云变幻，深入开展马克思主义哲学、政治经济学、特别是科学社会主义理论的研究，进一步揭示世界历史发展的基本规律和社会主义代替资本主义的历史大趋势，回答社会主义改革和建设实践中遇到的种种新问题，分析和批判国际资本主义意识形态和国内资产阶级自由化思潮所散布的种种谬论，澄清被搞乱了的思想理论是非，以丰富和发展马克思主义基本理论。要根据形势和任务的变化，针对党员、干部、群众的认识，有的放矢地进行马克思主义基本理论的宣传；要继续采用中心组、“小集中”和进党校等多种形式，深入持久地进行马克思主义基本理论的教育，以排除各种错误思潮的干扰，增强人们的社会主义信念，提高党员、干部的马克思主义理论水平和运用马克思主义基本理论解决改革开放和现代化建设中的各种实际问题的能力。

以马克思主义为指导，认真开展对社会科学各传统学科和新兴学科的研究与建设，是社会科学理论工作的一项重要任务。中华民族有着源远流长、博大精深的民族传统文化，它是祖先留给我们的一份极其丰厚、极其珍贵的文化宝藏。以马克思主义为指导，从文史哲等各个不同领域，对民族传统文化进行系统地整理和研究，剔除其糟粕，吸收其精华，在继承的基础上有所发展和创造，以努力弘扬中华民族优秀文化，使之成为社会主义新文化的一个有机组成部分，这是当代社会科学理论工作者的历史责任。四川社会科学理论工作者队伍庞大、学科门类齐全，近年来有的已经形成优势，我们应该进一步很好地组织起来，开展系统的研究，以便能够在弘扬民族文化，发扬巴蜀文化方面作出应有的贡献。与此同时，要密切注意社会科学发展动态，顺应当代社会科学分化和组合的发展趋势，在继续开展好对传统学科的研究与建设的同时，积极开拓新兴学科、边缘学科、交叉学科的研究，加强学科建设，加强社会科学与自然科学的结合，促进整个社会科学的繁荣和发展。

三、进一步加强和改善党对理论工作的领导

各级党委必须充分认识社会科学理论工作在发展经济、推进改革开放、巩固人民政权、实现第二步战略目标中的地位和作用，切实加强和改进对理论工作的领导。既要把握好方向，掌握好方针，又要按照中央关于“转变作风，狠抓落实”，“力戒空谈，扎实工作”的要求，扎扎实实为理论界办一些实事。

必须全面贯彻执行党的基本路线，牢牢把握理论工作的正确方向。党在社会主义初级阶段的基本路线，是建设有中国特色社会主义的纲领，是我们党的理论工作所必须遵循的根本指导思想。我省理论工作要在今后做出更大的成绩，最重要的是必须按照党的基本路线的要求，坚持一个中心、两个基本点的有机统一。四项基本原则是立国之本，改革开放是强国之路，二者相辅相成，缺一不可，统一于建设有中国特色社会主义的实践之中。我们的理论工作既要坚持四项基本原则的前提下勇于解放思想，促进改革开放，又要在探索改革开放的过程中，自觉地维护和坚持四项基本原则。在这个关系方向、涉及全局的大问题上，广大理论工作者无论在什么时候都要头脑清醒。要自觉地用是否坚持一个中心、两个基本点的统一这把尺子来辨别方向，衡量是非，无论刮什么风都毫不动

摇。那种否定四项基本原则的资产阶级自由化思潮，那种否定改革开放的保守僵化思想，都必须旗帜鲜明、一以贯之地加以反对，以保证我们的理论工作能够沿着正确的方向前进。

必须认真抓好理论队伍的建设。造就一支规模宏大的马克思主义理论队伍，是加强党的理论建设、搞好理论工作的组织保证。经过党和政府的多年努力，我省已经逐步形成了一支阵容相当可观的理论队伍。各级党委必须继续努力，要在继续充实数量的同时，采取切实措施，着重提高素质，真正把理论队伍建设好。既要注意发挥那些立场坚定，马克思主义理论造诣较深的老一代社会科学理论工作者的中坚作用，更要注意积极发现和培养造就一大批有坚定的共产主义信念，有坚实的马克思主义理论基础，有坚强的无产阶级党性的中青年社会科学理论工作者。广大社会科学理论工作者，都要进一步学习和研究马克思主义理论，不断提高理论水平；要进一步端正学风，不断深入实际，调查研究，力求在了解国情，了解实际，占有翔实可靠材料的基础上进行科学地抽象和概括，以不断提高工作的质量；社会科学工作者之间要相互学习，增强团结，培养良好的职业道德，增强历史使命感。通过党和政府与社会科学理论工作者的共同努力，逐步造就一支规模宏大、政治坚定、学术水平较高的社会科学理论队伍。

必须认真搞好组织协调。省委理论工作小组要加强对全省理论队伍的组织协调工作。要通过抓规划，抓课题，抓重大学术活动，抓成果评奖，把全省理论战线各路大军很好地组织起来，充分发挥各自的特点和优势，认真组织联合攻关，力求拿出一批能够代表我省理论界水平，在全国有较大影响，对实际工件能够发挥很好作用的“拳头产品”来。省社科联现在已有120多个学会，联系和团结了我省10万以上的社会科学理论工作者。这次代表大会，将认真总结经验、部署工作，修改章程，选举领导班子。希望新一届领导班子把社科联建设好，发扬成绩，克服不足，更好地团结和组织我省广大社会科学工作者去完成新的任务。

必须继续坚定不移地贯彻“双百”方针。理论研究是一项探索性、创造性的劳动，没有独立的思考，自由的探索，就没有理论上的突破与发展。而在探索中真理的确认与发展，又离不开同谬误的比较、鉴别和斗争。因此，在社会科学理论研究中，必须在坚持四项基本原则的前提下，认真贯彻“百花齐放、百家争鸣”的方针，实行学术自由，讨论自由，批评和反批评的自由，鼓励广大社会科学理论工作者解放思想，实事求是，勇于探索，大胆创新，促进理论的繁荣和哲学社会科学的发展。要正确处理政治行为和学术行为的关系，决不能够把学术行为当作政治行为来对待。在学术探索中，人们往往认识分歧，观点各异，这是正常的，探索中出现偏差和失误也是在所难免的。对于学术上的争论与是非，要善于通过组织深入的学术讨论来解决，并最终由实践来检验。要通过我们的努力逐步形成一种大家都能尊重事实，服从真理，敢于进行同志式讨论和争鸣的学术研究风气。广大理论工作者要严格要求自己，增强社会责任感，自觉地以马克思主义为指导，在探索和争鸣中，既要敢于坚持真理，又要勇于修正错误，还要善于博采众长，兼容并蓄，平等待人，养成良好的学术风范，使理论研究沿着正确的方向健康地发展。

必须逐步改善理论工作者的工作和生活条件。为了支持我省社会科学理论研究，省政府在财力十分困难的情况下，已经决定五年拨出100万元，作为我省哲学社会科学发展基金的底金。今后，一定要把这笔钱聚好、管好、用好。理论战线各部门要在争取政府支持的同时，对现有财力精打细算，力争每年挤出一点钱来，添置一些工作上急需的设备，逐步改善工作条件。为了鼓励理论研究多出成果，出好成果，现在省财政每年拨出专款支持规划和评奖，这个办法要继续坚持，形成制度，并逐步加以完善。要加强理论战线的阵地建设，办好学术理论刊物和一些主要报纸上的专版或专栏，充分发挥其组织队伍、活跃理论、培养人才的作用。要加强文献情报资料建设。省里准备以省社科院文献情报中心为基础，把全省的社会科学图书资料部门联系起来，建立省哲学社会科学情报资料中心，为科学研究、制定政策和经营决策服务。要关心理论工作者，党和政府及各有关部门要积极合理地解决他们的一些实际问题。要克服官僚主义和拖拉作风，凡是经过努力可以解决的问题，都应该尽力去办。对一时办不到的事情，要实事求是的向他们讲清楚，做好深入细致的思想工作。

同志们，九十年代是中华民族振兴史上再展宏图的年代，也是广大社会科学理论工作者大有作为的年代。希望全省广大理论工作者在党和政府的领导下，团结起来，扎实工作，为促进我省理论的繁荣和哲学社会科学的发展而努力，为实现社会主义现代化建设第二步战略目标作出自己应有的贡献！

（杨汝岱时任中共中央政治局委员、中共四川省委书记）

致四川省社科联第四次代表大会的信

谢世杰

（1997 年 6 月 3 日）

四川省社会科学界联合会第四次代表大会：

值此大会隆重召开之际，谨表热烈祝贺！向辛勤工作的全省社会科学工作者表示衷心的感谢，并致以诚挚的问候！

社科联是党领导下的学术性人民团体，是党和政府联系广大社会科学工作者的桥梁和纽带。四川省社科联在第三届代表大会以来，在省委的领导下，以邓小平建设有中国特色社会主义理论为根本指针，坚持党的基本路线，坚持“双百”方针，团结广大社会科学工作者，紧紧围绕四川的改革开放和现代化建设，积极开展各项学术活动，为推进理论研究转化为党和政府的决策，为促进社会主义物质文明和精神文明建设，做了大量自益的上作，取得了许多新的成绩，积累了宝贵的经验。实践证明，四川省社科联是有实力、有生命力的学术性人民团体，四川的社科专家学者是省委、省政府可以信赖的“思想库”、“智囊团”，四川社会科学界是“科教兴川”的一支重要方面军，在全省所取得的改革开放和现代化建设的成绩中凝聚着全省社会科学工作者辛勤耕耘的汗水和心血！

再过几年，我们将迎来 21 世纪。世纪之交，对我们来说是一个承前启后、继往开来的重要历史时期。按照党的十四届五中全会精神，我们制定了《四川省国民经济和社会发展“九五”计划和 2010 年远景目标纲要》，提出了今后十五年四川国民经济和社会发展的奋斗目标。这个伟大的历史进程，为社会科学的发展提供了广阔舞台和极好的契机，同时也向社会科学工作者提出了新的更高的要求。抓住机遇，做好工作，进一步繁荣社会科学，为实现跨世纪的宏伟目标提供更加有力的精神动力、理论指导、思想保证和智力支持，是时代赋予社会科学工作者的重要使命，也是社科联的光荣职责。全省社会科学工作者要紧紧团结在以江泽民同志为核心的党中央周围，高举邓小平建设有中国特色社会主义理论的伟大旗帜，更加努力地工作，以科学的理论武装人，以正确的舆论引导人，以高尚的精神塑造人，以优秀的作品鼓舞人，为建设有中国特色社会主义伟大事业做出更大贡献。

希望省社科联第四次代表大会开成一次振奋精神、团结鼓劲、继往开来、承前启后的大会，希望代表们精心谋划繁荣和发展四川的社会科学事业、开创社科联工作新局面的大计，以实际行动迎接香港回归和党的十五大胜利召开。

祝大会圆满成功！

（谢世杰时任中共四川省委书记）

在四川省社科联第四次代表大会上的讲话

杨崇汇

（1997 年 6 月 3 日）

各位代表，同志们：

四川省社会科学界联合会第四次代表大会今天在这里隆重召开。来自全省各地区、各部门社科工作者的代表汇聚蓉城，共商进一步繁荣发展我省哲学社会科学事业的大计，我代表中共四川省委向大会表示热烈的祝贺！向到会的各位代表并通过你们向全省社会科学工作者致以亲切的问候！

四川省社科联第三次代表大会是 1991 年召开的。以邓小平同志 1992 年南方谈话和党的十四大为标志，我国改革开放和社会主义现代化建设进入了一个新的发展阶段。在党的十四大精神指引下，在省委、省政府的领导下，我省广大哲学社会科学工作者，坚持以邓小平建设有中国特色社会主义理论和党的基本路线为指导，坚持理论联系实际的方针，围绕两个文明建设中的重大问题，开展理论研究和学术交流，积极为改革开放和现代化建设服务，为党和政府决策服务，形成了一批有较高水平和价值的研究成果，取得了显著的成绩。在这个过程中，省社科联作为党和政府联系社会科学工作者的桥梁和纽带，在制定和实施我省社科规划、开展社科知识普及咨询、组织社科成果评奖、加强学会管理和自身建设等方面，做了大量的工作，较好地发挥了组织协调作用。我省改革开放和两个文明建设所取得的成就，凝聚着广大社会科学工作者的辛劳和贡献。在此，我代表省委对同志们为繁荣我省哲学社会科学事业，促进经济与社会发展所作的努力表示衷心的感谢！

当前，我国正处在建立社会主义市场经济体制、全面推进社会主义现代化建设的重要时期。伟大的时代和伟大的事业为社会科学研究创造了极为有利的条件，同时也提出了新的任务和更高的要求。抓住机遇，做好工作，进一步繁荣发展哲学社会科学，为实现跨世纪宏伟目标提供有力的精神动力、理论支持和思想保证，这是时代赋予哲学社会科学工作者的光荣使命。在这样的形势下召开的四川省社科联第四次代表大会肩负着重要的任务：我们要以邓小平建设有中国特色社会主义理论为指导，认真总结省社科联第三次代表大会以来，特别是党的十四大以来，我省哲学社会科学工作所取得的主要成绩和基本经验，分析面临的形势与任务，研究进一步繁荣发展我省哲学社会科学的主要措施。同时，根据章程的规定，完成省社科联的换届工作。这次会议时间虽短，意义重大。希望大家共同努力，把这次代表大会开成一个民主、团结、求实、鼓劲的大会，开成一个进一步繁荣发展我省哲学社会科学的动员大会。借此机会，我就加强我省哲学社会科学工作讲几点意见。

一、坚持一个根本指针，把邓小平建设有中国特色社会主义理论的学习研究宣传不断引向深人

邓小平建设有中国特色社会主义理论，是马列主义基本原理与当代中国实际和时代特征相结合的产物，是毛泽东思想的继承和发展，是当代中国的马克思主义。18 年来，我国改革开放和现代化建设之所以取得举世瞩目的成就，我们国家之所以在风云变幻的国际环境中能站稳脚跟，亿万人民的物质文化生活之所以有很大的提高，都是邓小平理论指引的结果。未来十五年，我们要在全面实现第二步战略目标的基础上，使有中国特色的社会主义在各方面形成一整套更加成熟更加完备的制度。实现我们党和国家已经制定的跨世纪宏伟蓝图，最根本的是要坚持以邓小平建设有中国特色社会主义理论为全党全国各项工作的根本指针。

敬爱的邓小平同志虽然离开了我们，但他给我们党和全国人民留下了最可珍贵的精神财富。继承小平同志的遗志，就要更高地举起邓小平建设有中国特色社会主义理论的伟大旗帜，努力把小平同志开创的改革开放和社会主义现代化建设事业不断推向前进。各级党委一定要进一步落实十四大提出的用邓小平建设有中国特色社会主义理论武装全党、教育干部和人民的战略任务。社会科学工作者更是责无旁贷。全面、正确、积极地学习、研究、宣传和实践这一理论，始终是社会科学工作的首要任务。我们的哲学社会科学工作者，一定要打好马克思主义基本原理的功底，打好关于当代中国实际的知识功底，深刻把握当今时代的特点，这样才能正确认识邓小平理论形成的理论基础、历史条件、现实依据和时代特征，深刻理解它的精髓、主题、丰富内涵和观察分析问题的立场、观点、方法，从而全面正确地把握这一理论的科学体系和精神实质，坚持用这一理论指导社会科学研究，并通过我们的研究和宣传，帮助广大干部群众更好地领会和掌握这一科学理论。因此社会科学工作者必须认真研读《邓小平文选》，在读书学习上下功夫；必须紧密联系改革开放和社会主义现代化建设的实际，在推动改革和建设发展上下功夫；必须紧密联系思想和工作实际，在加强世界观、人生观、价值观建设上下功夫。

党的十四大以来，以江泽民同志为核心的党中央，运用马列主义、毛泽东思想特别是邓小平理论，分析研究和解决我国改革开放和社会主义现代化建设中的新情况、新问题，对马克思主义和建设有中国特色社会主义理论的发展作出了新的贡献。我们要认真学习十四大以来党的历次中央全会所制定的重要文件，学习江泽民同志的一系列重要讲话，在我们的理论和学术研究中认真加以贯彻。

总之，社会科学研究必须坚持以马列主义、毛泽东思想，特别是邓小平理论为指导，同时，要通过我们的工作，为推动邓小平建设有中国特色社会主义理论的学习、研究、宣传的不断深入作出新的贡献，这是全省社会科学工作者肩负的光荣历史使命。

二、坚持理论联系实际，更好地为改革开放和现代化建设服务

理论联系实际是马克思主义的一个基本原则，是我们党一贯倡导的优良作风。理论研究的根本目的是要用理论指导实践，推动建设有中国特色社会主义伟大事业的不断发展。党的十四届六中全会《决议》指出，哲学社会科学“要把改革开放和现代化建设的重大理论和实践问题的研究作为主攻方向，积极探索有中国特色社会主义经济、政治、文化的发展规律”。深入研究重大现实问题，就要求社会科学工作者一定要深入实际，注意观察分析改革开放和两个文明建设实践中出现的新情况，从理论与实践的结合上研究和解决新问题。

现在，全国和我省都制定了国民经济和社会发展“九五”计划和2010年远景目标。针对重庆直辖后四川省情的变化，省委、省政府又及时研究制定了新的发展战略，全省人民正在满怀信心地为实现这一战略目标而努力。社会科学工作者一定要深入这一伟大实践，积极关注并认真研究尚待解决的一些重大而紧迫的理论实际问题。比如，实现从计划经济体制向社会主义市场经济体制、从粗放型经济增长方式向集约型经济增长方式这两个根本性转变，必将引起经济、政治、文化等各个领域的深刻变化，如何不断深化经济领域的各项改革，加快实现两个根本转变，并使上层建筑各方面的工作努力适应这一深刻变革？再如，转换国有企业经营机制，搞好国有大中型企业，是建立社会主义市场经济体制的中心环节，结合四川实际，应进一步采取什么样的政策措施加快这一进程？作为农业大省的四川，如何在新的形势下保持农业和农村经济的持续发展，为国民经济奠定坚实的基础？在改革开放、发展社会主义市场经济条件下，如何加强社会主义精神文明建设，落实六中全会确定的思想道德文化建设的各项任务？如何进一步加强民主法制建设和党的建设等等问题，都需要社会科学工作者进行深入的探讨和研究，提出切实可行的对策，为各级党委、政府决策服务。为此，社会科学工作者必须紧跟时代步伐，面向丰富多彩的社会实践，深入实际，调查研究，求真务实，力戒空谈，在广阔天地里施展才华，为促进我省经济社会发展作出更大的贡献。

我们强调社会科学研究坚持以现实问题为主攻方向，突出“两个服务”，但决不是说基础理论的研究和广泛的多学科研究与建设就不重要了。江泽民同志在党的十四届六中全会的讲话中强调指出：“我们要在总结改革开放和现代化建设实践的基础上，努力加强马克思主义的哲学、经济学、政治学、法学、历史学、文艺学、新闻学、社会学、伦理学、教育学、管理科学等建设，这是党的思想理论建设的一项重要任务，是巩固和发展社会主义意识形态的一项重要任务。”我们要从四川社会科学工作的实际出发，有选择、有重点地加强基础理论的研究和优长学科的建设，在这方面我们应当有所作为、有所贡献。

这里，我还要强调的是社科研究也要增强精品意识。所谓精品，应该是思想性、学术性和应用性统一的高水平的研究成果。一篇优秀文章，一部优秀著作，对社会和群众的影响，远远胜过几篇、几十部乃至更多的平庸之作。改革开放和现代化建设的实践呼唤精品力作，学术文化建设也期待精品力作。四川作为一个社科研究基础较好、工作素有成效的大省，在新的形势下应该有更多的优秀成果。要发挥四川社会科学学科门类比较齐全、研究实力较强的优势，认真搞好科研规划，针对改革开放和两个文明建设中的难点、热点和重点问题，组织有关学科的优秀人才协作攻关，拿出对实践有重要指导意义的理论成果。

三、坚持加强党的领导，促进我省哲学社会科学的繁荣发展

邓小平同志曾经指出："我们国家要赶上世界先进水平，从何着手呢？我想，要从科学和教育着手。科学当然包括社会科学"。江泽民同志1991年在会见社会科学工作者时指出："社会科学研究的方向正确与否，社会科学发展状况如何，对人们的思想意识和道德风尚，对经济建设，对社会的稳定和发展，都会产生巨大而深远的影响。"各级党委和政府都要从这样的高度，关心和重视社会科学事业的发展，加强对哲学社会科学工作的领导。

要进一步提高各级干部对社会科学工作重要性的认识。努力形成重视社会科学、尊重社会科学工作者的良好风尚。各级领导干部都应该了解社会科学的发展动态，关心社会科学工作的状况，给社科研究单位和社科工作者出题目、交任务，组织引导他们在现代化建设主战场上建功立业。要逐步增加对社会科学工作的投入，为科学研究创造更好的条件。

要切实加强哲学社会科学工作队伍建设。我省社会科学工作队伍总的情况是好的。特别是近些年来，通过不断努力，整体思想政治素质和业务水平又有很大的提高。各级党委、政府要关心和爱护这支队伍，党委宣传部门要加强对社科工作的指导与协调，有关部门要帮助解决一些实际困难和问题，使各门学科的优秀人才脱颖而出，使我省理论研究队伍的素质有一个新的提高。

社会科学研究工作的政治性、政策性强，但同时又是一项探索性、创造性的劳动。必须认真坚持"二为"方向和"双百"方针。要注意区分学术问题和政治问题。对学术问题要充分发扬民主，提倡科学严谨的学风，鼓励不同学术观点相互切磋；对思想认识问题要积极引导；对事关政治方向、事关重大原则的问题，要旗帜鲜明，分清是非，保证哲学社会科学研究沿着正确的方向发展。

社科联是党委、政府领导下的学术性人民团体，是党和政府联系广大社会科学工作者的纽带和桥梁。在新的形势下，省社科联要加强与省级学会、各市地州社科联的联系，搞好指导协调工作；积极组织社会科学工作者开展学术交流研究和社科普及工作；受省委、省政府有关综合部门的委托，具体负责全省社会科学研究的近期、中长期规划和科研课题申报工作；继续组织开展好全省社会科学优秀科研成果的评奖活动。各级党委和政府要加强对各级社科联的领导，进一步发挥好社科联的作用。

同志们：1997年是我们党和国家历史发展中十分重要的一年，我国将恢复对香港行使主权，我们党将召开十五大。这是两件举世瞩目的大事，必将对我国社会主义现代化建设产生有力的推动和深远的影响。省委希望全省社会科学工作者，在邓小平建设有中国特色社会主义理论和党的基本路线指引下，紧密团结在以江泽民同志为核心的党中央周围，认真贯彻落实党的十四届六中全会精神，把握大局，再接再厉，同心同德，开拓前进，努力推动我省社会科学事业的不断繁荣发展，为实现跨世纪的宏伟蓝图做出新的更大贡献！

祝大会圆满成功！

（杨崇汇时任中共四川省委副书记）

（二）重要文件

中共四川省委关于努力推进哲学社会科学事业繁荣发展的意见

川委发〔2004〕13号

各市（州）、县（市、区）党委，省委各部委，省级各部门党组（党委）：

为认真贯彻落实《中共中央关于进一步繁荣发展哲学社会科学的意见》（中发〔2004〕3号），努力推进我省哲学社会科学事业的繁荣发展，现提出以下意见。

一、充分认识哲学社会科学的重要地位和作用

1. 繁荣发展哲学社会科学事关党和国家事业发展的全局。哲学社会科学是人类认识世界、改造世界的重要工具，是推动历史发展和社会进步的重要力量。哲学社会科学的研究能力和成果是综合国力的重要组成部分。建设中国特色社会主义离不开以马克思主义为指导的哲学社会科学的繁荣发展。面对错综复杂的国际国内形势，繁荣发展哲学社会科学，对于解放思想，认识和把握建设中国特色社会主义经济、政治、文化的发展规律，促进决策的科学化和民主化，提高全省人民的科学文化素质、理性思维水平和开拓创新能力，实现跨越式发展和全面建设小康社会的奋斗目标，具有十分重要的意义。因此，一定要遵循《中共中央关于进一步繁荣发展哲学社会科学的意见》中提出的“四个同样重要”要求，既重视自然科学，又重视哲学社会科学；既重视培养高水平的自然科学家，又重视培养高水平的哲学社会科学家；既重视提高全省人民的自然科学素质，又重视提高全省人民的哲学社会科学素质；既重视任用好自然科学人才，又重视任用好哲学社会科学人才。建设西部经济文化强省，应该有先进的自然科学，也应该有繁荣的哲学社会科学。

2. 各级党委历来重视哲学社会科学。改革开放以来，特别是党的十三届四中全会以来，各级党委认真贯彻落实中央有关文件精神，切实加强和改进理论武装工作，充分发挥哲学社会科学的作用，不断改进领导方式，努力提高领导水平，为繁荣发展我省哲学社会科学创造了良好环境，哲学社会科学呈现出良好的发展局面。广大哲学社会科学工作者坚持以马克思列宁主义、毛泽东思想、邓小平理论和“三个代表”重要思想为指导，用科学的理论武装广大干部群众的头脑，不断提高其理论修养和思想道德素质；立足四川省情，认真研究经济社会发展中带有全局性、前瞻性、战略性的问题，为党委和政府科学决策提供了有力的理论依据、智力支撑和决策支持。学科建设取得显著成绩，有的研究领域在全国处于领先地位。基础理论研究和应用对策研究成果丰硕，推出了一批有深度、有分量、有说服力的精品力作，有的成果在全国产生了较大影响。涌现出了一批富于创新精神的学术带头人和一大批中青年学术骨干。哲学社会科学对于用马克思列宁主义、毛泽东思想、邓小平理论和“三个代表”重要思想武装全党、教育干部和人民，对于弘扬和培育民族精神，对于推动我省

跨越式发展和全面建设小康社会的进程，做出了重要贡献。

3．与时代和事业发展的要求相比，我省哲学社会科学的发展还有许多不适应。哲学社会科学的战略地位还没有受到普遍重视，哲学社会科学基础理论研究需进一步提高，管理体制需进一步改革，创新环境需进一步改善，研究方法和手段需进一步改进，成果转化机制需进一步健全，经费投入需进一步加大，理论队伍建设需进一步加强。各级党委、政府要从党和国家事业发展的全局高度，增强责任感和使命感，把繁荣发展哲学社会科学放到全面建设小康社会的大局中来认识，放到推进我省跨越式发展中来研究，放到建设西部文化强省中来把握，把繁荣发展哲学社会科学作为一项重大而紧迫的战略任务，切实抓紧抓好，使我省哲学社会科学事业有一个新的更大的发展。

二、繁荣发展哲学社会科学的指导思想、主要任务和奋斗目标

4．繁荣发展哲学社会科学的指导思想：坚持用马克思列宁主义、毛泽东思想、邓小平理论和“三个代表”重要思想统领哲学社会科学工作，用发展着的马克思主义指导哲学社会科学，决不能搞指导思想的多元化。坚持为人民服务、为社会主义服务的方向和百花齐放、百家争鸣的方针，努力营造生动活泼、求真务实的学术环境。坚持解放思想、实事求是、与时俱进，积极推进理论创新。紧紧围绕党的中心工作，坚持科学的发展观，以我们正在做的事情为中心，着眼于马克思主义理论的运用，着眼于对实际问题的理论思考，着眼于新的实践和新的发展。贴近实际、贴近群众、贴近生活，为推进我省跨越式发展、全面建设小康社会提供思想保证、精神动力和智力支持。

5．繁荣发展哲学社会科学的主要任务：坚持用科学的理论武装人，加强对马克思主义基础理论研究，特别是对“三个代表”重要思想和发展着的马克思主义理论的研究；充分发挥哲学社会科学“思想库”、“智囊团”作用，深入研究我省经济社会发展中面临的重大理论问题和现实问题，不断促进经济社会和人的全面发展；加强哲学社会科学的宣传和普及，提高人民的哲学社会科学素质；充分发挥哲学社会科学认识世界、传承文明、创新理论、咨政育人、服务社会的重要作用，为推进跨越式发展、全面建设小康社会作出积极贡献。

6．繁荣发展哲学社会科学的奋斗目标：力争用10年左右时间，建成面向现代化、面向世界、面向未来，具有时代特点的哲学社会科学体系。增强理论的说服力和战斗力，巩固马克思主义在意识形态领域的指导地位，对涉及我国和我省经济社会发展的战略性、全局性、前瞻性重大问题的研究有所创新，有所突破，取得重要成果；切实加强基础理论研究，积极参与马克思主义理论研究和建设工程，重点搞好应用对策研究；重视传统学科和我省优长学科建设，积极扶持新兴学科、交叉学科；建成一批国内知名的学科和研究基地，推出一批在全国有影响的学术论坛和精品力作，培养一批学贯中西、享誉省内外的专家学者，培育和壮大哲学社会科学“川军”，努力推进哲学社会科学事业的繁荣发展。

三、努力提高哲学社会科学的发展水平

7．马克思主义基本原理的研究。深入研究马克思主义的发展史，深入研究马克思主义的基本原理、立场、观点和方法，研究马克思主义与时俱进的理论品质，引导人们用科学的态度对待马克思主义，用发展着的马克思主义指导新的实践。科学回答中国特色社会主义提出的、干部群众关心的深层次理论问题，推动理论武装工作深入发展。积极参与马克思主义理论研究和建设工程，努力建设布局合理的马克思主义理论学科体系，通过10年左右时间的努力，使包括学科建设、教材建设等

在内的马克思主义理论研究和建设工程取得明显进展，把我省马克思主义理论研究提高到新的水平。

8. 加强对毛泽东思想、邓小平理论和“三个代表”重要思想的研究。进一步深入学习贯彻“三个代表”重要思想，是当前和今后一个时期摆在全省党员干部群众面前的一项重大政治任务，哲学社会科学战线对推动学习贯彻“三个代表”重要思想肩负着特殊重要的责任。要充分发挥我省邓小平理论和“三个代表”重要思想研究中心的作用，按照中央的部署，从理论和实践的结合上，深入研究马克思主义中国化的历史进程和毛泽东思想、邓小平理论、“三个代表”重要思想对马克思列宁主义的继承和发展。深入研究邓小平理论和“三个代表”重要思想在什么是社会主义、怎样建设社会主义和建设什么样的党、怎样建设党的问题上提出的新思想、新观点、新论断。深入研究总结“三个代表”重要思想在我省的生动实践和经验启示。

9. 加强对经济社会发展重大问题的研究。加强对我省物质文明、政治文明和精神文明建设中的重大理论和实际问题的研究；加强对我省统筹城乡发展、统筹区域发展、统筹经济社会发展、统筹人与自然和谐发展、统筹国内发展和对外开放中的理论和实际问题的研究；加强对推进“三个转变”、加快我省跨越式发展、全面建设小康社会中的重大理论和实际问题的研究；加强对三星堆文化、金沙文化、三国文化、井盖文化、红军精神等我省特有的历史文化遗产的研究；加强对我省少数民族经济历史文化的研究。通过加强对这些重大问题的研究，力争推出一批较高质量的研究成果。

10. 加强学科建设。大力扶持具有区域特色和地方优势的学科，积极开展应用对策研究。充分发挥我省金融学、工商管理学、人口学、区域经济学、历史学、考古学、宗教学、民族学、藏学、汉语言文学、比较文学、古典文献学、俗文化学、体育学、城市史研究、南亚研究等哲学社会科学优长学科的研究优势，努力推出一批对学科发展具有重要推动作用并能代表本学科发展新水平的研究成果。加强马克思列宁主义研究、科学社会主义研究、政治学、法学、新闻学、心理学、教育学、管理学、社会学等重点学科的建设，力争有新的发展。

11. 加强哲学社会科学的宣传和普及。适应建设学习型社会和促进人的全面发展的需要，加强哲学社会科学知识的普及教育。充分发挥报刊、图书、广播电视、互联网等大众媒体的作用，大力宣传马克思列宁主义、毛泽东思想、邓小平理论和“三个代表”重要思想。广泛运用论坛、讲座、研讨会、座谈会、报告会、专题调研、专家访谈、图片展览、板报等形式，积极开展群众喜闻乐见、生动活泼的哲学社会科学普及活动。广大哲学社会科学工作者要多写科普读物，把深奥的理论深入浅出地介绍给广大人民群众，用科学理论教育群众、引导群众，提高群众的哲学社会科学素质，促进人的全面发展。

12. 推动哲学社会科学科研成果的转化和应用。把哲学社会科学基础研究和应用对策研究紧密结合起来，以应用对策研究促进基础研究，以基础研究带动应用对策研究。大力宣传、积极推广哲学社会科学研究成果，疏通拓宽哲学社会科学研究成果转化渠道，让更多的哲学社会科学研究成果发挥对实践的指导作用，让更多的对策性、应用性研究成果转化为现实生产力。建立哲学社会科学研究最新成果专报制度。编辑《重要成果专报》，供省委、省政府和有关部门参阅。鼓励支持哲学社会科学研究人员走向社会，开展咨询服务，推进哲学社会科学研究成果走向市场。加强哲学社会科学界与自然科学界的沟通与交流，加强哲学社会科学界与实际工作部门之间的联系与协作，加强哲学社会科学界与新闻媒体的对接与互动。以“四川社科在线”等哲学社会科学研究网站为依托，建立哲学社会科学网络平台，实现信息互通和资源共享。

四、以创新的精神改革哲学社会科学管理体制、运行机制

13. 深化哲学社会科学研究体制改革。适应当代哲学社会科学整体化、综合化发展的趋势，从满足经济社会发展的需要出发，在明确高等学校、党校、专业科研机构及党政机关研究机构功能定位的基础上，调整重复设置的哲学社会科学研究机构，促进哲学社会科学研究资源的优化配置和合理布局。整合全省哲学社会科学研究资源，切实加强跨学科、跨领域、跨院所、开放式的“四川省邓小平理论和‘三个代表’重要思想研究”“四川经济社会发展研究”“四川民族宗教研究”“四川巴蜀文化研究”“四川县域发展研究”五大哲学社会科学研究中心和研究基地的建设。鼓励不同部门和不同隶属关系的哲学社会科学研究机构的联合协作。支持社会各界力量依照有关规定协办、共建哲学社会科学研究机构。积极探索和规范民办哲学社会科学研究机构。

14. 深化哲学社会科学规划体制改革。结合我省经济社会发展实际，制定哲学社会科学五年研究规划、年度研究计划，进一步完善哲学社会科学立项管理办法。逐步实行课题研究招标制，形成以项目为纽带、以课题负责人为龙头的哲学社会科学研究机制。探索并逐步建立哲学社会科学课题责任制和重大课题专项津贴制。按照公开、公正、透明、竞争的原则，建立科学的立项、评审、考核、评估制度，加大对重点基础研究项目和重大现实问题研究项目的扶持。

15. 深化哲学社会科学教学改革。适应改革开放和现代化建设的需要，对高等学校哲学社会科学教学内容进行改革和调整。深入开展马克思主义基本常识教育，进一步推动邓小平理论和“三个代表”重要思想进教材、进课堂、进学生头脑，增强马克思主义理论的吸引力和感染力。改革哲学社会科学教学方式，变封闭式教学为开放式教学，使应试教育向素质教育转变，努力提高哲学社会科学的教学质量。推动多媒体在教学中的广泛应用和教学手段的现代化，努力提高广大青年学生对哲学社会科学的兴趣。引入竞争机制，推行聘用制，把学术造诣高、讲课效果好的专家学者吸引到教学第一线。按照中央宣传部和国家教育部的要求，加强对高等学校哲学社会科学教材的规划、编写和审定工作。

16. 深化哲学社会科学评奖体制改革。建立健全科学可行的科研成果评价指标体系，既统计成果数量，更注重学术质量；既尊重原创性，又重视实际价值。对应用对策研究，要重视应用单位的评价意见及实际效果。健全科研责任制，积极试行与科研任务挂钩、以科研成果质量和数量为主要参考依据的科研事业费分配方式。完善哲学社会科学成果的奖励制度，把奖励与调动哲学社会科学工作者的积极性、主动性和创造性结合起来，与多出优秀成果、多出优秀人才结合起来，与促进理论成果进入党委和政府决策、促进经济社会发展结合起来。要对在哲学社会科学领域作出突出贡献的个人和重大科研成果给予重奖。依法保护哲学社会科学知识产权。

五、努力建设一支高素质的哲学社会科学队伍

17. 制定、实施哲学社会科学人才战略规划。制定科学的哲学社会科学人才规划，是繁荣发展哲学社会科学的重要环节。要从我省经济社会发展的全局和建设西部文化强省的实际出发，制定哲学社会科学人才战略规划。规划要立足四川，面向全国、面向未来，统筹兼顾，通过10年左右时间的努力，培养造就一批用“三个代表”重要思想武装起来的、学贯中西的马克思主义理论家，培养造就一批坚持正确的政治方向、理论功底扎实、勇于开拓创新、善于联系实际的学科带头人，培养造就一批年富力强、政治和业务素质良好、锐意进取的青年理论骨干。

18. 完善哲学社会科学人才培养选拔和管理机制。认真贯彻落实人才工作的方针政策，紧紧抓住培养人才、吸引人才、用好人才三个环节，形成优秀人才脱颖而出、人尽其才的良好机制。人才培养可采取政府指导性培养与各部门按需要培养相结合、国内培养与国外培养相结合、学历培养与专业进修相结合等多种形式。要遵循哲学社会科学发展规律和人才成长规律，形成公平竞争、择优选拔、优胜劣汰的动态培养模式。逐步建立健全体现哲学社会科学特点的、灵活的人才配置机制，鼓励人才合理流动；改革职称制度，完善职称评聘体制，实行评聘分离，推行聘用制，做到能上能下、能进能出；打破论资排辈和平均主义，建立以成果、绩效、贡献为标准的分配制度；树立以课题促人才发展的观念，为人才的成长提供良好的环境和条件。

19. 加强哲学社会科学队伍的思想道德和学风建设。哲学社会科学研究是一种复杂的创造性精神劳动，全社会都要尊重哲学社会科学工作者。哲学社会科学工作者要树立正确的世界观、人生观和价值观，严谨治学、实事求是、民主求实，贴近实际、贴近群众、贴近生活，立足四川、面向全国、放眼未来，把做人、做事、做学问有机地结合起来，把为人民服务、为社会主义服务作为哲学社会科学工作者的根本出发点和价值取向，端正学风，改进文风，抵制各种不正之风，自觉维护哲学社会科学工作者的良好形象。

20. 加强哲学社会科学研究机构的建设。重视和发挥省社科院在哲学社会科学研究、人才培养、知识普及方面的作用，特别要注重发挥其在全省经济社会发展应用对策研究方面的龙头作用。重视和发挥省社科联的桥梁纽带作用，特别是在管理各类学术团体，编制哲学社会科学研究和普及规划，组织哲学社会科学优秀成果评奖方面的作用。重视和发挥高等学校、党校在理论教育、理论研究方面的作用。重视和发挥党政机关研究机构在政策研究、决策服务方面的作用。重视和发挥讲师团在理论宣讲方面的作用。重视和发挥党报、党刊、电台、电视台、互联网在理论宣传、理论普及、理论引导方面的作用。从政策、项目、资金等多方面加大对哲学社会科学研究的扶持力度。加强市（州）、县（市、区）社科联的建设。

六、加强和改善党对哲学社会科学工作的领导

21. 各级党委、政府要高度重视哲学社会科学工作，全面贯彻落实中央的有关方针政策，切实做到思想认识到位、计划安排到位、工作部署到位。各级党委、政府要经常向哲学社会科学界提出一些需要研究的重大问题。对哲学社会科学的目标任务、工作重点和重大学术活动给予及时指导和实际支持，为哲学社会科学研究成果转化创造条件。在事关改革发展稳定大局的重大决策上，要认真听取哲学社会科学界的意见，注意把哲学社会科学优秀成果运用于各项决策中，运用于解决加快我省全面建设小康社会进程面临的突出问题中，使哲学社会科学界真正成为党和政府工作的“思想库”和“智囊团”。要把哲学社会科学事业的重大项目列入各级政府及有关部门的规划，加快哲学社会科学信息化建设，推进研究和管理的现代化。各级领导干部要注重学习哲学社会科学知识，注意把握哲学社会科学工作特点，不断提高指导哲学社会科学工作的能力。要与哲学社会科学工作者广交朋友，尽力帮助他们解决工作、学习、生活的实际问题。要坚持党管干部、党管人才的原则，加强哲学社会科学单位领导班子建设，注意培养和选拔德才兼备、有组织管理能力和开拓创新精神的专家学者担任各级科研和管理机构的领导职务。主管哲学社会科学的职能部门，要切实担负起对哲学社会科学工作的指导、组织、协调和管理职责，促进哲学社会科学事业的健康、协调发展。

22. 建立四川省哲学社会科学工作协调小组，加强对全省哲学社会科学工作的指导和协调。协

调小组的主要职责是研究制定全省哲学社会科学发展规划，确定哲学社会科学研究重点，促进哲学社会科学资源优化配置，加强对重大课题研究的指导，统筹协调全省哲学社会科学事业发展重大问题。协调小组由省委分管副书记任组长，省委常委、省委宣传部部长和省政府分管副省长为副组长，有关部门的领导参加。协调小组办公室设在省委宣传部，负责处理各项具体工作。

23. 正确处理思想理论领域的问题。要坚持百花齐放、百家争鸣的方针，支持、鼓励理论探索和研究，积极营造活跃的学术空气和宽松的研究环境。注意区分政治问题和学术问题的界限。对事关政治方向、重大原则的问题，要旗帜鲜明；对思想认识问题，要积极引导，以理服人；对学术问题，提倡不同学术观点、学术流派的争鸣。党委宣传部要加强对哲学社会科学研讨会、报告会、讲座的管理，加强对互联网上哲学社会科学网站和论坛的引导和管理。社科联要加强对各类哲学社会科学学术团体包括民办哲学社会科学研究机构的管理和指导，使其健康发展。

24. 加大对哲学社会科学事业的投入。要适应哲学社会科学发展和社会主义市场经济的要求，不断拓宽哲学社会科学事业资金投入渠道，逐步形成以政府为主导的多元投入机制，为哲学社会科学事业的繁荣发展提供必要的物质条件。要建立哲学社会科学发展专项资金，保证哲学社会科学事业经费和社会科学研究经费每年都有增加，应将哲学社会科学纳入建设西部文化强省和落实文化事业发展政策的范围，在文化事业经费中安排一定数量的经费用于哲学社会科学事业发展。哲学社会科学专项资金要资助重大课题的研究、重点学术著作的出版和优秀研究成果的转化。

中共四川省委
2004 年 5 月 13 日

关于同意成立四川省哲学社会科学学会联合会的批复

川委函〔1980〕74 号

省委宣传部并省社会科学研究院党组：

省委同意成立四川省哲学社会科学学会联合会。该联合会与省社会科学研究院合署办公。联合会的日常工作由省社会科学研究院党组领导。其经费在社科院现有科学事业费中解决。

中共四川省委
一九八〇年九月十九日

四川省人民政府令

第142号

《四川省社会科学优秀成果评奖办法》已经2000年7月14日省人民政府第44次常务会议通过，现予发布施行。

省长　张中伟

二〇〇〇年八月八日

四川省社会科学优秀成果评奖办法

第一条　为奖励社会科学优秀成果，充分调动和发挥社会科学工作者的积极性，促进社会科学事业的繁荣发展，更好地为我省两个文明建设服务，根据国家有关规定，结合四川实际，制定本办法。

第二条　社会科学优秀成果评奖贯彻尊重知识、尊重人才的方针，遵循公开、公平、公正的原则。

第三条　四川省行政区域内的公民或组织的社会科学研究成果，以及省外、境外的公民或组织以我省的经济和社会发展为研究对象，并有明显应用价值的社会科学优秀成果，均可以按照本办法规定，申报四川省社会科学优秀成果奖。

第四条　申报参评的成果，必须符合党的基本路线，坚持四项基本原则，理论联系实际，具有较高学术水平和应用价值。

第五条　省人民政府设立四川省社会科学优秀成果奖。省社会科学优秀成果奖设荣誉奖、一等奖、二等奖、三等奖。评奖活动每两年进行一次。

第六条　设立四川省社会科学评奖委员会。省评奖委员会办公室设在省社会科学界联合会，负责评奖的日常工作。

第七条　省评奖委员会由从事社会科学的专家、学者和有关部门的负责人组成，其中，具有高级专业技术职称的人员不少于三分之二。省评奖委员会的组成人选由省社会科学界联合会提出，经其主管部门审核后报省人民政府批准。

第八条　省评奖委员会负责制定省社会科学优秀成果奖的评审原则、评审标准和评审办法，审定获奖成果和奖励等级，决定评奖工作中的其他重要问题。

第九条　省评奖委员会下设若干学科评审组，由本学科的专家、学者组成，负责省社会科学成果奖的评审，提出获奖成果项目及其等级建议，提交省评奖委员会审定。其中，对建议获一等奖、二等奖的成果由省评奖委员会聘请知名专家进行复审。

第十条 下列各类社会科学研究成果，均可申报参评：

（一）公开发表的论文、研究报告，正式出版的专著、编著、译著、古籍整理、工具书、社会科学普及读物、论文集；

（二）在经省级以上新闻出版管理部门批准并具有内部刊号的内部资料刊物上发表的论文、调研报告等；

（三）不宜公开发表的被省部级以上机关采用、推广的调研报告、对策研究等；

前款规定的社会科学研究成果、一般应当是规定年限之内发表的，对规定年限之前的未曾获奖、确有重大社会经济价值、符合本办法规定的评奖条件、标准的，也可申报参评。

第十一条 参加省社会科学优秀成果评奖的公民或组织分别按照下列规定申报研究成果：

（一）省社会科学界联合会所属省级学会会员向所在学会申报；

（二）市、地、州社会科学工作者向所在市、地、州社会科学界联合会申报；

（三）本条第一项、第二项以外的申报者，直接向省评奖委员会办公室申报，并由其转交相关省级学会。

第十二条 省级各学会和市、地、州社会科学界联合会，应按有关规定做好成果申报的资格审查和初评推荐工作。省评奖委员会办公室对初评成果进行资格复审，确认合格后送学科评审组。

第十三条 已获得省、部级以上其他奖励的社会科学优秀成果不再申报参评。

第十四条 申报参评的成果经省级各学会和市、地、州社会科学界联合会初评、学科评审组评审后，由省评奖委员会办公室予以公告，征求异议。异议期30天。

省评奖委员会办公室设监察组，负责受理异议和投诉，经调查并提出处理意见，报省评奖委员会审定，并答复投诉者。

第十五条 省评奖委员会以无记名投票方式确定获奖成果及奖励等级。

省评奖委员会评审表决时，出席委员人数不得少于其成员人数的三分之二。获奖成果，得票数须达到出席成员三分之二方为有效。

第十六条 经省评奖委员会审定的获奖成果，由四川省人民政府颁发证书、奖金。

第十七条 获奖者的获奖通知书，存入本人档案，作为考核、晋级、评定专业技术职称、享受有关待遇的重要依据。

第十八条 评奖活动所需经费，由省财政预算安排。

第十九条 评定人员在评审过程中，应客观公正，奉公办事，如弄虚作假、徇私舞弊的，由省评奖委员会取消其评审资格，并按有关规定给予行政处分。

第二十条 对获奖作品，如发现申报者弄虚作假或剽窃他人成果的，由省评奖委员会取消其参评资格，撤销奖励，追回奖金和证书，并通报批评，4年内不准申报参评。

第二十一条 市（地、州）、县（市、区）社会科学优秀成果的评审、奖励，可参照本办法执行。

第二十二条 本办法自发布之日起施行。

关于印发《四川省学术和技术带头人认定管理办法》《四川省学术和技术带头人后备人选推荐管理办法》的通知

川人发〔2001〕52号

各市、州党委、人民政府，省级各部门，中央在川单位主管（代管）部门：

经省委、省政府同意，现将《四川省学术和技术带头人认定管理办法》、《四川省学术和技术带头人后备人选推荐管理办法》印发你们，请结合本地区、本部门实际情况，认真贯彻执行。

附件：1.《四川省学术和技术带头人认定管理办法》

2.《四川省学术和技术带头人后备人选推荐管理办法》

中共四川省委组织部
四川省人事厅
四川省科学技术厅
四川省教育厅
四川省财政厅
四川省发展计划委员会
四川省科学技术协会
四川省社会科学界联合会
二○○一年八月十七日

四川省学术和技术带头人认定管理办法

第一章 总 则

第一条 为激励高层次人才继续奋发向上、多作贡献，明确、掌握一批各学科、专业领域的学术和技术带头人，充分发挥他们在各自学科、专业领域的学术和技术带头作用及培养年轻学术和技术带头人的作用，加强我省学科、专业梯队建设，加速我省科技进步，促进我省经济建设和社会发展，制定本办法。

第二条 省学术和技术带头人是我省专业技术队伍的精华，代表着我省专业技术队伍的水平和声誉。其认定管理工作在省委、省政府领导下，由省委组织部、省人事厅、省科技厅、省教育厅、省财政厅、省计委、省科协、省社科联等部门共同负责，省人事厅具体组织实施。

第二章　认定管理范围和对象

第三条　省学术和技术带头人认定管理的单位范围，包括四川省行政区域内各种隶属关系、各种经济性质的企事业单位。

第四条　省学术和技术带头人认定管理的学科、专业范围，包括全省专业技术工作所涉及的所有学科、专业，重点是对我省科技进步、经济建设和社会发展影响重大的学科、专业。

第五条　省学术和技术带头人认定管理对象限于在职的专家、学者。

第六条　在川单位的中国科学院院士、中国工程院院士作为当然的省学术和技术带头人。

第三章　认定条件

第七条　省学术和技术带头人认定人选应具备以下条件：

（一）热爱祖国，守法遵纪，积极为社会主义事业做贡献；

（二）有良好的职业道德、强烈的事业心、严谨的治学态度和献身科技事业的精神，求真务实、开拓创新、拼搏奉献、团结协作；

（三）有深厚的学术造诣和丰富的工作经验，熟悉本学科、专业的发展动态，能够预见和把握其发展趋势；

（四）有较强的研究、开发才能与组织、管理能力，能开辟本学科、专业新的发展方向，能带领本学科、专业在其前沿领域保持或赶超国内外先进水平，善于提出重大课题和思路，善于发现人才、培养人才和使用人才；

（五）具有教授、研究员及相应的正高级专业技术职务（称）（含享受教授、研究员待遇的高级工程师），身体健康，能坚持正常业务工作；

（六）已取得国内外同行公认的重要成就，学术和技术水平处于国内外先进水平或居省内领先地位，具备下列条件之一：

1. 在自然科学研究方面，有创造性成果，具有重大学术价值，对推动学科、专业发展有重要作用；

2. 在技术开发方面，有重大发明创造、重大技术革新，或解决了关键性的技术难题，具有显著的经济效益或社会效益；

3. 在医疗卫生方面，医术精湛，多次成功地诊治疑难、危重病症，或在较大范围内多次有效地预防、控制、消除疾病，社会影响大；

4. 在教育教学方面，创建了新的教育理论或教学方法，经国家或省（部）教育行政部门鉴定并推广，或主编的教学大纲、教材和教学参考书由国家或省（部）教育行政部门审定并在全国或省（部）范围内推荐使用，效果优异；

5. 在人文社会科学方面，取得创造性成果，具有重大学术价值，或在国家、省（部）科技进步、经济建设和社会发展的决策和实施中发挥了重要作用；

6. 是我省某一学科、专业领域的奠基人或开拓者，为推动该学科、专业的发展做出了突出贡献；或多次主持完成国家、省（部）重大、重点项目的研究、开发、实施及推广应用工作并在其中负责学术、技术把关，取得了显著的经济效益或社会效益。

第四章 认定数量和程序

第八条 省学术和技术带头人认定工作原则上每年进行一次。每次认定管理总名额由省人事厅商省级有关部门确定。

第九条 省学术和技术带头人一般按二级学科、专业认定。认定数量一般每个学科、专业为1至2人，重点、优势及覆盖面广或对科技进步、经济建设和社会发展影响重大的学科、专业可适当增加认定数量。条件尚不成熟或发展水平较低的学科、专业暂不认定。

第十条 省学术和技术带头人由市、州，省级部门或中央在川单位主管（代管）部门，省级学术、技术团体负责推荐，不受理个人申请。被推荐人选应填写《四川省学术和技术带头人推荐表》，提供有关证明材料。

第十一条 省人事厅负责对被推荐人选进行资格审查和形式审查。

第十二条 省学术和技术带头人必须经过同行专家认定。对省学术和技术带头人推荐人选的评议和认定，由省人事厅组织专家委员会进行，采取差额、无记名投票表决的方式。专家委员会由省学术和技术带头人（含在川单位的中国科学院院士、中国工程院院士）组成，下设若干学科、专业组，主任委员由具有省学术和技术带头人称号的省科协负责人、省社科联负责人担任。

第十三条 经专家委员会认定通过的人选，采取适当方式在一定范围内进行公示，公示结果由省人事厅会同省级有关部门审核并经省知识分子工作领导小组研究后，报省委、省政府批准公布。

第五章 职责和待遇

第十四条 省学术和技术带头人应把握本学科、专业的动态和发展方向，发扬爱岗敬业精神，积极从事相应的学术、技术工作，在本职岗位上发挥带头作用；在保持本学科、专业特色和拓展学科、专业优势的同时，积极探索创新，开拓学术、技术新领域，为本学科、专业的发展和成果转化献计献策；积极培养年轻学术和技术带头人及专业技术骨干人才，推动学科、专业人才队伍建设；积极争取承担国家、省（部）科技攻关项目的研究、开发、实施及推广应用和科技咨询工作；带领广大专业技术人员一道为促进我省科技进步、经济建设和社会发展贡献力量。

第十五条 省学术和技术带头人享受以下待遇：

（一）由省政府颁发“四川省学术和技术带头人证书”；

（二）晋升两档工资，经费按所在单位经费渠道列支；

（三）在管理期间，每月发给200元津贴，经费由省财政列支，省人事厅代为发放；

（四）在管理期间，到达法定退休年龄后退休的，报经省人事厅批准，其退休费可按本人原工资的100%发给。

第六章　管　　理

第十六条　省学术和技术带头人管理期限为六年（自被批准的次月起算）。省学术和技术带头人在学术和技术工作中取得新的成就，管理期满后仍符合本《办法》规定的范围、条件的，可再次被推荐认定管理。

第十七条　省学术和技术带头人在管理期间到达退（离）休年龄的，凡身体能坚持正常工作，本人自愿，可工作到65周岁，不需办理延长退（离）休年龄的审批手续；到达65周岁后需再延长退（离）休年龄的，再按规定报批。

第十八条　省学术和技术带头人所在单位、地区或部门，要充分发挥省学术和技术带头人的作用，努力改善他们的工作和生活条件，做好有关管理和服务工作。

第十九条　对管理期限内的省学术和技术带头人由所在地区、部门实行定期考核。考核工作每两年进行一次，考核结果记入本人考绩档案，并报省人事厅备案。省人事厅会同省级有关部门对考核情况进行抽查。

第二十条　属于下列情况之一者，取消其省学术和技术带头人称号或有关待遇：

（一）弄虚作假、谎报成果、成绩，骗取省学术和技术带头人称号者；

（二）丧失或违背省学术和技术带头人所必须具备的思想政治条件和职业道德标准者；

（三）受到党纪开除党籍或行政开除处分，以及触犯刑律，构成犯罪，受到刑事处罚者；

（四）擅自离职、不履行规定职责，工作渎职、失职，造成严重损失或不良影响者；

（五）管理期间考核不合格者。

第二十一条　对应取消省学术和技术带头人称号或有关待遇的，由所在地区、部门提出处理意见，报省人事厅会同省委组织部、省科技厅、省教育厅、省财政厅、省计委、省科协、省社科联审批，审批结果报省委、省政府备案。

第七章　附　　则

第二十二条　本办法由省人事厅会同省级有关部门制定并报请省委、省政府批准发布实施，其修订亦同。

第二十三条　本办法由省人事厅负责解释。

第二十四条　本办法自发布之日起施行。1996年8月8日省委组织部、省人事厅、省科委、省教委、省财政厅、省计委、省科协制定发布的《四川省学术和技术带头人登记管理试行办法》（川人发〔1996〕27号）同时废止。

四川省学术和技术带头人后备人选推荐管理办法

第一章 总 则

第一条 为加强我省学科、专业梯队建设，培养、造就年轻学术和技术带头人，加速我省科技进步，促进我省经济建设和社会发展，制定本办法。

第二条 省学术和技术带头人后备人选是我省新一代学术和技术带头人的重点培养对象。其推荐管理工作在省委、省政府领导下，由省委组织部、省人事厅、省科技厅、省教育厅、省财政厅、省计委、省科协、省社科联等部门共同负责，省人事厅具体组织实施。

第二章 推荐管理范围和对象

第三条 省学术和技术带头人后备人选推荐管理的单位范围，包括四川省行政区域内各种隶属关系、各种经济性质的企事业单位。

第四条 省学术和技术带头人后备人选推荐管理的学科、专业范围，包括全省专业技术工作所涉及的所有学科、专业，重点是对我省科技进步、经济建设和社会发展影响重大的学科、专业。

第五条 省学术和技术带头人后备人选的推荐管理对象限于年龄在45周岁以下的中青年专家、学者。

第三章 推荐条件

第六条 省学术和技术带头人后备人选推荐人选应具备以下条件：

（一）良好的思想政治素质：热爱祖国，守法遵纪，积极为社会主义事业作贡献；

（二）优良的科学作风和职业道德：有强烈的事业心、严谨的治学态度和献身科技事业的精神，虚心好学，刻苦钻研，求实创新、拼搏奉献；

（三）扎实的知识基础：具有本学科、专业系统的基础理论和专业知识，掌握本学科、专业及相关学科、专业的现状和发展动向，知识面较宽，思维活跃。一般应具有研究生学历、硕士及以上学位；

（四）较强的学术、技术工作能力：对本学科、专业的发展有一定的预见性，发展潜力较大，主持或主研完成过省（部）级及以上的学术、技术项目；

（五）较大的学术、技术成就：在学术、技术工作中，成绩显著，作为主要完成者，多次获得过省（部）级及以上科技成果奖励；或取得了多项专利成果；或撰写出版过学术、技术专著；或在省（部）级及以上刊物发表过多篇学术、技术论文；或在技术开发工作中，完成科技创新、科技成果转化，取得了显著的经济效益或社会效益；

（六）一定的组织、管理能力：能够团结同志，善于合作共事，协同攻关；

（七）较强的信息获取及处理能力：熟练掌握一门外语，并能运用计算机进行与本学科、专业相关的学术、技术工作；

（八）具有高级专业技术职务（称），身体健康，能坚持正常业务工作。

第四章　推荐数量和程序

第七条　省学术和技术带头人后备人选推荐工作原则上每年进行一次，与省学术和技术带头人的认定工作同步进行。每次推荐管理总名额按省学术和技术带头人认定管理总名额的1∶2至1∶3的比例掌握。

第八条　省学术和技术带头人后备人选一般按二级学科、专业推荐。推荐数量一般每个学科、专业为2~3人，重点、优势及覆盖面广或对科技进步、经济建设和社会发展影响重大的学科、专业可适当增加推荐数量。

第九条　省学术和技术带头人后备人选由市、州，省级部门或中央在川单位主管（代管）部门，省级学术、技术团体，省学术和技术带头人（含在川单位的中国科学院院士、中国工程院院士）负责推荐，不受理个人申请。被推荐人选应填写《四川省学术和技术带头人后备人选推荐表》，提供有关证明材料。

第十条　省人事厅负责对被推荐人选进行资格审查和形式审查。

第十一条　省学术和技术带头人后备人选由同行专家评议产生。对省学术和技术带头人后备人选推荐人选的评议，由省人事厅组织专家委员会进行，采取无记名投票表决的方式。专家委员会由省学术和技术带头人认定专家委员会兼任。

第十二条　经专家委员会评议通过的人选，由省人事厅会同省级有关部门审定和批准公布。

第五章　职　　责

第十三条　省学术和技术带头人后备人选要加强学风和职业道德修养，虚心向省学术和技术带头人以及其他专家学习，努力钻研科学技术，积极从事相应的学术、技术工作，在本职岗位上发挥骨干作用；积极开拓创新，探索学术、技术新领域，为本学科、专业的发展和成果转化献计献策；积极争取承担国家、省（部）项目的研究、开发、实施及推广应用和科技咨询工作；团结广大专业技术人员为促进我省科技进步、经济建设和社会发展贡献力量。争取早日成为省学术和技术带头人。

第六章　管　　理

第十四条　省学术和技术带头人后备人选管理期限为四年（自被批准的次月起算）。省学术和技术带头人后备人选在学术和技术工作中取得新的成就，管理期满后仍符合本《办法》规定的范围、条件的，可再次被推荐管理。

第十五条　对省学术和技术带头人后备人选进行培养和扶持，促进他们尽快成长，脱颖而出。

（一）在管理期间，可数次申请四川省学术和技术带头人培养资金，用于开展学术和技术工作；

（二）在管理期间，可参加专门面向省学术和技术带头人后备人选举办的高级研修班；

（三）在推荐国家“百千万人才工程”人选和享受政府特殊津贴专家、省（部）有突出贡献的优秀专家时，同等条件下，予以优先考虑。

第十六条　省学术和技术带头人后备人选所在单位、地区或部门要采取有效措施，加大培养力度，为他们尽快成长创造有利条件。

第十七条　对管理期限内的省学术和技术带头人后备人选由所在地区、部门实行定期考核。考核工作每两年进行一次，考核结果记入本人考绩档案，并报省人事厅备案。省人事厅会同省级有关部门对考核情况进行抽查。

第十八条　属于下列情况之一者，取消其省学术和技术带头人后备人选资格：

（一）弄虚作假、谎报成果、成绩，骗取省学术和技术带头人后备人选资格者；

（二）丧失或违背省学术和技术带头人后备人选所必须具备的思想政治条件和职业道德标准者；

（三）受到党纪开除党籍或行政开除处分，以及触犯刑律，构成犯罪，受到刑事处罚者；

（四）擅自离职、不履行规定职责，工作渎职、失职，造成严重损失或不良影响者；

（五）管理期间考核不合格者。

第十九条　对应取消省学术和技术带头人后备人选资格的，由所在地区、部门报省人事厅会同省委组织部、省科技厅、省教育厅、省财政厅、省计委、省科协、省社科联审批。

第七章　附　　则

第二十条　本办法由省人事厅会同省级有关部门制定并报请省委、省政府批准发布实施，其修订亦同。

第二十一条　本办法由省人事厅负责解释。

第二十二条　本办法自发布之日起施行。1996 年 8 月 8 日省委组织部、省人事厅、省科委、省教委、省财政厅、省计委、省科协制定发布的《四川省学术和技术带头人后备人选推荐管理试行办法》（川人发〔1996〕27 号）同时废止。

中共四川省委宣传部关于加强哲学社会科学普及工作的意见

川宣发〔2004〕8 号

为认真贯彻落实《中共中央关于进一步繁荣发展哲学社会科学的意见》（中发〔2004〕3 号）和《中共四川省委关于努力推进哲学社会科学事业繁荣发展的意见》（川委发〔2004〕13 号），充分发挥哲学社会科学普及工作在推进我省跨越式发展，全面建设小康社会进程中的重要作用，现就加强哲学社会科学普及工作提出如下意见。

一、加强哲学社会科学普及工作的重要意义

哲学社会科学普及工作是宣传马列主义、毛泽东思想、邓小平理论和“三个代表”重要思想，传播哲学社会科学知识、科学思想、科学精神、科学方法，帮助人们树立正确的世界观、人生观、价值观，提高全民族思想道德素质的主要途径；是加强社会主义精神文明建设，在全社会营造崇尚科学、反对伪科学、反对封建迷信的良好氛围的重要手段；是加快推进我省跨越式发展，全面建设小康社会进程的重要保证。加强哲学社会科学的宣传和普及，掌握必备的哲学社会科学知识，特别是马克思主义的辩证唯物主义和历史唯物主义，对于人们正确认识纷繁复杂的社会现象，提高道德素养和精神境界具有十分重要的意义。

改革开放特别是十三届四中全会以来，我省哲学社会科学普及工作在各级党委政府的关心支持下，在全省社科界和有关部门的共同努力下，取得了较大成效，扩大了社会影响，总体上呈现向上发展和不断推进的态势。邓小平理论和“三个代表”重要思想深入人心，全省广大干部群众的哲学社会科学意识和素质不断增强，哲学社会科学普及工作机制逐步建立，组织建设和队伍建设不断发展。但也要看到，我省哲学社会科学普及工作与中央和省委的要求，与广大干部群众对哲学社会科学知识的需求还有不小差距。一些地方和部门对哲学社会科学普及工作重视不够，在思想认识、政策支持、经费投入上力度不大；哲学社会科学普及工作的组织管理与运行机制不完善，人才资源缺乏有效整合，普及队伍不健全；哲学社会科学普及读物形式单一，精品力作较少。这些都制约了我省哲学社会科学普及工作的正常开展，影响了广大人民群众的社会科学素质提高。因此，从战略的高度认识哲学社会科学普及工作的重要性和紧迫性，既重视自然科学普及，又重视社会科学普及；既重视提高人民的自然科学素质，也重视提高人民的社会科学素质；既重视培养任用高水平的哲学社会科学研究人才，也重视培养和任用高水平的哲学社会科学普及人才，是各级党委、政府的重要任务。

二、哲学社会科学普及工作的指导思想、总体要求、目标和基本任务

哲学社会科学普及工作的指导思想：以马列主义、毛泽东思想、邓小平理论和“三个代表”重要思想为指导，解放思想、实事求是、与时俱进，积极创新哲学社会科学普及工作。坚持为人民服务、为社会主义服务的正确方向，坚持以人为本的科学发展观，紧紧围绕全面建设小康社会的战略目标，广泛宣传马克思主义科学理论、党的路线方针政策，普及哲学社会科学知识、科学思想、科学精神和科学方法，帮助人们树立正确的世界观、人生观和价值观，努力提高全省人民的思想道德素质和科学文化素质，推动三个文明建设的协调发展。

哲学社会科学普及工作的总体要求和目标：一是坚持正确的导向性，用马列主义、毛泽东思想、邓小平理论和“三个代表”重要思想统领哲学社会科学普及工作，把握正确的方向。二是坚持科学性，大力宣传普及科学理论和先进社会科学知识，反对一切违背客观规律和反马克思主义的理论和言行，促进全民族思想道德素质和科学文化素质的不断提高。三是坚持长效性，加强对哲学社会科学普及工作的部署和规划，建立长效的组织、运行与管理机制，使哲学社会科学普及工作逐步走向规范化、制度化。四是坚持实效性，紧紧围绕党委政府的中心工作，追踪广大干部群众最关心的重大理论和实际问题，为我省改革开放和经济社会全面协调可持续发展提供精神动力和智力支持。五是坚持通俗性，贴近实际，贴近生活，贴近群众，以人民群众喜闻乐见的形式，增强哲学社会科学

普及工作的吸引力、感召力，使哲学社会科学普及工作真正收到实效。通过几年的努力，达到哲学社会科学普及工作的基本目标：建立适应经济社会发展要求，符合哲学社会科学普及规律的工作机制；建立一支政治素质好、业务能力强的哲学社会科学普及工作队伍；在报纸、电台、电视台、互联网上逐步建立一批哲学社会科学普及阵地；推出一批优秀哲学社会科学普及作品，全面提高我省哲学社会科学知识的普及程度。

哲学社会科学普及工作的基本任务：一是大力宣传普及马列主义、毛泽东思想、邓小平理论和“三个代表”重要思想，在全社会广泛传播哲学社会科学知识，倡导科学思想、科学方法，弘扬科学精神。二是大力宣传哲学社会科学研究的优秀成果，扩大社会影响力，促进哲学社会科学研究成果的转化和应用，为各级党委政府的决策提供咨询服务。三是围绕我省改革开放和经济社会发展的热点、难点问题，开展宣传普及和咨询活动，为广大干部群众释疑解惑，帮助他们正确认识和对待当前社会转型时期的各种社会现象和社会问题，自觉维护安定团结的大局。四是帮助广大人民群众了解和掌握必备的哲学社会科学常识，使他们能够自觉地抵制伪科学、封建迷信和反动腐朽文化，推进群众性的社会主义精神文明创建活动。

三、建立和完善哲学社会科学普及工作运行机制

为使哲学社会科学普及工作做到政策落实、组织落实、工作落实，必须逐步建立长效的工作运行机制。(1) 建立哲学社会科学普及工作联席会制度，由省委宣传部指导，省社科联具体负责、有关部门参加，组织协调各地哲学社会科学的普及工作、活动的开展。(2) 建立哲学社会科学普及经费投入制度，各级党委、政府要根据哲学社会科学普及工作需要，将哲学社会科学普及经费纳入年度财政预算，并随着财政收入的增长而逐步增加。(3) 建立哲学社会科学普及读物资助出版与优秀作品评奖制度，鼓励和扶持广大哲学社会科学工作者编写更多的科普读物。(4) 建立哲学社会科学普及工作先进集体、先进个人表彰奖励制度，形成促进哲学社会科学普及工作的激励机制，引导广大哲学社会科学工作者关心科普工作、热爱科普事业。(5) 建立哲学社会科学普及宣传周活动制度，每年5月第3周为活动周，组织全省社科界开展声势浩大、形式多样的普及宣传活动。(6) 建立哲学社会科学普及宣传协调合作制度，充分发挥报刊、广播、电视、互联网等大众媒体的作用，在报、台、网上开办哲学社会科学普及栏目、节目，宣传哲学社会科学知识，宣传哲学社会科学研究优秀成果；在各类社科刊物上开辟专栏，刊载哲学社会科学普及文章；在国民教育中加大人文社会科学知识的比重；在全省建立一批社科普及教育基地；将哲学社会科学普及列入各学会、协会、研究会工作内容。通过建立健全工作机制，推进我省哲学社会科学普及工作的大众化、社会化和经常化，不断扩大哲学社会科学普及工作的社会影响。

四、加强对哲学社会科学普及工作的领导

哲学社会科学普及工作是一项长期复杂的社会系统工程，要从全局和战略的高度来重视和把握。哲学社会科学普及工作要在省繁荣发展哲学社会科学工作协调小组领导下进行，省繁荣发展哲学社会科学工作协调小组办公室要加强对哲学社会科学普及工作的指导、督促和检查。各级党委、政府要把哲学社会科学普及工作列入重要议程，加强对哲学社会科学普及工作的领导。各级党委宣传部要协助哲学社会科学工作部门，做好哲学社会科学的普及工作。报纸、电台、电视台、互联网要加大哲学社会科学的普及和宣传力度。各级社科联要抓好哲学社会科学普及和组织工作，搞好哲学社

会科学普及人才队伍建设，组织动员广大哲学社会科学工作者，积极搞好哲学社会科学的普及和宣传，创作优秀科普作品，把深奥的理论深入浅出地介绍给广大人民群众。各学会、协会、研究会，各市、州、县社科联要结合各自的学科特点、优势和各地的实际情况，广泛运用论坛、讲座、研讨会、座谈会、报告会、专题调研、专家访谈、图片展览、板报壁报等形式，积极开展群众喜闻乐见、生动活泼的社科普及活动。用科学理论教育引导人民群众，提高人民群众的哲学社会科学素质，促进人的全面发展，为我省跨越式发展，全面建设小康社会提供良好的思想保证、人文环境和智力支持。

二〇〇四年八月九日

四川省社会科学界联合会章程

（2002年9月19日第五次代表大会通过）

第一章　总　　则

第一条　本会定名为四川省社会科学界联合会，简称四川省社科联。

第二条　本会是中共四川省委、四川省人民政府领导下的学术性人民团体，是党和政府联系社会科学工作者的桥梁和纽带，是加入本会的全省性社会科学社会团体和市、州社科联的联合组织。

第三条　本会的宗旨是：团结和组织全省社会科学工作者，坚持以马克思列宁主义、毛泽东思想为指导，高举邓小平理论伟大旗帜，贯彻“三个代表”重要思想，坚持党的基本路线，坚持理论联系实际，坚持“百花齐放、百家争鸣”的方针，促进社会科学事业的繁荣和发展，为党和政府决策服务，为建设有中国特色社会主义事业服务，为四川的改革开放和社会主义现代化建设服务。

第二章　任　　务

第四条　本会的基本任务是：

1. 负责新申报的全省性社会科学社会团体的资格审查；指导和协调所属全省性社会科学社会团体的工作；指导市、州社科联的业务工作。

2. 编制全省社会科学研究的近期规划、长远规划和普及规划；组织社会科学规划研究项目的申报和课题管理。

3. 组织和指导重大社会科学学术研究活动，促进和开展社会科学学术交流。

4. 组织开展社会科学优秀科研成果评奖活动，协调部分获奖成果的出版、宣传、推广工作。

5. 普及马克思主义基本理论和社会科学知识；开展社会科学培训、咨询服务工作。

6. 促进社会科学社会团体之间、理论工作部门与实际工作部门之间、社会科学界与自然科学界之间的联系和合作。

7. 贯彻党的方针政策和国家的法律法规，向党和政府反映社会科学界的意见和要求，维护社会科学工作者及团体的合法权益。

8. 受省政府委托，负责社会科学咨询业的行业管理工作。

9. 承办省委、省政府交办的其他事项。

第三章　会　　员

第五条　社会团体申请加入本会的基本条件为：

1. 依法登记成立的全省性社会科学社会团体；

2. 承认本会章程，有加入本会的意愿并提交书面申请；

3. 有学术带头人和相当数量的会员，在学科领域内具有一定的影响；

4. 能独立开展学术活动；

5. 有办事机构和经费来源；

6. 不与本会所属社会团体重复。

第六条　本会所属社会团体业务上接受本会的领导，同时，行政上接受其业务主管单位或挂靠单位的领导。

第七条　市、州社科联是市、州党委、政府领导下的学术性人民团体，由同级社会科学社会团体和县（市、区）社科联组成，业务上接受本会的指导。

第八条　会员的权利

1. 根据本会章程和团体会员各自的章程，依法独立自主地开展活动；

2. 推选出席本会代表大会的代表，推荐本会理事会理事候选人；

3. 参加本会组织的规划项目研究、优秀科研成果评奖和理论研讨、学术交流、普及咨询等学术活动；

4. 参加本会组织的先进评选活动，先进单位和个人可获得本会的表彰和奖励；

5. 优先或优惠获得本会编印的书刊资料；

6. 向本会申请给予开展学术活动的必要支持和帮助；

7. 对本会工作进行监督．提出批评和建议；

8. 有退出相互促进的自由。

第九条　会员的义务

1. 遵守本会章程，执行本会决议；

2. 接受并完成本会委托的任务；

3. 积极参加本会组织的活动；

4. 向本会报告工作，提供学术信息和资料，推荐科研成果；

5. 按规定缴纳会费。

第十条 本会会员违犯国家法律、法规，违反本会章程，或不按其宗旨开展活动，本会常务理事会可视情节轻重，给予批评、警告、限期整顿、除名等处理。

第四章 组织机构

第十一条 本会实行民主集中制。四川省社会科学界联合会代表大会和它选举产生的理事会是本会的领导机构。

第十二条 四川省社会科学界联合会代表大会每五年举行一次。特殊情况下，可以提前或延期举行。

第十三条 四川省社会科学界联合会代表大会的代表，主要由各团体会员根据本会分配名额推选产生，部分代表由本会常务理事会与有关单位协商推选产生。

第十四条 四川省社会科学界联合会代表大会行使下列职权：

1. 讨论和决定本会的工作方针和任务；
2. 审议本会工作报告；
3. 制定、修改和通过本会章程；
4. 选举产生本会新一届理事会；
5. 决定其他重大事项。

第十五条 理事会在代表大会闭会期间领导本会工作。理事会每年召开一次全体会议。理事会行使下列职权：

1. 执行代表大会的决议；
2. 审议工作报告，制定工作计划；
3. 选举主席、副主席、秘书长和常务理事，组成常务理事会；
4. 推举名誉主席，聘请顾问；
5. 增补和调整理事；
6. 决定其他重大事项。

第十六条 理事会闭会期间由常务理事会主持会务工作；常务理事会和主席办公会每年各召开一次全体会议，必要时可由主席、驻会副主席临时召集。

第十七条 常务理事会根据需要设立若干个专业工作委员会。各专业工作委员会成员由部分常务理事和聘请的专家组成，专业工作委员会主任委员由副主席担任。

第十八条 本会设置专门工作机构，在主席领导下，由驻会副主席和秘书长负责日常工作。

第五章 经　　费

第十九条 本会经费来源：

1. 财政拨款；
2. 团体会员会费；
3. 符合本会宗旨的资助、捐赠；

4. 其他合法收入。

第六章 附 则

第二十条 本章程经四川省社会科学界联合会第五次代表大会通过后生效。

第二十一条 本章程解释权属四川省社会科学界联合会常务理事会。

四川省社会科学界联合会
关于成立全省性社会科学社会团体资格审查的规定

（1999 年 4 月 21 日四川省社科联第四届理事会第三次会议通过）

第一条 为使我省社会科学社会团体资格审查工作规范化、制度化，严格按标准审批申请成立社会科学社会团体，搞好社会科学社会团体的培育发展工作，根据 1998 年 10 月 25 日国务院颁发的《社会团体登记管理条例》等国家有关法律、法规及《四川省社科联章程》《四川省社科联学会管理办法》，特制定本规定。

第二条 申请成立全省性社会科学社会团体，应具备以下条件：

一、符合国家颁布的学科分类的独立学科；有明确的学科研究对象和研究范围，且不与省社科联所属社会团体重复；有利于促进本学科、专业和行业的发展，有利于促进社会科学理论与实际的结合；

二、有 50 个以上的个人会员或者 30 个以上的单位会员，个人会员、单位会员混合组成的，会员总数不得少于 50 个；有至少 10 名以上具有高级专业技术职称的专家学者或影响较大的学科带头人为主体的研究力量；理事会成员和会员在本学科、专业及行业具有一定的学术水平和较强的代表性、广泛性；

三、有厅局级或相当于厅局级单位作为业务主管单位或挂靠单位；

四、有规范的名称和相应的组织机构；

五、有固定的住所；

六、有与其业务活动相适应的专职工作人员；

七、有稳定、合法的资产和经费来源，有 3 万元以上活动资金；

八、有独立承担民事责任的能力。

第三条 申请成立全省性社会科学社会团体的资格审查程序：

一、发起人向省社科联提交以下申请材料；

1. 筹备申请书；

2. 业务主管单位或挂靠单位的批复；

3. 验资报告、场所使用权证明；

4. 发起人和拟任副秘书长以上职务人员的基本情况、身份证明；

5. 章程草案。

二、省社科联学会学术部对申请材料进行预审并提出意见，提交省社科联学会工作委员会初审，初审后同意筹备的，报省社科联党组审批。省社科联自收到申请材料之日起60日内，作出同意或者不同意筹备的决定。经审查同意筹备的，出具同意筹备的批文；

三、发起人自省社科联同意筹备之日起30日内，持省社科联批文及申请材料，向省民政厅办理申请筹备手续；

四、自省民政厅批准筹备之日起5个月内召开会员大会或会员代表大会，通过章程，产生执行机构、负责人和法定代表人，并报省社科联申请资格审查。经我会按规定程序审查通过后，出具资格审查意见；

五、自省社科联出具资格审查意见之日起30日内持资格审查意见、登记申请书及有关材料，向省民政厅申请成立登记；

六、经省民政厅准予登记注册后，即成为具有法人资格的社会团体。

第四条 本规定自省社科联第四届理事会第三次会议通过之日起施行，解释权属省社科联。

四川省社会科学界联合会学会管理办法

（2004年1月8日主席办公会议通过）

第一条 为了加强对四川省社会科学界联合会所属学会、协会、研究会（以下统称学会）的管理，使学会管理走上法制化、规范化的轨道，保证学会工作正常开展、健康发展，根据《社会团体登记管理条例》等国家有关法律、法规和《四川省社科联章程》，特制定本办法。

第二条 凡经省民政厅登记成立并加入省社科联的全省性社会科学学会，为我会下属团体会员，由省社科联印发“省社科联团体会员证书”，各团体会员均属本办法管理范围。

第三条 学会要坚持以马列主义、毛泽东思想和邓小平理论为指导，贯彻“三个代表”重要思想，坚持党的基本路线，坚持正确的政治方向，坚持理论联系实际和“双百”方针，努力工作，开拓进取，促进社会科学事业的繁荣和发展，为党和政府决策服务，为建设有中国特色社会主义事业服务，为四川的改革开放和社会主义现代化建设服务。

第四条 学会必须遵守宪法、法律、法规和国家政策，接受社团登记管理机关的监督管理，接受业务主管单位或挂靠单位的领导。必须遵守省社科联章程和有关规定，接受省社科联的业务领导和管理；履行团体会员的权利和义务。应认真执行省社科联决议，努力完成省社科联交办的任务，积极参加省社科联组织的活动。

第五条 申请成立全省性社会科学学会，按《四川省社科联关于全省性社会科学社会团体资格审查的规定》申请审批办理。

第六条 学会应有健全的组织机构、自律机制和完善的内部管理。应依照章程开展工作，坚持民主办会，实行制度化、规范化和科学化的管理，努力做到自主、自律、自强，能按照章程独立地开展活动。

第七条 学会会员大会或会员代表大会（以下统称会员代表大会）和它选举产生的理事会是学会的领导机构，理事会是会员代表大会的执行机构。会员代表大会应按期举行，理事会应按期换届，特殊情况下，经业务主管单位批准，可提前或延期举行，但延期换届最长不超过1年。

理事会的成员结构应从工作实际出发，坚持精干和老、中、青相结合的原则，由有一定学术造诣和组织活动能力、热心学会工作的成员组成，其中具有高级专业技术职称的人数不得少于三分之一。理事会设会长（理事长）一名，副会长（副理事长）若干名；设秘书长一名，副秘书长若干名。秘书长以上负责人（不含名誉职务）应身体健康，能够坚持日常工作，任期一般不超过两届，年龄一般不超过70周岁。

县处级以上现职党政机关领导干部不得兼任学会领导职务（含学会分支机构负责人），如有特殊情况确需兼任的，必须按干部管理权限经审批同意后方能兼任；正副会长（理事长）兼职一般不超过两个学会；学会法定代表人一般应由会长（理事长）担任，如因特殊情况确需由副会长（副理事长）或秘书长担任法定代表人，应报业务主管单位审查并经省民政厅审批同意后，方可担任，并在章程中写明，学会法定代表人不得兼任其他学会的法定代表人。

学会换届应先将担任副秘书长以上职务人员候选名单报业务主管单位，经审核同意后再进行选举。选举后，连同理事、名誉会长、顾问名单等材料一并上报省社科联备案，事项发生变更的应向省民政厅申请变更登记。

第八条 学会会员实行个人会员和团体会员制度。发展会员，必须根据学会章程，坚持标准，履行手续。学会应切实保障会员的权利，对违反国家法律、法规的会员，要按有关法规及时进行处理。会员会费的收取和使用，按有关规定执行。

第九条 学会内部的组织机构视学会工作的实际需要设置。拟设立分支机构、代表机构的，须按照《社会团体分支机构、代表机构登记办法》的规定，经业务主管单位审查同意后，向省民政厅申请登记，并报省社科联备案。学会的分支机构、代表机构是学会的组成部分，不具有法人资格，应按照学会章程规定的宗旨和业务范围，在该学会授权范围内开展活动。学会不得设立地域性分支机构，学会的分支机构不得再设立分支机构。

第十条 学会常设办事机构专职和长期兼职人员中有正式党员3名以上的，应按中组部、民政部有关规定建立党的基层组织，加强学会党的工作。学会建立党组织，由业务主管部门党组织审批，并报省社科联备案。

第十一条 学会应有健全的财务管理制度，并严格执行国家财务管理的有关规定，接受有关部门监督，贯彻勤俭办会的方针。学会资产来源必须合法，任何单位和个人不得侵占、私分或挪用学会资产。学会应有可靠的活动经费，学会经费必须用于章程规定的业务活动和事业发展，不得在会员中分配。学会收费以及接受和使用捐赠、资助，必须符合国家有关法规、政策和章程规定的宗旨和业务范围，并向业务主管单位和省社科联报告有关情况。学会年度收支情况，应经理事会或常务理事会审议通过。学会在换届或者更换法定代表人之前，由省民政厅和业务主管单位组织对其进行财务审计。

第十二条 学会变更名称、法定代表人、负责人、住所、内部组织机构、章程等登记、备案事项，应报业务主管单位审查同意后，向省民政厅申请变更登记，并及时上报省社科联备案。

第十三条 学会自行解散、分立、合并或因其他原因终止时，应经业务主管单位审查同意后，向省民政厅申请注销登记，在办理注销登记前，由业务主管单位及有关机关指导进行清算事宜。学会注销后的财产，按照国家有关规定处理，不得转移或私分。

第十四条 学会应根据社会经济发展和学科建设的需要，积极开展学术研究、学术交流、课题调研、普及咨询等工作，不断提高学术研究水平，促进学科专业及行业的建设和发展。

学会开展各类重大活动，应事先向业务主管单位、省社科联及有关部门报告申请。举办各类学术会议、报告会、研讨会、讲座，应按照有关规定和程序向业务主管单位、省社科联及有关部门办理申报审批手续，并坚持正确的政治方向；开展对境外的学术交流等涉外交往活动，应按照有关规定和程序，向业务主管单位、省社科联及有关部门办理申报审批手续，并严格遵守国家的有关法律、法规和政策。

第十五条 学会创办报纸、杂志和编辑发行出版物，应按国家和省新闻出版行政管理部门的规定办理审批手续。对所办刊物要加强管理，坚持正确的办刊方向，努力提高刊物质量。

第十六条 学会自身不得从事营利性经营活动，可结合本学科、行业及学会特点，按照国家有关法规和章程规定，从事社会经济、文化和社会公益事业领域的课题研究、科普培训、咨询服务等活动，在取得社会效益的同时，多渠道筹集经费，增强学会实力。其合法收入须用于学会章程规定的业务活动，不得在会员中分配。

学会成立咨询服务机构，从事社科咨询有偿服务，其咨询机构及从事社科咨询的执业人员，应向省咨询业协会社会科学专业委员会申报资格等级证书和科技咨询师资格证书。

第十七条 学会应加强与社科联的联系并及时报告有关学会工作情况，及时提供学术信息和资料，推荐报送科研成果；应积极参加省社科联组织的规划项目研究、优秀科研成果评奖和理论研讨、学术交流、普及咨询等学术活动；积极参加省社科联组织的先进学会和学会先进工作者、“四川省十佳社科学会”等评选表彰活动，该评选表彰活动每两年进行一次，对在学会工作中取得较大成绩、有突出贡献的先进学会和个人予以表彰和奖励。

第十八条 学会应按照《四川省社科联团体会员年度检查办法》的要求，按时参加省社科联团体会员年检工作，并报送上年度工作报告和本年度工作计划。

学会应按照省民政厅有关年检的规定，按时参加省民政厅的社团年检工作。

第十九条 学会应按时向省社科联缴纳团体会费。团体会费的缴纳、管理和使用，按《四川省社科联团体会费管理办法》执行。团体会费主要用于资助重大学术研究和学术交流活动、表彰奖励先进学会和学会先进工作者及学会管理等项工作。连续两年无故未缴纳团体会费的学会，不能通过团体会员年检；连续三年未缴纳团体会费的学会，取消其团体会员资格。

第二十条 对违反本办法规定的学会，省社科联视其情况分别给予批评、警告、限期整改、取消团体会员资格等处理。在限期整改期间的学会，不能参加省社科联组织的优秀科研成果评奖、先进学会和个人评选等活动。对违反国家法律、法规的学会，省社科联协助有关部门依法查处。

第二十一条 省社科联学会学术部负责学会管理的日常工作。

第二十二条 本办法自2004年1月8日起施行。1999年5月6日省社科联颁发的《四川省社科联学会管理办法》同时废止。

第二十三条 本办法解释权属四川省社会科学界联合会。

四川省社会科学规划项目管理办法

第一章 总 则

第一条 为适应我省改革开放和现代化建设的新形势，加强和完善社会科学规划项目管理工作，促进哲学社会科学研究多出优秀成果，多出优秀人才，制定本办法。

第二条 四川省社会科学规划项目管理，必须坚持以马列主义、毛泽东思想、邓小平理论和"三个代表"重要思想为指导，坚持理论联系实际，努力研究我国、我省改革开放和社会主义现代化建设提出的重大理论和实际问题，为党和政府决策服务，为两个文明建设服务。

第三条 四川省社会科学规划项目（以下简称"省社科规划项目"）实行面向社会，公平竞争，专家评审，择优立项的原则。凡符合本办法规定，有条件进行哲学社会科学研究的单位和个人均可申请（省外、境外个人和单位凡研究领域涉及我省政治、经济、文化和社会发展等，不受地域限制）。

省社科规划项目积极扶持中青年社科研究工作者和民族地区的哲学社会科学研究。

第四条 省社科规划项目的管理充分利用计算机网络技术，提高管理的效率和水平，逐步实现管理工作的现代化。

第五条 省社科规划项目管理，在中共四川省委宣传部指导和四川省社科联党组领导下，由四川省社会科学规划办公室（以下简称"省规划办"）执行。

第二章 项目的确定

第六条 省社科规划项目，主要以发布四川省社会科学研究五年规划课题指南和年度规划课题指南的方式进行。五年规划课题指南发布时间在规划起始年的第三季度；年度课题指南发布时间在当年的第二季度。五年规划课题指南和年度课题指南的制定，由省规划办向有关部门广泛征集研究课题，经省规划办汇总整理，报省社科联党组审定后发布。

第七条 省社科规划设立重点项目和一般项目，每年评审一次。成果形式为研究报告、论文、专著等。研究报告完成时限一般为1年，专著一般为2年，最长的不得超过3年，除重要的基础研究外，鼓励以研究报告、论文为项目的最终成果形式。

第八条 省社科规划同时设立自筹经费项目和自选项目。立项数量视当年的实际情况确定。

少量题材特别重大，需要多学科联合攻关，党和政府亟需的应用性对策性研究问题，以招标或委托研究项目的方式，由省规划办单独组织。

第三章　项目申报、评审与立项

第九条　申请单位或个人向本单位科研管理部门申报，统一报送省规划办。申请者填写《四川省社会科学规划项目申请书》（以下简称《申请书》）。《申请书》须经申请者所在单位科研管理部门初审，签署明确意见，承担科研信誉保证。多单位合作项目，由项目负责人所在单位的科研管理部门负责申报及初审。省规划办按规定的标准，收取项目评审费。

第十条　省社科规划项目研究实行项目负责人责任制，一个课题组只能确定一名负责人，负责人享有《申请书》中所规定的各项权利并承担相应义务。负责人应符合以下条件：

1. 遵守中华人民共和国宪法，热爱社会主义祖国，拥护社会主义制度和中国共产党的领导。

2. 具有副高级以上专业技术职务，否则须经两名具有正高级专业技术职务的同行专家推荐。具有博士学位，年龄在35岁以下的申请人，不受专业技术职务的限制。

3. 申请人必须是项目实施全过程的真正组织和指导者，挂名或不担负实质性研究工作的人不得作为负责人申请。

4. 申请人当年只能申请一个项目，过去承担的省社科规划项目已结项。

5. 申请自筹经费项目，须有出资单位的经费出资证明。

第十一条　省社科规划项目实行同行专家评审制。评审专家按所属学科建库备档，建库人数为实际需要人数的3倍左右，届时随机抽取一定数量的专家组成学科评审组进行评审。

第十二条　省规划办负责组织省社科规划项目的评审。

1. 按本办法第三章第九条、第十条的内容进行资格审查合格者进入学科评审组评审。

2. 学科评审组审议申请书活页部分的设计论证，经过民主协商，按少数服从多数的原则，评出申报总额二分之一的申请书作为候选。

3. 候选申请书，由学科评审组综合考虑项目负责人的研究水平和课题组的构成及其它研究条件，经过民主协商、无记名投票表决，从中产生拟立项项目。

4. 学科评审组成员须有三分之二以上（含三分之二，下同）出席方能进行评审和表决，到会评审组成员半数以上同意方为通过。对评审通过的拟立项项目，由学科评审组组长签署评审意见交省规划办。

5. 省规划办对学科评审组评审结果进行复核，报省社科联党组审定，并上报中共四川省委宣传部批准立项。

第十三条　立项批准后，省规划办向项目负责人下达《四川省社会科学规划项目立项通知书》。由项目负责人填写回执，回执在一个月内返回省规划办。

第四章　经费的使用与管理

第十四条　省社科规划项目的研究经费一次核定，分期拨付，包干使用，超支不补。由项目负责人所在单位的科研管理部门和财务部门负责管理并监督使用。

第十五条　省社科规划项目研究经费分两次拨款：第一次以负责人立项通知书回执为凭，拨付资助经费的60%；第二次以结项通知书为凭，拨付余款。

第十六条　省社科规划项目研究经费的使用范围，主要包括资料费、调研差旅费、小型会议费、计算机使用费、印刷费、鉴定费等。

第十七条　省社科规划项目研究经费的开支标准应按有关财务政策和法规执行。项目负责人所在单位的财务部门要协助监督规划项目研究经费的使用，发现问题及时予以纠正。同时，妥善保存经费开支的账目和凭据，以备审计部门、上级财务部门以及省规划办财务审查。

第十八条　因故撤销的省社科规划项目，要及时清理账目，并将已拨经费的余额和不合理开支部分退还省规划办核销。

第十九条　自筹项目经费由项目负责人所在单位负责管理。其经费筹集、使用和管理，必须符合国家财务制度及本管理办法的规定。

第二十条　省社科规划项目研究经费专款专用，任何单位和个人不得以任何理由和方式截留、挤占和挪用。

第五章　项目的管理与检查

第二十一条　省社科规划项目实行年度检查制度。主要检查项目研究进度、质量和经费使用情况，年度检查表一般在每年3—4月下发。

第二十二条　省社科规划项目实行二级管理体制。省规划办负责国家社科基金项目和省社科规划招标、委托、重点项目的管理；各项目负责人所在单位的科研管理部门受省规划办的委托，负责本单位的自筹经费和一般项目的管理。各级管理机构要各负其责，协调配合，共同做好国家、省社科规划项目管理工作。

第二十三条　省规划办对项目执行情况、经费使用情况和各单位管理情况进行抽查；每年通报项目执行情况，组织交流管理工作经验。

第二十四条　项目负责人所在单位应将批准立项的省社科规划项目列为本单位重点科研项目，并在人力、物力、财力方面提供必要的支持。要定期对规划项目研究工作的进度和经费使用情况进行检查，加强对规划项目的跟踪管理，促进课题组按时高质完成研究。

第二十五条　凡有下列情形之一者，须由项目负责人提交书面申请，经所在单位科研管理部门同意，报省规划办审批：

1. 变更项目负责人；
2. 改变项目名称；
3. 改变最终成果形式；
4. 研究内容有重大调整；
5. 变更项目管理单位；
6. 延期一年以上或多次延期；
7. 项目研究和出版等方面有涉外问题；
8. 终止项目协议，申请撤销项目。

第二十六条　凡有下列情形之一者，由省规划办调查核实，报请省社科联党组批准撤销项目：

1. 研究成果有严重政治问题；

2. 研究成果质量低劣；

3. 第一次鉴定未能通过，经修改后重新申请鉴定，仍未能通过；

4. 剽窃他人成果，弄虚作假；

5. 与批准的课题设计严重不符；

6. 逾期不提交延期申请，或多次延期仍不能完成。应用性研究项目延期一年仍不能完成，基础性研究项目延期两年仍不能完成；

7. 严重违反财务制度。

被撤销项目的负责人三年内不得申请省社科规划项目。

第六章　成果鉴定与结项

第二十七条　省社科规划项目最终成果的鉴定采用聘请同行专家通讯鉴定或会议鉴定的方式。省规划办负责组织省社科规划招标项目、委托项目和重点项目最终成果的鉴定；项目负责人所在单位的科研管理部门负责一般项目和自筹项目最终成果的鉴定。

第二十八条　鉴定专家的选定：

1. 鉴定专家应具有正高级专业技术职务，思想作风正派，学术造诣精深；

2. 每个项目的鉴定专家不得少于3人；

3. 课题组成员不能担任本项目的鉴定专家，项目负责人所在单位参与鉴定的专家只限1人；

4. 课题组不能参与选择本项目的鉴定专家，也不能参与鉴定的具体事务；

5. 鉴定组织者须对鉴定专家的人选、鉴定过程中的具体内容严格保密。

第二十九条　具备下列条件之一者可免予鉴定：

1. 提出的理论、政策、建议、构想被省部级以上党政机关采纳引用并取得明显效益；

2. 涉及党和国家机密不宜公开，而质量得到有关部门认可。

第三十条　省社科规划项目最终成果在出版或向有关单位报送时，须在醒目位置注明“四川省社会科学规划项目”字样，并在前言或后记中注明参加鉴定的专家名单（内容包括：姓名、单位、职务、职称）。凡未按要求注明的最终成果，不予认可。

第三十一条　凡未通过鉴定的最终成果，省规划办不予拨付资助经费的余额部分，最终成果也不得使用“四川省社会科学规划项目”字样。

第三十二条　最终成果鉴定通过后，由省规划办负责验收结项。验收结项材料应包括：1份《鉴定结项审批书》原件，3份《专家鉴定意见表》或免予鉴定的证明材料，5套最终成果（专著打印稿可1套，待正式出版后补送5套）。验收合格后，由省规划办发给《四川省社会科学规划研究项目结项证书》。

第三十三条　为在国际互联网上展示省社科规划项目成果，所有课题组在办理结项手续时，务必向省规划办提交一份3000字左右的成果提要，同时提交该提要的计算机软盘（3.5寸盘，文件格式为TXT文本文件）。

第七章 成果宣传、出版与推广

第三十四条 各课题组、课题组负责人所在单位和省规划办，应采取各种积极措施加强对省社科规划项目研究成果的宣传、推广和转化，使其在党和政府决策、在两个文明建设中充分发挥作用。

第三十五条 要充分利用刊物、报纸、广播电视、互联网等媒体，建立相对稳定的成果宣传推广渠道。省社科规划项目的重要学术观点要及时摘报省规划办和有关领导机关。

第三十六条 项目负责人所在单位，应采取各种积极措施，多种渠道筹措资金，资助或协助省规划项目优秀成果的出版。

第八章 附 则

第三十七条 本管理办法的解释权和修改权属省规划办，以往其它办法中的有关规定，凡与本办法不符，均以本办法为准。

第三十八条 本管理办法自发布之日起实施。

编后记

2005年底，中共四川省委办公厅、四川省人民政府办公厅下发《关于开展四川省第二轮修志工作的通知》。按《四川省志》编纂方案分工，《四川省志·哲学社会科学志（1986—2005）》（以下简称《哲学社会科学志》）由四川省社会科学界联合会（以下简称省社科联）牵头承编，四川省社会科学院（以下简称省社科院）参编。

2006年，《哲学社会科学志》编纂工作启动。承编单位成立《哲学社会科学志》编委会，聘请中共四川省委书记处原书记、省政协原主席兼省社科联第二届主席杨超，中共四川省委原副书记、省政协原主席兼省社科联第三届主席聂荣贵，中共四川省委常委、宣传部部长王少雄，四川省人民政府副省长柯尊平，省社科联主席刘诗白担任编委会顾问。编委会主任由省社科联、省社科院主要领导担任，并确定省社科联（院）党组（委）有关领导分管修志工作，及时解决修志工作中存在的问题。省社科联、省社科院各自设立修志办公室，指派专人承担修志的组织协调工作。同时，编委会下设《哲学社会科学志》编辑部，实行主编负责制。编委会组织省社科联、省社科院、四川大学、省民族研究所、省档案局、成都市社科联等单位有关研究人员、管理人员数十人参加编写工作。在修志过程中，中共四川省社科联党组和省社科院党委多次分别召开会议专题研究，同时省社科联和省社科院多次召开《哲学社会科学志》联席会议研究贯彻落实意见。

《哲学社会科学志》编辑部抓住“广度”和“深度”两个要点，开展志稿编写工作。从广度上看，《哲学社会科学志》不单纯是一部专业志，而是一部科学发展志，也是一部文化体制创新志，既涉及社会科学理论，又涉及思想意识形态，涉及政治、经济、文化、艺术、民族、宗教等等，与之相关的部门、单位、院校众多。从深度上看，一个国家、一个省份、一方区域的哲学社会科学的发展，伴随着的必然是这个国家、省份、区域的政治、经济、社会的发展。作为国家文化核心的哲学社会科学，必然是这个国家和民族的精神旗帜，理论的前瞻性、引领性是哲学社会科学的本质属性。《哲学社会科学志》要展示改革开放以来，四川社会科学工作者紧跟共和国迈进的脚步，参与研究解决经济建设和社会发展过程中重大的实践问题和理论问题，攻破诸多理论空白，回答诸多实践困局。编辑部为客观记述四川改革开放以来哲学社会科学的基本状况，取得的主要成就和经验教训及发展进程，叙述四川丰厚悠久的文化底蕴，力求做到思想性、科学性和资料性统一，在编写过程中着力解决以下4个问题。

一是决定编纂内容和篇目设置。经编辑部反复讨论，征求有关专家和四川省地方志工作办公室（以下简称省地方志办）意见，全志正文分4部分。“概述”是1986—2005年四川社会科学发展历程的总论，以改革开放、发展创新为主线，体现四川社会科学历来“敢为天下先”的地方特色和在全国的重大影响。“学科”部分是四川省社会科学各门类学科20年的发展变化、学术研究、学术活动、代表人物及其主要观点和著述。“社团、学会、刊物与网站”部分记述社会科学研究机构、团体、刊物和网站的变化和发展状况。“社会科学工作与活动”部分记述四川省社会科学组织管理、规划、评奖、普及和基地及人才培养工作的发展过程。

二是明确本志学科分类。1986年后，哲学社会科学领域的新兴学科、交叉学科、边沿学科不断涌现，学科间不断整合、分化、划分层级，使学科分类十分繁复细密。到2005年，原有学科分类已经不适应哲学社会科学研究的需要，而且出现了四川本土特有的学科如巴蜀文化研究等。经编辑部讨论，“学科”分类参照国家哲学社会科学基金办公室拟定的一级学科设置，结合四川省哲学社会科学发展特点分为19章，每章记述一个学科。

三是收集资料、组织撰写。编辑部以编委会名义向省直有关部门、高校、研究院所、学会和全省各级宣传部、社科联、党校、图书馆、文化馆等单位发出信函，收集有关社会科学研究、活动的资料。同时，由于《哲学社会科学志》涉及的单位众多，编辑部为确保进度，采取分章节的办法落实省社科联、省社科院的有关人员撰写，还组织高校和其他研究单位的专业人员参加撰写。

四是组织统稿、初审。为保证志书文风一致、文字准确得当，编辑部组织人员对各章统稿。在统稿中，坚持求实存真、经世致用，突出四川的区域特点和优势学科，力求为四川省哲学社会科学事业提供经得起历史检验的参考资料。初稿完成后，《哲学社会科学志》编委会组织召开初审会，邀请专家学者对志稿审阅，提出意见和建议并汇总，返还编辑部进一步修改，形成复审稿报省地方志办审定。

2008年，“5·12”汶川特大地震发生，对《哲学社会科学志》编纂影响巨大。全省一切工作都以抗震救灾为中心，许多编写人员暂时放下手中工作，投入到抗震救灾和对地震灾害、震后诸多问题的研究中去，《哲学社会科学志》的编纂进度也因此推迟。

哲学社会科学门类众多，涉及面广，学术评价标准复杂，尤其是一些观点仁者见仁、智者见智，并无定论，编辑组尽量中和各方见解、述而不论；加之编辑人员水平所限，本书存在的疏漏和失误，恳请广大读者批评指正。由于时代和影像技术、保管手段欠佳的原因，以及人力、物力限制，本志多数图片借用私人收藏或在报刊、图书中翻拍，画面质量不高，时间、地点要素不完备，对此编辑部深感遗憾。

在《哲学社会科学志》编纂过程中，省社科联党组责成四川省社会科学促进会承担后期的协调和统稿工作。相关工作人员努力克服困难，基本保证本志编纂工作正常推进；四川省地方志办、方志出版社指导、帮助编辑部修改完善志稿；有关单位和有关同志帮助收集资料、支持志书编修，在此，向他们表示最衷心的感谢！

《四川省志·哲学社会科学志（1986—2005）》编辑部

2019 年 4 月